高等学校"十四五"医学规划新形态教材
基础医学系列

（供临床、基础、预防、护理、检验、口腔、药学等专业用）

药理学

Yaolixue

（第4版）

主　审　杜冠华

主　编　龚其海　陈　霞

副主编　崔红霞　辛　勤　薛永志　李　华

编　委（按姓氏拼音排序）

陈和平（南昌大学）	陈　霞（吉林大学）
崔红霞（齐齐哈尔医学院）	龚其海（遵义医科大学）
李　华（大连医科大学）	鲁艳柳（遵义医科大学）
陆　军（西南大学）	邱　敏（包头医学院）
沈　瑛（上海交通大学）	田　振（西南大学）
宛　蕾（贵州医科大学）	王敏杰（内蒙古医科大学）
王　燕（山西医科大学）	辛　勤（济宁医学院）
徐江平（南方医科大学/肇庆医学院）	薛永志（包头医学院）
杨丹莉（遵义医科大学）	杨素荣（复旦大学）
曾祥周（海南医科大学）	张　良（上海交通大学）

编写秘书　郎广平（遵义医科大学）

中国教育出版传媒集团

高等教育出版社·北京

内容提要

　　本教材有总论、各论两大部分，共四十二章。总论包括绪论、药物效应动力学、药物代谢动力学、影响药物效应的因素四章内容，各论包括传出神经系统药理、中枢神经药理、内脏药理、内分泌系统药理、化疗药理等三十八章内容。本书在内容上突出重点，解释难点，并力求简约、明晰，图文并茂，纸质内容与数字资源一体化设计，数字课程涵盖动画、视频、临床聚集、深入学习、学习目标、本章小结、自测题、参考资源、教学 PPT 等资源，有利于学生自主学习，提高教学效果。

　　本教材适用于高等学校临床、基础、预防、护理、检验、口腔、药学等专业学生，也是学生参加执业医师考试的必备书，还可供临床医务工作者和医学研究人员参考使用。

图书在版编目（CIP）数据

　　药理学 / 龚其海，陈霞主编 . -- 4 版 . -- 北京：高等教育出版社，2025. 7. -- ISBN 978-7-04-065277-2

　　Ⅰ. R96

　　中国国家版本馆 CIP 数据核字第 2025RM4271 号

项目策划　林金安　　吴雪梅　　杨　兵

策划编辑　瞿德竑　　责任编辑　瞿德竑　　封面设计　马天驰　　责任印制　刘宏远

出版发行	高等教育出版社	网　　址	http://www.hep.edu.cn
社　　址	北京市西城区德外大街4号		http://www.hep.com.cn
邮政编码	100120	网上订购	http://www.hepmall.com.cn
印　　刷	涿州汇美亿浓印刷有限公司		http://www.hepmall.com
开　　本	889mm×1194mm　1/16		http://www.hepmall.cn
印　　张	29.5	版　　次	2014 年 8 月第 1 版
字　　数	770 千字		2025 年 7 月第 4 版
购书热线	010-58581118	印　　次	2025 年 7 月第 1 次印刷
咨询电话	400-810-0598	定　　价	69.80元

本书如有缺页、倒页、脱页等质量问题，请到所购图书销售部门联系调换

新形态教材网
Abooks

数字课程（基础版）

药理学

（第4版）

主编 龚其海 陈霞

abooks.hep.com.cn/65277

使用方法：

1. 电脑或移动设备访问课程网站。

2. 注册并登录后，进入"个人中心"。

3. 刮开图书封底防伪码涂层，通过扫描二维码或

   手动输入 20 位密码，完成防伪码绑定。

4. 绑定成功后，即可开始本数字课程的学习。

如有使用问题，请点击页面下方的"疑问"按钮。

"药理学"数字课程编委会

（按姓氏拼音排序）

陈和平（南昌大学）	陈　霞（吉林大学）
楚丽丽（贵州医科大学）	崔红霞（齐齐哈尔医学院）
龚其海（遵义医科大学）	黄　伟（海南医科大学）
金　蓉（内蒙古医科大学）	郎广平（遵义医科大学）
李　华（大连医科大学）	李意奇（遵义医科大学）
鲁艳柳（遵义医科大学）	陆　军（西南大学）
邱　敏（包头医学院）	沈　瑛（上海交通大学）
宋潼潼（吉林大学）	田　振（西南大学）
宛　蕾（贵州医科大学）	汪海涛（南方医科大学）
王国芳（济宁医学院）	王　丽（大连医科大学）
王敏杰（内蒙古医科大学）	王　燕（山西医科大学）
伍小波（西南大学）	辛　勤（济宁医学院）
徐江平（南方医科大学/肇庆医学院）	徐　璐（上海交通大学）
薛永志（包头医学院）	杨素荣（复旦大学）
曾祥周（海南医科大学）	张红丽（包头医学院）
张　良（上海交通大学）	张　琳（上海交通大学）
张　奇（齐齐哈尔医学院）	张　玮（遵义医科大学）

前　言

《药理学》第 2 版发行五年多来被多所院校学生使用，受到授课教师和学生的好评。为全面落实"新时代全国高等学校本科教育工作会议"精神，加强本科教育，全面提高医学人才培养质量，高等教育出版社组织全国高校基础医学领域的专家、教授启动基础医学系列新形态教材再版工作。

第 3 版教材的总体框架参照第 2 版，继续保持第 2 版的编写风格，遵循科学性、基础性、实用性、简洁性、系统性、整体性、时代性的原则，注重学科知识之间的内在联系与规律。在修订过程中，编委注重吸收国内外优秀教材及相关文献的精华，增补了最新研究进展内容。结合执业医师考试要求，增补了一些临床常用的药物，删除了个别临床已不用的药物，但能清楚阐明该类药物作用机制的代表药予以保留；针对疫情暴发的经历，适当强化了抗病毒药物与流行病防治内容；适应时代特点，"性激素与避孕药"一章改为"性激素与生殖功能调节药"。由于 PPT 讲解课件占用内存比较大，经常卡顿，第 3 版取消了配音，便于迅速浏览与复习，部分章节适当地引入课程思政内涵。在人文视角及案例反思、教师及学生视野拓展、自测考查平台题型、纸质版教材与数字资源一体化设计等方面维持第 2 版风格。此外，本版教材调整了部分章节的逻辑结构，并修改了第 2 版教材中理解困难或存在的问题，使教材结构更合理，内容更准确。

本版教材的编写得到了高等教育出版社、各位编者单位的大力支持，各位编委尽职尽责，确保教材按期完成。遵义医科大学药理学教研室的老师做了大量工作。中国医学科学院药物研究所杜冠华教授在百忙中认真审阅了整部教材，提出了宝贵的意见和建议，在此表示衷心的感谢！由于经验和水平所限，不足之处仍在所难免，恳请各位同仁、读者批评指正。

龚其海　陈　霞

2025 年 5 月

目 录

第一章
绪论

关键词

药物	药理学	药物代谢动力学
药物效应动力学	新药	实验药理学方法
实验治疗学方法	临床药理学方法	临床前药理学研究
临床药理学研究		

药物是指能影响机体的生理、生化及病理过程，用于预防、治疗、诊断疾病和计划生育的物质。药物的使用剂量必须限定在一定范围，超出药典规定的范围则可能对机体产生毒害作用，损害人体健康而成为毒物，即药物具有两重性，患者在使用药物防治疾病的同时可能会发生不良反应。因此，临床上如何有效、安全地使用药物，以及在新药研发时，如何发现和评价药物的有效性和安全性，这些都是医药工作者关心的重要问题，也是药理学研究的重要课题，医药工作者和医学生都必须认真学习并较好掌握药理学的基本内容。本章主要介绍药理学的概念、学科任务、研究方法，以及药理学的发展史和药理学在新药研发方面的重要地位。

思维导图

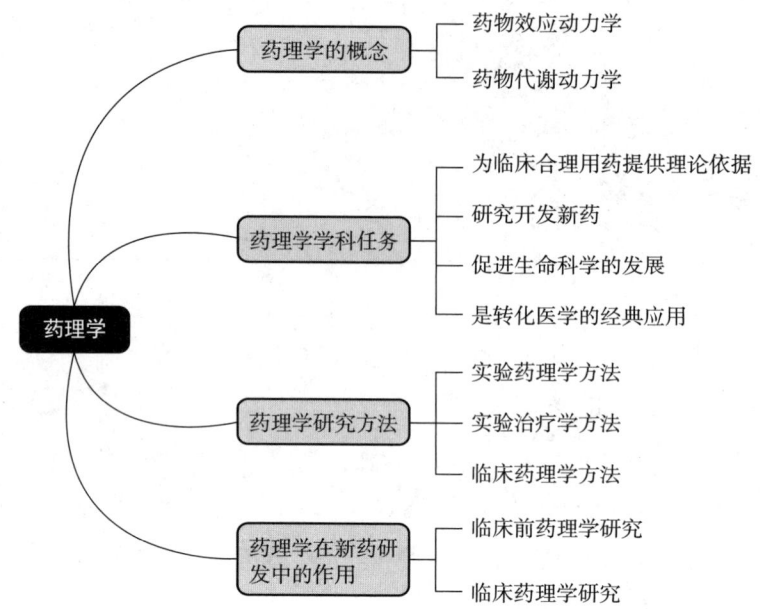

第一节 药理学的概念、学科任务和研究方法

一、药理学的概念

药理学（pharmacology）是研究药物与机体（含病原体）相互作用及作用规律的学科，包括药物效应动力学（pharmacodynamics，PD）和药物代谢动力学（pharmacokinetics，PK）两部分，前者简称药效学，主要研究药物对机体的作用及作用机制；后者简称药动学，主要研究药物在机体的影响下所发生的变化及其规律，包括药物的吸收、分布、代谢（生物转化）及排泄的过程，以及血药浓度随时间而变化的规律。事实上，药效学和药动学这两个过程在体内是同时进行并相互联系的。

动画 1-1
药理学

二、药理学的学科任务

药理学是一门重要的桥梁学科和综合学科。一方面，它是基础医学与临床医学之间的桥梁，通过以生理学、生物化学、分子生物学、病理生理学、病原生物学和免疫学等基础医学学科作为自身的学科基础，研究药物在防治疾病中的作用及可能出现的不良反应，阐明药物的作用机制，为临床合理用药提供基本理论、基本知识和科学思维方法，从而指导临床合理用药，提高临床用药的安全性和合理性，减少不良反应的发生。另一方面，药理学又是药学与医学的桥梁学科，它在新药的研发中，不仅提供临床前的药效学、药动学和毒理学等来自动物实验研究的依据，还提供新药的临床试验资料，在新药的发现到应用于临床的过程中发挥重要作用。此外，药理学还与生命科学的其他学科有着密切联系。因此，药理学的学科任务包括：①阐明药物的作用、作用机制及体内过程，并为临床上合理用药提供理论依据；②研究开发新药、发现老药的新用途；③与其他学科相互渗透，为促进生命科学的发展提供重要的科学依据和研究方法；④是转化医学（translational medicine）的经典应用。

动画 1-2
药理学是一门桥梁学科

三、药理学的研究方法

药理学既是理论科学，又是实践科学。该学科的理论是无数实验研究和临床观察的升华，又在研究和应用中不断深化和发展。药理学需要在严格控制实验条件的情况下，通过在整体、器官、组织、细胞或分子水平等多层面观察，阐明药物的作用及其作用机制。从方法学角度看，药理学研究的技术手段包括功能检测法、行为学方法、形态学方法、生物鉴定法、电生理学方法、生物化学和分子生物学方法、免疫学方法、化学分析方法、基因工程和分子成像等方法。按实验对象的不同，药理学的研究方法又可分为：①实验药理学方法：以正常动物及其器官、组织、细胞、亚细胞、受体分子和离子通道等为实验对象，进行药效学和药动学研究。②实验治疗学方法：以在体动物、离体组织、器官和细胞等病理模型为实验对象，研究药物的治疗效果及其作用机制。实验治疗学方法还可通过培养细菌、寄生虫及肿瘤细胞等进行研究。③临床药理学方法：以健康志愿者或患者为对象，评价药物的疗效和安全性，促进新药研发，推动药物治疗学发展，并确保临床用药的安全性和有效性。

第二节　药物与药理学的发展史

人类用药物治疗疾病的历史可追溯到远古时代。人们为了生存，从生活经验中得知的某些天然物质治疗疾病与伤痛，这便是药物的起源。其中有不少流传至今，例如饮酒止痛、麻黄止喘、海藻治瘿、常山截疟、楝实祛虫和柳皮退热等。在中国、古埃及、古希腊和古印度等国家，民间医药实践经验的累积有的以文字形式记载而流传下来，例如在公元 1 世纪前后我国的《神农本草经》和古埃及的《埃伯斯医药籍》（Ebers' Papyrus）等均收载了不少植物、动物和矿物药材及其用法。明朝李时珍的《本草纲目》（1596）在药物发展史上作出了更为巨大的贡献，是我国传统医学的经典著作。全书共 52 卷，约 190 万字，收载药物 1 892 种，插图 1 160 帧，药方 11 000 余条，是现今研究中药的必读书籍，在国际上有七种文字译本流传，成为世界药物学的重要文献之一。

药理学的建立和发展是在化学和生理学的基础上发展而来的。18 世纪后期和 19 世纪初，化学和生理学的发展为药理学研究提供了物质基础并推动了该学科的建立。这个时期已能从植物药中提取出纯度较高的依米丁、奎宁、士的宁和可卡因等药物，还人工合成了一系列新药。意大利生理学家 F. Fontana 通过对动物进行千余种药物的毒性测试实验，提出了天然药物都有其活性成分并选择性地作用于机体的某个部位而起效的设想。之后，德国化学家 F. W. Sertürner 在 1804 年率先从罂粟中分离提纯出吗啡并证明其具有镇痛作用，不但证实了 Fontana 的设想，纯化合物的出现也使得重复的定量给药成为可能。

19 世纪后半叶，法国的 Claude Bernard 进行了一项著名的实验，证明了箭毒（curare）作用于神经肌肉接头。德国 R. Buchheim 创建了世界上首个药理学实验室，还编著了首部药理学教科书。20 世纪初，英国 J. N. Langley 根据南美箭毒抑制烟碱所致骨骼肌收缩，而组织仍能对直接电刺激起反应的现象，提出机体可能存在接受性物质（receptive substance）的概念。随后，P. Ehrlich 根据其观察到的系列合成化合物抗寄生虫作用与毒性作用的高度化学特异性，提出了受体（receptor）假说。这是生物医学研究发展史上重要的里程碑事件之一。值得指出的是，20 世纪 30—50 年代是新药发展的重要时期。目前临床上常用的磺胺类药、抗生素、抗疟药、抗组胺药、镇痛药、抗高血压药、抗精神失常药、抗肿瘤药和激素类及维生素类等药物均在这一时期研制开发。

进入 21 世纪后，生理学、生物化学、细胞生物学、分子生物学等学科及其他自然科学技术，特别是单克隆、基因重组及基因敲除等技术的发展，为药物，特别是生物制剂的生产提供了全新的技术手段，也使药理作用机制的研究从宏观深入到微观。药理学已由过去的仅与生理学有联系的单一学科发展成为与生物物理学、生物化学及分子生物学等多学科密切联系的一门综合学科。因此，目前出现了许多药理学分支学科，如生化药理学、分子药理学、免疫药理学、遗传药理学和临床药理学等。

第三节　药理学在新药研发中的作用

新药是指化学结构、药品组分或药理作用不同于现有药品的药物。《中华人民共和国药品管理法》及 2020 年版《药品注册管理办法》（修订稿）明确规定，"新药是指未曾在中国境内上市销售的药品""已上市的药品改变剂型、改变给药途径、增加新的适应证或制成新的复方制剂，亦属新药范围"。新药研发是一个严格、艰难、漫长、耗资巨大而复杂的过程，其中，新药的药理研究是其必不可少的关键阶段。随着现代科学技术和药理学及其相关学科的迅速发展，不断有新药投入临床使用，然而由于疗效、不良反应等种种原因，部分药物经临床检验后被停止使用。总的来说，新药研究阶段可分为临床前研究和临床研究。

深入学习 1-1
新药研发的复杂性

　　新药临床前研究主要由药学研究和药理学研究两部分内容组成，前者包括药物制备（提取或合成）、工艺路线、理化性质及质量控制标准等，后者包括以符合《实验动物管理条例》的实验动物为研究对象的药效学、药动学及毒理学研究。临床前研究是新药临床试验研究重要的前期阶段。经过新药临床前评价安全、有效的药物，在国家药品监督管理局（National Medical Products Administration，NMPA）的批准下，可进入临床试验研究。由于人和动物对药物的反应性存在种属差异，且目前由于检测手段的限制，一些需要量化的不良反应难以或无法在动物实验中准确观察，加之临床前有效的药物不一定都是临床上有效的药物，因此，最终必须依赖以人为研究对象的临床药理研究才能对药物在临床上的应用作出科学的评估。

　　新药研发的临床试验分为Ⅰ~Ⅳ期。Ⅰ期临床试验主要为安全性预测，一般在 20~30 例正常成年志愿者身上观察新药耐受性，检测药物代谢动力学参数，并找出安全剂量；Ⅱ期临床试验主要用双盲法观察药物对患者的安全性和有效性，患者不少于 100 对；Ⅲ期临床试验是较大范围的多中心合作的临床研究，受试验者例数一般不少于 300 例。在Ⅰ、Ⅱ和Ⅲ期临床试验的基础上，当新药被证明不仅有效，而且比现有同类药物在疗效、不良反应或依从性方面有优势时，方能被 NMPA 批准生产、上市。Ⅳ期临床试验即新药上市后药物监测。新药上市后，仍需在广泛、长期使用过程中，严密监测其安全性和有效性。此外，药物研发领域提出了 0 期临床试验的新概念，它是指在新药研发过程中，在完成临床前试验后，但还未正式进入临床试验之前，允许研制者在少量人群进行小剂量、短周期的药物安全、药效学及药动学的试验。目前我国还没有出台 0 期临床试验的指导原则。

临床聚焦 1-1
新药上市后再评价的必要性

　　目前全球老龄化疾病、心脑血管疾病和病毒感染性疾病等普遍存在，研发针对性的新药具有客观必要性。

（龚其海）

思考题

1. 药理学的概念是什么？
2. 药理学的学科任务有哪些？

网上更多……

👤 学习目标　　📃 本章小结　　📝 自测题　　⬇ 教学 PPT　　📶 参考资源

第二章
药物效应动力学

关键词

药物作用	药理效应	药物的特异性	药物的选择性
对因治疗	对症治疗	不良反应	副作用
毒性反应	停药反应	后遗效应	变态反应
特异质反应	强度	效能	EC_{50}
ED_{50}	LD_{50}	TI	药物的治疗窗
K_D	激动药	pD_2	拮抗药
pA_2	竞争性拮抗药	非竞争性拮抗药	配体
受体	第一信使	第二信使	受体上调
受体下调	受体增敏	受体脱敏	

药物效应动力学主要研究药物对机体的作用及作用机制。临床常用药物因其化学结构不同，与机体的反应不同，发挥着不同的药理效应，并可能引起某些不良反应。因此，如何权衡利弊，最大限度地发挥药物的疗效和尽量避免不良反应，以及药物的作用机制是如何发挥的，这些都是值得医药工作者深入学习和研究的问题。通过对本章的学习，应重点掌握涉及药物效应动力学的基本概念，认识药物效应动力学不仅为药物的合理应用提供理论依据，还为新药研究和药品监管提供理论基础。

思维导图

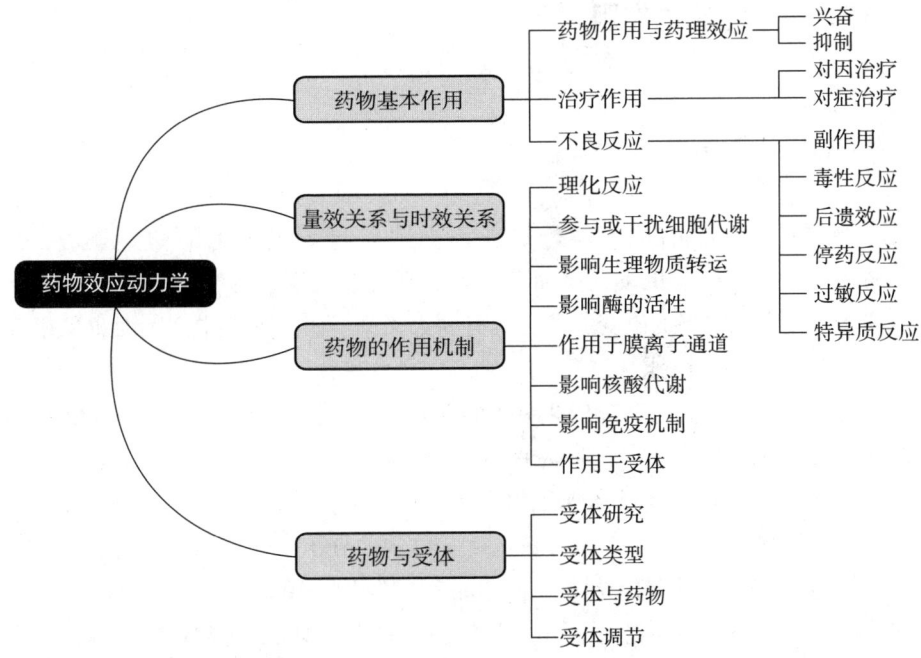

第一节　药物的基本作用

一、药物作用与药理效应

药物作用（drug action）是药物进入机体后与组织细胞的初始反应，是产生药理效应（pharmacological effect）的动因，而药理效应则是药物作用的结果，即机体器官、组织或细胞原有生理功能或生化水平的改变，两者具有因果关系。由于两者中文字面意义相近，因此，在习惯用法上未将两者严格区别。

药物的基本作用包括兴奋和抑制两个方面。药物作用于机体并使机体器官、组织或细胞原有生理功能或生化水平升高时，称为兴奋（excitation），如地高辛的强心作用；反之，则称为抑制（inhibition），如地西泮的镇静催眠作用。

大多数药物通过与细胞上具有特定化学结构的分子结合才能产生药理效应，这种化学结合的专一性使药物的作用具有特异性（specificity）。药物作用特异性的物质基础是其化学结构，不同化学结构的药物与组织细胞上不同的分子结合，产生不同的药理效应。例如，肾上腺素与心脏的 β_1 肾上腺素受体结合并使之激活，产生兴奋心脏效应；而乙酰胆碱却与心脏的 M_2 胆碱受体结合并使之激活，产生抑制心脏效应。由于机体不同器官、组织和细胞上可能存在与同一个药物分子结合的位点，或与同一药物结合的大分子物质分布在不同的器官、组织和细胞上，以及药物在体内分布的显著差异，故药物作用还表现出靶部位的选择性（selectivity）。因此，有些药物可影响机体的多种功能，有些药物只影响机体的一种功能，前者选择性低，而后者选择性高。值得注意的是，药物作用特异性强并不一定引起选择性高的药理效应，即两者不一定平行。例如，阿托品虽然能特异性与 M 胆碱受体结合而拮抗乙酰胆碱对 M 胆碱受体的激动作用，但 M 胆碱受体广泛分布于心脏、血管、平滑肌、腺体及中枢神经系统中，因此阿托品作用的选择性并不高。一般来说，选择性高的药物针对性强，副作用较少；选择性低的药物效应广泛，而副作用较多。不过，当机体遭受细菌感染且致病菌不能明确时，有效、广谱抗菌药可发挥更好的治疗效应。

二、治疗作用

治疗作用（therapeutic effect）是指药物作用于机体并产生有利的生理、生化功能的改变，使机体恢复正常。根据药物治疗作用的效果，可将治疗作用分为以下两种。

1. 对因治疗（etiological treatment）　用药目的在于消除原发致病因子，彻底治愈疾病，如使用具有杀灭厌氧菌作用的甲硝唑治疗厌氧菌所引起的口腔感染。

2. 对症治疗（symptomatic treatment）　用药目的在于改善症状，例如，临床上应用阿托品解除胃肠平滑肌痉挛所致腹痛。尽管对症治疗不能根除病因，但对于病因未明、暂时无法根治的疾病却是必不可少的治疗手段。特别是当患者遭遇休克、惊厥、心力衰竭、心搏骤停或呼吸暂停等急危重症时，对症治疗往往比对因治疗更为紧迫。同时，某些严重的症状，如高热引起惊厥、剧痛引起休克等往往可作为二级病因导致疾病进一步恶化，此时的退热或镇痛等对症治疗对于惊厥或休克而言，又可看成是暂时的对因治疗。

三、不良反应

不良反应（adverse reaction）是指患者在使用药物期间或使用药物之后所出现的不适或痛苦的反应，包括以下几种：

动画 2-1
不良反应

1. 副作用（side effect）　又称副反应（side reaction），是指治疗量药物所引起的与治疗目的无关的反应。一些药物由于选择性低，可作用于多个系统、器官、组织和细胞等，当某一效应作为治疗目的时，其他效应就成为副作用。例如，阿托品用于解除胃肠痉挛时，可引起口干、瞳孔扩大和心悸等副作用。副作用是药物本身固有的作用，多数较轻微并可以预料，并且停药后消失。

2. 毒性反应（toxic reaction）　是指药物剂量过大和（或）药物在体内蓄积过多时所造成的机体组织器官以器质性损伤为主的危害性反应，一般比较严重。毒性反应一般是可以预知的，应避免发生。药物的急性毒性反应多损害循环、呼吸及神经系统功能，而慢性毒性反应多损害肝、肾、骨髓和内分泌等功能。药物的致癌作用（carcinogenesis）、致畸作用（teratogenesis）和诱发突变作用（mutagenesis）亦属于慢性毒性反应范畴。因此，在临床上用药时需及时监测相关指标，如给患者应用庆大霉素时，应注意该药物是否对患者造成耳毒性、肾毒性和神经肌肉毒性等。此外，当患者处于特殊病理状态或联合应用其他药物而引起机体对某药物的反应性增高时，应适时调整用药剂量，否则常规剂量的药物亦可导致患者出现毒性反应。

3. 后遗效应（residual effect）　是指停药后血药浓度已降至阈浓度以下时残存的药理效应。例如患者服用苯巴比妥催眠后，次晨出现乏力、困倦和头昏等症状。

4. 停药反应（withdrawal reaction）　是指突然停药后引起的不良反应，包括出现新的症状或原有的疾病加剧（反跳现象）。如系统性红斑狼疮患者长期应用糖皮质激素突然停药，出现医源性肾上腺皮质功能不全和反跳现象。

5. 变态反应（allergic reaction）　也称过敏反应（hypersensitive reaction）。患者发生药物变态反应的差异很大，其表现包括轻微的皮疹、发热，以及严重的造血系统抑制、肝肾功能损害和休克等，或同时伴有以上多种症状。这种变态反应性质与药物原有效应和剂量均无关，用其药理性拮抗药解救无效。值得注意的是，停药后这种变态反应可逐渐消失，但再用时可能再次发生。因此，医生在处理患者的病情前需询问患者是否有药物过敏史，并在用药前给患者做药物皮肤过敏试验。同时，临床上给患者应用青霉素或链霉素等有可能发生过敏性休克的药物时，还应提前做好急救准备。

6. 特异质反应（idiosyncratic reaction）　不属于免疫反应，而是由于先天遗传异常造成少数特异体质患者对某些药物特别敏感。例如，葡糖 -6- 磷酸脱氢酶（glucose-6-phosphate dehydrogenase，G6PD）缺陷患者服用氯喹或磺胺嘧啶时可导致溶血。特异质反应与药物固有的药理作用基本一致，且严重程度与药物的剂量成比例，用其药理性拮抗药救治可能有效。

第二节　药物的量效关系、时效关系、构效关系

一、药物的量效关系

在一定剂量范围内，药物的效应随剂量增加而增加，此为剂量 - 效应关系（dose-effect

relationship，简称量效关系）。药物的效应按性质可以分为量反应和质反应。

量反应（quantitative response）是指反应的强弱可以用具体数字或最大反应高度的百分率来衡量的效应指标。例如，血压的高低，呼吸、脉搏的快慢能用具体数值表示，平滑肌舒缩的幅度可用其最大反应的百分率描述等。量反应的量－效曲线（does-effect curve）是以效应的强弱为纵坐标，药物剂量（整体动物实验）或药物浓度（体外实验）为横坐标作图而得到的等轴双曲线（rectangular hyperbola），又称直方双曲线，如将上述药物浓度取对数值作图，则该量－效曲线呈典型的对称性"S"形曲线（图 2-1）。

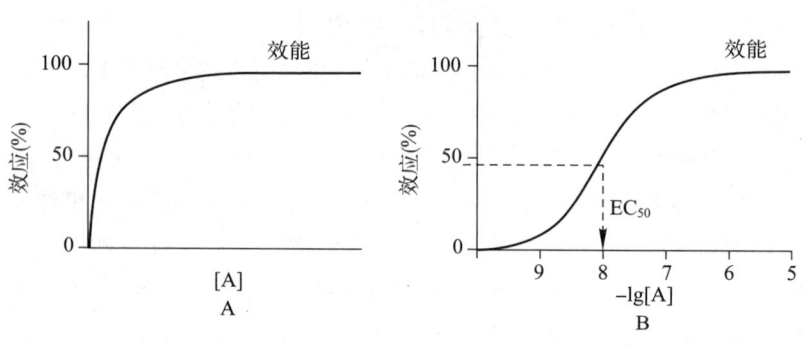

图 2-1 药物作用的量－效曲线（量反应）
A. 等轴双曲线，横坐标用药物真数剂量（[A]）表示；B. 对称性"S"形曲线，横坐标用药物对数剂量（-lg[A]）表示

从图 2-1 量反应的量－效曲线图可以看出，药物要达到一定量或浓度后才能产生相应反应。其中，恰好引起效应的最小药量或最小药物浓度称为最小有效量（minimal effective dose）或最低有效浓度（minimal effective concentration），亦称阈剂量（threshold dose）或阈浓度（threshold concentration）。超出此阈值后，随着剂量或浓度的增加，药物所引起的效应也随之增加，效应增加到一定程度后，若继续增加药物浓度或剂量而其效应不再继续增强，这一药物效应的极限则称为最大效应（maximal effect，E_{max}），也称效能（efficacy）。据此，可以得出能引起 50% 最大效应的浓度，称为半最大效应浓度（concentration for 50% of maximal effect，EC_{50}）。

在不同药物间进行效应强度比较时，可通过比较它们量反应曲线的某个等效点（一般采用50% 效应）所对应的剂量或浓度的大小来判断。能引起等效反应的相对浓度或剂量，称为效价强度（potency），其值越小则所对应药物的效价强度越大。因此，如果被比较药物的效能是一致的，则常比较它们 EC_{50} 的大小。事实上，药物效能与效价强度的含义是迥然不同的，两者也不平行。如果药物的效价强度小，则可以通过增加给药量来克服，但如果该药物的效能过低，那么即使增加其剂量至引起最大效应亦难达到满意的治疗效果。例如，用氢氯噻嗪抗急性严重心源性水肿时，难以达到类似呋塞米立竿见影的治疗效果（图 2-2）。因此，效能更具有临床意义。值得注意的是，在不同药物间比较效应强弱时应注重等效应比剂量，而不是等剂量比效应。

如果药物效应不是随剂量或浓度的增减呈连续性量变，而是呈现为阳性与阴性、全与无等反应性质的变化，则称为质反应（qualitative response）或全或无反应（all-or-none response），如存活与死亡、惊厥与不惊厥、睡眠与觉醒等。质反应量－效曲线所研究的是一个群体对药物质反应的变化规律。与量反应量－效曲线不同之处在于其纵坐标是群体阳性反应百分率。此

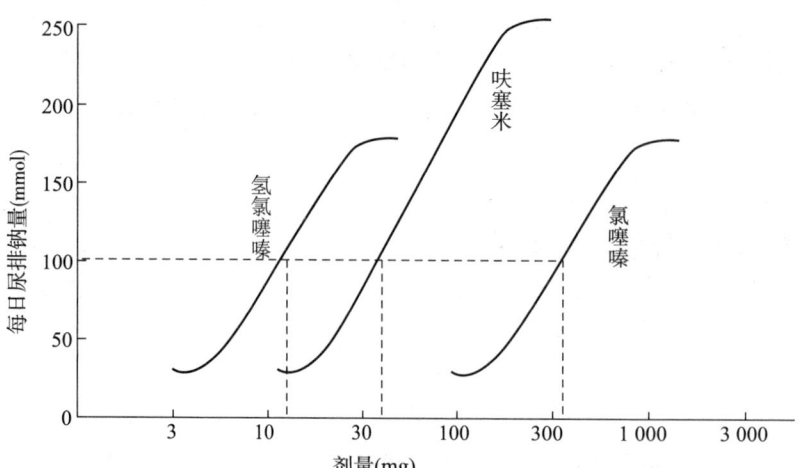

图 2-2 不同利尿药的效价强度及最大效应比较

时，如果按照药物剂量或浓度的区段阳性反应频率作图，则可绘出呈常态的分布曲线；如果按照随剂量增加而累计的阳性反应百分率作图，也能得到典型的"S"形量–效曲线（图 2-3）。

在质反应曲线中，能引起 50% 的个体出现阳性反应的药物剂量称为半数效应量，如阳性反应反映疗效，则称为半数有效量（median effective dose，ED$_{50}$）；如该阳性反应为动物的死亡，则称为半数致死量（median lethal dose，LD$_{50}$）。通常将药物的 LD$_{50}$ 与 ED$_{50}$ 的比值称为治疗指数（therapeutic index，TI），用以表示药物的安全性。TI 大的药物相对较 TI 小的药物安全。但仅以 TI 来评价药物的安全性并不完全可靠，如图 2-4 所示，A 药的

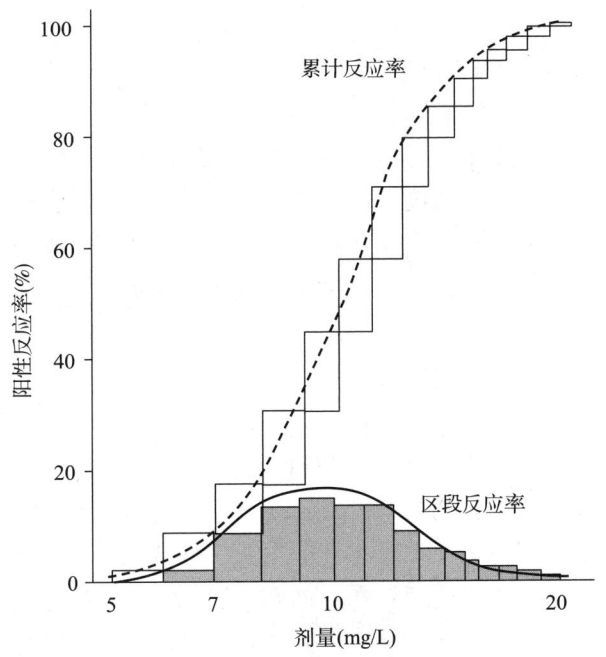

图 2-3 药物质反应的量–效曲线

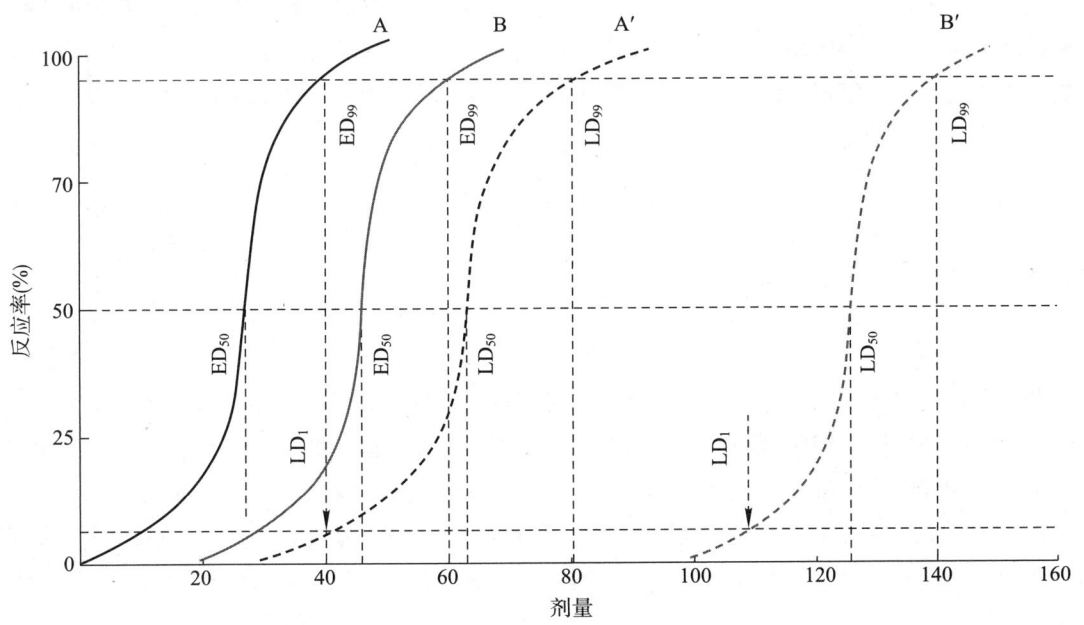

图 2-4 药物效应和药物毒性的质反应量–效曲线

ED$_{99}$ 和 LD$_1$ 是重叠的（即有效剂量与致死剂量之间有重叠）。为此，有人用 1% 致死量（LD$_1$）与 99% 有效量（ED$_{99}$）的比值或 5% 致死量（LD$_5$）与 95% 有效量（ED$_{95}$）之间的距离来衡量药物的安全性。此外，青霉素 TI 值很大，但患者一旦发生青霉素过敏性休克且未及时被抢救，则患者就会死亡。

治疗窗是指能使相当一部分患者产生临床效应到少数患者出现不良反应的剂量范围，它是大多数药物的临床推荐剂量（图 2-5）。

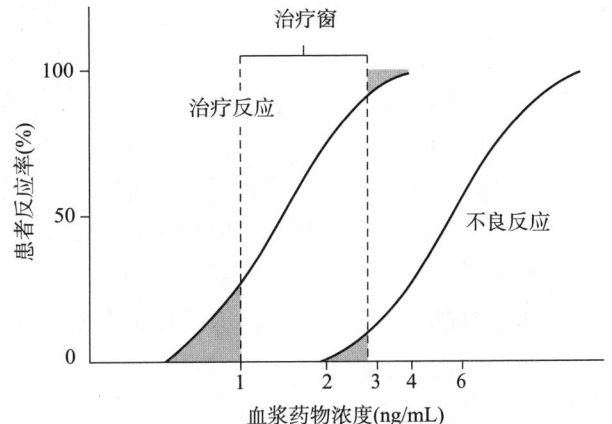

图 2-5 药物的治疗窗

二、药物的时效关系

药物必须达到最小有效量或最低有效浓度才能产生效应，而药物从给药部位进入血液循环并达到有效浓度需要一定的时间，同时药物从峰浓度降低到最低有效浓度也需要一定的时间。因此，药物效应的大小将随着给药时间进程而改变，这种关系称为药物的时间 – 效应关系（time-effect relationship），简称药物的时效关系。

三、药物的构效关系

药物对生物体内特异性大分子组分的亲和力及其内在活性与它们的化学结构有密切关系，也就是说，药物的结构决定药物的效应，这种关系被称为构效关系（structure-activity relationship）。药物的构效关系通常十分严格，之所以某一个药物能与某一个受体或作用位点特异性地结合，并产生相应的药理效应，是因为药物的分子或其分子上的某个基团在空间构象上有能与受体或作用位点相结合的结构。在某些情况下，药物分子稍加改变，包括立体异构这样的细微改变，就可导致药理作用强度或作用性质出现明显差异，例如，$S-$ 萘普生的抗炎能力是 $R-$ 萘普生的 28 倍，左旋体奎宁主要是抗疟作用，而右旋体奎尼丁则主要发挥抗心律失常作用。利用药物的构效关系特性，可以依据导致疾病的细胞或病原微生物某个致病位点的结构，通过计算机辅助设计的方法设计能与之结合的药物。

第三节　药物的作用机制

药物通过与机体生物大分子之间的相互作用而发挥药理作用，这些生物大分子也称为药物作用的靶点，药物作用于相应的靶点，可引起机体生理、生化功能的改变，这一极其复杂的生命活动过程称为药物的作用机制（mechanism of action）。包括以下几方面：

1. 理化反应　通过简单的化学反应及物理作用而产生的药理效应。例如，抗酸药中和胃酸用以治疗上消化道溃疡，甘露醇在肾小管内提升渗透压而利尿，氢氧化铝通过形成保护膜而保护胃溃疡面等。

2. 补充生命代谢物质或干扰细胞代谢　补充生命代谢物质以治疗相应缺乏症，如补铁、补钙和补充维生素等。此外，有些药物化学结构与正常代谢物相似，可代替掺入代谢过程却不能引起与正常代谢类似的生理效应。例如，抗肿瘤药氟尿嘧啶与尿嘧啶的结构相似，掺入肿瘤细胞 DNA 及 RNA 中干扰蛋白质合成而发挥抗肿瘤作用。

3. 影响生理物质转运　很多无机离子、代谢物、神经递质和激素在体内主动转运需要载体参与，干扰这一环节可以产生明显的药理效应。例如，螺内酯通过抑制肾远端小管和集合小管的 Na^+-K^+ 交换而发挥排钠利尿作用。

4. 影响酶的活性　体内广泛分布的酶参与诸多细胞生命活动，而且极易受多种因素的影响。酶是药物作用的重要靶标，许多药物能抑制酶的活性，如依那普利通过抑制血管紧张素 Ⅰ 转化酶的活性而使血管紧张素 Ⅱ 生成减少，从而发挥降血压的效应；新斯的明通过可逆性抑制乙酰胆碱酯酶，从而治疗重症肌无力。

5. 作用于细胞膜的离子通道　细胞膜上无机离子通道控制 Na^+、Ca^{2+}、K^+ 和 Cl^- 等离子跨膜转运，药物可以直接开放或阻滞这些离子通道而影响细胞功能。如钙通道阻滞药硝苯地平，K^+ 通道开放药吡那地尔，均可降低高血压患者的血压。

6. 影响核酸代谢　核酸是控制蛋白质合成及细胞分裂的生命物质。如喹诺酮类等抗菌药可通过抑制 DNA 促旋酶干扰细菌核酸代谢而发挥杀菌效应。

7. 影响免疫机制　除免疫血清及疫苗外，左旋咪唑等免疫功能调节药及环孢素等免疫抑制药通过影响免疫机制发挥疗效。

8. 作用于受体　见本章第四节。

第四节　药物与受体

药物作用机制几乎涉及与生命代谢活动相关的所有环节，其中受体机制与多种药物机制的产生有着重要的联系。

一、受体研究的由来

1905 年 Langley 首先提出"受体物质"（receptive substance）。1908 年 Ehrlich 首先提出受体（receptor）概念，指出药物必须与受体进行可逆性或非可逆性结合，方可产生作用。同时也提出了受体应具有两个基本特点：一是体内存在特异性与之结合的配体（ligand），二是配体与受体结合后可引起生物效应。经过 100 多年的研究，受体已被证实为客观存在的实体，且类型繁多。药物通过受体发挥作用有几种假说，如占领学说（occupation theory）、速率学说（rate theory）、二态模型学说（two model theory）等。随着受体的分离纯化及分子克隆技术的发展，大量受体结构被阐明，其结果不仅促进了药理作用机制的研究，推动了新药的研制，而且推动了生命科学和医学的发展。

二、受体的本质与特性

受体是一类介导细胞信号转导的功能蛋白质，能识别配体并与之结合，通过中介的信息放大系统，触发后续的生理反应或药理效应。内源性配体也称第一信使，如神经递质、激素、自身活性物质（autacoid）等，它们与相应的受体结合，具有高度的特异性和亲和力。配体与受体大分子中结合的具体部位称为结合位点（binding site）或受点。受体具有如下特性：①敏感性（sensitivity），很低浓度的配体与受体结合就能产生显著的效应。②特异性（specificity），一种受体只与其特定的配体结合产生效应，其中同一类型的激动药与同一类型的受体结合时产生的效应类似。③饱和性（saturability），受体数量是有限的，因此受体与配体结合具有饱和性，作用于同一受体的配体之间存在竞争现象，当配体达到某一浓度时，配体与受体的结合不再随配体浓度增加而增加。④可逆性（reversibility），绝大多数情况下，配体与受体的结合是可逆的，其复合物可以解离，解离后可得到原来的配体而非代谢物；少数情况下，一些药物与受体形成共价键结合，不能解离。⑤多样性（multiple variation），同一受体可广泛分布到不同的细胞而产生不同的效应。同时，受体多样性是受体亚型分类的基础，大多数情况下受体具有一种以上亚型。受体受生理、病理及药理因素调节，经常处于动态变化之中。

三、受体与药物的相互作用

（一）占领学说

Clark 和 Gaddum 分别于 1926、1937 年提出占领学说，即受体必须与药物结合才能被激活并产生效应，其效应的强度与被占领的受体数目成正比，当受体全部被占领时出现最大效应。

（二）受体 - 药物反应动力学

根据质量作用定律，药物与受体的相互作用可用以下公式表达：

$$D + R \underset{K_2}{\overset{K_1}{\rightleftharpoons}} DR \rightarrow E \tag{2-1}$$

式中，D 为药物，R 为受体，DR 为药物 - 受体复合物，E 为效应。

当药物与受体结合和解离达到平衡时，

$$K_D = \frac{K_2}{K_1} = \frac{[D][R]}{[DR]} \tag{2-2}$$

式中，K_D 为解离常数。

设受体总数为 R_T，则 R_T 为游离受体 R 与结合型受体 DR 之和，即 $R_T = [R] + [DR]$，代入公式（2-2）：

$$K_D = \frac{[D]([R_T] - [DR])}{[DR]} \tag{2-3}$$

移项后得：

$$\frac{[DR]}{[R_T]} = \frac{[D]}{K_D + [D]} \tag{2-4}$$

根据占领学说，一定比例的受体与药物结合后可产生相应比例的效应，当全部受体被占领时则出现最大效应。因此，公式（2-4）可推出：

$$\frac{E}{E_{max}} = \frac{[DR]}{[R_T]} = \frac{[D]}{K_D + [D]}$$

当 $[D] \gg K_D$ 时，$\frac{[DR]}{[R_T]} = 100\%$，达最大效能，即 $[DR]_{max} = [R_T]$ （2-5）

当 $\frac{[DR]}{[R_T]} = 50\%$ 时，即 50% 受体与药物结合时，$K_D = [D]$

正如前述，K_D 是药物 - 受体复合物的解离常数，反映药物与受体的亲和力，单位为摩尔浓度，其意义是引起最大效应的一半时（即 50% 受体被占领时）所需的药物浓度。K_D 越大，药物与受体的亲和力越小，即两者成反比。如将 K_D 的值取负对数即为亲和力指数，以 pD$_2$ 表示，其值大小与药物对受体的亲和力成正比。

然而，在实际实验过程中发现，某些药物与受体有很高的亲和力，但并不产生受体激活的效应。1954 年 Ariens 修正了占领学说，认为药物与受体结合不仅需要亲和力（affinity），还需要有内在活性（intrinsic activity，α），才能激动受体产生效应。内在活性是决定药物与受体结合时产生效应大小的能力，可用α表示，通常为$0 \leqslant \alpha \leqslant 1$。公式（2-5）应加入这一参数：

$$\frac{E}{E_{\max}} = \alpha \frac{[DR]}{[R_T]} \qquad (2-6)$$

当两药亲和力相等时，其效应大小取决于内在活性的强弱；当内在活性相等时，则取决于亲和力的大小（图2-6）。

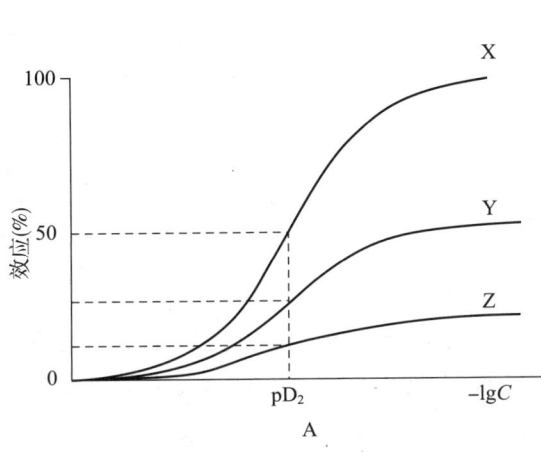 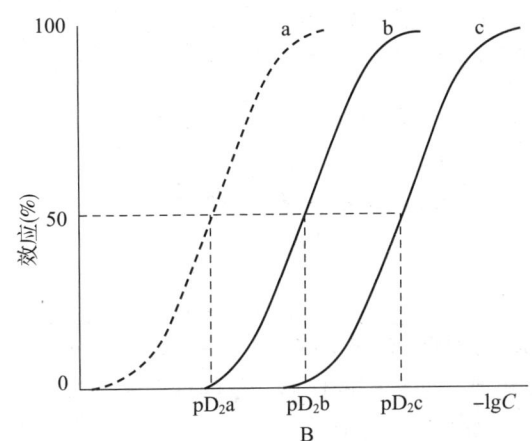

图2-6　三种激动药与受体亲和力及内在活性的比较

A. 对于激动同一受体的不同的激动药X、Y和Z而言，三者亲和力相同，但内在活性X>Y>Z；B. 对于激动同一受体的不同的激动药a、b和c而言，三者内在活性相同，但亲和力a>b>c

四、作用于受体的药物分类

如公式（2-6）所提示，不同的药物与受体结合后可能出现三种情况。即根据药物与受体结合后产生效应的不同，习惯上将作用于受体的药物分为完全激动药、部分激动药和拮抗药。

1. 激动药（agonist）　与受体既有较强的亲和力又有内在活性的药物称为受体激动药。依其内在活性大小又可分为完全激动药（full agonist）和部分激动药（partial agonist）。前者与受体具有较强亲和力和较强内在活性（$\alpha = 1$）；后者与受体有较强亲和力，但内在活性较低（$\alpha < 1$），与激动药合用时如两者浓度均较高，反而可拮抗激动药的部分效应。

2. 拮抗药（antagonist）　与受体具有较强亲和力而无内在活性（$\alpha = 0$）的药物称为受体拮抗药。它们本身不产生作用，但因占据受体而拮抗激动药的效应。少数拮抗药单独使用时，表现为拮抗作用为主，但同时又有一定的内在活性（$\alpha < 1$），当与完全的拮抗药（$\alpha = 0$）合用时，则可减弱完全拮抗药的作用，如β受体拮抗药氧烯洛尔。

五、作用于受体的药物的相互作用

当激动药和拮抗药同时作用于一个受体时，根据拮抗药与受体结合是否具有可逆性而将其分为竞争性拮抗药（competitive antagonist）和非竞争性拮抗药（noncompetitive antagonist）。

1. 竞争性拮抗药　能与激动药竞争相同受体，它们与受体的结合均是可逆的。通过增加激动药的剂量来竞争拮抗药已占据的结合部位，可使激动药量-效曲线平行右移，最大效应不变（图2-7A）。这里用拮抗参数（pA_2）表示竞争性拮抗药的作用强度，其含义为：当激动药与拮抗药合用时，若2倍浓度激动药所产生的效应恰好等于未加入拮抗药时激动药所引起的效应，则所

动画2-2
竞争性拮抗药

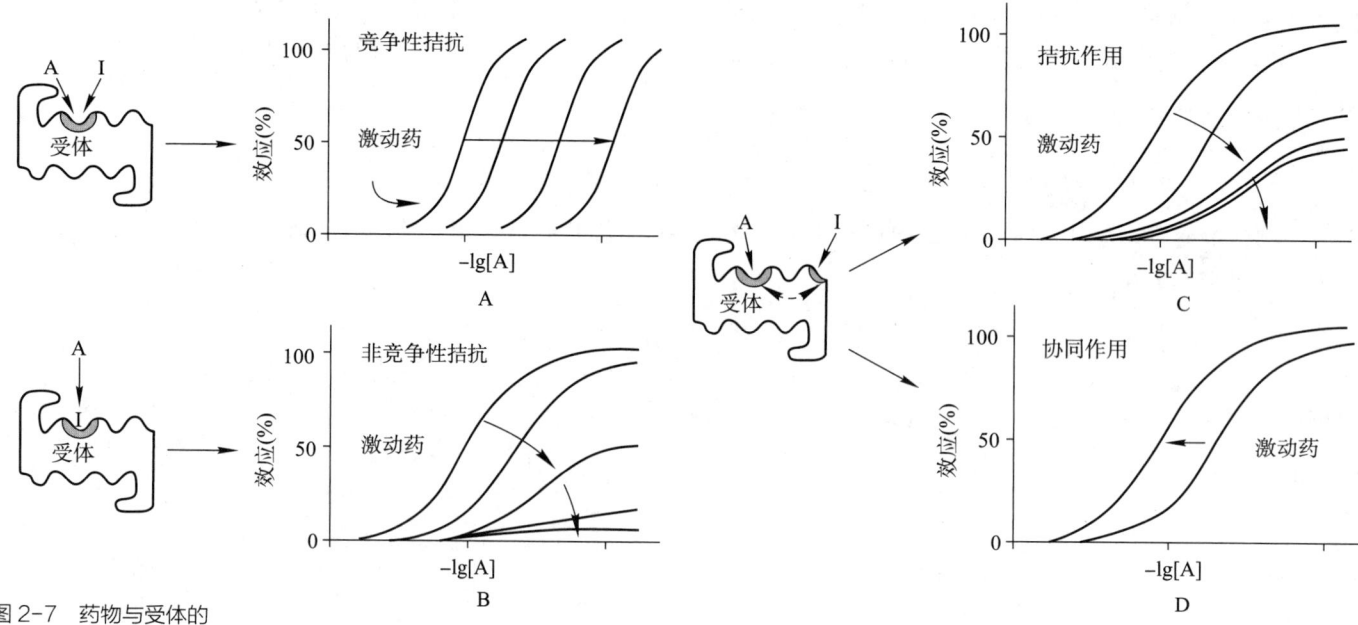

图 2-7　药物与受体的相互作用示意图

加入拮抗药的摩尔浓度的负对数值为 pA_2。pA_2 越大，该拮抗药的拮抗作用越强。此外，还可用 pA_2 判断激动药的性质，如两种激动药被同一拮抗药拮抗，且两者 pA_2 相近，则说明这两种激动药作用于同一受体。

2. 非竞争性拮抗药　与激动药合用时，使激动药的量－效曲线非平行右移，最大效应降低（图 2-7）。其中，图 2-7B 为不同浓度的非竞争性拮抗药 I 与激动药 A 竞争性作用于同一受体的同一位点，使激动药 A 量－效曲线非平行右移，最大效应压低，且拮抗药 I 浓度越大，激动药 A 量－效曲线效能压低程度越明显；图 2-7C 为非竞争性拮抗药 I 作用于受体的不同位点，导致受体发生别构作用，使激动药 A 量效曲线非平行右移，最大效应压低，且拮抗药 I 浓度越大，其量－效曲线效能压低程度越明显；图 2-7D 为药物 I 作用于受体的不同位点，导致受体发生别构作用，产生与激动药 A 类似的效应，继而两者合用可产生协同作用。

此外，根据受体二态模型学说，激动药主要与活化态受体 R^* 结合，产生激动作用；拮抗药与活化态受体 R^* 和静息态受体 R 结合的亲和力相等，两者相抵消，故不产生效应；反向激动药则主要与静息态受体 R 结合，产生与激动药相反的效应，故称为反向激动药（inverse agonist）（图 2-8）。

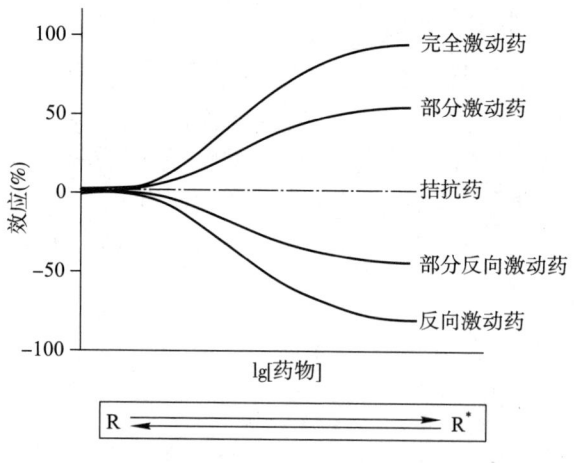

图 2-8　受体二态模型示意图

六、受体类型及信号通路

第一信使是指多肽类激素、神经递质及细胞因子等细胞外信使物质。大多数第一信使不能进入细胞内，而是与靶细胞膜表面的特异受体结合，激活受体而引起细胞某些生物学特性的改变，如膜对某些离子的通透性及膜上某些酶活性的改变，从而调节细胞功能。第二信使为第一信使作

动画 2-3
非竞争性拮抗药

深入学习 2-1
第二信使与细胞内信号转导

用于靶细胞受体后在细胞质内产生的信息分子。第二信使将获得的信息增强、分化、整合并传递给效应器才能发挥其特定的生理功能或药理效应。根据受体蛋白结构、信号转导过程、效应性质和受体位置等特点，受体及其信号通路大致可分为下列几类：

1. G 蛋白耦联受体及其信号通路　G 蛋白耦联受体（G protein-coupled receptor）是一类与 GTP 结合调节蛋白（简称为 G 蛋白，G-protein）耦联并共同传递信息的受体超家族，该类受体为 7 次跨膜受体，即由一条单一肽链反复 7 次穿透细胞膜而成，氨基端和羧基端分别在细胞膜的外侧和内侧，细胞膜的内外侧均有 3 个连接袢。受体的激活通过活化相应 G 蛋白将配体带来的信号传送至一个或多个效应器蛋白（图 2-9）。G 蛋白耦联受体是目前发现的种类最多的受体，一个细胞可表达 20 余种。同时，一个受体与配体结合后，可激活多个 G 蛋白，而其中每一个 G 蛋白可以传导多个信号给效应器，并调节细胞的功能。G 蛋白耦联受体的配体包括生物胺、肽类激素、阿片样物质、氨基酸类、多肽及蛋白质等，其调节效应器包括腺苷酸环化酶（adenylate cyclase，AC）、磷脂酶 C（phospholipase C，PLC）、磷酸二酯酶（phosphodiesterase，PDE）等酶类，以及 Ca^{2+}、K^+ 等质膜离子通道。G 蛋白有许多类型，常见的有兴奋型 G 蛋白（stimulatory G protein，G_s），激活 AC 使环腺苷酸（cAMP）增加；抑制型 G 蛋白（inhibitory G protein，G_i），抑制 AC 使 cAMP 减少；磷脂酶 C 型 G 蛋白（G_p），激活磷脂酰肌醇特异的 PLC；转导素 G 蛋白（transducin G protein，G_t）及 G_o 等。cAMP、环鸟苷酸（cGMP）、磷脂酰肌醇（phosphatidylinositol）、二酰甘油（diacylglycerol，DAG）及 1,4,5- 肌醇三磷酸（inositol 1,4,5-triphosphate，IP_3）和 Ca^{2+} 均是重要的第二信使。

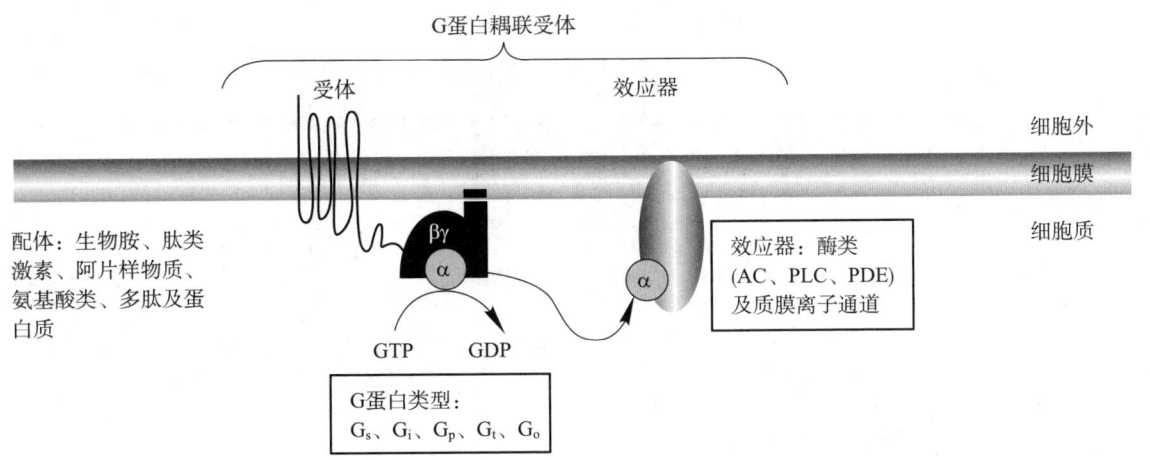

图 2-9　G 蛋白耦联受体示意图

2. 配体门控离子通道受体及其信号通路　单一肽链往返 4 次穿透细胞膜形成 1 个亚单位，并由 4~5 个亚单位组成穿透细胞膜的离子通道，其开放使细胞膜去极化或超极化，引起兴奋或抑制效应。按生理功能，离子通道可分为配体门控离子通道及电压门控离子通道。配体门控离子通道受体由配体结合部位及离子通道两部分构成，当配体与其结合位点结合后，受体变构使通道开放或关闭，细胞膜离子流动状态发生改变，继而传递胞内信息。N 型乙酰胆碱（ACh）、γ- 氨基丁酸（γ-aminobutyric acid，GABA）、5- 羟色胺（5-HT）和氨基酸等受体属于配体门控离子通道受体（图 2-10）。

3. 酶活性受体　这类受体由三部分组成：①细胞外侧的配体结合部位，其主要的配体有胰岛素、表皮生长因子（epidermal growth factor，EGF）、成纤维细胞生长因子（fibroblast growth factor，FGF）、心房钠尿肽（atrial natriuretic peptide，ANP）、脑钠尿肽（brain natriuretic peptide，

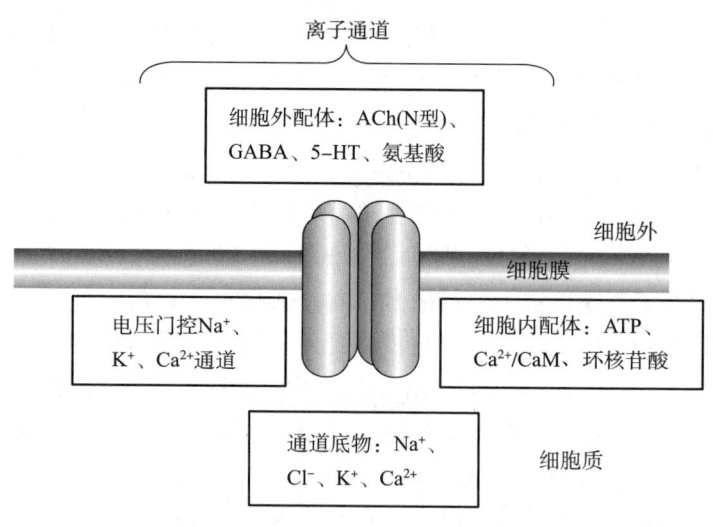

图 2-10 配体门控离子通道受体示意图

BNP）、鸟苷肽、神经营养素或干扰素等；②跨膜结构；③处于细胞内侧具有催化活性的酪氨酸激酶、酪氨酸磷酸酶、丝氨酸 / 苏氨酸激酶或鸟苷酸环化酶等激酶或酶活性区域。它们能促进酶活性受体自身的磷酸化而增强酶活性，又可使细胞内底物发生磷酸化，激活胞内蛋白激酶，增加 DNA 及 RNA 合成，加速蛋白质合成，从而产生细胞生长分化等效应（图 2-11）。

4. 细胞内受体　类固醇激素、甲状腺激素、维生素 D 及维 A 酸受体是可溶性的 DNA 结合蛋白，与胞质受体或细胞核受体结合后，以二聚体的形式调节某些特殊基因的转录。胞核激素受体本质上属于转录因子，激素则是这种转录因子的调控物（图 2-12）。

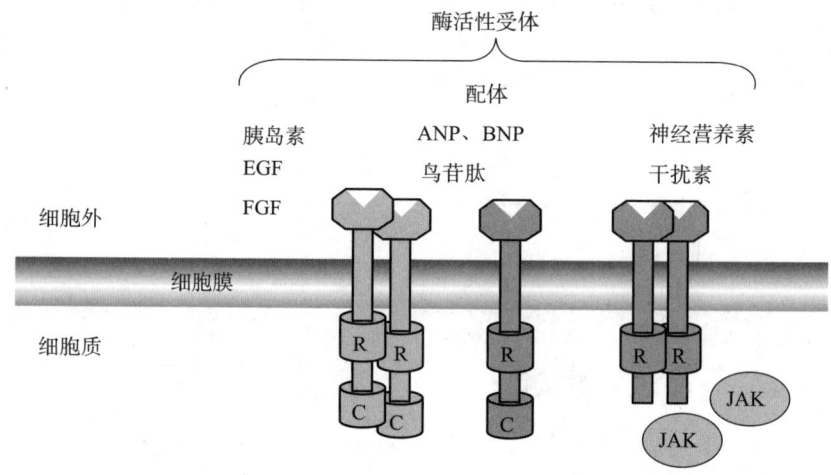

图 2-11 酶活性受体示意图

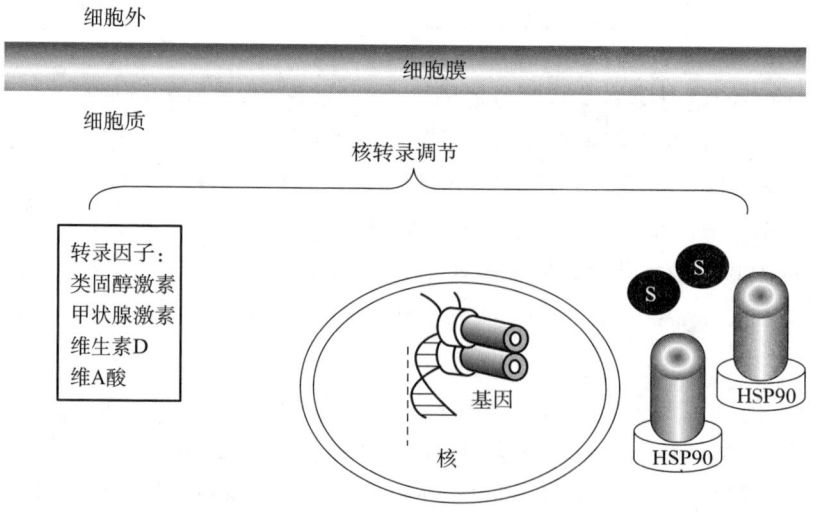

图 2-12 细胞内受体示意图

5. 钙释放受体　细胞内的游离 Ca^{2+} 对肌肉收缩、腺体分泌、神经递质释放、白细胞及血小板活化等功能有着重要的调节作用。其来源包括两方面：当细胞膜去极化时，电压调控的钙通道开放，细胞外钙内流；另一方面，细胞内还存在结合型的钙，静息时与蛋白质结合储存于肌质网（sarcoplasmic reticulum，SR）和内质网（endoplasmic reticulum，ER）等细胞器中，可经细胞内的配体门控离子通道（即离子通道型受体）呈游离钙释放出来。细胞内能释放钙的受体有两种，其一是雷诺丁（ryanodine，Ry）受体，有 RyR_1、RyR_2 和 RyR_3 三种亚型，分别位于骨骼肌、心肌和脑。雷诺丁受体是一种 Ca^{2+} 敏感的 Ca^{2+} 释放通道，当细胞外钙大量内流时，可触发此通道开放而引起钙释放，这种现象称为钙诱发钙释放。IP_3 受体是另一种钙释放通道，有 IP_3R_1、IP_3R_2 和 IP_3R_3 三种亚型，IP_3R_1 是主要的 Ca^{2+} 释放通道。激素、生长因子和某些受体（如 α_1、M_1、M_3 等）激动药通过活化磷脂酶 C，使 4,5- 肌醇二磷酸水解生成二酰甘油和 IP_3 两种第二信使，前者通过激活蛋白激酶 C（protein kinase C，PKC）引起生物效应，后者则通过促进细胞内钙释放而产生重要的生理作用。

七、受体的调节

受体的调节是维持机体内环境稳定的一个重要因素。受体是处于代谢转换状态的蛋白质，其数量、亲和力及效应经常受到各种生理及药理因素的影响。受体的调节方式有受体脱敏（receptor desensitization）和受体增敏（receptor hypersensitization）两种类型。

受体增敏指长期反复使用受体拮抗药后，受体数目表达增加或受体对激动药的敏感性升高。如长期应用 β 肾上腺素受体拮抗药普萘洛尔降压时，突然停药可致血压升高的“反跳”现象。若受体增敏只涉及受体密度的增加，则称之为受体上调（receptor up-regulation）。

受体脱敏是与受体增敏相反的一种现象，是指在长期使用一种激动药后，组织或细胞对激动药的敏感性和反应性下降的现象。若受体脱敏只涉及受体密度的下降，则称之为受体下调（receptor down-regulation）。

（龚其海）

思考题

1. 青霉素的治疗指数大，临床上应用该药物时是否绝对安全？
2. 不良反应与副作用的概念是否等同？为什么？
3. 竞争性拮抗药与非竞争性拮抗药的区别是什么？

网上更多……

👤 学习目标　　👥 本章小结　　📝 自测题　　⬇ 教学 PPT　　📶 参考资源

第三章
药物代谢动力学

关键词

药物代谢动力学	吸收	分布
代谢	排泄	被动转运
主动转运	摄取性转运体	外排性转运体
解离度	首过效应	血浆蛋白结合率
药物代谢酶	酶诱导	酶抑制
肝肠循环	房室模型	一级动力学
零级动力学	$t_{1/2}$	生物利用度
AUC	负荷剂量	清除率
表观分布容积		

药物代谢动力学（简称药代动力学或药动学）是指应用数学原理和动力学模型来研究机体对药物的处置（disposition）。具体地说，药动学是研究药物在体内吸收（absorption）、分布（distribution）、代谢（metabolism）和排泄（excretion）的过程（简称 ADME），以及体内药物浓度随时间变化规律的一门学科。药动学在新药研发、新药评价、指导临床安全合理用药等诸方面得到广泛应用。

思维导图

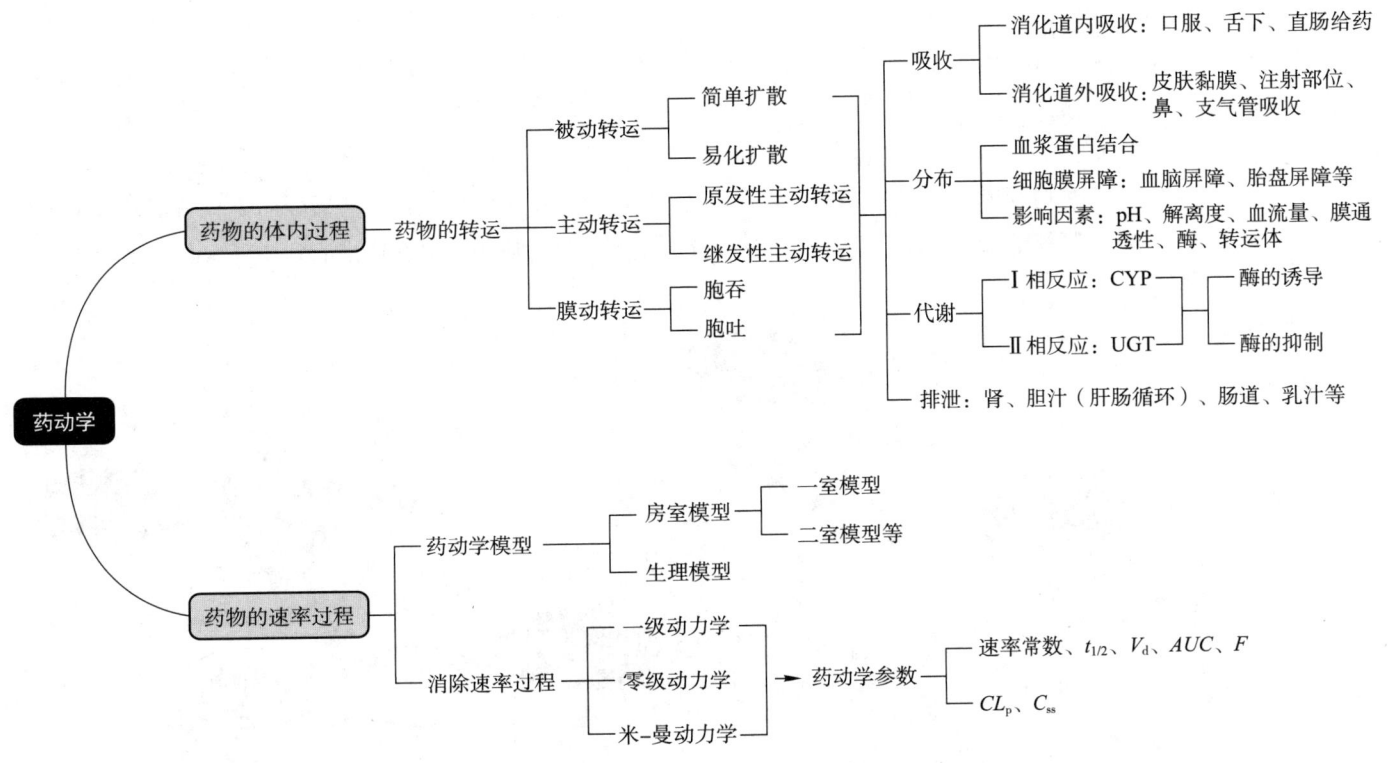

第一节　药物的体内过程

一、概述

药物发挥疗效或产生毒性，首先必须被吸收，进入血液循环，然后随血流分布到靶组织。药物在肝等组织中代谢，代谢产物及部分原型药可经肾或胆汁等途径排泄到体外（图 3-1）。

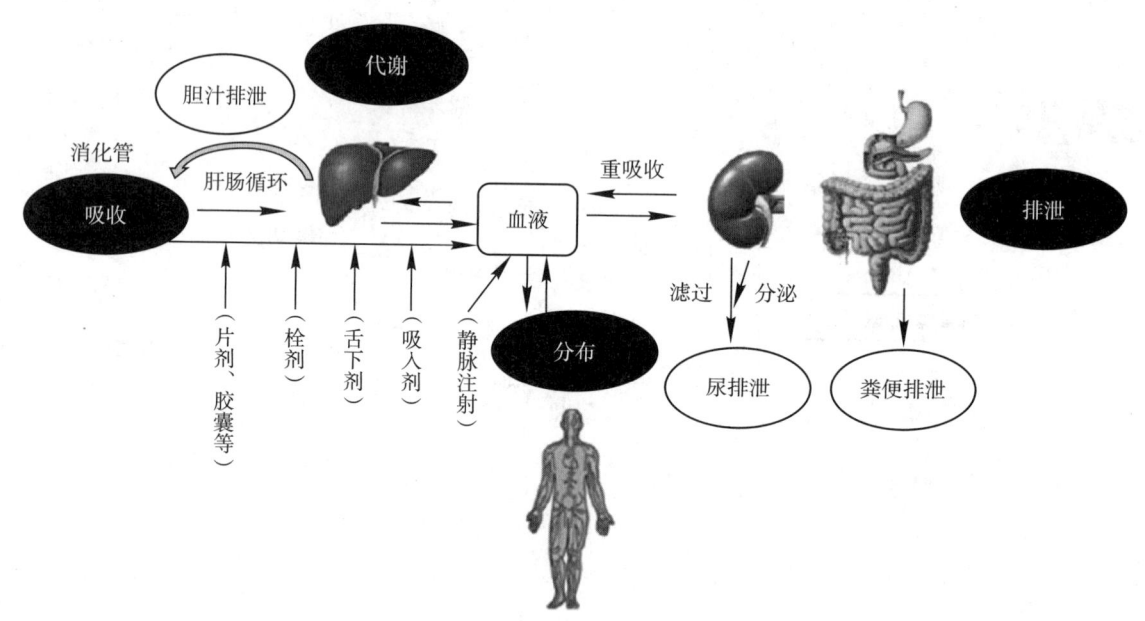

图 3-1　药物的体内过程

二、药物的跨膜转运及药物转运体

（一）药物的跨膜转运

药物在体内的 ADME 过程，均需通过多种生物膜，此过程称为药物的跨膜转运（transmembrane transport）。药物的跨膜转运能力与其理化性质如脂溶性、极性、解离度及相对分子质量大小有关。其转运方式主要分为被动转运、主动转运和膜动转运（图 3-2）。

1. 被动转运（passive transport）　又称为顺流转运或下山运动，是指药物依赖于生物膜两侧的浓度梯度或电位差，从高浓度侧向低浓度侧的扩散过程。大多数药物是通过被动转运方式转运的。被动转运又可分为简单扩散和易化扩散两种方式：

（1）简单扩散（simple diffusion）：包括：①脂溶扩散（lipid diffusion），即药物通过溶于脂质膜而被动扩散。这种方式是药物转运最常见、最重要的形式，绝大多数药物以此种方式跨膜转运。生物膜具有类脂质特性，脂溶性药物可通过溶于其脂质而转运，扩散速率取决于药物的脂溶性及膜两侧的药物浓度差。药物的脂溶性越高，即油 / 水分配系数越大，其在脂质膜的溶入量越多，扩散越快；膜两侧浓度梯度越大，药物由高浓度一侧向低浓度一侧扩散越快。当膜两侧药物浓度相同时，浓度差为零，扩散即停止。②水溶扩散（aqueous diffusion），又称膜孔扩散（membranes pore diffusion），指相对分子质量小、分子直径小于膜孔的水溶性极性或非极性的物

视频 3-1
药物的跨膜转运

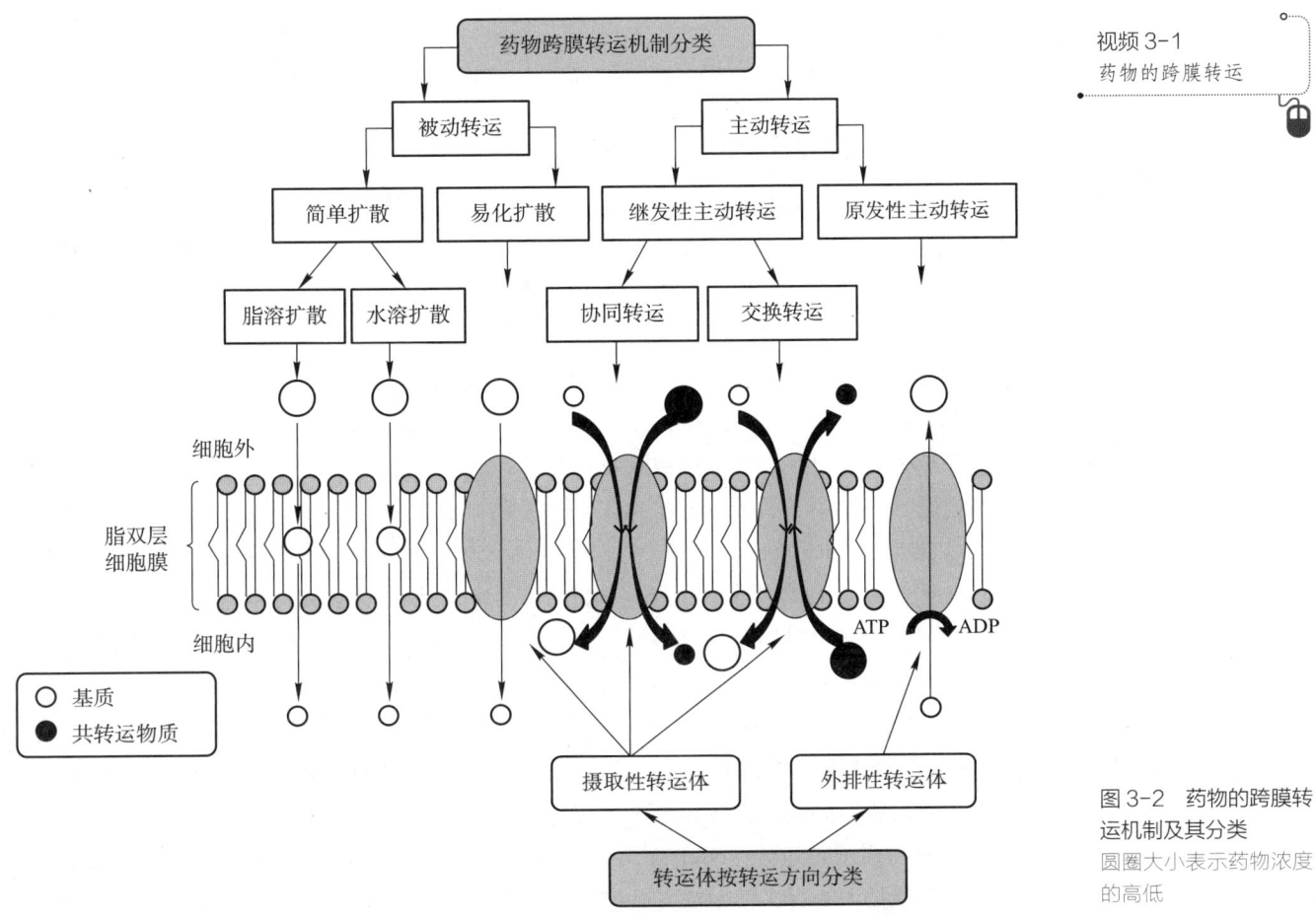

图 3-2 药物的跨膜转运机制及其分类
圆圈大小表示药物浓度的高低

质（如水、乙醇、尿素等），借助膜两侧的流体静压和渗透压差被水从高压一侧带到低压一侧的过程。其扩散速率与药物在膜两侧的浓度差成正比。各种细胞膜的孔径大小不同，相对分子质量大于 100 的物质通常不能通过，只有某些离子、水及水溶性小分子可通过。由于对通过细胞膜孔径物质的相对分子质量大小和电荷有限制，故又称为限制扩散（restricted diffusion）。

简单扩散具有不消耗能量、不需要载体、无饱和现象、无竞争性抑制现象和转运速度与膜两侧的浓度差成正比等被动转运的特点。当生物膜两侧药物浓度达到平衡时，转运即停止。简单扩散的跨膜转运过程符合一级动力学，并遵循 Fick 扩散定律。

药物脂溶性的大小与药物的解离度有关。临床常用药物多为弱酸性或弱碱性有机化合物，在体液中以离子型和非离子型两种形式存在。离子型药物脂溶性小，极性大，不易被动扩散；非离子型药物脂溶性大，极性小，容易被动转运。药物本身的 pK_a（弱酸性或弱碱性药物解离常数的负对数）及周围体液的 pH 影响药物的解离程度，它们之间的关系可用 Henderson-Hasselbalch 方程式表示：

弱酸性药物

$$HA \rightleftharpoons H^+ + A^-$$

$$K_a = \frac{[H^+][A^-]}{[HA]}$$

$$pK_a = pH - \lg\frac{[A^-]}{[HA]}$$

弱碱性药物

$$BH^+ \rightleftharpoons H^+ + B$$

$$K_a = \frac{[H^+][B]}{[BH^+]}$$

$$pK_a = pH - \lg\frac{[B]}{[BH^+]}$$

$$pH - pK_a = \lg \frac{[A^-]}{[HA]} \qquad\qquad pK_a - pH = \lg \frac{[BH^+]}{[B]}$$

$$\therefore 10^{pH-pK_a} = \frac{[A^-]}{[HA]} \text{即} \frac{[\text{离子型}]}{[\text{非离子型}]} \qquad \therefore 10^{pK_a-pH} = \frac{[BH^+]}{[B]} \text{即} \frac{[\text{离子型}]}{[\text{非离子型}]}$$

当 [HA] = [A⁻] 时，pH = pK_a　　　　　当 [B] = [BH⁺] 时，pH = pK_a

由上式可见，当 pH = pK_a 时，则 [HA] = [A⁻]，[B] = [BH⁺]，即 pK_a 等于弱酸性或弱碱性药物在 50% 解离时溶液的 pH。每个药物都有其固定的 pK_a 值。当 pK_a 与 pH 的差值以数学值增减时，药物的离子型与非离子型的比值以指数值相应变化。因此，药物所在体液 pH 的微小变化，便能显著改变药物的解离度，影响药物在体内的转运。非离子型药物可以自由透过生物膜，而离子型药物则被限制在膜的一侧，这种现象被称为离子障（ion trapping）。例如，弱酸性药物在胃液中非离子型多，在胃中即可被吸收；相反，弱碱性药物在酸性胃液中离子型多，不易被吸收，在碱性肠液中非离子型多，因此易在小肠被吸收。

（2）易化扩散（facilitated diffusion）：是载体转运的一种，此种转运的特点是顺浓度差，不消耗能量，但是需要载体或通道介导，因此存在饱和现象和竞争性抑制现象。氨基酸、葡萄糖、D- 木糖、季铵盐类药物和体内一些离子（如 Na^+、K^+、Ca^{2+} 等）都采用此种转运方式。易化扩散可加快药物的转运速率，其扩散速率比简单扩散要快。

2. 主动转运（active transport） 即药物从低浓度一侧跨膜向高浓度一侧的转运，又称逆流转运或上山运动。这种转运方式的特点包括：①消耗能量，②需载体参与，③有饱和现象，④有竞争性抑制现象。膜一侧的药物转运完毕后转运即终止。如丙磺舒和青霉素在肾小管经同一分泌型转运体（有机阴离子转运体，OATs）转运，两者合用时，前者通过竞争性抑制后者在肾小管的分泌，使青霉素排泄减慢，血中浓度升高，从而增强青霉素的疗效。生物膜的脂双层中镶嵌的蛋白质具有载体作用，当其被催化激活、产生构型改变时，便能运载药物通过生物膜，随后与药物解离，返回原位置而恢复原来状态。逆药物浓度梯度的载体转运因消耗能量，属于主动转运，如药物转运体介导的转运。顺药物浓度梯度的载体转运因不消耗能量属于被动转运，如易化扩散。载体转运的速率大大超过被动扩散，其特点是对转运药物具有选择性。常见的主动转运又可分为原发性主动转运和继发性主动转运。

深入学习 3-1
原发性主动转运和继
发性主动转运

（1）原发性主动转运（primary active transport）：又称一次性主动转运，即直接利用 ATP 分解成 ADP 释放出的游离自由能来转运物质的方式。

（2）继发性主动转运（secondary active transport）：又称二次性主动转运，即不直接利用分解 ATP 产生的能量，而是与原发性主动转运中的转运离子相耦合，间接利用细胞内代谢产生的能量来进行转运。

3. 膜动转运 大分子物质的转运常伴有膜的运动。膜动转运又分为两种情况：①胞吞（endocytosis），又名入胞，指某些液态蛋白质或大分子物质可通过生物膜内陷形成的小细胞吞噬而进入细胞内的过程，如垂体后叶素粉剂，可从鼻黏膜给药吸收；②胞吐（exocytosis），又称出胞，指将某些液态大分子通过胞裂外排或出胞，从胞内转运到胞外的过程，如腺体分泌物及递质的释放等。

深入学习 3-2
药物转运体与合理用药

（二）药物转运体

药物转运体（drug transporter）属于跨膜转运蛋白，是药物载体的一种。机体的肠道、肝、肾、脑等重要器官均存在多种与转运药物及内源性物质相关的转运体（图 3-3）。药物经转运体转运是主动转运过程。按转运机制和方向的不同，转运体可分为摄取性转运体（uptake transporter）和外排性转运体（efflux transporter）两种（图 3-2）。摄取性转运体的主要功能是促进药物向细胞内转运，促进吸收，如小肠的寡肽转运体 1（oligopeptide transporter 1，PEPT1）促进寡肽的吸收；而外排性转运体的主要功能则是将药物从细胞内排出，限制药物的吸收，其功能类似排出泵，如 P- 糖蛋白（P-glycoprotein，P-gp）。外排性转运体将抗肿瘤药排出细胞外是肿瘤细胞产生多药耐药的原因之一。很多药物联合用药时发生相互作用的靶点就是药物转运体。药物转运体对 ADME 过程的影响与药物疗效、相互作用、不良反应及药物解毒等密切相关。目前，药物转运体对药动学影响的研究越来越多地被临床所重视，是临床安全合理用药的重要内容。

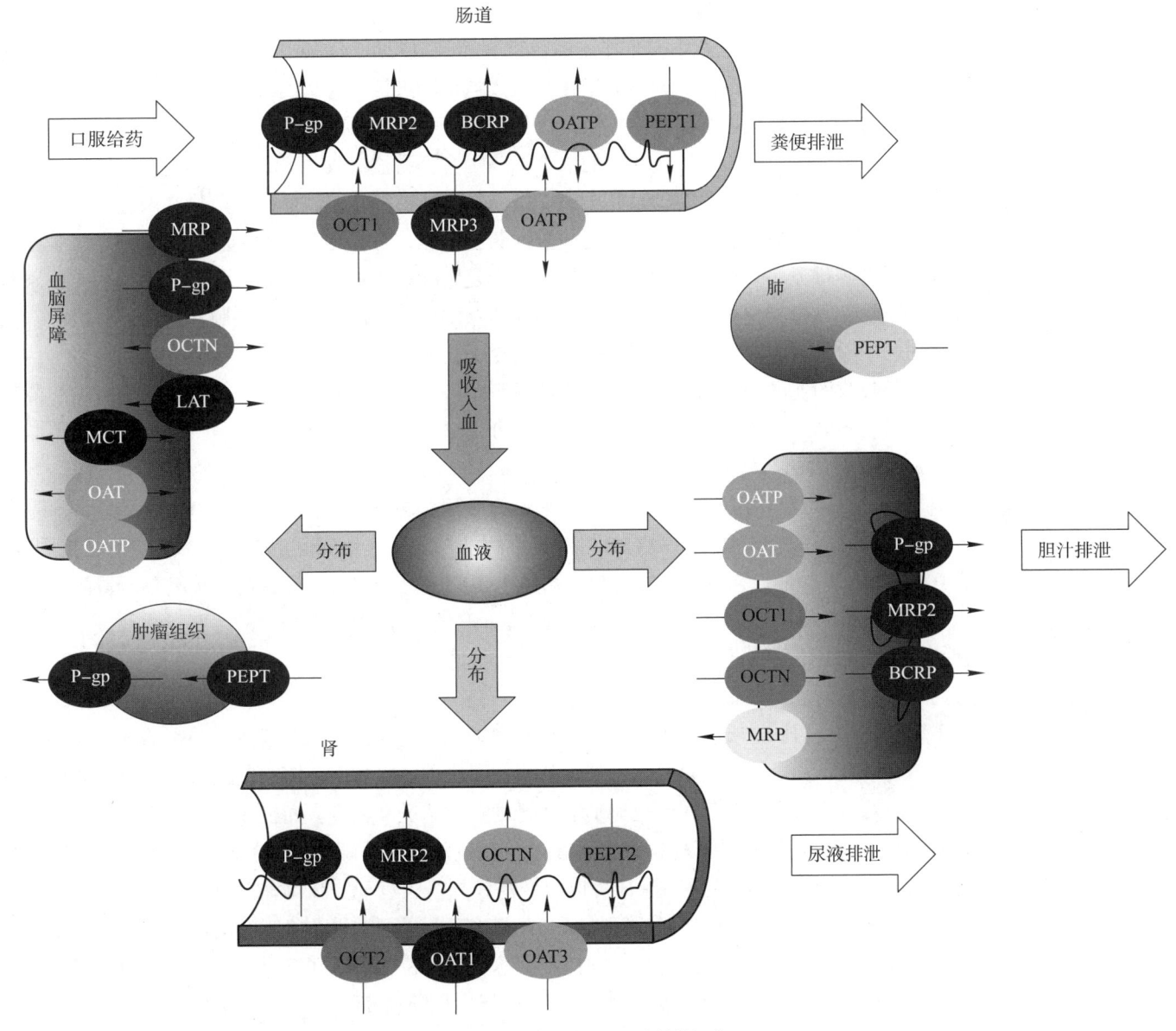

图 3-3 机体主要器官的转运体

箭头表示转运体转运药物的方向，缩写代表各种转运体

BCRP：乳腺癌耐药蛋白（breast cancer resistance protein）；MRP：多药耐药相关蛋白（multidrug resistance-associated protein）；OAT：有机阴离子转运体（organic anion transporter）；OCT：有机阳离子转运体（organic cation transporter）；OATP：有机阴离子转运多肽（organic anion transporting polypeptide）；OCTN：有机阳离子 / 肉碱转运体（organic cation/carnitine transporter）

三、药物在体内的 ADME 过程

药物从进入机体到离开机体可经历 ADME 过程。在此过程中，药物在体内的量随时间的推移而变化。

（一）吸收

吸收是指药物从给药部位进入血液循环的过程。对于静脉注射给药，因药物被直接注入血液中，因此不存在药物的吸收过程。非血管内给药方式均存在吸收过程，多数药物以被动转运方式吸收，少数药物的吸收为其他转运方式吸收。

药物的吸收速度决定药物产生作用的快慢，而吸收程度则影响药物作用的大小。一般来说，药物吸收的速度和程度取决于药物的理化性质，包括脂溶性、解离度及其相对分子质量。因脂溶性药物可溶于生物膜的类脂质中而扩散，故较易被吸收；但对水溶性药物而言，单纯经被动扩散不易被吸收，只有具备主动转运能力的水溶性药物才容易被吸收；另一方面，对弱酸性或弱碱性药物而言，由于离子障的存在，只有非离子型药物才能跨膜转运。弱酸性药物在碱性环境下因其解离度增大，不易被吸收。临床上如遇弱酸性药物中毒，可采用弱碱性药物碱化尿液，减少其重吸收，促进其排泄而解毒。相对分子质量大小也是影响药物吸收的因素，相对分子质量大的水溶性药物不易被吸收，相对分子质量小的水溶性药物则可自由通过生物膜的膜孔扩散而被吸收。如果相对分子质量较大，尽管是脂溶性药物，吸收也受限。

药物吸收的速度和程度除了受其理化性质影响外，还有一些其他影响因素，其中较重要的是给药途径，不同的给药途径有不同的药物吸收过程和特点。

1. 消化道内的药物吸收

（1）口服给药（oral administration）：是最为常用和方便的给药途径，其吸收部位为胃肠道。成人胃的容量一般为 1～2 L，具有暂时贮存食物的功能。胃表面覆盖着一层黏膜组织，胃内 pH 为 0.9～1.5，呈强酸性，对于多数弱酸性药物来说，主要呈非离子型，可以被吸收。胃的吸收面积较小，血流不丰富，加之药物在胃中停留的时间较短，故胃不是药物的主要吸收部位。人的小肠长约 4 m，小肠黏膜具有环形皱褶，其上有大量的小肠绒毛，可提供较大的吸收面积，故口服给药后，药物的主要吸收部位在小肠。

影响药物经胃肠道吸收的因素包括药物本身和机体两方面，如前所述，药物的理化性质（脂溶性、解离度、相对分子质量等）可影响药物在胃肠道的吸收，不同制剂或不同剂型因其在胃肠中的释放速度和溶解速度不同，也能影响药物的吸收速度和程度。而机体方面的因素包括：①胃肠内 pH：胃肠 pH 决定局部药物解离的多少。一般而言，弱酸性药物易在胃吸收，而弱碱性药物则易从小肠吸收。改变胃肠道 pH 可以改变药物的吸收过程。②胃排空速度和肠蠕动：若胃的排空速度慢，药物在胃中停留时间延长，易在胃中吸收的弱酸性药物吸收会增加。由于大多数药物的主要吸收部位是小肠，故胃排空加快，到达小肠部位所需时间缩短，有利于药物的吸收。肠蠕动增强能促进固体制剂的崩解与溶解，利于药物与肠黏膜接触，加速药物吸收。③胃肠内容物：如食物中含有脂溶性成分或某些物质能与药物形成复合物，可影响药物的吸收。④首过效应（first-pass effect）：又称首过消除，是指某些药物首次通过肠上壁或肝时被其中的酶代谢，使进入体循环的有效药量减少的现象。首过效应明显的药物即使全部被肠黏膜上皮细胞吸收，其进入体循环的药量仍然显著减少，故这样的药物不宜口服给药，如硝酸甘油，首过效应约 95%，

故通常由舌下给药。因首过效应主要决定于肠黏膜及肝的酶活性，所以这种现象是剂量依赖性的。小剂量药物因首过效应而被灭活的比例可能较大；但当给予大剂量的药物，超过酶的催化能力时，则进入体循环的原型药的比例会明显增加。因此，增加剂量是克服因首过效应而使药物作用降低的办法之一，但这仅适合于治疗指数高的药物。否则，增加剂量常致毒性反应的发生。此外，改变给药途径（如舌下、直肠给药）也可不同程度克服首过效应。⑤药物转运体：胃肠道存在很多影响药物吸收的转运体。如小肠的 PEPT1 为摄取性转运体，主要转运二、三肽等肽类物质。水溶性 β- 内酰胺类抗生素由于有与二肽相似的结构，也是 PEPT1 的底物，由 PEPT1 介导经小肠吸收。作为外排性转运体的 P-gp 位于小肠绒毛端上皮细胞的顶侧膜（刷状缘膜），其功能是将小肠上皮细胞内的药物"泵"到肠腔而排出，导致吸收减少。抗肿瘤药紫杉醇、长春新碱等为 P-gp 的底物，为避免其在肠道被 P-gp 外排，常采用静脉给药方式。

（2）舌下给药（sublingual administration）：药物通过舌下给药经舌下静脉丛吸收直接进入血液循环，可避免首过效应。适用于少数效价强度高、脂溶性大、在胃液中不稳定、在肝内易被迅速代谢的药物，如硝酸甘油、异丙肾上腺素等。但因舌下吸收面积小，吸收量有限，故舌下给药不能成为常规的给药途径。

（3）直肠给药（rectal administration）：是利用药物在直肠部位的吸收，发挥局部或全身的治疗作用。其优点是部分药物经肛管静脉和直肠下静脉吸收后进入下腔静脉，可避开肝的首过效应，从而提高药物的生物利用度。直肠给药还可避免药物引起的胃刺激。但是，如果栓剂插入过深，药物吸收后进入直肠上静脉，则仍经过门静脉入肝而不能避开首过效应。由于直肠给药吸收不完全和不规则，很多药物对直肠还有部分的刺激性，因此也不作为常规的给药途径。

2. 消化道外的药物吸收

（1）注射给药（injection）：是将药物直接注射到血管内或注射到血流丰富的某些部位，包括静脉注射、皮下注射、肌内注射等。注射给药的吸收速度一般较口服快，生物利用度较高。给药后，药物首先向周围含水丰富的组织扩散，然后通过毛细血管进入血液循环。药物的水溶性和注射部位的血流量影响药物的吸收速率。水溶性高的药物易于在注射部位扩散，吸收面积大，有利于吸收；某些药物的混悬剂皮下注射可产生缓慢而持久的作用。此外，某些药物注射给药并不比口服给药吸收快，如地西泮、苯妥英、氨苄西林等。在血流丰富的注射部位如骨骼肌等，药物吸收速度较快。需要注意的是，由于静脉注射给药是将药物直接注射入血管内，因此没有吸收过程，且药物 100% 进入血液循环，具有剂量准确和起效迅速等优点，适用于药物容积大、不易吸收或对胃肠道刺激性强的药物。

（2）吸入给药（inhalation）：药物的吸收是在肺泡中进行的。人的肺泡有 3 亿多个，总面积达 200 m^2，与小肠的有效吸收面积接近。肺泡壁与毛细血管相连，血流非常丰富，药物可直接进入血液循环而避免首过效应。

（3）经皮给药（transdermal delivery）：经皮给药系统（transdermal drug delivery system）的药物制剂包括贴剂、软膏剂、硬膏剂、涂剂及气雾剂等。对于一些局部外用的药物，可以考虑制成经皮吸收制剂，利用药物皮肤吸收的特点，达到缓释和控释的目的。

（4）鼻腔给药（nasal delivery）：鼻腔黏膜有大量的细微绒毛，可显著增加药物吸收的表面积，鼻上皮细胞有丰富的毛细血管，能使体液迅速通过血管壁进入血液循环，因此药物吸收迅速，吸收程度高，某些药物的吸收速率甚至可与注射剂相比。此外，研究发现，鼻腔黏膜是化合物进入中枢神经系统及外周循环系统的理想途径，其转运机制尚不完全明确。药物经鼻腔吸收，不受首过效应的影响。

（二）分布

分布是指吸收入血的药物随血液循环向各个组织器官转运的过程。大多数药物的分布过程属于被动转运，少数为主动转运。多数药物在体内的分布是不均匀的，药物首先分布到血流量大的组织器官，然后再向肌肉、皮肤或脂肪等血流量少的组织器官转移，这种现象称为再分布（redistribution）。给药后经过一段时间，血液和组织器官中的药物浓度达到相对平衡，此时血浆中的药物浓度可以间接反映靶器官的药物浓度水平。药物的分布速率取决于药物的理化性质、器官血流量、药物与血浆蛋白结合及膜的通透性等因素，其中较重要的是药物与血浆蛋白结合。影响药物分布的主要因素如下：

1. 药物与血浆蛋白结合　药物进入血液后，与血浆蛋白可发生不同程度的结合，成为结合型药物，未与血浆蛋白结合的药物为游离型药物。游离型药物可通过毛细血管的内皮细胞层进入组织外液，然后通过组织细胞膜进入组织细胞内（有时可与细胞内成分结合），从而完成分布过程，这个过程是可逆的。一般来说，酸性药物主要与血浆中的白蛋白结合，而碱性药物除了与白蛋白结合外，还可与球蛋白和 α_1 酸性糖蛋白结合。药物与血浆蛋白结合量取决于游离型药物的量、药物与血浆蛋白的亲和力及血浆蛋白浓度。需要注意的是，只有游离型药物才能发挥药理活性，结合型药物分子体积增大，妨碍其转运到作用部位，故药理活性暂时丧失。但结合型药物可随着血中游离药物浓度的下降而解离，故血浆蛋白可认为是药物的暂时储库。药物和血浆蛋白结合具有降低和稳定血液中游离药物浓度、促进药物继续吸收的作用。

药物与血浆蛋白结合的能力可用血浆中结合型药物浓度与总药物浓度的比值（结合率）来衡量。药理学专著所收载的药物血浆蛋白结合率是在常用剂量范围内对正常人的测定值。在有效血药浓度下，血浆蛋白结合率可以认为与血药浓度无关，而只反映药物和血浆蛋白结合的能力。然而在有效血药浓度范围内，也有极少数药物与血浆蛋白的结合接近饱和，若血药浓度再进一步增加，游离型药物比结合型药物增加更快，稍增剂量即可引起血药浓度迅速增加，引发毒性反应。当两种药物竞争同一血浆蛋白结合位点时，可能引起游离型药物浓度增加，作用和毒性均增强。如血浆蛋白结合率为 99% 的 A 药与血浆蛋白结合率为 98% 的 B 药合用时，前者被后者置换使血浆蛋白结合率下降 1%，便可使游离型的 A 药由原来的 1% 升高到 2%，即具有药理活性的游离型 A 药的浓度在理论上可达 2 倍，可能导致 A 药的毒性反应。因此，两种血浆蛋白结合率高的药物联合应用时，应充分考虑在蛋白结合位点上产生的竞争性抑制现象对药物作用的影响。药物与内源性化合物也可在血浆蛋白结合部位发生竞争性置换作用，如磺胺异噁唑可将胆红素从血浆蛋白结合部位置换而导致新生儿发生胆红素脑病（又称核黄疸）。

2. 器官血流量与膜的通透性　人体各组织器官的血流量有很大的差别，药物由血液向组织器官的分布速度主要取决于该组织器官的血流量和膜的通透性。其中肝、心、脑、肾等器官血流丰富，药物分布快且组织药物含量高；而皮肤、脂肪、肌肉等组织血流相对较少，药物分布慢且含量较低。例如，静脉注射高脂溶性的麻醉药硫喷妥钠，首先大量进入血流量大的脑组织而发挥麻醉作用，而后再向血流量少的脂肪组织转移，使患者迅速苏醒。

3. 体液的 pH 和药物的解离度　在生理情况下，细胞内液 pH 为 7.0，细胞外液 pH 为 7.4，由于弱酸性药物在弱碱性环境下离子型多，故细胞外液的弱酸性药物不易进入细胞内。因此，弱酸性药物在细胞外液浓度高于细胞内，弱碱性药物则相反。改变血液的 pH 可相应改变其原有的分布特点。

4. 细胞膜屏障　有些药物要通过特殊的细胞膜屏障才能到达靶器官发挥作用。常见的细胞膜屏障如下：

（1）血脑屏障（blood-brain barrier）：是指血管壁、神经胶质细胞形成的血浆与脑细胞外液间的屏障和由脉络丛形成的血浆与脑脊液间的屏障。血脑屏障能阻止许多大分子、水溶性或离子型药物进入脑组织，只有脂溶性较高的药物才能以简单扩散的方式转运至脑细胞。应该注意的是，某些因素如急性高血压或静脉注射高渗溶液可以降低血脑屏障的功能，炎性反应也能改变其通透性。因此，青霉素在健康人即使静脉注射大剂量也难以进入脑脊液，但在脑膜炎患者中青霉素却能进入脑脊液中，且可达到有效浓度。

一般来说，脂溶性高的药物容易通过生物膜进入血脑屏障，但亦有例外，许多高亲脂性药物（如环孢素、长春新碱、多柔比星等）却不能通过。原因是脑毛细血管内皮细胞可高表达外排性转运体 P- 糖蛋白（P-gp），其外排作用是某些高亲脂性药物不能进入血脑屏障的原因。脑毛细血管内皮细胞除了存在 P-gp 外，还有其他转运体，如碱性肽转运体、单羧酸类转运体等。这些转运体对外源性有机酸及天然乳酸在血脑屏障转运过程中发挥重要作用。

（2）胎盘屏障（placental barrier）：是指胎盘绒毛与子宫血窦间的屏障，能将母体与胎儿的血液分开。胎盘屏障能阻止水溶性或离子型药物进入胎儿体内，但脂溶性较高的药物能通过胎盘屏障。由于某些能通过胎盘的药物对胎儿有毒性甚至可以导致畸胎，因此孕妇用药应特别谨慎。

近来研究发现，胎盘屏障特别是在胎盘的滋养层细胞上也可高度表达 P-gp，P-gp 发挥外排泵的作用，导致药物逆向转运，从而保护胎儿免遭 P-gp 底物的损害。

（3）血眼屏障（blood-eye barrier）：是血液与视网膜、血液与房水、血液与玻璃体屏障的总称。脂溶性药物及相对分子质量小于 100 的水溶性药物易于通过。由于有血眼屏障，全身给药时药物很难在眼中达到有效浓度，因此需要采用滴眼或结膜下注射、球后注射及结膜囊给药的方式。

其他生理屏障还有血关节囊液屏障等，使药物在关节囊中难以达到有效浓度。对此应该采用局部直接注射给药以达到治疗的目的。

5. 药物与组织的亲和力　药物与组织的亲和力不同可导致药物在体内选择性分布，是某些药物在特定组织中的浓度远高于血浆浓度的根本原因。如碘对甲状腺组织有高度亲和力，使其在甲状腺中的浓度超过其他组织达 1 万倍左右。所以放射性碘可用于甲状腺功能的测定和对甲状腺功能亢进症的治疗。氯喹在肝内的浓度比在血浆中浓度高出 700 多倍，故常选氯喹治疗阿米巴肝脓肿。

6. 药物转运体　可影响药物的分布，特别是在药物发生相互作用时，其对分布的影响有时甚至导致临床出现危象。

抗心律失常药奎尼丁与止泻药洛哌丁胺均为 P-gp 的底物。洛哌丁胺单用时通过在外周作用于肠道的阿片受体而产生止泻作用，其之所以不能进入中枢是由于中枢 P-gp 的外排作用。但当其与奎尼丁合用后，由于奎尼丁抑制了中枢的 P-gp，导致洛哌丁胺进入中枢并作用于中枢的阿片受体，产生严重的呼吸抑制作用。

（三）代谢

在体内吸收、分布的同时，进入体内的药物在药物代谢酶的作用下发生化学结构的改变，称为代谢或生物转化（biotransformation）。大多数药物经生物转化后失去药理活性，称为灭活；少数药物经代谢后，药理活性从无到有或从弱变强，称为活化。脂溶性药物被转运到肾后，容易在肾小管管腔被重吸收，阻碍其肾排泄。通过酶促反应，药物生物转化的结果是增加脂溶性药物和其他外源性物质的极性，利于其从肾排出体外。

1. **药物代谢部位**　组织器官代谢药物的能力主要与药物代谢酶的分布及局部血流量有关。肝由于血流量大且含有大部分代谢酶，成为多数药物的主要代谢器官。其他器官，如小肠、肾、肺及脑等对药物也具有不同程度的代谢能力，有的药物还被肠内细菌代谢。

2. **药物代谢方式**　药物体内代谢通常分为两相反应：Ⅰ相反应（phase Ⅰ reaction）和Ⅱ相反应（phase Ⅱ reaction）（图3-4）。

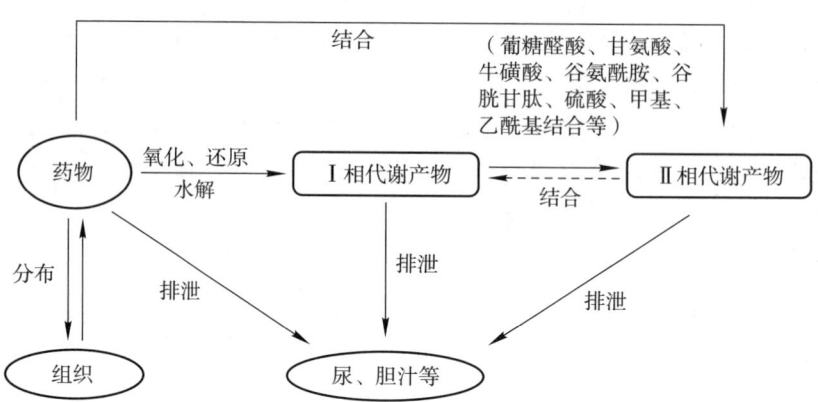

图3-4　药物代谢方式

（1）Ⅰ相反应：包括氧化（oxidation）、还原（reduction）、水解（hydrolysis）过程，主要由肝微粒体混合功能氧化酶（细胞色素P450，cytochrome P450，CYP）及存在于细胞质、线粒体、血浆、肠道菌丛中的非微粒体酶催化。在该过程中，药物化学结构改变的特点是被引入或暴露出极性集团，如—OH、—COOH、—NH$_2$或—SH等。该反应使大部分药物的药理活性灭活，但也有少数药物被活化而作用增强，甚至形成毒性的代谢物。氧化反应的类型有硫氧化、氮氧化、环氧化、胺氧化、烯氧化、醇氧化等，还原反应类型有硝基还原、羰基还原、偶氮还原等，水解类型包括酯键水解、酰键水解、糖苷水解等。

（2）Ⅱ相反应：为结合（conjugation）反应，该过程是药物分子结构中暴露出来的极性基团与体内的化学成分如葡糖醛酸、硫酸、甘氨酸、谷胱甘肽等发生共价键结合，生成易溶于水且极性高的代谢物，以利于迅速排出体外。

每种药物代谢的方式不同，有的只需经过Ⅰ相或Ⅱ相反应，但多数药物要经过两相反应。主要是从Ⅰ相到Ⅱ相反应序贯进行，个别药物如异烟肼的酰肼部分却先经Ⅱ相的乙酰化反应，然后再进行Ⅰ相的水解反应。

3. **药物代谢酶**　药物代谢依赖于酶的催化，主要包括Ⅰ相代谢酶和Ⅱ相代谢酶，前者包括专一性酶和非专一性酶。

（1）专一性酶：如胆碱酯酶和单胺氧化酶分别代谢乙酰胆碱和单胺类药物。

（2）非专一性酶：如肝微粒体混合功能氧化酶系统，简称肝药酶。肝微粒体混合功能氧化酶系统中最主要的酶为CYP。CYP是一个基因超家族（superfamily），根据这些基因所编码蛋白质的相似程度，可将其划分为不同的基因家族（family）和亚家族（subfamily）。一般认为，同一家族的氨基酸序列应有40%以上是一致的，而同一亚家族内蛋白质的氨基酸序列应有55%以上一致性。CYP基因超家族命名的原则是：以CYP开头，其后所连接的阿拉伯数字表示基因家族，紧接的大写英文字母表示亚家族，最后的阿拉伯数字表示某个CYP酶的基因号码，如CYP3A4。在人类肝中与药物代谢密切相关的CYP主要是CYP1A2、CYP2A6、CYP2C9、

CYP2C19、CYP2D6、CYP2E1 和 CYP3A4，它们占肝中 CYP 总含量的 75% 以上。肝药酶具有以下特性：①选择性低，可催化多种药物；②变异性大，个体差异大；③活性易受多种因素的影响，可能增强或减弱。

Ⅱ 相代谢酶主要包括与葡糖醛酸结合的尿苷 -5'- 二磷酸葡糖醛酰转移酶（uridine-5'-diphosphate glucuronosyltransferase，UGT）、谷胱甘肽 S- 转移酶、磺基转移酶、甲基转移酶和 N- 乙酰基转移酶等。

4. 影响药物代谢的因素 影响药物代谢的因素很多，可使药物代谢加快或减慢。了解这些影响因素，对于如何根据患者的病理、生理状态和药物特点作适当调整，充分发挥药物疗效、降低毒副作用，具有重要意义。

（1）酶诱导和酶抑制

1）酶诱导：某些化学物质能提高肝药酶的活性，从而使药物代谢加快，该现象称为酶诱导（enzyme induction）。具有酶诱导作用的药物称为酶诱导剂（enzyme inducer）。酶诱导作用可产生两种临床后果：①疗效减弱：由于药酶诱导后代谢加快、血浆药物浓度降低，治疗效果也相应减弱。例如，苯巴比妥是典型的酶诱导剂，能加速华法林的代谢，使其抗凝效果降低。利福平是肠道及肝 CYP3A4 的强诱导剂，可导致皮质激素、环孢素、奎尼丁、地西泮、华法林及地高辛的清除率明显增加，治疗效果减弱。为了维持这些药物的疗效，在合用利福平时应相应增加它们的剂量。②疗效增强，甚至产生毒性反应：这主要是指那些在体内活化或产生毒性代谢物的药物。例如，乙醇是肝 CYP2E1 的酶诱导剂，长期饮酒可增加对乙酰氨基酚的肝毒性。这是因为 CYP2E1 酶活性升高，使对乙酰氨基酚毒性代谢物增多。

2）酶抑制：某些化学物质能降低肝药酶的活性，从而使药物代谢减慢，该现象称为酶抑制（enzyme inhibition）。具有酶抑制作用的药物称为酶抑制剂（enzyme inhibitor）。酶抑制作用也可产生两种临床后果：①疗效减弱：这主要是对于那些在体内活化的药物，当药酶被抑制后，活性代谢物生成减少，药物作用减弱。如可待因在体内代谢过程中有少量可被 CYP2D6 代谢为具有镇痛作用的吗啡，当其与 CYP2D6 抑制剂合用时，因吗啡生成量减少而使镇痛作用降低。②疗效增强：对于在体内灭活的药物来说，酶抑制后，代谢减慢，作用增强，甚至导致毒性反应。如酮康唑是 CYP3A4 的竞争性抑制剂，当其与被同酶催化的特非那定合用时，可导致特非那定代谢明显减慢，血药浓度明显增加，甚至诱发致命性的心律失常。

临床上常用的肝 CYP 的诱导剂与抑制剂见表 3-1。

（2）生理因素：影响药物代谢的生理因素主要包括年龄、性别、种族及疾病等。

1）年龄：不同年龄段的人对药物的代谢可能有明显的差异，如儿童的代谢功能尚未发育完全，老年人的代谢功能逐渐降低，因此，儿童和老年人用药剂量要比成人低。胎儿及新生儿的肝药酶活性低，甚至缺乏活性，所以胎儿及新生儿用药时，多数情况下不仅药效高，而且容易产生毒性。

2）性别：男性和女性体内肝药酶的含量及活性均有差异。如女性的 CYP2C19 及 CYP3A4 活性可能高于男性。

3）种族与个体差异：在人群中药物代谢存在明显的个体差异，造成这种差异的原因有遗传学差异和非遗传学差异。遗传学差异主要由种族或家族遗传特性所引起，研究显示肝药酶的活性强弱是由遗传因子决定的，而非遗传学差异主要由年龄、性别、肝功能、药物代谢的时间周期节律、营养状态等引起。

表 3-1　临床上常用的肝 CYP 的诱导剂与抑制剂

CYP	诱导剂	抑制剂
3A4	苯巴比妥、苯妥英、地塞米松、卡马西平、利福平、醋竹桃霉素、咪达唑仑	酮康唑、孕二烯酮、西咪替丁、伊曲康唑、红霉素、醋竹桃霉素、葡萄柚汁
2C9	苯巴比妥、利福平	磺胺苯吡唑、苯妥英、氟康唑、华法林、甲苯磺丁脲、三甲双酮
1A2	奥美拉唑、兰索拉唑、咖啡因、肼屈嗪	呋拉茶碱、氟伏沙明、环丙沙星、环丙贝特
2C19	苯巴比妥、利福平	氟康唑、氟伏沙明、美芬妥英
2E1	异烟肼、乙醇	双硫仑、红霉素、环孢素
2A6	地塞米松、苯巴比妥、利福平	香豆素、奎尼丁、丁呋洛尔、氟西汀
1A1	3-甲基胆蒽、二噁英	7,8-苯并黄酮、美替拉酮
2C8	利福平	磺胺苯吡唑

　　4）疾病：疾病可能会影响代谢器官的功能。如肝是最主要的代谢器官，肝功能障碍可能导致药物代谢能力降低，从而使血药浓度升高、半衰期延长，因此，有些药物在对肝功能不全的患者用药时，需调整剂量。

　　（3）药物因素：药物的光学异构体、给药剂量及给药途径都可影响体内药物代谢的快慢。不同的异构体具有不同的药理活性，这可能是由于体内药酶及药物受体具有立体选择性，使不同的异构体显示出代谢差异。随着药物剂量的增加，体内药酶不断接近饱和状态，再增加剂量，就可能导致药物浓度非线性地迅速增加，出现中毒反应。给药途径所产生的代谢差异主要与药物代谢酶在体内的分布及局部组织血流量有关。在肝和胃肠道中存在多种药物代谢酶，有些口服药物的首过效应较明显而使血药浓度降低。

　　（四）排泄

　　排泄是指药物以原型或代谢产物的形式通过排泄器官或分泌器官排出体外的过程。大多数药物及其代谢产物的排泄为被动转运，少数以主动转运方式排泄，如青霉素。机体的排泄或分泌器官主要是肾，其次是胆管、肠道、唾液腺、乳腺、汗腺、肺等。

　　1. 肾排泄　肾是最主要的排泄器官，大多数游离型药物及其代谢产物能通过肾小球滤过，进入肾小管而被排泄；少数药物从近球小管主动分泌到肾小管腔而排泄。药物及其代谢产物经肾排泄有三种方式：肾小球滤过、肾小管主动分泌和肾小管被动重吸收。前两个过程是血中药物进入肾小管腔内，后一个过程是将肾小管腔内的药物再转运至血液中。

　　（1）肾小球滤过：肾小球毛细血管网的基膜通透性较大、滤过压较高，相对分子质量较小的物质均可以自由通过。影响药物从肾小球滤过的主要因素是药物与血浆蛋白的结合程度及肾小球滤过率。肾小球滤过率降低或药物的血浆蛋白结合程度高均可使滤过药量减少。结合型药物相对分子质量较大，一般超过 50 000，不能从肾小球滤过。游离型药物相对分子质量较小（多数药物相对分子质量小于 1 000），容易通过具有较大筛孔的滤过膜。

　　（2）肾小管分泌：为主动转运过程，药物逆浓度梯度地从毛细血管穿过肾小管膜而到达肾小管。肾小管上皮细胞有两类转运系统，即有机酸与有机碱转运系统，分别转运弱酸性和弱碱性药物。分泌机制相同的两药合用，可发生竞争性抑制。如丙磺舒与青霉素合用时，青霉素血浆浓度升高、疗效增强，其原因就是丙磺舒竞争性地抑制了肾小管的有机阴离子转运体，从而抑制了青霉素自肾小管的分泌。

（3）肾小管重吸收：游离型药物从肾小球滤过后，可在肾小管重吸收。大多数药物的肾小管重吸收为被动转运，但含锂和氟的化合物及尿酸则以主动转运被重吸收。脂溶性药物易被重吸收，脂溶性低的药物或离子型药物重吸收较为困难，弱酸或弱碱性药物的重吸收依赖于肾小管液的 pH。药物转运体也可介导某些药物经肾小管重吸收。如肾小管上皮细胞的寡肽转运体 PEPT2 可介导二肽、三肽及肽类似物 β- 内酰胺类抗生素经肾小管重吸收。

2. 胆汁排泄　某些药物经肝转化为极性较强的水溶性代谢产物后，也可自胆汁排泄。药物从胆汁排泄是一个复杂的过程，包括肝细胞对药物的摄取、贮存、转化及向胆汁的主动转运过程。药物的理化性质及某些生物学因素能影响上述过程。对于从胆汁排泄的药物，除需要具有一定的化学基团及极性外，对其相对分子质量也有一定阈值的要求，通常相对分子质量大于 500 的化合物可从人体胆汁排出，相对分子质量超过 5 000 的大分子化合物较难从胆汁排泄。

由胆汁排入十二指肠的药物可从粪便排出体外，但也有的药物再经肠黏膜上皮细胞吸收，经门静脉入肝重新进入体循环，这个反复循环的过程称为肝肠循环（hepato-enteral circulation）（图 3-5A）。肝肠循环明显的药物口服后其血药浓度 – 时间曲线呈现"双峰"或"多峰"现象（图 3-5B），这是由于药物经胆汁排泄进入小肠后再被吸收入血所致。经胆囊造口术后，"双峰"或"多峰"现象可消失。肝肠循环的临床意义视药物经胆汁的排出量而定。药物从胆汁排出量多，肝肠循环能延迟药物的排泄，使药物作用时间延长。若中断肝肠循环，半衰期和作用时间都可缩短，利于某些药物解毒。如洋地黄毒苷中毒后，口服考来烯胺可在肠内与洋地黄毒苷形成络合物，中断后者的肝肠循环，加快其从粪便排出而解毒。胆汁清除率高的药物在临床用药上有一定的意义。如氨苄西林、头孢哌酮、利福平、红霉素等主要经胆汁排泄，其胆汁浓度可达血药浓度的数倍至数十倍，故可用于抗胆道感染。主要经胆汁排泄而非肾排泄的药物，在肾功能不全时应用，常不必调整用量。

动画 3-1
肝肠循环

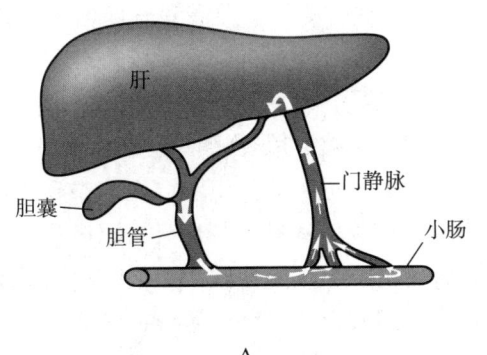
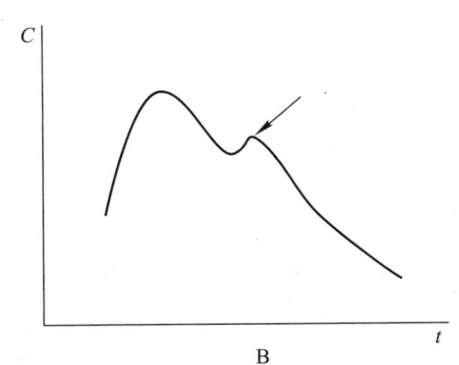

图 3-5　肝肠循环模式图（A）及典型的血药浓度 – 时间曲线（B）

3. 其他途径　有些药物可从乳汁、唾液、泪液或汗液排泄。由于乳汁偏酸性，又富含脂质，因此脂溶性强的药物及弱碱性药物易由乳汁排泄而影响乳儿，如吗啡、氯霉素等。某些药物可自唾液排出，且排出量与血药浓度有相关性。挥发性药物主要从肺排出，如吸入麻醉药等。某些药物也可从汗腺排泄，如利福平可使衣服染红。

第二节　药物的速率过程

一、药动学模型

（一）房室模型

药物在体内的处置过程相当复杂，且始终处于动态变化之中。为了定量地描述药物体内过程的动态变化规律，常常要借助数学的原理和方法来系统地阐明体内药量随时间变化的规律。房室模型理论是从速率论的角度，建立一个数学模型模拟机体。它将整个机体看成一个系统，并将该系统按动力学特性划分为若干个房室（compartment），把机体看成是由若干个房室组成的一个完整的系统，称为房室模型（compartment model）。房室的划分主要依据药物在体内各组织器官的转运速率，只要某部位的药物转运速率相同或相似，就可归纳为一个房室，但这里所说的房室只是数学模型中的一个抽象概念，并不代表解剖学上的任何组织器官。同一房室中的各组织部位的药物浓度并不一定相同，但药物在其间的转运速率是相同或相似的。根据药物在体内的动力学特性，房室模型可分为一室模型、二室模型和多室模型。一室模型和二室模型在数学处理上较为简单，应用最为广泛；多室模型的数学处理相当繁琐，其应用受到限制。

1. 一室模型　药物进入体内以后，能迅速地向各组织器官分布，并很快在血液与各组织器官之间达到动态平衡，即药物在全身各组织部位的转运速率相同或相似，此时可把整个机体看成一个房室，称之为一室模型（one-compartment model）或单室模型。一室模型并不意味着体内所有组织在任何时刻的药物浓度都一样，而是指机体各组织的药物浓度能随血浆药物浓度的改变而平行地发生变化。给药后药物可立即均匀地分布在整个房室（全身体液和组织），并以一定速率（速率常数为 K_e）从该室消除。设 X_1 为一室的药物量，V_1 为一室的表观分布容积（等于静脉给药剂量与血药浓度的比），则 $V_1 = X_1/C$。单次静脉注射属于一室模型的药物后，用血药浓度的对数对时间作图可得一条直线，即药 – 时曲线，呈单指数衰减（图 3–6A）。

2. 二室模型　药物进入体内后，很快进入机体的某些部位，但需要一段时间才能分布到其他部位。从速率论的观点将机体划分为药物分布均匀程度不同的两个独立系统，即二室模型（two-compartment model）。二室模型由两个房室组成，即中央室（central compartment）和外周室（peripheral compartment）。中央室是由一些血流比较丰富、膜通透性较好、药物易于灌注的组织（如心、肝、肾、肺、脾等）组成的，药物往往首先进入这类组织，血液中药物可迅速与这些组织中药物达到动态平衡；而将血流不太丰富、药物转运速度较慢且难以灌注的组织（如脂肪、静止状态的肌肉等）归并成另一个房室，称为外周室，这些组织中的药物与血液中的药物需经一段时间方可达到动态平衡。开放性二室模型还假定，药物仅从中央室消除。X_1 为中央室的药物量，V_1 为中央室的表观分布容积，X_2 为外周室的药物量，V_2 为外周室的表观分布容积。单次快速静脉注射属于二室模型的药物后，用血药浓度的对数对时间作图可得双指数衰减曲线（图 3–6B）。药 – 时曲线的初始血药浓度下降很快，称分布相（α 相），它主要反映药物自中央室向外周室的分布过程。当分布平衡后，曲线进入衰减相对缓慢的消除相（β 相），它主要反映药物从中央室的消除过程。药物从中央室消除的速率常数用 k_{10} 来表示，药物从中央室转运到外周室的一级速率常数用 k_{12} 表示，药物从外周室转运到中央室的一级速率常数用 k_{21} 表

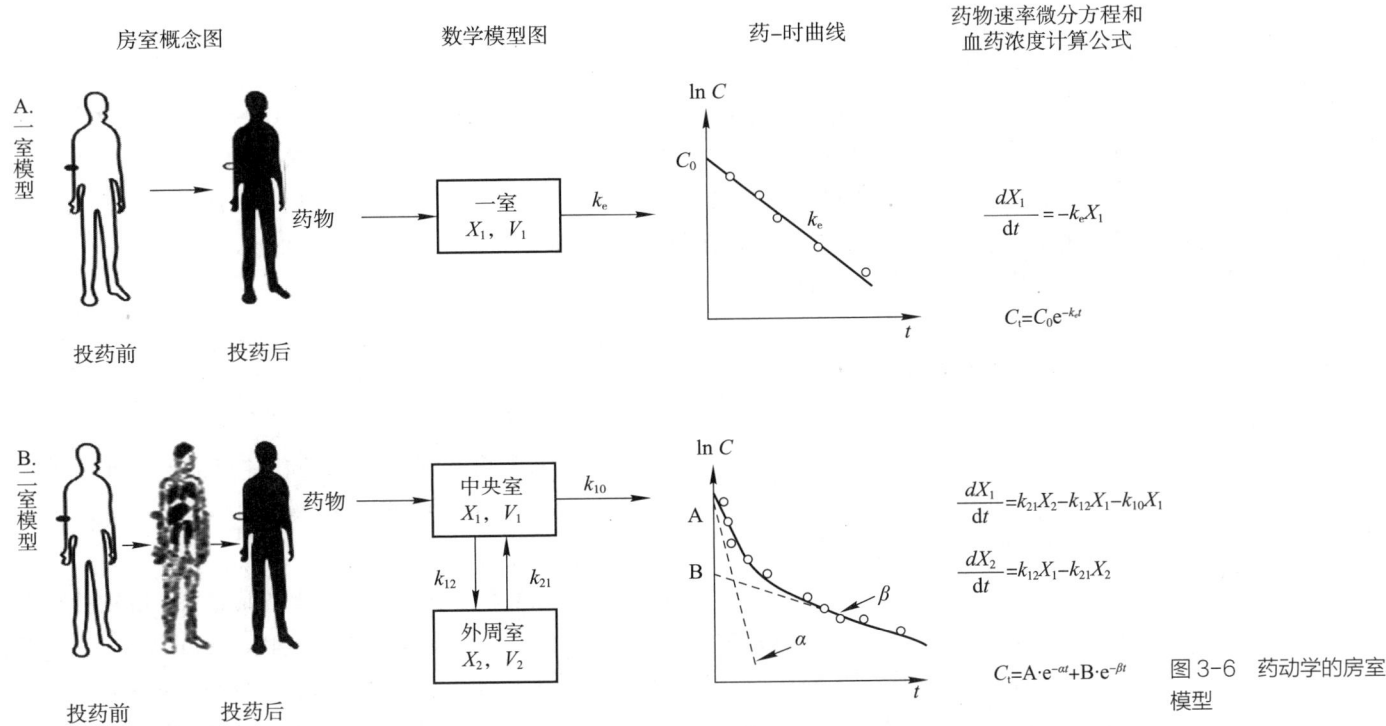

图 3-6 药动学的房室模型

示。二室模型比一室模型更符合大多数药物的体内情况。值得强调的是，药物在体内的分布和消除是同时进行的。

图 3-6 描述了一室模型、二室模型的概念图、数学模型图、药 - 时曲线、相应的药物速率微分方程和血药浓度计算公式。

3. 多室模型　若在上述二室模型的外周室中又有一部分组织器官或细胞内药物的分布特别慢，则还可以从外周室中划分出第三室。分布稍快的称为浅外室，分布最慢的称为深外室，由此形成三室模型。按此方法，可以将在体内分布有多种速率的药物按多室模型（multi-compartment model）进行处理。

（二）生理药动学模型

经典的房室模型有许多局限性，它不能直接了解不同组织器官药物浓度的真实情况。当药物在体内分布到具有高亲和力的组织器官、效应靶器官或特殊毒性器官时，房室模型不能描述其特殊的体内过程。生理药动学模型（physiological pharmacokinetic model）是建立在机体的生理、生化、解剖和药物热力学性质基础上的一种整体模型。通常将每个组织器官作为一个单独的房室看待，房室间模拟生理情况，以血液循环连接。相应的组织房室间考虑下列生理、生化、解剖学参数：①组织大小，血流灌注速率和肾小球滤过率；②酶活性参数（V_{max}，K_m）；③药物热力学性质，如脂溶性、电离性等；④药物与机体相互作用性质，如膜通透性、药物与血浆蛋白结合率及药物与组织亲和力等。因此这种模型与机体的生理、生化和解剖学联系在一起。理论上，该模型有下列功能：①预测任何组织器官中药物浓度及代谢产物的经时过程；②定量地描述病理情况下药物的体内过程变化；③将在动物中获得的结果外推至人，从而预测药物在人体的药动学过程。

（三）药动学－药效动力学模型

药动学－药效动力学模型（pharmacokinetic-pharmacodynamic model，PK-PD）是综合研究体内药物的动力学过程与药效量化指标的动力学过程及其相互间定量转换关系的现代药动学的重要分支学科。该模型是在不同时间测定血药浓度和药物效应，将时间、浓度、效应三者进行模型拟合，定量分析三者的关系，这将为新药开发阐明药物作用机制、设计药物剂型及临床合理用药提供重要的研究方法和理论依据。

二、药物在体内的速率过程

药物吸收进入血液循环后，分布、代谢和排泄过程可使血药浓度衰减。按药物转运或消除速率与药物浓度间的关系，药物在体内的速率过程分为一级动力学、零级动力学和米－曼动力学过程。

1. 一级动力学过程　药物在体内某部位的转运速率与该部位的药物量或血药浓度的一次方成正比，即单位时间内药物浓度按恒定比例消除，称为一级速率过程（first order process）或一级动力学过程。药物的被动转运，其转运速率与膜两侧浓度差成正比，属于一级动力学过程。一级动力学消除的药－时曲线在算术纵坐标图上作图时呈反抛物线，但在对数纵坐标图上则为直线，呈指数衰减，故一级动力学是线性动力学（linear kinetics）。描述药物在体内按一级动力学消除引起的血浆内药物浓度衰减规律的方程式为

$$\frac{dC}{dt} = -k_e C \tag{3-1}$$

C 为体内可消除的药物浓度，k_e 为消除速率常数（elimination rate content），表示体内药物的代谢和排泄速率，负值表示药物经消除而减少，t 为时间。经积分后得到 t 时的药物浓度 C_t 与初始药物浓度（$t=0$ 时）C_0 的关系：

$$C_t = C_0 e^{-k_e t} \tag{3-2}$$

式（3-2）两边取对数，转换成自然对数形式为：

$$\ln C_t = -k_e t + \ln C_0 \tag{3-3}$$

或转换成常用对数形式为：

$$\lg C_t = \frac{-k_e}{2.303} t + \lg C_0 \tag{3-4}$$

这是个直线方程式，将实验所得给药后相应时间的药物浓度在对数坐标图上作图，可目测到一条直线，其斜率为 $\frac{-k_e}{2.303}$，据此可求出 k_e，根据回归方程可得直线的截距为 $\lg C_0$，从而求出 C_0。

一级动力学过程有被动转运的特点，只要是按浓度梯度控制的简单扩散都符合一级动力学过程。由于多数药物的转运都是简单扩散，故多数药物属一级动力学过程。它的特点是：

（1）药物转运呈指数衰减，每单位时间内转运的百分比不变，即等比转运，但单位时间内药物的转运量随时间而下降。

（2）半衰期、总体清除率恒定，与剂量或药物浓度无关。

（3）血药浓度对时间曲线下的面积与所给的单一剂量成正比。

（4）按相同剂量相同间隔时间给药，约经 5 个 $t_{1/2}$ 达到稳态浓度；约经 5 个 $t_{1/2}$，药物在体内

消除近于完毕。

2. 零级动力学过程 是指药物自某房室或某部位的转运速率与该房室或该部位的药量或浓度的零次方成正比。药物在体内以恒定的速率消除，即不论血浆药物浓度高低，单位时间内消除的药物量不变，而单位时间内消除的药物百分率随时间改变。在对数纵坐标图上药－时曲线的下降部分呈抛物线，故属于非线性动力学（nonlinear kinetics）。零级消除动力学通常是由于体内消除药物的能力达到饱和所致。描述零级动力学过程的公式是：

$$\frac{dC}{dt} = -k_0 \qquad (3-5)$$

将上式积分后得：

$$C_t = C_0 - k_0 t \qquad (3-6)$$

k_0 是零级速率常数，将 t 时的药物浓度与时间在普通坐标纸上作图可得一条直线，其斜率为 $-k_0$，而大剂量给药后 t 时的药物浓度与时间在半对数坐标纸上作图可得一条曲线。零级动力学过程的特点是：

（1）转运速度与剂量或浓度无关，按恒量转运（等量转运）。但每单位时间内转运的百分比是可变的。

（2）半衰期、总体清除率不恒定。剂量加大，半衰期可超比例延长，总体清除率可超比例减少。

（3）血药浓度对时间曲线下的面积与剂量不成正比，剂量增加，其面积可超比例增加。

产生零级动力学过程的主要原因是药物代谢酶、药物转运体及药物与血浆蛋白结合到达饱和状态。因此零级动力学过程有主动转运的特点，任何耗能的逆浓度梯度转运的药物，因剂量过大均可超负荷而出现饱和限速，称之为容量限制过程（capacity-limited processes）。如乙醇、苯妥英钠、阿司匹林、双香豆素和丙磺舒等均可出现零级动力学过程。按零级动力学过程消除的药物，在临床上增加剂量时，有时可使血药浓度突然升高而引起药物中毒，因此对于这类药物，临床上增加剂量给药时一定要加倍注意。

3. 米－曼动力学（Michaelis-Menten kinetics）过程 是包括一级和零级动力学在内的混合动力学。该过程在药物低浓度时，属于一级动力学过程；而在高浓度时，则属于零级动力学过程。描述米－曼动力学过程的公式如下：

$$\frac{dC}{dt} = -\frac{V_{max} \cdot C}{K_m + C} \qquad (3-7)$$

式中，$\dfrac{dC}{dt}$ 是指 t 时的药物消除速率，V_{max} 是该过程的最大速率常数，K_m 为米－曼速率常数，等于在 50% 最大消除速率时的药物浓度。

当 $K_m \gg C$ 时，即体内药物消除能力远大于药物量时，C 可以忽略，此时 $\dfrac{dC}{dt} = -\dfrac{V_{max} \cdot C}{K_m}$，其中 $\dfrac{V_{max}}{K_m} = k_e$，则 $\dfrac{dC}{dt} = -k_e C$，成为一级动力学过程；当 $C \gg K_m$ 时，即体内药物量远大于机体药物消除能力，则 K_m 可以忽略，此时 $\dfrac{dC}{dt} = -V_{max}$，表明体内药物消除能力达到饱和，机体在以最大能力消除药物，成为零级动力学过程。

在临床上具有米－曼动力学过程的特点的药物有乙醇、苯妥英钠、阿司匹林、乙酰唑胺、茶碱和保泰松等。当这些药物剂量增加到超过机体消除的能力时，血药浓度会骤然上升，导致药物中毒（图 3-7）。

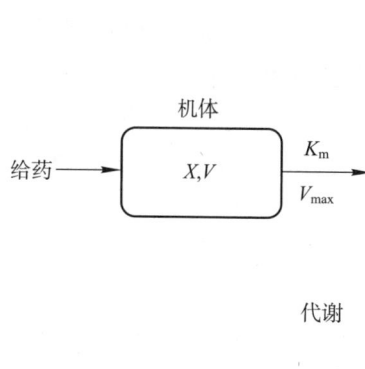

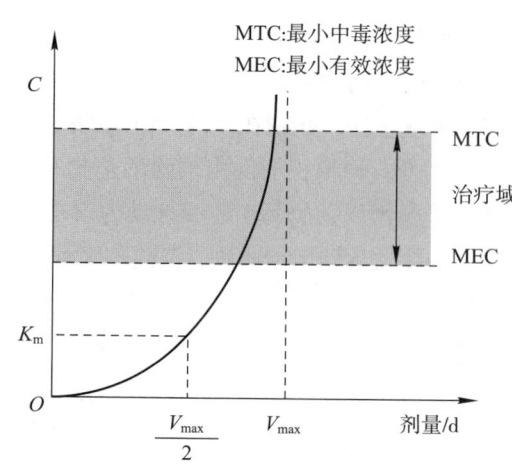

图 3-7 米－曼动力学过程与血浆药物浓度变化

零级动力学过程与米－曼速率过程均属于非线性动力学过程，由于该过程 $t_{1/2}$ 等动力学参数随剂量增加而改变，故又称剂量依赖性速率过程。掌握非线性动力学特点对指导临床安全用药具有极其重要的意义。

三、药动学重要参数及其临床意义

药动学参数（pharmacokinetic parameter）是反映药物在体内动态变化规律性的一些常数。药动学参数是临床上制订合理给药方案的主要依据之一，可根据药动学参数特性，设计和制订安全有效的药物治疗方案，设定给药剂量、给药间隔和最佳给药途径等；针对不同生理病理状态，制订个体化给药方案，提高用药安全性；也可借助药动学参数来阐明药物作用的规律性，了解药物在体内的作用和毒性产生的物质基础等。

1. 半衰期（half-life） 又称消除半衰期，是指药物在体内的量或血药浓度下降一半所需要的时间，常以 $t_{1/2}$ 表示，单位为 min 或 h。

按一级动力学过程消除的药物半衰期和消除速率常数间的关系可用下式表示：

$$t_{1/2} = \frac{0.693}{k_e} \qquad (3-8)$$

按一级动力学消除的药物，给药后经过一个 $t_{1/2}$ 后，体内尚存给药量的 50%；经过 2 个 $t_{1/2}$ 后，尚存给药量的 25%。由此推算，经过 5 个 $t_{1/2}$ 后，尚存给药量约 3%，可以认为体内药物基本被消除。上式表明，按一级动力学消除的药物，其 $t_{1/2}$ 和消除速率常数 k_e 有关，与血浆药物初始浓度无关，即与给药剂量无关。

按零级动力学过程消除的药物半衰期可用下式表示：

$$t_{1/2} = \frac{0.5C_0}{k_0} \qquad (3-9)$$

由此可见，按零级动力学消除的药物，其 $t_{1/2}$ 和血浆药物初始浓度 C_0 成正比，即与给药剂量有关，给药剂量越大，$t_{1/2}$ 越长，药物越容易在体内蓄积引起中毒，故在临床上使用按零级动力学消除的药物时，一定要注意。

半衰期的临床意义在于它可以反映药物消除的快慢，作为临床上制订给药方案的主要依据之一。同一药物用于不同个体时，由于生理与病理情况的不同，$t_{1/2}$ 可能发生变化。为此，应根据患者生理与病理状态下不同的 $t_{1/2}$ 来制订个体化给药方案，对治疗浓度范围窄的药物尤为重要。

2. 表观分布容积（apparent volume of distribution，V_d）　指药物在体内达到动态平衡时，体内药物按血药浓度分布所需体液的总体积。其本身不代表真实的容积，因此无生理学意义，主要反映药物在体内分布的程度，单位为 L 或 L/kg。对于一室模型的药物，表观分布容积为

$$V_d = \frac{X}{C} \tag{3-10}$$

X 为体内药量，C 为血药浓度。

研究发现，药物分布容积的大小取决于药物的脂溶性、膜通透性、组织分配系数及药物与血浆蛋白结合率等因素。若药物的血浆蛋白结合率高，则其组织分布少，血药浓度就高。如果一个药物的 V_d 仅为 3～5 L，那么该药便可能主要分布于血液中；若药物的 V_d 为 10～20 L，则该药主要分布于血浆和细胞外液，说明其不易通过细胞膜而进入细胞内液；若药物的 V_d 达到 40 L 或以上，则此药分布于血浆、细胞外液和细胞内液，表明其在体内分布广泛。

3. 血药浓度 – 时间曲线下面积（area under concentration-time curve，AUC）　是指血药浓度对时间作图所得的曲线下的面积，是评价药物吸收程度的一个重要指标。它可由积分求得，但最简便的计算是用梯形面积累加法。从给药开始到给药后 t 时的面积用 $AUC_{0 \to t}$ 表示，而从给药开始到 $t = \infty$ 时间的面积则用 $AUC_{0 \to \infty}$ 表示。它是计算生物利用度的基础数值。AUC 与吸收后体循环的药量成正比，反映进入体循环药物的相对量。

4. 生物利用度（bioavailability，F）　是指药物经血管外给药后，被吸收进入血液循环的速度和程度，是评价药物吸收程度的重要指标，分为绝对生物利用度和相对生物利用度。前者用于比较两种给药途径的吸收差异，后者用于比较两种制剂的吸收差异，其计算方法如下：

$$绝对生物利用度\ F（\%）= \frac{AUC_{ev}}{AUC_{iv}} \times 100 \tag{3-11}$$

AUC_{ev} 和 AUC_{iv} 分别为血管外给药和静脉注射给药的血药浓度 – 时间曲线下面积。

$$相对生物利用度\ F（\%）= \frac{AUC_{受试制剂}}{AUC_{参比制剂}} \times 100 \tag{3-12}$$

$AUC_{受试制剂}$ 和 $AUC_{参比试剂}$ 分别为受试制剂和参比制剂的血药浓度 – 时间曲线下面积。值得强调的是，某些药物口服时由于首过效应的影响，可使生物利用度降低。两者之间的定量关系以下式表示：

$$F = F_a \times F_g \times F_h = F_a \times （1-E_g） \times （1-E_h） \tag{3-13}$$

式中，F_a 代表口服药物吸收至肠黏膜内的量与给药剂量的比值，F_g 及 F_h 分别代表避开肠（g）首过效应和肝（h）首过效应的量与给药剂量的比值。E_g 及 E_h 分别代表肠、肝对药物的摄取比（代表肠道和肝的首过效应）。如图 3-8 所示，口服某药后 F_a、F_g 和 F_h 分别为 0.9、0.9 和 0.5，根据式 3-13，则该药的口服生物利用度为 40.5%。

5. 总体清除率（total body clearance，$TBCL$）　又称血浆清除率（plasma clearance，CL_p），是指体内诸消除器官在单位时间内清除药物的血浆容积，即单位时间内有多少毫升血浆中所含药物被机体清除。它是肝、肾清除率及其他途径清除率的总和。其计算式为：

$$CL_p = V_d \times k_e \tag{3-14}$$

$$或\ CL_p = \frac{D}{AUC} \tag{3-15}$$

式中，V_d 为表观分布容积，k_e 为消除速率常数，D 为体内药量，AUC 为血药浓度 – 时间曲线下面积。清除率以单位时间的容积（mL/min 或 L/h）表示。

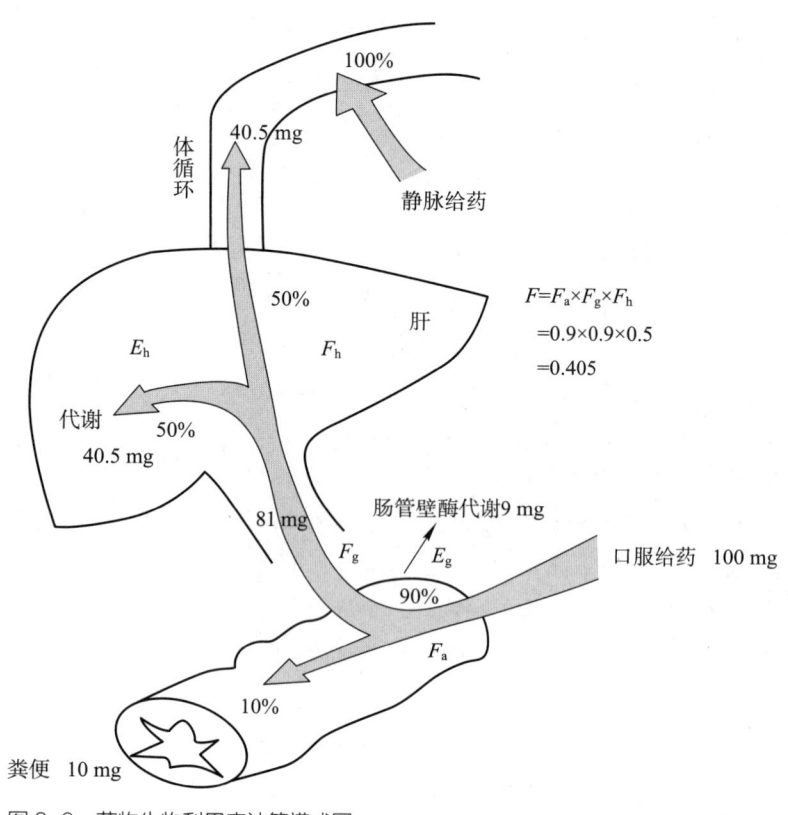

图 3-8　药物生物利用度计算模式图

（图中标注）
- 100%
- 40.5 mg
- 静脉给药
- 体循环
- 50%
- 肝
- $F = F_a \times F_g \times F_h$ = 0.9×0.9×0.5 = 0.405
- E_h
- F_h
- 代谢 50% 40.5 mg
- 81 mg
- 肠管壁酶代谢 9 mg
- F_g
- E_g
- 90%
- 口服给药　100 mg
- F_a
- 10%
- 粪便　10 mg

四、药物剂量的设计与优化

（一）稳态血药浓度

临床上，很多患者往往需要多次给药进行治疗。如按固定间隔时间给予固定药物剂量，在每次给药时体内总有前次给药的存留量，多次给药便出现逐步蓄积。随着给药次数增加，体内总药量的蓄积率逐渐减慢，直至在给药间隔内消除的药量等于给药剂量，即达到平衡，这时的血药浓度称为稳态血药浓度（steady-state plasma concentration，C_{ss}），又称坪值（plateau）。假定按 $t_{1/2}$ 间隔时间给一级动力学消除的药物，则经过 5 个 $t_{1/2}$ 后血药浓度基本达到稳态。

稳态血药浓度是一个"篱笆"形的药-时曲线，它有一个峰值（稳态时最大血药浓度，$C_{ss,max}$），也有一个谷值（稳态时最小血药浓度，$C_{ss,min}$）。由于稳态血药浓度不是单一的常数值，故有必要从稳态血药浓度的起伏波动中，找出一个特征性的代表数值，来反映多剂量长期用药的血药浓度水平，即平均稳态血药浓度（$C_{ss,av}$）。所谓 $C_{ss,av}$ 是指达稳态时，在一个剂量间隔时间内，血药浓度曲线下面积除以给药间隔时间的商值，其计算式为：

$$C_{ss,\,av} = \frac{AUC}{\tau} = \frac{F \cdot D}{k_e \cdot \tau \cdot V_d} \tag{3-16}$$

式中，τ 为两次给药的间隔时间，AUC 为血药浓度-时间曲线下面积，F 为生物利用度，D 为给药剂量，k_e 为消除速率常数，V_d 为表观分布容积。达到 C_{ss} 的时间仅决定于 $t_{1/2}$，与剂量、给药间隔及给药途径无关。但剂量与给药间隔能影响 C_{ss}。剂量大，C_{ss} 高；剂量小，C_{ss} 低。

（二）负荷剂量与维持剂量

对于 $t_{1/2}$ 长的药物达到稳态血药浓度需时很长，不利于治疗。为及早达到稳态水平，可给予较大的首次剂量，使第一次给药就能使血药浓度达到稳态水平，此剂量称为负荷剂量（loading dose），即为 D_L。而维持剂量 D_M 以稳态时每一给药间隔时间 τ 内消除的药量为给药依据。

D_L 可根据 $C_{ss,max}$ 和 V_d 来计算：

$$D_L = C_{ss,\,max} \cdot V_d \tag{3-17}$$

即多次给药达稳态时体内的最大药量为 D_L。

D_M 可根据 $C_{ss,av}$ 来计算：

$$D_M = \frac{C_{ss,\,av} \cdot V_d \cdot \tau}{1.44 \cdot t_{1/2}} \tag{3-18}$$

式中，$C_{ss,av}$ 可理解为最佳有效血药浓度，即目标浓度。当确定了最佳有效血药浓度和该药的表观分布容积及 $t_{1/2}$ 后，就可根据上式计算不同给药间隔的维持剂量。

给药次数增加能提高 C_{ss}，并使其波动减小，但不能加快到达 C_{ss} 的时间（图 3-9A）；增加给药剂量能提高 C_{ss}，但也不能加快到达 C_{ss} 的时间（图 3-9B）；首次给予负荷剂量，可加快到达 C_{ss} 的时间（图 3-9C）。临床上首剂加倍的给药方法是为了加快 C_{ss} 的到达。

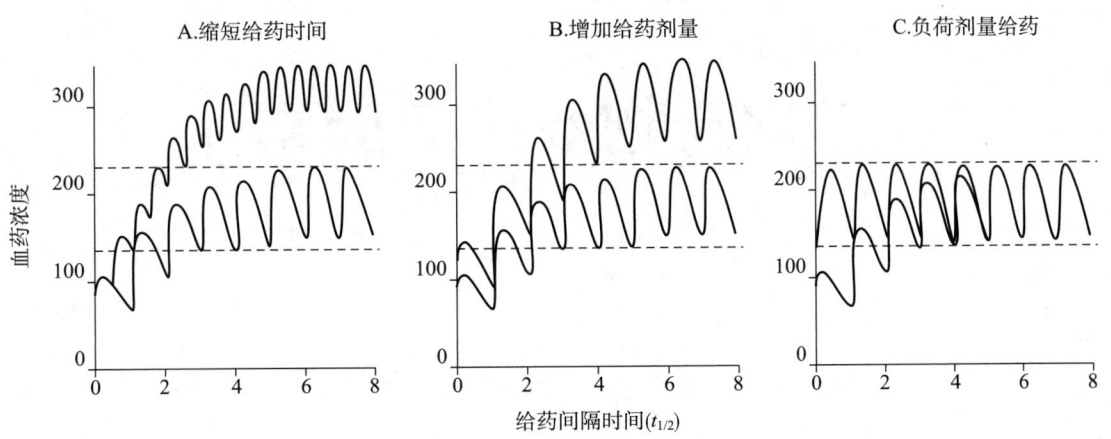

图 3-9　给药方式与到达稳态血药浓度时间的关系

（李　华）

思考题

1. 药物代谢动力学的概念是什么？
2. 一级动力学的概念是什么？一级动力学药物的消除和蓄积有什么规律？
3. 如何才能促进弱酸性药物经肾排泄？

网上更多……

👤 学习目标　　👥 本章小结　　📝 自测题　　⬇ 教学 PPT　　📡 参考资源

第四章
影响药物效应的因素

关键词

个体差异	药物因素	协同作用	拮抗作用	机体因素
生理因素	疾病因素	遗传因素	心理因素	耐受性
耐药性	依赖性	停药症状	特异质反应	

　　药物效应是药物与机体相互作用的结果，因此影响药物效应的因素主要来自药物和机体两方面，并受到其相关的多种因素影响。药物方面主要有药物的理化性质、制剂、给药方法、联合用药与药物相互作用等影响因素，机体方面主要有年龄、性别、遗传、疾病和长期使用药物后机体对药物反应产生变化等影响因素。这些因素引起不同个体在对药物吸收、分布、代谢和排泄过程中发生差异，导致药物在作用部位浓度的差异，称之为药物代谢动力学差异；如果不同个体对浓度相同的药物反应性不同，称之为药物效应动力学差异。这些差异均可引起药物效应的个体差异。有人将医生手中的药物比作"武器"，如何使这个"武器"发挥最佳作用，首先必须了解影响药物效应的因素，根据药物、机体具体情况，选择合适的药物和剂量，做到用药个体化治疗。

思维导图

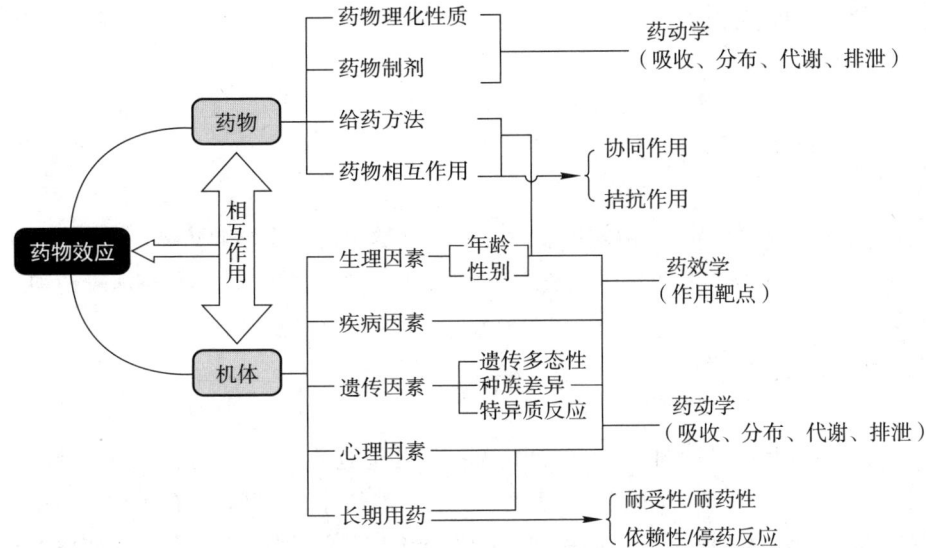

动画 4-1
影响药物效应的因素

第一节　药物因素

一、药物的理化性质

药物的脂溶性、pK_a、溶解度、旋光性及化学结构均能影响药物作用。其中，药物的脂溶性、pH、溶解度和晶体排列方式等均可影响药物的吸收、分布、代谢和排泄等药动学过程。

二、药物制剂

药物可以制成多种剂型，每种药物都有其相适宜的剂型。口服给药的药物制剂有片剂、胶囊、口服液等，注射给药的药物制剂有水剂、乳剂、油剂等，新型制剂有缓释剂和控释剂等。同一种药物的不同制剂影响药物效应，如片剂、胶囊和口服液的药物崩解度和溶解速率不同，吸收的速度和量（生物利用度）就可不同。不同厂家生产的同一种制剂，由于制剂工艺不同，药物的吸收和药效也不一致。如不同厂家生产的地高辛片剂，口服以后的血浆药物浓度可相差 7 倍。因此，为保证药物吸收和药效的一致性，一般用生物等效性（bioequivalence）作为标准，对药物制剂予以评价。

三、给药方法

深入学习 4-1
给药途径对药物效应
的影响

（一）给药途径

给药途径不同，则药物的吸收和分布亦有差异，从而影响药物效应的强弱，甚至产生不同的药物效应，如硫酸镁口服产生导泻和利胆作用，注射则有抗惊厥、镇静和降压作用。

（二）给药剂量

随着剂量的加大，药物效应逐渐增强，甚至改变药物效应性质。如巴比妥类镇静催眠药在小剂量时出现镇静作用，随着剂量增大则可出现催眠、麻醉、抑制呼吸作用，甚至导致死亡。

（三）用药时间

药物均有最佳服用时间，在这个时间服药能获得最佳药物效应。如催眠药应在临睡前服用，胰岛素应在餐前注射，有明显生物节律变化的药物应按其节律用药。

（四）用药间隔

一般以药物消除半衰期（$t_{1/2}$）为参考依据，间隔过长导致药物不能达到有效治疗浓度，但间隔过短易导致蓄积中毒。

（五）疗程

疗程即用药持续时间。一般来说，急性疾病症状消失即可停药，但对一些慢性疾病应按规定的时间持续给药，以免疾病复发或加重。

（六）停药

医生根据治疗需要和患者对药物的反应决定是否停止用药。临时用药或短期用药可以立即停药。但有些药物长期使用后立即停药会产生停药反应，如长期使用糖皮质激素突然停药可使原有疾病复发或加重，产生反跳现象。故临床上应采用逐渐减量的停药方法，避免反跳现象。

四、药物相互作用

两种或两种以上药物同时或先后应用时，药物之间可产生相互影响和干扰，改变药物的药物代谢动力学及药物效应动力学，从而使药物的药理效应和毒性发生改变。

药物相互作用可发生在以下三方面：一是发生在体外，指药物混合在一起发生物理或化学反应，这种反应最易发生在几种药物混合在一起静脉滴注时。当氨基糖苷类抗生素与 β- 内酰胺类抗生素联合用药时，两者不能放在同一溶液中混合注射，因为后者可使前者的抗菌活性减弱或消失。二是发生于药物代谢动力学水平，通过影响药物的吸收、分布、代谢和排泄，改变药物在作用部位的浓度而影响药物效应，如抑制胃排空的药物阿托品或阿片类麻醉药可延缓合并用药的药物吸收；血浆蛋白结合率高的药物可同时被另一个血浆蛋白结合率高的药物所置换，导致被置换的药物分布快、作用部位浓度高，药物效应增强甚至出现毒性。三是不影响药物在体液中的浓度，但改变药理作用，表现为药物效应动力学的相互作用，如氟烷使 β 肾上腺素受体敏感性增强，故手术时用氟烷静脉麻醉容易引起心律失常。

药物相互作用的结果有两类，使原有的效应增强称为协同作用（synergism），使原有的效应减弱称为拮抗作用（antagonism）。协同作用又分为相加作用（addition）、增强作用（potentiation）和增敏作用（sensitization）。相加作用指两药合用时的作用等于单用时的作用之和，增强作用指两药合用时的作用大于单用时的作用之和，增敏作用指一药可使组织或受体对另一药的敏感性增加。拮抗作用又分相减作用（subtraction）和抵消作用（counteraction）。相减作用指两药合用时的作用小于单用时的作用之和，抵消作用指两药合用时的作用完全消失。

药物相互作用对量 - 效曲线陡直或治疗指数低的药物，如抗凝血药、抗心律失常药、抗癫痫药、抗肿瘤药的安全有效使用具有重要的临床意义。

第二节　机体因素

一、生理因素

（一）年龄

国家药典规定用药剂量在 14 岁以下为儿童剂量，14～60 岁为成人剂量，60 岁以上为老年人剂量。主要由于儿童和老年人的生理功能与成人有较大差异所致。

深入学习 4-2
儿童和老年人的生理功能特点

（二）体重和体型

体重和体型对药物作用有一定的影响，如服药者的胖瘦差别不大，而体重相差较大，体重轻的血药浓度大于体重重者；而体重相近但胖瘦有明显差别时，水溶性和脂溶性药物两者在体内分布就会有差别。因此，科学的给药剂量以体表面积为计算依据。

（三）性别

用药时的性别差异除了考虑体重外，还应考虑女性的"四期"，即月经期、妊娠期、分娩期和哺乳期。妊娠期用药须十分慎重，因为多数药物可通过胎盘屏障进入胎儿体内，对胎儿生长、发育造成影响。在分娩过程中母体使用的药物对新生儿作用持久，因为新生儿肝、肾功能未发育完善，对药物代谢和排泄功能不全，而胎儿娩出后，药物无法被母体消除。

临床聚焦 4-1
疾病因素对药物效应的影响

二、疾病因素

疾病因素可导致药物代谢动力学和药物效应动力学的改变而影响药物效应，如肝、肾功能损害引起药物代谢和排泄减慢而导致药物在体内蓄积。

三、遗传因素

遗传是药物代谢和效应的决定因素。这个结论是因发现同卵双生子和异卵双生子对药物代谢的差异而被证实。异卵双生子中安替比林和双香豆素 $t_{1/2}$ 的变异程度比同卵双生子高 6~22 倍。

基因是决定药物代谢酶、药物转运体、受体活性等功能表达的结构基础，是药物代谢动力学和药物效应动力学的决定因素，基因的突变可引起所编码的药物代谢酶、转运体及受体蛋白质氨基酸序列和功能变化，成为产生药物效应个体差异、种族差异的主要原因。

深入学习 4-3
遗传多态性对药物效应的影响

（一）遗传多态性

（二）药物反应的种族差异

种族因素包括遗传和环境两方面。不同的种族具有不同的遗传背景，长期生活在不同的地理环境中，具有不同的文化背景、饮食来源和习惯，这些使药物的代谢和反应存在差异（种族差异）。例如，乙酰基转移酶是许多药物的共同代谢酶，在人群中分为快代谢型和慢代谢型，因纽特人、日本人、中国人多为快代谢型，而白种人多为慢代谢型，这两类人群对同一种药物的 $t_{1/2}$ 相差 2 倍以上。

（三）特异质反应

某些个体用药后出现与常人不同的异常反应，此类个体称为特异质体质（idiosyncrasy），通常与遗传变异（某些基因缺失）有关。例如，葡糖 -6- 磷酸脱氢酶（G6PD）缺乏的患者服用伯氨喹、阿司匹林、对乙酰氨基酚、磺胺甚至新鲜蚕豆，可使还原型谷胱甘肽（glutathione，GSH）缺乏，引起溶血；缺乏血浆假性胆碱酯酶者不能使用琥珀胆碱，否则易引起呼吸肌麻痹造成呼吸停止。

四、心理因素

一个患者服药后的效应实际包括药理学效应、非特异性药物效应、非特异性医疗效应及疾病的自然恢复 4 个因素，而后 3 个因素则是安慰剂效应（placebo effect），是导致药物治疗发生治疗效果的重要影响因素。

安慰剂效应主要由患者的心理因素引起，它来自患者对药物和医生的信赖，患者经医生给予药物治疗后，会发生一系列精神和生理上的变化，这些变化不仅包括患者的主观感觉，而且包括许多客观指标。

五、长期用药引起的机体反应性变化

长期反复用药可引起机体（包括病原体）对药物的反应性发生变化，主要表现为耐受性、耐药性、依赖性，以及长期用药突然停药发生的停药综合征。

（一）耐受性和耐药性

耐受性（tolerance）为机体在连续多次用药后对药物的反应性降低，表现药物效应下降，增加剂量可达到原有效应。若在很短时间内产生，称为快速耐受（tachyphylaxis）或急性耐受，停药后可以恢复，如麻黄碱、硝酸甘油等；若在长期用药后产生，称为慢速耐受（bradyphylaxis）或慢性耐受。

耐受性产生的机制为两方面，一是源于药效学，称为药效耐受性，主要指由于受体数目减少、酶活性饱和、作用底物耗竭等使药物反应性降低；二是源于药物代谢，称为代谢耐受性，主要指药物代谢酶活性被诱导使药物代谢增加引起药物效应降低。苯巴比妥产生的耐受性与以上两种机制均有关。

耐药性（resistance）是指病原体或肿瘤细胞对反复使用化学治疗药物的敏感性降低，又称抗药性。病原体耐药性产生机制是病原体产生使抗菌药物失活的酶，或病原体膜通透性发生改变阻止抗菌药物进入，或改变了靶结构和代谢过程，或产生外排药物转运体等。滥用抗菌药物是病原体产生耐药性的重要原因。抗肿瘤药耐药性比较复杂，见第四十一章。

临床聚焦 4-2
药物滥用

（二）依赖性、停药反应或停药综合征

依赖性（dependence）是指在长期服用某种药物后，机体对这种药物产生了生理性或精神性的依赖和需求现象。若是产生精神上的依赖性，停药后患者只表现主观的不适，无客观的表现，称为精神依赖性（psychological dependence）；若患者停药后有身体的戒断症状，称为生理依赖性（physiological dependence）或躯体依赖性（physical dependence）。中枢兴奋药或麻醉药的药物滥用（drugs abuse）是引起药物依赖性的重要原因，具有重要的社会意义。

停药反应指长期用药后突然停药出现的症状，又称停药综合征（withdrawal syndrome）。如高血压患者长期应用 β 肾上腺素受体拮抗药后，如果突然停药，血压及心率可反跳性升高。因此，这类患者停药必须采用逐渐减量的停药方法。

耐受性、依赖性、停药综合征都是一种生物学现象，是药物应用的自然结果。它们不仅在个体不合理用药时发生，在合理应用药物时，也同样可以出现耐受性和依赖性。

（沈　瑛）

思考题

1. 试述药物相互作用产生的机制。
2. 影响药物效应的药物因素有哪些？
3. 影响药物效应的机体因素有哪些？
4. 长期用药后机体对药物的反应会发生什么变化？

网上更多……

👤 学习目标　　👤☰ 本章小结　　✎ 自测题　　⬇ 教学 PPT　　🖥 参考资源

第五章
传出神经系统药理学概论

关键词

传出神经   乙酰胆碱

去甲肾上腺素   胆碱能神经

去甲肾上腺素能神经   M 胆碱受体（M 受体）

N 胆碱受体（N 受体）   α 肾上腺素受体（α 受体）

β 肾上腺素受体（β 受体）   传出神经系统药物

> 传出神经系统生理功能依赖传出神经末梢释放的递质与相应的受体结合。作用于传出神经系统的药物通过干预传出神经冲动传递过程的不同环节，可模拟或拮抗特定递质的作用，从而产生与递质拟似或相反的传出神经效应，改变传出神经所支配效应器的生理功能。本章通过介绍传出神经的分类、递质、受体及其效应，进而帮助我们认识传出神经系统药物的作用方式及分类。

思维导图

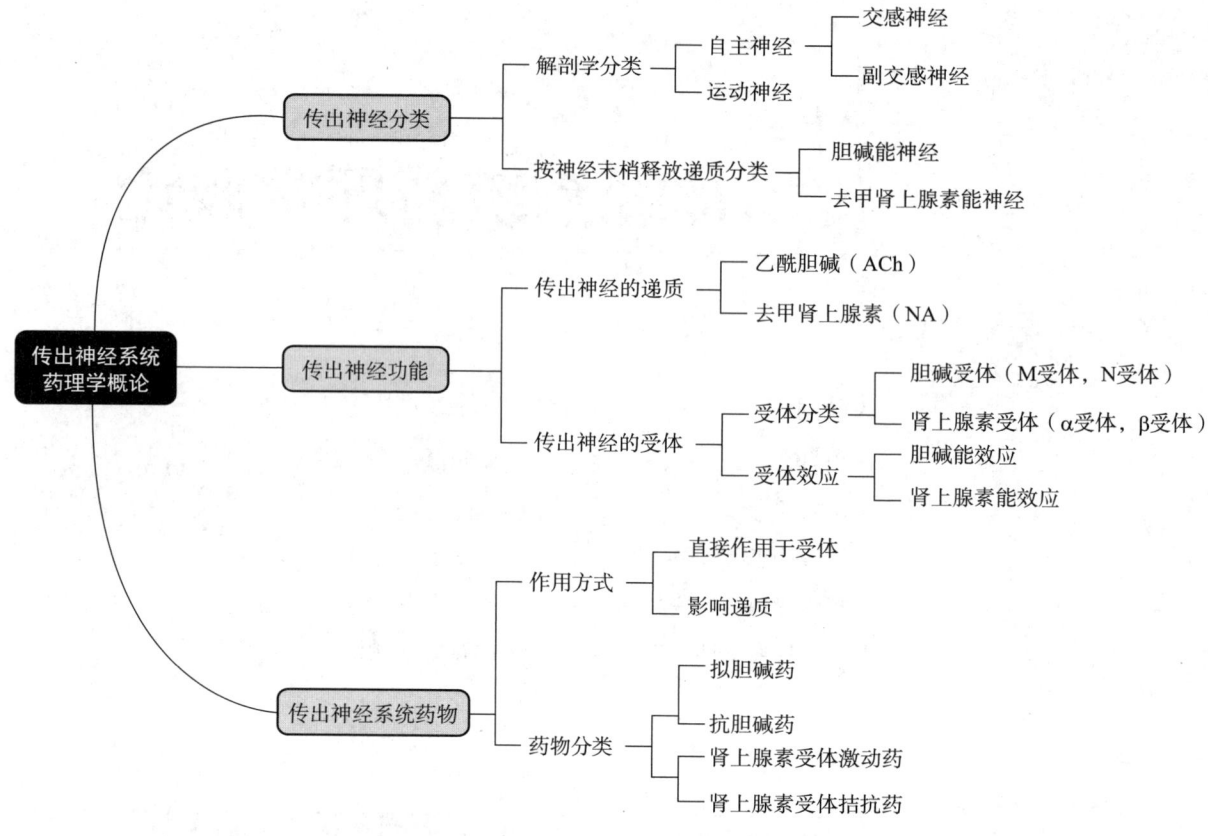

第一节　传出神经系统的分类与突触传递

外周神经系统由脑和脊髓以外的神经和神经节组成，分为传入神经系统和传出神经系统。全身感受器的信息经传入神经系统传入，在中枢神经系统整合后，再经传出神经系统（efferent nervous system）下达指令到各效应器，执行适应性反应，调节效应器官的活动，使其适应内外环境的变化。传出神经系统包括自主神经系统（autonomic nervous system）及运动神经系统（motor nervous system）。自主神经系统又分为交感神经（sympathetic nerve）和副交感神经（parasympathetic nerve），两者从中枢发出后，在外周神经节更换一次神经元，然后到达效应器，即自主神经由节前纤维和节后纤维两部分构成（肾上腺髓质直接接受交感神经节前纤维支配）。交感神经和副交感神经共同支配心脏、血管、腺体、内脏器官和平滑肌等效应器，参与调控循环、呼吸、消化、泌尿和生殖等多个系统，以及眼、皮肤等器官的生理活动。运动神经自中枢发出后，中途不更换神经元，直接到达骨骼肌，调控骨骼肌的随意活动，维持正常的运动和呼吸。

深入学习 5-1
肠神经系统

传出神经系统的信息传递过程——神经细胞与神经细胞之间或神经细胞与效应器细胞之间的信息传递，依赖化学传递。化学传递过程的完成则依赖神经末梢释放的递质和突触（synapse）结构。

突触是指神经元与次一级神经元之间的衔接处或神经末梢与效应器之间的神经效应器接头（neuroeffector junction）。突触由突触前膜、突触间隙、突触后膜三部分构成。神经元轴突末梢的分支膨大构成突触小体，称为膨体（varicosity），突触小体膜称为突触前膜。在神经末梢的近突触前膜处，聚集着很多囊泡（vesicle）。据估计，单个运动神经末梢含有 30 万个以上的囊泡，每个囊泡中含有 1 000 ~ 50 000 个乙酰胆碱（acetylcholine，ACh）分子，当神经冲动到达神经末梢时，囊泡中的神经递质经突触前膜释放到突触间隙，然后作用于次级神经元或效应器细胞膜（即突触后膜）上的受体，产生生物效应（图 5-1）。

根据传出神经末梢释放的主要递质，可将传出神经分为胆碱能神经（cholinergic nerve）、去甲肾上腺素能神经（noradrenergic nerve）、多巴胺能神经（dopaminergic nerve）和非肾上腺素能非胆碱能神经（non-adrenergic non-cholinergic nerve，NANC 神经）四类，其中前两种占绝大多数（图 5-2）。

1. 胆碱能神经　兴奋时其末梢释放

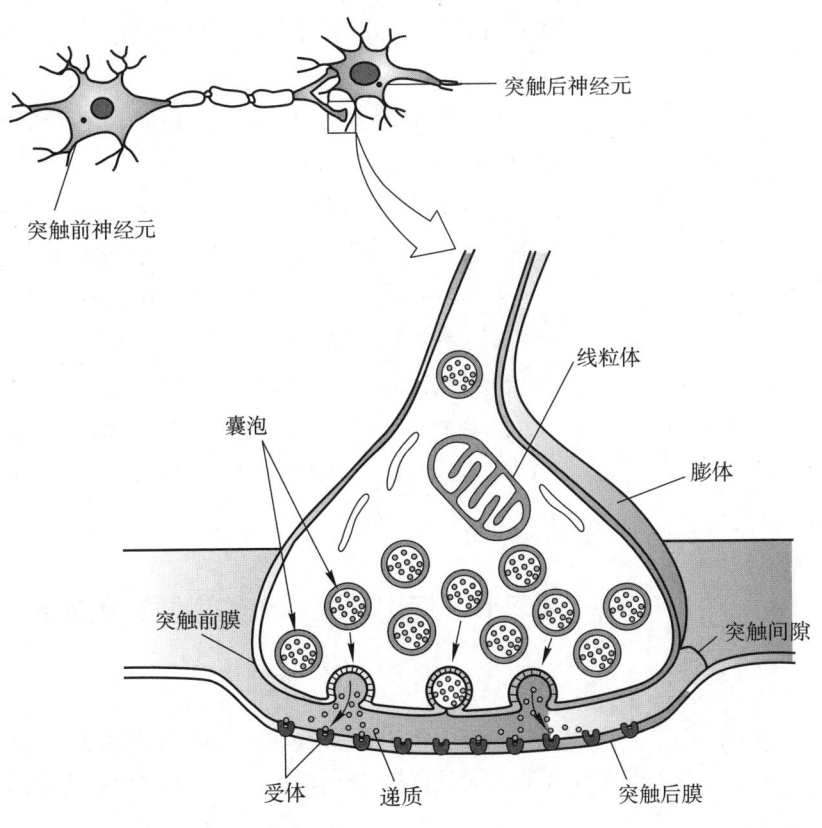

图 5-1　突触结构

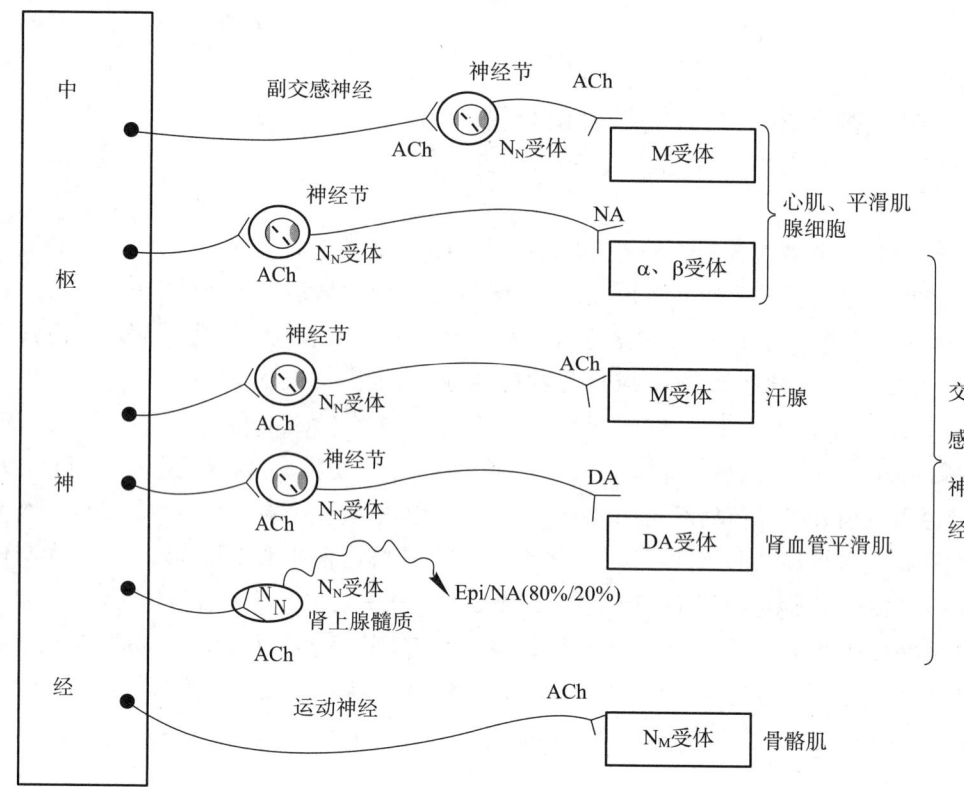

图 5-2 传出神经分类
示意图
ACh：乙酰胆碱；
NA：去甲肾上腺素；
DA：多巴胺；Epi：
肾上腺素

ACh，包括：①运动神经；②所有自主神经的节前纤维，包括支配肾上腺髓质的交感神经（只有节前纤维）；③全部副交感神经的节后纤维；④支配汗腺、骨骼肌血管等极少数交感神经节后纤维。

2. 去甲肾上腺素能神经　兴奋时其末梢释放去甲肾上腺素（noradrenalin，NA），绝大多数交感神经的节后纤维属于此类。

3. 多巴胺能神经　某些交感神经包括支配肾和肠系膜血管的交感神经节后纤维，兴奋时释放多巴胺（dopamine，DA），被称为多巴胺能神经。

4. NANC 神经　一些效应组织中还存在非肾上腺素、非胆碱的递质释放，目前已发现的有 ATP、5-羟色胺、血管活性肽、神经肽 Y、γ-氨基丁酸、P 物质和一氧化氮等。

神经兴奋时，经常同时释放多种递质，这种现象被称为共同传递。例如，下颌下腺胆碱能神经元除释放 ACh 外，还伴随血管活性肽的释放；去甲肾上腺素能神经元兴奋时，其末梢除释放 NA 外，还可释放 ATP 和肽类等递质；支配肾血管平滑肌的神经还可以释放 DA 等递质。

第二节　传出神经系统的递质、受体和效应

作用于传出神经系统的药物，可通过影响递质（transmitter）的合成、贮存、释放、代谢等环节或通过直接与受体（receptor）结合产生药理效应。

一、传出神经系统的递质

自 1921 年德国科学家 Loewi 通过离体双蛙心灌流实验发现 ACh 以来，化学传递学说已经被形态学、生理学、生物化学和药理学等学科的各种研究所证实。化学传递的物质基础是神经递质（neurotransmitter），包括经典神经递质、神经肽、神经调质和神经激素等，它们广泛存在于神经系统，负责神经细胞与神经细胞之间、神经细胞与靶细胞之间的信息传递。神经递质主要在神经元中合成，贮存于神经末梢的囊泡内，当神经冲动到达时，经突触前膜释放到突触间隙，然后与突触后膜上的受体结合，引起功能效应，完成信息传递。

传出神经系统最主要的递质有 ACh 和 NA 两种。

（一）ACh 的体内过程

1. 生物合成　　ACh 主要在胆碱能神经末梢中合成。以胆碱和乙酰辅酶 A 为原料，在胆碱乙酰转移酶（choline acetyltransferase）的催化下合成 ACh（图 5-3）。胆碱可从细胞外由钠依赖性载体主动摄入细胞质中，此过程是 ACh 合成的限速因素，可被宓胆碱阻滞；乙酰辅酶 A 在线粒体

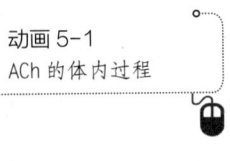

动画 5-1
ACh 的体内过程

深入学习 5-2
胆碱能神经元的标志物

深入学习 5-3
肉毒素

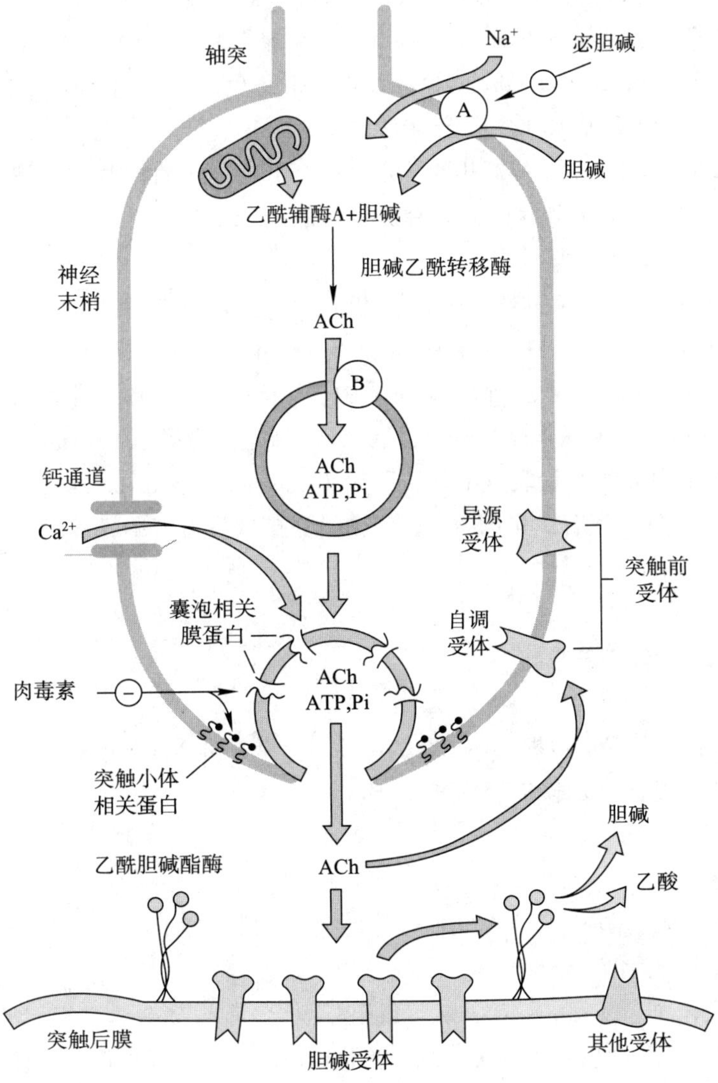

图 5-3　乙酰胆碱的体内过程

内形成，但它不能穿透线粒体膜，必须先与草酰乙酸缩合成柠檬酸盐，才能穿过线粒体膜进入胞质，在柠檬酸裂解酶催化下重新形成乙酰辅酶A；胆碱乙酰转移酶在细胞体形成，并随轴质转运至末梢。

2. 贮存　ACh合成后，依靠囊泡膜ACh转运体转运进入囊泡内，与ATP和囊泡蛋白共存（图5-3）。

3. 释放　静息状态下，少量ACh缓慢释放，在突触后膜产生电反应，以维持效应器官的反应性，如保持肌紧张。当神经冲动到达神经末梢时，神经末梢去极化，细胞膜上的电压依赖性钙通道开放，Ca^{2+}内流，促使囊泡膜向突触前膜靠近并融合而形成裂孔，囊泡内的ACh以"量子化释放"或"胞裂外排"方式从裂孔排出至突触间隙（图5-3）。

4. 消除　释放后的ACh与突触后膜上胆碱受体结合产生生理效应，并在数毫秒内被突触间隙中的乙酰胆碱酯酶（acetylcholinesterase，AChE）水解生成胆碱和乙酸，作用终止。50%胆碱可被重新摄入神经末梢，作为合成ACh的原料（图5-3）。

（二）NA的体内过程

动画5-2
NA的体内过程

1. 生物合成与贮存　NA主要在去甲肾上腺素能神经末梢内合成，其合成的基本原料为酪氨酸。酪氨酸从血液进入神经元后，在酪氨酸羟化酶（tyrosine hydroxylase，TH）催化下生成多巴（dopa），再经多巴脱羧酶（dopa decarboxylase，DDC）催化脱羧后生成DA，然后进入囊泡，再经多巴胺β-羟化酶（dopamine-β-hydroxylase，DβH）催化生成NA，后者与ATP和嗜铬颗粒蛋白结合（可避免单胺氧化酶的破坏）贮存于囊泡中（图5-4）。

2. 释放　NA的释放方式与ACh相似，也是一个Ca^{2+}依赖性过程。当神经冲动到达神经末梢时，囊泡中NA通过"胞裂外排"方式释放到突触间隙，与肾上腺素受体结合产生生理效应（图5-4）。

3. 消除　绝大部分（75%~90%）被释放的NA通过突触前膜经主动转运方式被再摄取入神经末梢，并贮存于囊泡内，这种摄取称为摄取-1（uptake-1），是NA作用终止的主要方式。小部分NA被再摄取后，未进入囊泡，而是被胞质中线粒体膜上的单胺氧化酶（monoamine oxidase，MAO）破坏。平滑肌、心肌等非神经组织也能摄取NA，称为摄取-2（uptake-2），经此种摄取后的NA很快被细胞内的儿茶酚氧位甲基转移酶（catechol-O-methyltransferase，COMT）和MAO所代谢（图5-4）。此外，还有少量的NA从突触间隙扩散到血液中，进而被肝、肾等器官组织的COMT或MAO所灭活。

二、传出神经系统的受体与分布

传出神经递质作用的受体根据选择结合的递质或激动剂分为胆碱受体和肾上腺素受体，根据分布的部位可分为突触前膜受体和突触后膜受体。

（一）胆碱受体

临床聚焦5-1
M受体与膀胱过度活动症

胆碱受体（cholinergic receptor）是指能选择性地与ACh结合的受体。根据其对不同拟胆碱药敏感性的不同，又可分为毒蕈碱型受体和烟碱型受体两类。

1. 毒蕈碱型受体（muscarinic receptor，M胆碱受体，简称M受体）　此型受体对毒蕈碱较为敏感，主要分布在心脏、血管、胃肠平滑肌、膀胱逼尿肌、腺体、瞳孔括约肌和睫状肌等处。根

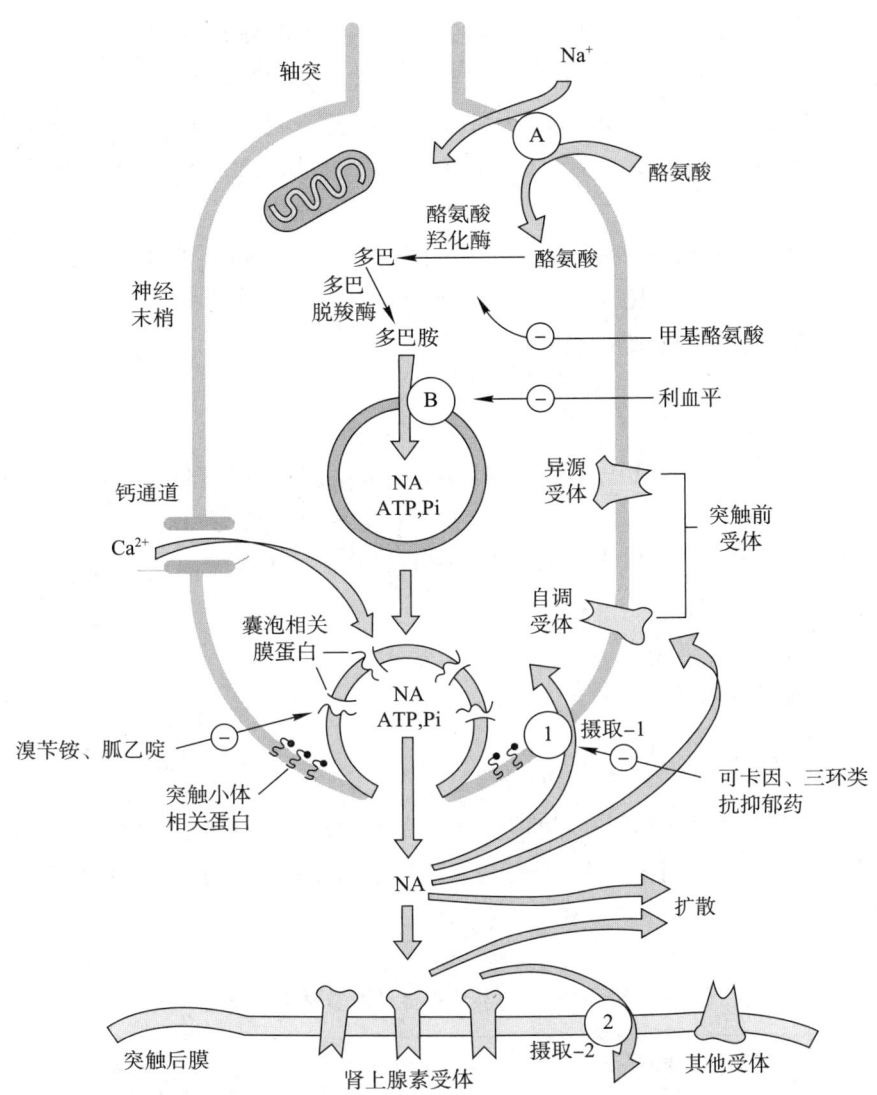

图 5-4 去甲肾上腺素的体内过程

据配体对不同组织 M 受体的亲和力及受体的基因编码，将 M 受体分为 M_1、M_2、M_3、M_4 和 M_5 五种亚型，其中中枢主要是 M_1、M_3 和 M_4 亚型，外周神经主要是 M_1、M_2 和 M_3 三种亚型。M_1 受体主要位于神经节细胞和胃腺等处，在中枢大脑皮质、海马、纹状体和下丘脑也有分布；M_2 受体主要位于心脏和突触前膜等处，同 M_1 受体一样，在中枢也有分布，可被 tripitramine 选择性阻断；M_3 受体主要位于平滑肌及腺体细胞等处，在中枢也有分布，可被达非那新选择性阻断。抗胆碱药阿托品对以上 5 种 M 受体亚型均有阻断作用。

2. 烟碱型受体（nicotinic receptor，N 胆碱受体，简称 N 受体） 此型受体对烟碱较为敏感。根据其分布不同分为 N_N 和 N_M 两种亚型。N_N 受体主要分布于神经节，可被六甲双铵等竞争性拮抗；N_M 受体主要分布于神经肌肉接头，可被简箭毒碱等竞争性拮抗。

（二）肾上腺素受体

肾上腺素受体（adrenergic receptor）是指能选择性地与肾上腺素或 NA 结合的受体，属于 G 蛋白耦联受体。根据其对特异性配体的亲和力不同，肾上腺素受体又可分为以下两种：

1. α 肾上腺素受体（α adrenergic receptor，简称 α 受体） 介导内源性儿茶酚胺在体内的多

研究进展 5-1
N 受体的分布与功能

种重要功能，包括 α_1 和 α_2 两种亚型，近年来还发现 α_1 受体分为 α_{1A}、α_{1B}、α_{1D}，α_2 受体分为 α_{2A}、α_{2B}、α_{2C}，但这些亚型定位和功能尚不完全清楚。α_1 受体主要分布于皮肤、黏膜、内脏血管、瞳孔开大肌、心脏及肝等处，可被去氧肾上腺素激动，被哌唑嗪拮抗；α_2 受体主要分布于去甲肾上腺素能神经末梢的突触前膜，也分布于中枢、血管平滑肌、血小板及脂肪细胞等，可被可乐定激动，被育亨宾拮抗。

2. β肾上腺素受体（β adrenergic receptor，简称 β 受体） 分 β_1、β_2 和 β_3 三种亚型。β_1 受体主要分布在心脏和肾小球旁细胞等，β_2 受体主要分布在支气管平滑肌和位于骨骼肌的血管平滑肌等，β_3 受体主要分布在脂肪细胞和膀胱逼尿肌。

（三）多巴胺受体

能与 DA 结合的受体称为多巴胺受体（dopamine receptor，DA 受体，简称 D 受体），属于 G 蛋白耦联受体。分为 D_1、D_2、D_3、D_4、D_5 五个亚型，分属两个家族：D_1 和 D_5 被称为 D_1 样受体，D_2、D_3、D_4 被称为 D_2 样受体。D_1 样受体存在于外周效应器，主要分布于肾血管平滑肌；D_2 样受体分布于突触前膜和平滑肌。

三、传出神经系统的受体效应

（一）受体的生物效应

传出神经系统的功能源于其所支配的效应器上的受体。传出神经系统兴奋时，神经递质激动效应器上的受体，产生一系列相应的生物效应。不同受体及其亚型的效应与其在组织器官的分布有关（表 5-1）。

深入学习 5-4
受体结构及信号转导

表 5-1 传出神经系统受体分布及其生物效应

效应器	肾上腺素受体	效应	胆碱受体	效应
眼睛				
瞳孔开大肌	α_1	收缩（扩瞳）		
瞳孔括约肌			M_3	收缩（缩瞳）
睫状肌	β_2	松弛（远视）	M_3	收缩（近视）
心脏				
窦房结	β_1，β_2	自律性增高，心率加快	M_2	自律性降低 心率减慢
房室结	β_1，β_2	传导加快	M_2	传导减慢
传导系统	β_1，β_2	传导加快	M_2	传导减慢
心肌	β_1，β_2	收缩增强	M_2	收缩减弱
血管平滑肌				
皮肤、黏膜	α_1，α_2	收缩		
腹腔内脏	α_1，β_2	收缩（α_1），舒张（β_2）		
冠状血管	α_1，α_2，β_2	收缩（α_1），舒张（β_2）		
骨骼肌	α，β_2	收缩（α），舒张（β_2）	M_2	舒张

续表

效应器	肾上腺素受体	效应	胆碱受体	效应
脑	α_1	收缩（α_1）		
肾	α_1，α_2；β_1，β_2	收缩（α_1），舒张（β_2）		
静脉	α_1，α_2；β_2	收缩（α_1），舒张（β_2）		
肺				
支气管平滑肌	β_2	舒张	M_3，M_2	收缩
支气管腺体	α_1，β_2	分泌减少（α_1），分泌增加（β_2）	M_3，M_2	分泌增加
唾液腺	α_1	K^+和水分泌	M_3，M_2	K^+和水分泌
	β	淀粉酶分泌		
胃				
运动和张力	α_2，β_2	减弱	M_3，M_2	增强
括约肌	α_1	收缩	M_3，M_2	松弛
分泌			M_3，M_2	兴奋
肠				
运动和张力	α_2，β_2	减弱	M_3，M_2	增强
括约肌	α_1	收缩	M_3，M_2	松弛
分泌	α_1	抑制	M_3，M_2	兴奋
胆囊与胆道	β_2	舒张	M	收缩
膀胱				
逼尿肌	β_2，β_3	松弛	M_3	收缩
括约肌	α_1	收缩	M_3	松弛
子宫				
	α_1，β_2	妊娠：收缩（α_1）松弛（β_2）未妊娠：松弛（β_2）	M	收缩
皮肤汗腺	α_1	局部分泌（手、足心）	M_3，M_2	分泌
代谢				
肝糖原异生	α_1，β_2	增加		
肝糖原分解	β_2	增加		
脂肪分解	β_3	增加		
肾上腺髓质			N_N	分泌
骨骼肌	β_2	收缩	N_M	收缩

从表 5-1 可见，机体的多数器官、组织同时存在肾上腺素受体和胆碱受体，受到去甲肾上腺素能神经和胆碱能神经的双重支配。在多数情况下，去甲肾上腺素能神经和胆碱能神经兴奋时在同一效应器上产生的效应是相反的，这有利于调节机体的功能。当两类神经同时兴奋时，占优势的神经（受体分布多的）效应通常会显现出来。

（二）受体效应的分子机制

传出神经系统的受体与递质或激动药结合后，通过受体-效应耦联机制，如受体与蛋白质结合，受体与离子通道结合，致使靶细胞内产生一系列生物化学过程的变化，以完成信号转导，最终产生生理效应。

1. M受体　属于鸟苷酸结合调节蛋白（G蛋白）耦联受体超家族（superfamily of G-protein-coupled receptors）。M受体激动后，其中M_1、M_3、M_5受体与$G_{q/11}$蛋白耦联，激活磷脂酶C（phospholipase C，PLC），活化的PLC催化磷脂酰肌醇二磷酸（PIP_2）分解，生成肌醇三磷酸（IP_3）、二酰甘油（DAG），引起M样胆碱效应；M_2、M_4受体与$G_{i/o}$蛋白耦联，使腺苷酸环化酶活性抑制，并使K^+通道开放，Ca^{2+}通道阻滞，进而产生效应。

2. N受体　属于配体门控型离子通道受体，由2个α亚基和各1个β、γ、δ亚基构成五聚体，中间形成带孔的跨膜离子通道（图5-5）。两个α亚基上有与配体结合的位点。当N受体激动后，离子通道开放，膜外的Na^+、Ca^{2+}进入细胞内，产生局部去极化电位（即终板电位），当终板电位超过肌纤维扩布性去极化阈值时，膜上电压门控型离子通道打开，此时大量Na^+、Ca^{2+}进入细胞，产生动作电位，导致肌肉收缩。目前认为N受体的活动也需要G蛋白的调节。

3. 肾上腺素受体　α受体和β受体均属于G蛋白耦联受体，为七次跨膜区段结构。当递质或激动药与受体结合后，与G蛋白耦联，其中α_1受体激动后可激活磷脂酶（C、D、A_2），增加第二信使IP_3和DAG，产生生物学效应；α_2受体激动后通过抑制性鸟苷酸结合蛋白（Gi），与腺苷酸环化酶耦联，抑制该酶的活性，使cAMP形成减少。β_1、β_2和β_3受体激动后，通过兴奋性鸟苷酸结合蛋白（Gs）与腺苷酸环化酶耦联，使之活化，催化细胞中的ATP形成cAMP，进而产生一系列生化代谢反应。

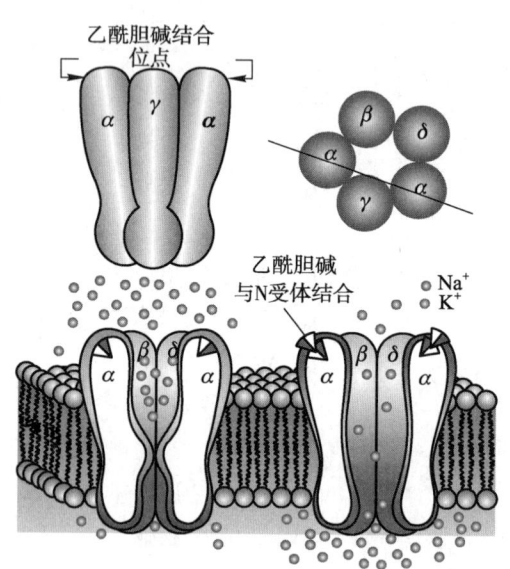

图5-5　N_M受体结构

第三节　传出神经系统药物的作用方式及分类

一、传出神经系统药物的作用方式

（一）直接作用于受体

药物直接与胆碱受体或肾上腺素受体结合，激动药结合后产生的效应与内源性递质ACh或NA相似；拮抗药结合后不产生或较少产生拟似递质的作用，但可妨碍递质与受体的结合，产生与递质相反的作用。

（二）影响神经递质

1. 影响递质的生物合成　宓胆碱（hemicholine）能抑制 ACh 的生物合成，甲酪氨酸（metirosine）可抑制 NA 的合成，两药目前均无临床应用价值，仅用作实验研究的工具药。

2. 影响递质的贮存和释放　某些药物通过促进或抑制递质的释放而发挥药理作用，如间羟胺和麻黄碱除直接激动肾上腺素受体外，还可通过促进去甲肾上腺素能神经末梢释放 NA 发挥药理作用，碳酸锂则抑制 NA 的释放。卡巴胆碱可促进 ACh 的释放。还有些药物通过影响递质在神经末梢的贮存而发挥作用，如利血平抑制神经末梢囊泡对 NA 的摄取，使囊泡内递质逐渐减少以至耗竭，从而发挥拮抗 NA 能神经的作用。

3. 影响递质的转化　某些药物可影响转化递质的酶，改变递质在体内的代谢速度，使递质的体内浓度发生改变，进而影响传出神经的功能。如抗胆碱酯酶药通过抑制 AChE 活性，延缓 ACh 的水解，使 ACh 浓度升高，产生拟胆碱作用。

虽然 NA 可被 MAO 和 COMT 代谢，但 NA 作用的终止主要靠神经末梢的再摄取，因此仅影响 MAO 和 COMT 活性的去甲肾上腺素能神经药，其作用是有限的。

二、作用于传出神经系统药物的分类

根据药物的作用方式和对受体及其亚型的选择性，可将传出神经系统药物进行分类（表 5-2）。

表 5-2　传出神经系统药物分类及其代表药

拟似药	拮抗药
拟胆碱药	**抗胆碱药**
1. 胆碱受体激动药	1. M 受体拮抗药
（1）M、N 受体激动药（乙酰胆碱）	（1）非选择性 M 受体拮抗药（阿托品）
（2）M 受体激动药（毛果芸香碱）	（2）M_1 受体拮抗药（哌仑西平）
（3）N 受体激动药（尼古丁）	（3）M_2 受体拮抗药（戈拉碘铵）
	（4）M_3 受体拮抗药（达非那新）
2. 胆碱酯酶抑制药（新斯的明）	2. N 受体拮抗药
	（1）N_N 受体拮抗药（六甲溴铵）
	（2）N_M 受体拮抗药（筒箭毒碱）
	3. 胆碱酯酶复活药（氯解磷定）
肾上腺素受体激动药	**肾上腺素受体拮抗药**
1. α、β 受体激动药（肾上腺素）	1. α、β 受体拮抗药（拉贝洛尔）
2. α 受体激动药	2. α 受体拮抗药
（1）α_1、α_2 受体激动药（去甲肾上腺素*）	（1）α_1、α_2 受体拮抗药（酚妥拉明）
（2）α_1 受体激动药（去氧肾上腺素）	（2）α_1 受体拮抗药（哌唑嗪）
（3）α_2 受体激动药（可乐定）	（3）α_2 受体拮抗药（育亨宾）
3. β 受体激动药	3. β 受体拮抗药
（1）β_1、β_2 受体激动药（异丙肾上腺素）	（1）β_1、β_2 受体拮抗药（普萘洛尔）

续表

拟似药	拮抗药
（2）β_1 受体激动药（多巴酚丁胺）	（2）β_1 受体拮抗药（阿替洛尔）
（3）β_2 受体激动药（沙丁胺醇）	（3）β_2 受体拮抗药（布他沙明）
（4）β_3 受体激动药（米拉贝隆）	

* 去甲肾上腺素还可激动 β_1 受体

（杨素荣）

思考题

1. 心脏上主要有哪些传出神经系统的受体？它们与激动药结合后产生什么效应？

2. 请简述拟胆碱药的分类，并列举各类的 1~2 个代表药物。

网上更多……

👤 学习目标　　👥 本章小结　　🖊 自测题　　⬇ 教学 PPT　　📶 参考资源

第六章

胆碱受体激动药和拮抗药

关键词

胆碱受体激动药	胆碱受体拮抗药	毛果芸香碱
阿托品	东莨菪碱	山莨菪碱
扩瞳药	托吡卡胺	解痉药
异丙托溴铵	神经节阻滞药	骨骼肌松弛药
琥珀胆碱	筒箭毒碱	

在古代，南美印第安人在打猎和战斗中，常把一种类似焦油的浓厚黏稠液体——箭毒（curare）涂抹于箭头上，以增加战斗获胜或捕猎成功的概率。箭毒是一种从某些植物的皮和茎中提取的有毒物质，通过煮沸而获得，含有筒箭毒碱等生物碱。筒箭毒碱为 N_M 胆碱受体拮抗药（骨骼肌松弛药），故箭毒进入血液，会使敌人或猎物的运动神经冲动阻断，骨骼肌松弛。作用于胆碱受体的药物能特异性地与胆碱受体结合，根据内在活性的不同分为胆碱受体激动药和胆碱受体拮抗药，产生拟似和拮抗胆碱能神经的作用。

思维导图

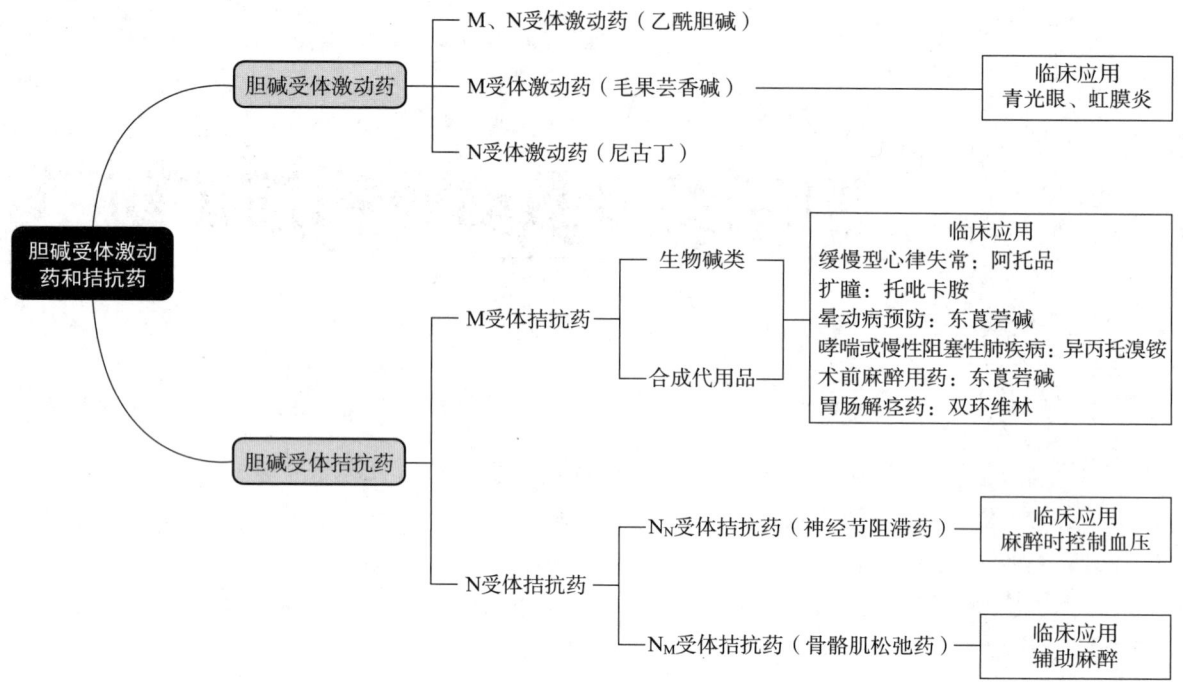

第一节　胆碱受体激动药

胆碱受体激动药（cholinoceptor agonists）能与胆碱受体结合，并激动受体，产生与胆碱能神经兴奋相似的作用，根据其对 M 胆碱受体、N 胆碱受体选择性不同，分为 M、N 胆碱受体激动药、M 胆碱受体激动药（M–cholinoceptor agonists）和 N 胆碱受体激动药（N–cholinoceptor agonists）。

一、M、N 胆碱受体激动药

乙 酰 胆 碱

乙酰胆碱（acetylcholine，ACh）的化学性质不稳定，在体内可迅速被乙酰胆碱酯酶（acetylcholinesterase，AChE）破坏，药理作用十分广泛，选择性差，无临床价值，故常作为研究的工具药。

【药理作用】激动 M、N 胆碱受体，产生拟胆碱能神经兴奋的效应。激动 M 胆碱受体产生的作用称为 M 样作用，激动 N 胆碱受体产生的作用称为 N 样作用。

1. M 样作用　体内的很多效应器上分布有 M 胆碱受体，ACh 激动 M 胆碱受体，会影响很多效应器的功能，产生广泛的 M 样作用。

（1）心血管系统

1）减慢心率：ACh 能延缓窦房结舒张期自动去极化，使复极化电流增加，窦房结 4 相最大舒张电位下移，延长动作电位达阈值的时间，减慢心率。

2）减慢房室结和浦肯野纤维传导：ACh 可延长房室结和浦肯野纤维的有效不应期，使其传导减慢。

3）减弱心肌收缩力：心室受胆碱能神经支配较少，ACh 对心室肌的直接抑制作用较弱。但由于胆碱能神经末梢与去甲肾上腺素能神经末梢紧密相邻，ACh 可激动去甲肾上腺素能神经末梢突触前膜 M 胆碱受体，使去甲肾上腺素能神经末梢 NA 释放减少，从而使心室收缩力减弱。

4）缩短心房不应期：ACh 可使心房不应期及动作电位时程缩短。

5）血管舒张：静脉注射小剂量 ACh 可使全身血管舒张而造成血压短暂下降，伴有反射性心率加快。其主要机制是激动血管内皮细胞 M_3 受体亚型，导致内皮源性舒血管因子（endothelium-derived relaxing factor，EDRF），即一氧化氮（nitric oxide，NO）释放，从而引起血管平滑肌细胞松弛，表现为内皮细胞依赖性的血管扩张作用。

（2）胃肠道：ACh 使胃肠平滑肌收缩，蠕动增加，引起恶心、呕吐、腹痛、排便等症状。

（3）泌尿道：ACh 使膀胱逼尿肌收缩，最大自主排空压力增加，同时膀胱三角括约肌舒张，导致膀胱排空。

（4）腺体：ACh 使唾液腺、泪腺、汗腺、呼吸道及消化道腺体分泌增加。

（5）眼：局部滴眼时，ACh 可致睫状肌收缩，调节痉挛，视近物清楚；瞳孔括约肌收缩，瞳孔缩小。

2. N 样作用　剂量稍大时，ACh 也能激动 N 胆碱受体，产生与兴奋神经节和运动神经相似的作用。还能兴奋肾上腺髓质，使肾上腺素释放增加。许多器官是由胆碱能神经和去甲肾上腺素能神经双重支配的，最终表现为所支配器官的优势效应。例如，胃肠道、膀胱平滑肌和腺体是以胆碱能神经支配占优势，而心脏和小血管则以去甲肾上腺素能神经支配占优势。故在大剂量ACh导致神经节 N_N 胆碱受体兴奋时，机体表现为胃肠道和膀胱平滑肌兴奋，腺体分泌增加，心肌收缩力加强，小血管收缩及血压升高等。同时，ACh激动运动神经终板上的 N_M 胆碱受体，表现为骨骼肌兴奋。过大剂量的ACh使神经节从兴奋转入抑制。

氨甲酰甲胆碱

氨甲酰甲胆碱（bethanechol，贝胆碱）作用与ACh相似，但不易被AChE水解，口服和注射均可，对胃肠道和膀胱作用较强，加速膀胱排空或促进胃肠蠕动。用于治疗手术后腹胀气、尿潴留和口腔黏膜干燥症。

二、M胆碱受体激动药

毛果芸香碱

毛果芸香碱（pilocarpine，匹鲁卡品）是从毛果芸香属植物中提取出来的生物碱。

【药理作用】选择性激动M胆碱受体，会影响很多效应器的功能，产生广泛的M样作用，但对眼和腺体的作用最明显。

1. 眼

（1）缩瞳：虹膜内有两种平滑肌，即瞳孔括约肌和瞳孔开大肌。瞳孔括约肌分布有M胆碱受体，兴奋时该括约肌向中心方向收缩，瞳孔缩小。瞳孔开大肌存在α肾上腺素受体，兴奋时开大肌向虹膜根部收缩，瞳孔扩大。毛果芸香碱局部滴眼后易透过角膜，直接激动瞳孔括约肌上的M胆碱受体，使瞳孔括约肌收缩，瞳孔缩小，此作用0.5 h达高峰，维持4~8 h。

（2）降低眼内压：眼内压是房水对眼产生的压力，房水是由睫状体上皮细胞分泌及血管渗出产生的，由瞳孔到达前房，再经前房角的小梁网滤过进入Schlemm管，汇入巩膜静脉窦，进入血液循环（图6-1）。前房角是房水排出的主要通道，小梁网的近Schlemm管组织是房水回流的主要阻力部位。如房水生成增多或房水回流受阻，会导致眼内压增高。毛果芸香碱局部滴眼后激动瞳孔括约肌上的M胆碱受体，使虹膜向中心方向收缩，虹膜根部变薄，前房角间隙扩大，易于房水回流，眼内压降低。

（3）调节痉挛：眼调节作用是指眼可通过调节晶状体凸度适应视物远近的需要。晶状体富有弹性，具有呈球形的趋势，而悬韧带向外牵拉晶状体，使其维持相对扁平的状态。悬韧带的紧张

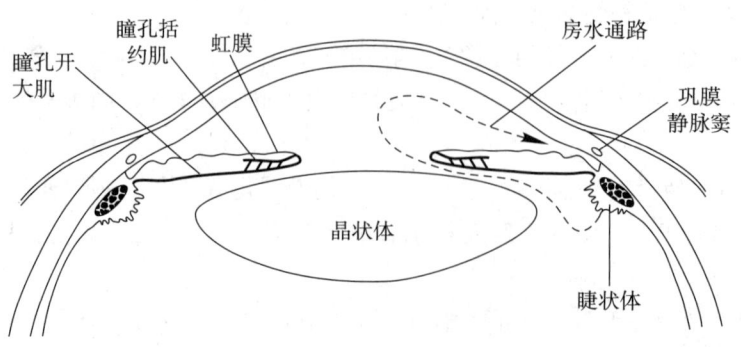

图6-1 房水回流途径

度又受睫状肌控制，睫状肌是环形平滑肌，存在 M 胆碱受体。毛果芸香碱激动睫状肌的 M 胆碱受体，使环形睫状肌向瞳孔中心方向收缩，悬韧带松弛，晶状体因弹性而变凸，屈光度增加，使眼视近物清楚，视远物模糊，此引起睫状肌痉挛的作用称为调节痉挛（图 6-2）。

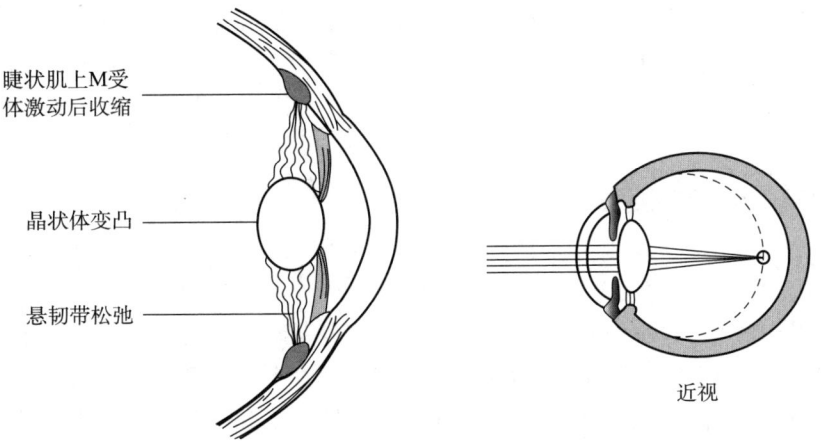

睫状肌上M受体激动后收缩

晶状体变凸

悬韧带松弛

近视

图 6-2　毛果芸香碱对眼调节作用的影响

2. 腺体　毛果芸香碱吸收后激动腺体 M 胆碱受体，使汗液、唾液分泌明显增加，泪腺、呼吸道黏膜分泌增加。

【临床应用】主要局部滴眼用于治疗青光眼。

1. 治疗青光眼　低浓度的毛果芸香碱局部滴眼治疗闭角型青光眼，使眼内压下降，作用迅速、温和。高浓度的毛果芸香碱可造成症状加重，故不宜使用。对于开角型青光眼的早期也有一定疗效，但机制未明。

2. 虹膜炎　与扩瞳药交替局部应用，可防止虹膜与晶状体粘连。

3. 颈部放射治疗后口腔干燥　口服可增加唾液分泌。

4. 阿托品中毒的解救。

【不良反应】局部滴眼时，可因吸收而产生全身副作用，主要为 M 样症状，可用 M 胆碱受体拮抗药阿托品拮抗。故滴眼时，应压迫眼内眦，避免药液流入鼻腔而吸收。

临床聚焦 6-1
青光眼

毒 蕈 碱

毒蕈碱（muscarine）是由捕蝇蕈中提取的生物碱，激动 M 胆碱受体，其效应与兴奋节后胆碱能神经作用相似，但临床价值不大。民间因误食毒蕈而中毒的病例时有发生，主要表现为多汗、流涎、流泪、肺部啰音、呼吸困难、恶心、呕吐、腹痛、腹泻、尿频、尿急、大小便失禁、瞳孔缩小、视物模糊、心动过缓、血压下降和休克等，可用阿托品治疗。

三、N 胆碱受体激动药

N 胆碱受体有 N_N 和 N_M 两种亚型。N_N 受体分布于神经节和肾上腺髓质，N_M 受体分布于骨骼肌。大多数 N 受体激动药作用于神经节和骨骼肌，但尼古丁（nicotine）、洛贝林、二甲基苯基哌嗪（dimethylphenylpiperazinium，DMPP）最先影响神经节。

人文视角 6-1
珍爱生命　远离烟草

洛 贝 林

洛贝林（lobeline，山梗菜碱）兴奋颈动脉窦和主动脉体化学感受器上的 N_N 胆碱受体，反射性地兴奋呼吸中枢而使呼吸加快，但对呼吸中枢无直接兴奋作用。对迷走神经中枢和血管运动中枢也具有反射性的兴奋作用，对自主神经节先兴奋而后阻断。临床上主要用于各种原因引起的中枢性呼吸抑制，如新生儿窒息，一氧化碳、阿片中毒等。

第二节　胆碱受体拮抗药

胆碱受体拮抗药（cholinoceptor antagonists）是能与胆碱受体结合，不产生或极少产生内在活性，却阻碍 ACh 或胆碱受体激动药与受体结合，从而产生拮抗胆碱能神经作用的药物，又称为抗胆碱药（anticholinergic drugs）。根据其对 M 胆碱受体、N 胆碱受体选择性不同，分为 M 胆碱受体拮抗药（M-cholinoceptor antagonists）和 N 胆碱受体拮抗药（N-cholinoceptor antagonists）。

一、M 胆碱受体拮抗药

M 胆碱受体拮抗药根据其来源可包括：①天然存在的化合物，如阿托品、东莨菪碱、山莨菪碱等从茄科植物中提取的生物碱；②半合成或合成衍生物，如后马托品、异丙托溴铵等通过改变化学结构人工合成的药物。此外，根据其选择性的特点，还可分为选择性和非选择性 M_1、M_2、M_3 等受体亚型拮抗药。

（一）生物碱类

阿 托 品

【体内过程】阿托品（atropine）口服吸收快，生物利用度 50%，1 h 后血药浓度达峰值，可通过血脑屏障。阿托品可在体内迅速消除，$t_{1/2}$ 约为 2.5 h，有 60% 左右药物经尿液排出。阿托品拮抗胆碱能神经作用可维持 3 ~ 4 h。阿托品可经黏膜吸收，因通过房水循环排出较慢，滴眼后对眼的作用可持续 72 h 或更久。皮肤吸收差。

【药理作用及作用机制】阿托品是 ACh 的竞争性拮抗药（图 6-3），与其竞争性结合 M 胆碱受体。本身内在活性小，不产生激动受体作用，但可阻断 ACh 或胆碱受体激动药作用，从而产生抗 M 胆碱受体的作用。对 M_1、M_2、M_3 各受体亚型均可阻断，大剂量也可阻断神经节的 N_N 胆碱受体，更大剂量可出现中枢神经系统效应。

阿托品非选择性拮抗 M 胆碱受体，作用广泛，但不同效应器上的 M 胆碱受体对药物的敏感性不同。全身用药时，随着剂量增大，依次出现对腺体、胃肠道及膀胱平滑肌、心脏和眼等的效应，大剂量也可出现中枢效应（表 6-1）。

动画 6-1
阿托品的药理作用

【临床应用】

1. 缓解内脏绞痛　阿托品快速缓解胃肠痉挛所致的绞痛；对膀胱刺激症状如尿频、尿急等疗效较好；对胆绞痛或肾绞痛疗效较差，需与阿片类镇痛药合用。也可用于遗尿症的治疗，减少

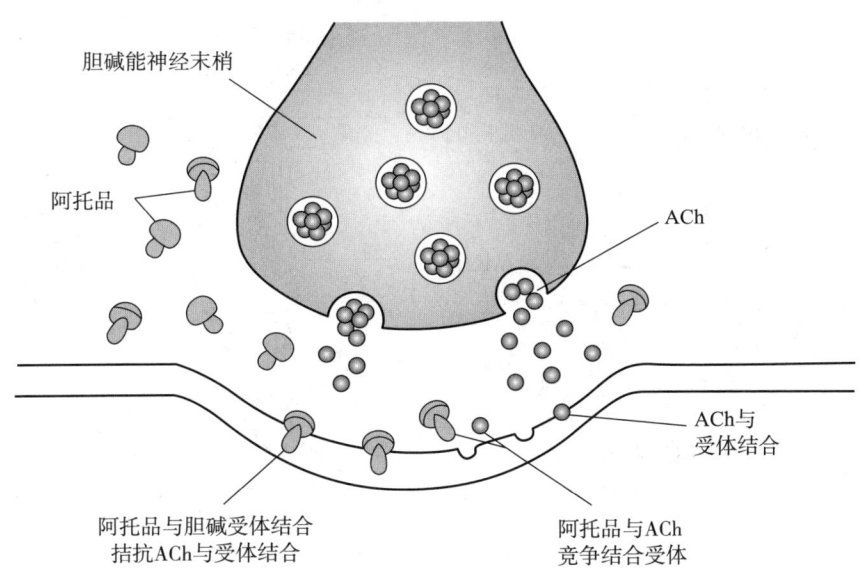

图 6-3　阿托品的作用机制

表 6-1　阿托品的药理作用

器官系统	效　应
腺体	极低剂量使唾液腺、泪腺、汗腺、支气管腺体的分泌减少，产生口干和皮肤干燥，汗腺分泌减少会引起体温升高，胃液分泌会轻微减少
眼	瞳孔扩大，对光反应消失；眼内压升高，对闭角型青光眼患者而言非常危险；睫状肌松弛引起调节麻痹，视近物模糊，视远物清楚（图 6-4）
胃肠道	松弛多种内脏平滑肌，对过度活动或痉挛状态的平滑肌作用较强，解除胃肠道平滑肌痉挛效果最明显，降低蠕动的频率及幅度；也可缓解膀胱逼尿肌和尿道的痉挛，降低张力和收缩幅度，还可解除输尿管张力增高；对胆管和子宫平滑肌的作用较弱
心血管系统	心动过速，在胆碱能神经张力高的青壮年明显，对运动状态、老年人及婴幼儿的心率影响较小，极低剂量阿托品反而引起心动过缓；由于大多数阻力血管无胆碱能神经分布，动脉血压不受影响，大剂量能扩张皮下血管和内脏血管，解除小血管痉挛，改善微循环，缓解组织缺氧状态。其扩血管作用与 M 胆碱受体的拮抗作用无关，可能是由于出汗减少、体温升高所产生的代偿性散热反应，或阿托品的直接扩血管作用
中枢神经系统	治疗量可轻度兴奋大脑和延髓，引起轻微烦躁不安，较高剂量引起激动和定向障碍、幻觉、谵妄和惊厥等，继续增加剂量则由兴奋转为抑制，出现昏迷及呼吸麻痹而死亡。可用胆碱酯酶抑制药毒扁豆碱对抗

小便次数。

2. 全身麻醉前给药　用于减少呼吸道腺体及唾液腺的分泌，防止分泌物过多阻塞呼吸道及吸入性肺炎的发生。也可用于治疗严重的盗汗、流涎症。

3. 眼科应用

（1）虹膜睫状体炎：因阿托品松弛瞳孔括约肌和睫状肌，有利于炎症消退，与缩瞳药交替使用，预防虹膜与晶状体的粘连。

（2）验光配镜：阿托品可使睫状肌松弛，具有调节麻痹作用，此时晶状体固定，可准确检测晶状体的屈光度。此作用可持续 2~3 天，视力恢复较慢，故现已少用。但儿童验光时仍需使用，因儿童睫状肌调节能力较强，而阿托品可充分地发挥调节麻痹作用，准确地检查屈光异

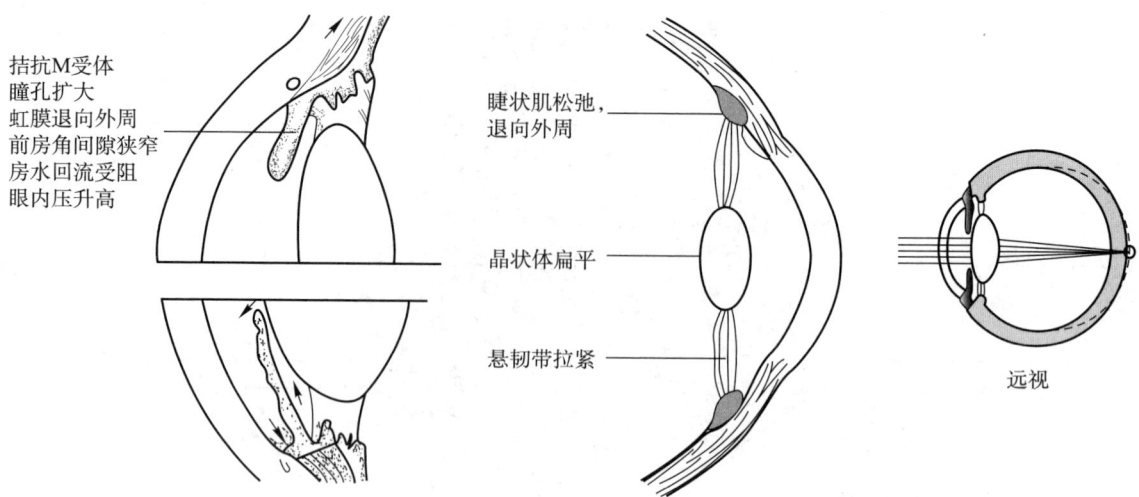

拮抗M受体
瞳孔扩大
虹膜退向外周
前房角间隙狭窄
房水回流受阻
眼内压升高

睫状肌松弛，
退向外周

晶状体扁平

悬韧带拉紧

远视

图6-4　阿托品对眼调节作用的影响

常情况。

（3）检查眼底：阿托品可扩瞳，利于眼底检查，但因视力恢复较慢，已少用。

4. 治疗缓慢型心律失常　如窦性心动过缓、房室传导阻滞的治疗。但可加快急性心肌梗死患者的心率，增加心肌耗氧量，应慎用。

5. 抗休克　主要用于感染性休克，在补足血容量的基础上，可用大剂量阿托品解除小动脉痉挛，改善微循环。但对伴有高热或心率过快的休克患者应禁用。

6. 解救有机磷酸酯类中毒及某些毒蕈碱中毒　见第七章。

【不良反应及用药注意事项】常见不良反应有口干、便秘、视物模糊、皮肤干燥发红和排尿困难等。剂量增加，甚至出现高热、呼吸加快、烦躁不安、谵语、幻觉和惊厥等中枢兴奋症状，严重中毒时则由兴奋转为抑制，出现昏迷和呼吸麻痹等。

解救阿托品中毒的主要措施是对症治疗。口服中毒时应立即洗胃、导泻，并用毒扁豆碱迅速对抗外周作用，因毒扁豆碱体内代谢迅速，需反复给药。此外，也可使用毛果芸香碱对抗其中毒症状。中枢兴奋症状可用地西泮对抗，但剂量不宜过大，以免与阿托品所致的中枢抑制产生协同作用。对于呼吸抑制者应进行吸氧及人工呼吸，体温增高者应敷冰袋及酒精擦浴降低体温。前列腺肥大及青光眼患者禁用。

其他阿托品类生物碱的作用与应用见表6-2。

表6-2　其他阿托品类生物碱的作用与应用

名称	作用特点	临床应用及用药注意事项
东莨菪碱（scopolamine）	外周作用与阿托品相似，抑制腺体分泌作用强于阿托品；中枢作用与阿托品相反，具有中枢抑制作用	①麻醉前给药效果优于阿托品。②预防晕动病。③治疗帕金森病。禁用于青光眼和前列腺肥大患者
山莨菪碱（anisodamine）	抑制腺体分泌、扩瞳及中枢兴奋作用弱于阿托品；松弛平滑肌；解除血管痉挛，改善微循环作用突出	①治疗感染性休克。②缓解胃肠绞痛。不良反应及禁忌证与阿托品相似，但毒性较低

（二）阿托品的合成代用品

阿托品局部应用，对眼的作用时间过长，影响视力；而全身用药，作用范围广，选择性低，副作用多。为了克服这些缺点，通过改造其化学结构，合成了一些代用品，包括解痉药、扩瞳药和选择性 M 胆碱受体亚型拮抗药。

1. 扩瞳药　目前临床上主要用于扩瞳的药物有后马托品（homatropine）、环喷托酯（cyclopentolate）、托吡卡胺（tropicamide）。与阿托品比较，扩瞳时间明显缩短，故适用于检查眼底和验光。青光眼患者禁用。

2. 解痉药　本类药物有异丙托溴铵、溴丙胺太林、贝那替秦等。大多数合成品的药理作用、不良反应、禁忌证均与阿托品相似。

异丙托溴铵

异丙托溴铵（ipratropium bromide）主要用于慢性阻塞性肺疾病、支气管哮喘治疗，见第二十五章。

溴丙胺太林

溴丙胺太林（propantheline bromide）又称普鲁本辛（probanthine），是临床上常用的解痉药，口服吸收不完全，食物可妨碍其吸收，饭前 0.5 ~ 1 h 服用，作用持续约 6 h。本药对胃肠道 M 胆碱受体的选择性较高，抑制胃肠平滑肌作用较强而持久，并能不同程度地减少胃液分泌。用于胃肠、泌尿道痉挛，胃、十二指肠溃疡及妊娠呕吐。睡前口服治疗遗尿症。不良反应类似阿托品，中毒量可阻断神经肌肉接头传递引起呼吸麻痹。

双 环 维 林

双环维林（dicyclomine）口服易吸收，抗 M 样作用较阿托品弱，能非特异地直接松弛平滑肌，主要用于缓解胃肠道痉挛，也可作为辅助药与抗酸药合用于消化性溃疡的治疗。常用量较少产生口干及心血管副作用。6 个月以下婴儿禁用。

贝 那 替 秦

贝那替秦（benactyzine，胃复康）口服易吸收，能缓解平滑肌痉挛和抑制腺体分泌，还具有中枢安定作用。适用于兼有焦虑的溃疡患者，也可用于膀胱刺激征和肠蠕动亢进的患者。不良反应有口干、头晕及嗜睡等。

此外，还有甲溴东莨菪碱（scopolamine methobromide）、格隆溴铵（glycopyrronium bromide）、奥芬溴铵（oxyphenonium bromide）、地泊溴铵（diponium bromide）、戊沙溴铵（valethamate bromide）、溴哌喷酯（pipenzolate bromide）、羟吡溴铵（oxypyrronium bromide）、甲溴贝那替嗪（benactyzine methobromide）、依美溴铵（emepronium bromide）等均可缓解内脏平滑肌痉挛，作为治疗消化性溃疡的辅助用药。本类药物口服易吸收的还有地美戊胺（dimevamide）、阿地芬宁（adiphenine）、羟苄利明（oxyphencyclimine），均可用于消化性溃疡、胃肠道痉挛等。

3. 选择性 M 胆碱受体亚型拮抗药　哌仑西平（pirenzepine）选择性拮抗 M_1、M_4 胆碱受体，替仑西平（telenzepine）选择性拮抗 M_1 胆碱受体，两者均可抑制胃酸和胃蛋白酶分泌，治疗消化性溃疡。

曲比拉明（tripitramine）为选择性 M_2 胆碱受体拮抗药，可用于对抗胆碱能神经所致心动过缓。

达非那新（darifenacin）为选择性 M_3 胆碱受体拮抗药，可治疗尿失禁、尿频、尿急等膀胱活动过度症。

二、N 胆碱受体拮抗药

（一）N_N 胆碱受体拮抗药

N_N 胆碱受体拮抗药（N_N-cholinoceptor antagonists）又称神经节阻滞药（ganglionic blocking drugs），选择性与神经节 N_N 胆碱受体结合，竞争性拮抗 ACh，导致自主神经节阻滞。作用广泛，副作用多。此类药阻滞胆碱能神经节可扩瞳、调节麻痹和升高眼内压，以及引起口干、便秘、尿潴留等副作用；阻滞去甲肾上腺素能神经节，引起血管舒张，尤其是舒张小动脉，明显降低外周阻力；还可舒张静脉，减少回心血量，降低心输出量。结果使血压明显下降，尤其是坐位和立位血压下降显著，心血管反射消失。

樟 磺 咪 芬

樟磺咪芬（trimetaphan camsilate）又称阿方那特（arfonad），是速效、短效的神经节阻滞药。静脉滴注 1~2 min 开始降压，停药后 10~15 min 血压恢复到原有水平。应根据血压变化调整剂量，但反复给药可产生耐受性。用于麻醉时控制血压，以减少手术区出血，用于脑外科和血管手术时控制性低血压（controlled hypotension），此时既能降压，又可有效地防止因手术剥离所造成的交感神经反射，使患者血压不会明显升高。不良反应较多，主要有口干、便秘、视物模糊、直立性低血压、心率加快、排尿困难和阳痿等。动脉硬化性心、脑、肾疾病患者及青光眼患者禁用。

（二）N_M 胆碱受体拮抗药

N_M 胆碱受体拮抗药（N_M-cholinoceptor antagonists）又称骨骼肌松弛药（skeletal muscle relaxants，简称肌松药），与运动终板的 N_M 胆碱受体结合，拮抗 ACh 对骨骼肌的兴奋作用，产生骨骼肌松弛的效应。作为辅助麻醉用药，使患者在较浅的麻醉下获得手术所需的肌肉松弛度，减少全麻药的用量。按其作用机制可分为两类，即去极化型肌松药（depolarizing muscle relaxants）和非去极化型肌松药（nondepolarizing muscle relaxants），两者比较见表 6-3。

表 6-3　骨骼肌松弛药作用比较

比较点	去极化型肌松药	非去极化型肌松药
代表药物	琥珀胆碱	筒箭毒碱
作用机制	激动运动终板 N_M 受体，产生持久去极化	与 ACh 竞争运动终板上 N_M 受体，并拮抗 ACh 对 N_M 受体的激动作用
作用特点	肌松前先出现短暂的肌束颤动，被血浆丁酰胆碱酯酶迅速水解，1 min 出现肌肉松弛，2 min 达到高峰，5 min 作用消失	肌松前无肌束颤动，3~4 min 起效，5 min 达到高峰，维持 30 min；阻断神经节；促使组胺释放
临床应用	气管内插管、气管镜等手术	外科麻醉辅助用药
中毒解救	人工呼吸，不能用新斯的明	除人工呼吸外，同时应用新斯的明
不良反应	损伤肌梭，血钾升高，眼内压升高	心率减慢，血压降低，支气管痉挛，唾液分泌

1. 去极化型肌松药　此类药物与运动终板的 N_M 胆碱受体结合，产生与 ACh 相似且较持久的去极化作用，并且由于该类药物占据 N_M 胆碱受体，拮抗 ACh 对 N_M 胆碱受体的效应，故产生

肌松作用。其作用特点为：①最初出现短时肌束颤动，与药物对骨骼肌不同部位去极化时间的先后不同有关；②治疗剂量无神经节阻滞作用；③抗胆碱酯酶药不能拮抗其肌松作用，反而会加强该效应，故此类药物过量中毒时不能用新斯的明解救；④连续用药产生快速耐受性。目前临床上应用的该类药物只有琥珀胆碱。

琥 珀 胆 碱

【体内过程】琥珀胆碱（suxamethonium）仅 10%～15% 的药量到达神经肌肉接头处，进入体内后迅速被肝和血浆中的丁酰胆碱酯酶水解，由肾排泄。

【药理作用】肌松作用迅速，持续时间短。静脉注射后，1 min 后肌肉松弛，2 min 作用达高峰，5 min 作用消失。肌松作用从颈部肌肉开始，逐渐至肩胛、腹部和四肢，尤以颈部（喉头和气管肌）和四肢肌肉最为明显，面、舌、咽喉和咀嚼肌次之，对呼吸肌麻痹作用不明显。

【临床应用】用于气管镜、气管插管、食管镜和胃镜检查等短时操作。静脉滴注也可用于较长时间手术。

【不良反应及用药注意事项】25%～50% 的患者出现肩胛部、胸腹部肌肉疼痛，一般 3～5 天可自愈。由于肌细胞持久性去极化，大量 K^+ 从细胞内释放，使血钾升高，对烧伤、肾功能损害、大面积软组织损伤及脑血管意外等患者可导致心搏骤停或心律失常。过量可致呼吸肌麻痹，应用本品时需备人工呼吸机。本药可引起强烈的窒息感，清醒的患者禁用。应用时可先用硫喷妥钠静脉麻醉后，再给琥珀胆碱。因个体差异较大，故给药剂量和速度需个体化。遗传性血浆胆碱酯酶活性低下和严重肝功能不全者禁用。大剂量氨基糖苷类及多黏菌素等抗生素具有肌松作用，故与琥珀胆碱合用时易致呼吸麻痹，应慎用。

2. 非去极化型肌松药　又称竞争型肌松药（competitive muscle relaxants），与 ACh 竞争神经肌肉接头的 N_M 胆碱受体，拮抗 ACh 的去极化作用，使骨骼肌松弛，主要用于手术辅助麻醉。其特点包括：①肌肉松弛前无兴奋现象；②不同程度的阻断神经节作用和促组胺释放作用，同类药可增强其肌松作用；③抗胆碱酯酶药可拮抗其肌松作用，过量可用新斯的明解救。本类药物常用的有筒箭毒碱、泮库溴铵、多库溴铵、维库溴铵、阿曲库铵等。

筒 箭 毒 碱

筒箭毒碱（tubocurarine）静脉注射 5 min 左右，眼部肌肉首先松弛，然后颈部、躯干和四肢肌肉松弛，继之肋间肌松弛。剂量加大，可致膈肌麻痹，呼吸停止。肌肉松弛恢复的顺序与肌松时相反，即膈肌麻痹恢复最快。本药可促进体内组胺的释放，表现为支气管痉挛、皮疹、低血压和唾液分泌等症状。常用量可产生自主神经节阻滞作用，并可部分抑制肾上腺髓质的分泌，故可造成血压下降。

其他药物（表 6-4）已基本取代筒箭毒碱用于辅助麻醉。

表 6-4　非去极化型肌松药特点比较

药物	起效时间	作用持续时间	主要副作用
泮库溴铵（pancuronium bromide）	4～6 min	长，120～180 min	轻微心动过速，无低血压
多库溴铵（doxacurium bromide）	4～6 min	较长，90～120 min	几乎没有组胺释放作用，对心血管的副作用很轻微

续表

药物	起效时间	作用持续时间	主要副作用
维库溴铵（vecuronium bromide）	2 ~ 4 min	中等，60 ~ 90 min	副作用少
阿曲库铵（atracurium）	2 ~ 4 min	较短，30 ~ 40 min	短暂低血压（组胺释放）

（崔红霞）

思考题

1. 简述毛果芸香碱对眼的作用和用途。
2. 简述阿托品的药理作用和临床用途。
3. 比较山莨菪碱与阿托品的作用特点。
4. 比较东莨菪碱与阿托品的作用特点和临床用途。
5. 简述合成扩瞳药的作用特点。
6. 简述合成解痉药的作用特点。
7. 比较去极化型肌松药和非去极化型肌松药作用的异同。

网上更多……

👤 学习目标　　👤 本章小结　　✏ 自测题　　⬇ 教学 PPT　　🖥 参考资源

第七章
胆碱酯酶抑制药和胆碱酯酶复活药

关键词

胆碱酯酶	易逆性胆碱酯酶抑制药	新斯的明
加兰他敏	安贝氯铵	依酚氯铵
难逆性胆碱酯酶抑制药	有机磷酸酯类	胆碱酯酶复活药
氯解磷定	碘解磷定	

胆碱酯酶抑制药属于间接拟胆碱药。一般分为两类，难逆性胆碱酯酶抑制药一般作为农业杀虫剂使用，但须防范其导致的严重后果；易逆性胆碱酯酶抑制药通过影响外周及中枢胆碱能神经突触，可有效改善肌无力患者的肌力，治疗术后腹气胀和尿潴留，局部滴眼用于治疗青光眼。此外，选择性中枢胆碱酯酶抑制药可用于改善阿尔茨海默病患者的认知功能。

思维导图

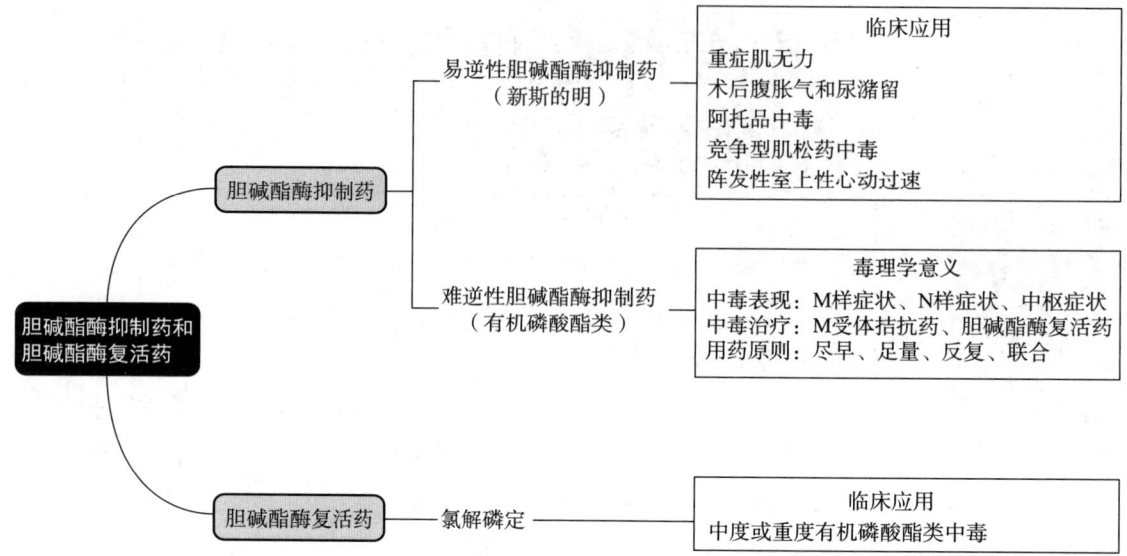

第一节　胆碱酯酶

胆碱酯酶是一类糖蛋白，有两种不同类型，即乙酰胆碱酯酶（acetylcholinesterase，AChE）和丁酰胆碱酯酶（butyrylcholinesterase，BChE），两者结构相近但功能不同。AChE 主要存在于胆碱能神经末梢突触间隙，是特异性水解 ACh 所必需的酶，AChE 水解 ACh 活性极高，且作用短暂，对保持神经调节的敏感性具有重要生理意义。BChE 主要存在于肝、脑、血浆、胃肠道平滑肌、皮肤等，对终止体内 ACh 作用弱，但可水解其他胆碱酯类物质，如局麻药中的普鲁卡因、去极化型肌松药琥珀胆碱等，其生理学意义不十分清楚。本文所提胆碱酯酶是指 AChE。

AChE 水解 ACh 的过程见图 7-1。AChE 的阴离子部位与 ACh 分子中带正电荷的季铵阳离子头以静电引力相结合，酯解部位的丝氨酸羟基与 ACh 分子中的羰基碳以共价键结合，形成 ACh 与 AChE 复合物。ACh 与 AChE 的复合物酯键断裂，生成胆碱和乙酰化 AChE。乙酰化 AChE 快速水解，分离出乙酸，恢复 AChE 的活性。

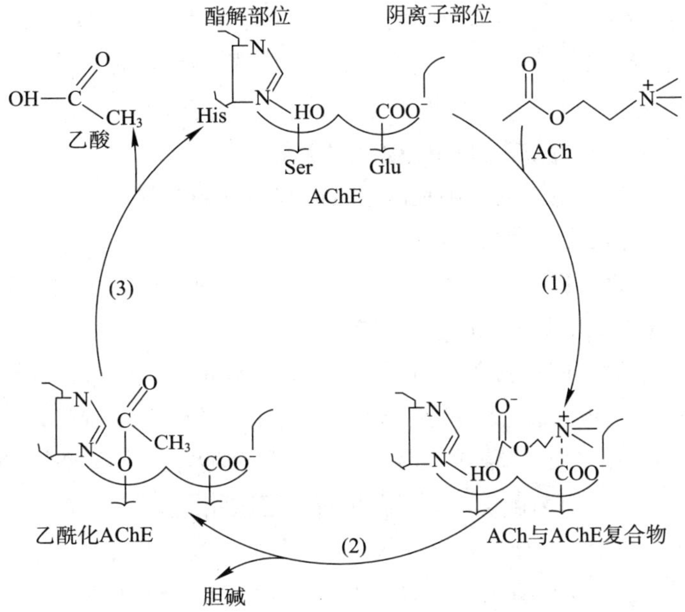

图 7-1　AChE 水解 ACh 的过程示意图

第二节　胆碱酯酶抑制药

抑制胆碱酯酶活性的药物称为胆碱酯酶抑制药（cholinesterase inhibitors），其能与 AChE 结合，抑制 AChE 活性，导致胆碱能神经末梢释放的 ACh 存留在突触间隙，持续作用于突触后膜上相应的受体，产生 M 样和 N 样作用。本类药物分为易逆性胆碱酯酶抑制药和难逆性胆碱酯酶抑制药两类。前者与 AChE 结合较不稳定，AChE 容易复活；后者与 AChE 结合较牢固，AChE 活性难以恢复。

一、易逆性胆碱酯酶抑制药

易逆性胆碱酯酶抑制药包括新斯的明、溴吡斯的明、毒扁豆碱、加兰他敏和多奈哌齐等。

新斯的明

【体内过程】新斯的明（neostigmine）口服吸收少，口服量一般为皮下注射量的 10 倍以上，生物利用度为 1%～2%，不易通过血脑屏障，不易透过角膜进入前房，既可被血浆胆碱酯酶破坏，也可在肝代谢，平均 $t_{1/2}$ 为 0.87 h，药物多以原型及代谢产物形式由尿排泄。肾衰竭患者，其 $t_{1/2}$ 可延长。婴儿和儿童的 $t_{1/2}$ 明显小于成人。本品静脉注射给药有一定风险。

> 动画 7-1
> 新斯的明的作用机制

【药理作用及机制】可逆性地抑制 AChE 活性，使 ACh 水解减少，导致突触间隙中 ACh 积聚，产生 M 样和 N 样作用。此外，新斯的明还可直接激动骨骼肌运动终板上的 N_M 受体，并可促进运动神经末梢释放 ACh，故对骨骼肌兴奋作用较强。对胃肠道和膀胱平滑肌也有较强的兴奋作用，对眼、腺体、支气管平滑肌、心血管作用较弱。

【临床应用】

> 临床聚焦 7-1
> 重症肌无力

1. 重症肌无力　一般采用口服给药，如不能口服或口服给药疗效不佳，可皮下或肌内注射给药，注射给药时有一定风险。可显著改善神经肌肉功能，改善重症肌无力的症状。

2. 术后腹胀气和尿潴留　由于麻醉的影响，手术后胃肠和膀胱平滑肌张力降低，新斯的明可兴奋胃肠道平滑肌及膀胱逼尿肌，促进排气和排尿。常用于手术或其他原因引起的腹胀气和尿潴留，疗效显著。机械性肠梗阻或泌尿道梗阻的患者禁用。

3. 阿托品中毒　新斯的明可对抗阿托品中毒引起的外周症状。因新斯的明不能通过血脑屏障，故对阿托品中毒引起的中枢症状无效。

4. 竞争型肌松药中毒　新斯的明兴奋骨骼肌的作用可对抗筒箭毒碱过量引起的中毒，但禁用于去极化型肌松药（如琥珀胆碱）过量的解救。

5. 阵发性室上性心动过速　新斯的明可间接增强胆碱能神经效应，减慢传导，皮下或肌内注射治疗阵发性室上性心动过速。缓慢型心律失常、血压下降等患者应慎用。

【不良反应及用药注意事项】新斯的明不良反应与胆碱能神经过度兴奋症状相似，包括流涎、恶心、呕吐、腹痛、腹泻和肌肉颤动，过量可出现"胆碱能危象"，表现为大量出汗、睫状肌痉挛、瞳孔缩小、大小便失禁、心律失常等症状，还可见肌麻痹、胸腔紧缩感及支气管平滑肌痉挛引起呼吸困难。如肌无力症状加重，应立即停药。中毒死亡多因呼吸衰竭或心脏停搏。中毒时常规给予阿托品和小剂量的非去极化型肌松药对抗。

溴吡斯的明

溴吡斯的明（pyridostigmine bromide）作用与新斯的明相似，作用较弱，起效缓慢，但作用时间较长。主要用于治疗重症肌无力、麻痹性肠梗阻、术后腹胀气和尿潴留。不良反应与新斯的明相似，但 M 样作用较弱，很少引起"胆碱能危象"。

毒扁豆碱

毒扁豆碱（physostigmine）也称依色林（eserine），作用与新斯的明相似，但可进入中枢，对外周和中枢都有较强的作用。对胃肠道和支气管平滑肌兴奋作用较强；心血管系统的作用较为复杂；小剂量兴奋中枢，大剂量抑制中枢，中毒时可引起呼吸麻痹。眼局部应用时，其作用类似于毛果芸香碱，其临床主要用途是治疗青光眼。滴眼后数分钟产生作用，经 1~2 h 作用达高峰，可维持 1~2 天。与毛果芸香碱相比，起效较快，作用较强，但刺激性亦较强，长期给药，患者不易耐受。可先用本药滴眼数次后，改用毛果芸香碱维持疗效。同时，滴眼时应压迫内眦，以免药液流入鼻腔后吸收中毒。其全身作用尚可用于阿托品及东莨菪碱等抗胆碱药中毒的解救。

其他胆碱酯酶抑制药见表 7-1。

表 7-1　其他胆碱酯酶抑制药特点

药名	作用特点	主要应用
加兰他敏（galanthamine）	作用为毒扁豆碱的 1/10，也直接激动运动终板 N_M 受体	治疗重症肌无力、阿尔茨海默病、脊髓灰质炎后遗症
安贝氯铵（ambenonium chloride）	作用较新斯的明持久（4~8 h）	治疗重症肌无力
地美溴铵（demecarium bromide）	作用时间较长（4~6 h），可持续 1 周	治疗无晶状体畸形的开角型青光眼
依酚氯铵（edrophonium chloride）	显效快，维持时间短（5~15 min）	用于诊断重症肌无力
依斯的明（eptastigmine）	作用时间较长	治疗阿尔茨海默病
多奈哌齐（donepezil）	抑制中枢 AChE，改善认知功能	治疗阿尔茨海默病

二、难逆性胆碱酯酶抑制药

难逆性胆碱酯酶抑制药主要指有机磷酸酯类。

有机磷酸酯类

有机磷酸酯类（organophosphate）主要作为农业杀虫剂、杀菌剂和除草剂使用。按其急性毒性强度可分为低毒类，如美曲膦酯（metrifonate）又名敌百虫（dipterex, trichlorfon）、乐果（rogor）、马拉硫磷（malathion）；高毒类，如敌敌畏（DDVP）；剧毒类，如内吸磷（systox, E1059）和对硫磷（parathion, E605）等。有些则用作战争毒气（war gas），如沙林（sarin）、梭曼（soman）和塔崩（tabun）等。本类物质脂溶性高，易挥发，可经皮肤、呼吸道及消化道吸收而中毒，对人畜均有毒性，主要用于毒理学领域。世界卫生组织认为杀虫剂中毒已成为全球性的问题。

【中毒机制】有机磷酸酯类的磷原子具有亲电子性，与 AChE 牢固结合，形成难以水解的复合物，AChE 的活性持久被抑制，造成 ACh 持久积聚，产生强烈毒性。若不及时抢救，AChE 可迅速"老化"，一旦"老化"后将很难恢复活性，须等机体新生 AChE 后才可水解 ACh。此过程可能需要几周的时间。因此中毒后应及早抢救。

【中毒表现】慢性中毒多发生于生产农药的工人或长期接触农药的农民，血中 AChE 活性持续下降，临床表现为多汗、腹胀、头痛、失眠，偶见肌束颤动及瞳孔缩小。有机磷酸酯类急性中毒时，主要表现为 M 样症状、N 样症状和中枢神经系统症状（表 7-2）。根据中毒症状及血浆中 AChE 活性判断中毒程度：轻度中毒，以 M 样症状为主，AChE 活性为正常值的 70%~50%；中度中毒时，出现 M 样症状和 N 样症状，AChE 活性降至正常值的 50%~30%；重度中毒，除了表

深入学习 7-1
农药的危害与绿色发展

表 7-2 急性有机磷酸酯类中毒的临床表现

效应	临床表现
M 样症状	眼：瞳孔缩小、视物模糊、眼部疼痛、结膜充血
	腺体：汗腺、唾液腺、泪腺、支气管和胃肠道腺体分泌液增加，表现为大汗淋漓、口吐白沫、流泪、呼吸困难等
	消化道：厌食、恶心、呕吐、腹痛、腹泻，甚至出现大便失禁
	泌尿生殖系统：尿失禁、阴茎勃起
	呼吸系统：支气管平滑肌痉挛收缩，出现呼吸困难
	心血管系统：心动过缓、血压下降、传导阻滞
N 样症状	N_N 效应：心动过速、血压上升、心输出量增加，内脏平滑肌收缩，腺体分泌；瞳孔缩小
	N_M 效应：表现为肌无力、不自主肌束抽搐、震颤，并可导致明显的骨骼肌麻痹，严重时可引起呼吸肌麻痹
中枢神经系统症状	早期表现为兴奋、不安、焦虑、谵语；晚期中枢抑制，出现意识模糊、共济失调、昏迷、反射消失、中枢性呼吸麻痹，以及抑制延髓血管运动中枢所造成的血压下降、心率减慢

现 M 样、N 样症状外，还出现中枢神经系统症状，AChE 活性降至正常值 30% 以下。急性中毒死亡可发生在 5 min~24 h 内，死亡原因主要为呼吸道阻塞、肺水肿和呼吸肌麻痹等。

【中毒治疗】根据接触史、症状、体征、红细胞和血浆中 AChE 活性等确诊患者是否为有机磷酸酯类中毒。解救有机磷酸酯类急性中毒，除迅速消除毒物，进行一般对症治疗，如吸氧、补液、人工呼吸外，还应尽早、足量、反复、联合使用 M 胆碱受体拮抗药（见第六章）和胆碱酯酶复活药（见本章第三节）等解毒药。

第三节 胆碱酯酶复活药

氯 解 磷 定

【体内过程】氯解磷定（pralidoxime chloride，PAM-Cl）肌内注射易吸收，不与血浆蛋白结合，快速分布于全身，经肝代谢，$t_{1/2}$ 为 1 h 左右，经肾排泄，体内无蓄积。

【药理作用】氯解磷定通过传递肟基而恢复 AChE 活性，也能与体内游离的有机磷酸酯类直接结合，成为无毒的磷酰化氯解磷定，经尿排出，从而阻止中毒继续发展。氯解磷定对抗中毒所致骨骼肌 N 样症状最明显，可迅速控制肌无力、肌束颤动和肌麻痹。对 M 样症状改善作用较差。在一定程度上，也可缓解中枢神经系统的中毒症状，使昏迷患者迅速苏醒，停止抽搐。但氯解磷定对中毒时体内积聚的 ACh 无直接的对抗作用，故应与阿托品合用，及时控制 M 样症状。氯解磷定作用时间较短，必须重复用药，以巩固疗效。胆碱酯酶复活药足量的指标是：N 样症状消失，全血或红细胞中 AChE 活性分别恢复到 50%~60% 或 30% 以上。

【临床应用】用于中度和重度有机磷酸酯类中毒的治疗。遵循"尽早、足量、反复、联合"

的用药原则。若中毒时间过久，磷酰化 AChE 已"老化"，则解救效果差或无效。

【不良反应】常规治疗剂量时，不良反应少。静脉注射稍快可引起眩晕、视物模糊、复视、恶心和心动过速等症状。如剂量过大或静脉注射速度过快，其本身也抑制 AChE 活性，使神经肌肉传导阻滞，严重者甚至出现癫痫样发作、抽搐和呼吸抑制等。

碘 解 磷 定

碘解磷定（pralidoxime iodide，PAM-I）为最早应用的 AChE 复活药，药理作用与氯解磷定相似，水溶液不稳定，碱性环境中易被破坏，久置可释放出碘，应现用现配。本药对不同有机磷酸酯类中毒疗效不同，对内吸磷、马拉硫磷和对硫磷疗效较好，对美曲膦酯、敌敌畏中毒疗效较差，而对乐果中毒无效。一般治疗时，因本品含碘可引起口苦、咽痛和注射部位的局部刺激。目前本药已较少使用。

双 复 磷

双复磷（obidoxime chloride）的药理作用与临床应用与氯解磷定相似，但作用较强而持久，且兼有阿托品样作用，故对有机磷酸酯类中毒所致的 M 样、N 样症状均有效，又因较易进入血脑屏障，所以对中毒引起的中枢神经系统症状也有一定疗效。本品对大多数有机磷酸酯类中毒患者均有较好疗效。主要不良反应有口周和四肢麻木、恶心、全身发热及颜面发红等。剂量过大可导致神经肌肉传递阻滞、室性期前收缩和传导阻滞，甚至发生心室颤动。偶可导致中毒性黄疸。

（崔红霞）

思考题

1. 简述新斯的明的临床用途。
2. 将毛果芸香碱和毒扁豆碱滴入去神经的眼，瞳孔是否都缩小？为什么？
3. 试述有机磷酸酯类急性中毒的机制、中毒表现及解救措施。
4. 中、重度有机磷农药中毒选用哪些药物解救？简述解救原理及用药原则。

网上更多……

👤 学习目标　　📄 本章小结　　📝 自测题　　⬇ 教学 PPT　　🖥 参考资源

第八章

肾上腺素受体激动药和拮抗药

关键词

肾上腺素受体	α 受体激动药	α 受体拮抗药	β 受体激动药
β 受体拮抗药	肾上腺素	去甲肾上腺素	异丙肾上腺素
麻黄碱	多巴胺	间羟胺	酚苄明
酚妥拉明	普萘洛尔		

作用于去甲肾上腺素能神经的药物主要是通过直接与受体结合产生拟似或拮抗作用。根据其内在活性的不同，分为肾上腺素受体激动药和肾上腺素受体拮抗药两大类。肾上腺素受体激动药主要表现为收缩血管、升高血压、兴奋心脏等作用，肾上腺素受体拮抗药则大多产生与上述作用相反的药理效应。因此，α 受体拮抗药主要用于抗休克和治疗血管痉挛性疾病，β 受体拮抗药主要用于治疗高血压、心绞痛、快速型心律失常、甲状腺功能亢进症或充血性心力衰竭等，α、β 受体拮抗药主要用于治疗高血压、心绞痛或充血性心力衰竭等。本教材第十六章、第十七章、第十八章、第二十七章还将对 β 受体拮抗药的上述临床用途作详细的介绍。

思维导图

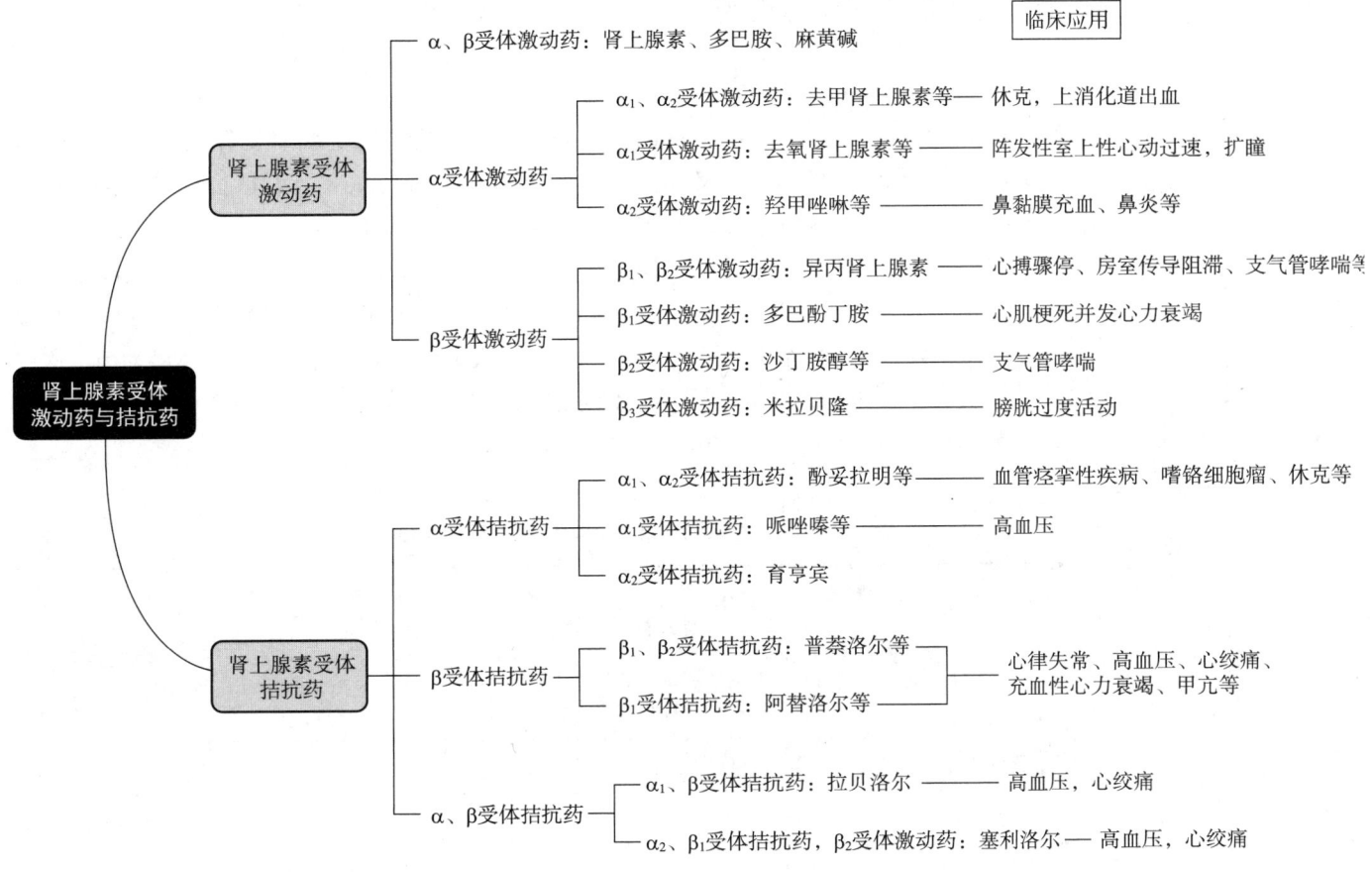

肾上腺素受体激动药与拮抗药

肾上腺素受体激动药
- α、β受体激动药：肾上腺素、多巴胺、麻黄碱
- α受体激动药
  - α₁、α₂受体激动药：去甲肾上腺素等 ── 休克，上消化道出血
  - α₁受体激动药：去氧肾上腺素等 ────── 阵发性室上性心动过速，扩瞳
  - α₂受体激动药：羟甲唑啉等 ──────── 鼻黏膜充血、鼻炎等
- β受体激动药
  - β₁、β₂受体激动药：异丙肾上腺素 ──── 心搏骤停、房室传导阻滞、支气管哮喘等
  - β₁受体激动药：多巴酚丁胺 ──────── 心肌梗死并发心力衰竭
  - β₂受体激动药：沙丁胺醇等 ──────── 支气管哮喘
  - β₃受体激动药：米拉贝隆 ───────── 膀胱过度活动

肾上腺素受体拮抗药
- α受体拮抗药
  - α₁、α₂受体拮抗药：酚妥拉明等 ──── 血管痉挛性疾病、嗜铬细胞瘤、休克等
  - α₁受体拮抗药：哌唑嗪等 ──────── 高血压
  - α₂受体拮抗药：育亨宾
- β受体拮抗药
  - β₁、β₂受体拮抗药：普萘洛尔等 ── 心律失常、高血压、心绞痛、充血性心力衰竭、甲亢等
  - β₁受体拮抗药：阿替洛尔等 ──
- α、β受体拮抗药
  - α₁、β受体拮抗药：拉贝洛尔 ────── 高血压，心绞痛
  - α₂、β₁受体拮抗药，β₂受体激动药：塞利洛尔 ── 高血压，心绞痛

临床应用

第一节　肾上腺素受体激动药

肾上腺素受体激动药（adrenoceptor agonists）是一类能与肾上腺素受体结合，激动受体产生与肾上腺素相似作用的药物，又称拟肾上腺素药（adrenergics）。因其化学结构均为胺类，且作用与兴奋交感神经的效应相似，故又称拟交感胺类（sympathomimetic amines）药物。

肾上腺素受体激动药的基本化学结构是 β- 苯乙胺，由苯环、碳链和末端氨基三部分组成（图 8-1），当三部分结构不同位置上的氢被不同基团取代时，可人工合成多种肾上腺素受体激动药，这些不同的基团取代将影响药物对 α、β 受体的亲和力和作用强度（表 8-1）。

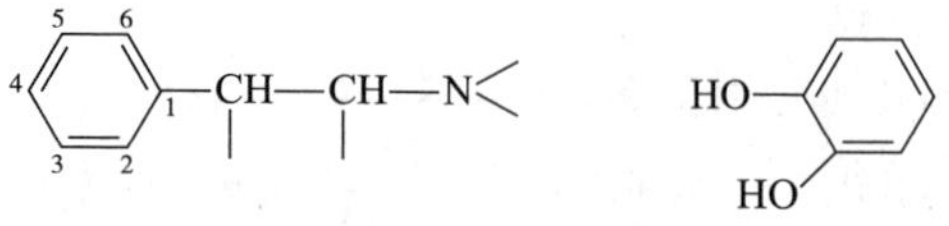

图 8-1　肾上腺素受体激动药的基本化学结构

表 8-1　肾上腺素受体激动药的化学结构和受体的相对亲和力

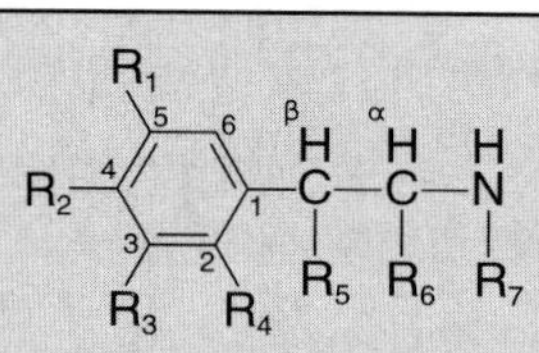

药物及分类		R_1	R_2	R_3	R_4	R_5	R_6	R_7	受体相对亲和力
儿茶酚胺类	去甲肾上腺素	H	OH	OH	H	OH	H	H	$\alpha_1=\alpha_2>>\beta_1$
	肾上腺素	H	OH	OH	H	OH	H	CH_3	$\alpha_1=\alpha_2,\ \beta_1=\beta_2$
	多巴胺	H	OH	OH	H	H	H	H	$D_1=D_2>>\beta>\alpha$
	异丙肾上腺素	H	OH	OH	H	OH	H	$-HC<^{CH_3}_{CH_3}$	$\beta_1=\beta_2>>>>\alpha$
	多巴酚丁胺	H	OH	OH	H	H	H	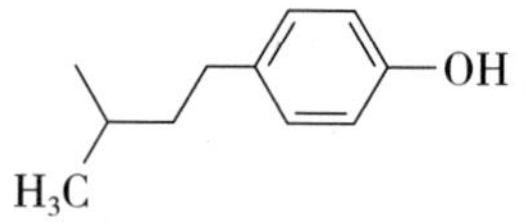 （结构式）	$\beta_1>\beta_2>>>>\alpha$
非儿茶酚胺类	麻黄碱	H	H	H	H	OH	CH_3	CH_3	$\alpha_1=\alpha_2,\ \beta_1=\beta_2$
	甲氧明	OCH	H	H	OCH	OH	CH_3	H	$\alpha_1>\alpha_2>>>>>\beta$
	间羟胺	H	H	OH	H	OH	CH_3	H	$\alpha_1=\alpha_2>>\beta_1$
	去氧肾上腺素	H	H	OH	H	OH	H	CH_3	$\alpha_1>\alpha_2>>>>>\beta$
	沙丁胺醇	H	OH	$-CH_2\ \|\ OH$	H	OH	H	$-C(CH_3)_3$	$\beta_2>>\beta_1>>>>\alpha$

1. 苯环上的取代　苯环 3、4 位碳上的氢原子被羟基取代的化学结构被称为儿茶酚结构（图 8-1），故具有儿茶酚结构的肾上腺素、去甲肾上腺素、异丙肾上腺素和多巴胺等药物，被称

为儿茶酚胺类（catecholamines）肾上腺素受体激动药，它们在外周产生明显的 α、β 受体激动作用，易被 COMT 灭活，作用时间短，对中枢作用弱。而非儿茶酚胺类药物，如果去掉 1 个羟基，其外周作用将减弱，而作用时间延长，如间羟胺；去掉 2 个羟基，口服生物利用度增加，外周作用缓和而持久，中枢作用加强，如麻黄碱。

2. 碳链上的取代 α 碳原子上氢被甲基取代，可阻碍 MAO 的代谢，使作用时间延长；易被摄取 –1 摄入神经末梢内，促进递质释放，如间羟胺和麻黄碱。α 碳和 β 碳如被其他基团取代，可形成光学异构体。在 α 碳上形成的左旋体，外周作用较强，如左旋去甲肾上腺素比右旋体作用强 10 倍以上；在 α 碳上形成的右旋体，中枢兴奋作用较强，如右苯丙胺的中枢作用强于左苯丙胺。

3. 氨基上的取代 氨基上氢原子被其他基团取代，药物对 α、β 受体选择性发生变化。去甲肾上腺素氨基末端的氢被甲基取代，则为肾上腺素，可增加对 β_1 受体的活性；被异丙基取代，则为异丙肾上腺素，可进一步增加对 β_1、β_2 受体的作用，而对 α 受体的作用逐渐减弱，对 β 受体的作用却逐渐加强。

根据药物对不同肾上腺素受体的选择性，可将肾上腺素受体激动药分为三大类（表 8-2）。

表 8-2 肾上腺素受体激动药对受体的选择性和分类

药物类别	主要激动受体
α、β 肾上腺素受体激动药	
肾上腺素	α_1、α_2 和 β_1、β_2 受体
多巴胺	α_1、β_1 和 D_1 受体
麻黄碱	α_1、α_2 和 β_1、β_2 受体
α 肾上腺素受体激动药	
去甲肾上腺素，间羟胺	α_1、α_2 和 β_1 受体
去氧肾上腺素，甲氧明	α_1 受体
羟甲唑啉，可乐定，甲基多巴	α_2 受体
β 肾上腺素受体激动药	
异丙肾上腺素	β_1 和 β_2 受体
多巴酚丁胺	β_1 受体
沙丁胺醇，特布他林	β_2 受体
米拉贝隆	β_3 受体

一、α、β 肾上腺素受体激动药

肾 上 腺 素

深入学习 8-1
肾上腺素的发现史

肾上腺素（adrenaline，Adr；epinephrine，Epi）由肾上腺髓质嗜铬细胞合成和分泌。首先合成去甲肾上腺素，后经苯乙胺 –N– 甲基转移酶（phenylethanolamine N-methyl transferase，PNMT）作用，使去甲肾上腺素甲基化形成肾上腺素。药用肾上腺素由家畜肾上腺提取或人工合成，化学性质不稳定，遇光、热易分解，在中性尤其是碱性溶液中易氧化，变为粉红色或棕色而失活，在酸性溶液中较稳定。

【体内过程】口服后在碱性肠液、肠黏膜及肝内易被破坏氧化失效，不能达到有效血药浓度。皮下注射因能收缩血管，故吸收缓慢，6～15 min 起效，作用维持时间 1～2 h。肌内注射的吸收速度较皮下注射快，作用维持 10～30 min，肾上腺素在体内的摄取与代谢途径与去甲肾上腺素（NA）相似。

【药理作用】肾上腺素对 α 和 β 受体均有强大的激动作用。

1. 心脏　肾上腺素作用于心肌、传导系统和窦房结的 β₁ 受体，加强心肌收缩力，加速传导，加快心率，提高心肌的兴奋性。由于心肌收缩力增强，心率加快，故心输出量增加，加上肾上腺素舒张冠状血管，故可改善心肌的血液供应，且作用迅速。但同时可提高心肌代谢，使心肌耗氧量增加，加之心肌兴奋性提高，当患者处于心肌缺血、缺氧或心力衰竭时，如剂量过大或给药速度过快，可引起心律失常，出现期前收缩，甚至引起心室颤动。

2. 血管　激动血管平滑肌上的 α 受体，血管收缩；激动 β₂ 受体，血管舒张。体内各部位血管的肾上腺素受体的种类和密度各不相同，所以肾上腺素对血管的作用取决于各器官血管平滑肌上 α 及 β₂ 受体的分布密度及给药剂量的大小。小动脉及毛细血管前括约肌血管壁的肾上腺素受体密度高，血管收缩较明显；皮肤、黏膜、肾和肠系膜的血管平滑肌 α 受体占优势，故以皮肤、黏膜血管收缩为最强烈；肾和肠系膜的血管也显著收缩；对脑和肺血管收缩作用十分微弱，有时由于血压升高而被动地舒张；而在骨骼肌和冠脉血管平滑肌上 β₂ 受体占优势，故小剂量的肾上腺素往往使这些血管舒张。

3. 血压　对血压的影响与给药剂量密切相关。小剂量和治疗量肾上腺素使心肌收缩力增强，心输出量增加，故收缩压升高；由于骨骼肌血管的舒张作用，抵消或超过了皮肤黏膜血管收缩作用的影响，故舒张压不变或稍降，此时脉压加大（图 8-2），身体各部位血液重新分配，有利于紧急状态下机体能量供应的需要。较大剂量静脉注射时，由于 α 受体兴奋作用占优势，缩血管反应使收缩压和舒张压均升高。肾上腺素典型血压改变多为双相反应，即静脉给药后迅速出现明显的升压作用，而后出现微弱的降压反应，后者持续作用时间较长。此外，肾上腺素作用于肾小球旁细胞的 β₁ 受体，促进肾素的分泌，影响血压。

动画 8-1
肾上腺素对血压影响的双相反应

4. 平滑肌　肾上腺素对平滑肌的作用主要取决于器官组织上所分布的肾上腺素受体的类型和密度。①支气管：肾上腺素激动支气管平滑肌的 β₂ 受体，发挥强大的舒张支气管作用、抑制肥大细胞释放组胺等过敏性物质。肾上腺素激动支气管黏膜血管的 α 受体，使其收缩，降低毛

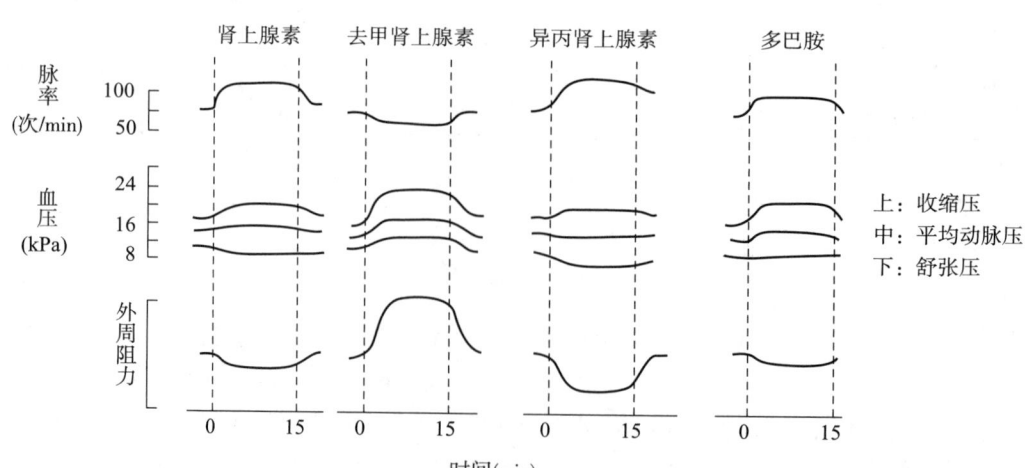

图 8-2　肾上腺素、去甲肾上腺素、异丙肾上腺素及多巴胺对心血管的影响

细血管的通透性，有利于消除支气管黏膜水肿。②胃肠道：肾上腺素激动 β_2 受体，使 β_2 受体占优势的胃肠平滑肌张力降低、自发性收缩频率和幅度减少。③膀胱：肾上腺素激动 β_2 受体，使膀胱逼尿肌松弛，引起排尿困难和尿潴留。④子宫：肾上腺素对子宫平滑肌的作用与其生理状态有关，妊娠末期能降低子宫平滑肌的张力和收缩力。⑤眼：肾上腺素激活虹膜睫状肌的 α 受体，使虹膜开大肌收缩，瞳孔扩大。

5. 代谢　肾上腺素能提高机体的基础代谢率。治疗剂量下，肾上腺素使耗氧量升高 20%～30%。由于激动 α 受体和 β_2 受体促进肝糖原分解和糖异生，激动 α_2 受体抑制胰岛素的分泌，减少外周组织摄取葡萄糖，导致血糖升高；激动脂肪细胞的 β 受体加速脂肪分解，使血液中游离脂肪酸增加。

【临床应用】

1. 心搏骤停　因溺水、药物中毒、麻醉和手术意外、急性传染病和心脏传导阻滞引起的心搏骤停，在采取心脏按压、人工呼吸和纠正酸中毒等措施的同时，可用肾上腺素做静脉或心室内注射，常需配合使用除颤器或利多卡因等抗心律失常药。

2. 过敏性休克　用于药物（如青霉素、链霉素等）及异体蛋白等引起的过敏性休克，是治疗过敏性休克的首选药物。其特点表现为：①激动 α 受体，收缩小动脉和毛细血管前括约肌，升高血压，降低毛细血管的通透性，减轻支气管黏膜水肿；②激动 β 受体，改善心功能，缓解支气管痉挛，减少过敏介质释放，扩张冠状动脉。因而迅速缓解过敏性休克的临床症状，挽救患者的生命。应用时一般肌内或皮下注射给药，严重病例亦可用 0.9% 氯化钠注射液稀释 10 倍后缓慢静脉注射，但必须控制注射速度和用量，以免引起血压骤升及心律失常等不良反应。

3. 支气管哮喘的急性发作及其他速发型变态反应　肾上腺素能解除支气管平滑肌的痉挛，抑制组织和肥大细胞释放组胺、白三烯等过敏介质，收缩支气管黏膜血管，减轻气道水肿和渗出，用于支气管哮喘的急性发作，皮下或肌内注射数分钟内奏效。还可迅速缓解血管神经性水肿、血清病、荨麻疹、花粉症等变态反应性疾病的症状。

4. 与局麻药配伍及局部止血　微量肾上腺素（1:250 000）加入局麻药注射液中，可延缓局麻药的吸收，延长局麻药的麻醉时间。但在手指、足趾、耳郭、阴茎等肢体远端手术时，局麻药中不宜加入肾上腺素，以免引起局部组织缺血坏死。浸有 0.1% 肾上腺素的纱布或棉球填塞出血处可用于鼻出血或牙龈出血。

5. 青光眼　通过促进房水流出及使 β 受体介导的眼内反应脱敏感化，降低眼内压，缓解青光眼症状。

【不良反应及用药注意事项】主要不良反应为心悸、烦躁、头痛和血压升高等。剂量过大时 α 受体过度兴奋使血压骤升，有发生脑出血的危险，故老年人慎用。当 β 受体兴奋过强时，可使心肌耗氧量增加，引起心肌缺血和心律失常，甚至心室颤动，故应严格掌握剂量。禁用于高血压、脑动脉硬化、器质性心脏病、糖尿病和甲状腺功能亢进症等。

多　巴　胺

多巴胺（dopamine）是去甲肾上腺素的前体，药用的多巴胺是人工合成品。

【体内过程】口服后易在肠和肝中被破坏而失效，消除迅速（$t_{1/2}$ 仅 1～2 min），故一般用静脉滴注给药，在体内迅速经 MAO 和 COMT 代谢灭活。因为多巴胺不易透过血脑屏障，故外周给予多巴胺无明显中枢作用。

【药理作用】多巴胺主要激动 α、β 受体和外周的多巴胺受体，并可促进神经末梢释放 NA。

1. 心脏　高浓度的多巴胺可作用于心脏 β_1 受体，使心肌收缩力增强，心输出量增加，心率加快。多巴胺的上述作用和诱发心律失常作用均较肾上腺素和异丙肾上腺素弱。

2. 血管和血压　低浓度多巴胺主要与肾、肠系膜和冠脉的多巴胺受体（D_1）结合，通过激活腺苷酸环化酶，使细胞内 cAMP 水平提高而导致血管舒张。高浓度多巴胺激动 α 受体，引起血管收缩，同时由于心输出量增加，因而收缩压增大；总外周阻力变化不大，故舒张压无明显影响或轻微增加。继续增加给药浓度，多巴胺可激动血管的 α 受体，导致血管收缩，引起总外周阻力增加，使血压升高，这一作用可被 α 受体拮抗药所拮抗。多巴胺也可通过促进神经末梢释放 NA，产生心血管效应。

3. 肾　多巴胺低浓度时作用于肾 D_1 受体，舒张肾血管，使肾血流量和肾小球滤过率增加。此外，多巴胺可直接抑制肾小管对钠的重吸收，产生排钠利尿作用。但大剂量的多巴胺激动肾血管的 α 受体，可使肾血管明显收缩，肾血流量减少。

【临床应用】主要用于各种休克，如感染性休克、心源性休克及出血性休克等。尤其适用于心收缩功能低下和尿量减少的患者，同时须补足血容量，纠正酸中毒。与利尿药合用可治疗急性肾衰竭。此外，尚可用于急性心功能不全。

【不良反应及用药注意事项】一般较轻，偶见恶心、呕吐。如剂量过大或滴速太快可出现心动过速、心律失常和肾血管收缩导致肾功能下降等。一旦发生，应减慢滴注速度或停药，必要时应用酚妥拉明拮抗。与 MAO 抑制药或三环类抗抑郁药合用时，多巴胺剂量应酌减。

麻　黄　碱

麻黄碱（ephedrine）是从中药麻黄中提取的生物碱。药用麻黄碱多为人工合成的盐酸盐。常用左旋体或消旋体。可直接激动 α 和 β 受体，还可促进去甲肾上腺素能神经末梢释放 NA 而发挥间接作用。与肾上腺素比较，麻黄碱具有化学性质稳定，口服有效，作用缓和而持久，中枢兴奋作用较显著，易产生快速耐受性等特点。

【体内过程】口服易吸收，可通过血脑屏障。小部分在体内经脱胺氧化而被代谢，大部分以原型经肾排泄，消除缓慢，故作用较肾上腺素持久。一次给药作用可维持 3~6 h。

【药理作用】①心血管和血压：兴奋心脏，使心肌收缩力加强、心输出量增加。在整体情况下由于血压升高，反射性减慢心率，此作用可抵消其直接加快心率的作用，故心率变化不大。麻黄碱的升压作用出现缓慢，但维持时间较长，脉压加大。一般剂量下内脏血流量减少，但冠脉、脑血管和骨骼肌血流量增加。②支气管平滑肌：松弛支气管平滑肌作用较肾上腺素弱，起效慢，作用持久。③中枢神经系统：具有明显的中枢兴奋作用，较大剂量可兴奋大脑皮质和皮质下中枢而引起精神兴奋、焦躁不安和失眠等。

【临床应用】①防治硬膜外和蛛网膜下腔麻醉所引起的低血压。②消除鼻黏膜充血所引起的鼻塞，麻黄碱的黏膜血管收缩作用使黏膜水肿和渗出减少，改善鼻塞症状。③预防支气管哮喘发作和治疗轻症，对于重症急性发作疗效较差。④缓解荨麻疹和血管神经性水肿的皮肤黏膜症状。

【不良反应及用药注意事项】可出现中枢兴奋所致的不安、失眠等，晚间服用宜加镇静催眠药防止失眠。麻黄碱短期内反复给药易产生快速耐受性，产生的机制可能与受体饱和及递质耗损有关。高血压、动脉硬化、甲状腺功能亢进症及冠心病患者应慎用或禁用。

美　芬　丁　胺

美芬丁胺（mephentermine）药理作用与麻黄碱相似，通过直接作用于 α、β 受体和间接促进

NA 释放而发挥作用。本药兴奋心脏的作用比异丙肾上腺素弱而持久，能加强心肌收缩力，增加心输出量，加快心率的作用不明显，较少引起心律失常。略增加外周血管阻力，使收缩压和舒张压升高。主要用于腰椎麻醉时预防血压下降，也可用于心源性休克或其他原因引起的低血压，尚可用浓度为 0.5% 的滴鼻剂治疗鼻炎。与麻黄碱相似，也具有中枢兴奋作用，尤其在过量时，可出现焦虑、精神亢奋等中枢症状。也可致血压过高和心律失常等。甲状腺功能亢进症患者禁用，失血性休克慎用。

二、α 肾上腺素受体激动药

（一）α₁、α₂ 肾上腺素受体激动药

去甲肾上腺素

去甲肾上腺素（noradrenaline，NA；norepinephrine，NE）是去甲肾上腺素能神经末梢释放的主要递质，肾上腺髓质亦少量分泌。药用的 NA 是人工合成品，常用其重酒石酸盐。化学性质不稳定，见光、遇热易分解，在中性尤其在碱性溶液中迅速氧化变色而失效，在酸性溶液中较稳定。

【体内过程】口服因收缩胃黏膜血管而影响其吸收，且易被碱性肠液及肝代谢作用破坏，故口服无效。皮下或肌内注射时，因血管剧烈收缩易导致局部组织缺血坏死。静脉注射，作用持续时间短暂，故临床上只用静脉滴注给药。外源性 NA 不易透过血脑屏障，很少到达脑组织。内源性和外源性 NA 大部分被神经末梢摄取后进入囊泡贮存（摄取 -1）；被非神经细胞摄取者（摄取 -2），大多被 MAO 和 COMT 代谢灭活。代谢产物由肾排泄。

【药理作用】激动 α 受体作用强大，对 α₁、α₂ 受体无选择性。对心脏 β₁ 受体的激动作用较弱，对 β₂ 受体几乎无作用。

1. 血管　激动血管的 α₁ 受体，产生强大的血管收缩效应，除冠状血管外，几乎所有小动脉和小静脉均收缩，其中皮肤黏膜血管收缩最明显，其次是肾、肠系膜、脑、肝血管，甚至骨骼肌的血管也呈收缩反应。冠状血管舒张主要是由于心脏兴奋引起的心肌代谢产物腺苷等增加所致。由于血压升高，可提高冠状血管的灌注压，引起冠状动脉流量增加。

2. 心脏　较弱激动心脏的 β₁ 受体，使心肌收缩力加强，传导加速，心肌耗氧量增加。在整体情况下，由于血压升高而反射性兴奋迷走神经，表现为心率减慢。此外，由于药物强烈的血管收缩作用，总外周阻力增高，增加心脏的射血阻力，使心输出量不变或下降。剂量过大时，心脏自律性增高，可能引起心律失常，但较肾上腺素少见。

3. 血压　小剂量静脉滴注由于心脏兴奋使收缩压升高，而舒张压升高不明显，脉压加大（图 8-2）。较大剂量时因血管强烈收缩使外周阻力明显增高，故收缩压升高的同时舒张压也明显升高，脉压变小，导致包括肾、肝等组织的血液灌流量减少。

4. 其他　大剂量时可使血糖升高。可增加孕妇子宫收缩的频率。由于难透过血脑屏障，对中枢神经系统几乎无作用。

【临床应用】

1. 休克　去甲肾上腺素可用于早期神经源性休克、嗜铬细胞瘤切除后或药物中毒时引起的低血压及感染性休克。

2. 上消化道出血　NA 稀释后口服，可使食管和胃内血管收缩产生局部止血作用。

临床聚集 8-1
去甲肾上腺素外周静脉
给药引起局部组织受损

【不良反应及用药注意事项】

1. **局部组织缺血坏死** 静脉滴注时间过长、浓度过高或药液外漏，血管剧烈收缩可引起局部组织缺血坏死。如发现外漏或注射部位皮肤苍白，应更换注射部位，原注射部位局部热敷，并用普鲁卡因或 α 受体拮抗药酚妥拉明作局部浸润注射，以扩张血管。

2. **急性肾衰竭** 滴注时间过长或剂量过大，可因肾血管的剧烈收缩，使肾血流量减少，导致少尿、无尿，甚至使肾实质损伤，引发急性肾衰竭。因此，用药时应监测尿量，尿量应维持每小时 25 mL 以上。必要时可用甘露醇等脱水利尿药。高血压、动脉硬化、器质性心脏病及少尿、无尿、严重微循环障碍的患者及孕妇禁用。

间 羟 胺

间羟胺（metaraminol，阿拉明，aramine）为人工合成品，性质较稳定，不易被 MAO 代谢，故作用时间比 NA 持久。间羟胺可直接激动 α_1、α_2 受体，也可通过促进 NA 释放间接发挥作用。短时间内连续应用，可因囊泡内 NA 减少使效应逐渐减弱，产生快速耐受性。在产生耐受性时，适当加用小剂量 NA 可恢复或增强其升压作用。对 β_1 受体有较弱激动作用，轻度增强心肌收缩力，增加休克患者的心输出量。对心率的影响不明显，有时因血压升高反射性减慢心率，但很少引起心律失常。升压作用较 NA 弱而持久。对肾血管的收缩作用较弱，但仍能显著减少肾血流量。间羟胺可静脉注射，也可肌内注射，故临床上常作为 NA 的代用品，用于各种休克早期及手术后或脊椎麻醉后的休克。短时间内连续应用，可因囊泡内 NA 减少使效应逐渐减弱，产生快速耐受性。在产生耐受性时，适当加用小剂量 NA 可恢复或增强其升压作用。

（二）α_1 肾上腺素受体激动药

去氧肾上腺素

去氧肾上腺素（phenylephrine，苯肾上腺素，neosynephrine）系人工合成品。主要激动 α_1 受体，收缩血管，升高血压作用较 NA 弱而持久，可肌内注射用于抗休克及防治脊椎麻醉或全身麻醉的低血压。可兴奋瞳孔虹膜开大肌上的 α_1 受体，使瞳孔扩大，作用较阿托品弱，持续时间较短，且不引起眼内压升高和调节麻痹，在眼底检查时作为快速短效的扩瞳药。

甲 氧 明

甲氧明（methoxamine，甲氧胺，methoxamedrine）系人工合成品。选择性激动 α_1 受体，收缩血管、升高血压，使迷走神经反射性兴奋而减慢心率，临床上可用于阵发性室上性心动过速，防治脊椎麻醉或全身麻醉的低血压。

（三）α_2 肾上腺素受体激动药
1. 外周性 α_2 受体激动药

深入学习 8-2
α_2 肾上腺素受体亚型及
激动药

羟 甲 唑 啉

羟甲唑啉（oxymetazoline，氧甲唑啉）为外周突触后膜 α_2 受体激动药，由于可收缩血管，且可抑制局部腐生菌的生长，临床上常用浓度为 0.05% 滴鼻剂治疗鼻黏膜充血和鼻炎，作用在几分钟内发生，可持续数小时。偶见局部刺激症状，使用过频可致反跳性鼻充血。小儿用后可致中枢神经系统症状，2 岁以下儿童禁用。

美托咪定

美托咪定（medetomidine）是新型高选择性 α_2 受体激动剂，右旋体有效，在极低的浓度就可产生效应，临床上常用右美托咪定于术前给药，以减轻氯胺酮、地氟烷、异氟烷等引起的血流动力学紊乱。

2. 中枢性 α_2 受体激动药　主要包括可乐定（clonidine）及甲基多巴（methyldopa），详见第十七章。

三、β 肾上腺素受体激动药

（一）β_1、β_2 肾上腺素受体激动药

异丙肾上腺素

异丙肾上腺素（isoprenaline）是人工合成品，由 NA 氨基上的氢原子被异丙基取代而成，药用为其盐酸盐。

【体内过程】口服时，肠黏膜细胞即可将其破坏而失效；舌下含服因能舒张局部血管，少量可从舌下静脉丛迅速吸收；气雾剂吸入给药，吸收较快。吸收后主要在肝及其他组织中被 COMT 代谢，较少被 MAO 代谢，也较少被去甲肾上腺素能神经末梢摄取，因此作用时间较肾上腺素略长，$t_{1/2}$ 约为 2 h。原型及其代谢产物主要经肾排泄。

【药理作用】对 β_1、β_2 受体均有强大激动作用，对 α 受体几乎无作用。

1. 心脏　激动 β_1 受体，产生强大的心脏兴奋作用，使心肌收缩力增强，心输出量增加，传导加快，心率加快，收缩期和舒张期均缩短。异丙肾上腺素兴奋心脏的作用比肾上腺素强，但主要兴奋窦房结，对异位起搏点的影响较弱，所以较少引起心室颤动等心律失常。

2. 血管和血压　激动血管上的 β_2 受体使骨骼肌血管显著舒张，对冠状血管也有舒张作用，对肾血管和肠系膜血管舒张作用较弱。由于心脏兴奋和外周血管舒张，使收缩压升高而舒张压略下降，大剂量静脉注射时，可引起明显的血压下降。

3. 支气管　激动支气管平滑肌 β_2 受体，使支气管平滑肌松弛，还可抑制组胺等过敏介质的释放，解除支气管平滑肌的痉挛，扩张支气管，此作用比肾上腺素强。因为异丙肾上腺素的代谢产物 3- 甲氧异丙肾上腺素具有 β 受体拮抗作用，所以长期反复使用，可致药效减弱。

4. 代谢　增加组织耗氧量；促进肝糖原分解，升高血糖作用较肾上腺素弱；促进脂肪分解，升高血中游离脂肪酸的作用与肾上腺素相似。

【临床应用】

1. 支气管哮喘急性发作　舌下或喷雾给药，用于控制支气管哮喘急性发作，作用快而强。气雾剂吸入 2~5 min 起效，作用维持 0.5~2 h，舌下含服 15~30 min 起效，作用维持约 1 h。

2. 房室传导阻滞　舌下含服或静脉滴注给药，用于治疗 Ⅱ、Ⅲ 度房室传导阻滞。应根据心率调整剂量及滴注速度，使心率维持在 60~70 次 /min。

3. 心搏骤停　适用于心室自身节律缓慢、高度房室传导阻滞或窦房结功能衰竭而并发的心搏骤停，为防止因舒张压下降而降低冠脉灌注压，常与 NA 或间羟胺合用，作心室内注射。

4. 休克　在补足血容量的基础上，可用于中心静脉压高、心输出量低的感染性休克的治疗，

但改善微循环作用不佳，同时异丙肾上腺素增加心肌耗氧量和心率的作用对休克不利，目前临床上已少用。

【不良反应及用药注意事项】常见不良反应有心悸、头晕、头痛，缺氧状态下的患者大剂量吸入异丙肾上腺素易因心肌耗氧量增加导致心律失常，诱发和加重心绞痛，哮喘患者长期滥用异丙肾上腺素可能引起猝死。用药过程中应注意控制心率。禁用于冠心病、心肌炎和甲状腺功能亢进症患者。

（二）β₁ 肾上腺素受体激动药

多巴酚丁胺

多巴酚丁胺（dobutamine）为人工合成品，化学结构与多巴胺相似，有旋光性，临床上所用为消旋体。

【体内过程】与多巴胺相似，口服后易被肠和肝破坏而失效，消除迅速，$t_{1/2}$ 约 2 min，故一般用静脉滴注给药，达到稳态血药浓度的时间为 10～12 min。

【药理作用】多巴酚丁胺左旋体激动 α_1 受体，右旋体拮抗 α_1 受体，因而消旋体对 α 受体的作用被抵消；左旋体和右旋体均可激动 β 受体，且后者的作用强度是前者的 10 倍。多巴酚丁胺对血管上的 β_2 受体影响小。因此消旋多巴酚丁胺作用的综合结果，主要表现为激动 β_1 受体。

与异丙肾上腺素相比，多巴酚丁胺增强心肌收缩力的作用比加快心率作用显著，较少引起心动过速，但静脉滴注速度过快或浓度过高（＞每分钟 20 μg/kg）时，则引起心率加快。加快房室传导和心室内传导作用与异丙肾上腺素相似。

【临床应用】用于治疗不同原因引起的心力衰竭，如急性心肌梗死并发的心力衰竭、扩张型心肌病、风湿性瓣膜病引起的心力衰竭、心脏直视手术后所致的低心排血量综合征等，临床上作为短期支持治疗。可增强心肌收缩力，增加心输出量和降低肺毛细血管楔压，使左室充盈压明显下降，同时不加快心率，有利于改善心功能，尚可继发性地促进排钠利尿，有利于消除水肿。在用于低心输出量和心率慢的心力衰竭患者时，其改善左心室功能的作用优于多巴胺。

【不良反应及用药注意事项】不良反应有心悸、恶心、头痛、胸痛、气短等症状。如出现收缩压增加（多数增高 10～20 mmHg，少数升高 50 mmHg 或更多），心率增快（多数在原来基础上每分钟增加 5～10 次，少数可增加 30 次以上）者，与剂量有关，应减量或暂停用药。因可加速房室传导，心房颤动患者用药后可能出现心室率增快，故用本药前应先用地高辛，以免发生快速心室率反应。梗阻性肥厚型心肌病患者禁用。

其他 β_1 受体激动药有普瑞特罗（prenalterol）、扎莫特罗（xamoterol）等，主要用于慢性充血性心力衰竭的治疗。

（三）β₂ 肾上腺素受体激动药

本类药物选择性激动 β_2 受体，与异丙肾上腺素相比，具有较强的解除支气管平滑肌痉挛作用且无明显心脏兴奋作用，临床上主要用于支气管哮喘的治疗。常用的药物有：沙丁胺醇（salbutamol），特布他林（terbutaline），克仑特罗（clenbuterol），奥西那林（orciprenaline），沙美特罗（salmeterol）等，详见平喘药（第二十五章第一节）。

（四）β₃ 肾上腺素受体激动药

米拉贝隆（mirabegron）使膀胱逼尿肌松弛，增加膀胱容量。用于膀胱过度活动引起的尿急、尿频及尿失禁。不良反应包括血压升高、感冒症状、尿路感染、头晕等。

第二节　肾上腺素受体拮抗药

肾上腺素受体拮抗药（adrenoceptor antagonists）也称为肾上腺素受体阻断药（adrenoceptor blocking drugs），与肾上腺素受体有较强亲和力，但缺乏或仅有微弱内在活性，因此药物与受体结合后，妨碍去甲肾上腺素能神经递质或外源性拟肾上腺素药与受体的结合，产生拮抗递质或拟肾上腺素药的作用。根据所拮抗的受体不同，可将此类药物分为 α 肾上腺素受体拮抗药和 β 肾上腺素受体拮抗药。

一、α 肾上腺素受体拮抗药

α 肾上腺素受体拮抗药（α-adrenoceptor antagonists，简称 α 受体拮抗药）能选择性地与 α 受体结合，阻碍去甲肾上腺素能神经递质及肾上腺素激动药与 α 受体结合，从而产生相应的拮抗效应。α 受体拮抗药能使肾上腺素的升压作用翻转为降压作用，此现象被称为"肾上腺素作用的翻转"（adrenaline reversal）。其产生的原因是 α 受体拮抗药选择性地阻断引起血管收缩的 α_1 受体，而不影响扩张血管的 β_2 受体，因而使肾上腺素激动 β_2 受体舒张血管的效应充分表现，使血压下降。对主要激动血管 α 受体的 NA，α 受体拮抗药只能减弱或取消其升压效应而无"翻转作用"。对主要激动 β 受体的异丙肾上腺素，则不影响其降压效果（表 8-3）。

动画 8-2
肾上腺素作用的翻转

表 8-3　肾上腺素、去甲肾上腺素和异丙肾上腺素对血压的影响

儿茶酚胺类药物	给拮抗药前	给 α 受体拮抗药后	给 β 受体拮抗药后
肾上腺素			
去甲肾上腺素			
异丙肾上腺素			

（一）非选择性 α_1、α_2 受体拮抗药

1. 短效类 α_1、α_2 受体拮抗药　此类药物以氢键、离子键及范德瓦耳斯力与 α 受体结合，结合疏松，易于解离，因而作用时间短暂。可与 α 受体激动药竞争 α 受体，拮抗其 α 受体激动效应，使 α 受体激动药的量 - 效曲线平行右移，故也称为竞争性 α 受体拮抗药。

酚 妥 拉 明

酚妥拉明（phentolamine，立其丁，regitine）为咪唑啉衍生物，是人工合成品，临床上常用其甲磺酸盐。

【体内过程】口服吸收差，生物利用度低，口服疗效仅为注射给药的 20% 左右，故主要采用注射给药。肌内注射作用持续 30～45 min，静脉注射后 2～5 min 起效，$t_{1/2}$ 约 19 min。大部分药物以代谢产物形式经肾排泄。

【药理作用】拮抗 α 受体，对 α_1、α_2 受体具有相似的亲和力。

1. 血管与血压　酚妥拉明拮抗血管平滑肌 α_1 受体，并可直接松弛血管平滑肌，使小动脉和静脉血管扩张，外周阻力降低，血压下降。血压降低程度与机体的交感张力有关，卧位时的降压程度较直立位小。酚妥拉明可使肾上腺素的升压作用翻转为降压作用。

2. 心脏　兴奋心脏，使心率加快，心肌收缩力增强，心输出量增加。一方面由于血管扩张、血压下降，反射性兴奋交感神经使心脏兴奋；另一方面因为拮抗交感神经末梢突触前膜的 α_2 受体，促进 NA 释放，激动心脏 β_1 受体，使心肌收缩力增强，心率加快，偶致心律失常。

3. 其他作用　拟胆碱作用可兴奋胃肠道平滑肌，组胺样作用增加胃酸分泌，促进肥大细胞释放组胺。

【临床应用】

1. 治疗外周血管痉挛性疾病，如肢端动脉痉挛的雷诺病、血栓闭塞性脉管炎及冻伤后遗症等。

2. 肾上腺嗜铬细胞瘤的鉴别诊断，以及后期骤发高血压危象的控制和手术前的准备，缓解嗜铬细胞瘤因大量分泌肾上腺素所致的高血压及高血压危象。作鉴别诊断试验时，有引起严重低血压的危险性，曾有致死的报道，应特别慎重。

3. 静脉滴注 NA 发生外漏时，可用酚妥拉明作局部皮下浸润注射，阻断其强烈的 α_1 受体效应，防止局部组织缺血坏死。

4. 抗休克。酚妥拉明能扩张外周血管，降低外周血管阻力，增加心输出量，改善机体重要器官的血流灌注，解除微循环障碍。尤其是本药能降低肺血管阻力，对肺水肿有较好的缓解作用。临床上可将酚妥拉明与 NA 联合应用，对抗 NA 强烈的 α_1 受体效应，使血管收缩作用不至过分强烈；保留激动 β_1 受体对心脏的兴奋作用，使心肌收缩力增加，心输出量增多，从而提高抗休克的疗效。适用于感染性、心源性和神经源性休克。

5. 用于肾上腺素等拟交感胺药物过量所致的高血压，还可用于突然停用可乐定或应用 MAO 抑制药，患者食用富含酪胺食物后出现的高血压危象。

6. 用于急性心肌梗死和顽固性充血性心力衰竭的治疗。酚妥拉明扩张小动脉和静脉血管，降低外周血管阻力，可以显著减轻左心室的前、后负荷，降低左心室舒张末期充盈压，使心功能不全的症状和体征得以改善。

7. 酚妥拉明口服或直接阴茎海绵体内注射可用于诊断和治疗男性勃起功能障碍。

【不良反应及用药注意事项】不良反应主要为 α 受体拮抗后引起的直立性低血压和心动过速，心律失常、心绞痛等也有发生，其他尚有恶心、腹痛、鼻塞、皮肤潮红、瘙痒等，可诱发或加剧胃、十二指肠溃疡。冠心病，胃、十二指肠溃疡患者慎用。

妥 拉 唑 林

妥拉唑林（tolazoline）与酚妥拉明相似，也属咪唑啉类短效 α 受体拮抗药。对 α_1、α_2 受体均有阻断作用，但较弱，且降压作用不稳定。拟胆碱作用较强，能兴奋胃肠道平滑肌，可促进胃酸、肠液、唾液腺、泪腺、汗腺等分泌。口服吸收较好，肌内注射吸收更为迅速；主要以原型经肾排出。临床上主要用于血管痉挛性疾病、NA 外漏引起的局部缺血坏死、嗜铬细胞瘤和新生儿肺动脉高压患者的治疗。不良反应与酚妥拉明相似，但发生率较高。

2. 长效类 α_1、α_2 受体拮抗药 此类药物以共价键与 α 受体牢固结合，不易解离，因而作用较强而持久。不与 α 受体激动药竞争结合同一位点，故也称为非竞争性 α 受体拮抗药。

酚 苄 明

酚苄明（phenoxybenzamine，氧苯苄胺，dibenzyline）为人工合成品，基本化学结构为氯化烷基胺。

【体内过程】口服仅 20%～30% 吸收，起效缓慢，需经数小时后才发挥作用。局部刺激性大，不作肌内或皮下注射，只能静脉给药，静脉注射后 1 h 血药浓度达峰值，$t_{1/2}$ 约 12 h。由于脂溶性高，易蓄积于脂肪组织，因而消除缓慢，用药一次，作用可维持 3～4 天。主要经肝代谢，由肾和随胆汁排出。

【药理作用】酚苄明进入体内后，分子中的氯乙胺基环化形成乙撑亚胺基，与 α 受体以共价键形式结合后，难以解离，且拮抗作用不会被大剂量的拟肾上腺素药减弱或解除，只能等酚苄明完全从体内消除后，作用才会消失，因此作用强大而持久。该药对 α_1、α_2 受体均有拮抗作用，能扩张血管，降低外周血管阻力，使血压下降。其作用强度与交感神经张力有关。对于静卧的正常人，酚苄明的降压作用不明显，当交感神经兴奋性增高，血容量减少或直立时，就会引起显著的血压下降。继而反射性引起心率加快，心输出量增加，加上酚苄明拮抗突触前膜 α_2 受体，可促进 NA 释放，并能抑制神经元和非神经元组织对儿茶酚胺的摄取，使心率加快更为明显。此外，较大剂量有抗组胺、抗 5-HT 作用。

【临床应用】①外周血管痉挛性疾病：作用强而持久，疗效优于酚妥拉明等短效药物。②休克：主要用于感染性休克的治疗，但起效缓慢，疗效不如酚妥拉明。③肾上腺嗜铬细胞瘤术前准备或不宜手术的患者持续用药。④良性前列腺增生：对于前列腺增生所引起的阻塞性排尿困难，可显著改善症状。

【不良反应及用药注意事项】常见不良反应有直立性低血压、心悸、心律失常、鼻塞等，口服可致恶心、呕吐、嗜睡、乏力、口干。静脉注射必须缓慢给药，严密监测血压等。

（二）选择性 α_1 受体拮抗药

选择性 α_1 受体拮抗药对 α_1 受体有较高的选择性阻断作用，对去甲肾上腺素能神经末梢突触前膜 α_2 受体作用极弱，对 α_1 受体的亲和力约为 α_2 受体的 1 000 倍。因此不促进神经末梢释放 NA，降压时加快心率的副作用较轻。临床上常用药物有哌唑嗪、特拉唑嗪、多沙唑嗪和坦索罗辛等。

哌 唑 嗪

哌唑嗪（prazosin）选择性拮抗 α_1 受体，为人工合成品。

【体内过程】口服生物利用度为 50%～70%，1～3 h 血药浓度达峰值。血浆蛋白结合率高，仅约 5% 以游离形式存在。大部分药物在肝代谢，仅 5%～11% 以原型经肾排出。$t_{1/2}$ 为 2～3 h，药物作用时间持续 4～6 h。

【药理作用】阻断小动脉和静脉上的 α_1 受体，使血管扩张，外周阻力下降，回心血量减少。在治疗剂量不拮抗 α_2 受体，故不促进 NA 释放，在降压的同时对心率影响较小。此外，尚可松弛由兴奋 α_1 受体介导的膀胱颈部、前列腺囊和前列腺尿道的平滑肌收缩，可改善良性前列腺增生出现的排尿困难。膀胱底部 α_1 受体较少，故对膀胱收缩影响较小。研究表明，α_{1A} 受体主要存在于前列腺，可能是控制前列腺平滑肌最重要的 α_1 受体亚型。

【临床应用】主要用于治疗高血压和良性前列腺增生患者，可改善前列腺增生引起的尿道阻塞、排尿困难等症状。因能降低心脏前、后负荷，也可用于抗慢性心功能不全。

【不良反应及用药注意事项】首次用药可致严重低血压、晕厥、心悸等，称为"首剂效应"，多在首次用药 30~90 min 发生。对伴有肝、肾功能不全及老龄患者更需谨慎。与利尿药或其他抗高血压药合用，可加剧本药的降压效果。其他不良反应有眩晕、嗜睡、头痛、乏力等，减量或持续用药，上述症状可减轻。

特 拉 唑 嗪

特拉唑嗪（terazosin）化学结构与哌唑嗪相似，作用较哌唑嗪稍弱。口服生物利用度 >90%，血药浓度达峰时间为 1~3 h，消除 $t_{1/2}$ 约 11 h，作用时间可持续 18 h 以上。临床上用于治疗高血压和心功能不全。不良反应与哌唑嗪相似，但首剂效应甚微。

坦 索 罗 辛

坦索罗辛（tamsulosin）结构与其他 α_1 受体拮抗药不同，生物利用度高，$t_{1/2}$ 为 9~15 h。对 α_{1A} 受体（主要存在于前列腺）的拮抗作用明显强于 α_{1B} 受体（主要存在于血管）。对良性前列腺增生疗效好，对心率和血压无明显影响。

（三）选择性 α_2 受体拮抗药

育 亨 宾

育亨宾（yohimbine）属吲哚烷基胺生物碱。对 α_2 受体有选择性、竞争性阻断作用，包括中枢和外周。育亨宾尚有 5-HT 拮抗作用。因作用复杂，多作为实验研究用的工具药。可用于治疗男性性功能障碍及糖尿病患者的神经病变。

高选择性的 α_2 受体拮抗药，如咪唑克生（idazoxan），适用于抑郁症的治疗。

二、β 肾上腺素受体拮抗药

深入学习 8-3
β 受体拮抗药的发现史

β 肾上腺素受体拮抗药（β-adrenoceptor antagonists，简称 β 受体拮抗药）能竞争性拮抗去甲肾上腺素能神经递质或肾上腺素受体激动药对 β 受体的激动作用。根据药物对受体的选择性，β 受体拮抗药可分为非选择性 β_1、β_2 受体拮抗药和选择性 β_1 受体拮抗药两类，另根据是否具有内在拟交感活性，上述两类药物还可分别分为有内在拟交感活性及无内在拟交感活性两类。

【体内过程】β 受体拮抗药口服生物利用度受药物脂溶性和首过效应的影响，个体差异较大。普萘洛尔、美托洛尔脂溶性较高，口服容易吸收，但首过效应明显，生物利用度较低；吲哚洛尔、阿替洛尔首过效应量较少，生物利用度相对较高。临床上应用普萘洛尔必须注意剂量个体化，口服同剂量普萘洛尔的不同患者，血药浓度可相差 4~25 倍，因此应从小剂量开始，选择适当的剂量。高脂溶性和低血浆蛋白结合率的 β 受体拮抗药分布容积较大，可分布到全身各组织。脂溶性较高的药物，脑脊液中药物浓度较高，如普萘洛尔、美托洛尔在脑脊液中的浓度与血浆药物浓度接近。脂溶性高的药物肝代谢率较高，经肾排泄的原型药物少。在肝疾病、肝血流量减少或肝药酶被抑制时，药物 $t_{1/2}$ 延长。脂溶性低的 α 受体拮抗药主要以原型经肾排泄，当患者肾功能不全时，则可产生蓄积作用。具体见表 8-4。

表 8-4　β受体拮抗药的药理学特性比较

药物	脂溶性	首过效应（%）	口服生物利用度（%）	$t_{1/2}$（h）	消除器官	内在拟交感活性	膜稳定作用
非选择性β受体拮抗药							
普萘洛尔	3.65	60～70	30	2～3	肝、肾	－	++
纳多洛尔	0.7	0	35	10～20	肾	－	－
噻吗洛尔	2.1	25～30	50	3～5	肝	－	－
吲哚洛尔	1.75	10～13	75	3～4	肝、肾	++	+
选择性β受体拮抗药							
美托洛尔	2.15	50～60	50	3～7	肝	－	±
阿替洛尔	0.23	0～10	50	5～8	肾	－	－
醋丁洛尔	1.5	30	40	3～4	肝	+	+
艾司洛尔	－	－	－	0.13	红细胞	－	－
索他洛尔	－	0	0	10～15	肾	－	+
α、β受体拮抗药							
拉贝洛尔	11.5	60	20～40	5～8	肝	+	±

【药理作用】

1. β 受体拮抗作用

（1）心血管系统

1）心脏：对休息时正常人的心脏几乎无影响，当交感神经张力增高（如情绪激动、运动或病理影响）时，拮抗心脏的 β_1 受体作用明显，表现为心率减慢，心肌收缩力减弱，心输出量减少，心肌耗氧量下降，血压略降。此外还可延缓心房和房室结的传导，延长房室结有效不应期，使心电图的 P-R 间期延长。

2）血管和血压：拮抗血管平滑肌上的 β_2 受体，加上心输出量减少，反射性兴奋交感神经，使血管收缩，外周阻力增加，引起肝、肾、骨骼肌和冠状动脉血流量减少。对正常人的血压无影响，但可降低高血压患者的血压。降压机制复杂，可能涉及药物对多种系统 α 受体阻断的结果。

（2）支气管平滑肌：拮抗支气管平滑肌 β_2 受体，使支气管平滑肌收缩，增加呼吸道阻力。对正常人肺功能影响较小，但对支气管哮喘或慢性阻塞性肺疾病患者有较明显的影响，有时可诱发或加重哮喘，严重时可危及生命。选择性 β_1 受体拮抗药或有内在拟交感活性的 β 受体拮抗药增加气道阻力的作用比普萘洛尔小，但用药仍需十分谨慎，严密观察。

（3）代谢：β 受体拮抗药可以影响机体的糖代谢和脂肪代谢。肝糖原分解与激动 α_1 和 β_2 受体有关。当 β 受体拮抗药与 α 受体拮抗药合用时，可拮抗肾上腺素升高血糖的作用。普萘洛尔不影响正常人的血糖水平，也不影响胰岛素降血糖作用，但能延缓用胰岛素后血糖水平的恢复，这可能是由于其抑制低血糖引起儿茶酚胺释放所致的糖原分解。β受体拮抗药减少游离脂肪酸从脂肪组织的释放。非选择性β受体拮抗药可轻度升高血浆三酰甘油水平，降低高密度脂蛋白浓度，而低密度脂蛋白水平基本不变。选择性β_1受体拮抗药和有内在拟交感活性的β受体拮抗药对脂类代谢影响较小。甲状腺功能亢进时，β受体拮抗药不仅能对抗儿茶酚胺敏感性的增高，还可抑制甲状腺素（T_4）转变为三碘甲腺原氨酸（T_3），有效控制甲状腺功能亢进症状。

（4）肾素：β受体拮抗药可以阻断肾小球旁细胞的β_1受体，抑制肾素的分泌。肾素分泌的减少，使肾素 – 血管紧张素 – 醛固酮系统对机体的水电解质平衡和血压的调节作用减弱，这可能是β受体拮抗药抗高血压的重要原因之一。

（5）眼：噻吗洛尔可通过阻断睫状体的β受体，减少房水生成，降低眼内压，可用于治疗青光眼。

2. 内在拟交感活性　有些β受体拮抗药具有部分激动药（partial agonists）的受体动力学特征，可对β受体产生部分激动作用，称为内在拟交感活性（intrinsic sympathomimetic activity, ISA）。通常情况下，ISA 的作用较弱，此类药物常表现为β受体拮抗作用，如果预先耗竭体内儿茶酚胺，再使用具有 ISA 的β受体拮抗药，其激动β受体的作用即可表现出来，引起心脏兴奋、支气管扩张等。ISA 作用较强的药物抑制心肌收缩力、减慢心率和收缩支气管作用较不具有 ISA 的药物为弱。

3. 膜稳定作用　某些β受体拮抗药可降低细胞膜对离子的通透性，产生局部麻醉作用及奎尼丁（quinidine）样作用，称为膜稳定作用（membrane-stabilizing activity）。对离体心肌细胞的膜稳定作用所需药物浓度高于临床有效血药浓度几十倍，且无膜稳定作用的β受体拮抗药对心律失常也有效，故一般认为在常用量时，膜稳定作用与治疗作用无明显关系。

4. 其他　普萘洛尔具有抗血小板聚集作用，研究表明，此作用与β受体拮抗无关，而与膜稳定作用相关。

【临床应用】

1. 心律失常　主要用于多种原因所引起的快速型室上性和室性心律失常，尤其对运动或情绪紧张、激动所致心律失常或因心肌缺血引起的心律失常疗效好（第二十一章）。

2. 高血压　可有效控制原发性高血压，单独使用或与利尿药、钙通道阻滞药、血管紧张素Ⅰ转换酶抑制药等配伍使用，以提高疗效，并能减轻其他药物引起的心率加快、心输出量增加及水钠潴留等不良反应（第十七章）。

3. 心绞痛和心肌梗死　对心绞痛有良好的疗效。对心肌梗死，早期应用可降低心肌梗死患者的复发和猝死率（第二十章）。

深入学习 8-4
β受体拮抗药治疗充血性心力衰竭
临床聚焦 8-1
β受体拮抗药治疗充血性心力衰竭注意事项

4. 充血性心力衰竭　早期应用对扩张型心肌病的心力衰竭治疗作用明显，可阻止临床症状恶化，改善心功能，降低猝死及心律失常的发生率（第十八章）。

5. 甲状腺功能亢进症的辅助用药　对控制焦虑、激动不安、心动过速和心律失常等症状有效，并能降低基础代谢率，还可辅助用于甲亢危象的治疗（第二十七章）。

6. 青光眼　噻吗洛尔局部应用治疗原发性开角型青光眼。其他治疗青光眼的β受体拮抗药有左布诺洛尔（levobunolol）、美替洛尔（metipranolol）等。

7. 其他　预防偏头痛，预防社交恐惧症引起的心动过速、肌肉震颤，减轻原发性震颤。

【不良反应及用药注意事项】一般不良反应有恶心、呕吐、轻度腹泻等消化道症状，偶见过敏性皮疹和血小板减少等。严重的不良反应常与用药不当有关。

1. 心血管反应　阻断β_1受体引起的心功能抑制，可使对此类药物敏感的患者严重心功能不全、窦性心动过缓、房室传导阻滞的病情加剧。对血管平滑肌 β_2 受体的拮抗作用可使外周血管收缩，导致四肢发冷、皮肤苍白或发绀，引起间歇性跛行、雷诺病等，严重者甚至可以引起脚趾溃烂和坏死。

2. 诱发或加剧支气管哮喘　由于拮抗支气管平滑肌的 β_2 受体，非选择性 β 受体拮抗药可以使支气管收缩，增加呼吸道阻力，诱发或加剧哮喘。选择性 β_1 受体拮抗药和有内在拟交感活性的药物，抑制支气管平滑肌收缩作用则较弱，一般不会引起上述不良反应，但仍应尽量慎用。

3. 反跳现象　长期应用 β 受体拮抗药如突然停药，常使原来的病情加重，如血压上升、严重心律失常、心绞痛发作加剧等，增加猝死危险性。因此，长期用药者停药前应缓慢减量直至逐渐停药。

4. 中枢神经系统　可引起疲劳、睡眠障碍（失眠、噩梦等）、精神抑郁等症状。

5. 其他　糖尿病患者应用可导致自身免疫反应，引发眼－皮肤黏膜综合征。少数患者出现低血糖，糖尿病患者应用胰岛素同时应用 β 受体拮抗药，可加强降血糖作用，并可掩盖低血糖引起的出汗和心悸症状，导致严重后果。长期应用可导致自身免疫反应，引发眼－皮肤黏膜综合征。禁用于严重左心室心功能不全、窦性心动过缓、重度房室传导阻滞和支气管哮喘的患者。心肌梗死患者及肝功能不全者应慎用。

（一）非选择性 β_1、β_2 受体拮抗药
1. 无内在拟交感活性的 β_1、β_2 受体拮抗药

普 萘 洛 尔

普萘洛尔（propranolol）是等量的左旋和右旋异构体的消旋品，仅左旋体对 β 受体有拮抗作用。脂溶性高，口服超过 90% 被吸收，但首过效应消除率 60%～70%，生物利用度较低，仅30% 左右。到达体循环的药量个体差异大，血药浓度差异可达 25 倍。普萘洛尔易通过血脑屏障。血浆蛋白结合率高，约 93%。主要经肝代谢，代谢产物 4- 羟普萘洛尔仍具有 β 受体拮抗作用。血浆 $t_{1/2}$ 为 2～5 h。临床用药需从小剂量开始，逐渐增加到适当剂量。普萘洛尔对 β 受体拮抗作用较强，但对 β_1、β_2 受体选择性很低，无内在拟交感活性，有膜稳定作用。临床上主要用于治疗心律失常、心绞痛、高血压、甲状腺功能亢进症等，还可治疗焦虑症、肌震颤、肝硬化导致的上消化道出血和预防偏头痛。

纳 多 洛 尔

纳多洛尔（nadolol）对 β_1、β_2 受体亲和力大致相同，缺乏膜稳定作用和内在拟交感活性。纳多洛尔口服吸收不完全，生物利用度约 35%；血浆药物浓度达峰时间 2～4 h；体内代谢不完全；主要以原型经肾排出；血浆 $t_{1/2}$ 约 20 h。该药个体差异较普萘洛尔小，因作用时间长，可每日给药一次。肾功能不全时可在体内蓄积，应注意调整剂量。

噻 吗 洛 尔

噻吗洛尔（timolol）为非选择性强效 β 受体拮抗药，无内在拟交感活性，无膜稳定作用。口服吸收良好，生物利用度为 30%～75%，部分经肝代谢，少量以原型经肾排出。血浆 $t_{1/2}$ 约 4 h。口服和滴眼都可以减少房水生成，降低眼内压。局部用药治疗青光眼时，对药物敏感的患者，也可以吸收而引起全身不良反应，如哮喘发作或充血性心力衰竭。与毛果芸香碱相比，无缩瞳和导

致近视的不良反应。

2. 有内在拟交感活性的 β_1、β_2 受体拮抗药　吲哚洛尔（pindolol）作用强度为普萘洛尔的 6～15 倍，有较强的内在拟交感活性和较弱的膜稳定作用。口服吸收完全，生物利用度约 90%，达峰时间为 1～2 h，$t_{1/2}$ 为 3～4 h，约 1/2 药物在肝代谢，代谢物及原型从尿中排出，亦可从乳汁排出，故哺乳期妇女慎用。

（二）选择性 β_1 受体拮抗药

1. 无内在拟交感活性的 β_1 受体拮抗药

美 托 洛 尔

美托洛尔（metoprolol）选择性阻断 β_1 受体，对 β_2 受体影响小，无内在拟交感活性。口服吸收超过 95%，生物利用度约为 40%；达峰时间约 1.5 h，血药浓度个体差异可达 17 倍；血浆蛋白结合率仅 12%，可透过血脑屏障和胎盘；大部分药物在肝代谢；代谢物和不超过 10% 的原型经肾排出，也可从乳汁中排出；血浆 $t_{1/2}$ 为 3～7 h。临床上用于治疗高血压、稳定型心绞痛及室上性快速型心律失常。静脉给药可用于急性心肌梗死的早期治疗，但禁用于心率慢、房室传导阻滞和有严重心力衰竭的急性心肌梗死患者。

阿 替 洛 尔

阿替洛尔（atenolol）选择性拮抗 β_1 受体，无内在拟交感活性和膜稳定作用。阿替洛尔口服吸收不完全，生物利用度约 50%。达峰时间为 2～4 h，血药浓度个体差异较小（约 4 倍）。血浆蛋白结合率低，不易透过血脑屏障。大部分以原型经肾排出，乳汁也可排泄，且乳汁中药物浓度可达血浆药物浓度的 1.5～6.8 倍，故哺乳期妇女慎用。血浆 $t_{1/2}$ 为 5～8 h。肾功能不全者在体内有蓄积，肌酐清除 ＜35 mL/min 者，需调整剂量。临床上用于治疗高血压、心绞痛和心律失常等。作用维持时间比普萘洛尔和美托洛尔长，每天口服一次即可。虽然增加呼吸道阻力作用较轻，但哮喘患者仍需慎用。

2. 有内在拟交感活性的 β_1 受体拮抗药

醋 丁 洛 尔

醋丁洛尔（acebutolol）选择性拮抗 β_1 受体，有内在拟交感活性和膜稳定作用。口服易吸收，生物利用度约 40%；达峰时间约 2 h；血浆蛋白结合率低，约 50% 与红细胞结合，不易透过血脑屏障。代谢产物二醋洛尔的药理作用与原药相似。大部分以原型经肾排出，胆汁也可排泄，有肝肠循环。血浆 $t_{1/2}$ 为 3～4 h，代谢产物血浆 $t_{1/2}$ 为 8～13 h。

三、α、β 肾上腺素受体拮抗药

（一）α_1、β 受体拮抗药

拉 贝 洛 尔

拉贝洛尔（labetalol）有两个光学中心，是含有 4 个非对映异构体的消旋混合物，各异构体又具有不同的相对活性，故药理作用复杂。可拮抗 α_1 受体，同时拮抗 β_1、β_2 受体，对 β_2 受体有

弱内在拟交感活性，可抑制 NA 再摄取作用，大剂量有膜稳定作用。其拮抗 β 受体作用较强，是 α 受体拮抗作用的 5~10 倍。拮抗 β 受体作用是普萘洛尔的 1/2.5，α 受体拮抗作用是酚妥拉明的 1/10~1/6。

口服吸收良好，生物利用度为 20%~40%，用药后 1~2 h 达 C_{max}，血浆蛋白结合率约 50%，主要由肝代谢，代谢产物和 55%~60% 的原型经肾排出，血浆 $t_{1/2}$ 为 5~8 h。拉贝洛尔拮抗 $α_1$ 受体引起血管扩张、血压下降，直立位时降压作用更为显著；其 $β_1$ 受体拮抗作用也与降压有关，同时也阻断反射性交感神经引起的心脏兴奋。此外，拉贝洛尔的内在拟交感活性，可以通过激动 $β_2$ 受体或直接作用参与扩张血管作用，增加肾血流量。口服拉贝洛尔用于中、重度高血压的治疗，高血压危象可采用静脉注射给药。此外，还可用于心绞痛、嗜铬细胞瘤等的治疗。该药对支气管平滑肌的收缩作用不强，但对有哮喘病史者仍应谨慎用药。

卡 维 地 洛

卡维地洛（carvedilol）可同时拮抗 $α_1$、$β_1$ 和 $β_2$ 受体，无内在拟交感活性，有膜稳定作用。通过阻断 $α_1$ 受体而扩张血管，减少外周阻力；通过阻断 β 受体使肾素活性降低。尚具有抗氧化、抗炎等作用。为左旋体和右旋体的混合物，前者主要拮抗 $α_1$ 和 $β_1$ 受体，后者仅拮抗 $α_1$ 受体，消旋体的 $α_1$ 受体阻断作用强度是 β 受体拮抗作用强度的 1/10。口服吸收迅速，食物可减缓其吸收，但不影响生物利用度。首过效应显著，生物利用度仅 25%。血浆蛋白结合率约 98%。主要经肝代谢，粪排泄，16% 经肾排出。血浆 $t_{1/2}$ 为 6~10 h。用于原发性高血压和充血性心力衰竭的治疗。卡维地洛是第一个被正式批准用于治疗充血性心力衰竭的 β 受体拮抗药，可以明显改善症状，提高生活质量，降低病死率。应从小剂量开始，逐渐增加剂量。

（二）$α_2$、$β_1$ 受体拮抗药，$β_2$ 受体激动药

塞 利 洛 尔

塞利洛尔（celiprolol，西利洛尔）拮抗 $β_1$ 受体和激动 $β_2$ 受体，较弱拮抗 $α_2$ 受体，有内在拟交感活性，无膜稳定作用，可直接扩张血管，还可降低血浆三酰甘油和低密度脂蛋白。临床上主要用于高血压和稳定型心绞痛的治疗。不良反应较少。

（杨素荣）

思考题
1. 应用肾上腺素治疗青霉素引起的过敏性休克的药理学基础是什么？
2. 比较肾上腺素、去甲肾上腺素和异丙肾上腺素对心血管系统的影响。
3. 什么叫肾上腺素作用的翻转？有何临床意义？

网上更多……
👤学习目标　👥本章小结　📝自测题　⬇教学 PPT　📶参考资源

第九章
麻醉药

关键词

局部麻醉药	全身麻醉药	普鲁卡因	吸入麻醉药
静脉麻醉药	利多卡因	血/气分配系数	丙泊酚
丁卡因	最低肺泡有效浓度（MAC）		氯胺酮
布比卡因	乙醚	依托咪酯	罗哌卡因
氟烷	羟丁酸钠	氧化亚氮	硫喷妥钠

　　中国是文明古国之一，有许多医疗创造发明，其中麻醉技术是我国外科领域的重要发明之一。堪称中国古代麻醉学家的华佗，他制作的"麻沸散"记录在《三国志·魏书·华佗传》，是世界最早应用全身麻醉的记载。中国的麻醉学历史，如果从华佗时代算起历经1800多年的发展，在麻醉、镇痛与急救复苏等方面的理论研究与实用技术均取得了很大成就，对世界医学的发展做出了巨大贡献。1846年10月16日，首例乙醚吸入麻醉手术在美国马萨诸塞州总医院公开展示的成功，标志着现代医学麻醉的诞生，医学外科新纪元的开始。而现代麻醉技术和麻醉药的合理应用，使患者免受外科手术所致的疼痛。麻醉药可分为局部麻醉药和全身麻醉药。局麻药可逆地阻断神经冲动的发生和传导，使神经支配的部位出现暂时、可逆的感觉丧失。全身麻醉药能够可逆地引起意识和感觉不同程度的丧失，从而实施外科手术。全身麻醉药根据用药方式不同分为吸入麻醉药和静脉麻醉药。本章主要介绍这两种麻醉药的药理作用、临床应用及不良反应。

思维导图

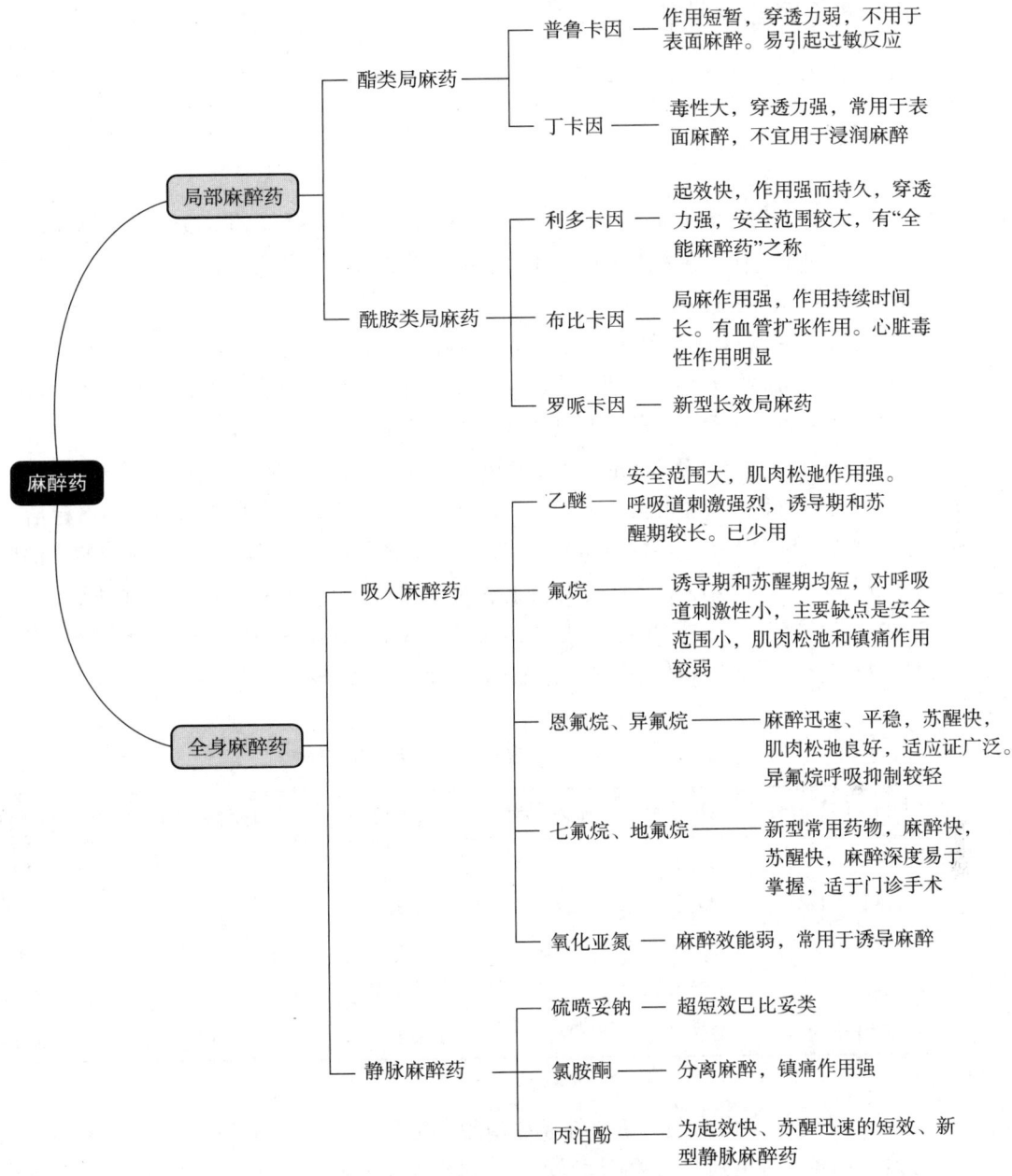

深入学习 9-1
麻醉药的历史沿革

第一节 局部麻醉药

人文视角 9-1
Horace Wells 的一生

一、概述

局部麻醉药（local anesthetics）简称局麻药，是指以适当的浓度应用于局部神经末梢或神经干周围，可逆地阻断神经冲动的产生和传导，使神经支配的部位出现暂时、可逆性感觉（甚至运动功能）丧失的药物。

【体内过程】局麻药经局部血管吸收后可产生全身作用，会对中枢神经系统和心血管系统产生影响。药物剂量大小、注药部位、是否加入血管收缩药都会影响其吸收。为了避免其吸收，多数局麻药中加入血管收缩药可明显降低其吸收速率。

局麻药的结构由芳香基团、中间链和氨基团三部分组成，根据中间链的结构不同将常用局麻药分为酯类和酰胺类两类。前者包括普鲁卡因、丁卡因、苯佐卡因等，后者包括利多卡因、布比卡因、罗哌卡因等。不同类型局麻药代谢过程不同。酯类局麻药主要被血浆中的假性 AChE 水解，故其 $t_{1/2}$ 通常较短，若有先天性血浆 AChE 缺乏，或因肝硬化、严重贫血等引起假性 AChE 减少，应用酯类药物易中毒。酰胺类如利多卡因经肝代谢，故肝功能不全者用量应酌减。局麻药随尿排出的量受尿液 pH 的影响，尿液偏酸性时排出较多（表 9-1）。

表 9-1 常用局麻药比较

局麻药	分类	作用强度	pK_a	起效时间（min）	作用持续时间（min）
普鲁卡因	酯类	1	8.90	2～5	30～60
苯佐卡因	酯类	极低	2.50	立刻	15～20
丁卡因	酯类	10	8.45	3～10	60～180
利多卡因	酰胺类	2	7.90	2～5	60～180
布比卡因	酰胺类	6.5	8.20	16～18	200～400

【药理作用】局麻药对所有神经冲动的产生和传导都有阻滞作用，阻滞程度与局麻药剂量、浓度、神经纤维类别及刺激强度有关。对混合神经产生作用时，阻断顺序依次为痛觉、冷觉、温觉、触觉、压觉，最后运动功能消失。局麻药作用结束后，神经冲动传导的恢复顺序则相反。局麻药获得满意神经阻滞作用应具备三个条件：一是必须达到足够的浓度；二是必须有充分的作用时间；三是有足够长的神经长轴与局麻药直接接触，局麻药应至少接触 1 cm 神经，以保证阻滞效果。

动画 9-1
局麻药作用机制

【作用机制】局麻药直接作用于神经细胞膜电压门控 Na^+ 通道（voltage-gated Na^+ channel），阻断 Na^+ 通道，阻滞 Na^+ 内流，阻止动作电位和神经冲动的产生和传导而发挥局部麻醉作用。局麻药阻滞 Na^+ 内流的作用具有频率和电压依赖性。频率依赖性即使用依赖性（use dependence），神经阻滞受到的刺激越高，开放的通道数目越多，阻滞作用越明显，局麻作用越强。因此，局麻药的作用与神经的功能状态有关，处于兴奋状态的神经对局麻药更敏感。

局麻药分子在体液中存在两种形式：非解离的碱基（B）和解离的阳离子（BH⁺）。碱基具有脂溶性，是局麻药穿透神经膜的必要条件，而透入神经后须转变为解离型阳离子（BH⁺），阳离子与带负电的膜内受体结合，使 Na⁺ 通道关闭，阻滞 Na⁺ 内流，从而阻滞神经冲动传导。不同局麻药 BH⁺/B 的比例不同，如普鲁卡因只有 2.5% 为非解离型，而利多卡因的非解离型则为 25%。所以局麻药的局麻作用与其解离速率、解离常数（K_a）及体液 pH 密切相关。通常体液 pH 偏高时，非解离型较多，局麻药作用较强；体液 pH 偏低时，非解离型较少，局麻药作用较弱。

【临床应用】

1. 表面麻醉（topical anesthesia） 将穿透性强的局麻药喷洒或涂抹于黏膜或伤口表面，用于眼、鼻、口腔、咽喉、气管、食管和泌尿生殖道等浅表手术的麻醉。常选用丁卡因或利多卡因。苯佐卡因也常用于创伤、痔及溃疡的止痛或皮肤瘙痒。

2. 局部浸润麻醉（local infiltration anesthesia） 将局麻药溶液注入皮下或手术野附近的组织，使局部神经末梢麻醉。在溶液中加少量肾上腺素（浓度比 1∶20 万）可延缓局麻药的吸收，延长作用时间。局部浸润麻醉的效果好，对机体的正常功能无影响，但是用量较大，麻醉区域较小，可选用利多卡因、普鲁卡因、布比卡因等。

3. 神经阻滞麻醉（nerve blocking anesthesia） 又称传导麻醉（conduction anesthesia），将局麻药注射到外周神经干附近，阻断神经冲动传导，使神经所支配的区域麻醉，常用于口腔科和四肢手术。神经阻滞麻醉所需的局麻药浓度较高，但用量较小，麻醉区域较大，可选用利多卡因、普鲁卡因、布比卡因等。为延长麻醉时间，也可将布比卡因与利多卡因合用。

4. 脊椎麻醉（spinal anesthesia） 又称蛛网膜下腔麻醉（subarachnoid anesthesia）或腰麻，是将麻醉药注入腰椎蛛网膜下腔，麻醉该部位的脊神经根，适用于腹部和下肢手术。常用药物为利多卡因、丁卡因及普鲁卡因。为了控制药物扩散和麻醉平面，通常将药物配成高比重或低比重药液。高比重药液用放出的脑脊液溶解或在局麻药中加 10% 葡萄糖溶液，低比重药液用蒸馏水配制。当患者取坐位或头高位时，因蛛网膜下腔与颅腔相通，低比重药液有扩散入颅腔引起延髓生命中枢麻痹的危险；而高比重药液下沉至马尾周围，旨在安全有效。脊椎麻醉时，由于交感神经同时被阻滞，常伴有血压下降，可取轻度的头低位（10°~15°）或事先用麻黄碱预防。

5. 硬膜外麻醉（epidural anesthesia） 将药液注入硬膜外腔，麻醉药沿着神经鞘扩散，穿过椎间孔阻断神经根。适用于颈部到下肢的各种手术，尤其适用于上腹部手术。由于硬膜外腔与颅腔不相通，药液不扩散至脑组织，故无脊椎麻醉时的头痛或脑脊膜刺激现象。但硬膜外麻醉用药量比脊椎麻醉大 5~10 倍，如误入蛛网膜下腔，可引起严重的毒性反应。硬膜外麻醉也可引起外周血管扩张、血压下降及心脏抑制，可用麻黄碱防治。临床上最常用利多卡因、布比卡因、罗哌卡因，也可用丁卡因、普鲁卡因等。

【不良反应及用药注意事项】

1. 毒性反应 局麻药常规的临床剂量一般对全身影响很小，但剂量过大、吸收过多或误入血管后引起血中局麻药浓度过高，可引起全身作用，导致毒性反应。

（1）中枢神经系统毒性反应：局麻药小剂量吸收后可引起镇静、镇痛及头昏等。较大剂量产生毒性反应，表现为先兴奋后抑制。初期表现为兴奋不安、震颤和焦虑，甚至发生神志错乱和阵挛性惊厥。中枢过度兴奋可转为抑制，可因呼吸衰竭而死亡。中毒晚期维持呼吸非常重要。静脉注射地西泮（diazepam）可防止惊厥发作。普鲁卡因过量可引起中枢神经系统反应，因此常被利多卡因取代。

（2）心血管系统：局麻药对心血管有直接抑制作用。可阻碍心肌动作电位快速相，使心肌兴奋性降低，复极减慢，延长不应期。利多卡因对心肌细胞具有膜稳定作用，可用于室性心律失常的治疗。当局麻药的浓度过高时，心脏各个部位的传导均延缓，心电图 P-R 间期和 QRS 复合波时间延迟；当浓度极高时，则抑制窦房结自然起搏活动，引起心动过缓甚至停搏。引起心血管系统反应的局麻药用量为引起中枢毒性反应剂量的 3 倍以上，在局麻药液中加入少量肾上腺素（1：20 万），可使局部血管收缩，延长麻醉作用时间，减少局麻药的吸收和中毒反应，但应注意远端肢体（如指趾）、阴茎等部位手术者禁用。

2. 变态反应　在少量用药后立即出现荨麻疹、支气管痉挛、喉头水肿、低血压甚至休克等症状。酯类比酰胺类变态反应发生率高，对酯类过敏者可改用酰胺类。

3. 神经毒性　脊髓或外周神经直接接触局麻药的浓度过高或时间过长均可诱发神经损害。

4. 高敏反应　患者接受小剂量（最大剂量 1/3 ~ 2/3）的局麻药，突然发生晕厥、呼吸抑制甚至循环衰竭等毒性反应的先兆。高敏反应一般与患者个体差异有关。有时患者处在不同的病理状态或受周围环境影响，如脱水、酸碱平衡失调、感染、室温过高时亦可出现。

二、酯类局麻药

普 鲁 卡 因

普鲁卡因（procaine）属短效酯类局麻药，亲脂性低，对黏膜的穿透力弱，一般不用于表面麻醉。普鲁卡因在血浆中被酯酶水解，转变为对氨基苯甲酸（PABA）和二乙氨基乙醇，前者能对抗磺胺类药物的抗菌作用，故应避免与磺胺类药物同时应用。给药时加用肾上腺素后作用时间可延长 20%。普鲁卡因也可用于组织损伤后的局部封闭。毒性较小，可引起过敏反应，故用药前应做皮肤过敏试验，但皮试阴性者仍可发生过敏反应。对本品过敏者可用利多卡因代替。过量应用可引起中枢神经系统和心血管反应。

氯普鲁卡因

氯普鲁卡因是普鲁卡因的氯化同类物，作用与普鲁卡因相似。其全身毒性低于其他所有局麻药，血浆半衰期短，表面麻醉无效，常用于局部浸润麻醉、神经阻滞和硬膜外麻醉。脊椎麻醉有可能引起神经刺激症状，慎用。

丁 卡 因

丁卡因（tetracaine，又名地卡因，dicaine）化学结构与普鲁卡因相似，麻醉强度比普鲁卡因强 10 倍，毒性大 10 ~ 12 倍。对黏膜的穿透力强，常用于表面麻醉，眼科应用 0.5% ~ 1% 溶液滴眼，无角膜损伤等不良反应。也可用于神经阻滞麻醉、脊椎麻醉和硬膜外麻醉，因毒性大，一般不用于浸润麻醉。

三、酰胺类局麻药

利 多 卡 因

利多卡因（lidocaine）是目前应用最多的局麻药。与相同浓度的普鲁卡因相比，利多卡因具有起效快、作用强而持久、穿透力强及安全范围较大的特点。利多卡因可用于各种形式的局部麻醉，有"全能麻醉药"之称。但进行脊椎麻醉时其扩散性强，麻醉平面难掌握。而且利多卡因用于脊椎麻醉时比其他药物更容易引起神经损害，可能与其在蛛网膜下腔分布不均，局部药液浓度过高有关。因此，脊椎麻醉慎用。

利多卡因在肝代谢较缓慢，$t_{1/2}$ 为 90 min，单独反复应用后可产生快速耐受性。因其吸收迅速，并易通过胎盘屏障，故产科应慎用。也可用于抗心律失常。

布 比 卡 因

布比卡因（bupivacaine）局麻作用强，作用持续时间长。主要用于局部浸润麻醉、神经阻滞麻醉和硬膜外麻醉。有扩张血管作用，大剂量静脉注射可产生严重的心脏毒性，并难以治疗，特别是在酸中毒、低氧血症时尤为严重。

左布比卡因（levobupivacaine）是新型的长效局麻药，为布比卡因的左旋体。实验显示其具有与布比卡因相似的局麻作用，但心脏不良反应较轻，自 2000 年上市以来逐渐得到推广。

罗 哌 卡 因

罗哌卡因（ropivacaine）化学结构与布比卡因相似，脂溶性大于利多卡因但小于布比卡因，血浆蛋白结合率为 94%，麻醉强度是普鲁卡因的 8 倍，作用时效是普鲁卡因的 4~8 倍。其阻断感觉作用较阻断运动作用强，对心肌的毒性比布比卡因小，有明显收缩血管作用，使用时无须加入肾上腺素，适用于硬膜外麻醉、脊椎麻醉、臂丛阻滞麻醉和局部浸润麻醉。对子宫胎盘血流无影响，故适用于产科手术麻醉。

临床聚焦 9-1
产科麻醉

罗哌卡因和左布比卡因成为目前应用最为广泛的新型长效酰胺类局麻药。

第二节　全身麻醉药

全身麻醉药（general anesthetics）简称全麻药，是一类可逆性地抑制中枢神经系统功能，引起意识、感觉及反射暂时消失的药物，同时也引起骨骼肌松弛，以利于外科手术在无痛条件下安全进行。

全麻药按给药途径分为吸入麻醉药和静脉麻醉药。

一、吸入麻醉药

吸入麻醉药（inhalation anesthetics）是一类经呼吸道吸入后能够产生全身麻醉的挥发性液体或气体的药物。吸入麻醉药作用机制比较复杂，一百多年来，人们一直在积极探索，提出了"脂质学说""突触学说"及"蛋白质学说"等百余种学说，但至今仍未能完全阐明，对其是作用于细胞膜上的脂质还是蛋白质仍有争议。通常认为吸入麻醉药可溶入细胞膜的脂质层，使脂质分子排列紊乱，膜蛋白质及钠、钾通道发生构象和功能上的改变，从而抑制神经细胞去极化，进而广泛抑制神经冲动的传递，导致全身麻醉。

深入学习 9-2
吸入麻醉过程分期

麻醉药的麻醉作用在给药后不同阶段差别很大，常以麻醉分期最明显的乙醚为代表，人为地将吸入麻醉过程分为四期。第一期为镇痛期，第二期为兴奋期，两者合称诱导期，易出现麻醉意外。第三期为外科麻醉期，该期又分为四级，临床麻醉深度需控制在三级。第四期为麻醉中毒期。

【体内过程】吸入麻醉药由呼吸道吸收进入体内，麻醉深度通过对吸入气体中药物浓度（分压）的调节加以控制并维持。药物经肺泡扩散而吸收入血的吸收速率与肺通气量、吸入气体中的药物浓度、肺血流量及药物的脂溶性等有关。药物的脂溶性越大，麻醉作用越强。肺通气量和肺部血流量也呈正相关地影响吸入麻醉药的吸收量和速率。全麻药以气体状态经肺泡吸收入血，经血液转运进入脑组织而发挥作用。全麻药在血中的溶解度通常用血中药物浓度与吸入气中药物浓度达平衡时的比值即血 / 气分配系数表示，血 / 气分配系数大（如乙醚），在血中溶解度大，必须溶解更多的药物才能使分压明显升高，肺泡、血中和脑中的药物分压上升也比较缓慢，因此麻醉诱导期较长。提高吸入气中药物浓度可缩短诱导期。在一个大气压下，能使 50% 的患者痛觉消失的肺泡气体中全麻药的浓度称为最低肺泡有效浓度（minimal alveolar concentration，MAC）。MAC 反映麻醉药的效能和判断麻醉深度，数值越低，表明效能越高，麻醉作用越强。吸入麻醉药的特性比较见表 9-2。

深入学习 9-3
最低肺泡有效浓度

表 9-2　吸入麻醉药的特性比较

药物	沸点（℃）	MAC（%）	血 / 气分配系数	脑 / 血分配系数	诱导用吸入气浓度（%）	维持用吸入气浓度（%）
氧化亚氮	-89	105	0.47	1.1	80	50 ~ 70
氟烷	50.2	0.75	2.3	2.9	1 ~ 4	0.5 ~ 2
异氟烷	48.5	1.2	1.4	2.6	1.5 ~ 3.0	1.0 ~ 1.5
恩氟烷	56.5	1.6	1.8	1.4	2.0 ~ 2.5	1.5 ~ 2.0
七氟烷	58.5	2.0	0.65	1.7	4.5	2.5 ~ 4.5
地氟烷	23.5	6.0	0.45	1.3	12 ~ 15	2.3 ~ 3.0
乙醚	34.6	1.92	12.1	1.14	10 ~ 30	4 ~ 5

乙　　醚

乙醚（ether）为无色澄明易挥发的液体，有特异臭味，易燃易爆，并易氧化生成过氧化物及乙醛，使毒性增加。其优点为对呼吸、血压几乎无影响，对心、肝、肾的毒性较小，肌肉松弛作用强。其特异臭味可刺激呼吸道，导致腺体分泌增加，影响呼吸通畅，甚至引起吸入性肺炎及窒息。该药的诱导期和苏醒期较长，易发生麻醉意外，现已少用。

氟　　烷

氟烷（halothane）为无色透明挥发性液体，有水果味。吸收后多以原型经肺呼出，约 20% 经肝代谢、肾排泄。

【药理作用】麻醉作用迅速、强大，诱导期和苏醒期均短，对呼吸道刺激性小，不引起唾液和呼吸道黏液分泌增加，且有扩张支气管的作用。其主要缺点是安全范围小，肌肉松弛和镇痛作用较弱。麻醉加深时，对呼吸中枢、血管运动中枢和心肌有直接抑制作用，引起血压降低、心率减慢，故适用于浅表麻醉。

【不良反应及用药注意事项】有肝毒性，反复应用偶致肝坏死，禁用于肝病患者。可使脑血管扩张，颅内压增高，且明显抑制子宫收缩，导致产后出血，禁用于脑外科手术及剖宫产者。可增强心肌对儿茶酚胺类物质的敏感性，引起心律失常，禁与肾上腺素、去甲肾上腺素等合用，帕金森病患者术前禁用左旋多巴。

恩　氟　烷

恩氟烷（enflurane，又名安氟醚）是无色挥发性液体，化学性质稳定。麻醉诱导迅速、平稳，苏醒亦快，肌肉松弛良好。心血管抑制作用较弱，但血压下降常作为判断麻醉过深的一项指标。对呼吸道无刺激，对肝、肾影响亦较小。恩氟烷是一种强烈的呼吸抑制药，全麻中需及时进行辅助或控制呼吸。适应证广泛，可用于全身各部位麻醉。少数患者全麻后出现中枢兴奋，有癫痫病史者禁用。严重心、肝、肾功能不全，颅内压增高者禁用，也不适用于产科麻醉。

异　氟　烷

异氟烷（isoflurane，又名异氟醚）是恩氟烷的同分异构体，有乙醚样气味，单纯吸入时可引起患者咳嗽和屏气。化学性质及作用与恩氟烷相似，但对呼吸抑制作用较轻，有支气管扩张作用，对中枢无兴奋作用。适用于各种手术。

七氟烷和地氟烷

七氟烷（sevoflurane）和地氟烷（desflurane）为新型吸入麻醉药，是目前临床上主要应用的药物。化学结构均与异氟烷相似，共同特点是血/气分配系数低，因此麻醉诱导和苏醒均较其他全麻药迅速，麻醉深度易于调节，适用于门诊手术。地氟烷对呼吸道有刺激性，可引起分泌物增多，咳嗽或屏气。对婴幼儿和儿童只可作维持麻醉，不可作麻醉诱导。

氧　化　亚　氮

氧化亚氮（nitrous oxide）为无色、味甜、无刺激性的液态气体，性质稳定。在体内不被代谢，以原型从肺排出。镇痛作用强，患者用药后有愉悦感，停药后苏醒较快，对呼吸、肝、肾功能无不良影响，但对心肌有轻微的抑制作用。氧化亚氮的 MAC 值超过 100，麻醉效能弱，即使采用不引起患者缺氧的最高浓度（80% N_2O + 20% O_2），也仅能达到三期一级麻醉，需与其他全麻药配伍方可达满意的麻醉效果。主要用于麻醉诱导或与其他全麻药配伍。为防止缺氧发生，可在全麻诱导前、后 5 min 吸入纯氧。

二、静脉麻醉药

静脉麻醉药（intravenous anesthetics）通过缓慢静脉注射或静脉滴注而产生全身麻醉作用。与吸入麻醉药相比，其优点是无诱导期的各种不适，患者迅速进入麻醉状态，对呼吸道无刺激性，方法简便易行，通常与吸入麻醉药合用，单独应用于短时手术。主要缺点是不如吸入麻醉药易于掌握麻醉深度。常用的静脉麻醉药有丙泊酚、硫喷妥钠、氯胺酮及依托咪酯等。

硫　喷　妥　钠

硫喷妥钠（thiopental sodium）为超短效巴比妥类药物。

【体内过程】脂溶性高，静脉注射后几秒钟进入脑组织。在体内迅速重新分布，从脑组织转运到肌肉和脂肪等组织，使脑内浓度迅速下降，作用短暂，一次注射仅维持数分钟。

【药理作用】麻醉作用迅速，无兴奋期，但镇痛效果差，肌肉松弛不完全。

【临床应用】临床上主要用于麻醉诱导、基础麻醉及脓肿的切开引流、骨折及脱臼的闭合复位等短时手术。

【不良反应及用药注意事项】苏醒期常见寒战。与其他中枢神经抑制药、利尿药、钙通道阻滞药等合用需减量。对呼吸中枢有明显抑制作用，新生儿、婴幼儿禁用。可诱发喉头和支气管痉挛，支气管哮喘患者禁用。

氯 胺 酮

氯胺酮（ketamine）与其他全麻药有很大区别，对中枢神经系统既有抑制作用又有兴奋作用。能选择性阻断痛觉冲动向丘脑和大脑皮质的传导，同时又能兴奋脑干及边缘系统。患者痛觉消失，而意识可能部分存在，常有睁眼凝视呈木僵状、梦幻、肌张力增加、肢体无目的活动、眼球震颤等，此状态又称分离麻醉（dissociative anesthesia）。

氯胺酮起效快，镇痛力强，维持时间短，苏醒期较长，需 2～3 h。对体表麻醉镇痛作用明显，内脏镇痛作用差。对呼吸影响轻微，对心血管具有明显兴奋作用，使心率加快、血压升高，与兴奋交感神经中枢有关。适合于小手术或低血压患者的麻醉诱导。禁用于高血压、颅内压增高及精神病患者。

丙 泊 酚

丙泊酚（propofol，异丙酚）是一种新型、起效快、苏醒迅速的短效静脉麻醉药，目前最为常用。能抑制咽喉反射，有利于插管。对循环系统有抑制作用，可引起外周血管阻力降低、血压下降、心肌血液灌注下降、颅内压和眼内压降低、脑耗氧量及脑血流量减少。作用机制与激活中枢 GABA 受体有关。可用于门诊短小手术的麻醉，也可作为全麻诱导、维持及危重患者镇静催眠的辅助用药。

依 托 咪 酯

依托咪酯（etomidate，乙苯咪唑）为一种快速催眠性全麻药，无镇痛作用，其催眠效应是硫喷妥钠的 12 倍。可用于全麻诱导或门诊手术麻醉。特点是起效快、维持时间短及苏醒迅速。可引起骨骼肌震颤，较大剂量引起呼吸抑制。

三、复合麻醉

复合麻醉是指同时或先后应用两种以上麻醉药或其他辅助药物，以达到完善的手术中和术后镇痛的条件。复合麻醉常用的药物包括苯二氮䓬类，如地西泮、咪达唑仑、劳拉西泮等；阿片类镇痛药，如芬太尼、瑞芬太尼等；解痉药，如阿托品、格隆溴铵等；肌松药，如阿库氯铵、泮库溴铵等。常用方式有以下几种。

1. 麻醉前用药（premedication）　麻醉前应用其他药物以弥补全麻药的缺点。手术前常用苯巴比妥（phenobarbital）或地西泮（diazepam）使患者消除紧张情绪；注射阿片类镇痛药，以增强麻醉效果；注射阿托品以防止唾液及支气管分泌物所致的吸入性肺炎，也可对抗氟烷麻醉引起的心率减慢。

2. 基础麻醉（basal anesthesia）　手术前给予苯二氮䓬类或巴比妥类药物，使患者进入较浅的麻醉状态，在此基础上进行麻醉，可使麻醉药用药量减少，麻醉平稳。常用于小儿。

3. 麻醉诱导（induction of anesthesia） 为了缩短全麻药诱导期，应用作用迅速的硫喷妥钠或氧化亚氮等，使患者迅速进入外科麻醉期后改用其他药物维持麻醉。

4. 合用肌松药 根据手术对肌肉松弛的要求，在麻醉同时注射肌松药。

5. 低温麻醉（hypothermal anesthesia） 合用氯丙嗪（chlorpromazine）使体温在配合物理降温时下降至较低水平（28~30℃），机体基础代谢率降低，重要器官的耗氧量降低，应用于一些复杂的心血管、颅脑等手术及脑缺氧的患者。

6. 神经安定镇痛术（neuroleptanalgesia，NLA） 是一种复合镇痛方法，常用氟哌利多（droperidol）及芬太尼（fentanyl）按50∶1制成的合剂静脉注射，使患者意识模糊，自主动作停止，痛觉消失。在NLA的基础上配合全麻药和肌松药可达到满意的外科麻醉，称为神经安定麻醉（neuroleptanesthesia）。

7. 全静脉麻醉（total intravenous anesthesia，TIVA） 是指采用多种静脉麻醉药完成麻醉诱导和维持全过程的技术。TIVA复合使用静脉麻醉药、阿片类镇痛药和肌松药来实现全身麻醉的三要素：意识消失、充分镇痛和满意的肌肉松弛状态。丙泊酚和瑞芬太尼是TIVA常用的组合。

（王敏杰）

思考题

1. 简述常用局麻药的主要特点、临床应用和不良反应。
2. MAC和血/气分配系数对麻醉药的影响是什么？
3. 硫喷妥钠、氯胺酮、丙泊酚全麻作用的主要优缺点是什么？

网上更多……

　学习目标　　本章小结　　自测题　　教学PPT　　参考资源

第十章
镇静催眠药和抗焦虑药

关键词

镇静	催眠	抗焦虑	抗惊厥
中枢性肌松作用	苯二氮䓬类	地西泮	艾司唑仑
巴比妥类	苯巴比妥	硫喷妥钠	反跳现象
耐受性	成瘾性		

睡眠对于人体健康来说与饮食同样重要，是生命活动的重要成分，人生命的三分之一时间处于睡眠状态。长期的睡眠障碍可造成生理功能紊乱，表现为：①生活质量和工作效率降低，并伴健忘、头晕等症状；②机体免疫力降低，易患疾病；③易继发神经衰弱、心理精神障碍，甚至出现抑郁症等精神疾病，而失眠又是抑郁、焦虑等病症的重要临床表现，可加重疾病的症状，使患者陷入失眠→抑郁、焦虑→失眠的恶性循环；④儿童睡眠不足可影响神经精神发育及体格发育。由此可见，失眠的危害是巨大的，应该加强对失眠的认识、理解，必要时借助于药物进行适当的治疗，恢复正常睡眠功能。

思维导图

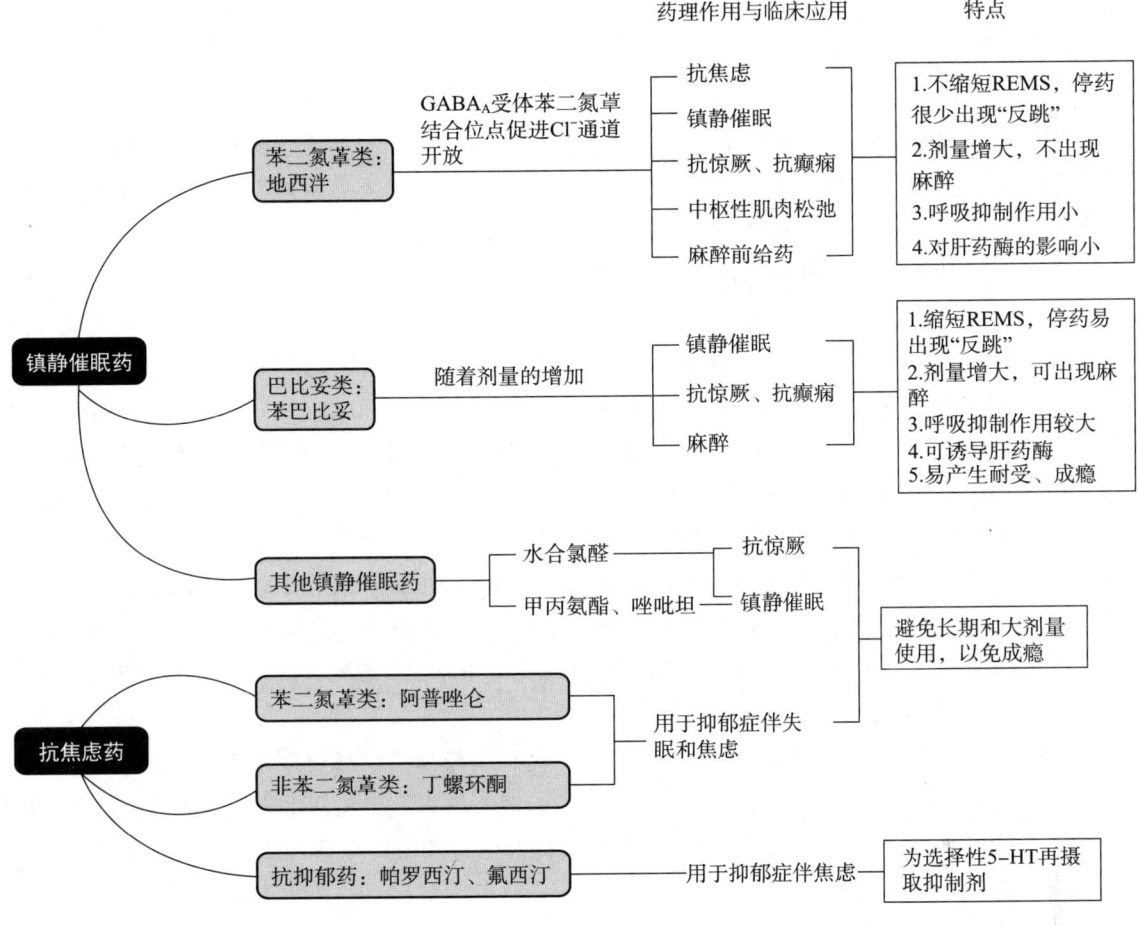

药理作用与临床应用　　　　特点

镇静催眠药

苯二氮䓬类：
地西泮

GABA$_A$受体苯二氮䓬
结合位点促进Cl$^-$通道
开放

- 抗焦虑
- 镇静催眠
- 抗惊厥、抗癫痫
- 中枢性肌肉松弛
- 麻醉前给药

1.不缩短REMS，停药
很少出现"反跳"
2.剂量增大，不出现
麻醉
3.呼吸抑制作用小
4.对肝药酶的影响小

巴比妥类：
苯巴比妥

随着剂量的增加

- 镇静催眠
- 抗惊厥、抗癫痫
- 麻醉

1.缩短REMS，停药易
出现"反跳"
2.剂量增大，可出现麻
醉
3.呼吸抑制作用较大
4.可诱导肝药酶
5.易产生耐受、成瘾

其他镇静催眠药

- 水合氯醛 ———— 抗惊厥
- 甲丙氨酯、唑吡坦 — 镇静催眠

避免长期和大剂量
使用，以免成瘾

抗焦虑药

苯二氮䓬类：阿普唑仑

非苯二氮䓬类：丁螺环酮

用于抑郁症伴失
眠和焦虑

抗抑郁药：帕罗西汀、氟西汀 ———— 用于抑郁症伴焦虑

为选择性5-HT再摄
取抑制剂

第一节　概述

镇静催眠药（sedative hypnotics）是一类对中枢神经系统功能具有抑制作用的药物，小剂量可引起安静或嗜睡，具有镇静作用，较大剂量可引起类似生理性的睡眠，具有催眠作用，两者无本质区别，仅有量的差异。镇静催眠药主要包括三类：苯二氮䓬类，如地西泮；巴比妥类，如苯巴比妥；其他镇静催眠药。由于焦虑多半会导致失眠，故抗焦虑药也在本章介绍。

深入学习 10-1
睡眠的生理意义

睡眠是生命活动的一个重要部分，人生命的大约三分之一时间处于睡眠状态。对于人的健康来说，睡眠和饮食同样重要。生理睡眠分为非快速眼动睡眠（nonrapid eye movement sleep，NREMS）和快速眼动睡眠（rapid eye movement sleep，REMS），前者可分为 1、2、3 期，其中 3 期称为慢波睡眠（SWS）期。慢波睡眠有利于促进生长和恢复体力，快速眼动睡眠有利于促进神经系统的发育成熟、促进学习记忆和恢复精力，两者缺一不可。入睡时，睡眠从 1 期到 3 期逐渐加深，然后进入 REMS。REMS 持续一段时间后，睡眠又回到 NREMS，从第 2 期起重新再逐步加深。如此 NREMS 与 REMS 交错轮替，构成睡眠周期。以 REMS 的出现作为一个周期的标志，每个周期持续 1.5 ~ 2.5 h，人每夜睡眠经过 4 ~ 5 个周期。梦境多发生在 REMS 期，现有的镇静催眠药由于主要延长 NREMS 而或多或少缩短 REMS，突然停药易引起不同程度的多梦、噩梦等"反跳"现象。

深入学习 10-2
失眠

失眠是睡眠障碍的表现形式之一，在采用药物治疗前要仔细查找失眠的原因。由于疾病引起的失眠，应首先针对原发病进行治疗。对长期失眠患者以非药物治疗为主，药物治疗仅作为辅助手段，尽可能使用镇静催眠药的最低有效量和最短疗程。镇静催眠药连服 1 ~ 2 周后机体对药物会产生耐受性，需要增加剂量才能产生催眠效果，这可能是由于机体中药物代谢酶的数量或活性增加而加快药物的代谢，或者中枢神经系统对药物的反应性降低所致。久用镇静催眠药可产生精神上和躯体上的依赖（即成瘾性），其严重程度取决于药物的种类及停药前用药量的大小，如巴比妥类的戒断症状相对严重，而苯二氮䓬类的耐受性和成瘾性较轻，发生较慢。

第二节　苯二氮䓬类

苯二氮䓬类（benzodiazepines，BZ）是一类具有抗焦虑、镇静和催眠作用的药物，因其使用安全、起效快、耐受性良好等特点，于 20 世纪 60 年代用于临床，并在很短的时间内取代了巴比妥类治疗失眠症的应用。据统计，全球目前有超过 5 000 万人服用苯二氮䓬类药物，该类药物仍是治疗失眠和焦虑的一线药物。

苯二氮䓬类药物可缩短入睡时间，减少觉醒时间和次数，增加总睡眠时间（主要是延长 NREMS 的 2 期）。依据消除半衰期的长短，此类药物可分为短效、中效、长效三类。①短效类（$t_{1/2} < 8$ h）：如三唑仑、咪达唑仑、奥沙西泮等，主要用于入睡困难和易醒。②中效类（$t_{1/2}$ 为 10 ~ 24 h）：常用的有艾司唑仑（舒乐安定）、阿普唑仑（佳静安定）、劳拉西泮等，主要用于入睡困难。③长效类（$t_{1/2} > 24$ h）：如地西泮、氟西泮等，对于早醒和惊醒后难以再入睡较有效。

这些催眠药的特点是治疗指数大、毒性低和使用安全。

<h1 align="center">地　西　泮</h1>

地西泮（diazepam）又名安定（valium），为苯二氮䓬类的典型代表药物，也是目前临床上最常用的抗焦虑、镇静、催眠药。

【体内过程】地西泮口服吸收迅速且完全，0.5～1.5 h可达峰浓度。而肌内注射时因药物沉淀，吸收缓慢而不规则，且峰浓度低于同剂量口服，故急需发挥疗效时应口服或静脉注射。地西泮脂溶性高，易通过血脑屏障。血浆蛋白结合率高达95%以上，在肝代谢，主要活性代谢物为去甲西泮、奥沙西泮、替马西泮，最后形成葡糖醛酸结合物由尿排出（图10-1），原型药的 $t_{1/2}$ 为1～2天，代谢物去甲西泮消除缓慢，$t_{1/2}$ 可长达2～5天，新生儿、老年人和肝病患者 $t_{1/2}$ 更长，故须慎用。原型药及其代谢物主要经肾排出，少量从乳汁排出。

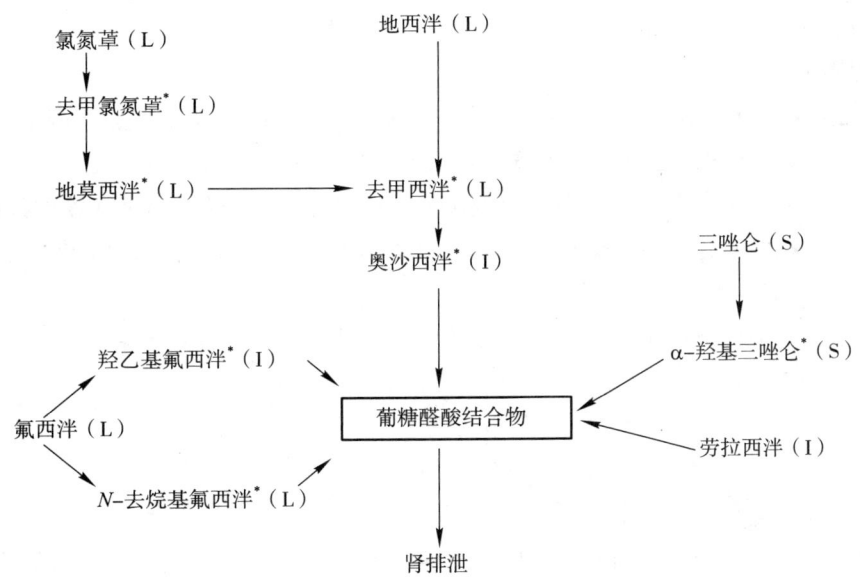

图 10-1　苯二氮䓬类药物的代谢过程
* 活性代谢产物，S：短效（$t_{1/2} < 8$ h），I：中效（$t_{1/2}$ 为 8～24 h），L：长效（$t_{1/2} > 24$ h）

【药理作用】

1. 抗焦虑作用　焦虑是多种精神疾病的常见症状，也是神经症的主要特征。患者多有恐惧、紧张、忧虑、失眠、心悸、出汗、震颤等。地西泮的抗焦虑作用选择性高，小剂量即可改善上述焦虑症状。其作用部位主要是调节情绪反应的海马和杏仁核等边缘系统结构。

2. 镇静催眠作用　随着剂量的增大，地西泮具有镇静和催眠的作用，能显著缩短入睡时间，延长睡眠时间。与巴比妥类相比，其特点如下：①治疗指数大，对呼吸影响小，相对安全；②主要延长NREMS的2期，对REMS的影响较小，停药后"反跳"现象较轻；③依赖性、戒断症状较轻；④对肝药酶几乎无诱导作用。因此，目前此类药物已取代了巴比妥类药物成为临床上常用的镇静催眠药。

3. 抗惊厥、抗癫痫作用　小剂量可有效对抗戊四氮、印防己毒素等引起的阵挛性惊厥，而对电刺激引起的强直性惊厥则需要较大剂量才有效。通过抑制病灶的放电向周围皮质及皮质下扩散，终止或减轻发作，具有很强的抗惊厥和抗癫痫作用。

4. 中枢性肌肉松弛作用　有较强肌肉松弛作用，可缓解动物去大脑强直，也可减轻大脑损伤患者所致的肌肉强直。肌松作用是由于药物能抑制脊髓多突触反射，抑制中间神经元的传递。

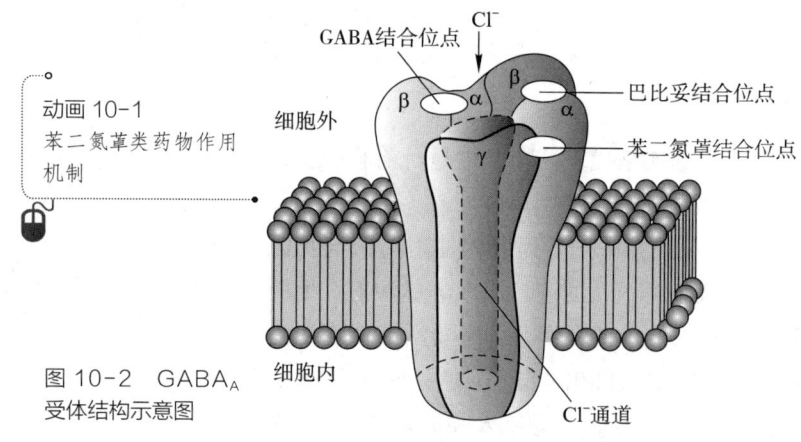

动画 10-1
苯二氮䓬类药物作用机制

图 10-2　GABA$_A$ 受体结构示意图

【作用机制】 目前认为苯二氮䓬类药物的中枢作用可能与药物作用于脑内不同部位 GABA$_A$ 受体密切相关。GABA$_A$ 受体是一个大分子复合物，为配体门控型 Cl$^-$ 通道，具有与 GABA、苯二氮䓬类、巴比妥类、印防己毒素和乙醇等结合的多个结合位点。GABA 作用于 GABA$_A$ 受体，使细胞膜对 Cl$^-$ 通透性增加，Cl$^-$ 大量进入细胞膜内引起膜超极化，神经兴奋性降低。苯二氮䓬类药物与 GABA$_A$ 受体上的苯二氮䓬结合位点结合（图 10-2），促进 GABA 与 GABA$_A$ 受体结合，增加 Cl$^-$ 通道开放的频率，使 GABA 作用增强而呈现中枢抑制效应。一般认为，苯二氮䓬类抗焦虑作用主要作用于杏仁核和海马的 GABA$_A$ 受体上苯二氮䓬结合位点，镇静催眠作用主要作用于皮质和脑干的 GABA$_A$ 受体上苯二氮䓬结合位点，中枢的肌松作用主要作用于皮质和脊髓。

【临床应用】

1. 焦虑症　对各种原因引起的焦虑均有较好的疗效，是目前最常用的抗焦虑药之一。

2. 失眠症　目前已取代巴比妥类药物成为临床上最常用的镇静催眠药。

3. 惊厥、癫痫　临床上用于辅助治疗破伤风、子痫、小儿高热惊厥及药物中毒性惊厥；对癫痫大发作能迅速缓解症状，对癫痫持续状态疗效显著。地西泮是目前癫痫持续状态的首选药（见第十一章）。

4. 肌肉强直　临床上用于治疗脑血管意外、脊髓损伤等引起的中枢性肌强直，缓解局部关节病变、腰肌劳损所致的肌肉痉挛。

5. 麻醉前用药　减少麻醉药用量及其不良反应，疗效优于吗啡及氯丙嗪。

6. 临床上常作为心脏电击复律或内镜检查前用药。

【不良反应及用药注意事项】

1. 地西泮毒性小，安全范围大。常见的不良反应有嗜睡、头昏、乏力和记忆力下降，其次为早醒、易激动、头痛、步履不稳和共济失调，还影响技巧动作和驾驶安全，偶见视物模糊、低血压及过敏反应。静脉注射速度过快易引起呼吸和循环抑制，饮酒或同时使用其他中枢抑制药时尤易发生，故宜缓慢注射。驾驶员、高空作业和机器操作者慎用或禁用。

2. 长期应用可产生耐受性。用于催眠时耐受性产生较快，用于抗焦虑时耐受性产生较慢。长期应用还可产生精神和躯体依赖性。故该药宜短期或间歇性用药，尽可能应用控制症状的最低剂量，停药时逐渐减少剂量，避免出现戒断症状。

3. 肝、肾功能不全患者，呼吸功能不全患者，老年患者，青光眼患者，重症肌无力患者及孕妇慎用或禁用。临产前应用可致新生儿出现肌无力、低血压、低体温及轻度呼吸抑制，哺乳儿出现倦怠及体重减轻，故临产和哺乳期妇女禁用。

4. 与其他中枢神经抑制药及乙醇合用时，增强中枢抑制作用，加重嗜睡、昏睡、呼吸抑制，严重时可致死。如需合用，宜降低剂量并密切监护患者；与利福平、苯巴比妥等肝药酶诱导剂合用，可显著缩短地西泮的 $t_{1/2}$；与西咪替丁等肝药酶抑制剂合用，可抑制地西泮的代谢。

氯 氮 䓬

氯氮䓬（chlordiazepoxide，利眠宁）属于中长效苯二氮䓬类镇静催眠药。具有显著的抗焦虑、镇静和催眠作用。口服后吸收缓慢但较完全，肌内注射吸收缓慢且不规则，血浆蛋白结合率可高达 96%，药物缓慢进入脑组织，也可透过胎盘，$t_{1/2}$ 为 5～30 h。在体内代谢为去甲氯氮䓬、地莫西泮（去甲氧西泮）、去甲西泮等，这些代谢物均具有活性，且在体内代谢缓慢，长期应用可引起代谢物蓄积。氯氮䓬主要用于焦虑症和失眠患者。

氟　西　泮

氟西泮（flurazepam，氟安定）是长效苯二氮䓬类镇静催眠药，口服易吸收，存在明显的首过效应，主要活性代谢物 N- 去烷基氟西泮的 $t_{1/2}$ 长达 50 h 以上，老年患者更长，易引起体内蓄积。作用与地西泮相似，但催眠作用较强，能缩短入睡时间，减少觉醒次数和时间。常见不良反应为眩晕、嗜睡、共济失调等，长期应用可产生依赖性，因此本药宜短期或间断使用。

硝　西　泮

硝西泮（nitrazepam）是中长效苯二氮䓬类镇静催眠药，口服易吸收，2 h 达血浆药物峰浓度，血浆蛋白结合率可达 87%，$t_{1/2}$ 为 26 h，可通过血脑屏障和胎盘屏障，也可经乳汁分泌。在肝代谢，其代谢产物活性较低，代谢物及少量原型药由尿排出。作用与地西泮相似，具有镇静、催眠、抗惊厥和抗癫痫作用。催眠作用良好，引起近似生理性睡眠作用，醒后无明显后遗效应。除用于催眠外，临床上还可用于高热惊厥、抗癫痫和麻醉前用药，对癫痫持续状态有显著疗效，也可用于混合型癫痫，尤其适用于婴儿痉挛及阵发性肌痉挛。

艾　司　唑　仑

艾司唑仑（estazolam，三唑氯安定，舒乐安定）是中效新型苯二氮䓬类镇静催眠药，具有较强的镇静催眠、抗惊厥、抗焦虑作用及较弱的肌肉松弛作用。催眠作用比硝西泮强，服药后 40 min 左右即可入睡，维持 5～8 h，$t_{1/2}$ 为 10～30 h。对各型失眠有良好疗效，还可用于癫痫、惊厥、焦虑症及麻醉前用药。

奥　沙　西　泮

奥沙西泮（oxazepam，去甲羟基安定）是中效苯二氮䓬类镇静催眠药，为地西泮的活性代谢产物。口服吸收慢且不完全，3 h 血药浓度达峰值，能通过胎盘屏障，也可分泌入乳汁，血浆蛋白结合率约为 90%，$t_{1/2}$ 为 5～10 h。在肝内与葡糖醛酸结合而灭活，代谢物和少量原型药由尿排出。作用与地西泮相似，有较强的抗焦虑及抗惊厥作用，催眠作用较弱。主要用于焦虑症，也用于失眠和癫痫的辅助治疗。不良反应与地西泮相似。

[附] 苯二氮䓬受体拮抗药

氟马西尼（flumazenil）为咪唑并苯二氮䓬化合物，能与苯二氮䓬结合位点特异性结合，但无内在活性，能拮抗地西泮和氟硝西泮等多种药理作用，但对巴比妥类、乙醇、甲丙氨酯和三环类抗抑郁药过量引起的中枢抑制无对抗作用。

口服后 20～90 min 血药浓度达峰值，生物利用度平均为 16%。静脉注射后 5～8 min 脑脊液浓度达峰值，血浆蛋白结合率为 40%～50%，几乎全部在肝代谢为无活性产物，$t_{1/2}$ 约为 1 h。氟马西尼主要用于苯二氮䓬类药物过量中毒的诊断和治疗，可有效地逆转此类药物过量所致的呼吸、循环抑制。当氟马西尼累积用量达 5 mg 时，患者症状仍无改善，则提示抑制状态并非由苯二氮䓬类药物引起。常见的不良反应有恶心、呕吐和面色潮红。快速静脉注射氟马西尼还会引起焦虑、心悸、恐惧等不适感。有癫痫病史者使用可能诱发癫痫发作，长期使用苯二氮䓬类药物者可能诱发戒断症状。

第三节　巴比妥类

巴比妥类（barbiturates）为巴比妥酸的衍生物。巴比妥酸本身并无中枢抑制作用，当 C_5 上的两个氢原子被不同基团取代后获得一系列中枢抑制药，具有强弱不等的镇静催眠作用。若取代基长且有分支（如异戊巴比妥）或双键（如司可巴比妥），则作用强而短；若其中一个氢原子被苯基取代（如苯巴比妥），则具有较强的抗惊厥、抗癫痫作用。另外，如果 C_2 的 O 被 S 取代（如硫喷妥钠），则脂溶性更强，作用更快，维持时间很短。常用巴比妥类药物的比较见表 10-1。

表 10-1　常用巴比妥类药物的比较

分类	药名	显效时间（h）	作用持续时间（h）	$t_{1/2}$（h）	脂水分配系数	消除方式
长效	巴比妥（barbital）	—（慢）	8 ~ 12	—	1	主要自肾排泄部分在肝代谢
	苯巴比妥（phenobarbital）	1/2 ~ 1	6 ~ 8	24 ~ 140	3	部分自肾排泄部分在肝代谢
中效	戊巴比妥（pentobarbital）	1/4 ~ 1/2	3 ~ 6	15 ~ 48	39	主要在肝代谢
	异戊巴比妥（amobarbital）	1/4 ~ 1/2	3 ~ 6	8 ~ 42	42	主要在肝代谢
短效	司可巴比妥（secobarbital）	1/4	2 ~ 3	19 ~ 34	52	主要在肝代谢
超短效	硫喷妥钠（thiopental sodium）	静脉注射 30 s 内显效	1 ~ 4	3 ~ 8	580	在肝代谢

【体内过程】巴比妥类药物口服或肌内注射均易吸收，并迅速分布于全身组织、体液，也易通过胎盘进入胎儿循环。巴比妥类药物进入脑组织的速度与药物的脂溶性成正比，如硫喷妥钠脂溶性极高，极易通过血脑屏障，故静脉注射后立即奏效；而脂溶性较低的苯巴比妥即使静脉注射，也需 30 min 起效。硫喷妥钠起效快，但作用很短，仅维持 15 min 左右，系该药迅速自脑组织再分布至外周脂肪组织。巴比妥类药物在体内的清除方式包括经肝代谢和经肾排泄。脂溶性高的药物如司可巴比妥等主要在肝中代谢而失活，故作用持续时间较短；而脂溶性低的药物如苯巴比妥主要以原型自肾排泄而消除，故作用持续时间较长。因苯巴比妥呈弱酸性，尿液 pH 对苯巴比妥的排泄影响较大，碱化尿液时，该药解离型增多，肾小管重吸收减少，排出增加。因此，在苯巴比妥中毒时，可用碳酸氢钠碱化尿液以促进药物的排泄。

【药理作用】巴比妥类对中枢神经系统呈普遍性抑制作用，随着剂量的增加其中枢抑制作用也由弱到强，相继呈现镇静、催眠、抗惊厥及抗癫痫、麻醉等作用，大剂量对心血管系统有明显的抑制作用，过量可致呼吸中枢麻痹甚至死亡。

【作用机制】巴比妥类药的中枢作用与其激活 $GABA_A$ 受体有关。但与苯二氮䓬类药物增加 Cl^- 通道的开放频率不同，巴比妥类主要延长 Cl^- 通道的开放时间。此外，巴比妥类的中枢抑制作用还可能与其减弱或阻断谷氨酸所致的兴奋性反应有关。

【临床应用】巴比妥类作为传统催眠药有许多缺点，镇静催眠等应用已日渐减少，目前临床上主要用于抗惊厥、抗癫痫和麻醉前用药。

1. 镇静、催眠　小剂量巴比妥类药物致安静，缓解焦虑、烦躁不安状态；中等剂量可催眠，即缩短入睡时间，减少觉醒次数和延长睡眠时间。不同巴比妥类药物起效和持续时间不同。共同作用特点表现为：①缩短 REMS，久用停药后，REMS 时相"反跳性"显著延长，伴有多梦，引起睡眠障碍，导致患者不愿停药；②易产生耐受性和依赖性，引起严重的戒断症状；③诱导肝药酶的活性，加快某些药物的代谢；④不良反应较多，过量易发生呼吸抑制等严重不良反应。因此，巴比妥类已不作镇静催眠药常规使用。

2. 抗惊厥、抗癫痫　大于催眠剂量的巴比妥类可保护动物耐受 10 倍致死量的士的宁及戊四氮而免于惊厥致死。临床应用于小儿高热、破伤风、子痫、脑膜炎、脑炎及中枢兴奋药引起的惊厥。一般肌内注射苯巴比妥，危急病例则应用作用迅速的异戊巴比妥等中短效类药物，但后者的维持时间较短（见第十一章）。

3. 麻醉及麻醉前用药　一些短效及超短效巴比妥类，如海索比妥（hexobarbital）、美索比妥（methohexital）和硫喷妥（thiopental）等静脉注射用于短暂的麻醉或麻醉诱导。长效及中效巴比妥类亦可作麻醉前用药，以消除患者手术前紧张情绪，但效果不及地西泮。

4. 其他作用　镇静剂量的巴比妥类与解热镇痛药合用，则能加强后者的镇痛作用，故各种复方止痛片中常含有巴比妥类。此外，也能增强其他药物的中枢抑制作用。

【不良反应及用药注意事项】

1. 后遗效应　服用催眠剂量的巴比妥类后，次晨可出现头晕、困倦、嗜睡、精神不振及定向障碍等后遗效应，亦称"宿醉"。这可能是由于巴比妥类消除缓慢，作用延缓至次日所致。驾驶员或从事高空作业人员服用巴比妥类后应警惕后遗效应。

2. 耐受性　短期内反复服用巴比妥类可产生耐受性。耐受性产生的主要原因可能与神经组织对巴比妥类产生适应性及其诱导肝药酶加速自身代谢有关。

3. 依赖性　长期连续服用巴比妥类使患者产生精神依赖和躯体依赖，形成躯体依赖后，一旦停药，12～16 h 即可出现严重的戒断症状，表现为兴奋、失眠、焦虑、震颤、肌肉痉挛甚至惊厥。因此，对巴比妥类药物必须严格控制，避免长期使用。

4. 对呼吸系统的影响　催眠量的巴比妥类药物对正常人呼吸影响不明显，但能显著降低呼吸功能不全者（严重肺气肿或哮喘者）的每分通气量及动脉血氧饱和度。大剂量巴比妥类对呼吸中枢有明显抑制作用，抑制程度与剂量成正比，若静脉注射速度过快，治疗量也可引起呼吸抑制。呼吸深度抑制是巴比妥类药物中毒致死的主要原因。由于巴比妥类可透过胎盘和分泌入乳汁，故妊娠期和哺乳期妇女慎用。严重支气管哮喘、颅脑损伤所致的呼吸抑制等患者禁用。

5. 少数人服用后出现荨麻疹、血管神经性水肿、红斑及哮喘等过敏反应，偶致剥脱性皮炎，严重过敏患者禁用。苯巴比妥可致肝功能损害及肝小叶中心坏死，严重肝、肾功能不全者禁用。此外，临产期妇女服用巴比妥类可使新生儿发生低凝血酶原血症及出血。

6. 苯巴比妥是肝药酶诱导剂，不但加速自身代谢，还可加速双香豆素、皮质激素类、性激

临床聚焦 10-1
巴比妥类中毒与解救

素、口服避孕药、强心苷、苯妥英钠、氯霉素及四环素等药物的肝代谢。上述药物与苯巴比妥合用时，往往需加大剂量才能奏效，但在停用苯巴比妥之前，必须适当减小这些药物的剂量，以防发生中毒反应。

7. 糖尿病患者禁用，妊娠和哺乳期妇女、低血压患者、甲状腺功能减退症患者、发热患者、贫血患者、失血性休克患者、心力衰竭患者及老年精神病患者等慎用。

第四节　其他镇静催眠药

水合氯醛（chloral hydrate）是三氯乙醛的水合物，口服吸收迅速，在肝代谢为作用较强的三氯乙醇。不缩短 REMS，可用于顽固性失眠。大剂量具有抗惊厥作用，可用于小儿高热、子痫等引起的惊厥。但安全范围小，大剂量可抑制心脏，过量对肝、肾等实质性器官有损害。此外，甲丙氨酯（meprobamate，又称眠尔通）、格鲁米特（glutethimide）、甲喹酮（methaqualone）均有镇静催眠作用，久用可成瘾。

深入学习 10-3
新型非苯二氮䓬类催眠药

自 20 世纪 80 年代后期，人们开发了新型非苯二氮䓬类催眠药，包括唑吡坦、扎来普隆、佐匹克隆等。

唑吡坦（zolpidem）能选择性激动 $GABA_A$ 受体的苯二氮䓬结合位点调节 Cl^- 通道。药理作用与苯二氮䓬类相似，但其抗焦虑、中枢肌松作用及抗惊厥作用较苯二氮䓬类弱，故仅用于镇静和催眠。能显著缩短入睡时间，同时能减少夜间觉醒次数，增加总睡眠时间，改善睡眠质量，次晨无明显后遗作用。极少产生"宿醉"现象，也不影响次晨的精神活动和动作的机敏度。主要用于失眠症。停药后很少产生"反跳"现象。

扎来普隆（zaleplon）属于吡唑嘧啶类化合物，作用于 $GABA_A$ 受体，具有改善睡眠的作用，主要用于入睡困难的失眠症的短期治疗。

佐匹克隆（zopiclone）属于环吡咯酮类化合物，作用于 $GABA_A$ 受体的苯二氮䓬结合位点，具有镇静催眠作用，可诱导睡眠，减少觉醒次数，提高睡眠质量，适用于各种类型的失眠症。

第五节　抗焦虑药

临床聚焦 10-2
焦虑症

深入学习 10-4
抗焦虑药

焦虑症（anxiety disorder）或忧虑症是以反复并持续伴有焦虑、恐惧、担忧、不安等症状和神经功能紊乱的精神障碍。目前病因尚不明确。研究表明，焦虑症与遗传因素、个性特点、不良事件、应激因素、躯体疾病等均有关系，这些因素会导致机体神经 - 内分泌系统紊乱，神经递质失衡，从而造成焦虑症。患者往往有 5-HT、NA 等多种神经递质的失衡，而抗焦虑药可使失衡的神经递质趋向正常，从而使焦虑症状消失，情绪恢复正常。焦虑症的治疗可以采取心理治疗和药物治疗等措施。心理疗法对于治愈或缓解患者的焦虑症状是极其重要的，但是药物治疗也很重要。目前使用的抗焦虑药主要有苯二氮䓬类，如阿普唑仑、艾司唑仑（舒乐安定）；非苯二氮䓬类药物，如丁螺环酮等；抗抑郁药，如丙米嗪、帕罗西汀、氟西汀等（见第十二章第二节）。

丁 螺 环 酮

　　丁螺环酮（buspirone）是第一个非苯二氮䓬类抗焦虑药。抗焦虑作用与地西泮相当，但无镇静、中枢性肌肉松弛、抗惊厥作用。对 5-HT$_{1A}$ 受体具有高亲和性，部分激动该受体而发挥抗焦虑作用，对大脑多巴胺 D$_2$ 受体也有中等激动效应，但对苯二氮䓬结合位点无显著亲和力，也不影响 GABA 与 GABA$_A$ 受体的结合。临床上适用于焦虑性激动、内心不安和紧张等急、慢性焦虑状态。不良反应包括头晕、头痛、恶心、呕吐、口干、便秘、失眠、食欲减退等。

（鲁艳柳）

思考题

1. 试述苯二氮䓬类药物的药理作用及机制。
2. 比较苯二氮䓬类药物与巴比妥类药物的作用特点。
3. 试述地西泮用于麻醉前给药的依据。
4. 试述苯巴比妥的临床应用。
5. 试述临床上遇到老年失眠患者，应该如何用药？

网上更多……

👤 学习目标　　📇 本章小结　　📝 自测题　　⬇ 教学 PPT　　📶 参考资源

第十一章
抗癫痫药及抗惊厥药

关键词

抗癫痫药	苯妥英钠	苯巴比妥	卡马西平
丙戊酸钠	乙琥胺	奥卡西平	托吡酯
拉莫三嗪	左乙拉西坦	唑尼沙胺	抗惊厥药
硫酸镁			

癫痫是大脑神经元突发性异常放电，导致短暂的大脑功能障碍的一种慢性疾病，包括全身发作和部分发作。其中大发作和失神发作是最常见的癫痫发作类型。癫痫大发作俗称"羊角风"或"羊癫风"，反复发生会对大脑造成损害，引起记忆障碍、智力下降、精神异常、性格改变，还会引起脑内神经递质的变化，并对患者心理造成严重伤害。失神发作、复杂部分发作及其他类型的癫痫发作同样会对人体造成危害。一旦患者被确诊"癫痫"，要及时正规治疗，以免其反复发作给身体带来更多不利的影响，并发展成为难治性癫痫。目前抗癫痫最常用、最重要的手段仍是药物治疗。20世纪70年代前合成的抗癫痫药如苯妥英钠（1938年）、苯巴比妥（1912年）、卡马西平（1963年）、丙戊酸钠（1974年）、乙琥胺（1960年）等在癫痫治疗中至今仍保持一线地位。1987年以后，随着临床药理学的不断发展，一系列疗效较好且不良反应相对较少的新型抗癫痫药问世，为癫痫的治疗提供了更多的选择。这些药物包括奥卡西平（1999年）、唑尼沙胺（1989年）、拉莫三嗪（1991年）、加巴喷丁（1993年）、托吡酯（1995年）、左乙拉西坦（2000年）、普瑞巴林（2004年）等。

思维导图

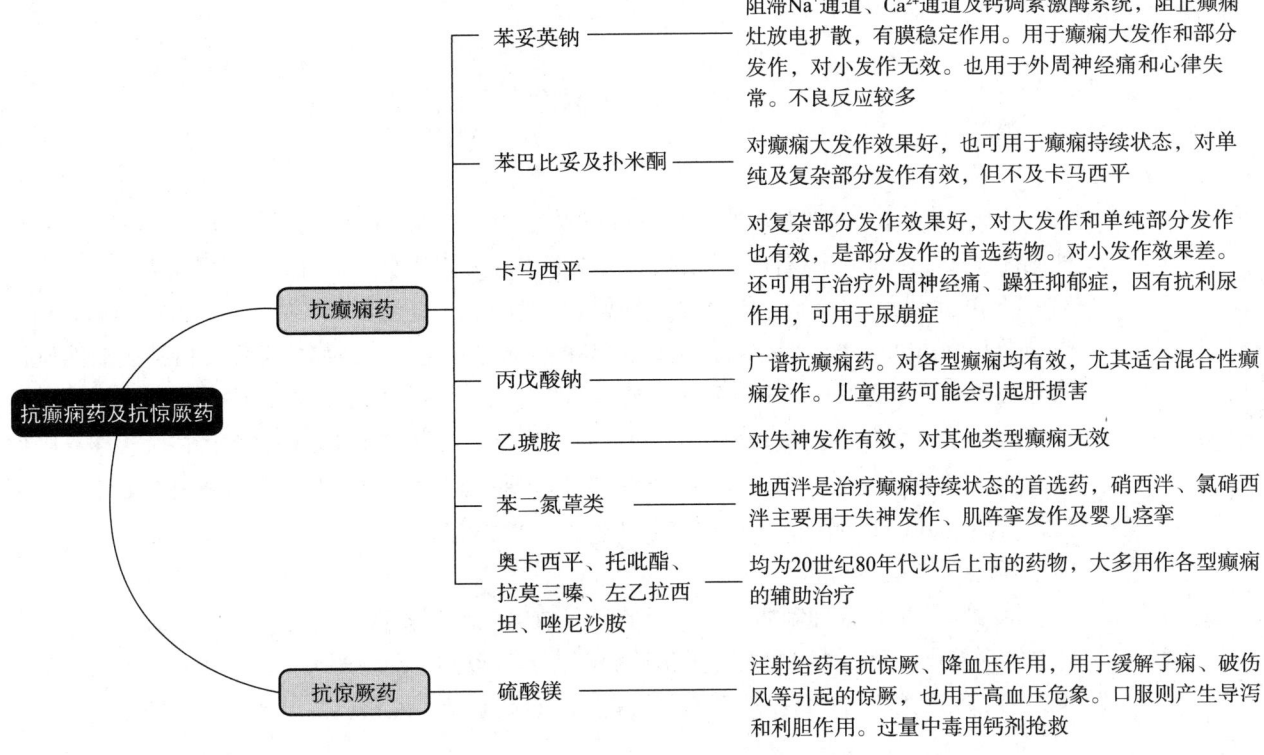

抗癫痫药及抗惊厥药

抗癫痫药

- 苯妥英钠 —— 阻滞Na⁺通道、Ca²⁺通道及钙调素激酶系统，阻止癫痫灶放电扩散，有膜稳定作用。用于癫痫大发作和部分发作，对小发作无效。也用于外周神经痛和心律失常。不良反应较多

- 苯巴比妥及扑米酮 —— 对癫痫大发作效果好，也可用于癫痫持续状态，对单纯及复杂部分发作有效，但不及卡马西平

- 卡马西平 —— 对复杂部分发作效果好，对大发作和单纯部分发作也有效，是部分发作的首选药物。对小发作效果差。还可用于治疗外周神经痛、躁狂抑郁症，因有抗利尿作用，可用于尿崩症

- 丙戊酸钠 —— 广谱抗癫痫药。对各型癫痫均有效，尤其适合混合性癫痫发作。儿童用药可能会引起肝损害

- 乙琥胺 —— 对失神发作有效，对其他类型癫痫无效

- 苯二氮䓬类 —— 地西泮是治疗癫痫持续状态的首选药，硝西泮、氯硝西泮主要用于失神发作、肌阵挛发作及婴儿痉挛

- 奥卡西平、托吡酯、拉莫三嗪、左乙拉西坦、唑尼沙胺 —— 均为20世纪80年代以后上市的药物，大多用作各型癫痫的辅助治疗

抗惊厥药

- 硫酸镁 —— 注射给药有抗惊厥、降血压作用，用于缓解子痫、破伤风等引起的惊厥，也用于高血压危象。口服则产生导泻和利胆作用。过量中毒用钙剂抢救

第一节 抗癫痫药

一、概述

深入学习 11-1
神经肽 Y 与癫痫
视频 11-1
全身发作
视频 11-2
部分发作
深入学习 11-2
自噬与癫痫

癫痫（epilepsy）是大脑神经元突然异常放电，并向周围扩散，导致短暂大脑功能障碍的一种慢性、反复发作的中枢神经系统疾病。临床表现为突然发作的抽搐、意识丧失、感觉异常或其他神经功能问题，伴有脑电图异常。根据发作时的临床表现和脑电图特征，可将癫痫分为部分发作和全身发作两大类。部分发作主要包括单纯部分发作、复杂部分发作（精神运动性发作）和部分发作继发全身发作；全身发作主要包括强直阵挛发作（大发作）、失神发作［典型失神发作（又称小发作）和非典型失神发作］、肌阵挛发作等。大发作连续发生，患者持续昏迷，则称为癫痫持续状态（惊厥型）。部分患者可同时存在两种类型的混合发作。目前癫痫的治疗仍主要依赖抗癫痫药（antiepileptic），以减少或防止发作，但不能有效地预防和根治。因此，抗癫痫药需长期甚至终身服用。

临床聚焦 11-1
癫痫发作的临床分型
及治疗药物
人文视角 11-1
关爱癫痫患者，重塑
健康人生

抗癫痫药可直接抑制病灶神经元的异常放电或抑制异常放电向周围正常脑组织扩散，从而控制癫痫发作。目前临床上常用的抗癫痫药有苯妥英钠、卡马西平、苯巴比妥、丙戊酸钠、乙琥胺、苯二氮䓬类药物和新型抗癫痫药拉莫三嗪、托吡酯、左乙拉西坦、奥卡西平等。

二、抗癫痫代表药物

苯妥英钠

苯妥英钠（phenytoin sodium）又名大仑丁（dilantin），为苯妥英（二苯乙内酰脲）的钠盐。1908 年合成，1938 年发现能对抗电休克引起的猝死，并成功用于癫痫大发作。近年来，由于不良反应发生率较高、有效剂量与中毒剂量接近等原因，在很多国家已不作为一线抗癫痫的药物。

【体内过程】口服吸收缓慢而不规则，个体差异大，每日给药 0.3 ~ 0.6 g，需连续服药 6 ~ 10 天才达到有效血浆浓度（10 ~ 20 μg/mL）。因碱性强，刺激性大，不宜肌内注射。治疗癫痫持续状态时需静脉注射。血浆蛋白结合率为 85% ~ 90%，主要经肝药酶代谢为无活性的对羟基苯妥英，与葡糖醛酸结合后经肾排出，原型由尿排出者不足 5%。消除速率与血药浓度密切相关，血药浓度低于 10 μg/mL 时，按一级动力学消除，$t_{1/2}$ 为 6 ~ 24 h；高于此浓度时，则按零级动力学消除，$t_{1/2}$ 可延长至 20 ~ 60 h，易发生蓄积中毒。该药常用量时血浆浓度的个体差异较大，临床上应注意剂量"个体化"，最好能在血药浓度监测下给药。

【作用机制】苯妥英钠不能抑制癫痫病灶的高频放电，但能阻止放电向病灶周围正常脑组织扩散。这可能与其抑制突触传递的强直后增强（post-tetanic potentiation，PTP）有关。PTP 是突触前神经纤维在接受一短串强直性刺激后，引起突触传递易化，使突触后反应增强的现象。在癫痫病灶异常放电的扩散过程中，PTP 也起易化作用。治疗浓度的苯妥英钠选择性地抑制 PTP 形成，阻止异常放电的扩散。苯妥英钠对各种组织的可兴奋膜，包括神经元和心肌细胞，均具有膜稳定作用，可降低细胞膜的兴奋性。

苯妥英钠的作用机制主要为：①阻滞电压依赖性 Na^+ 通道，减少 Na^+ 内流，使 Na^+ 依赖性动作电位不能形成。这是苯妥英钠抗癫痫的主要机制。②选择性阻滞 L（long-lasting）型和 N（neuronal）型 Ca^{2+} 通道，抑制 Ca^{2+} 内流，但对哺乳动物丘脑神经元的 T（transient）型 Ca^{2+} 通道无阻滞作用，这可能是其治疗失神发作无效的原因。③较高浓度苯妥英钠能抑制 K^+ 外流，延长动作电位时程和不应期。④通过抑制钙调蛋白激酶活性，减少 Ca^{2+} 依赖的兴奋性递质的释放，抑制突触后膜磷酸化，减弱去极化反应。⑤高浓度的苯妥英钠还能抑制神经末梢对 GABA 的摄取，诱导 GABA 受体增加，从而间接增强 GABA 的作用，使 Cl^- 内流增加而出现超极化。

【药理作用与临床应用】

1. 抗癫痫　治疗癫痫大发作和部分发作疗效较好，缓慢静脉注射也可有效缓解癫痫持续状态。对失神发作无效，有时甚至使病情恶化。

2. 治疗周围神经痛　苯妥英钠具有稳定神经细胞膜的作用，对三叉神经痛疗效好，服药 1~2 天见效，能减轻疼痛，减少发作次数。对舌咽神经痛和坐骨神经痛也有效。

3. 抗心律失常　主要用于室性心律失常，对强心苷中毒引起的心律失常效果更好（第十八章、第二十一章）。

【不良反应及用药注意事项】除局部刺激外，苯妥英钠的其他不良反应都与血药浓度大致平行，亦与患者特异质反应有关。一般血药浓度 10~20 μg/mL 时可有效地控制大发作，而大于 20 μg/mL 则可出现毒性反应。

1. 局部刺激　苯妥英钠呈强碱性，局部刺激性大，不宜肌内注射。口服引起食欲减退、恶心、呕吐、上腹痛等胃肠道症状，饭后服药可减轻。静脉注射可能引起静脉炎。

2. 牙龈增生　发生率约 20%，为最常见的不良反应，多见于儿童及青少年。虽无痛苦，但影响美观。系因少量药物自唾液中分泌，改变胶原代谢引起结缔组织增生所致。同服维生素 C，注意口腔卫生，经常按摩牙龈可防止或减轻增生。停药 3~6 个月可自行消失。

3. 神经系统反应　因用药剂量过大或药物相互作用影响苯妥英钠代谢，导致血药浓度过高，引起小脑 – 前庭系统功能失调。表现为头痛、眩晕、共济失调、复视、眼球震颤等小脑综合征，血药浓度超过 40 μg/mL 可致精神错乱，超过 50 μg/mL 可出现昏睡、昏迷。

4. 对血液系统的影响　可抑制叶酸吸收并加速其代谢，且抑制二氢叶酸还原酶。长期用药易造成叶酸缺乏，引起巨幼细胞贫血。补充甲酰四氢叶酸可预防。

5. 过敏反应　可见皮疹、药热，部分患者可发生白细胞、血小板减少，偶致再生障碍性贫血。用药期间应定期检查血常规，发现异常，尽早停药。

6. 其他　能诱导肝药酶，加速维生素 D 代谢，长期应用可引起低钙血症、软骨症和佝偻病，补充维生素 D 可以预防。偶见女性多毛及男子乳腺发育、淋巴结肿大、肝损伤等，用药期间应定期检查肝功能。妊娠早期用药偶致畸胎，如小头畸形、智能障碍、斜视、眼距过宽、腭裂等，称"胎儿妥因综合征"，故孕妇慎用。久服骤停可引起癫痫发作加剧，甚至诱发癫痫持续状态。静脉注射过快可致心律失常、心脏抑制、血压下降，故应在心电监护下进行注射，一旦发现立即停药。

苯 巴 比 妥

苯巴比妥（phenobarbital）除镇静催眠作用外，尚有抗癫痫作用，是巴比妥类中最有效的抗癫痫药。抗癫痫作用较强，既能降低病灶的兴奋性，抑制病灶异常高频放电，又能提高病灶周围正常组织的兴奋阈值，限制病灶放电扩散。抗癫痫机制可能与其增强脑内 GABA 的功能，减少谷氨酸等兴奋性递质的释放有关。对大发作效果好，也用于治疗癫痫持续状态，但临床上更倾向于静脉注射戊巴比妥钠。对单纯部分发作及复杂部分发作亦有效，疗效不及卡马西平。对失神发作和婴儿痉挛效果差。

扑 米 酮

扑米酮（primidone）又名去氧苯比妥或扑痫酮。化学结构与苯巴比妥相似，经肝代谢为苯巴比妥和苯乙基丙二酰胺，母体药物及其代谢物都有抗癫痫作用，有报道认为扑米酮本身的抗癫痫机制更像苯妥英钠。对单纯部分发作和大发作的疗效优于苯巴比妥，但对复杂部分发作的疗效不及卡马西平和苯妥英钠，与苯妥英钠和卡马西平合用有协同作用。由于消除较慢，长期使用易蓄积，一般用于其他药物不能控制的患者。不良反应与苯巴比妥相似。

卡 马 西 平

卡马西平（carbamazepine）又名酰胺咪嗪，为亚芪胺类化合物，结构与三环类抗抑郁药相似。最初用于治疗三叉神经痛，20世纪70年代开始用于治疗癫痫。

【体内过程】口服吸收缓慢且不规则，个体差异大，2～6 h血药浓度达高峰，有效血药浓度为4～10 μg/mL，血浆蛋白结合率为75%～80%。经肝代谢为有活性的环氧化物。单次给药$t_{1/2}$约为35 h，连续用药3～4周后，因诱导肝药酶，加速自身代谢，$t_{1/2}$可缩短约50%。卡马西平的代谢物72%经肾排出，28%随粪便排出。

【作用机制】尚不清楚，可能与降低细胞膜对Na^+、Ca^{2+}的通透性，稳定过度兴奋的神经细胞膜，以及提高脑内GABA浓度，增强突触后抑制，从而抑制癫痫病灶及其周围神经元的放电和扩散有关。

【药理作用与临床应用】

1. 抗癫痫　为安全、有效、广谱的抗癫痫药，对多种类型癫痫均有不同疗效。对复杂部分发作（精神运动性发作）有良好疗效，为首选药，用药后至少2/3病例的发作可得到控制和改善。对大发作和单纯部分发作也有效，可作为首选药之一。对失神发作和肌阵挛发作效果差。对癫痫并发的精神症状亦有效。

2. 抗周围神经痛　对三叉神经痛疗效优于苯妥英钠，对舌咽神经痛也有效。

3. 抗躁狂抑郁　对躁狂症疗效好、不良反应少，用于锂制剂、抗精神病药、抗抑郁药无效或不能耐受的躁狂抑郁症，可单用或与锂盐、其他抗抑郁药合用。

4. 抗利尿　促进抗利尿激素分泌，产生抗利尿作用，用于中枢性尿崩症。

【不良反应】用药初期可出现多种不良反应，如恶心、呕吐、头昏、眩晕、视物模糊、共济失调等，亦可有皮疹、水钠潴留和心血管反应。但一般不严重，不需中断治疗，1周左右逐渐消退。少见而严重的不良反应包括骨髓抑制（再生障碍性贫血、粒细胞减少和血小板减少）、肝损害等。

丙 戊 酸 钠

丙戊酸钠（sodium valproate）是一种广谱抗癫痫药，也是治疗癫痫的常用药物之一。曾作为有机溶媒使用，1963年偶然发现它对多种惊厥动物模型均有较强的作用，1964年首先在法国用于治疗癫痫获得成功，1967年开始在欧美各国临床应用，目前已在世界各国广泛应用。

【体内过程】口服吸收良好，各种剂型的生物利用度都接近100%，口服后1～4 h血药浓度达高峰。有效血药浓度为50～100 μg/mL，血浆蛋白结合率约90%，主要分布在细胞外液和肝、肾、肠、脑等组织。大部分由肝代谢，主要由肾排出，少量随粪便排出，也可分泌入乳汁排出。$t_{1/2}$ 为 8 ~ 15 h。

【药理作用及临床应用】对各种类型的癫痫发作都有一定疗效。对强直阵挛发作有效，但疗效不及苯妥英钠和卡马西平；对典型失神发作的疗效较好，优于乙琥胺，但因有肝毒性，一般不作首选。对非典型失神发作的疗效不及氯硝西泮；对复杂部分发作和单纯部分发作有效，对其他药物未能控制的顽固性癫痫有时也可能奏效，是全身强直阵挛发作合并典型失神发作的首选药。动物实验证明丙戊酸钠有抗躁狂作用，已广泛用于治疗躁狂症。

【作用机制】丙戊酸钠不抑制癫痫病灶放电，但能阻止病灶异常放电的扩散。其作用机制主要为：①提高脑内 GABA 浓度。丙戊酸钠通过抑制脑内 GABA 转氨酶和琥珀酸半醛脱氢酶活性，减少 GABA 的代谢，同时增强谷氨酸脱羧酶的活性，使 GABA 合成增加。②提高突触后膜对 GABA 的反应性，从而增强 GABA 能神经突触后膜的抑制作用，阻止病灶异常放电的扩散。③抑制神经细胞膜的离子通道，减少 Na^+ 内流和 K^+ 外流。阻滞 T 型 Ca^{2+} 通道，减弱起自丘脑神经元的 T 型 Ca^{2+} 电流，抑制 3 Hz 异常放电，从而控制失神发作。

【不良反应及用药注意事项】不良反应较轻，常见一过性消化系统症状，偶见脱发、便秘、嗜睡、眩晕、疲乏、头痛、共济失调、轻微震颤、异常兴奋、不安和烦躁。严重毒性为肝损害，约 25% 的患者服药数日后，可出现丙氨酸转氨酶升高，少数发生肝炎，个别可因肝衰竭而死亡。12 岁以下儿童多药合用时容易发生致死性肝损害。本药有致畸作用，孕妇慎用。

乙 琥 胺

乙琥胺（ethosuximide）为琥珀酰亚胺类化合物，口服易吸收，达峰时间为 3 h。血浆蛋白结合率低，可迅速在体内分布。儿童血浆 $t_{1/2}$ 约 30 h，成人血浆 $t_{1/2}$ 为 40 ~ 50 h。大部分经肝代谢后以代谢物排出体外，约 25% 以原型由肾排出。乙琥胺对癫痫失神发作有效，对其他类型癫痫无效，是临床治疗小发作的首选药。作用机制与选择性抑制丘脑神经元 T 型 Ca^{2+} 通道，抑制 3 Hz 异常放电有关。乙琥胺在高于治疗浓度时，还可以抑制 Na^+-K^+-ATP 酶，抑制 GABA 转氨酶。不良反应较轻，耐受性产生慢，胃肠道反应较为常见，表现为厌食、恶心、呕吐、上腹部不适等；其次为头痛、头晕、困倦、嗜睡及欣快感等中枢神经系统反应；偶见嗜酸性粒细胞减少和粒细胞缺乏症，严重者可发生再生障碍性贫血，所以长期用药应定期检查血象。

苯二氮䓬类

苯二氮䓬类（benzodiazepines，BZ）具有抗惊厥及抗癫痫作用，常用于治疗癫痫的药物有地西泮、硝西泮、氯硝西泮等。地西泮（diazepam，安定）静脉注射是治疗癫痫持续状态的首选方案，显效快，且较其他药物安全，在癫痫持续状态的急性期与劳拉西泮（lorazepam）合用效果更好。硝西泮（nitrazepam，硝基安定）主要用于失神发作，对肌阵挛发作及婴儿痉挛效果尤为显著。氯硝西泮（clonazepam，氯硝安定）是苯二氮䓬类中抗癫痫谱比较广的药物，对各型癫痫都有效，尤其对失神发作、不典型小发作、肌阵挛发作和婴儿痉挛效果好。静脉注射也可治疗癫痫持续状态，作用迅速而持久。本类药物不良反应见第十章第二节。

奥 卡 西 平

奥卡西平（oxcarbazepine，氧代卡马西平）属新一代广谱抗癫痫药，为卡马西平的 10- 酮基衍生物，是 FDA 批准治疗癫痫的一线用药。抗癫痫机制与卡马西平相似，主要用于部分发作的单药治疗或添加治疗，疗效与卡马西平相当。对难治性癫痫也有较好的疗效，尤其可以改善精神症状及认知，也用于不能耐受卡马西平或经卡马西平治疗无效的三叉神经痛，用于治疗情感性精神障碍也有效。不良反应较卡马西平少，无卡马西平对肝药酶的强诱导作用，耐受性好。变态反应、中枢神经系统不良反应较卡马西平轻。常见的不良反应有乏力、头晕、头痛、嗜睡、复视、恶心、呕吐等。

托 吡 酯

托吡酯（topiramate）为氨基磺酸酯取代的单糖衍生物，是一种新型抗癫痫药。可阻滞电压依赖性 Na^+ 通道而稳定细胞膜；也可作用于 $GABA_A$ 受体，增加 GABA 诱发的 Cl^- 通道开放和 Cl^- 内流，增强 GABA 介导的中枢抑制作用；还可通过兴奋性氨基酸的 AMPA 受体亚型抑制谷氨酸介导的兴奋作用。托吡酯对癫痫单纯部分发作、复杂部分发作和全身强直阵挛发作均有效，对失神发作和肌阵挛发作的疗效不确定，尤其适合作为难治性癫痫的辅助药物使用。不良反应大多发生在快速加量期，有疲乏、嗜睡、头痛、复视、共济失调、注意力不集中、感觉异常、体重减轻、行为异常、厌食及睡眠障碍等，缓慢增量可减少副作用。由于其对碳酸酐酶的抑制作用，肾结石患者慎用。动物实验有致畸报道，孕妇慎用。

拉 莫 三 嗪

拉莫三嗪（lamotrigine）为苯三嗪类衍生物，是一种新型抗癫痫药。口服吸收快而完全，生物利用度为 100%，达峰时间约 3 h，50% ~ 60% 与血浆蛋白结合。主要经肝代谢，由肾排泄，$t_{1/2}$ 为 15 ~ 35 h。通过选择性阻滞电压依赖性 Na^+ 通道，减少 Na^+ 内流而提高神经元的稳定性。能间接抑制兴奋性氨基酸的释放，抑制谷氨酸诱发的动作电位的暴发。近年的研究还表明，拉莫三嗪对电压依赖性钙通道尚有阻滞作用。对全身发作和部分发作均有效，尤其对全身发作的效果好。有资料提示，拉莫三嗪对失神发作的疗效高于现有的其他抗癫痫药。用于单纯部分发作、复杂部分发作、继发性和原发性强直阵挛发作均有较好疗效。对 12 岁以下儿童暂不推荐单药治疗。不良反应轻，常见不良反应有皮疹、头痛、嗜睡、失眠、头晕、震颤、共济失调、胃肠道反应等。与丙戊酸钠合用可增加严重皮疹发生机会。

左 乙 拉 西 坦

左乙拉西坦（levetiracetam, LEV）是一种吡咯烷酮衍生物，其化学结构与现有的抗癫痫药无相关性。作用机制目前尚不明确。口服起效快，达峰时间为 0.6 ~ 1.3 h，生物利用度近 100%，血浆蛋白结合率不足 10%，不经肝代谢，不诱导肝药酶，$t_{1/2}$ 为 6 ~ 8 h，66% 经肾清除。对毛果芸香碱和红藻氨酸诱导的部分发作继发的全身发作有保护作用，对最大电休克诱导的癫痫无效。使用左乙拉西坦作为添加用药治疗部分发作，患者的认知功能有所改善，尤其在注意力和口语流畅性上改善明显。主要用于成人及 4 岁以上儿童癫痫患者部分发作的加用治疗。无明显严重不良反应，常见有头痛、困倦、易怒，主要发生于治疗初期的 4 周内，随时间推移，不良反应发生率和严重程度会降低。

唑 尼 沙 胺

唑尼沙胺（zonisamide）为磺胺类衍生物。对由电休克或戊四氮诱发的癫痫模型的强直性惊厥有抑制作用，其作用有类似苯妥英钠及卡马西平之处，且持续时间长，对癫痫病灶的异常放电有抑制作用。由于其结构中有磺酰胺基，故对碳酸酐酶有抑制作用。适用于癫痫大发作、失神发作、复杂部分发作及癫痫持续状态，也可用于肌阵挛发作及其他继发性全身性癫痫，常用作治疗癫痫的辅助药。

普 瑞 巴 林

普瑞巴林（pregabalin）为 GABA 类似物。口服后，达峰时间约 1 h，生物利用度为90%。较少在肝代谢，92%～99% 以原型经肾排泄，低于口服量的 0.1% 随粪便排泄，半衰期为 5～6.5 h。普瑞巴林具有抗癫痫、镇痛和抗焦虑作用，但抗癫痫作用机制尚不明确。其药理活性为加巴喷丁的 3～10 倍，临床用于：①糖尿病周围神经病变的神经痛和疱疹后遗神经痛。②癫痫部分发作的辅助治疗。③焦虑症、社交恐惧症等。主要不良反应有周围性水肿、P-R 间期延长，中枢神经系统不良反应包括头晕、嗜睡、共济失调、头痛、语言障碍、震颤、健忘、神经错乱、思维紊乱等，也可引起代谢及内分泌改变，造成体重增加，对肝、肾功能有不良影响，另有引起横纹肌溶解的个案报道。对本品过敏者禁用。

临床聚焦 11-2
抗癫痫药的应用及药
代动力学特点

第二节　抗惊厥药

惊厥是由于中枢神经过度兴奋而引起的全身骨骼肌不自主的强烈收缩，呈强直性或阵挛性抽搐，常见于小儿高热、破伤风、子痫、癫痫强直阵挛发作、癫痫持续状态和某些药物中毒等。常用抗惊厥药包括巴比妥类、苯二氮䓬类中的部分品种、水合氯醛及硫酸镁等，本节主要介绍硫酸镁。

硫 酸 镁

硫酸镁（magnesium sulfate）可因给药途径不同产生不同的药理作用。口服很少吸收，有泻下和利胆作用（第二十四章第四节），50% 高渗硫酸镁局部外敷可消炎去肿，注射给药可大量吸收，产生下列作用。

【药理作用与临床应用】

1. 抗惊厥　Mg^{2+} 吸收后可抑制中枢神经系统，松弛骨骼肌，产生抗惊厥作用。这是由于 Mg^{2+} 与 Ca^{2+} 的化学性质相似，而 Ca^{2+} 在神经化学递质的分泌和骨骼肌收缩中发挥重要作用。Mg^{2+} 可以特异地竞争 Ca^{2+} 受点，拮抗 Ca^{2+} 的作用，从而抑制神经递质（如 ACh）的释放和骨骼肌的收缩，抑制中枢神经系统，松弛骨骼肌，以缓解惊厥。临床上注射硫酸镁可用于各种惊厥，尤其对子痫、破伤风等所致的惊厥有良好效果。

2. 降血压　血中 Mg^{2+} 浓度过高时，可松弛血管平滑肌，使全身小血管扩张，并使交感神经节冲动传递发生障碍，引起血压下降。用于妊娠高血压综合征及高血压危象的抢救。

【不良反应及用药注意事项】静脉注射硫酸镁常引起潮热、出汗、口干等症状，快速静脉注射时可引起恶心、呕吐、心慌、头晕，个别出现眼球震颤，减慢注射速度症状可消失。静脉注射速度过快或用量过大可引起呼吸抑制、血压剧降、心搏骤停而死亡。腱反射消失是呼吸抑制的先兆。一旦中毒，应立即进行人工呼吸，并缓慢静脉注射氯化钙或葡萄糖酸钙进行抢救。

（辛　勤）

思考题

1. 用于癫痫大发作和小发作的药物分别有哪些？
2. 简述不同途径给予硫酸镁所产生的药理作用及作用机制。

网上更多……

👤 学习目标　　👤≣ 本章小结　　✍ 自测题　　⬇ 教学 PPT　　🖥 参考资源

第十二章
抗精神失常药

关键词

抗精神分裂症药	吩噻嗪类	氯丙嗪	奋乃静
氟奋乃静	三氟拉嗪	氯普噻吨	氟哌啶醇
氯氮平	利培酮	抗躁狂药	碳酸锂
抗抑郁药	丙米嗪	地昔帕明	阿米替林
氟西汀	抗焦虑药		

牛顿的一生是充满智慧和创造的，而就是这样一位充满智慧的伟人，在50岁时突然精神失常，就其发病原因亦有多种推测，但难以断定。目前认为个体的精神失常是在生物学、心理学及社会环境等多种因素影响下引起的大脑功能失调，导致认知、情感、意志和行为等精神活动出现不同程度障碍的疾病，分为精神分裂症、躁狂症、抑郁症和焦虑症等。精神失常不仅是患者本身的病痛，同时也给家庭和社会带来极大负担。对于精神失常患者的治疗目前依然只能是对症治疗。本章介绍抗精神分裂症药、抗躁狂药、抗抑郁药等。

思维导图

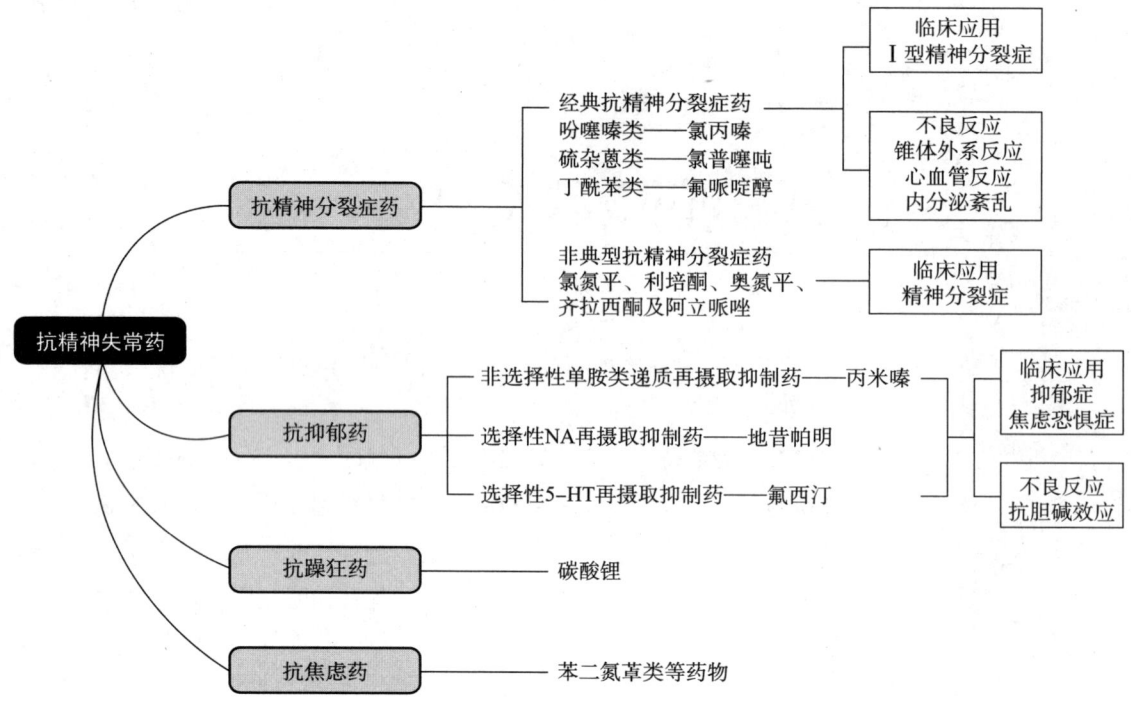

第一节　抗精神分裂症药

一、概述

临床聚焦 12-1
精神分裂症的防治

精神分裂症（schizophrenia）表现为感知、思维、情感、意志、行为等多方面障碍，精神活动与周围环境和内心体验不协调，脱离现实。一般无意识障碍和明显的智能障碍，有注意力、记忆力、抽象思维和信息整合等功能损害。精神分裂症病因复杂，尚未完全阐明。多起病于青壮年，病程多迁延，反复发作，部分患者发生精神活动衰退和不同程度社会功能缺损。根据临床症状，将精神分裂症分为 I 型和 II 型，前者以阳性症状（幻觉和妄想）为主，后者则以阴性症状（情感淡漠、主动性缺乏等）为主。抗精神病药也称作神经安定药，主要用于治疗精神分裂症，对其他精神病的躁狂症状也有效。经典的抗精神分裂症药多为强效多巴胺受体拮抗剂，在发挥治疗作用的同时，还可引起情绪冷漠、精神运动迟缓和运动障碍等不良反应。根据化学结构的不同，将抗精神分裂症药（antipsychotic drugs）分为四类：吩噻嗪类（phenothiazines）、硫杂蒽类（thioxanthenes）、丁酰苯类（butyrophenones）及其他非典型抗精神分裂症药。

二、经典抗精神分裂症药

知识总结 12-1
常用抗精神失常药作
用比较

（一）吩噻嗪类

吩噻嗪是一种由硫原子和氮原子与两个苯环相连的三环结构，其 2，10 位被不同基团取代则获得吩噻嗪类抗精神病药。氯丙嗪是吩噻嗪类药物的典型代表，是第一个用于抗精神病的药物。1952 年，氯丙嗪在法国治疗兴奋性躁动患者获得成功，不仅控制了患者的兴奋，也缓解了其他精神症状。法国精神病专家 Delay 进一步将其应用于多种精神病的治疗，从此开启了药物治疗精神分裂症的新纪元。其后，又相继发现了对精神分裂症具有治疗作用的多个衍生物，这类药物称为吩噻嗪类抗精神分裂症药。根据 C_{10} 侧链不同，分为二甲胺类、哌嗪类和哌啶类。

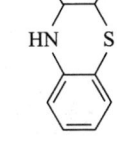

氯　丙　嗪

氯丙嗪（chlorpromazine）又名冬眠灵（wintermine），主要拮抗中脑 - 边缘通路和中脑 - 皮质通路的 D_2 样受体，产生抗精神分裂症作用。DA 能神经元并不只存在于边缘系统，也分布在黑质纹状体系统（锥体外系）及下丘脑等其他区域。因此，氯丙嗪虽可改善精神分裂症症状，但长期应用可导致锥体外系运动障碍和内分泌改变。此外，氯丙嗪也能拮抗 α 肾上腺素受体和 M 胆碱受体。

【体内过程】氯丙嗪口服后吸收慢而不规则，达峰时间为 2~4 h。肌内注射吸收迅速，90% 以上与血浆蛋白结合。氯丙嗪分布于全身，尤以脑、肺、肝、脾、肾中较多，其中脑内浓度可达血浆浓度的 10 倍。主要在肝经 CYP 系统代谢，经肾排泄。因其脂溶性高，易蓄积于脂肪组织，停药后数周乃至半年，尿中仍可检出其代谢物。不同个体口服相同剂量的氯丙嗪后血药浓度可差 10 倍以上，故给药剂量应个体化。氯丙嗪在体内的消除和代谢随年龄而递减，故老年患者需减量。

【药理作用】

1. 对中枢神经系统的作用

（1）抗精神分裂症作用：氯丙嗪对中枢神经系统有较强的抑制作用，也称神经安定作用。氯丙嗪能显著控制亢奋的活动状态和躁狂状态而又不损伤感觉能力。正常人口服治疗量氯丙嗪后出现安静、情感淡漠、对周围事物不感兴趣等。精神分裂症患者服用氯丙嗪后能迅速控制兴奋躁动状态，大剂量连续用药能消除患者的幻觉和妄想等症状，减轻思维障碍，使患者情绪安定，恢复理智。

（2）镇吐作用：氯丙嗪有强大镇吐作用，可对抗阿扑吗啡的催吐作用。阿扑吗啡对延髓第四脑室底部的催吐化学感受区（chemoreceptor trigger zone，CTZ）的 D_2 样受体有强大的激动作用，可见氯丙嗪的镇吐作用是阻断 CTZ 的 D_2 样受体所致。大剂量氯丙嗪可直接抑制呕吐中枢，但不能对抗前庭刺激引起的呕吐。

（3）止呃逆作用：氯丙嗪抑制位于 CTZ 区旁的呃逆中枢调节部位，能中止顽固性呃逆。

（4）调节体温作用：氯丙嗪直接抑制下丘脑体温调节中枢，使体温随外界环境温度的变化而变化，可配合物理降温降低患者体温。

2. 对自主神经系统的作用　氯丙嗪能拮抗 α 肾上腺素受体导致血管扩张、血压下降，但由于连续用药可产生耐受性，且有较多副作用，不适合高血压治疗。拮抗 M 胆碱受体作用较弱，可引起口干、便秘、视物模糊。

3. 对内分泌系统的影响　DA 激动结节－漏斗系统中 D_2 亚型受体，促使下丘脑分泌多种激素，如催乳素释放抑制因子、促卵泡激素释放因子、黄体生成素释放因子和促肾上腺皮质激素释放激素等。氯丙嗪通过拮抗结节－漏斗系统中 D_2 亚型受体，增加催乳素的分泌，抑制促性腺激素、糖皮质激素、生长激素的分泌。

【作用机制】"中脑－边缘通路和中脑－皮质通路 DA 系统功能亢进"是公认的精神分裂症病因学假说。该假说认为精神分裂症是由于中枢 DA 系统功能亢进所致。DA 是中枢神经系统内最重要的神经递质之一，可通过与脑内 DA 受体结合参与人类精神活动的调节，其功能亢进或减弱均可导致严重的精神疾病。吩噻嗪类等抗精神分裂症药主要通过阻断中脑－边缘通路和中脑－皮质通路的 D_2 样受体发挥作用。但是，目前临床上使用的大多数抗精神分裂症药不是选择性拮抗中脑－边缘通路和中脑－皮质通路的 D_2 样受体，因此，在发挥治疗作用的同时，均可引起不同程度的副作用。

【临床应用】

1. 精神分裂症　氯丙嗪主要用于 Ⅰ 型精神分裂症（精神运动性兴奋和幻觉、妄想为主）的治疗，能显著缓解攻击行为、兴奋躁动、妄想、幻觉等阳性症状，对冷漠等阴性症状效果不显著。氯丙嗪对于急性 Ⅰ 型精神分裂症起效较快，但不能根治，需长期用药，甚至终身治疗；对慢性 Ⅰ 型精神分裂症疗效较差；对脑动脉硬化性精神病、感染中毒性精神病等各种器质性精神病和症状性精神病的兴奋、幻觉和妄想症状也有效，但剂量要小，症状控制后须立即停药；对 Ⅱ 型精神分裂症患者无效甚至加重病情；对其他精神病伴有的兴奋、躁动、紧张、幻觉和妄想等症状也有显著疗效。

2. 呕吐和顽固性呃逆　氯丙嗪对洋地黄、吗啡、四环素等多种药物及尿毒症和恶性肿瘤等疾病引起的呕吐具有明显的镇吐作用。对晕动病所致呕吐无效。对顽固性呃逆具有显著疗效。

3. 低温麻醉与人工冬眠　物理降温联合应用氯丙嗪可有效地降低患者体温，用于低温麻醉。氯丙嗪与哌替啶、异丙嗪等其他中枢抑制药合用，配合物理降温，可使患者体温降低，深睡，降低基础代谢及组织耗氧量，增强患者对缺氧的耐受力，减轻机体对伤害性刺激的反应，并使自主神经传导阻滞及中枢神经系统反应性降低，即"人工冬眠"，有利于机体渡过危险的缺氧缺能阶段，为进行其他有效治疗争得时间。人工冬眠多用于感染性休克、严重创伤、高热惊厥、中枢性高热及甲状腺危象等病症的辅助治疗。

【不良反应及用药注意事项】

1. 一般不良反应 有嗜睡、无力、视物模糊、鼻塞、心动过速、口干、便秘等中枢神经及自主神经系统副作用。长期应用可致乳腺增生、闭经及生长减慢等。氯丙嗪局部刺激性较强，不作皮下注射。静脉注射可引起血栓性静脉炎，应以 0.9% 氯化钠注射液或葡萄糖溶液稀释后缓慢注射。静脉注射或肌内注射后，可出现直立性低血压，应叮嘱患者卧床 1~2 h 后方可缓慢起立。

2. 锥体外系反应 是长期大量应用氯丙嗪治疗精神分裂症时最常见的副作用，发生率和严重程度与药物剂量、疗程和个体因素有关。包括：①帕金森综合征，表现为肌张力增高、面容呆板（面具脸）、动作迟缓、骨骼肌震颤、流涎等；②急性肌张力障碍，多见于用药后 1~5 天，由于舌、面、颈及背部肌肉痉挛，患者出现强迫性张口、伸舌、斜颈、呼吸运动障碍及吞咽困难；③静坐不能，患者坐立不安，反复徘徊。以上三种症状是由于氯丙嗪拮抗了黑质－纹状体通路的 D_2 样受体，使纹状体的 DA 功能减弱，ACh 功能增强而引起，可用胆碱受体拮抗药苯海索缓解。此外还可引起一种少见的锥体外系反应，称为迟发性运动障碍（tardive dyskinesia）或迟发性多动症，表现为不自主、有节律的刻板运动，出现口－舌－颊三联征，如吸吮、舐舌、咀嚼等。早期发现及时停药则可恢复，但也有停药后仍难恢复的。造成迟发性运动障碍的原因可能与氯丙嗪长期拮抗突触后膜 DA 受体，使 DA 受体数目上调有关，使用抗胆碱药反而使症状加重，抗 DA 药使此症状减轻。

3. 过敏反应 常见皮疹、光敏性皮炎。少数患者出现肝细胞内微胆管阻塞性黄疸。也有少数患者出现急性粒细胞缺乏，应立即停药。

4. 一次吞服超大剂量（1~2 g）氯丙嗪后，可发生急性中毒，出现昏睡、血压下降（达休克水平），并出现心动过速、心电图异常（P–R 间期或 Q–T 间期延长，T 波低平或倒置）等心肌损害，应立即进行对症治疗。

5. 氯丙嗪能增强乙醇、镇静催眠药、抗组胺药、镇痛药等的中枢抑制作用，特别是与吗啡、哌替啶等合用时易引起呼吸抑制和血压下降，联合使用时应注意调整剂量。氯丙嗪能降低惊厥阈，诱发癫痫，故有癫痫及惊厥史者禁用；氯丙嗪拮抗 M 胆碱受体能升高眼内压，青光眼患者禁用；乳腺增生和乳腺癌患者禁用；对冠心病患者易致猝死，应慎用。该药对抑郁无效，甚至可使之加剧。

其他吩噻嗪类药物

奋乃静（perphenazine）、氟奋乃静（fluphenazine）及三氟拉嗪（trifluoperazine）是吩噻嗪类中的哌嗪衍生物，其共同特点是抗精神分裂症作用强，锥体外系反应显著，但镇静作用弱。其中以氟奋乃静和三氟拉嗪疗效较好，最为常用，而奋乃静疗效较差。硫利达嗪（thioridazine，甲硫达嗪）是吩噻嗪类的哌啶衍生物，疗效不及氯丙嗪，锥体外系反应少见，而镇静作用强。

（二）硫杂蒽类

硫杂蒽类基本化学结构与吩噻嗪类相似，其代表药为氯普噻吨（chlorprothixene），又名泰尔登（tardan）。抗精神分裂症、抗幻觉和妄想作用较氯丙嗪弱，但镇静作用强，而抗肾上腺素作用和抗胆碱作用较弱。因化学结构与三环类抗抑郁药相似，故有较弱的抗抑郁作用。适用于伴有焦虑或焦虑性抑郁的精神分裂症、焦虑性神经症、更年期抑郁症等。副作用为锥体外系反应，与氯丙嗪相似。

（三）丁酰苯类

氟 哌 啶 醇

氟哌啶醇（haloperidol）是第一个合成的丁酰苯类药物，作用及机制与吩噻嗪类相似。抗精神病作用及锥体外系反应均很强，镇静、降压作用弱。因抗躁狂、抗幻觉和妄想作用显著，常用于治疗以兴奋躁动、幻觉、妄想为主的精神分裂症及躁狂症。镇吐作用较强，用于多种疾病及药物引起的呕吐，对持续性呃逆也有效。锥体外系反应高达80%，常见急性肌张力障碍和静坐不能。大量长期应用可致心肌损伤。同类药物氟哌利多（droperidol）作用维持时间短，临床上常与镇痛药芬太尼合用于神经安定麻醉。

五 氟 利 多

五氟利多（penfluridol）为长效抗精神病药。口服后8~16h血药浓度达峰值，128h后血药浓度仍为峰值的30%。一次用药后7天，血中仍可检出药物。其长效原因与药物储存于脂肪组织中，缓慢释放入血及入脑组织有关。每周口服一次即可维持疗效。疗效与氟哌啶醇相似，但无明显镇静作用。适用于急、慢性精神分裂症，尤适用于慢性患者的维持与巩固治疗。副作用以锥体外系反应较为常见。同类药物尚有匹莫齐特（pimozide），其作用维持时间较五氟利多短，每日口服一次，疗效可维持24h。

深入学习12-1
非典型抗精神分裂症药作用的新靶点

三、非典型抗精神分裂症药

此类抗精神分裂症药具有较高的5-HT受体阻断作用，同时也阻断DA受体，称为5-HT/DA受体拮抗剂（serotonin-dopamine antagonists，SDA），且中脑－边缘系统的选择性高于纹状体系统。包括利培酮、奥氮平、氯氮平、齐拉西酮及阿立哌唑等。

氯 氮 平

【药理作用】氯氮平（clozapine）属于苯二氮䓬类抗精神分裂症药，是选择性D_4亚型受体拮抗药，同时对脑内$5-HT_{2A}$受体有较强的阻断作用。此外，还有抗M_1胆碱受体、抗H_1受体及抗α肾上腺素受体作用。锥体外系反应及迟发性运动障碍较轻，一般不引起血中催乳素增高，能直接抑制脑干网状上行激活系统，具有强大镇静催眠作用。

【临床应用】氯氮平不仅对精神分裂症阳性症状有效，对阴性症状也有一定效果。适用于急性与慢性精神分裂症的各个亚型，对幻觉妄想型、青春型效果好。可以减轻与精神分裂症有关的情感症状（如抑郁、负罪感、焦虑）。对一些用传统抗精神分裂症药治疗无效或疗效不好的患者，氯氮平可能有效。可用于治疗躁狂症或其他精神失常疾病的兴奋躁动和幻觉妄想。

【不良反应及用药注意事项】包括：①镇静作用强，抗胆碱能等不良反应较多，常见的有头晕、无力、嗜睡、多汗、流涎、恶心、呕吐、口干、便秘、直立性低血压、心动过速等，应定期检查心电图。②食欲增加、体重增加及血糖增高，较为常见，应定期检查血糖。③癫痫发作。④粒细胞缺乏症，为其严重不良反应，应定期检查白细胞计数及分类。⑤继发性感染。⑥可引起尿失禁或中枢神经系统紊乱。

利　培　酮

利培酮（risperidone）为苯并异噁唑衍生物，是第二代非典型抗精神病药。口服吸收完全，1～2 h 达到血药浓度峰值。在体内迅速分布，血浆蛋白结合率为 88%，$t_{1/2}$ 为 3 h 左右。利培酮能阻断 5-HT$_2$ 受体和 D$_2$ 受体，也能与 H$_1$ 受体和 α$_2$ 肾上腺素受体结合。与胆碱能受体结合力很弱，产生拮抗作用。利培酮可以改善精神分裂症的阳性症状和阴性症状，也可治疗躁狂症。锥体外系反应轻，抗胆碱及镇静作用弱。自 20 世纪 90 年代推广应用于临床以来，已成为治疗精神分裂症的一线药物。

奥　氮　平

奥氮平（olanzapine）是噻吩苯二氮䓬类衍生物，可与 5-HT 受体（5-HT$_{2A}$、5-HT$_{2B}$、5-HT$_{2C}$、5-HT$_3$、5-HT$_6$ 亚型）、DA 受体（D$_1$、D$_2$、D$_3$、D$_4$、D$_5$ 亚型）、ACh 毒蕈碱型受体（M$_1$、M$_2$、M$_3$、M$_4$、M$_5$）、肾上腺素受体及组胺受体（H$_1$）结合，其中，对 5-HT$_2$ 受体的拮抗作用最强。奥氮平主要用于精神分裂症阳性和阴性症状的治疗，对于由精神分裂症引起的抑郁、躁狂等情感性障碍有缓解作用，对带有精神失常疾病的心境障碍（mood disorder）有治疗作用。对阿尔茨海默病、帕金森病伴发的精神障碍也有治疗作用。奥氮平最常见的不良反应是嗜睡和体重增加。其他常见的不良反应包括一过性转氨酶升高、头晕、口干、便秘及锥体外系反应，长期服用的患者还可能出现迟发性运动障碍。

齐　拉　西　酮

齐拉西酮（ziprasidone）对 5-HT$_{2A}$/D$_2$ 受体拮抗作用强。与传统抗精神病药相比，该药除可改善阳性症状外，还可改善阴性症状，提高认知功能，不良反应特别是锥体外系症状大大减轻，依从性明显提高。与奥氮平、利培酮相比，齐拉西酮对阴性症状的疗效与之相当甚至更好。该药不引起体重增加和血清催乳素水平升高，副作用小。

阿　立　哌　唑

阿立哌唑（aripiprazole）与多巴胺 D$_2$、D$_3$ 及 5-HT$_{1A}$ 和 5-HT$_{2A}$ 受体有很高的亲和力，与多巴胺 D$_4$、5-HT$_{2C}$、5-HT$_7$、α$_1$、H$_1$ 受体及 5-HT 重吸收位点具有中度亲和力。阿立哌唑为 DA 受体的部分激动剂，在同一浓度对突触前 DA 受体有激动作用，对突触后 DA 受体有拮抗作用。阿立哌唑这种独特的药理作用机制，使其不但对精神分裂症的阳性和阴性症状有改善作用，也使锥体外系副作用及内分泌性副作用（如催乳素增高）比传统的抗精神病药或其他非典型抗精神病药小。主要不良反应为嗜睡、头痛、反应迟钝和头晕。

第二节　抗抑郁药

深入学习 12-2
抗抑郁药的研发

一、概述

抑郁症是一种常见的心境障碍，可由各种原因引起，以显著而持久的心境低落为主要临床特征，且心境低落与其处境不相称，严重者可出现自杀的念头和行为。多数病例反复发作，每次发作大多可以缓解，部分可有残留症状或转为慢性。抗抑郁药（antidepressant）可使 70% 左右的抑郁症患者病情显著改善，长期治疗可减少复发，对焦虑、惊恐、强迫症及恐惧症也有效。抑郁症的发生可能与脑内突触间隙神经递质 5-HT 和 NA 浓度下降有关。目前临床上使用的抗抑郁药包括三环类抗抑郁药（抑制 NA、5-HT 再摄取的药物）、选择性 NA 再摄取抑制药、选择性 5-HT 再摄取抑制药等。这些药物大多以单胺类递质学说作为抑郁症发病机制，并在此基础上建立动物模型研发所获得，所以在药理作用、临床应用和不良反应等方面具有许多相似之处。

二、三环类抗抑郁药

这类药物结构中都有 2 个苯环和 1 个杂环，故统称为三环类抗抑郁药（tricyclic antidepressant，TCA），在结构上与吩噻嗪类有一定相关性。常用的有丙米嗪、阿米替林、多塞平等。TCA 属于非选择性单胺类递质再摄取抑制药，主要抑制 NA 和 5-HT 的再摄取，使突触间隙的 5-HT 和 NA 增加而发挥抗抑郁作用。大多数 TCA 因具有抗胆碱作用而引起口干、便秘、排尿困难等。此外，TCA 还阻断 α_1 肾上腺素受体和 H_1 受体而引起镇静作用。

丙 米 嗪

【体内过程】丙米嗪（imipramine，米帕明）口服吸收良好，2～8 h 血药浓度达高峰，血浆 $t_{1/2}$ 为 10～20 h。丙米嗪广泛分布于各组织，以脑、肝、肾及心脏分布较多。主要在肝代谢，被氧化成 2- 羟基代谢物后与葡糖醛酸结合，自尿排出。

【药理作用】

1. 对中枢神经系统的作用　正常人服用后，出现困倦、头晕、血压下降、嗜睡等，连续服用后上述症状加重，并出现注意力不集中、思维能力下降。抑郁症患者连续服药后，情绪提高，精神振奋，出现明显抗抑郁作用。但由于丙米嗪起效缓慢，需连续应用 2～3 周方可见效，故不作应急治疗。丙米嗪可抑制突触前膜对 NA 和 5-HT 的再摄取，使突触间隙的 NA 和 5-HT 浓度升高，增强突触传递功能，发挥抗抑郁作用。

2. 对自主神经系统的作用　丙米嗪有拮抗 M 胆碱受体的作用，引起视物模糊、口干、便秘和尿潴留等。

3. 对心血管系统的作用　能降低血压，抑制多种心血管反射。尚可引起直立性低血压及心动过速。此外，丙米嗪对心肌尚有奎尼丁样作用。

【临床应用】

1. 抑郁症　主要用于各型抑郁症治疗。对内源性、反应性及更年期抑郁症疗效较好，对精神分裂症患者的抑郁症疗效较差。

2. 遗尿症　可试用于儿童遗尿症治疗。

3. 焦虑症和恐惧症　对伴有焦虑的抑郁症患者疗效显著，对恐惧症也有效。

【不良反应及用药注意事项】常见的不良反应有口干、心动过速、出汗、视物模糊（复视）、眩晕、便秘、失眠、精神失常或错乱，可引起恶心、呕吐、食欲不振、腹胀、腹泻、皮疹、肌肉震颤、心肌损害、直立性低血压、白细胞减少等。偶有视力减退、眼痛（青光眼发作）、低血压晕厥、幻觉、谵妄、心律失常、高热（粒细胞缺乏症）等，需引起注意，如若发生，应及时停药或减量并采取相应的治疗措施。因易导致尿潴留和升高眼内压，故前列腺肥大、青光眼患者禁用。苯妥英钠、保泰松、阿司匹林、东莨菪碱和吩噻嗪等可竞争性减少 TCA 与血浆蛋白的结合。与单胺氧化酶抑制剂（MAOI）合用可引起血压明显升高、高热和惊厥。这是由于 TCA 抑制 NA 再摄取，MAOI 减少 NA 灭活，使突触间隙 NA 浓度增高所致。TCA 与抗精神病药或抗帕金森病药合用时，其抗胆碱作用可相互增强。此外，抗抑郁药还能对抗胍乙啶及可乐定的降压作用。

阿 米 替 林

阿米替林（amitriptyline）是临床上常用的 TCA。口服吸收良好，但剂量过大可延缓吸收。在肝生成活性代谢物去甲替林，最终代谢物以游离型或结合型经尿排除。$t_{1/2}$ 为 9 ~ 36 h。阿米替林为临床上最常用的 TCA，对 5-HT 再摄取的抑制作用明显强于对 NA 再摄取的抑制，其抗抑郁作用与丙米嗪相似，镇静作用和抗胆碱作用较强。适用于治疗各型抑郁症或抑郁状态。对内因性抑郁症和更年期抑郁症疗效较好，对反应性抑郁症及神经症的抑郁状态亦有效。对兼有焦虑和抑郁症状的患者，疗效优于丙米嗪。亦用于治疗小儿遗尿症。肝肾功能严重不全、前列腺肥大、老年或心血管疾病患者慎用；使用期间应监测心电图；不能与 MAOI 合用，在停用 MAOI 14 天后才能使用本品；患者有转向躁狂倾向时，应立即停药；用药期间不宜驾驶车辆、操作机械或高空作业。禁忌证与丙米嗪相同。

氯 米 帕 明

氯米帕明（clomipramine）又名氯丙米嗪，主要阻断 NA 和 5-HT 再摄取，对 5-HT 再摄取的阻断作用更强。具有抗抑郁及抗焦虑作用，亦有镇静和抗胆碱作用。临床上可用于治疗各种抑郁状态，也常用于治疗强迫症等。不良反应及注意事项与丙米嗪相同。

多 塞 平

多塞平（doxepin）又名多虑平，作用与丙米嗪类似，抗抑郁作用较丙米嗪弱，抗焦虑作用较之强。用于抑郁症及神经症，对伴有焦虑的抑郁症疗效最佳。也可用于治疗消化性溃疡。治疗初期可出现嗜睡和抗胆碱反应，如多汗、口干、震颤、眩晕、视物模糊、排尿困难、便秘等。其他有皮疹、直立性低血压，偶见癫痫发作、骨髓抑制或中毒性肝损害。

三、其他抗抑郁药

（一）选择性 NA 再摄取抑制药

这一类药物选择性抑制 NA 的再摄取，用于以脑内 NA 缺乏为主的抑郁症。起效快，镇静作用、抗胆碱作用和降压作用均比 TCA 弱。

地 昔 帕 明

【体内过程】地昔帕明（desipramine）又名去甲丙米嗪，口服吸收迅速。地昔帕明的达峰时间为 4 ~ 6 h，主要在肝代谢，最终被氧化成无活性的羟化物或与葡糖醛酸结合后自尿中排出。血浆 $t_{1/2}$ 为 17 ~ 28 h。此外，地昔帕明对肝线粒体 CYP2D6 的抑制作用较大多数选择性 5-HT 再摄取抑制剂小。

【药理作用及临床应用】地昔帕明为强效 NA 再摄取抑制剂，其效率为抑制 5-HT 再摄取的 100 倍以上。对 DA 的摄取亦有一定的抑制作用。对 H_1 受体有强拮抗作用。对 α 肾上腺素受体和 M 胆碱受体拮抗作用较弱。有轻度镇静及增加血压和心率作用。有时也会出现直立性低血压，可能是由于抑制 NA 再摄取、阻断 α 肾上腺受体作用所致。用于内因性、更年期、反应性及神经性抑郁症的治疗，缓解多种慢性神经痛。

【不良反应及用药注意事项】不良反应比丙米嗪轻，主要为口干、头晕、失眠等，但对心脏的影响与丙米嗪相似。过量则导致血压降低、心律失常、震颤、惊厥、口干及便秘等。能明显增强拟交感胺类药物的作用；与胍乙啶等作用于去甲肾上腺素能神经末梢的抗高血压药合用会明显降低其降压效果；舍曲林和地昔帕明存在相互作用，可竞争性抑制肝药酶，增强地昔帕明的抗抑郁作用，同时也增加不良反应。

马 普 替 林

马普替林（maprotiline）作用类似 TCA 的阿米替林和丙米嗪，为第二代抗抑郁药。口服吸收缓慢但完全，9～16 h 血浆药物浓度达峰值。$t_{1/2}$ 为 21～52 h，主要活性代谢产物为去甲马普替林。其抗抑郁作用机制为抑制 NA 在神经末梢的再摄取，奏效较快，一般 5～7 天生效，少数人则需 2～3 周，而抗组胺、抗胆碱和镇静作用较轻。用于各种类型的抑郁症，也可用于伴有抑郁或激越行为的儿童和夜尿者。治疗剂量可见口干、便秘、眩晕、头痛、心悸等。用药后可出现皮炎和皮疹。能增强拟交感胺类药物的作用，抑制抗高血压药的效应等。

（二）选择性 5-HT 再摄取抑制药

选择性 5-HT 再摄取抑制药是 20 世纪 80 年代末出现的一类新型抗抑郁药，包括氟西汀、帕罗西汀、舍曲林等。这类药物多用于脑内 5-HT 减少所致的抑郁症，疗效与传统的抗抑郁药相当，还具有抗抑郁和抗焦虑双重作用，用于病因不清但其他药物疗效不佳或不能耐受其他药物的抑郁症患者。不良反应较轻且少。

氟 西 汀

【体内过程】氟西汀（fluoxetine）口服吸收良好，进食不影响其生物利用度。吸收后与血浆蛋白结合，分布广泛。服药数周后达到稳态血浆浓度。氟西汀主要由肝代谢，通过去甲基化作用生成活性代谢产物去甲氟西汀（norfluoxetine）。氟西汀 $t_{1/2}$ 为 4～6 天，去甲氟西汀 $t_{1/2}$ 则为 4～16 天。主要经肾排泄，也可经乳汁分泌。

【药理作用与临床应用】氟西汀是强效、选择性 5-HT 再摄取抑制剂，用于抑郁症和强迫症。此外，还可作为神经性贪食症心理治疗的辅助用药，以减少贪食和导泻行为。

【不良反应及用药注意事项】常见不良反应有全身或局部过敏、胃肠道功能紊乱、厌食、头晕、头痛、睡眠异常、疲乏、精神状态异常、性功能障碍、视觉异常及呼吸困难等。对于正在使用 MAOI 者，应禁用氟西汀。对于肝功能不全者，应考虑减少用药剂量或降低用药频率。

帕 罗 西 汀

帕罗西汀（paroxetine）口服吸收完全，分布广泛。$t_{1/2}$ 为 20 h，4 天左右即可达稳态。95% 与血浆蛋白结合，主要经肝首过效应，无活性代谢物经肾排泄。帕罗西汀通过抑制 5-HT 再摄取而发挥药效，选择性较氟西汀、舍曲林、丙米嗪强。该药对胆碱、组胺或肾上腺素受体的亲和力低，抗胆碱、心血管不良反应小于 TCA，且无认知功能或精神运动性障碍。临床上用于治疗各种抑郁症、伴有或不伴有广场恐怖的惊恐障碍及强迫症。常见不良反应有胆固醇升高、食欲减退、体重增加、嗜睡、失眠或兴奋、异常的梦境（包括梦魇）眩晕、震颤、头痛、情绪不稳定、视物模糊、高血压、心动过速、口干、出汗、瘙痒、性功能障碍、关节痛和耳鸣等。

（三）其他

曲 唑 酮

曲唑酮（trazodone）自胃肠道吸收迅速而完全，空腹服药后 1 h 血药浓度达峰值，进食后服药需 2 h 才达峰值；在肝内大量经 N- 氧化和羟化代谢，其中氯苯哌嗪为具有活性的代谢产物；主要经尿排泄，少量经胆汁至粪便排泄；血浆 $t_{1/2}$ 短，为 4~9 h。曲唑酮可选择性地抑制 5-HT 再摄取，还可能加速脑内多巴胺更新。除有抗抑郁作用外，还有显著的镇静作用。无抗 M 胆碱受体作用，对血压等无显著影响。用于治疗抑郁症，具有镇静作用，适于夜间给药。常见不良反应为嗜睡、疲乏、头晕、头痛、失眠、紧张和震颤等，少见直立性低血压和心动过速、恶心、呕吐、腹部不适，极少数患者出现肌肉骨骼疼痛和多梦。

米 安 色 林

米安色林（mianserin）药理作用与 TCA 显著不同，能选择性地拮抗突触前膜 α_2 肾上腺素受体，使突触间隙 NA 浓度增高，很少影响单胺类再摄取。也有研究认为该药能拮抗中枢 5-HT 受体。与 TCA 相比，米安色林对心血管毒性小，抗胆碱作用轻，起效快，具有催眠作用。其抗抑郁疗效与阿米替林或丙米嗪相当或稍差，且有较强的镇静催眠作用，适用于各种抑郁症。常见不良反应包括嗜睡、口干、关节痛、水肿、低血压等，偶见肝功能异常、粒细胞减少。不能与可乐定、甲基多巴、胍乙啶、普萘洛尔等合用，如合用须严密监测血压。

米 氮 平

米氮平（mirtazapine）是中枢突触前膜 α_2 肾上腺素受体拮抗药，可增强肾上腺素能的神经传导，阻断中枢的 5-HT$_2$ 和 5-HT$_3$ 受体，拮抗 H$_1$ 受体发挥镇静作用。米氮平有较好的耐受性，几乎无抗胆碱作用，对心血管系统无显著影响。适用于抑郁症，对各种症状如快感缺乏、精神运动性抑制、睡眠欠佳（早醒）及体重减轻均有疗效。也可改善对事物丧失兴趣、自杀观念及情绪波动等其他抑郁症状。

第三节 抗躁狂药

碳酸锂是目前临床上最常用的抗躁狂药（antimanic drugs）。此外，氯丙嗪等抗精神病药和卡马西平、丙戊酸钠等抗癫痫药（第十一章）也可用来治疗躁狂症。

碳 酸 锂

碳酸锂（lithium carbonate）在精神科临床的应用实属偶然。1949 年，澳大利亚医生约翰·凯德（John Cade）在研究躁狂症的成因时偶然发现，接受过碳酸锂的动物都变得十分温驯和安静，攻击行为得到控制。进一步研究发现碳酸锂中的锂离子才是关键所在，可治疗异常精神兴奋，从而正式地将锂引入精神科，用于躁狂症的治疗。

【体内过程】碳酸锂口服吸收快，血药浓度达峰时间为 2~4 h。锂离子先分布于细胞外液，然后逐渐蓄积于细胞内。不与血浆蛋白结合，$t_{1/2}$ 为 18~36 h。锂虽吸收快，但通过血脑屏障进入脑组织和神经细胞需要一定时间，因此，锂盐显效较慢。碳酸锂主要自肾排泄，约 80% 由肾小球滤过的锂在近曲小管与 Na^+ 竞争重吸收，故增加钠摄入可促进其排泄，而缺钠或肾小球滤过减少时，可导致体内锂潴留，引起中毒。

【药理作用】治疗剂量的碳酸锂对正常人的精神行为无明显的影响，但对躁狂症患者和精神分裂症的躁狂、兴奋症状有抑制作用。其机制是以锂离子形式发挥作用，抑制神经末梢 Ca^{2+} 依赖性的 NA 和 DA 释放，促进神经细胞对突触间隙中 NA 的再摄取，增加其转化和灭活，从而使 NA 浓度降低，还可促进 5-HT 合成和释放，有助于情绪稳定。

【临床应用】碳酸锂是治疗躁狂症的首选药，对抑郁症也有效，故有情绪稳定（mood-stabilizing）药之称。碳酸锂还可用于治疗躁狂抑郁症（manic-depressive disorder）。长期重复使用碳酸锂不仅可以减少躁狂复发，对预防抑郁复发也有效，但对抑郁的治疗作用不如躁狂显著。

【不良反应及用药注意事项】碳酸锂治疗量和中毒量较接近，所以应监测血锂浓度，调节治疗量及维持量。治疗期应每 1~2 周测量血锂一次，维持治疗期可每月测定一次。急性治疗期的血锂浓度为 0.6~1.2 mmol/L，维持治疗的血锂浓度为 0.4~0.8 mmol/L，1.4 mmol/L 为有效浓度的上限，超过此值容易出现锂中毒。脑器质性疾病、严重躯体疾病和低钠血症患者慎用。当服药患者出现持续呕吐、腹泻、大量出汗等体液大量丢失情况时，易引起锂中毒。服药期间不应低盐饮食。长期服药者应定期检查肾功能和甲状腺功能。

（宛　蕾）

思考题

1. 患者，女，20 岁，两年前因升学考试失利受较大刺激，因此闷闷不乐，沉默寡言，半年后入职上班，自感工作压力较大难以承受，无法正常工作，出现异常行为，敏感多疑，拒绝进食，入院前半年自语、自笑，说听到不熟悉人的声音，偶感脑内有声音等，有人控制她的思维行为等。平时身体健康，否认中枢神经系统疾病史。入院后诊断：精神分裂症。给予氯丙嗪治疗，2 个月后患者精神症状有所缓解。但出现了肌张力增高、动作迟缓、手抖、坐立不安等表现。请问：①氯丙嗪治疗精神分裂症的作用机制是什么？应用中可能出现哪些不良反应？②该患者给予氯丙嗪后出现肌张力增高、动作迟缓、手抖、坐立不安等表现的原因是什么？可考虑用哪些药物治疗？
2. 试比较氯丙嗪与氯氮平的作用特点和临床用途的异同。
3. 试述抗抑郁药的分类及代表药。
4. 试述碳酸锂的药理作用和临床用途。

网上更多……

👤 学习目标　　👥 本章小结　　📝 自测题　　⬇ 教学 PPT　　📶 参考资源

第十三章
抗帕金森病药及抗阿尔茨海默病药

关键词

抗帕金森病药	拟多巴胺类药	左旋多巴	卡比多巴
中枢抗胆碱药	司来吉兰	硝替卡朋	金刚烷胺
苯海索	抗阿尔茨海默病药	多奈哌齐	胆碱酯酶抑制药
NMDA 受体非竞争性拮抗药		美金刚	呫诺美林
M 胆碱受体激动药			

　　帕金森病和阿尔茨海默病是常见于中老年人的中枢神经系统退行性疾病，具有慢性进行性神经组织退行性变性的特点，虽然这类疾病的病因及病变的部位各不相同，但中枢发生神经元退行变性、脱失是其共同病理特征。该类疾病的病因和发病机制目前尚不十分清楚，在众多相关假说中，兴奋毒性、细胞凋亡、线粒体功能障碍和氧化应激等假说受到广泛重视。随着社会发展和人口老龄化，该类疾病已成为仅次于心血管疾病和癌症的严重影响人类健康水平的第三大因素。

思维导图

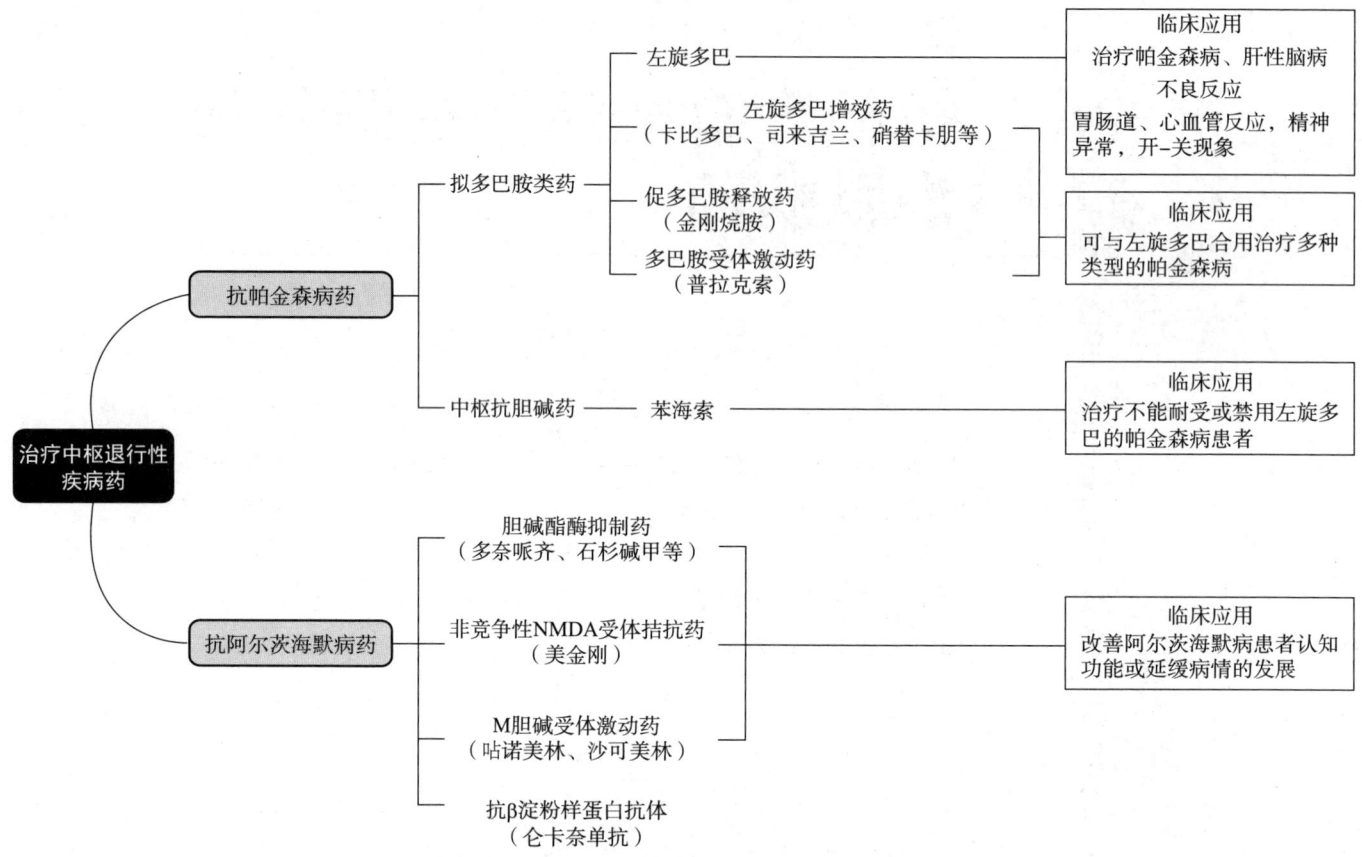

第一节　抗帕金森病药

一、概述

帕金森病（Parkinson disease，PD）又称震颤麻痹，是锥体外系功能紊乱引起的慢性、进行性中枢神经系统退行性疾病，由英国人 James Parkinson 于 1917 年首次描述。该病多发于老年人，临床症状主要为静止性震颤、肌强直、运动迟缓和共济失调，严重者伴记忆障碍和痴呆等症状。此外，老年性血管硬化、病毒性脑炎、一氧化碳中毒、脑外伤及抗精神病药等也可引起类似 PD 的症状，统称为帕金森综合征。如不进行及时、有效的治疗，病情呈慢性进行性加重，晚期往往全身僵硬，不能活动，严重影响生活质量。截至目前，人们对 PD 的病因仍缺乏深入的了解，因而限制了人们探索理想的治疗手段和研制有效的治疗药物。

临床聚焦 13-1
帕金森病的主要用药

PD 的发病机制可能与遗传变异、环境因素和年龄等诸多因素有关，是多因素共同作用的结果。目前提出的 PD 的病因学说有多巴胺（dopamine，DA）缺失学说、兴奋性神经毒性学说、氧化应激 - 自由基学说、线粒体功能障碍学说等，但得到大多数学者公认的只有多巴胺缺失学说。该学说的主要观点是：PD 是由于纹状体内 DA 减少所致，而纹状体内 DA 的减少主要是由于黑质受损变性所致。以下事实为该学说提供了强有力的支持：左旋多巴或 DA 受体激动药可显著缓解震颤麻痹的症状，破坏黑质纹状体 DA 神经元的神经毒素 1- 甲基 -4- 苯基 -1，2，3，6- 四氢吡啶（1-methyl-4-phenyl-1，2，3，6-tetrahydropyridine，MPTP）和长期应用 DA 受体拮抗药可致震颤麻痹。

在纹状体和黑质中乙酰胆碱（acetylcholine，ACh）和 DA 能系统之间的平衡关系对于锥体外系控制运动功能至关重要。黑质多巴胺能神经元发出上行神经纤维到达纹状体（尾核及壳核），其末梢与尾 - 壳核神经元所形成的突触以 DA 为神经递质，对脊髓前角运动神经元起抑制作用；另一方面，尾核中的胆碱能神经元发出神经纤维与尾 - 壳核神经元形成突触，以 ACh 为神经递质，对脊髓前角运动神经元起兴奋作用。正常生理条件下，这两条通路的功能或两种神经递质（DA、ACh）水平处于动态平衡状态，共同参与机体运动调节。PD 患者中枢神经系统的黑质 - 纹状体 DA 能神经通路发生病变，DA 合成减少，纹状体 DA 含量降低，造成多巴胺能神经功能减弱；另一方面，由于胆碱能神经通路的功能未受影响而处于相对优势状态，使得锥体外系的平衡被打破，脊髓前角运动神经元的兴奋性增高，患者出现肌张力增高等 PD 的症状。该学说不但说明了应用胆碱能受体拮抗药治疗 PD 的合理性，也提示了补充脑内 DA 是治疗 PD 的有效途径。

此外，"氧化应激 - 自由基学说"认为，在氧化应激条件下 DA 代谢过程中可产生 H_2O_2 和超氧阴离子（$O^{2-}\cdot$）。在黑质部位 Fe^{2+} 进一步催化 H_2O_2 和超氧阴离子产生毒性更大的羟自由基（OH·），促使神经膜类脂的氧化，破坏 DA 神经细胞膜功能甚至损伤 DA 神经细胞的 DNA，最终导致神经元变性。治疗方案除应用上述两类药物外，尚可应用司来吉兰抑制单胺氧化酶 B（monoamine oxidase-B，MAO-B），阻滞自由基形成，减缓神经元的损伤。

目前应用的治疗 PD 手段虽然只能改善症状，不能阻止病情的进展，也无法治愈疾病，但有效的治疗能显著提高患者的生活质量。传统的抗 PD 药主要包括拟多巴胺类药和抗胆碱药两类，前者是通过直接补充 DA 的前体物或抑制 DA 降解的方式，后者则通过拮抗相对增高的胆碱能神

深入学习 13-1
抗帕金森病药的研究
进展

经活性的方式，最终达到恢复多巴胺能和胆碱能两大神经系统功能平衡状态的效果。此外"氧化应激 – 自由基学说"的提出为 PD 的治疗开拓了新的方向，如司来吉兰除选择性抑制 MAO-B 外，还具有一定的自由基清除剂的功能。此外，胚胎干细胞移植和基因干预治疗等方法也正在研究之中。

二、拟多巴胺类药

（一）多巴胺的前体药

左 旋 多 巴

动画 13-1
左旋多巴体内过程

【体内过程】左旋多巴（levodopa，L-dopa）口服后经小肠芳香族氨基酸转运载体迅速吸收，$0.5 \sim 2\,h$ 达到血浆高峰浓度。左旋多巴的吸收率与胃排空时间和胃液的 pH 有关，胃排空延缓、胃液 pH 偏低和抗胆碱药等可降低左旋多巴的生物利用度。左旋多巴必须以原型进入中枢神经系统才可发挥疗效，但是绝大部分药物在肠黏膜、肝和其他外周组织中被左旋氨基酸脱羧酶（L-amino acid decarboxylase，AADC）代谢，脱羧形成 DA。由于 DA 难以通过血 – 脑脊液屏障，故进入中枢神经系统的左旋多巴仅为用药量的 $1\% \sim 3\%$。外周 DA 的形成不但可减弱左旋多巴的疗效，而且是左旋多巴药物产生不良反应的重要因素。合用 AADC 抑制药，可减少外周 DA 生成，促使左旋多巴更多地进入脑内。左旋多巴在体内代谢后主要代谢产物为 3,4- 二羟基苯乙酸和高香草酸，并迅速经肾排泄，$t_{1/2}$ 为 $1 \sim 3\,h$。

【药理作用】左旋多巴的作用具有以下特点：①起效慢，通常用药后 $2 \sim 3$ 周才能出现体征的改善，$1 \sim 6$ 个月才能达到最大疗效；②对年轻及轻症患者疗效较好，而对年老及重症患者效果较差。

【作用机制】左旋多巴是由酪氨酸羟化酶催化左旋酪氨酸而成，是儿茶酚胺类神经递质酶促合成过程中的中间代谢产物，也是 DA 递质的前体物质。由于 PD 患者中枢神经系统 DA 能神经发生退变，负责把酪氨酸转化成左旋多巴的酪氨酸羟化酶减少，但将左旋多巴转化为 DA 的能力仍存在。左旋多巴进入中枢神经系统后可转变为 DA，补充纹状体中 DA 的不足，使 DA 和 ACh 的浓度趋于平衡，从而发挥抗 PD 的功效。目前左旋多巴在中枢神经系统中转变成 DA 的详细过程尚未明确。

【临床应用】左旋多巴对大多数 PD 患者起病初期具有显著疗效，但是对吩噻嗪类抗精神病药引发的锥体外系症状无效。因为吩噻嗪类药物会阻断中枢 DA 受体，导致 DA 无法发挥作用。运动障碍症状不明显者亦一般不用。服药后患者运动障碍、肌肉强直和震颤症状得到明显改善，情绪好转，思维表达能力提高，但对痴呆症状无明显改善作用。应用左旋多巴治疗初期，患者疗效稳定，近乎达到完全改善的程度。然而长期服药的效果有较大的个体差异。服药 6 年后，约半数患者失效，只有 25% 患者仍可获得良好效果。据流行病学调查，与未服左旋多巴的 PD 患者比较，服用者明显延长生命时间，提高生活质量。此外，左旋多巴进入脑内可合成去甲肾上腺素，恢复中枢神经功能，因而可用于治疗肝性脑病，但不能改善肝功能。

【不良反应及用药注意事项】左旋多巴的不良反应大多是由于左旋多巴在体内生成的 DA 所引起的，由于用药时间长而很难避免，可分为早期反应和长期反应两大类型。

1. 早期反应

（1）胃肠道反应：治疗早期约 80% 的患者出现厌食、恶心、呕吐等，这是由于 DA 兴奋延

髓催吐化学感受区 D_2 受体所致，D_2 受体拮抗药多潘立酮（吗丁啉）可减轻上述症状。其他胃肠道不良反应还包括腹胀、腹痛、腹泻或便秘，偶见胃肠道溃疡出血或穿孔。长期服药会产生耐受性，胃肠道不良反应症状逐渐消失。与外周脱羧酶抑制剂合用可明显减轻胃肠道不良反应。

（2）心血管反应：约30%的患者早期会出现轻度直立性低血压，患者通常无明显症状，小部分患者会感到头晕，偶见晕厥，继续用药症状减轻。此外还会引发心动过速、心绞痛和心律失常等症状，主要是外周 DA 作用的结果。

2. 长期反应

（1）精神症状：服药后出现幻觉、失眠、焦虑、妄想、躁狂和精神错乱等。可能是由于 DA 刺激皮质下边缘系统所致，应减量或更换药物。

（2）运动障碍（亦称运动过多症）：服药半年以上的出现率约为50%，服药2年以上出现率可达90%。高龄患者表现为头颈前后、左右不规则扭动及皱眉、伸舌等不自主运动，年轻患者表现为舞蹈样异常运动。主要是由于纹状体内 DA 浓度过高，DA 受体过度兴奋。此不良反应的出现意味着左旋多巴已达最大耐受量，应减少用药剂量。

（3）"开-关现象"（on-off phenomenon）：长期服药（3~5年）约40%患者出现症状快速波动，称之"开-关现象"，表现为患者突然多动、不安（即所谓"开"），随后又出现肌强直运动不能（即所谓"关"），可每天发作数次或数天发作一次，严重影响患者的日常生活。可合用 AADC 抑制药或加用 MAOI 等来减轻症状波动，亦可调整左旋多巴的给药方案。

以下药物均不适宜与左旋多巴合用：①维生素 B_6，是多巴脱羧酶的辅基，可加速左旋多巴在外周组织转化成 DA，降低药物血脑屏障通过率，降低药物疗效，增强不良反应。②抗精神病药，可阻断中枢 DA 受体，从而降低左旋多巴的疗效，还可引起帕金森综合征。③利血平，可耗竭黑质纹状体内的 DA，从而降低左旋多巴的疗效。

（二）左旋多巴增效药

卡比多巴

卡比多巴（carbidopa）为 α-甲基多巴肼（α-methyldopa）的左旋体，能强效抑制 AADC 的活性。在 PD 治疗中通常作为左旋多巴的增效药，单用无疗效。其作用机制为：卡比多巴不易通过血脑屏障进入中枢神经系统，与左旋多巴合用时，通过抑制 AADC 的活性，减少左旋多巴在外周脱羧，使更多的左旋多巴到达黑质-纹状体，从而提高左旋多巴的疗效并降低因外周组织中 DA 过多引起的不良反应。两药合用归纳起来有以下优点：①减少左旋多巴使用剂量。②减轻或预防左旋多巴对心脏的毒副作用。③在治疗开始时能使左旋多巴在中枢神经系统迅速达到有效浓度。临床上用于治疗 PD 和除外抗精神失常药所致的帕金森综合征的卡比多巴与左旋多巴的复方制剂有复方卡比多巴片（compound carbidopa tablet，心宁美），混合剂量比值为1:10；卡左双多巴控释片（carbidopa and levodopa controlled release tablet，息宁）混合剂量比值为1:4。苄丝肼（benserazide）的作用与卡比多巴相似，它与左旋多巴按1:4的混合剂量比值制成的复方制剂称为多巴丝肼片（levodopa and benserazide hydrochloride tablet，美多巴），可用于治疗症状性帕金森综合征。

司来吉兰、雷沙吉兰、沙芬酰胺

司来吉兰（selegiline）又名塞利吉林，是 MAO-B 选择性和不可逆性抑制剂。人体内 MAO

分为 A、B 两种，MAO-A 型多存在于肠道中，主要代谢食物中、肠道内和血液循环中的单胺（NE、5-HT、DA）；MAO-B 型多存在于中枢神经系统中，主要代谢 DA。司来吉兰经口服迅速吸收，能透过血脑屏障，抑制中枢神经系统中的 MAO-B，减缓纹状体中 DA 的代谢，从而增加纹状体中 DA 浓度。近年提出的氧化应激 - 自由基学说认为，司来吉兰还能抑制纹状体中超氧阴离子（$O^{2-}\cdot$）和羟自由基（$OH\cdot$）生成，这对于延迟 PD 患者神经元变性和延缓病情发展具有重要意义。临床研究资料表明，司来吉兰与左旋多巴合用更有利于症状缓解，延长患者寿命，减少甚至消除长期单独使用左旋多巴出现的"开 - 关现象"及其他不良反应。低剂量司来吉兰可选择性抑制中枢 MAO-B 而对外周 MAO-A 无影响，大剂量司来吉兰（>10 mg/d）除抑制 MAO-B 外，还有抑制外周 MAO-A 的作用，应限制临床用量。司来吉兰不良反应为偶见兴奋、失眠、恶心、幻觉、低血压和运动障碍等。家族遗传性震颤患者或亨廷顿病禁用，精神病或癫痫患者需慎用。不得与哌替啶或其他 MAO 抑制药合用。

雷沙吉兰（rasagiline）作用与司来吉兰相似，是第二代选择性 MAO-B 抑制剂，因其抑制作用强，副作用少而广泛应用于临床治疗。其对 MAO-B 的抑制作用比司来吉兰强 5～10 倍，代谢产物为无活性的非苯丙胺物质，可单一使用治疗 PD 早期轻型患者，亦可与左旋多巴合用治疗中晚期的 PD 患者。

沙芬酰胺（safinamide）也是一种选择性 MAO-B 抑制剂。该化合物的口服绝对生物利用度为 95%，推荐开始剂量是 50 mg，每天口服 1 次，在 2 周后，根据个体需要和耐受性，剂量可增加至 100 mg 每天 1 次。可显著减少帕金森病患者运动症状波动，并降低相关运动障碍发生风险。

硝替卡朋、托卡朋、恩他卡朋

左旋多巴在体内的代谢途径主要有两条，第一条途径是经 AADC 脱羧转化为 DA，另一条途径是经儿茶酚 -O- 甲基转移酶（catechol-O-methyltransferase，COMT）代谢转化为 3-O- 甲基多巴（3-O-MD）。当应用 AADC 抑制剂治疗 PD 时，左旋多巴 COMT 代谢途径代偿性激活，血液中 3-O-MD 浓度升高，左旋多巴的疗效下降，其原因可能是 3-O-MD 与左旋多巴竞争共同的主动转运载体，最终导致透过血脑屏障的左旋多巴减少。应用选择性 COMT 抑制剂既可减少左旋多巴在外周组织的降解，又可消除 3-O-MD 对左旋多巴转运的竞争性抑制作用，增加左旋多巴的生物利用度和进入中枢神经系统的药量。临床上常作为左旋多巴的增效药。

硝替卡朋（nitecapone）、托卡朋（tolcapone）、恩他卡朋（entacapone）是选择性 COMT 抑制剂。硝替卡朋与恩他卡朋不易通过血脑屏障，故仅在外周发挥作用，不影响脑内的 COMT。第二代 COMT 抑制剂托卡朋因其脂溶性高，容易通过血脑屏障，故能抑制外周与中枢的 COMT，但由于托卡朋具有肝毒性，可能会导致急性肝衰竭，应用时需要严密监控肝功能。恩他卡朋于 1999 年被美国 FDA 批准上市，是公认较安全的 COMT 抑制剂，作用时间较短，需与左旋多巴同时服用。

（三）促多巴胺释放药

金刚烷胺

金刚烷胺（amantadine）又名金刚胺，临床上主要作为人工合成的抗病毒药使用。1972 年意外地发现它能缓解 PD 的症状，与左旋多巴合用时有协同作用。金刚烷胺的抗 PD 作用机制可能是促使患者纹状体中残存的完整的 DA 能神经元释放 DA、抑制 DA 再摄取、激动 DA 受体和较弱的抗胆碱功能而起到加强 DA 能神经功能的作用。近年的研究发现，金刚烷胺的作用机制可能与抑制 N- 甲基 -D- 天冬氨酸（N-methyl-D-aspartic acid，NMDA）受体有关。金刚烷胺的抗帕金森作用不及左旋多巴，但优于中枢抗胆碱药。其特点为：用药后显效快，维持时间短，用药数天后即可获得最大疗效，但连续服用 6～8 周后疗效逐渐减弱。2017 年美国 FDA 批准金刚烷胺缓释胶囊上市，该缓释剂能显著减少左旋多巴治疗帕金森病时出现的运动障碍，同时减少"关闭"期的发生。此药不良反应较轻，有暂时性和可逆性。长期用药常见四肢皮肤出现网状青斑，可能与儿茶酚胺局部释放引起血管收缩有关。此外还会引起焦虑、失眠和运动失调等症状，偶致惊厥，癫痫患者禁用。

（四）多巴胺受体激动药

普拉克索、罗匹尼罗

普拉克索（pramipexole）和罗匹尼罗（ropinirole）是美国 FDA 新批准用于治疗 PD 的非麦角生物碱类的 DA 受体激动药，临床应用广泛。普拉克索是 D_2 样受体家族的选择性激动药，其对 D_3 受体的亲和力明显高于 D_2 受体和 D_4 受体，对 D_1 样受体家族几乎没有作用。最新研究表明，普拉克索还可通过抑制氧化应激反应、减少自由基产生、增加 Bcl-2 蛋白、抑制神经元细胞凋亡和阻断谷氨酸兴奋性毒性作用所介导的 DA 能神经元变性通路、激活神经营养因子活性等机制而发挥神经保护作用。罗匹尼罗是首个用于临床的非麦角生物碱类 DA 受体激动药，可单独用于 PD 患者发病初期的治疗；作为辅助用药与左旋多巴合用时，能使左旋多巴的疗效平稳，延长症状波动患者"开"的时间。通常帕金森病患者对普拉克索和罗匹尼罗的耐受性较好。但它们仍然具有拟多巴胺类药所共有的不良反应，如恶心、直立性低血压和运动功能障碍等。作为辅助用药与左旋多巴合用时可引起精神紊乱和突发性睡眠，故服药期间禁止从事驾驶和高警觉性工作。

三、中枢抗胆碱药

抗胆碱药在左旋多巴问世前的 1 个多世纪的时间里，一直是治疗 PD 的最有效药物。随着拟多巴胺类药物的发展，目前抗胆碱药的临床应用已经降到次要地位。本类药物可通过阻断中枢 M 胆碱受体，抑制黑质 - 纹状体通路中 ACh 的作用，使中枢神经系统中 DA 与 ACh 失衡状态得到调整。其疗效不如左旋多巴，临床上主要用于 PD 早期轻症患者、由于副作用或禁忌证不能耐受左旋多巴的患者及抗精神病药所致的帕金森综合征。与左旋多巴合用，可使半数以上的患者得到进一步改善。伴有明显痴呆症状的患者慎用。

苯　海　索

苯海索（benzhexol）又名安坦（artane），口服易吸收，中枢性抗胆碱作用强，外周抗胆碱作用较弱，为阿托品的 1/10～1/3，抗震颤和改善流涎效果好，也能改善运动障碍和肌肉强直。不良反应包括口干、便秘、心动过速、尿潴留、视物模糊等，但症状较轻。偶见精神紊乱、激动、幻觉等。青光眼和前列腺肥大患者禁用。苯海索有成瘾性，应避免长期用药。由于其对 PD 的疗效有限，不良反应较多，目前临床上已较少使用。

第二节 抗阿尔茨海默病药

一、概述

阿尔茨海默病（Alzheimer disease，AD）是一种以进行性认知功能障碍和记忆力损害为特征的、多病因相关的神经系统退行性疾病。因德国医生阿洛伊斯·阿尔茨海默（Alois Alzheimer）博士于 1906 年发现而得名。

临床上可将 AD 病程分为 3 个阶段。初级阶段一般持续 2～3 年，表现为短暂的记忆缺失，并伴有焦虑和抑郁的症状，中级阶段出现幻觉、睡眠规律颠倒等神经症状，最后阶段出现运动障碍和认知功能严重下降。组织病理学特征为弥漫性脑萎缩、特征性神经原纤维缠结、脑组织内老年斑沉积及脑动脉淀粉样变性等。AD 的发病原因尚未明确，发病机制复杂。目前提出的 AD 病因主流学说有：胆碱能神经元损伤丢失、Aβ 蛋白淀粉样多肽（Aβ）沉积、细胞骨架退行性病变、氧化应激等。但对 AD 的治疗迄今仍无行之有效的方法，治疗的主要目的是改善痴呆患者的认知、行为和功能症状或延缓病情的发展。目前临床上主要使用胆碱酯酶抑制药治疗 AD。但是随着病情加重，能释放 ACh 的神经元越来越少，胆碱酯酶抑制药的效果降低。此时，由于突触后膜 M_1 受体的数目变化不大，所以选择性 M_1 受体激动药具有良好的开发前景。此外，非甾体抗炎药、自由基清除剂和 AD 疫苗等药物也正在研究之中。

> 临床聚焦 13-2
> 阿尔茨海默病的主要用药

二、胆碱酯酶抑制药

多 奈 哌 齐

多奈哌齐（donepezil）又名安理申（aricept），是第二代可逆性中枢乙酰胆碱酯酶（AChE）抑制药。药物主要由肝药酶代谢，代谢产物中 6-O- 脱甲基衍生物的体外抗 AChE 活性与母体药物相同。代谢产物主要经肾排泄，少量原型药经肾排出，$t_{1/2}$ 约为 70 h。临床上用于轻、中度 AD 患者的治疗，可改善患者的认知功能及延缓病情发展，是目前最常用的治疗 AD 的药物。与第一代 AChE 抑制药他克林相比，多奈哌齐更具优越性，其对中枢神经系统 AChE 的选择性和专属性高，对外周 AChE 作用小，口服吸收良好，不受食物影响，生物利用度高。不良反应少，常见腹泻、肌痛、肌肉痉挛、疲乏、恶心、呕吐、失眠和头晕，但极少患者因不能耐受而停药。

石 杉 碱 甲

石杉碱甲（huperzine A）又称哈伯因，是中国首创的可逆性高选择性 AChE 抑制药，是由石杉科植物千层塔提取的一种生物碱，20 世纪 90 年代初被卫生部批准为治疗 AD 的新药。该药具有显著的改善记忆和认知功能的作用。可用于各型 AD 的治疗。

利 凡 斯 的 明

利凡斯的明（rivastigmine）是选择性 AChE 抑制药，选择性作用于脑内的 AChE，通过抑制乙酰胆碱的降解而促进胆碱能神经传导，改善认知障碍，提高记忆力。此外，亦有报道显示利凡斯的明可减少 Aβ 的产生。临床上用于治疗轻、中度 AD，对血管性痴呆也有一定的效果。不良反应少，与多奈哌齐类似。

加兰他敏

加兰他敏（galanthamine）是 FDA 批准用于治疗 AD 的第二代 AChE 抑制药，其疗效与他克林相似，但没有肝毒性，对神经元的 AChE 有高度选择性，抑制神经元 AChE 的能力要比抑制血液中 AChE 的能力强 50 倍，在胆碱能高度不足的区域（如突触后区域）活性最大。其不与血浆蛋白结合，也不受进食和同时服药的影响。主要用于治疗轻、中度 AD，用药 6~8 周后疗效显著，临床有效率达 60% 左右。该药目前在许多国家被推荐为治疗 AD 的首选药物。治疗初期（2~3 周）有恶心、呕吐及腹泻等胃肠道不良反应，连续用药可逐渐消失。

三、非竞争性 NMDA 受体拮抗药

美 金 刚

美金刚（memantine）又名美金刚胺，为 NMDA 受体拮抗药，是第一个用于治疗中晚期、重度 AD 的药物。它能与 NMDA 受体上的苯环利定（phencyclidine）结合位点结合。当谷氨酸释放过多时，美金刚可拮抗谷氨酸的神经毒性作用；当谷氨酸释放过少时，美金刚则可改善记忆过程所需谷氨酸的传递。该药能改善 AD 患者的认知能力，延缓日常生活能力的进行性衰退。其不良反应包括眩晕、不安、口干等，饮酒可能加重不良反应。肝功能不全、意识紊乱的患者及孕妇或哺乳期妇女禁用，肾功能不全时减量。

四、M 胆碱受体激动药

呫 诺 美 林

呫诺美林（xanomeline）是目前发现的选择性最高的 M_1 受体激动药之一，其对 M_2、M_3 和 M_4 受体作用很弱。口服吸收好，易透过血脑屏障，集中分布在大脑皮质和纹状体中，可明显改善 AD 患者的认知功能和行为能力。但高剂量呫诺美林易引起消化道和心血管方面的不良反应，导致部分患者不能耐受而中断治疗。目前已设计出经皮肤给药的新剂型——透皮吸收贴剂，它既可减少肝代谢，又能避免消化道不良反应。

沙 可 美 林

沙可美林（sabcomeline）是选择性 M_1 受体激动药，其对 M_1 受体的选择性比 M_2 受体高 100 倍。其作用效果与呫诺美林相似，但更加安全，耐受性好，不良反应少。

五、抗 β 淀粉样蛋白抗体

仑 卡 奈 单 抗

脑组织中 Aβ 沉积，产生神经毒性，是 AD 发病机制的众多假说之一。靶向 Aβ 抗体是近年来 AD 新药研发的重要方向之一。仑卡奈单抗（lecanemab）是新型的人源抗 Aβ 抗体，该药物可以与 AD 患者脑组织中异常聚集的 Aβ 寡聚体结合，促进 Aβ 的清除，用于患有轻度认知障碍的

人群，可延缓疾病的进展。该药物临床使用时有导致脑出血及脑肿胀的副作用，因此，使用该药物前，应做必要的检查以排除该风险；另外，正在使用抗凝药物的患者及出血障碍性疾病的患者应避免使用该药物。

（徐江平）

思考题

1. 简述左旋多巴的作用特点，临床上左旋多巴为什么要与卡比多巴合用治疗帕金森病？
2. 试述目前临床上治疗帕金森病的药物分类及作用机制。
3. 试述抗阿尔茨海默病药的分类及其代表药。

网上更多……

👤 学习目标　　👤☰ 本章小结　　📝 自测题　　⬇️ 教学 PPT　　📺 参考资源

第十四章
镇痛药

关键词

镇痛药	成瘾性镇痛药	阿片受体激动药
阿片受体部分激动药	阿片受体拮抗药	吗啡
可待因	哌替啶	美沙酮
芬太尼	喷他佐辛	罗通定
纳洛酮	纳曲酮	

疼痛被认为是心率、血压、脉搏、呼吸之外的第五大生命体征，是许多疾病的常见症状。剧烈疼痛可以导致生理功能的紊乱，甚至休克而危及生命。疼痛还常伴有恐惧、紧张、焦虑等精神和情绪上的变化或心血管和呼吸方面的改变。药物治疗是临床缓解疼痛的主要措施之一。广义的缓解疼痛的药物包括阿片类镇痛药、解热镇痛药、解除平滑肌痉挛药、麻醉药、某些抗抑郁药和对某些特殊疼痛状态有效的药物（如卡马西平治疗三叉神经痛）。本章主要介绍以阿片类药物为代表的、主要通过激动阿片受体产生镇痛作用，而且不明显影响意识活动的中枢镇痛药，这些药物可以缓解或消除疼痛，并能解除由疼痛引起的不愉快情绪，长期应用易产生耐受性和依赖性。

思维导图

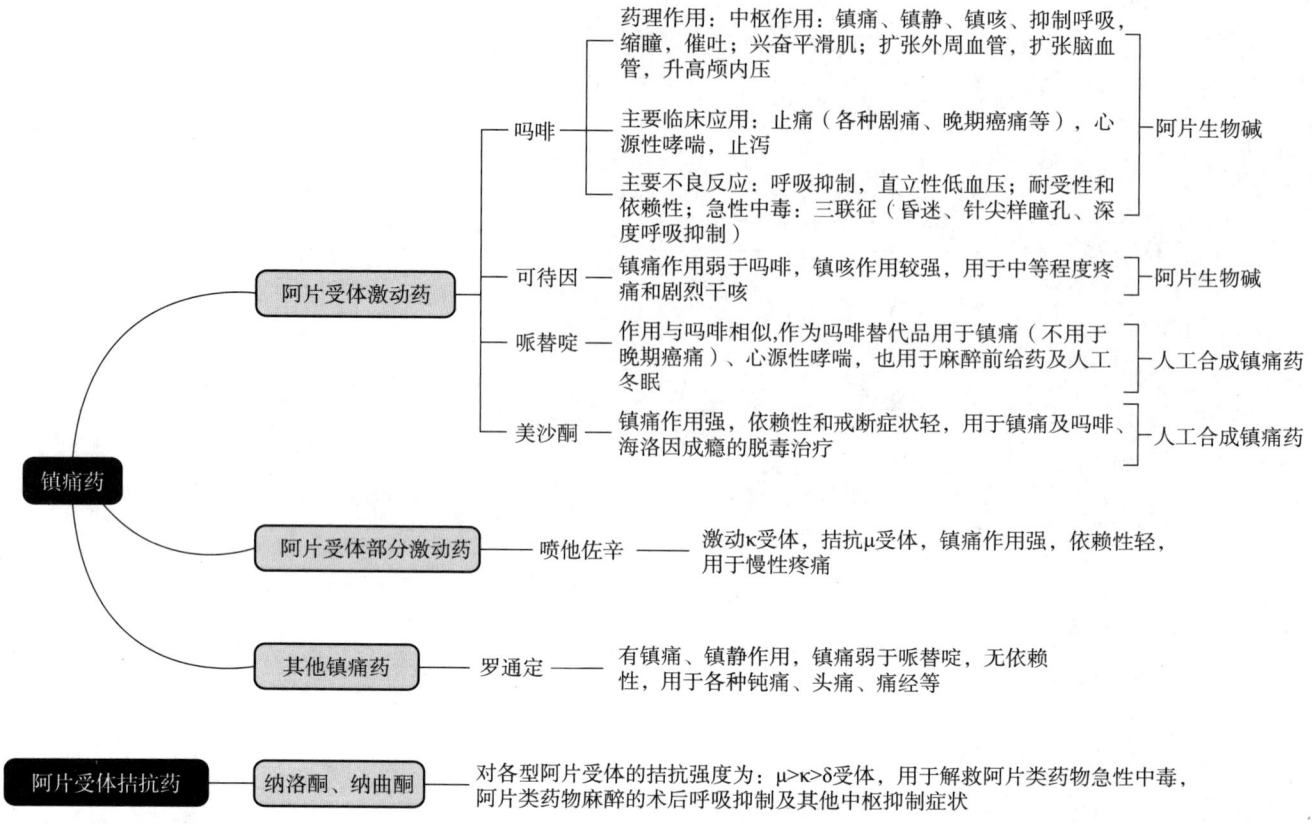

第一节 概述

疼痛是一种因组织损伤或潜在的组织损伤而产生的痛苦感觉，常伴有不愉快的情绪或心血管和呼吸方面的变化。它既是机体的一种保护性反应，也是临床许多疾病的常见症状。疼痛具有两面性，一方面，剧烈疼痛不仅给患者带来痛苦和紧张不安等情绪反应，还可引起机体生理功能紊乱，甚至诱发休克。另一方面，疼痛的部位、性质、疼痛发作时患者的体征和表现等也是疾病诊断的重要依据，因此在诊断未明之前应该慎用镇痛药，以免掩盖病情，贻误诊治。

根据痛觉冲动产生的部位不同可将疼痛分为躯体痛、内脏痛和神经痛三种类型。躯体痛是由体表或深部组织的痛觉感受器受到各种伤害性刺激所引起，内脏痛是由于炎症渗出、压迫、牵拉，或扭转胸、腹、盆腔器官导致这些部位的痛觉感受器活化而引起的疼痛。神经痛是由于神经系统损伤或受到肿瘤压迫或浸润所致。根据疼痛的持续时间及损伤组织的可能愈合时间，可以将疼痛分为急性疼痛和慢性疼痛两大类型。急性疼痛是与组织损伤、炎症或疾病过程相关的，持续时间较短的一种疼痛类型，包括锐痛和绞痛。慢性疼痛（钝痛）是指组织损伤痊愈后依然持续存在的或持续时间超过 3 个月的一种疼痛类型，包括深部肌肉、骨骼、关节、内脏等慢性隐痛。

临床聚焦 14-1 癌痛的三阶梯治疗 临床聚焦 14-2 癌痛治疗用药原则

缓解疼痛的药物按其作用部位不同可以分为两大类：一类是主要作用于中枢神经系统，选择性地消除或缓解疼痛，并使疼痛引起的精神紧张和烦躁不安等情绪反应得以改善，但不明显影响意识和其他感觉的药物，称为镇痛药（analgesics）。因多数药物反复应用易于成瘾，故又称为成瘾性镇痛药（addictive analgesics）或麻醉性镇痛药。绝大多数镇痛药都是通过激动阿片受体而起作用的，故又称阿片类镇痛药（opioid analgesics）。另一类是主要作用于外周产生镇痛作用的解热镇痛抗炎药，对各种钝痛（如头痛、牙痛等）有效，详见第十五章。

人文视角 14-1 阿片类镇痛药发展历程

根据作用机制，镇痛药可分为三类：①阿片受体激动药，如吗啡、可待因、哌替啶等。②阿片受体部分激动药，如喷他佐辛、布托啡诺等。③其他镇痛药，如四氢帕马丁和罗通定。

第二节 阿片受体激动药

阿片（opium）为罂粟科植物罂粟（*Papaver somniferum*，opium poppy）未成熟蒴果浆汁的干燥物，含有 20 余种生物碱，16 世纪已被广泛用于镇痛、止咳、止泻、镇静等。根据化学结构不同，阿片生物碱可分为菲类和异喹啉类两大类型。菲类如吗啡和可待因，具有镇痛作用；异喹啉类如罂粟碱，具有松弛内脏平滑肌和舒张血管作用。

吗 啡

吗啡（morphine）是阿片中的主要生物碱，含量高达 10%，1806 年法国化学家 F·泽尔蒂纳首次从鸦片中分离出来。

吗啡的基本结构为一具有 4 个双键和哌啶环的氢化菲核（图 14-1），由四部分组成：①保留四个双键的氢化菲核（环 A、B、C）。②与菲核环 B 相稠合的 *N*- 甲基哌啶环。③连接环 A 与环

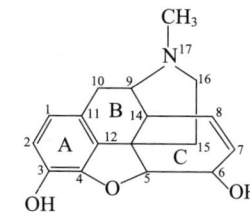

图 14-1　吗啡的化学结构

C 的氧桥。④环 A 上的一个酚羟基与环 C 上的醇羟基。酚羟基氢原子被甲基取代，得到可待因，其镇痛作用减弱；C_3、C_6 醇羟基上的氢也被乙酰基取代，得到海洛因（二醋吗啡），镇痛作用和成瘾性增强；叔胺氮上的甲基被烯丙基取代，则不仅镇痛作用减弱，而且成为阿片受体的部分激动药或拮抗药，如烯丙吗啡和纳洛酮（表 14-1）。

表 14-1　吗啡及其衍生物的构效关系

药物	取代部位及取代基团			作用特点
	3 位	6 位	17 位	
吗啡	—OH	—OH	—CH_3	镇痛，易成瘾（激动药）
可待因	—OCH_3	—OH	—CH_3	镇痛和成瘾性减弱（激动药）
海洛因	—$OCOCH_3$	—$OCOCH_3$	—CH_3	镇痛和成瘾性增强（激动药）
烯丙吗啡	—OH	—OH	—$CH_2CH=CH_2$	阿片受体部分激动药
纳洛酮	—OH	=O	—$CH_2CH=CH_2$	阿片受体拮抗药

【体内过程】口服易吸收，但首过效应明显，生物利用度只有 25%，常注射给药。皮下注射 30 min 后吸收 60%。约 1/3 与血浆蛋白结合，未结合型药物在体内分布迅速而广泛，仅有少量通过血脑屏障，但足以发挥中枢性药理作用。60% ~ 70% 的药物在肝内与葡糖醛酸结合，10% 脱甲基生成去甲吗啡，主要代谢产物吗啡 -6- 葡糖醛酸，生物活性强于吗啡。代谢物及少量原型药物于 24 h 内大部分经肾排泄，尚有约 10% 经胆汁排泄，少量经乳汁排泄，也可透过胎盘屏障进入胎儿体内，故临产前及哺乳期妇女禁用。吗啡血浆 $t_{1/2}$ 为 2.5 ~ 3 h，吗啡 -6- 葡糖醛酸血浆 $t_{1/2}$ 稍长于吗啡。

【药理作用】吗啡是镇痛药的代表，具有强大镇痛作用。主要影响中枢神经系统和内脏平滑肌，长期应用易产生耐受性和依赖性。

1. 中枢神经系统

（1）镇痛和镇静：镇痛作用强大，皮下注射 5 ~ 10 mg 即能明显减轻或消除疼痛，疗效维持 4 ~ 5 h，且不明显影响意识及其他感觉。对各种急性痛和慢性痛都有效，特别对慢性持续性钝痛的作用强于间断性锐痛，对神经性疼痛的效果较差。镇痛作用与激动脊髓胶质区、丘脑内侧、脑室和中脑水管周围灰质阿片受体有关（图 14-2）。

吗啡有明显镇静作用和致欣快作用，能消除由疼痛所引起的焦虑、紧张、恐惧等情绪反应，有利于提高患者对疼痛的耐受力。给药后，患者常出现嗜睡、精神朦胧、理智障碍等，如外界环境安静则可使患者入睡，但睡眠较浅。疼痛患者或成瘾者使用吗啡后常有欣快感，某些个体为追求使用吗啡后的欣快感，出现强迫性觅药行为。吗啡改变情绪活动可能与激动边

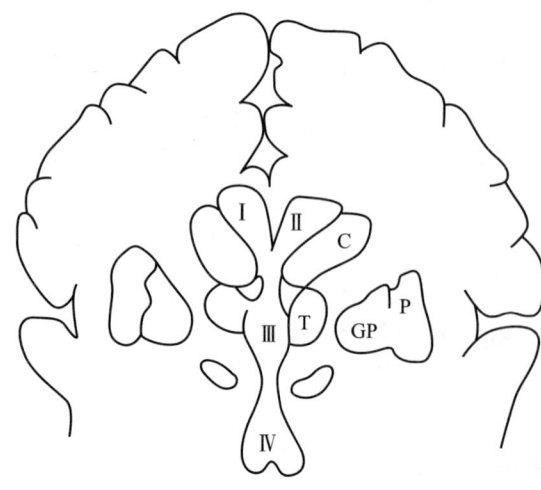

图 14-2　吗啡镇痛作用的部位（脑内）
I：第一脑室；II：第二脑室；III：第三脑室；IV：第四脑室
C：尾状核；T：丘脑；P：壳核；GP：苍白球

缘系统和蓝斑核的阿片受体，以及中脑边缘叶的中脑腹侧背盖区——伏隔核多巴胺能神经通路与阿片受体 / 肽系统的相互作用有关。

（2）抑制呼吸：治疗量吗啡即可抑制呼吸，使呼吸频率减慢、潮气量降低、每分通气量减少。剂量增大则呼吸抑制增强，呼吸频率减慢尤为突出，急性中毒时呼吸频率可减慢至 3 ~ 4 次 / min。呼吸抑制是吗啡急性中毒致死的主要原因。吗啡通过降低呼吸中枢对血液 CO_2 的敏感性及直接抑制脑桥呼吸调整中枢产生呼吸抑制作用，此作用与激动延髓孤束核阿片受体有关。与全麻药和其他中枢抑制药不同，吗啡抑制呼吸的同时，不伴有对延髓心血管中枢的抑制。但由于治疗剂量时即有呼吸抑制作用，使其应用受到限制。

（3）镇咳：通过激动延髓孤束核阿片受体而抑制咳嗽中枢，使咳嗽反射减轻或消失，产生镇咳作用。

（4）其他：吗啡激动中脑盖前核阿片受体，兴奋动眼神经缩瞳核，使瞳孔缩小。中毒时瞳孔极度缩小，针尖样瞳孔为吗啡的中毒特征。吗啡的缩瞳作用不产生耐受性。吗啡兴奋延髓催吐化学感受区，引起恶心、呕吐，但连续用药催吐作用消失。吗啡作用于下丘脑体温调节中枢，改变体温调定点，使体温略有降低，但长期大剂量应用，体温反而升高。吗啡还可影响内分泌，主要抑制下丘脑释放促性腺激素释放激素和促肾上腺皮质激素释放激素，降低血浆促肾上腺皮质激素、黄体生成素和促卵泡激素等的浓度。

2. 平滑肌

（1）胃肠道平滑肌：吗啡兴奋胃肠道平滑肌，提高其张力。由于胃窦部及十二指肠上部张力提高，胃蠕动受抑制，使胃排空延迟，减少其他药物吸收。提高小肠及大肠平滑肌张力，使推进性蠕动减弱，肠内容物通过延缓，水分吸收增加；提高回盲瓣及肛门括约肌张力，使肠内容物通过受阻；此外，吗啡抑制消化腺的分泌，使食物消化延缓；加上对中枢的抑制作用，使患者便意迟钝，因而引起便秘。

（2）胆道平滑肌和括约肌：治疗量吗啡引起胆道平滑肌收缩，奥迪括约肌痉挛，使胆汁排泄受阻，胆道和胆囊内压力明显提高，引起上腹部不适，甚至诱发或加重胆绞痛。阿托品可部分缓解，纳洛酮可逆转。

（3）其他：提高输尿管的张力和收缩幅度，增加膀胱括约肌张力，加之抑制排尿反射，导致排尿困难和尿潴留。降低子宫对缩宫素的敏感性，使分娩期子宫平滑肌张力降低、收缩频率减慢而延缓产程。治疗量对支气管平滑肌无明显兴奋作用，大剂量可引起支气管收缩，诱发或加重哮喘，可能与促进组胺释放有关。

3. 心血管系统　治疗量吗啡对正常人心脏作用不明显，对心率和心律无明显影响。但吗啡类药物能模拟缺血性预适应（ischemic preconditioning，IPC）对心肌缺血损伤的保护作用，缩小梗死范围，减少心肌细胞死亡。其机制可能与激动 δ_1 受体，从而激活心肌细胞线粒体 K_{ATP} 通道有关。

吗啡能扩张外周血管，降低外周阻力，当患者由卧位转为直立时可发生直立性低血压。可能与吗啡降低中枢交感张力，促进组胺释放有关。治疗量吗啡对脑循环无直接作用，但由于呼吸被抑制，使体内 CO_2 蓄积，引起脑血管扩张，脑血流增加和颅内压增高。

4. 免疫系统　吗啡对细胞免疫和体液免疫均有抑制作用，包括抑制淋巴细胞增殖，减少 IL-1β、IL-2、IL-10、肿瘤坏死因子 -α（tumor necrosis factor-α，TNF-α）和 TNF-β 等细胞因子的分泌，抑制自然杀伤细胞的活性，抑制巨噬细胞的吞噬功能和 NO 释放，并抑制 T 淋巴细胞增生。也可抑制人类免疫缺陷病毒（human immunodeficiency virus，HIV）蛋白诱导的免疫反应。吗啡的

人文视角 14-2
20 世纪中国生命科学
最佳研究生论文

免疫抑制作用主要与激动 μ 受体有关。长期滥用吗啡使机体免疫功能降低，易患感染性疾病。

【作用机制】1962 年，我国学者邹冈、张昌绍在研究自主神经药物的中枢作用时，发现吗啡的镇痛作用部位在第三脑室周围组织和中脑水管周围灰质，由此提出脑内存在吗啡的有效作用位点。1973 年，Snyder、Simon 和 Terenius 3 个实验室的科研人员利用配体结合技术和放射自显影技术，各自独立地在哺乳动物脑中发现了阿片类药物的特异性结合位点，直接证实了阿片受体的存在。体内有多种阿片受体，主要为 μ（包括 μ_1、μ_2）受体、δ（包括 δ_1、δ_2）受体和 κ（κ_1、κ_2、κ_3）受体，均属于 G 蛋白耦联受体，不同的阿片受体亚型效应不完全相同。阿片受体的分型及效应见表 14-2。作用于阿片受体的药物对不同亚型的亲和力及内在活性不完全相同，因此有些药物是激动药（如吗啡、哌替啶）；有些是拮抗药（如纳洛酮）；还有些药物对其中一种亚型是拮抗药，而对另一亚型则是激动药或部分激动药（如喷他佐辛、烯丙吗啡、丁丙诺啡）。

表 14-2　阿片受体的分型及效应

激动时效应	受体类型		
	μ受体	δ受体	κ受体
镇痛	脊髓以上水平	脊髓水平	脊髓水平
呼吸抑制	++	++	+
瞳孔	缩小	缩小	−
胃肠活动	减少	减少	−
平滑肌痉挛	++	++	−
行为、精神活动	欣快 ++	欣快 ++	烦躁不安 ++
	镇静 ++	镇静 ++	镇静 ++
生理依赖性	++	++	+

注：−、+、++、+++ 分别表示无作用，作用弱、中、强。

阿片受体的广泛存在提示脑内可能存在内源性阿片样活性物质。1975 年苏格兰的约翰·休斯（John Hughes）及汉斯·科斯特利兹（Hans Kosterlitz）各自独立地同时自猪脑内分离出两种五肽，即甲硫氨酸脑啡肽（M-enkephalin）和亮氨酸脑啡肽（L-enkephalin），它们能与阿片受体呈立体特异性结合而产生吗啡样作用，这种作用可被吗啡拮抗药纳洛酮所拮抗。继发现脑啡肽之后，又相继发现了 β- 内啡肽（β-endorphin）、强啡肽 A 和 B（dynorphin A、B）及内吗啡肽 1 和 2（endomorphin 1、2）等与阿片类药物作用相似的肽。迄今已发现近 20 种作用与阿片生物碱相似的肽类，统称为内源性阿片肽（endogenous opioid peptides）或内阿片肽。内源性阿片肽和阿片受体共同组成机体的"抗痛系统"。去极化或刺激相应的神经元可引起钙离子依赖性的内源性阿片肽释放。在正常情况下有 20% ~ 30% 的阿片受体与脑啡肽结合，起着疼痛感觉的调控作用，维持正常痛阈，发挥生理性止痛作用。

在痛觉传递过程中，痛觉传入神经末梢通过释放谷氨酸、P 物质（substance P，SP）等递质，将痛觉冲动传至痛觉中枢而引起疼痛。内源性阿片肽由相应的神经元释放，激动感觉神经突触前、后膜上的阿片受体，通过 G 蛋白耦联机制，抑制腺苷酸环化酶，促进 K^+ 外流，减少 Ca^{2+} 内流，使突触前膜 Ca^{2+} 依赖性递质释放减少，突触后膜超极化，最终减弱或阻滞痛觉信号的传递，产生镇痛作用。同时内源性阿片肽还可通过增加中枢下行抑制系统对脊髓背角感觉神经元的抑制作用而产生镇痛作用。吗啡等阿片类镇痛药通过模拟内源性阿片肽，激动阿片受体，激活脑内"抗痛系统"，抑制源自脊髓背角的痛觉上行传入通路和激活源自中脑的痛觉下行抑制性通路，阻断痛觉传导，产生中枢性镇痛作用（图14-3）。

阿片受体在脑内分布广泛而不均匀，受体密度较高的部位如脊髓胶质区、丘脑内侧、脑室及中脑水管周围灰质都是和疼痛刺激的传入、痛觉的整合及感受有关的神经结构，而受体密度最高的边缘系统及

动画 14-1
吗啡的镇痛机制

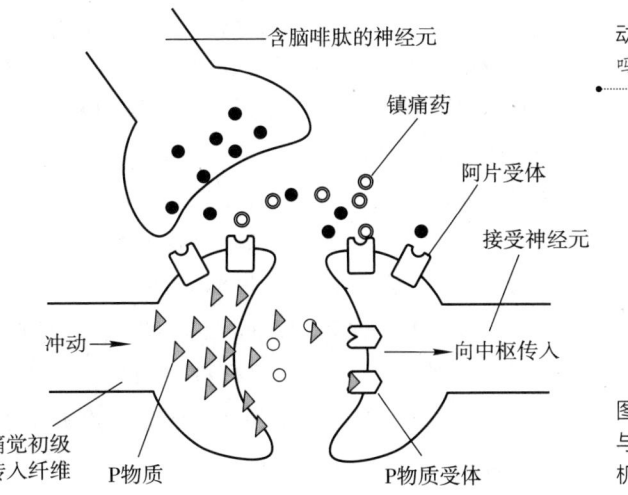

图 14-3 痛觉的传递与阿片类药物镇痛作用机制示意图

蓝斑核则多是与情绪及精神活动有关的脑区。中脑盖前核的阿片受体可能与缩瞳有关。延髓孤束核的阿片受体与药物引起的镇咳、呼吸抑制、中枢交感张力降低有关。脑干极后区、孤束核、迷走神经背核等部位的阿片受体与胃肠活动有关。胃肠平滑肌也有阿片受体。

深入学习 14-1
外周阿片受体拮抗药

【临床应用】

1. 镇痛　吗啡对各种疼痛均有效。由于久用易成瘾，所以除癌症剧痛可长期应用外，一般仅短期用于其他镇痛药无效时的急性锐痛，如严重创伤、烧伤、手术等引起的剧痛。对内脏平滑肌痉挛引起的绞痛，如胆绞痛、肾绞痛，需明确诊断后合用解痉药如阿托品才可缓解。对于心肌梗死所致剧痛，如果血压正常，可用吗啡止痛。这是因为吗啡除镇痛作用外还有镇静及扩张血管作用，可减轻患者因胸痛及窒息感所产生的焦虑情绪和精神恐惧，降低心脏负荷，更有利于治疗。对神经压迫性疼痛效果较差。吗啡的镇痛效果与个体对药物的敏感性及疼痛程度有关，应根据不同患者对药物的反应性调整剂量。

2. 心源性哮喘　是由于左心衰竭患者突然发生急性肺水肿而引起的呼吸困难，除应用强心苷、氨茶碱及吸氧外，静脉注射吗啡常可产生良好效果，能迅速缓解呼吸紧迫和窒息症状。这是由于吗啡扩张外周血管，降低外周阻力，从而减少回心血量，减轻心脏前后负荷和肺循环压力，有利于改善肺循环和消除肺水肿；吗啡的镇静作用有利于消除患者的焦虑、恐惧情绪。此外，吗啡降低呼吸中枢对 CO_2 的敏感性，减弱过度的反射性呼吸兴奋，缓解急促浅表的呼吸。但对于伴有休克、昏迷及严重肺功能不全或痰液过多者禁用。

3. 止泻　适用于急、慢性消耗性腹泻，用药后症状明显减轻。常选用阿片酊或复方樟脑酊。对于感染性腹泻主要应用抗感染药物，必要时合用阿片类药物。

【不良反应及用药注意事项】

1. 一般反应　治疗量吗啡可引起嗜睡、眩晕、注意力不集中、恶心、呕吐、便秘、排尿困难、胆囊内压升高甚至胆绞痛、直立性低血压及呼吸抑制等不良反应。偶见烦躁不安等情绪改变。

2. 耐受性及依赖性　连续反复应用吗啡易产生耐受性及依赖性。吗啡按常规剂量连续应用2~3周即可产生耐受性。剂量越大，给药间隔越短，耐受性产生越快，且与其他阿片类药物有交叉耐受性。产生耐受性的机制可能与血脑屏障中P-糖蛋白表达增加，使吗啡难以透过血脑屏障，以及孤啡肽释放增加，拮抗阿片类药物的作用有关。吗啡的依赖性可分为精神依赖性和躯体依赖性。产生躯体依赖性后停止用药，即出现戒断症状，表现为兴奋、失眠、烦躁不安、流泪、

流涕、出汗、震颤、呕吐、腹痛、腹泻，甚至虚脱、意识丧失等，给予治疗量吗啡，症状立即消失。成瘾者为追求吗啡的欣快感及避免停药所致戒断症状的痛苦，常不择手段获取药物，称为"强迫性觅药行为"，危害极大。故对吗啡等成瘾性药物应严格控制使用，并按国家颁布的《麻醉药品管理办法》严格管理。与吗啡成瘾及戒断症状有直接联系的是蓝斑核。吗啡或脑啡肽均可抑制蓝斑核放电，成瘾后一旦停用吗啡，则蓝斑核放电频率大幅度增加，出现戒断症状。能抑制蓝斑核放电的可乐定可缓解吗啡戒断症状。

3. 急性中毒　吗啡过量可引起急性中毒。轻度中毒表现为头晕、头痛、恶心、呕吐、幻觉，过度兴奋或抑制，时间和空间判断力消失，严重中毒则出现昏迷、瞳孔极度缩小（针尖样瞳孔，严重缺氧时则瞳孔散大）、深度呼吸抑制"三联征"。常伴有血压降低、严重缺氧及尿潴留，呼吸麻痹是致死的主要原因。需用人工呼吸、给氧抢救，静脉注射阿片受体拮抗药纳洛酮对吗啡引起的呼吸抑制有显著效果。

吗啡能通过胎盘屏障或经过乳汁分泌，抑制胎儿或新生儿呼吸，同时能降低子宫对缩宫素的敏感性而延长产程，故禁用于分娩止痛及哺乳妇女止痛。由于抑制呼吸、抑制咳嗽反射及促进组胺释放而致支气管收缩，故禁用于支气管哮喘及肺源性心脏病患者。颅脑损伤所致颅内压增高的患者、肝功能严重减退患者及新生儿和婴儿禁用。

可 待 因

可待因（codeine）又称甲基吗啡，在阿片生物碱中的含量约0.5%。口服易吸收，生物利用度为60%。主要在肝内代谢，约10%脱甲基后转变为吗啡而发挥作用。代谢产物及少量原型药（10%）经肾排泄。$t_{1/2}$为2~4 h，过量时可延长至6 h。药理作用与吗啡相似，但由于与阿片受体的亲和力低，镇痛作用仅相当于吗啡的1/12~1/10，镇咳作用为吗啡的1/4，镇静作用不明显。作用持续时间与吗啡相似。在镇咳剂量时，呼吸抑制轻微，且无明显致便秘、尿潴留及直立性低血压等不良反应。主要用于中等程度疼痛和剧烈干咳，与解热镇痛药合用有协同作用。虽致欣快感及成瘾性弱于吗啡，但仍属限制性应用的麻醉药品。

哌 替 啶

哌替啶（pethidine）又名度冷丁（dolantin），为苯基哌啶衍生物，是第一个人工合成的阿片类药物，于1939年合成阿托品类似物时发现其具有吗啡样镇痛作用。

【体内过程】口服易吸收，生物利用度仅为40%~60%，故一般皮下或肌内注射给药。血浆蛋白结合率为60%，能透过胎盘屏障进入胎儿体内。哌替啶在肝内代谢为哌替啶酸和去甲哌替啶，代谢物与葡糖醛酸形成结合物或少量以原型经肾排出，血浆$t_{1/2}$为3 h。去甲哌替啶血浆$t_{1/2}$为15~20 h，肾功能不良或长期应用可导致蓄积。去甲哌替啶有中枢兴奋作用，反复大量使用哌替啶引起的肌肉震颤、抽搐甚至惊厥可能与此有关。

【药理作用】

1. 中枢神经系统

（1）镇痛、镇静：哌替啶通过激动μ受体产生与吗啡相似但较弱的作用，效价强度相当于吗啡的1/10~1/7，注射80~100 mg哌替啶约相当于10 mg吗啡的镇痛效力。皮下或肌内注射后10 min可产生镇静、镇痛作用，但持续时间比吗啡短，仅2~4 h。10%~20%患者用药后出现欣快。

（2）抑制呼吸：哌替啶与吗啡在等效镇痛剂量时，抑制呼吸的程度相等，但持续时间较短，对呼吸功能正常者影响较小，对肺功能不良及颅脑损伤者可危及生命。

（3）其他：无明显中枢性镇咳作用。对延髓催吐化学感受区有兴奋作用，并能提高前庭器官的敏感性，易致眩晕、恶心、呕吐等。哌替啶不缩小瞳孔，且由于阿托品样作用反而使瞳孔扩大。

2. 心血管系统 可扩张血管，降低外周阻力，引起直立性低血压。由于抑制呼吸，也能使体内 CO_2 蓄积，脑血管扩张，导致颅内压增高。

3. 平滑肌 可兴奋平滑肌，提高胃肠道平滑肌和括约肌的张力，减少推进性蠕动，但因作用弱，持续时间短，故不引起便秘，也无止泻作用。能引起胆道括约肌痉挛，提高胆道内压力，但比吗啡弱。治疗量对支气管平滑肌无明显影响，大剂量可引起支气管收缩。有轻微兴奋子宫平滑肌的作用，但对妊娠末期子宫的正常收缩无影响，也不对抗缩宫素的作用，故不延缓产程。

【临床应用】

1. 镇痛 作为吗啡的替代品，用于各种剧痛，如创伤、烧伤、烫伤、手术后疼痛；对内脏绞痛需与解痉药如阿托品合用。由于新生儿对哌替啶的呼吸抑制作用极为敏感，用于分娩止痛时，须监护该药对新生儿的抑制呼吸作用。因其有效镇痛时间较短、代谢产物去甲哌替啶神经毒性大，不建议用于中重度癌痛患者。因有成瘾性，慢性钝痛则不宜使用。

2. 心源性哮喘 用于替代吗啡治疗心源性哮喘，效果良好。其机制与吗啡相同。

3. 麻醉前给药和人工冬眠 麻醉前给予哌替啶，利用其镇静作用，消除患者术前紧张和恐惧情绪，减少麻醉药用量及缩短诱导期。与氯丙嗪、异丙嗪组成冬眠合剂，用于人工冬眠，氯丙嗪可增强哌替啶镇痛、镇静、呼吸抑制及血管扩张作用。

【不良反应及用药注意事项】治疗量时不良反应与吗啡相似。可致头昏、头痛、出汗、口干、恶心、呕吐、心悸和直立性低血压等，较少引起便秘和尿潴留。剂量过大可明显抑制呼吸。偶可引起震颤、肌肉痉挛、反射亢进甚至惊厥等中枢兴奋症状，久用产生耐受性和依赖性。过量中毒可致瞳孔散大、惊厥、心动过速、幻觉、血压下降、呼吸抑制及昏迷。中毒解救用阿片受体拮抗药纳洛酮，因其不能对抗哌替啶的中枢兴奋作用，需配合抗惊厥药。

禁忌证与吗啡相同。产妇用药主要的不良反应是抑制新生儿呼吸。婴幼儿慎用。1 岁以内小儿不应静脉注射本品或行人工冬眠。

美 沙 酮

美沙酮（methadone）为人工合成的 μ 受体激动药，口服与注射同样有效。左旋体较右旋体效力强 8～50 倍，常用其消旋体。口服生物利用度约为 92%，血浆蛋白结合率为 90%，主要经肝代谢，代谢产物随尿液和粪便排出，$t_{1/2}$ 为 15～40 h。药理作用与吗啡相似，镇痛作用强度、持续时间与吗啡相当。耐受性与成瘾性发生较慢，戒断症状略轻，且易于治疗。一次给药镇静作用较弱，但多次用药有显著镇静作用。抑制呼吸、缩瞳、引起便秘及升高胆道内压力都较吗啡轻。适用于创伤、手术及晚期癌症等所致剧痛，也可用于吗啡、海洛因等成瘾的脱毒治疗。

羟 考 酮

羟考酮（oxycodone）属蒂巴因的半合成衍生物，是 μ 受体和 κ 受体的完全激动药。1917 年在德国上市，1939 年首次被引入美国市场，但使用并不广泛。1995 年美国批准了羟考酮缓释制剂奥施康定上市，该药能长效止痛。2004 年奥施康定在我国上市。羟考酮口服吸收良好，生物利用度为 60%~87%，经肝代谢为去甲羟考酮和羟氢吗啡酮，代谢物主要由肾排泄。镇痛作用强，效力相当于吗啡的 1/2，剂量加大镇痛作用增强，且无封顶效应。有与吗啡相似的其他作用，包括抑制呼吸、镇咳、镇静等。临床主要用于缓解持续的中度到重度疼痛，也可用作吗啡的替代品治疗癌症疼痛。羟考酮的复方制剂和控释制剂在非癌症疼痛治疗中应用广泛，如骨关节疼痛、腰背痛、神经血管性疼痛、神经源性疼痛及慢性疼痛等。对于明确诊断的慢性疼痛，经非阿片类药物治疗无效时，也可使用该药。

羟考酮不良反应与吗啡相似但较轻，反复应用可产生耐受性和依赖性。常见便秘、恶心、呕吐、头晕、瘙痒、头痛、口干、多汗、思睡和乏力等反应。过量中毒时出现针尖样瞳孔、呼吸抑制和低血压，严重者可能发生嗜睡、循环衰竭及深度昏迷、骨骼肌松弛、心动过缓甚至死亡。可用纳洛酮解救。

芬太尼及其同系物

芬太尼（fentanyl）化学结构与哌替啶相似，为苯基哌啶衍生物，是目前临床麻醉中最常用的强效麻醉性镇痛药。起效快、维持时间短，静脉注射后几乎立即起效，4 min 可达血药浓度峰值，维持 30~60 min；肌内注射约 7 min 起效，维持 1~2 h。镇痛效力较吗啡强 80~100 倍，加大剂量亦不增强镇痛效果。呼吸抑制作用较弱，成瘾性较小。主要用于各种疼痛及外科、妇科等术后和手术过程中的镇痛；也用于防止或减轻手术后出现的谵妄；还可作为麻醉药辅助药，减少麻醉药用量。与氟哌利多合用可产生"神经安定镇痛"（neuroleptic analgesia）状态，即精神恍惚、活动减少、不入睡而痛觉消失的特殊麻醉状态，用于大面积换药及进行小手术。不良反应与吗啡相似但发生率较低，表现为眩晕、恶心、呕吐、胆道括约肌痉挛等。偶有肌肉抽搐与肌强直现象。静脉注射过快易出现呼吸抑制，禁用于颅脑损伤或脑肿瘤所引起的昏迷、支气管哮喘、重症肌无力患者及 2 岁以下的幼儿。

舒芬太尼（sufentanil）、阿芬太尼（alfentanil）、瑞芬太尼（remifentanil）、卡芬太尼（carfentanil）、洛芬太尼（lofentanil）等均为芬太尼的类似物，主要激动 μ 受体。舒芬太尼的镇痛作用强于芬太尼，约为吗啡的 1 000 倍；阿芬太尼镇痛效价强度低于芬太尼，约为芬太尼的 25%，作用时间仅为其 30%，故称为短效镇痛药。近年来又有更短效的瑞芬太尼问世。由于芬太尼及其同系物对心血管系统的影响较其他阿片类镇痛药小，目前已成为心血管手术麻醉中的主要用药，常大剂量使用。瑞芬太尼、阿芬太尼的药代动力学特点决定其很少蓄积，适用于分次或持续静脉输注等多种给药方式，应用方便。与其他阿片类药物相似，反复或大量使用芬太尼类药后有可能出现延迟性呼吸抑制。长期反复使用也可产生依赖性，但较吗啡与哌替啶为轻。

第三节 阿片受体部分激动药

阿片受体部分激动药小剂量或单独使用时，可激动某型阿片受体，呈现镇痛作用；当剂量加大或与受体激动药合用时，又可拮抗受体，妨碍激动药发挥作用。此外，某些药物对某型受体起激动作用，而对另一型受体则起拮抗作用，称为阿片受体混合型激动-拮抗药。本类药物以镇痛为主，依赖性较小，呼吸抑制作用较弱。

喷 他 佐 辛

喷他佐辛（pentazocine）又名镇痛新（fortalin），为苯并吗啡烷类衍生物，是阿片受体部分激动药。主要激动 κ 受体，对 μ 受体有拮抗作用。

【体内过程】口服和注射均易吸收，首过效应明显，口服生物利用度仅为 20%，血浆蛋白结合率约为 65%。主要经肝代谢，代谢物和少量原型药经肾排泄。$t_{1/2}$ 为 4～5 h。

【药理作用】作用似吗啡而较弱，镇痛效价强度为吗啡的 1/3，呼吸抑制作用约为吗啡的 1/2。剂量增加至 30 mg 以上，呼吸抑制作用并不随剂量按比例增强，故相对较安全。用量达 60～90 mg 时则可引起精神症状，表现为烦躁不安、梦魇、幻觉等，可用纳洛酮对抗。对于胃肠道平滑肌及胆道括约肌的兴奋作用均弱于吗啡。对心血管系统的作用不同于吗啡，大剂量反而增快心率，升高血压，可能与其升高血浆中儿茶酚胺水平有关。能减弱吗啡的镇痛作用，对于已产生吗啡耐受性的患者，可促进戒断症状的产生。由于有一定的拮抗 μ 受体的作用，因而成瘾性很小，在药政管理上已列入非麻醉药品。

【临床应用】用于各种原因引起的疼痛，如癌性疼痛、创伤性疼痛、手术后疼痛，也可作为麻醉药的辅助药用作手术前或麻醉前给药。由于仍有产生依赖性的倾向，仍不能作为理想的吗啡替代品。

【不良反应及用药注意事项】常见镇静、嗜睡、眩晕、疲乏、出汗等不良反应，恶心、呕吐少见。大剂量能引起呼吸抑制、血压升高、心率加快。出现呼吸抑制可用纳洛酮对抗。局部反复注射可使注射部位发生无菌性脓肿、溃疡和瘢痕形成。因能增加心脏做功，故心肌梗死的疼痛不宜使用。孕妇及哺乳期妇女慎用。

布 托 啡 诺

布托啡诺（butorphanol）为吗啡喃类衍生物，属阿片受体部分激动药，主要激动 κ 受体，对 μ 受体有部分激动作用。镇痛效力为吗啡的 3.5～7 倍，可缓解中度和重度的疼痛。镇痛剂量可引起外周血管阻力增加，肺动脉压升高，心脏做功增加。临床用于中、重度疼痛，如术后、外伤、癌症疼痛及肾或胆绞痛的止痛，对急性疼痛的镇痛效果好于慢性疼痛。也可用作麻醉前给药。主要不良反应为镇静、恶心、呕吐及出汗。较少见头痛、眩晕、漂浮感及精神错乱等。偶见幻觉、异常梦境、人格解体感、心悸和皮疹。不宜用于心肌梗死的镇痛。

丁 丙 诺 啡

丁丙诺啡（buprenorphine）又名布诺啡（buprenox），是蒂巴因的半合成衍生物，为阿片受体部分激动药，主要激动 μ 受体和 κ 受体，对 δ 受体有弱的拮抗作用。镇痛作用强于哌替啶。起效慢，作用持续时间长。对呼吸有抑制作用，但临床上未见严重的呼吸抑制现象。也能减慢心率，使血压轻度下降，对心输出量无明显影响，药物依赖性近似吗啡。用于术后镇痛、癌性痛、烧伤、肢体痛和心绞痛等。因其具有激动和拮抗阿片受体的双重作用，对消除阿片类成瘾停药出现的戒断症状作用明显，可用于阿片类药物、可卡因成瘾的急性脱瘾治疗。不良反应与吗啡相似，常见有头晕、嗜睡、恶心及呕吐等。颅脑损伤及呼吸抑制患者、老弱患者慎用。本品有一定依赖性。

第四节　其他镇痛药

曲 马 多

曲马多（tramadol）为人工合成的可待因类似物，有较弱的 μ 受体激动作用，与 μ 受体的亲和力仅为吗啡的 1/6 000，并能抑制 NA 和 5-HT 的再摄取。其镇痛作用强度与喷他佐辛相似，镇咳作用相当于可待因的 1/2，呼吸抑制作用弱，对胃肠道无影响，也无明显的心血管作用。曲马多的镇痛作用不能被纳洛酮完全拮抗，提示尚有其他机制参与镇痛。适用于中、重度急、慢性疼痛，如癌症疼痛，骨折、创伤引起的疼痛，术后疼痛，分娩痛。不宜用于轻度疼痛，长期应用也可产生依赖性。不良反应与其他镇痛药相似，偶有多汗、头晕、恶心、呕吐、口干和疲劳等。治疗剂量时不抑制呼吸，也不影响心血管功能，不产生便秘等副作用。

四氢帕马丁及罗通定

四氢帕马丁（tetrahydropalmatine）又称延胡索乙素（corydalis B），是我国学者从中药元胡中提取的生物碱，为消旋体，有效部分为左旋体，即罗通定（rotundine，左旋四氢帕马丁）。口服四氢帕马丁及罗通定吸收良好，给药后 10~30 min 起效，维持 2~5 h。有镇静、安定、镇痛和中枢性肌松作用。

镇痛作用弱于哌替啶，但强于解热镇痛药，无明显成瘾性。镇痛机制可能是通过阻断纹状体和伏隔核的 D_2 受体，加强脑干下行痛觉调制系统的功能，增加特定脑区脑啡肽原和内啡肽原的 mRNA 表达，促进脑啡肽和内啡肽释放实现的。对慢性持续性钝痛效果较好，对急性锐痛如创伤性疼痛、手术后疼痛及晚期癌症疼痛的效果较差。可用于治疗胃肠及肝胆系统等内科疾病所引起的钝痛（如胃溃疡及十二指肠溃疡的疼痛），一般性头痛，以及脑震荡后头痛等，也可用于痛经及分娩镇痛，对产程及胎儿均无不良影响。

第五节　阿片受体拮抗药

纳 洛 酮

纳洛酮（naloxone）化学结构与吗啡极相似，能竞争性拮抗各型阿片受体，拮抗强度依次为 μ>κ>δ 受体。本身并无明显药理效应及毒性，正常人注射 12 mg 后不引起任何症状，注射 24 mg 只产生轻微困倦。但对吗啡中毒者，小剂量（0.4~0.8 mg）纳洛酮肌内或静脉注射能迅速解除吗啡中毒所致的呼吸抑制、颅内压增高、血压下降，使昏迷者迅速苏醒。对阿片类药物成瘾者，用药后可立即出现戒断反应。临床上用于阿片类镇痛药急性中毒，也用于解除应用阿片类药物实施复合麻醉的术后呼吸抑制及其他中枢抑制症状，以及对阿片类药物依赖者鉴别诊断。有研究证实，纳洛酮还可用于与阿片受体不相关的催醒作用，如对酒精急性中毒的解救等，可能与通过胆碱能作用激活生理性觉醒系统有关。在镇痛药的理论研究中，纳洛酮是重要的工具药。

纳 曲 酮

纳曲酮（naltrexone）的作用与纳洛酮相似，口服生物利用度较高，作用维持时间较长。对 κ 受体的拮抗作用强于纳洛酮，临床应用与纳洛酮相同。

（辛　勤）

思考题

1. 比较镇痛药与解热镇痛药的镇痛作用特点、临床用途和不良反应的异同。
2. 比较吗啡与哌替啶的药理作用与临床应用的异同。

网上更多……

👤 学习目标　　👥 本章小结　　✍ 自测题　　⬇ 教学 PPT　　📶 参考资源

第十五章
解热镇痛抗炎药和抗痛风药

关键词

解热镇痛抗炎药   非甾体抗炎药

非选择性环加氧酶抑制药   选择性环加氧酶-2抑制药

阿司匹林   对乙酰氨基酚   吲哚美辛   双氯芬酸

布洛芬   萘普生   吡罗昔康   美洛昔康

塞来昔布   尼美舒利   别嘌醇   丙磺舒

秋水仙碱

　　1897年，德国化学家霍夫曼为解除父亲的风湿病之苦，合成出乙酰水杨酸，这就是沿用至今的阿司匹林。1899年，德国化学家拜尔创立了以工业方法制造阿司匹林的工艺，开始批量生产，使其畅销全球。阿司匹林除了具有抗炎、抗风湿作用外，还有非常好的解热镇痛作用。一百多年来，解热镇痛抗炎药也从单一品种的阿司匹林发展成为近百个品种的非甾体抗炎药。至今人们对非甾体抗炎药的作用机制和临床适应证的认识仍在不断深化。

思维导图

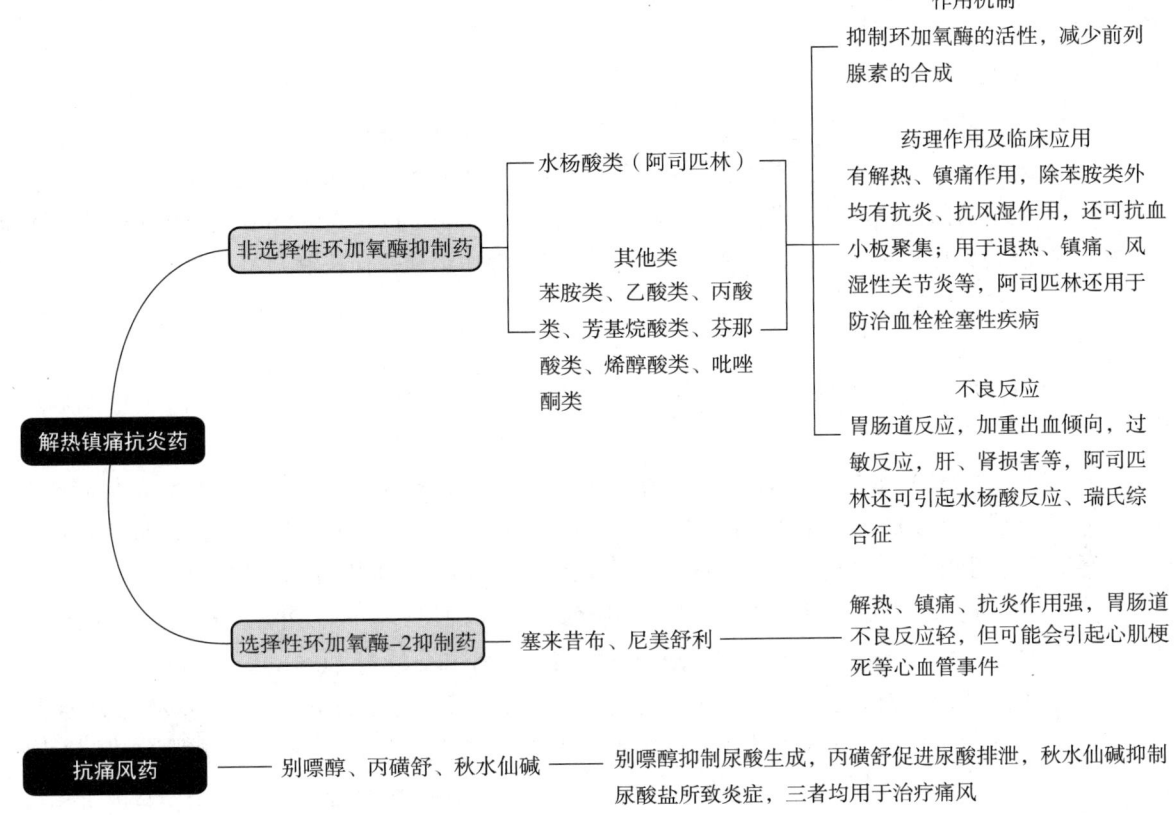

作用机制
抑制环加氧酶的活性，减少前列腺素的合成

药理作用及临床应用
有解热、镇痛作用，除苯胺类外均有抗炎、抗风湿作用，还可抗血小板聚集；用于退热、镇痛、风湿性关节炎等，阿司匹林还用于防治血栓栓塞性疾病

不良反应
胃肠道反应，加重出血倾向，过敏反应，肝、肾损害等，阿司匹林还可引起水杨酸反应、瑞氏综合征

水杨酸类（阿司匹林）

其他类
苯胺类、乙酸类、丙酸类、芳基烷酸类、芬那酸类、烯醇酸类、吡唑酮类

非选择性环加氧酶抑制药

解热镇痛抗炎药

选择性环加氧酶-2抑制药 —— 塞来昔布、尼美舒利 —— 解热、镇痛、抗炎作用强，胃肠道不良反应轻，但可能会引起心肌梗死等心血管事件

抗痛风药 —— 别嘌醇、丙磺舒、秋水仙碱 —— 别嘌醇抑制尿酸生成，丙磺舒促进尿酸排泄，秋水仙碱抑制尿酸盐所致炎症，三者均用于治疗痛风

第一节　概述

解热镇痛抗炎药（antipyretic analgesic and anti-inflammatory agents）是一类具有解热、镇痛，大多数还具有抗炎、抗风湿作用的药物。由于其化学结构和抗炎机制与甾体激素不同，故又将这类药物称为非甾体抗炎药（non-steroidal anti-inflammatory drug，NSAID）。此类药物均可抑制体内前列腺素（prostaglandin，PG）的合成，其药理作用和作用机制基本相同，但苯胺类无明显的抗炎和抗风湿作用。

一、基本作用机制

动画 15-1
非甾体抗炎药基本作用机制

NSAID 的基本作用机制是抑制体内环加氧酶（cyclo-oxygenase，COX），从而减少 PG 的生物合成，产生解热、镇痛、抗炎等作用。PG 是由 1 个五碳环和 2 条侧链构成的二十碳不饱和脂肪酸，由花生四烯酸（arachidonic acid，AA）转化产生，体内许多组织细胞都可以产生 PG。当细胞受到病理性刺激时，细胞膜上的磷脂酶 A_2（phospholipase A_2，PLA_2）被激活，催化水解膜磷脂，释放 AA。释出的 AA 经 COX 途径代谢为各种 PG 和血栓素（thromboxane A_2，TXA_2，thromboxane B_2，TXB_2）。PG 能产生扩张血管、提高毛细血管通透性、致热、致痛、调节血小板聚集、促进炎症细胞趋化和游走、收缩支气管等作用。AA 经脂加氧酶（lipoxygenase，LOX）作用，生成白三烯（leukotriene，LT）、脂氧素（lipoxin，LX）和羟基环氧素（hepoxilin，HX），参与过敏反应，诱发炎症，增强白细胞和巨噬细胞的趋化，以及支气管、胃肠道平滑肌收缩等活动。抗炎药物通过抑制细胞膜磷脂代谢的各个环节发挥抗炎作用（图 15-1）。

环加氧酶主要有 COX-1、COX-2 两种同工酶。COX-1 为结构型，存在于血管、胃和肾等组织，负责细胞间信号传递和维持细胞功能的平衡，参与血管舒缩、血小板聚集、胃黏膜血流、胃黏液分泌和肾功能的调节。COX-2 为诱导型，是经刺激迅速产生的诱导酶，主要存在于炎症组织中，由各种损伤性化学、物理和生物因子诱导产生，进而催化 PG 合成，参与炎症反应。大部分传统的 NSAID 可同时抑制 COX-1 和 COX-2 两种酶，有时因剂量不同对不同亚型酶的抑制情况不同。目前认为，NSAID 对 COX-1 的抑制作用构成了此类药物不良反应的毒理学基础，对 COX-2 的抑制作用被认为是其发挥药效的基础。近年来研究发现，COX 还有其他同工酶存在，新的 COX 亚型 COX-3 已被发现，其对对乙酰氨基酚的作用有更高的敏感性，被认为是人们长期寻找的对乙酰氨基酚的作用靶点。

二、药理作用

1. 解热作用　人的正常体温一般在 37 ℃左右，由下丘脑体温调节中枢通过对产热和散热两个过程的精细调节，使体温维持相对恒定。发热是由于病原微生物、非微生物抗原、炎症灶渗出物、致热性类固醇等发热激活物作用于机体，刺激单核细胞和巨噬细胞释放 IL-1、IL-6、TNF、IFN-α、INF-β 等内源性致热原（endogenous pyrogen，EP），内源性致热原在下丘脑视前区附近激活 PLA_2，通过环加氧酶途径使 PGE_2 合成与释放增加，激动细胞表面受体，细胞内 cAMP 升

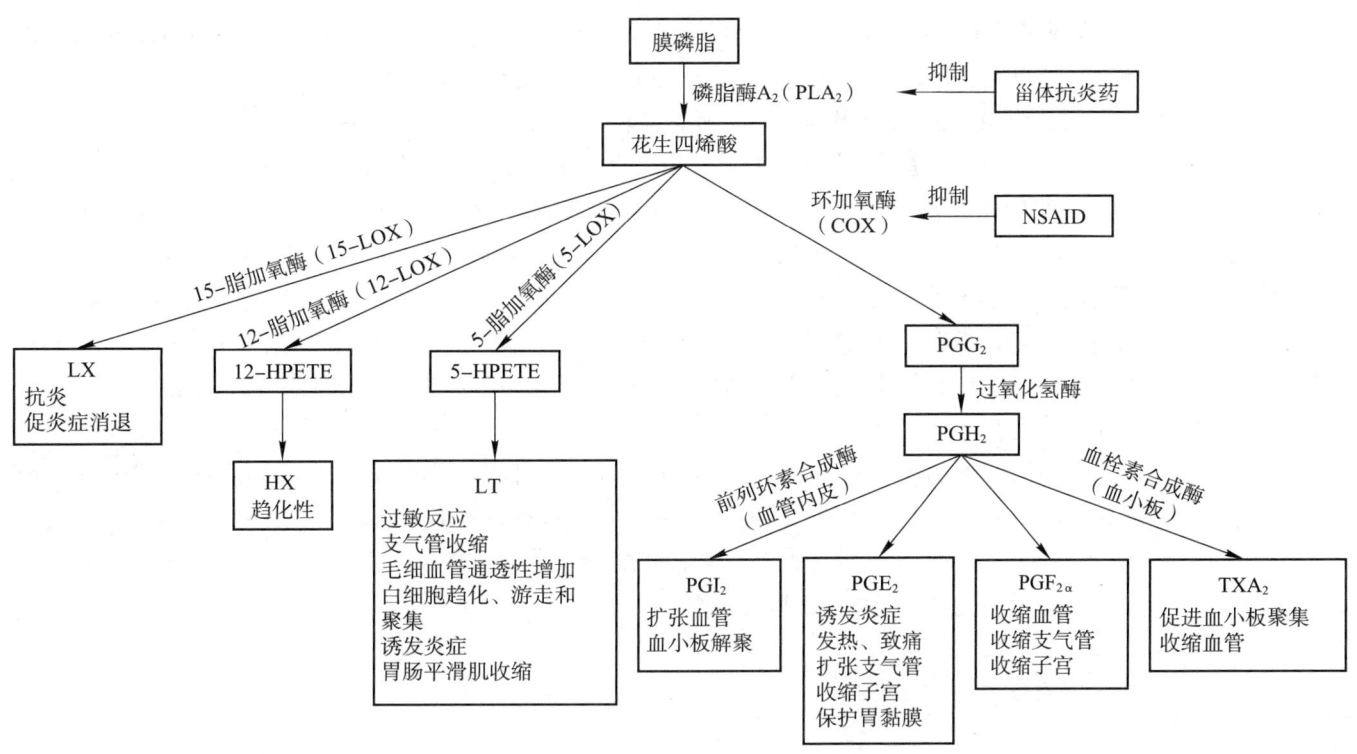

图 15-1　花生四烯酸衍生的各种物质及其作用以及抗炎药的作用部位

NSAID：非甾体抗炎药；5-HPETE：5-氢过氧化二十碳四烯酸；12-HPETE：12-氢过氧化二十碳四烯酸；LT：白三烯；HX：羟基环氧素；LX：脂氧素；PG：前列腺素；PGI$_2$：前列环素；TXA$_2$：血栓素 A$_2$

高，引起体温调定点上调，机体产热增加，散热减少，最终引起发热。NSAID 通过抑制下丘脑 COX，减少 PG 合成，使异常提高的体温调定点恢复正常，引起皮肤血管扩张，出汗增加，因而退热。NSAID 能使升高的体温恢复正常，而对正常体温无明显影响。其解热作用的强弱与抑制中枢 COX 活性的程度一致。NSAID 对非致热原性发热如甲状腺危象、癫痫持续状态、炎热环境等造成的体温升高无影响。

　　发热是机体的一种防御反应，也是诊断疾病的重要依据之一。因此，应先明确诊断后降温。解热只是一般的对症疗法，由于体温过高或持久发热会消耗体力，并引起头痛、失眠、谵妄甚至昏迷，小儿高热易致惊厥，严重者可危及生命，及时应用解热镇痛药可以缓解这些症状。但对幼儿、老年和体弱的患者，体温骤降及出汗过多可导致虚脱，应特别注意。

　　2. 镇痛作用　中等，对慢性钝痛有较好的效果，但对创伤引起的剧痛和内脏平滑肌绞痛无效。长期应用一般不产生耐受性和依赖性。

　　炎症或组织损伤时，局部产生并释放缓激肽（bradykinin，BK）、PG 和组胺等炎症介质，引起疼痛。PGE$_2$ 和 PGF$_{2\alpha}$ 有直接而持久的致痛作用，并可通过提高痛觉神经末梢对缓激肽等致痛物质的敏感性而增敏疼痛。

　　NSAID 主要通过抑制 COX 而减少炎症局部 PG 的合成，降低痛觉感受器对缓激肽等致痛物质的敏感性而发挥镇痛作用。NSAID 的镇痛作用部位主要在外周，近年来研究发现它们也可通过脊髓和其他皮质下中枢发挥镇痛作用，主要与其阻碍中枢神经系统 PG 的合成或干扰伤害感受系统的介质和调质（如 P 物质）的产生与释放有关。

　　3. 抗炎和抗风湿作用　除苯胺类外，NSAID 均有抗炎和抗风湿作用。PG 是参与炎症反应的活性物质。将极微量（ng 水平）PGE$_2$ 皮内、静脉或动脉内注射，均能引起炎症反应；炎症组织

（如类风湿关节炎组织）中也有大量 PG 存在。它们不仅能使血管扩张，通透性增加，引起局部充血、水肿和疼痛，还能增强组胺、缓激肽、5-HT 等致炎物质的作用。

解热镇痛抗炎药通过抑制 PG 合成，减轻炎症的红、肿、热、痛等反应，能明显缓解风湿性及类风湿关节炎的症状，但不能根除病因，也不能阻止病程的发展或并发症的出现。

近年的研究发现，来自循环血液中的 E- 选择素（E-selectin）、P- 选择素（P-selectin）和 L- 选择素（L-selectin）、细胞间黏附分子 -1（intercellular adhesion molecule-1，ICAM-1）、血管细胞黏附分子 -1（vascular cell adhesion molecule-1，VCAM-1）、白细胞整合素（leukocyte integrin）等，是炎症反应初期的关键性因素，可使血液中的白细胞趋向炎症部位，并使白细胞和血小板等黏附在炎症部位。NSAID 的抗炎作用与抑制多种细胞黏附分子的表达及白细胞和血小板等的黏附有关。

4. 其他　NSAID 通过抑制 COX-1，产生抑制血小板聚集的作用。阿司匹林通过不可逆乙酰化 COX-1 的活性位点，阻断 TXA_2 的合成，不可逆抑制血小板聚集。其他非选择性 NSAID 抗血小板效应是可逆的，停药后血小板功能可在 24～48 h 内恢复。选择性 COX-2 抑制药对 COX-1 影响极小，因此几乎无抗血小板聚集作用。

三、不良反应

临床聚集 15-1
NSAID 的安全用药

NSAID 的不良反应发生率较高，主要包括以下不良反应。

1. 胃肠道反应　最为常见，表现上腹不适、嗳气、腹痛、恶心、呕吐等症状，严重者出现上消化道溃疡、出血、穿孔。

2. 过敏反应　为第二常见的不良反应，轻者可出现药疹、荨麻疹、皮肤瘙痒等，偶见血管神经性水肿、哮喘等过敏反应。

3. 神经系统不良反应　发生率一般小于 5%，其中阿司匹林 <5%，吲哚美辛达 10%～25%。表现头痛、头晕、耳鸣、视力减退、嗜睡、失眠、感觉异常、麻木，偶见多动、兴奋、幻觉、震颤等。

4. 肝肾损害　长期口服 NSAID 可引起肝损害，发生率较低。轻者转氨酶升高、电解质异常，严重者可引起肝细胞死亡，但不可逆性肝损伤罕见。治疗量 NSAID 对肾功能正常者无明显影响，但少数人，尤其是老年人及伴有心、肝、肾功能损害者可引起肾损伤。在一项多中心的临床研究中发现，长期口服 NSAID 的患者肾疾病发生的风险率是普通人群的 2.1 倍。由于 NSAID 抑制 COX，减少了对维持肾血流量有重要作用的 PGE_2 和 PGI_2 的生成。长期服用可引起镇痛药性肾病。

5. 心血管系统不良反应　NSAID 长期大剂量应用可引起血压升高、心律失常、心悸等心血管系统不良反应，增加心肌梗死、不稳定型心绞痛、充血性心力衰竭、高血压、冠心病等的发生率。选择性 COX-2 抑制剂因抑制血管内皮 COX-2，减少 PGI_2 的产生，而对 COX-1 抑制作用弱，不减少 TXA_2 的合成，易引起血栓形成。

6. 血液系统不良反应　NSAID 可引起多种血液系统损害，包括粒细胞减少、再生障碍性贫血和凝血障碍，发生率因药物而异。

四、药物的分类

依据 NSAID 对 COX 同工酶抑制作用的选择性不同，常用的解热镇痛抗炎药可分为非选择性

COX 抑制药和选择性 COX-2 抑制药。按化学结构不同又可分为水杨酸类、苯胺类、乙酸类、丙酸类、芬那酸类、烯醇酸类、吡唑酮类等。各类药物均有解热、镇痛作用，除苯胺类外，多数具有抗炎、抗风湿作用。非选择性 COX 抑制药存在较严重的胃肠道反应，选择性 COX-2 抑制药则可能引起心血管不良事件。为降低 NSAID 的不良反应，提高药物疗效，开发新的 NSAID 成为此类药物研究的重要内容。

深入学习 15-1
新型解热镇痛药

第二节 非选择性 COX 抑制药

一、水杨酸类

水杨酸类（salicylic acids）药物包括阿司匹林、水杨酸钠（sodium salicylate）和二氟尼柳（diflunisal）等，其中阿司匹林最为常用。水杨酸钠刺激性强，有抗真菌和溶解角质的作用，仅作为外用。

阿 司 匹 林

阿司匹林（aspirin）又名乙酰水杨酸（acetylsalicylic acid），1899 年开始用于临床，至今已百余年，仍广泛应用，也作为比较和评价其他 NSAID 的标准制剂。

【体内过程】口服主要经小肠上段吸收，部分药物也可自胃吸收，给药后 1~2 h 血药浓度达峰值。$t_{1/2}$ 仅为 15 min，吸收过程中与吸收后迅速被酯酶水解为乙酸及水杨酸，因此在血液和全身器官组织中主要以水杨酸盐的形式存在。阿司匹林本身与血浆蛋白结合较少，但水解后生成的水杨酸盐血浆蛋白结合率可达 80%~90%。游离型的水杨酸盐可迅速分布到全身各组织，包括关节腔、脑脊液、胎盘和乳汁中。水杨酸盐主要经肝药酶代谢，大部分与甘氨酸结合成水杨尿酸，小部分与葡糖醛酸结合。

肝代谢水杨酸的能力有限，口服阿司匹林 1 g 以下时，按一级动力学消除，$t_{1/2}$ 为 2~3 h；口服 1 g 以上时，由于水杨酸生成量大，肝代谢水杨酸的能力已达饱和，则按零级动力学消除，$t_{1/2}$ 显著延长，可达 15~30 h；当血中浓度下降达到机体消除能力时，可转为一级动力学消除。如剂量再大，血中游离的水杨酸盐浓度急剧升高，可出现中毒症状。

水杨酸主要以结合型经肾排泄，但大剂量时因肝的转化能力饱和，会有大量的水杨酸经肾排泄，碱化尿液可促进其解离，肾小管对其重吸收减少。因此，当水杨酸盐急性中毒时，可用碳酸氢钠碱化尿液，以加速水杨酸排泄，降低血药浓度。

【药理作用和临床应用】

· 1. 解热镇痛　常用剂量即有显著的解热镇痛作用，作用强而持久。常与其他药物制成复方制剂，用于感冒发热，可增强散热过程，使发热的体温降到正常。也用于轻、中度疼痛，如头痛、牙痛、神经痛、肌肉痛、关节痛、痛经和术后创口痛等。

2. 抗炎、抗风湿　作用较强，大剂量（成人一般 3~5 g/d）可使急性风湿热患者于 24~48 h 内退热，关节红肿及剧痛缓解，红细胞沉降率下降，患者主观感觉好转，可作为鉴别诊断性用药。治疗风湿性或类风湿关节炎时，所需水杨酸的血药浓度较高，一般解热镇痛的血药浓度为 20~100 μg/mL，而抗风湿的血药浓度需达 150~300 μg/mL。由于不良反应较多，尤其是胃肠道反应发生率高，类风湿关节炎的现代治疗中已不再是首选药物。

3. 抑制血小板聚集、抗血栓形成　血栓形成与血小板聚集有关。小剂量阿司匹林能与 COX-1 氨基酸序列第 539 位丝氨酸共价结合，不可逆地抑制血小板中 COX-1 的活性，减少 TXA_2 的生成，抑制血小板聚集，而对 PGI_2 的合成无明显影响。较大剂量的阿司匹林也能抑制血管壁内 COX-1，减少 PGI_2 的合成。PGI_2 是 TXA_2 的生理性拮抗剂，其合成减少可促进凝血及血栓形成。每日给予小剂量（75~100 mg）阿司匹林可防治血栓栓塞性疾病，用于防治冠状动脉粥样硬化性疾病、进展性心肌梗死、脑血栓形成，能减少缺血性心脏病发作和复发的危险，也可使短暂性脑缺血发作患者的脑卒中发生率和病死率降低。此外，也应用于血管成形术及旁路移植术中防止血栓形成。

4. 儿科用于皮肤黏膜淋巴结综合征（川崎病）的治疗。

【不良反应及用药注意事项】

1. 胃肠道反应　最为常见。口服直接刺激胃黏膜，引起恶心、呕吐、上腹部不适等，较大剂量时能刺激延髓催吐化学感受区而致恶心、呕吐。长期服用可诱发糜烂性胃炎、胃溃疡和胃出血，也可使原有溃疡病症状加重，这与药物抑制 COX-1，干扰对胃黏膜有保护作用的前列腺素如 PGE_2 的合成有关。故阿司匹林宜饭后服用，或与抗酸药同服或服用肠溶片。合用 PGE_1 衍生物米索前列醇可减少溃疡的发生。

2. 凝血障碍　一般剂量可抑制血小板聚集，延长出血时间。大剂量或长期服用，还能抑制凝血酶原形成，延长凝血酶原时间，增加出血倾向，可用维生素 K 预防。严重肝损害、低凝血酶原血症、维生素 K 缺乏和血友病患者禁用。手术前 1 周停用，以防出血。产妇临产不宜应用，以免延长产程和增加产后出血。

3. 过敏反应　偶见皮疹、荨麻疹、血管神经性水肿和过敏性休克。有些哮喘患者服用阿司匹林或其他解热镇痛药偶尔发生支气管哮喘，称为"阿司匹林哮喘"。其发病机制尚不十分清楚，可能是由于阿司匹林等抑制 COX，使 PG 合成受阻，由花生四烯酸生成白三烯及其他脂加氧酶代谢产物增多，引起支气管平滑肌痉挛，因而诱发哮喘。"阿司匹林哮喘"用肾上腺素无效，可试用糖皮质激素和抗组胺药治疗。哮喘、鼻息肉及慢性荨麻疹患者禁用。

4. 水杨酸反应　是阿司匹林剂量过大（5 g/d 以上）引起的中毒反应，表现为恶心、呕吐、头痛、眩晕、耳鸣及视力和听力减退等，严重者可致过度换气、酸碱平衡失调、高热、精神错乱、昏迷。严重中毒者应立即停药，静脉滴注碳酸氢钠溶液以碱化尿液，加速水杨酸盐自尿排出。

5. 瑞氏综合征（Reye syndrome）　儿童患病毒性感染伴有发热时，应用阿司匹林可能发生致死性脑病合并内脏脂肪变性综合征，即瑞氏综合征。表现为开始有短期发热等类似急性感染症状，继而惊厥、频繁呕吐、颅内压增高甚至昏迷，有一过性肝功能异常，病理检查发现有内脏组织脂肪变性、急性脑水肿等。此征虽少见，但预后恶劣。故病毒性感染患儿应慎用阿司匹林，可用对乙酰氨基酚等代替。14 岁以下儿童禁用。

6. 对肝、肾功能的影响　血药浓度超过 150 μg/mL 时可产生剂量依赖性肝毒性，表现为转氨酶升高、肝细胞坏死、黄疸等，也可引起肾损害。少数人，特别是老年人，伴有心、肝、肾功能损害的患者，即便用药前肾功能正常，也可引起水肿、多尿等肾小管功能受损的症状。偶见间质性肾炎、肾病综合征，甚至肾衰竭。

7. 致畸作用　虽有研究表明阿司匹林能预防妊娠高血压，但其能透过胎盘，动物实验证实有致畸作用。妊娠期及哺乳期妇女不推荐使用。

8. **与其他药物合用** 本药与双香豆素合用时，从血浆蛋白结合部位置换后者，提高游离型双香豆素血浓度，增强其抗凝作用，易致出血。本药也可置换甲苯磺丁脲，增强其降血糖作用，易致低血糖反应。与糖皮质激素合用，也因蛋白置换而使激素的抗炎作用增强，易诱发消化性溃疡。本药妨碍甲氨蝶呤从肾小管分泌而增强其毒性。与呋塞米合用，因竞争肾小管分泌系统而使水杨酸排泄减少，可造成蓄积中毒。

二、其他非选择性 COX 抑制药

（一）苯胺类

苯胺类药物临床应用较多的是对乙酰氨基酚及非那西丁。本类药物有较强的解热镇痛作用，常与其他解热镇痛药组成复方制剂，用于解热、镇痛。其抗炎、抗风湿作用很弱，无临床应用价值。非那西丁大剂量下可导致高铁血红蛋白血症及严重的肾损害，已不再单独使用，仅作为复方制剂的一种成分。

对乙酰氨基酚

对乙酰氨基酚（paracetamol）又名扑热息痛、醋氨酚（acetaminophen），是非那西丁（phenacetin）在体内的活性代谢产物，作用较非那西丁强，毒副作用少。

【体内过程】口服易吸收，$30 \sim 60$ min 血药浓度达峰值。主要经肝代谢，与葡糖醛酸和硫酸结合，经肾排出，$t_{1/2}$ 为 $2 \sim 4$ h。治疗量的对乙酰氨基酚约有 4% 经细胞色素 P450 代谢为 N- 乙酰基 – 对苯醌亚胺（NAPQI），尔后再与谷胱甘肽（GSH）中的巯基结合形成相应的 GSH 加合物，不产生明显的肝毒性。过量用药后，NAPQI 产生增加，肝 GSH 被大量消耗，线粒体 GSH 耗竭，NAPQI 与肝细胞蛋白质半胱氨酸残基形成加合物，从而破坏肝细胞的正常功能，甚至引起急性肝衰竭、肝坏死。

【药理作用】抑制中枢神经系统 PG 合成的作用强度与阿司匹林相似，但抑制外周 PG 合成的作用很弱，因此解热镇痛作用较强，而抗炎、抗风湿作用弱，对血小板聚集和凝血时间无明显影响。有研究认为，炎症组织存在高浓度的过氧化物，减弱了对乙酰氨基酚抑制 COX 的作用。相反，脑内过氧化物浓度较低，解热作用较强。也有研究认为，中枢可能存在 COX–3，与对乙酰氨基酚有更高的亲和力，对乙酰氨基酚的镇痛作用可能与此有关。

【临床应用】主要用于感冒发热及缓解轻、中度疼痛，如头痛、关节痛、神经痛、肌肉痛、牙痛和痛经等，尤其适用于对阿司匹林不能耐受或过敏者及消化性溃疡、血友病的患者。儿童病毒感染出现发热、头痛需使用 NSAID 时，应首选对乙酰氨基酚。

【不良反应及用药注意事项】治疗量不良反应较少而轻，胃肠刺激性较小，偶见皮疹、荨麻疹、药热及粒细胞减少等过敏反应。长期或过量应用可产生肝毒性，甚至导致肝坏死；长期应用还可引起肾损害，出现肾乳头坏死和慢性间质性肾炎。因此，对乙酰氨基酚不宜大剂量或长期服用，肝、肾功能不全者慎用。

（二）乙酸类

乙酸类包括吲哚美辛、双氯芬酸、舒林酸（sulindac）、托美丁（tolmetin）、萘丁美酮（nabumetone）等，均为芳基乙酸衍生物，有较强的解热、镇痛、抗炎作用。

吲 哚 美 辛

吲哚美辛（indometacin，消炎痛）是吲哚的芳基乙酸衍生物。

【体内过程】口服吸收迅速而完全，给药后 2~3 h 血浆浓度达峰值。90% 与血浆蛋白结合，体内分布广泛，用药后 5 h 内关节腔内的药物浓度与血浆药物浓度相同。主要经肝代谢为无活性的代谢物，由尿、胆汁及粪便排出。$t_{1/2}$ 为 2~3 h。

【药理作用】是最强的 PG 合成酶抑制药之一，对 COX-1 和 COX-2 无明显选择性，也可抑制多形核白细胞的游走和淋巴细胞增生。解热镇痛作用与阿司匹林相当，抗炎、抗风湿作用是阿司匹林的 10~40 倍，但不良反应多，在患者能耐受的剂量范围内，疗效不比阿司匹林强。

【临床应用】由于不良反应多且严重，本药不作为解热镇痛的常用药物，仅用于其他药物疗效不显著的风湿性关节炎、类风湿关节炎、强直性脊柱炎、骨关节炎和急性痛风，还可用于肌腱炎、滑囊炎、创伤性滑膜炎。此外，还用于恶性肿瘤引起的发热及其他难以控制的发热。

【不良反应及用药注意事项】不良反应发生率达 35%~50%，约 20% 的患者必须停药。多数不良反应与剂量有关。常见不良反应有恶心、呕吐、腹痛、腹泻、食欲缺乏、溃疡等消化道反应，偶可引起胃出血、穿孔；还可引起头痛、眩晕等中枢神经系统反应，偶有精神失常；可引起肝及造血功能损害，出现黄疸，转氨酶升高，粒细胞、血小板减少，偶发再生障碍性贫血；常见皮疹、哮喘等过敏反应，也可引起"阿司匹林哮喘"。

双 氯 芬 酸

双氯芬酸（diclofenac）口服吸收迅速，1~2 h 血药浓度达峰值，血浆蛋白结合率为 99.7%。口服后可蓄积在关节的滑液中，并维持 12 h 以上。在肝代谢为无活性的代谢物，2/3 通过肾排泄，其余由胆汁排出。$t_{1/2}$ 约 2 h。

本药是强效解热镇痛抗炎药，对环加氧酶和脂加氧酶有双重抑制作用，对 COX-2 的抑制强于对 COX-1 的抑制，因此胃肠道的不良反应发生率较阿司匹林、吲哚美辛等低。为治疗急、慢性风湿性关节炎和类风湿关节炎，骨关节炎，强直性脊柱炎，痛风性关节炎等的一线药物。对肩周炎、腱鞘炎、滑囊炎、肌痛等非关节性软组织风湿痛，以及术后疼痛、扭伤、拉伤、原发性痛经、头痛、牙痛、关节退行性病变和肿瘤引起的疼痛亦有效。

不良反应与阿司匹林相似但较轻，以胃肠道反应最常见，表现为腹泻、食欲缺乏、反酸等，还可导致溃疡形成、出血及肠壁穿孔。也可引起中枢神经系统反应，患者出现头痛、眩晕、嗜睡、失眠、兴奋等。偶见一过性转氨酶升高、黄疸、白细胞减少。

（三）丙酸类

芳基丙酸衍生物是一组有效而常用的 NSAID，包括布洛芬、萘普生、洛索洛芬（loxoprofen）、氟比洛芬（flurbiprofen）、非诺洛芬（fenoprofen）、酮洛芬（ketoprofen）及奥沙普秦（oxaprozin）等。布洛芬是丙酸类中第一个用于临床的药物，各药除效价强度存在差别外，其他药理学性质非常相似。由于胃肠不良反应比阿司匹林少，广泛用于治疗风湿性关节炎、类风湿关节炎和骨关节炎。

布 洛 芬

布洛芬（ibuprofen，brufen，异丁苯丙酸）是苯丙酸衍生物。

【体内过程】口服吸收迅速而完全，1~2 h 血药浓度达峰值，血浆蛋白结合率为 99%。药物分布广泛，可缓慢进入滑膜腔，血药浓度降低后关节腔内仍能保持较高的浓度。易透过胎盘，也可进入乳汁中。主要经肝代谢，代谢物自肾排出。$t_{1/2}$ 约 2 h。

【药理作用和临床应用】为非选择性 COX 抑制药，有较突出的抗炎、抗风湿作用，解热镇痛作用与阿司匹林相近。主要用于风湿性和类风湿关节炎、骨关节炎、强直性脊柱炎，也可用于一般解热镇痛。

【不良反应及用药注意事项】胃肠道不良反应较阿司匹林轻，患者依从性较好，但长期服用仍应注意消化性溃疡和出血。偶见头痛、眩晕和视物模糊，其他不良反应较少见。极少数病例出现中毒性弱视、液体潴留和水肿。患者出现眼部异常应及时停药。孕妇、哺乳期妇女及哮喘患者禁用。

萘 普 生

萘普生（naproxen）口服吸收迅速且完全，1~2 h 血药浓度达峰值，血浆蛋白结合率为 98%~99%。主要经肝代谢，从肾排泄。$t_{1/2}$ 为 12~15 h，每日服用 2 次即可。本药抗炎、抗风湿和解热镇痛作用较强，也可抑制血小板的黏附和聚集，延长出血时间。适用于风湿性和类风湿关节炎、骨关节炎、急性肌腱炎、滑囊炎及急性痛风等，对三叉神经痛、头痛、痛经也有较好的疗效。胃肠道和神经系统的不良反应较阿司匹林、吲哚美辛轻，偶见眩晕、乏力、皮肤黏膜过敏、黄疸等不良反应，也可诱发哮喘。

（四）芬那酸类

芬那酸类系邻氨基苯甲酸衍生物，包括甲芬那酸、甲氯芬那酸及氟芬那酸（flufenamic acid）等。

甲芬那酸（mefenamic acid）又名甲灭酸（pontal），是较强的 COX 抑制药。镇痛作用强，解热作用持久，抗炎作用较弱，用于轻、中度疼痛，如牙科、产科或矫形科手术后的疼痛，以及软组织损伤性疼痛及骨骼、关节疼痛。此外，还用于痛经、血管性头痛及癌性疼痛。甲氯芬那酸（meclofenamic acid）主要用于急、慢性风湿性关节炎和类风湿关节炎及增生性骨关节炎，并可缓解其他疾病所致的轻、中度疼痛。常见胃肠道不良反应，表现为消化不良或上消化道不适。偶可引起溶血性贫血。

（五）烯醇酸类

烯醇酸类主要包括吡罗昔康、美洛昔康、氯诺昔康（lornoxicam）等昔康类化合物，对 COX 抑制作用强，有显著的抗炎、镇痛作用。胃肠道反应轻。

吡 罗 昔 康

吡罗昔康（piroxicam）又名炎痛喜康（feldene），系长效非甾体抗炎药。口服吸收慢但完全，药后 4 h 血药浓度达峰值，血浆蛋白结合率为 99%，有肝肠循环。大部分药物经肝代谢，与葡萄糖醛酸结合后由肾排出，$t_{1/2}$ 为 35~45 h。本品有强大的抑制 COX 减少 PG 合成的作用，还可抑制溶酶体酶的释放，产生显著的抗炎、镇痛作用。吡罗昔康抑制软骨中的黏多糖酶和胶原酶的活性，减轻软骨破坏和炎症反应。突出特点是用药量小，疗效显著，作用持久，每日仅需用药 1 次。主要用于类风湿关节炎和骨关节炎，也可用于强直性脊柱炎、急性肌肉骨骼疾病、原发性痛经、术后疼痛及急性痛风，其疗效与阿司匹林、吲哚美辛相似。不良反应较少，胃肠道刺激小，患者易于耐受，尤其适用于对阿司匹林不能耐受的患者。但每日剂量超过 30 mg 时，胃肠道溃疡发生率明显上升。偶见造血系统损害。溃疡病及严重肝、肾功能不良者禁用。

美 洛 昔 康

美洛昔康（meloxicam）是选择性 COX-2 抑制药，但在人体试验中，本药对 COX-2 的抑制作用仅相当于对 COX-1 的 10 倍。主要用于治疗骨关节炎、类风湿关节炎。胃肠道刺激性较弱，消化性溃疡的发生率较低。

（六）吡唑酮类

吡唑酮类药物包括保泰松、羟布宗（oxyphenbutazone，羟基保泰松）、氨基比林（amino-phenazone）、安替比林（phenazone）及安乃近（滴鼻剂）。

保泰松（phenylbutazone）抗炎、抗风湿作用强，解热镇痛作用弱。除抑制前列腺素合成外，还可抑制白细胞趋化、溶酶体释放，并有轻度促进尿酸排泄作用。因毒性较大，一般不作解热镇痛药使用。主要用于其他药物无效的风湿热、风湿性及类风湿关节炎、强直性脊柱炎。不良反应多且严重，如胃和十二指肠出血、溃疡，再生障碍性贫血，剥脱性皮炎等。临床上少用。氨基比林可引起致命性粒细胞缺乏，仅用作某些解热镇痛药的复方制剂中的一种成分。

第三节　选择性 COX-2 抑制药

传统的 NSAID 为非选择性 COX 抑制药，抑制 COX-2 与其解热、镇痛、抗炎作用的产生有关，抑制 COX-1 常涉及许多不良反应，如引起胃肠道损害和出血倾向，这在某种程度上影响了该类药物的使用。选择性 COX-2 抑制药抑制致炎 PG 合成的同时并不抑制生理性 PG 的合成，因此理论上这类药物用于抗炎治疗时，很少或不发生类似 NSAID 对胃肠道、血小板等的典型不良反应。自 1999 年以塞来昔布为代表的选择性 COX-2 抑制药上市以来，这类药已在很多国家得到广泛应用。但在临床应用中，人们发现选择性 COX-2 抑制药的疗效并非预期那样乐观，仍有延迟诱发肠炎等不良反应，而发生心血管事件的危险性明显提高。"罗非昔布胃肠道终点研究（VIGOR）"的临床试验证实，长期使用罗非昔布后的胃肠道不良反应发生率的确低于萘普生，但是引起心肌梗死的风险比萘普生高 5 倍。该药已于 2004 年退出市场。目前，COX-2 抑制药的效果与安全性仍有待进一步确定。

选择性 COX-2 抑制药主要包括塞来昔布、美洛昔康和尼美舒利等。主要用于治疗风湿性关节炎、骨关节炎及其他炎症性疼痛。

塞 来 昔 布

塞来昔布（celecoxib）能高度选择性抑制 COX-2，对靶组织和器官的 COX-2 抑制作用比 COX-1 强约 375 倍。口服易吸收，2～4 h 血药浓度达峰值，血浆蛋白结合率高，体内分布广泛。主要经肝代谢，绝大多数以羧酸和葡糖醛酸结合物的形式从尿和粪便中排出。$t_{1/2}$ 为 11 h。主要用于治疗骨关节炎、风湿性关节炎、类风湿关节炎。不良反应相对少而轻，有头痛、眩晕、便秘、恶心、呕吐、腹痛、腹泻、消化不良、胀气等。但长期用药也可导致严重的胃肠道不良事件，包括溃疡、出血、穿孔，还可能引起严重的心血管事件，使心肌梗死和脑卒中的危险增加。有血栓形成倾向的患者慎用，磺胺类过敏者禁用。

尼 美 舒 利

尼美舒利（nimesulide）是一种新型 NSAID。口服吸收迅速而完全，$1.2 \sim 2.8$ h 血药浓度达峰值，血浆蛋白结合率达 99%。经肝代谢，有 $50\% \sim 60\%$ 药物经肾排泄，部分从粪便排泄，$t_{1/2}$ 为 $2 \sim 3$ h。能选择性抑制 COX-2，产生抗炎、镇痛和解热作用。抗炎作用较阿司匹林、吲哚美辛强，一次给药作用持续时间为 6 h。主要用于治疗风湿性关节炎、类风湿关节炎和骨关节炎，也用于发热、牙痛、痛经、手术后疼痛和其他炎性疾病。耐受性良好，不良反应发生率少于其他同类药物。偶可引起上腹痛、胃灼热、恶心、呕吐、腹泻、头痛、眩晕、出汗、面部潮红、红斑、失眠、兴奋、转氨酶及碱性磷酸酶升高等，极少需要中断治疗。罕见过敏性皮疹。肝肾功能障碍、凝血障碍、消化道溃疡者慎用。过敏患者、妊娠和哺乳期妇女禁用。

第四节　抗痛风药

痛风是单钠尿酸盐在骨关节、肾及结缔组织中结晶沉积，引发的急、慢性炎症反应和组织损伤，是体内嘌呤代谢紊乱和（或）尿酸排泄减少所引起的代谢疾病。尿酸是嘌呤代谢的终末产物，产生过多或排泄减少，可导致高尿酸血症，临床上 $5\% \sim 15\%$ 高尿酸血症患者发展为痛风。急性痛风发作时外周关节（常为踇趾关节）出现红、肿、热和剧烈疼痛。急性痛风如未及时治疗则发展为慢性痛风，表现为尿酸盐在手指、耳轮等软组织中沉积，形成痛风石，反复发作的关节炎可致关节畸形和功能障碍；尿酸盐在肾形成结石，可导致慢性肾损害。

治疗急性痛风以迅速消除炎症症状、纠正高尿酸血症为主要目的，可使用秋水仙碱、NSAID等。治疗慢性痛风以抑制尿酸生成或促进尿酸排泄，降低血中尿酸浓度为目的，从而控制慢性痛风或因血浆尿酸浓度突然变化引起的复发性发作，可使用别嘌醇、丙磺舒等。

一、抑制尿酸生成药

别 嘌 醇

别嘌醇（allopurinol，别嘌呤醇）为次黄嘌呤的异构体。次黄嘌呤及黄嘌呤可被黄嘌呤氧化酶催化而生成尿酸。别嘌醇也被黄嘌呤氧化酶催化而转变成别黄嘌呤，别嘌醇及其代谢物均可抑制黄嘌呤氧化酶，使尿酸生成减少，避免尿酸盐微结晶的沉积，并能使痛风患者组织内的尿酸结晶重新溶解，缓解痛风症状。临床上主要用于原发性或继发性高尿酸血症，尤其是尿酸生成过多而引起的高尿酸血症；也用于痛风反复发作或慢性痛风；治疗痛风石、尿酸性肾结石和（或）尿酸性肾病也有效。不良反应少，偶见皮疹、腹泻、粒细胞减少、转氨酶升高。服药期间应多饮水以促进尿酸排泄，碱化尿液可加速尿酸排出。肝功能不全者及老年人慎用。奥昔嘌醇（oxipurinol）、巯异嘌呤（tisopurine）等与别嘌醇有相似的作用和用途。

二、促进尿酸排泄药

丙 磺 舒

丙磺舒（probenecid）又名羧苯磺胺（benemid），口服吸收完全，血浆蛋白结合率为85% ~ 95%；大部分通过肾近曲小管主动分泌而排泄，因脂溶性大，易被重吸收，故排泄较慢。因能竞争性抑制肾小管对有机酸的转运，抑制肾小管对尿酸的重吸收，增加尿酸排泄而降低血中尿酸浓度。可用于治疗慢性痛风。因无镇痛及抗炎作用，故不适用于急性痛风。

苯 溴 马 隆

苯溴马隆（benzbromarone）口服易吸收，口服后2 ~ 3 h达血药浓度峰值，$t_{1/2}$为12 ~ 13 h。在肝内去溴离子后从尿液、粪便、胆汁排出，代谢产物仍具药理活性。可抑制肾小管对尿酸的重吸收，增加尿酸排泄，降低血中尿酸浓度。适用于反复发作的痛风性关节炎及高尿酸血症。不良反应少，可有胃肠道反应，偶见皮疹、粒细胞减少。

三、抑制痛风炎症药

秋 水 仙 碱

秋水仙碱（colchicine）是治疗急性痛风的经典药物，可抑制急性发作时的粒细胞浸润，迅速控制急性痛风性关节炎。用药后数小时关节红、肿、热、痛消退，对一般性疼痛及其他类型关节炎并无作用。对血中尿酸浓度及尿酸的排泄没有影响。不良反应较多，常见消化道反应。中毒时出现水样腹泻及血便、脱水、休克，对骨髓造血功能有抑制作用，也可损害肝、肾功能。

（辛　勤）

思考题

1. 比较阿司匹林与阿托品、哌替啶缓解疼痛作用特点的差异。
2. 比较阿司匹林与氯丙嗪对体温影响的差异。
3. 比较阿司匹林与塞来昔布的作用机制的差异。

网上更多……

👤 学习目标　　👤 本章小结　　📝 自测题　　⬇ 教学 PPT　　💻 参考资源

第十六章
利尿药及脱水药

关键词

肾单位	肾小球	近曲小管	髓袢升支粗段
远曲小管	集合小管	肾的浓缩功能	肾的稀释功能
利尿药	传统利尿药	高效利尿药	中效利尿药
低效利尿药	呋塞米	氢氯噻嗪	吲达帕胺
螺内酯	乙酰唑胺	新型利尿药	托伐普坦
脱水药	甘露醇	高渗葡萄糖	

传统利尿药的高效利尿药呋塞米常用于急性肺水肿、脑水肿及充血性心力衰竭等危重急症的抢救，可起到立竿见影的疗效。中效利尿药氢氯噻嗪除可缓解轻、中度水肿和尿崩症外，还是治疗原发性高血压的一线药物。低效利尿药螺内酯除具有较弱利尿作用，还具有抗心肌纤维化的效应。乙酰唑胺除辅助性治疗青光眼和某些水肿性疾病，预防和治疗急性高山病引起的肺水肿及脑水肿，还可纠正代谢性碱中毒等。脱水药甘露醇首选用于脑瘤、颅脑外伤和缺氧等多种原因所致的脑水肿的抢救，治疗青光眼和预防急性肾衰竭。

思维导图

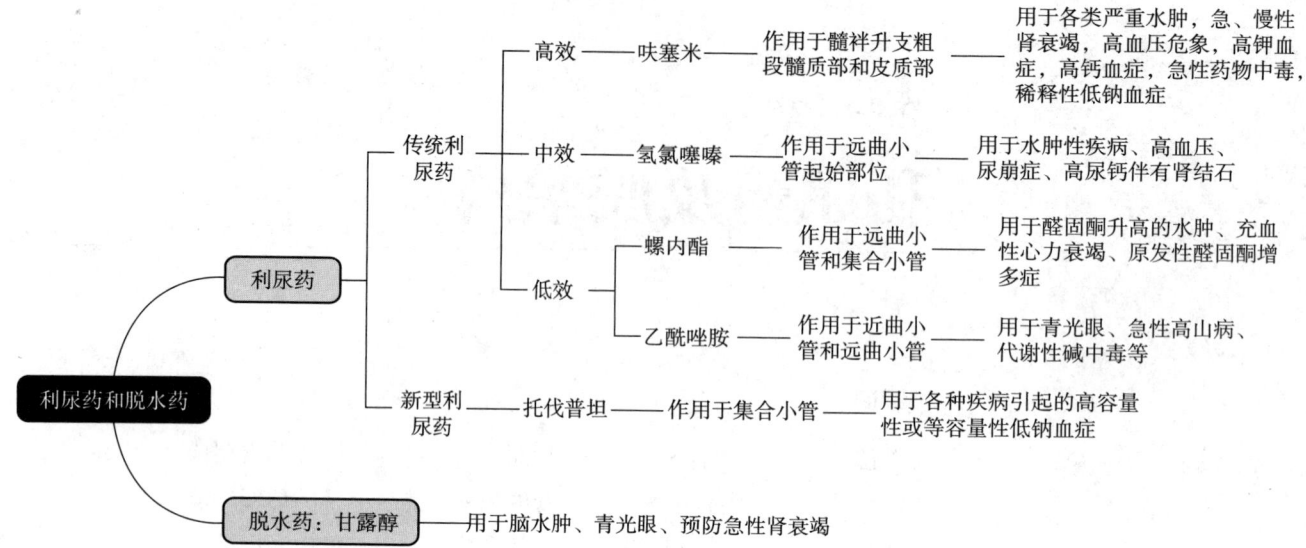

第一节 肾泌尿生理

肾是机体的重要排泄器官之一，机体通过肾生成和排出尿液，清除大部分代谢终产物，维持机体水、电解质、酸碱平衡及内环境稳态。尿液的生成包括肾小球滤过、肾小管重吸收及分泌。

一、肾小球滤过

肾小球类似过滤器，血液流经肾小球毛细血管网时，血浆中水和小分子物质被滤过，形成原尿。原尿量的多少取决于肾血流量和有效滤过压。肾血流量受神经和体液的调节，一般情况下保持相对稳定。正常成人在安静状态下，24 h 可形成约 180 L 原尿，含 Na^+ 约 60 g，但球管平衡造成 99% 的原尿在肾小管重吸收，导致终尿仅 1~2 L，含 Na^+ 仅 3~5 g，仅能增加肾血流量和肾小球有效滤过压的药物，其利尿效应是极弱的。

二、肾小管重吸收及分泌

1. 近曲小管　该段对水具有高度通透性，原尿中约 85% 的 $NaHCO_3$、40% 的 NaCl、60% 的水，以及葡萄糖、氨基酸等可滤过的小分子物质在此段被重吸收。该段管腔液的渗透压保持恒定，重吸收的 Na^+ 占原尿中 Na^+ 总量的 60%~65%。其中，$NaHCO_3$ 和 NaCl 的重吸收与终尿的形成最为密切。

原尿中约有 85% 的 $NaHCO_3$ 在近曲小管被重吸收。近曲小管管腔内 Na^+ 可通过 Na^+-H^+ 反向转运系统与肾小管上皮细胞管腔侧膜内 H^+ 按 1∶1 进行交换，进入近曲小管上皮细胞内，然后由 Na^+-K^+-ATP 酶将 Na^+ 自基底侧膜泵出细胞，进入组织间液。若管腔侧膜内 H^+ 生成减少，则 Na^+-H^+ 交换减少，$NaHCO_3$ 重吸收减少。近曲小管上皮细胞内 H^+ 的产生来自 H_2CO_3 解离成 HCO_3^- 和 H^+。在进行 Na^+-H^+ 交换后，H^+ 分泌进入管腔，与管腔液内 HCO_3^- 形成 H_2CO_3，而 HCO_3^- 和 H_2CO_3 不能被肾小管上皮细胞直接转运，而是由 H_2CO_3 脱水生成 CO_2，CO_2 通过简单扩散的方式迅速透过近曲小管上皮细胞膜，在细胞内再水化为 H_2CO_3。肾小管管腔内 H_2CO_3 的脱水反应和肾小管上皮细胞内 CO_2 的再水化反应均需碳酸酐酶的催化。碳酸酐酶抑制药如乙酰唑胺能使肾小管上皮细胞内 H^+ 生成减少，管腔侧膜 Na^+-H^+ 交换减少，肾小管中 $NaHCO_3$ 排出增多而产生较弱的利尿作用。部分噻嗪类和大剂量的呋塞米也能抑制碳酸酐酶，但这并不是它们产生利尿作用的主要机制。

另外，原尿中约有 40% 的 NaCl 在近曲小管被重吸收。近曲小管管腔液中 Na^+ 浓度比肾小管上皮细胞内高，管腔侧膜对 Na^+ 的通透性大，Na^+ 可顺浓度差扩散入上皮细胞内，随即 Na^+ 被肾小管上皮细胞基底侧膜上的 Na^+-K^+-ATP 酶泵入组织间液，使细胞内的 Na^+ 保持在较低的水平。因此，抑制 Na^+-K^+-ATP 酶可产生较弱的利尿效应，强心苷的利尿作用机制部分与此有关。在近曲小管远端，随着 HCO_3^- 和有机溶质被小管液带走，此时小管液中主要含有 NaCl，这时 Na^+ 仍然被持续重吸收，但 Na^+-H^+ 交换子驱动的 H^+ 的分泌则不再发挥作用，导致管腔 pH 升高，激活 Cl^--碱交换子，最终近曲小管远端净吸收 NaCl。

目前尚无单纯作用于近曲小管的高效利尿药，原因是药物抑制近曲小管对 Na^+ 和水的重吸收后，近曲小管管腔内尿液增多，小管扩张，使尿液重吸收面积加大，尿流速度减缓，近曲小管出现代偿性重吸收 Na^+、水，同时近曲小管以下肾小管也出现代偿性重吸收增多。

2. 髓袢降支细段　此段对 Na^+ 和尿素不易通透，对水则通透性高，管腔液在此段因髓质组织间液的高渗透压，水被重吸收，使髓袢降支细段管腔液的渗透压逐渐增高。

3. 髓袢升支细段　与髓袢降支细段相反，此段对水不易通透，但对 Na^+ 和 Cl^- 通透性很高，对尿素通透性中等。当降支细段中高渗的管腔液进入此段时，Na^+ 和 Cl^- 扩散到管腔外，造成内髓组织间液高渗，尿素则从内髓组织间液进入管腔内。

4. 髓袢升支粗段的髓质和皮质部　该段与高效利尿药作用关系密切，是呋塞米等高效利尿药的重要作用部位。原尿中 20%~35% 的 Na^+ 在该段重吸收。髓袢升支粗段 NaCl 的重吸收依赖于管腔侧膜 Na^+-K^+-$2Cl^-$ 共同转运体，该转运体可将 2 个 Cl^-、1 个 Na^+ 和 1 个 K^+ 同向转运到细胞内，其驱动力来自基底侧膜上 Na^+-K^+-ATP 酶对胞内的 Na^+ 泵出至细胞间液的作用，即转运的能量来自 Na^+ 浓度差的势能。进入胞内的 Cl^- 通过基底侧膜离开细胞，而 K^+ 则沿着管腔侧膜的 K^+ 通道进入小管腔内，形成 K^+ 的再循环，造成管腔内的正电位，驱使 Mg^{2+} 和 Ca^{2+} 的重吸收。因此，作用于髓袢升支粗段髓质和皮质部的呋塞米等高效利尿药，通过抑制 Na^+-K^+-$2Cl^-$ 共同转运体，不仅增加 NaCl 的排出，也增加 K^+、Mg^{2+} 和 Ca^{2+} 的排出。

当原尿流经髓袢升支粗段的髓质和皮质部时，随着 NaCl 的重吸收，而水不被重吸收，小管液由肾乳头部流向肾皮质时也逐渐由高渗变为低渗，这是肾的稀释功能。NaCl 被重吸收到该段髓质间质，与尿素共同使髓质间质的渗透压成为高渗状态。当尿液流经开口于髓质乳头的集合小管时，由于管腔内液体与高渗髓质间存在渗透压差，在抗利尿激素的作用下，大量的水被集合小管重吸收，这是肾对尿液的浓缩功能。呋塞米等高效利尿药明显抑制髓袢升支粗段髓质和皮质部对 NaCl 的重吸收，使肾的稀释和浓缩功能均显著降低，排出大量接近等渗的尿液，呈现强大的利尿作用。

5. 远曲小管和集合小管　原尿中 10%~15% Na^+ 在远曲小管和集合小管被重吸收。远曲小管起始部相对不通透水，主要影响尿液的稀释功能。此段的 Na^+ 主要通过管腔侧膜的 Na^+-Cl^- 共同转运体进行转运，该转运体可将 1 个 Cl^-、1 个 Na^+ 同向转运到肾小管上皮细胞内，然后由 Na^+-K^+-ATP 酶将 Na^+ 自基底侧膜泵出细胞。另外，Ca^{2+} 通过管腔侧膜 Ca^{2+} 通道和基底侧膜上 Na^+-Ca^{2+} 交换子而被重吸收，甲状旁腺激素可调节这一过程。噻嗪类利尿药主要通过阻断远曲小管起始部 Na^+-Cl^- 共同转运体，增加 Na^+ 的排出，抑制肾的稀释功能，产生利尿作用。噻嗪类利尿药还通过在此部位增强甲状旁腺激素的作用，使尿 Ca^{2+} 排出减少。

在远曲小管远端和集合小管，Na^+ 重吸收方式除进行 Na^+-H^+ 交换外，同时还有 Na^+-K^+ 交换过程。后者是在醛固酮调节下进行的，小管液中的 Na^+ 通过管腔侧膜 Na^+ 通道进入细胞内，而肾小管上皮细胞的 K^+ 则通过管腔侧膜 K^+ 通道分泌至小管液中。细胞内 Na^+ 自基底侧膜由 Na^+-K^+-ATP 酶泵出细胞，进入组织间液。醛固酮能增加渗透酶蛋白的合成而增强管腔侧膜 Na^+ 的内流，还能兴奋基底侧膜的 Na^+-K^+-ATP 酶等。醛固酮通过这些作用增加远曲小管远端、集合小管对 Na^+ 的重吸收并分泌 K^+。由于 Na^+ 进入细胞的驱动力超过 K^+ 的分泌，可产生显著的管腔负电位。该负电位驱动 Cl^- 通过旁细胞途径吸收入血，也成为 K^+ 从肾小管上皮细胞分泌入小管腔的动力。末段远曲小管和集合小管对水的通透性较好，水通道蛋白被激活，在抗利尿激素的作用下，水被大量重吸收。当使用醛固酮抑制剂螺内酯或直接抑制 Na^+ 通道的药物如氨苯蝶啶和阿米洛利时，可通过抑制 Na^+-K^+ 交换引起排 Na^+ 保 K^+ 的较弱的利尿作用。而呋塞米、氢氯噻嗪等由于排 Na$^+$ 增多，继而在远曲小管远端和集合小管 Na$^+$-K$^+$ 交换增强，故这些利尿药使 K$^+$ 的排出增多。托伐普坦能拮抗抗利尿激素 V2 受体，与 V2 受体的亲和力是抗利尿激素的 1.8 倍，可明显地抑制集合小管对水的重吸收，发挥利尿作用。

实际上，利尿药的效果还受药物用量、肾血流、血容量和患者的病情等多种因素的影响。

第二节　利尿药

深入学习 16-1
利尿药的历史沿革

利尿药是作用于肾，通过抑制 Na$^+$ 等电解质和（或）水的重吸收，促进尿液生成和排出的药物。常用的利尿药包括传统利尿药和新型利尿药，其中传统利尿药按利尿效能分为高效、中效和低效利尿药。

一、传统利尿药

（一）高效利尿药

高效利尿药又称强效利尿药或髓袢利尿药，主要作用于髓袢升支粗段，该部位对 NaCl 的重吸收能力强大。高效利尿药特异性地与 Cl$^-$ 竞争 Na$^+$-K$^+$-2Cl$^-$ 同向转运体的 Cl$^-$ 结合部位，继而抑制 NaCl 重吸收，发挥强大的利尿作用。高效利尿药有磺酰胺类和苯氧乙酸类。磺酰胺类利尿药有呋塞米、布美他尼、托拉塞米和阿佐塞米等。依他尼酸为苯氧乙酸类，不良反应严重。

呋　塞　米

呋塞米（furosemide）又名呋喃苯胺酸或速尿，属于磺酰胺类化合物，是邻氨基苯甲酸衍生物，利尿作用强大、迅速。

【体内过程】口服吸收率为 60%～70%，口服后 15～60 min 生效，1～2 h 达峰值，维持 6～8 h。静脉注射 5 min 后生效，0.33～1 h 达峰值，维持 2 h。主要分布于细胞外液，血浆蛋白结合率为 91%～97%，88% 原型药主要通过肾近曲小管有机酸分泌机制分泌排出，12% 经肝代谢及胆汁排泄。呋塞米 $t_{1/2}$ 为 30～60 min，无尿患者 $t_{1/2}$ 延长至 75～155 min，肝肾功能同时严重受损者 $t_{1/2}$ 延长至 11～20 h。

【药理作用】

1. 利尿作用　强大、迅速，能使肾小管对 Na$^+$ 的重吸收由原来的 99.4% 下降为 70%～80%。在水与电解质平衡保持于正常水平时，持续给予大剂量呋塞米可使成人 24 h 内排 50～60 L 的尿液，并使小管液中 Na$^+$、Cl$^-$、Ca^{2+}、Mg^{2+} 和 K$^+$ 的排泄增多，排出大量近于等渗的尿液。大剂量或长期使用呋塞米时，Cl$^-$ 的排出量往往超过 Na$^+$ 的排出量，容易出现低氯性碱中毒。

动画 16-1
呋塞米作用机制

作用机制：呋塞米特异性地与 Cl$^-$ 竞争髓袢升支粗段髓质和皮质部肾小管上皮细胞的 Na$^+$-K$^+$-2Cl$^-$ 同向转运体的 Cl$^-$ 结合部位，抑制 NaCl 重吸收，降低肾的稀释功能；同时，因肾髓质间液 Na$^+$ 浓度及渗透压降低，也抑制了肾的浓缩功能，产生强大的利尿作用（图 16-1）。

2. 对肾血流动力学的影响　静脉注射呋塞米可使肾血流量增加 30%，在内源性肾功能受损的情况下可发挥保护作用，对急性肾衰竭有利。呋塞米改变肾皮质内血流分布可能与呋塞米促进肾环加氧酶（COX）表达，增加 PGE$_2$ 生成，扩张肾血管有关，而非甾体抗炎药吲哚美辛等可减

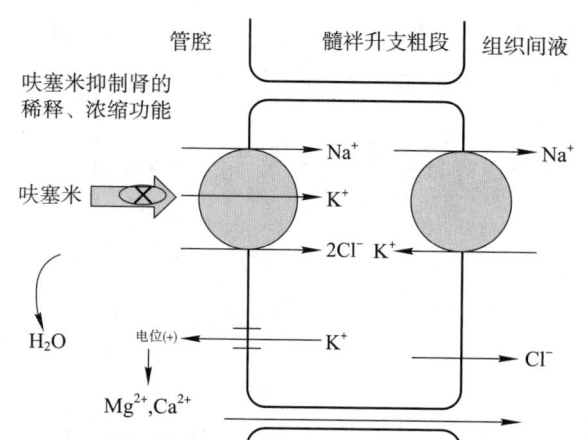

图 16-1 髓袢升支粗段细胞的 $Na^+-K^+-2Cl^-$ 同向转运体及呋塞米主要的作用机制

弱这种扩血管作用。

3. 其他作用 静脉注射呋塞米能迅速扩张容量血管，减少回心血量，减轻心脏负荷，降低左心室充盈压，在利尿作用发生之前即可缓解急性肺水肿。呋塞米的高效利尿作用可明显减少血容量，使血液浓缩、血浆胶体渗透压升高，进而使脑组织间液水分向血液转移，减轻脑水肿。

【临床应用】

1. 各类严重水肿 用于急性肺水肿、急性脑水肿、充血性心力衰竭、肝硬化、肾炎和肾病综合征等水肿性疾病。对于其他严重水肿性疾病，尤其是在其他利尿药处理效果不佳时，应用呋塞米仍可能有效。

2. 急、慢性肾衰竭 早期应用呋塞米能较好地治疗急性肾衰竭，还可预防各种原因导致的肾血流灌注不足，例如，脱水、休克、中毒、麻醉意外，以及循环功能不全等诱发的急性肾衰竭。呋塞米防治急性肾衰竭主要是通过增加尿量和 K^+ 的排出，冲洗肾小管，使急性肾衰竭患者从少尿期过渡至多尿期而起效，及时应用呋塞米可减少急性肾小管萎缩坏死。除此以外，其防治急性肾衰竭与扩张肾血管、增加肾血流量和肾小球滤过率有关。另外，大剂量呋塞米可缓解慢性肾衰竭的病情，即使在其他药物无效时，仍然能产生此效应，但它不延缓肾衰竭的进程。少尿或无尿患者应用呋塞米最大剂量后 24 h 仍无效时应停药。

3. 高血压 不作为原发性高血压的首选治疗药物，但当伴有肾功能不全或出现高血压危象时，可短期应用呋塞米控制血压。

4. 高钾血症及高钙血症 抑制尿 K^+ 和 Ca^{2+} 的重吸收，降低血钾、血钙。通过联合静脉输注生理盐水而明显促进 K^+ 和 Ca^{2+} 的排泄，这对于迅速控制高钾血症及高钙血症有一定的临床意义。

5. 急性药物中毒 主要用于巴比妥类、水杨酸类、氟化物、碘化物等经肾排泄的药物急性中毒的抢救。通过联合静脉输注生理盐水而促进过量药物的排泄，应尽早使用。

6. 抢救严重威胁生命的稀释性低钠血症 尤其是当血钠浓度低于 120 mmol/L 时，用呋塞米配合静脉输入高渗盐水，以干扰肾的浓缩功能。

【不良反应及用药注意事项】

1. 水与电解质紊乱 为最常见的不良反应。常为过度利尿引起，表现为低血容量、低钾血症、低钠血症、低氯性碱中毒等。其中以低钾血症最为常见，应注意严密监测血钾浓度，并及时补充钾盐或加服留钾利尿药，避免或减少低钾血症的发生。长期应用呋塞米还可引起低镁血症。当低血钾与低血镁同时存在时，如不纠正低血镁，即使补充钾也不易纠正低钾血症，这是因为 Na^+-K^+-ATP 酶的激活需要 Mg^{2+}。肾上腺皮质激素、促肾上腺皮质激素及雌激素能降低呋塞米的利尿作用，并增加电解质紊乱，尤其是低钾血症的发生机会。此外，呋塞米还可加强非去极化型肌松药的作用，抑制肾小管对锂离子的分泌，可引起锂中毒。严重肝功能损害者，因水电解质紊乱可诱发肝性脑病，故禁用呋塞米。

2. 高尿酸血症 长期用呋塞米时，多数患者可出现高尿酸血症，甚至诱发痛风。一方面是由于呋塞米利尿后造成血容量降低、细胞外液浓缩，使尿酸经近曲小管的重吸收增加所致；另一方面是由于呋塞米和尿酸相互竞争有机酸分泌途径，导致尿酸排出减少。痛风患者原则上不宜使用。

3. 耳毒性　呋塞米耳毒性呈剂量依赖性，表现为眩晕、耳鸣、听力减退或暂时性聋，甚至少数用药者发生永久性聋。呋塞米静脉快速注射每分钟剂量大于 4 mg 时容易发生耳毒性。当肾功能不全或与氨基糖苷类，第一、二代头孢菌素及苯海拉明等其他具有耳毒性药物同时应用时更易发生，听力下降者亦不宜使用。呋塞米耳毒性的发生与耳蜗管基底膜毛细胞受损、内耳淋巴液电解质（如 Na^+、Cl^-）浓度升高密切相关。

4. 其他　呋塞米可升高血糖（但很少促发糖尿病）、低密度脂蛋白和三酰甘油，降低高密度脂蛋白，引起氮质血症、头晕和头痛等，故糖尿病和血脂异常者慎用。某些患者应用呋塞米容易发生皮疹、间质性肾炎等过敏反应，以及抑制骨髓导致粒细胞减少、血小板减少性紫癜和再生障碍性贫血等。对磺胺类药和噻嗪类利尿药过敏者，对本药亦可能过敏，须禁用呋塞米。此外，有患者应用呋塞米后导致肝功能损害，指、趾感觉异常等。

布 美 他 尼

布美他尼（bumetanide）可以口服或静脉注射给药。口服吸收迅速且较安全，生物利用度为59% ~ 89%，30 min 后血药浓度达峰值，1 h 利尿最为显著，持续 4 ~ 5 h。静脉给药后 10 min 显效，30 min 作用达高峰，维持约 2 h。该药血浆蛋白结合率约 95%，约 50% 在肝代谢，少量代谢物随尿排出，大部分随胆汁排出，以原型经肾小管分泌排出大约占 50%。布美他尼的利尿作用及对肾小球滤过率和肾血流量的影响与呋塞米相似，排钠作用比呋塞米强，低钾血症、低镁血症的发生率均较呋塞米少且轻，对尿酸的排泄和糖代谢影响也较轻。耳毒性为呋塞米的 1/6，故听力有缺陷者宜选用布美他尼治疗各种顽固性水肿。

托 拉 塞 米

托拉塞米（torasemide）口服易吸收，利尿作用是呋塞米的 3 倍，持续时间可达 24 h。该药除能抑制髓袢升支 Na^+–K^+–$2Cl^-$ 共同转运外，还能抑制醛固酮与其受体结合。此外，托拉塞米还可以抑制 TXA_2 的缩血管作用。托拉塞米经肾消除量少，几乎无肾蓄积毒性，对糖类和脂肪代谢无不良影响。

（二）中效利尿药

中效利尿药包括噻嗪类和非噻嗪类利尿药。噻嗪类利尿药包括氯噻嗪、氢氯噻嗪、氢氟噻嗪、苄氟噻嗪和环戊噻嗪等。非噻嗪类利尿药包括氯噻酮、吲达帕胺和美托拉宗等，它们虽无噻嗪环结构，但药理作用与噻嗪类相似，代谢方面的不良反应较噻嗪类少。

氢 氯 噻 嗪

氢氯噻嗪（hydrochlorothiazide）又名双氢克尿噻、双氢氯噻嗪，是临床上广泛应用的噻嗪类利尿药。

【体内过程】脂溶性较高，口服吸收良好，生物利用度在 80% 以上，2 h 起作用，达峰时间约为 4 h，作用持续时间为 6 ~ 12 h。$t_{1/2}$ 为 8 ~ 10 h，在体内不被代谢，主要以有机酸的形式从肾小管分泌排泄，少量由胆汁排泄。对于肾功能受损者，该药的 $t_{1/2}$ 延长。

【药理作用及机制】

1. 利尿作用　作用于肾皮质部远曲小管起始部位，利尿作用温和持久。此段排 Na^+ 量达原

尿 Na^+ 的 $10\% \sim 15\%$。氢氯噻嗪抑制 Na^+–Cl^- 的共同转运，使远曲小管起始部对 Na^+ 的重吸收减少，管腔内 Na^+ 浓度升高，抑制肾的稀释功能。同时，远曲小管和集合小管的 Na^+–K^+ 交换增加，K^+ 分泌增多。氢氯噻嗪对碳酸酐酶有轻度抑制作用，故 H^+ 分泌减少，Na^+–H^+ 交换减少，HCO_3^- 的排泄增加。长期服用氢氯噻嗪还可引起低镁血症。另外，氢氯噻嗪具有促进甲状旁腺激素的作用，使肾小管对 Ca^{2+} 的重吸收增加，故尿 Ca^{2+} 含量降低。

2. 抗尿崩症作用　能明显减少尿崩症患者尿量。其作用机制不详，可能是：①增加 NaCl 的排出，造成负盐平衡，导致血浆渗透压降低，减轻口渴感并减少饮水量，继而尿量减少；②通过抑制磷酸二酯酶，继而使细胞内 cAMP 的含量增加，从而提高远曲小管及集合小管的上皮细胞对水的通透性。

3. 降压作用　除与早期利尿排钠作用有关外，还与其长期用药后降低血管平滑肌细胞内 Ca^{2+} 浓度有关，见第十七章。

4. 对肾血流动力学和肾小球滤过功能的影响　氢氯噻嗪使肾小管对水、Na^+ 重吸收减少，肾小管内压力升高，流经远曲小管的水和 Na^+ 增多，继而刺激致密斑并通过管–球反馈，使肾素、血管紧张素分泌增加，引起肾血管、肾小球入球和出球小动脉收缩，肾血流量下降、肾小球滤过率下降。当肾小球滤过率小于 30 mL/min 时，氢氯噻嗪不能发挥利尿作用，且进一步损害肾功能。

【临床应用】

1. 水肿性疾病　包括充血性心力衰竭、肝硬化腹水、肾病综合征和急、慢性肾炎水肿，以及肾上腺皮质激素和雌激素所致的水钠潴留等各种类型的水肿。对心源性水肿的效果较好，而肾性水肿的疗效与肾功能损伤程度相关，轻者效果好，重者则差。

2. 高血压　是一线抗高血压药（见第十七章）。

3. 尿崩症　用于肾性尿崩症及加压素无效的垂体性尿崩症。

4. 高尿钙伴有肾结石　主要用于预防含钙盐成分等物质形成的结石。

【不良反应及用药注意事项】

1. 水、电解质紊乱　低钠血症、低钾血症、低镁血症和低氯性碱中毒等较为常见，可引起高钙血症。高钙血症患者需慎用氢氯噻嗪。严重肝功能损害者因水、电解质紊乱可诱发肝性脑病，故需慎用氢氯噻嗪。

2. 高尿酸血症及糖、脂代谢异常　高尿酸血症主要是由于氢氯噻嗪减少细胞外液容量，增加近曲小管对尿酸的重吸收，及与尿酸竞争性分泌所致。长期使用氢氯噻嗪可使血清三酰甘油及低密度脂蛋白量增加，同时伴高密度脂蛋白的减少；还可降低糖耐量，使血糖升高。高尿酸血症、有痛风病史、血脂紊乱、糖尿病和胰腺炎者均应慎用氢氯噻嗪。

3. 其他　还可引起发热、皮疹、白细胞减少或缺乏症、血小板减少性紫癜、胆囊炎、胰腺炎、性功能减退、光敏感和色觉障碍等不良反应，但较罕见。对磺胺过敏者禁用本类药物。红斑狼疮患者慎用氢氯噻嗪。

氯噻酮

氯噻酮（chlortalidone）为非噻嗪类中效利尿药。口服 2 h 起效，利尿持续时间为 $24 \sim 72$ h。适应证及不良反应与噻嗪类相似。

吲达帕胺

吲达帕胺（indapamide）为非噻嗪类中效利尿药。它的利尿作用机制及特点与氢氯噻嗪相似，对血管平滑肌有舒张作用，低剂量时降压作用明显，而利尿作用较微弱。临床主要用于高血压病的基础降压，无类似氢氯噻嗪对代谢方面的不良反应。

美 托 拉 宗

美托拉宗（metolazone）为非噻嗪类中效利尿药。口服后 1 h 显效，可维持 12～24 h。利尿作用与噻嗪类相似，但无抑制碳酸酐酶的作用。主要用于水肿治疗，也用于高血压治疗。当肾小球滤过率小于 100 mL/min 时，美托拉宗利尿效果差。

（三）低效利尿药

低效利尿药包括留钾利尿药和非留钾利尿药。前者包括醛固酮拮抗药螺内酯、依普利酮和 Na^+ 通道阻断药氨苯蝶啶和阿米洛利等，后者有乙酰唑胺、醋甲唑胺等碳酸酐酶抑制药。

螺 内 酯

螺内酯（spironolactone）又名安体舒通（antisterone），是人工合成的甾体化合物，其化学结构与醛固酮相似，具有抗醛固酮作用。

【体内过程】目前临床所用微粒制剂的生物利用度 >90%，血浆蛋白结合率 >90%，$t_{1/2}$ 为 10 min。螺内酯在肝代谢生成的活性代谢产物烯睾丙内酯的 $t_{1/2}$ 为 10～12 h。约 10% 以原型经肾排泄，其余则以结合型无活性代谢产物形式经肾和胆道排泄。

【药理作用】

1. 利尿作用　螺内酯的利尿作用弱，抑制 Na^+ 重吸收量不到 3%，起效缓慢，但作用持久。服螺内酯后 1 天起效，2～3 天利尿作用达高峰，停药后作用可持续 2～3 天，这与其作用机制相关。醛固酮从肾上腺皮质释放后，能进入远曲小管和集合小管上皮细胞，并与细胞质内受体结合成醛固酮－受体复合物，然后转位进入细胞核，并诱导特异 DNA 的转录、翻译，产生醛固酮诱导蛋白，调控远曲小管、集合小管的管腔侧膜转运 Na^+、K^+，呈现保 Na^+ 排 K^+ 潴水的作用。螺内酯及其代谢产物烯睾丙内酯的结构与醛固酮相似，两者均是醛固酮的竞争性拮抗剂，可与醛固酮竞争醛固酮受体，能阻碍醛固酮诱导蛋白的合成，抑制 Na^+-K^+ 交换，减少 Na^+ 的重吸收和 K^+ 的分泌，表现为排 Na^+ 留 K^+ 排水作用。因此，螺内酯的利尿作用与体内醛固酮的浓度有关，只有当体内有醛固酮存在时，螺内酯才发挥作用，对于切除肾上腺的动物，螺内酯则无利尿作用。

2. 抗心肌纤维化作用　见第十八章。

【临床应用】

1. 肝硬化腹水、肾病综合征等醛固酮升高的水肿。由于螺内酯利尿作用较弱，因此较少单用。常与高效或中效利尿药合用以增强利尿效果并减少 K^+ 的排出。

2. 充血性心力衰竭，见第十八章。

3. 原发性醛固酮增多症的诊断和治疗。

【不良反应及用药注意事项】肾功能损害、少尿和无尿时易发生高钾血症，故肾功能不全者禁用螺内酯。久用男性可出现男子乳腺发育和性功能障碍，女性可出现多毛症和月经失调等。长期或大剂量使用可引起行走不协调、头痛等中枢神经系统表现。

氨 苯 蝶 啶

氨苯蝶啶（triamterene）口服吸收迅速，服药后 2~4 h 起效，$t_{1/2}$ 为 1.5~2 h，作用可持续 7~9 h。由肝代谢，其中大部分代谢物仍具有与母体相似的药理活性。主要经肾排泄，少量经胆汁排泄。远曲小管和集合小管上皮细胞基底侧膜的 Na^+–K^+–ATP 酶将细胞内 Na^+ 转移至间质而降低细胞内 Na^+ 浓度，使管腔内 Na^+ 顺浓度梯度经管腔侧膜 Na^+ 通道进入细胞内，完成 Na^+ 重吸收，同时形成的管腔内负电位又成为远曲小管远端和集合小管上皮细胞促进 K^+ 排泄的原动力。氨苯蝶啶可阻断该段管腔侧膜 Na^+ 通道，抑制管腔液中 Na^+ 重吸收，减少 K^+ 分泌。氨苯蝶啶不是醛固酮的拮抗剂，故它对切除肾上腺的动物仍有留钾利尿作用。多与高效、中效利尿药合用，以增强利尿效应，维持血 K^+ 平衡。不良反应主要为高钾血症，故肝、肾功能不全者慎用或禁用，高钾血症患者禁用。该药还有低钠血症、胃肠道反应、头晕、头痛和光敏感等少见的不良反应。氨苯蝶啶还可抑制二氢叶酸还原酶，引起叶酸利用障碍。

阿 米 洛 利

阿米洛利（amiloride）口服吸收率为 15%~20%，$t_{1/2}$ 约为 6 h，口服后 2 h 出现利尿作用，可持续 10~24 h，主要以原型从肾排泄。本药作用机制与氨苯蝶啶相同。阿米洛利留钾利尿作用均强于氨苯蝶啶和螺内酯。当醛固酮分泌过多，或与其他利尿药合用时，阿米洛利的留钾作用更为明显。阿米洛利在远曲小管还抑制 Ca^{2+} 的排泄。其临床应用与氨苯蝶啶相似，长期服用可引起高钾血症。

乙 酰 唑 胺

乙酰唑胺（acetazolamide）是一种较强的可逆的碳酸酐酶抑制药，利尿作用较弱，作用部位主要在近曲小管和远曲小管。还可以抑制房水生成，有降低眼内压作用。临床上主要用于辅助治疗青光眼和某些水肿性疾病，还用于预防和治疗急性高山病引起的肺水肿及脑水肿，以及纠正代谢性碱中毒等。长时间使用乙酰唑胺机体容易出现代谢性酸中毒，故临床上很少把它单独作为利尿药使用。

临床聚焦 16-1
急性高山病

二、新型利尿药

托 伐 普 坦

托伐普坦（tolvaptan）是一种非肽类抗利尿激素 V2 受体拮抗药，与 V2 受体的亲和力是抗利尿激素的 1.8 倍，能显著抑制集合小管对水的重吸收，产生利尿作用。与传统利尿药相比，托伐普坦不引起明显的电解质丢失，还可以升高低钠血症患者的血钠水平，而对血钾的影响不大。托伐普坦适用于各种疾病引起的高容量性或等容量性低钠血症，包括心力衰竭、肝硬化腹水及抗利尿激素分泌异常综合征等疾病，也可用于髓袢利尿药和其他利尿药治疗效果不佳的心力衰竭所致的体液潴留。常见不良反应为口干、渴感、乏力、眩晕、恶心、低血压和高血糖，也可出现高钠血症及肝损伤。因此，托伐普坦在使用过程中必须密切监测血钠浓度，有基础肝疾病患者慎用，低容量性低钠血症和高钠血症患者禁用。

第三节 脱水药

脱水药又称渗透性利尿药，是指能使组织脱水的药物，脱水作用取决于药物分子本身所发挥的高渗透压作用。这类药物静脉给药可升高血浆渗透压及肾小管腔液体的渗透压而产生脱水及利尿作用。脱水药包括甘露醇、山梨醇和高渗葡萄糖等。

甘 露 醇

甘露醇（mannitol）为多糖醇，临床上用 20% 高渗溶液，是最常用的脱水药。

【体内过程】口服不吸收，临床上采用静脉给药，一般在给药后 10～15 min 起效，2～3 h 作用达峰值；极少向组织分布，主要以原型经肾排泄。仅 20% 可进入肝，转变为糖原或经胆道排泄，$t_{1/2}$ 为 100 min。

【药理作用】

1. 脱水作用　静脉注射甘露醇，该药物不易从毛细血管渗入组织，能迅速提高血浆渗透压，使组织间液向血浆转移而产生组织脱水作用，减轻组织水肿，可降低眼内压、颅内压。

2. 利尿作用　静脉注射甘露醇后，能迅速增加尿量并排出 Na^+、K^+。甘露醇产生排钠利尿作用的机制之一是通过稀释血液而增加循环血容量及肾小球滤过率，机制之二是存在于肾小管的甘露醇几乎不被重吸收，能明显增加肾小管腔液的渗透压，间接地抑制肾的稀释及浓缩功能，使集合小管对水和电解质的重吸收减少。此外，甘露醇还能扩张肾血管，增加肾髓质血流量，使髓质间液 Na^+ 和尿素易随血流移走，有助于降低髓质高渗区的渗透压而利尿。

【临床应用】

1. 脑水肿　首选用于脑瘤、颅脑外伤和缺氧等多种原因引起的脑水肿。

2. 青光眼　短期用于急性青光眼发作或术前使用以降低眼内压。

3. 预防急性肾衰竭　甘露醇在肾小管液中发生渗透效应，减少水分重吸收，维持足够的尿流量，并使肾小管内有害物质得以稀释，从而防止肾小管坏死、保护肾小管。此外，甘露醇还能改善急性肾衰竭早期的血流动力学，对伴低血压者，能较好地维持肾小球滤过率。

【不良反应及用药注意事项】可导致稀释性低钠血症。大剂量快速静脉滴注时出现渗透性肾病（或称甘露醇肾病），甚至急性肾衰竭。注射过快时可引起一过性头痛、眩晕和视物模糊。禁用于充血性心力衰竭和活动性颅内出血。

山 梨 醇

山梨醇（sorbitol）是甘露醇的同分异构体，水溶性较高，一般制成 25% 高渗液使用。山梨醇的作用与临床应用同甘露醇，但作用较甘露醇弱，持续时间短。山梨醇部分在肝转化为果糖，故疗效不如甘露醇。

50% 高渗葡萄糖

50% 高渗葡萄糖溶液（50% hypertonic glucose）常作为脱水药使用，具有脱水及渗透性利尿作用。易引起反跳现象。因此，一般常与甘露醇交替使用治疗脑水肿。

（杨丹莉）

思考题

1. 利尿药的分类及其代表药有哪些？
2. 试述呋塞米的药理作用和临床用途。
3. 试述氢氯噻嗪的药理作用和临床用途。

网上更多……

👤 学习目标　　👥 本章小结　　📝 自测题　　⬇ 教学 PPT　　🖥 参考资源

第十七章
抗高血压药

关键词

普萘洛尔	拉贝洛尔	卡托普利	氯沙坦	硝苯地平
氨氯地平	氢氯噻嗪	硝普钠	瑞米吉仑	二氮嗪
西氯他宁	波生坦	酮色林	米诺地尔	可乐定
利血平	胍乙啶	哌唑嗪		

高血压是威胁人类健康的主要慢性疾病之一，是"流行最广、隐蔽最深、危害最烈"的一类疾病。高血压仅仅是显露的"冰山一角"，高血压患者往往会并发脑卒中、心脏病和肾功能不全等疾病，其致残、致死率高，危害严重。高血压往往悄然起病并造成突发的心脑血管事件，被公认为"无声杀手"。因此，高血压治疗的主要目的是"降低高血压，保护心脑肾"，最大限度地降低心脑血管疾病的发病和死亡的总风险。高血压的治疗有两张处方：药物处方＋生活处方。高血压的药物治疗很有学问，没有适合所有患者的"好药"，必须根据不同患者的不同情况，采用个体化治疗方案。

思维导图

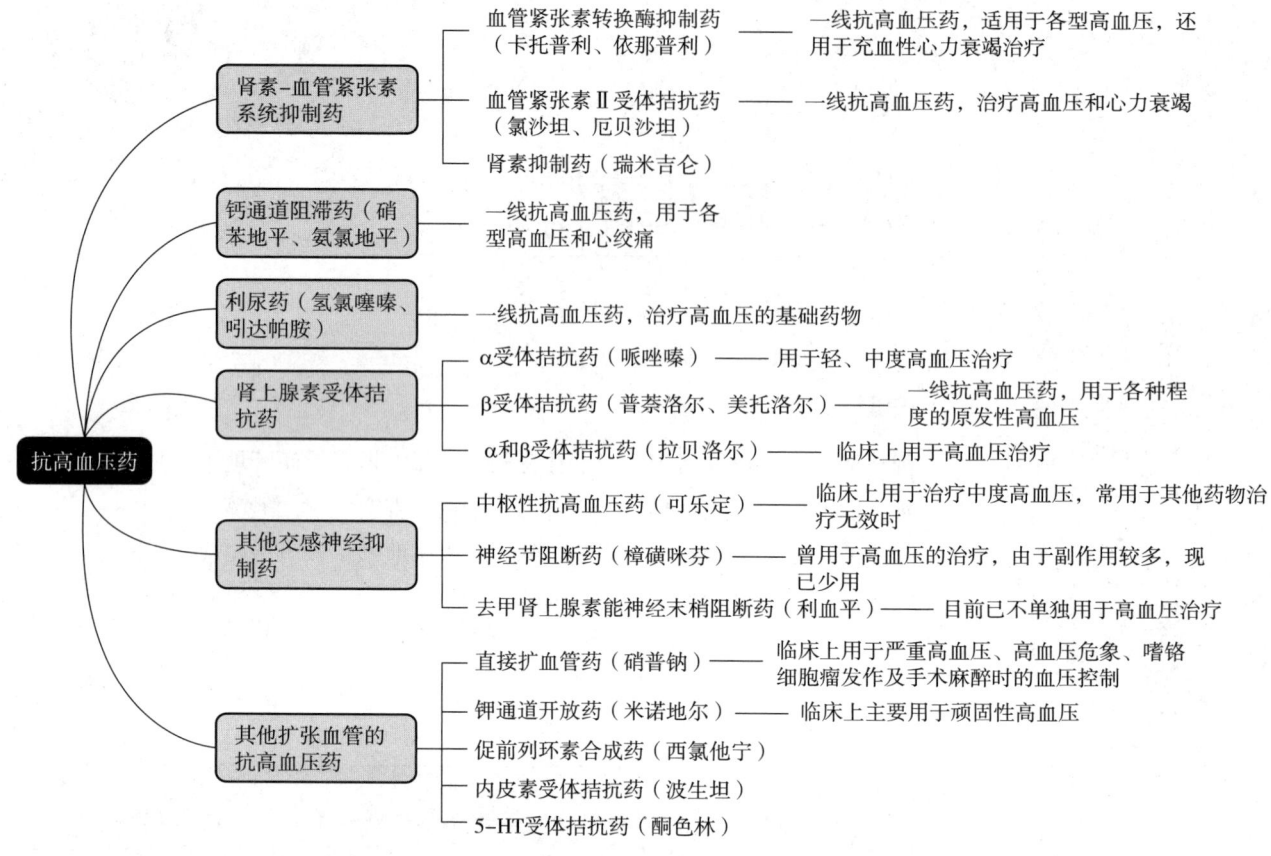

第一节　抗高血压药分类

一、概述

　　高血压（hypertension）是以体循环动脉压升高为主要临床表现的心血管综合征。高血压是最常见的慢性疾病之一，也是心脑血管病最主要的危险因素，脑卒中、心肌梗死、心力衰竭及慢性肾病是其主要并发症。近几十年来，抗高血压药治疗发展很快，合理应用抗高血压药能控制血压并减少或防止心、脑、肾等重要靶器官的并发症，从而降低病死率，延长寿命。

　　当人体收缩压≥140 mmHg 和（或）舒张压≥90 mmHg 时即为高血压，按发病原因分为原发性高血压和继发性高血压。原发性高血压约占90%，是在各种因素影响下，血压调节功能失调所致，其病因未明。继发性高血压约占10%，其血压的升高是某些疾病的一种表现，如继发于肾动脉狭窄、肾实质病变、嗜铬细胞瘤、妊娠或因药物所致等。高血压分类除了根据血压水平分为正常、正常高值血压和1、2、3级高血压之外（表17-1），还根据血压水平、心血管危险因素（年龄、吸烟、肥胖、血脂异常、缺少体育运动等）、靶器官损害、临床并发症、糖尿病等，分为低危、中危、高危和极高危四个层次（表17-2）。

　　抗高血压药（antihypertensive drug）是一类可降低血压用于治疗高血压的药物。血压的形成和调节机制复杂，外周血管阻力、心脏射血功能和血容量是血压形成的基本要素，交感神经

深入学习 17-1
血压形成的基本因素
深入学习 17-2
抗高血压药的研究进展

表 17-1　血压水平分类和定义　　　　　　　　　　单位：mmHg

分类	收缩压		舒张压
正常血压	< 120	和	< 80
正常高值血压	120 ~ 139	和 / 或	80 ~ 89
高血压	≥140	和 / 或	≥90
1 级高血压（轻度）	140 ~ 159	和 / 或	90 ~ 99
2 级高血压（中度）	160 ~ 179	和 / 或	100 ~ 109
3 级高血压（重度）	≥180	和 / 或	≥110
单纯收缩期高血压	≥140	和	< 90

表 17-2　各级高血压的危险分层

其他危险因素和病史	1 级高血压	2 级高血压	3 级高血压
无	低危	中危	高危
1 ~ 2 个其他危险因素	中危	中危	极高危
≥3 个其他危险因素，或靶器官损害	高危	高危	极高危
临床并发症或合并糖尿病	极高危	极高危	极高危

动画 17-1
抗高血压药

系统和肾素－血管紧张素－醛固酮系统（renin-angiotensin-aldosterone system，RAAS）是维持血压相对稳定的重要神经体液因素（RAAS 对血压的调节机制见图 17-1）。目前使用的抗高血压药可通过不同方式直接或间接影响这些环节而发挥降压作用。

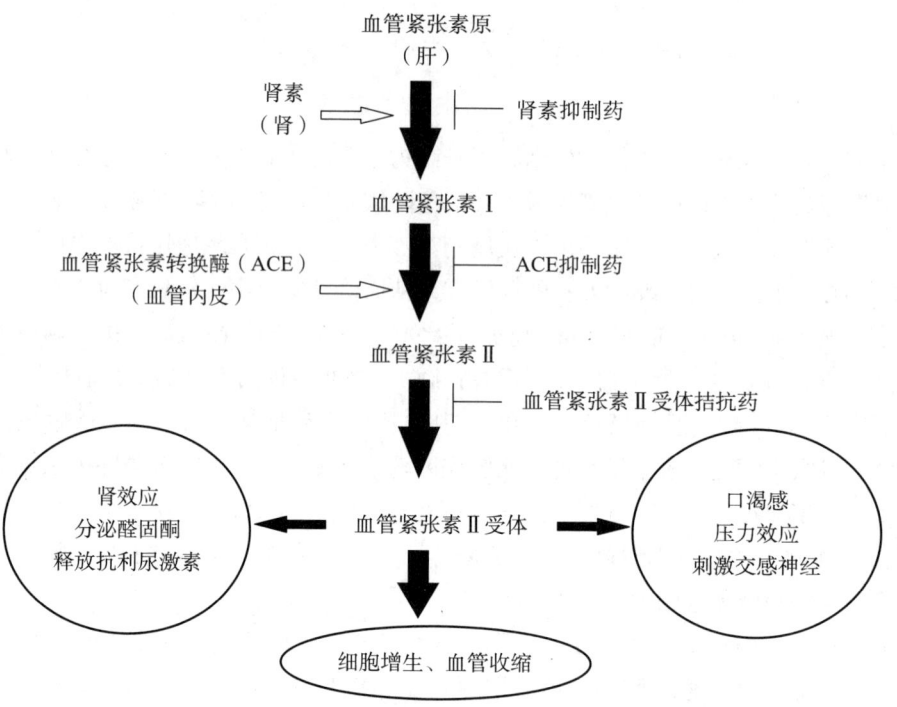

图 17-1　肾素－血管紧张素－醛固酮系统对血压的调节机制

二、抗高血压药分类及其代表药

根据药物主要作用机制和作用部位的不同，抗高血压药可分为下列几类：

1. 肾素－血管紧张素系统抑制药

（1）血管紧张素转换酶抑制药：如卡托普利等。

（2）血管紧张素 II 受体拮抗药：如氯沙坦等。

（3）肾素抑制药：如瑞米吉仑等。

2. 钙通道阻滞药　如硝苯地平等。

3. 利尿药　如氢氯噻嗪等。

4. 肾上腺素受体拮抗药　如普萘洛尔、哌唑嗪、拉贝洛尔等。

5. 其他交感神经抑制药

（1）中枢性抗高血压药：如可乐定等。

（2）神经节阻断药：如樟磺咪芬等。

（3）去甲肾上腺素能神经末梢阻断药：如利血平等。

6. 其他扩张血管的抗高血压药

（1）直接扩血管药：如硝普钠等。

（2）钾通道开放药：如米诺地尔等。

（3）促前列环素合成药：如西氯他宁等。

（4）5-HT 受体拮抗药：如酮色林等。

（5）内皮素受体拮抗药：如波生坦等。

目前常用抗高血压药可归纳为五大类，即利尿药、β受体拮抗药、钙通道阻滞药、血管紧张素转换酶抑制药和血管紧张素Ⅱ受体拮抗药。

第二节　肾素－血管紧张素系统抑制药

RAAS在血压调节及体液平衡中起着十分重要的作用，对高血压发病有重大影响。作用于该系统的药物主要为血管紧张素转换酶抑制药（angiotensin converting enzyme inhibitor，ACEI）和血管紧张素（angiotensin，Ang）Ⅱ受体拮抗药。肾素抑制药如瑞米吉仑的临床应用目前尚有限。

一、血管紧张素转换酶抑制药

ACEI的应用是抗高血压药治疗学上的一大进步。1977年卡托普利首先被用于治疗高血压，是第一个口服有效的ACEI。近年来又合成了20余种高效、长效且不良反应较少的ACEI。

卡 托 普 利

卡托普利（captopril）是最早通过结构性药物设计（structure-based drug design）理念而开发的药物之一。在20世纪中期，针对RAAS的深入研究发现，该系统中有数个可用于研发的高血压治疗药物的潜在靶点。最先发现的两个即为肾素和ACE。

【体内过程】口服生物利用度约为70%，胃肠道食物可减少其吸收，宜在饭前1 h空腹服用。口服后15～30 min血压开始下降，1～1.5 h达降压峰值，降压持续8～12 h，剂量超过25 mg时可延长作用时间。部分在肝代谢，主要从尿排出，40%～50%为原型药。肾功能不全者药物有蓄积，$t_{1/2}$为2～3 h，乳汁中有少量分泌，不透过血脑屏障。

【药理作用】具有中等强度的降压作用，可降低外周阻力，不伴有反射性心率加快，同时可以增加肾血流量。能阻止AngⅡ促血管平滑肌增殖和心肌肥大作用，从而减轻心肌肥厚及血管壁增厚，抑制心血管重构。对高血压伴有慢性心功能不全者能改善心脏泵血功能，增加心输出量，减少心律失常发生，降低病死率；高血压患者伴有糖尿病时，使用本品能降低肾小球对蛋白质的通透性、改善胰岛素依赖性糖尿病的肾病变，使尿蛋白减少，肾功能改善；此外，还可改善糖耐量异常和胰岛素抵抗及糖尿病神经病变。

【作用机制】降压机制主要涉及：①抑制ACE活性，减少AngⅡ形成，从而取消AngⅡ收缩血管、促进儿茶酚胺释放的作用。②抑制AngⅡ生成，减少醛固酮分泌，有利于水、钠排出。其特异性扩张肾血管作用也有利于促进水、钠排泄。③ACE又称激肽酶Ⅱ，能降解缓激肽等，使之失活。抑制ACE，可减少缓激肽降解，提高缓激肽在血中的含量，进而促进NO及PGI_2的生成，增强扩张血管效应。

【临床应用】

1. 卡托普利为抗高血压治疗的一线药物，适用于各型高血压。60%～70%患者单用本品即可将血压控制在理想水平，加用利尿药时95%患者有效。特别适用于合并有糖尿病及胰岛素抵抗、左心室肥厚、心力衰竭、急性心肌梗死后的高血压患者，可明显改善生活质量。无耐受性，连续用药疗效不会明显下降且停药不引起反跳症状。卡托普利与利尿药或β受体拮抗药合用治疗重度或顽固性高血压疗效显著。

2. 治疗充血性心力衰竭，见第十八章。

【不良反应及用药注意事项】

1. 不良反应 较常见的不良反应有干咳、血钾升高等，因含巯基（—SH），可有青霉胺样反应，如皮疹、味觉异常或丧失等，常发生于治疗4周内，减量或停药后消失。较少见的不良反应：肾功能损害，常发生于治疗开始8个月内，是其舒张出球小动脉，降低肾灌注压所致，停药后常可恢复；血管神经性水肿，见于面部及四肢，也可引起舌、声门或喉血管神经性水肿，一旦发生应立即停药；致胎儿畸形。

2. 用药注意事项 禁用于孕妇及哺乳期妇女、双侧肾动脉狭窄及对卡托普利过敏患者。抗酸药可降低本品的生物利用度。补钾及合用留钾利尿药可诱发高钾血症。本品可增加地高辛血药浓度，增加别嘌醇的过敏反应。

依 那 普 利

依那普利（enalapril）为不含巯基（—SH）的长效、高效ACEI，是前体药。在体内被肝酯酶水解转化为依那普利拉（enalaprilat）后才能与ACE持久结合而发挥作用。降压机制与卡托普利相似，但抑制ACE的作用较卡托普利强10倍。降压作用强而持久，口服后最大降压作用出现在药后6~8 h，可每日给药一次。剂量超过10 mg后，增加剂量只延长作用持续时间。与卡托普利相似，用于治疗高血压。改善心功能作用可能优于卡托普利。不良反应与卡托普利相似，因不含—SH，无典型青霉胺样反应（皮疹等），但较易引起干咳。

其他 ACEI

其他ACEI有赖诺普利（lisinopril）、贝那普利（benazepril）、福辛普利（fosinopril）、喹那普利（quinapril）、雷米普利（ramipril）、培哚普利（perindopril）和西拉普利（cilazapril）等。它们共同的特点是长效，每日只需服用1次。除了赖诺普利外，其余均为前体药。作用及临床应用同依那普利。

二、血管紧张素 II 受体拮抗药

Ang II受体包括AT_1、AT_2、AT_3和AT_4四种受体亚型。Ang II的心血管作用主要由AT_1受体介导，包括收缩血管、生长因子样作用、保钠保水等。AT_2受体的功能与之相反，具有扩张血管、抑制细胞增殖、促进细胞凋亡等作用。目前对AT_3和AT_4受体的功能知之甚少。Ang II受体拮抗药阻断AT_1受体激活，引起血管舒张、血管升压素分泌减少、醛固酮合成及分泌减少等，使血压下降。目前临床上应用的AT_1受体拮抗药具有亲和力高、选择性强、口服有效、作用时间长等优点。

氯 沙 坦

氯沙坦（losartan）为第一个用于临床的竞争性AT_1受体拮抗药。

【体内过程】口服易吸收，首过效应明显，生物利用度约为33%。99%以上与血浆蛋白结合，$t_{1/2}$为1.5~2.5 h。在体内可转化为活性代谢产物EXP-3174，其$t_{1/2}$为6~9 h。服药后1 h血药浓度达高峰，3~4 h 其活性代谢产物 EXP-3174 的血浓度达峰值。约 35% 经肾清除，60% 经粪便排出。

【药理作用】

1. 降低血压　氯沙坦可拮抗 AngⅡ 的作用，使血管阻力降低，醛固酮分泌减少，血浆 AngⅡ水平增高。EXP-3174 的作用强度为氯沙坦的 10~40 倍。氯沙坦不抑制缓激肽的降解，较少引起干咳。

2. 降低心脏负荷　心力衰竭时氯沙坦可扩张动脉与静脉，降低心脏前、后负荷，改善心功能，从而改善心输出量，使运动耐量和时间延长。

【临床应用】可单独应用或与其他抗高血压药如利尿药合用治疗高血压和心力衰竭。

【不良反应及用药注意事项】与 ACEI 不同，本品较少出现干咳、血管神经性水肿；与 ACEI 相似，因抑制 AngⅡ 的作用，氯沙坦也可引起肾功能障碍和高钾血症等。其他不良反应如胃肠不适、头痛、头昏等亦有报道。妊娠期不宜使用本品；乳汁中含量很高，故哺乳期妇女不宜应用。

其他沙坦类药物

沙坦类药物还有缬沙坦（valsartan）、厄贝沙坦（irbesartan）、坎地沙坦（candesartan）和替米沙坦（telmisartan）等。

第三节　钙通道阻滞药

钙通道阻滞药也称为钙拮抗药，通过减少细胞内 Ca^{2+} 浓度而松弛血管平滑肌，降低外周血管阻力，进而降低血压。按化学结构可将其分为二氢吡啶类和非二氢吡啶类（表 17-3）。二氢吡啶类包括硝苯地平、尼卡地平、氨氯地平等，对血管平滑肌具有选择性，对心脏直接抑制作用较小，用于高血压、心绞痛、雷诺病等。其中氨氯地平是新一代二氢吡啶类钙通道阻滞药，具有亲和力高、作用时间长等特点。非二氢吡啶类包括苯并噻氮䓬类（如地尔硫䓬）和苯烷胺类（如维拉帕米），对心脏具有直接抑制作用，用于心律失常（第二十一章）；对血管具有舒张作用，用于高血压和心绞痛等。

表 17-3　常用钙通道阻滞药的分类

药物分类	化学结构分类	药物名称
选择性	二氢吡啶类	硝苯地平、尼群地平、拉西地平、尼莫地平、尼卡地平、尼索地平、伊拉地平、非洛地平、氨氯地平等
	苯并噻氮䓬类	地尔硫䓬、二氯呋利、克仑硫䓬等
	苯烷胺类	维拉帕米、戈洛帕米、噻帕米等
非选择性	其他类	氟桂利嗪、卡罗维林、苄普地尔

硝 苯 地 平

自 20 世纪 80 年代中叶以来，硝苯地平（nifedipine）一直用于治疗高血压。

【体内过程】口服吸收完全，生物利用度约 65%，$t_{1/2}$ 约 2.5 h。主要在肝代谢，少量以原型从肾排泄。口服后 30 min 内产生降压作用，最大降压效应出现在药后 1~2 h，持续 6~8 h。

【药理作用】抑制细胞外 Ca^{2+} 内流，使血管平滑肌细胞内 Ca^{2+} 浓度下降，导致血管平滑肌松弛、血管扩张、血压下降。由于外周血管扩张，可反射性兴奋交感神经而致心率加快。此外，该药可减轻钙超载导致的动脉壁损害，具有一定的抗动脉粥样硬化作用。

【临床应用】

1. 对轻、中、重度高血压均有效，尤其适用于合并心绞痛、肾疾病、糖尿病、哮喘或高脂血症患者。

2. 抗心绞痛（第二十章）。

3. 改善肥厚型心肌病。

4. 治疗雷诺病和防治动脉粥样硬化。

【不良反应及用药注意事项】不良反应主要表现为血管过度扩张所致的心率加快、面部潮红、眩晕、头痛、踝部水肿等，长期使用还可引起牙龈增生。推荐使用缓释片剂，以减轻迅速降压造成的反射性交感活性增强。大剂量可能增加急性心肌梗死患者心律失常的发生率和病死率，故不宜用于急性心肌梗死后的高血压患者。

氨 氯 地 平

【体内过程】氨氯地平（amlodipine）口服吸收缓慢，达峰时间为 6~8 h，生物利用度为 64%，表观分布容积为 21 L/kg。大部分在肝代谢，代谢物无钙通道阻滞作用。$t_{1/2}$ 为 36 h。本药在老年人及肝功能减退者消除减慢，$t_{1/2}$ 分别延长至 48 h 及 60 h。

【药理作用】特点为与钙通道结合和解离速度较慢，因此药物起效缓慢而维持时间长。对血管平滑肌的选择性作用大于硝苯地平。对心肌缺血者，氨氯地平可增加心输出量及冠状动脉血流量，增加心肌供氧及降低耗氧，改善运动能力。此外，氨氯地平可激活 LDL 受体，减少脂肪在动脉壁累积及抑制胶原合成，因而具有抗动脉粥样硬化作用。

【临床应用】用于治疗各种类型高血压和心绞痛（第二十章），也可用于防治动脉粥样硬化等疾病。

【不良反应及用药注意事项】不良反应少于硝苯地平，有头痛、踝部水肿、疲劳、失眠、恶心、腹痛、面红、心悸和头晕，少见瘙痒、皮疹、呼吸困难、无力、肌肉痉挛，极少出现心肌梗死和胸痛。

尼 卡 地 平

尼卡地平（nicardipine）是钙通道阻滞药中血管选择性最高的药物。通过抑制 Ca^{2+} 流入血管平滑肌细胞而发挥血管扩张作用，而且能抑制磷酸二酯酶，使脑、冠状动脉及肾血流量增加，起到降压作用。静脉给药主要用于手术时异常高血压的紧急处理和高血压急症。不良反应有踝部水肿、头晕、头痛、面红，因反射性心动过速而使患者出现心悸、心绞痛加重等，减小剂量或加用 β 受体拮抗药可以得到缓解。重度主动脉瓣狭窄、颅内出血尚未完全止血者或脑卒中等患者禁用。

其他钙通道阻滞药

尼群地平（nitrendipine）：作用与硝苯地平相似，但对血管扩张作用较硝苯地平强，降压作用温和而持久，适用于各型高血压。

尼莫地平（nimodipine）：易通过血脑屏障，在无明显降压效应时就具有显著的脑血管扩张作用，可解除脑血管痉挛，增加脑血流，改善脑循环。

伊拉地平（isradipine）：作用与硝苯地平相似，有很强的血管选择性，对心脏抑制作用小。

拉西地平（lacidipine）：血管选择性强，不易引起反射性心动过速，用于轻、中度高血压治疗。

第四节　利尿药

高血压急症或危象时可短期使用呋塞米等高效利尿药，而顽固性高血压或难治性高血压，在采用其他降压方案均疗效差时，可考虑联合使用醛固酮拮抗药螺内酯等（第十六章）。中效利尿药是 WHO 推荐的一线抗高血压药，是治疗高血压的基础药物，单用即有降压作用，其中氢氯噻嗪（hydrochlorothiazide）最为常用。

【降压作用及作用机制】氢氯噻嗪降压作用温和、持久，对立位和卧位均有降压作用，一般用药 2～4 周达最大疗效。降低血压的确切机制尚不十分明确。用药初期，因排钠利尿可减少细胞外液和血容量，导致心输出量降低；长期使用可降低血管阻力，扩张血管的作用机制可能是利尿作用持续降低血管平滑肌细胞内 Na^+ 浓度，Na^+-Ca^{2+} 交换减弱，导致细胞内 Ca^{2+} 浓度降低，使血管平滑肌对缩血管物质的反应性减弱所致。对肾切除动物无降压作用。氢氯噻嗪的降压效应与饮食中摄入钠量有关，如限制食盐摄入能增强降压作用，若盐摄入过多则减弱其效应。

【临床应用】治疗高血压的基础药物，具有安全、有效、价廉等优点。大规模临床试验表明，噻嗪类利尿药可降低高血压并发症（如脑卒中和心力衰竭）的发病率和病死率。研究发现，许多患者使用 12.5 mg 的氢氯噻嗪即有降压作用，超过 25 mg 时降压作用并不一定增强，但不良反应发生率增加。因此，单用该利尿药降压时剂量不宜超过 25 mg，若 25 mg 仍不能有效控制血压，则应合用或换用其他类抗高血压药。其他类多种抗高血压药在长期使用过程中，可引起不同程度的水钠潴留，影响降压效果，而合用利尿药能消除水钠潴留，使降压作用增强。

【不良反应及用药注意事项】单用噻嗪类利尿药降压治疗，常引起低钾血症，长期使用时应合用留钾利尿药或合用 ACEI 类药物，以减少 K^+ 的排出。长期大剂量使用噻嗪类利尿药可能会对脂质、糖及尿酸代谢等产生不良影响，因此糖尿病、高尿酸血症或痛风、严重肝功能损害等患者慎用。对于上述代谢紊乱的高血压患者应使用非噻嗪类的中效利尿药吲达帕胺（indapamide）等控制血压（第十六章）。

第五节　肾上腺素受体拮抗药

肾上腺素受体拮抗药包括 α 受体拮抗药（如哌唑嗪）、β 受体拮抗药（如普萘洛尔）、α 和 β

受体拮抗药（如拉贝洛尔）。

一、β 受体拮抗药

不同的 β 受体拮抗药在脂溶性、对 β_1 受体的选择性、内在拟交感活性及膜稳定性等方面有所不同，但均为有效的抗高血压药，可用于各种程度高血压的治疗。长期应用一般不引起水钠潴留，亦无明显的耐受性。不具内在拟交感活性的 β 受体拮抗药可增加血浆三酰甘油浓度，降低血浆 HDL 浓度；有内在拟交感活性者对血脂影响很小或无影响。

降压作用机制涉及：阻断心脏 β_1 受体，降低心输出量；阻断肾入球小动脉球旁细胞的 β_1 受体，减少肾素的分泌；透过血脑屏障，阻断中枢 β 受体，使外周交感神经活性降低；阻断外周去甲肾上腺素能神经末梢突触前膜的 β_2 受体，抑制正反馈调节作用，使 NA 的释放减少；促进 PGI_2 的合成。

普 萘 洛 尔

【药理作用】普萘洛尔（propranolol）为非选择性 β 受体拮抗药，对 β_1 和 β_2 受体具有相同亲和力，无内在拟交感活性。降压作用出现较慢，数周后达最大降压效应。可减轻高血压患者的心肌肥厚。

【临床应用】用于各种程度的原发性高血压，可作为抗高血压的一线药物。可单独应用，也可与其他抗高血压药合用。对心输出量及肾素活性偏高者疗效较好，高血压伴有心绞痛、偏头痛、焦虑症等选用 β 受体拮抗药较合适。

【不良反应及用药注意事项】可升高血浆三酰甘油水平，使 HDL 降低；高血压合并糖尿病患者若发生低血糖反应，使用本品可延缓血糖恢复的速度，应予以避免。长期应用普萘洛尔骤然停药，可使血压及心率反跳性升高，心绞痛加剧，甚至诱发急性心肌梗死。因此，高血压患者长期应用普萘洛尔停药时必须逐渐减量。禁用于严重左心功能不全、支气管哮喘、窦性心动过缓及重度房室传导阻滞患者。

其他 β 受体拮抗药

艾司洛尔（esmolol）：是选择性 β_1 受体拮抗药。在体内代谢迅速，$t_{1/2}$ 约 9 min，通过持续静脉滴注可维持稳态血药浓度，改变静脉滴注速度可很快改变血药浓度。静脉滴注停止后 10 ~ 20 min 降压作用基本消失。注射剂用于围手术期高血压。

纳多洛尔（nadolol）：作用机制与普萘洛尔相似，但作用比普萘洛尔强 2 ~ 4 倍。

阿替洛尔（atenolol）：对心脏的 β_1 受体有较高的选择性，对血管及支气管的 β_2 受体的影响较小。无膜稳定作用，无内在拟交感活性。

美托洛尔（metoprolol）：作用与阿替洛尔相似，属选择性 β_1 受体拮抗药，有较弱的膜稳定作用。

比索洛尔（bisoprolol）：对 β_1 受体的选择性比阿替洛尔高，无内在拟交感活性。

二、α_1 受体拮抗药

用于抗高血压的 α 受体拮抗药主要为选择性 α_1 受体拮抗药。此类药物有哌唑嗪、特拉唑嗪

（terazosin）、多沙唑嗪（doxazosin）等。

哌 唑 嗪

【体内过程】哌唑嗪（prazosin）口服易吸收，1~2 h 血药浓度达峰值。主要在肝脱甲基后与葡糖醛酸结合并从胆汁排泄，5%~11% 以原型从肾排出，$t_{1/2}$ 约 3 h。

【药理作用】在降压的同时，对心率、心输出量、肾血流量和肾小球滤过率都无明显影响。对脂代谢有利，可降低血清总胆固醇、低密度脂蛋白和极低密度脂蛋白，升高高密度脂蛋白。选择性作用于突触后膜 α_1 受体，使容量血管和阻力血管扩张，从而降低心脏前、后负荷，使血压下降。降压有效率为 60%~80%。对嗜铬细胞瘤引起的血压升高也具有降压作用。

【临床应用】用于各种程度高血压的治疗，对轻、中度高血压有明确疗效，还适用于并发肾功能受损和前列腺肥大患者。与利尿药或 β 受体拮抗药等合用可增强其降压作用。

【不良反应及用药注意事项】首次应用时会出现"首剂现象"，表现为严重的直立性低血压，给药后 30~60 min 出现。其原因可能与阻断交感神经的缩血管效应、扩张容量血管、减少回心血量有关。其他不良反应有头痛、心悸、口干、鼻塞、性功能障碍和乏力等，这些不良反应一般在连续用药过程中自行减少。

三、α 和 β 受体拮抗药

本类药物对 α、β 受体的选择性不强，临床上主要用于高血压治疗。

拉 贝 洛 尔

拉贝洛尔（labetalol）临床上用于各型高血压治疗，合用利尿药可增强其降压效果。静脉注射或静脉滴注可用于高血压急症、手术时控制血压等。

卡 维 地 洛

卡维地洛（carvedilol）为 α_1、β_1 和 β_2 受体拮抗药。口服首过效应显著，生物利用度为 22%，药效可维持 24 h。1995 年 FDA 批准其用于治疗原发性高血压，1997 年 FDA 批准其用于治疗充血性心力衰竭。

第六节　其他交感神经抑制药

一、中枢性抗高血压药

可 乐 定

【体内过程】可乐定（clonidine）口服易吸收，给药后 1.5~3 h 血药浓度达峰值，口服后 $t_{1/2}$ 为 5.2~13 h，生物利用度为 71%~82%。约 50% 以原型从尿中排出，能透过血脑屏障，血浆蛋白结合率为 20%。

【药理作用】降压作用中等偏强，并可抑制胃肠分泌及运动，对中枢神经系统有明显的抑制作用。其降压机制主要是通过兴奋延髓孤束核突触后膜的 α_2 受体，抑制中枢交感神经冲动的传出，使外周血管扩张，血压下降。同时，可乐定也兴奋延髓头端腹外侧区（rostral ventrolateral medulla，RVLM）的 I_1 咪唑啉受体，使交感神经张力下降，外周血管阻力降低，产生降压作用。

【临床应用】用于治疗中度高血压，常用于其他药物治疗无效时。降压作用中等偏强，对肾血流量和肾小球滤过率影响小。与利尿药合用有协同作用。

【不良反应及用药注意事项】不良反应包括口干、便秘、嗜睡、抑郁、眩晕、水肿、腮腺肿痛、恶心、食欲减退、心动过缓等。某些患者长期使用可乐定可能产生性欲减退甚至丧失，以及阳痿、夜尿症、排尿困难和尿潴留等泌尿生殖系统方面的不良反应。不宜用于高空作业或驾驶机动车辆的人员，以免因精力不集中、嗜睡而导致事故发生。可乐定能加强其他中枢抑制药的作用，合用时应慎重。三环类抗抑郁药（如丙米嗪等药物）与可乐定发生竞争性拮抗，取消可乐定的降压作用，不宜合用。

其他中枢性抗高血压药

莫索尼定（moxonidine）口服生物利用度约 88%，降压作用可维持 24 h。60% 药物以原型从尿中排出，乳汁中药物浓度比血浆高 50% ~ 100%。为第二代中枢性抗高血压药，对 I_1 咪唑啉受体的选择性比可乐定高，对 α_2 受体作用较弱，故无显著的镇静作用，亦无停药反跳现象。长期用药也有良好的降压效果，并能逆转高血压患者的心肌肥厚。

利美尼定（rilmenidine）的作用与莫索尼定相似，对 I_1 咪唑啉受体的选择性高。

甲基多巴（methyldopa）降压作用较可乐定温和、持久，通过激动中枢抑制性神经元 α_2 受体，减少中枢发出的交感神经冲动而产生降压作用。甲基多巴可用于中度高血压，尤适用于肾性高血压或伴有肾功能障碍的高血压患者，与利尿药等其他抗高血压药合用可产生协同降压作用，用于重度高血压或难治性高血压的治疗。不良反应较严重。

二、神经节阻断药

本类药物有樟磺咪芬（trimetaphan camsilate）、美卡拉明（mecamylamine）、六甲溴铵（hexamethonium bromide）等。本类药物曾广泛用于高血压的治疗，但由于副作用较多，降压作用过强、过快，现已仅限用于高血压危象、主动脉夹层、外科手术中的控制血压等特殊情况。

三、去甲肾上腺素能神经末梢阻断药

本类药物主要通过影响儿茶酚胺的储存及释放产生降压作用。

利血平（reserpine）作用较弱，降压作用机制主要是耗竭中枢及外周交感神经末梢囊泡内儿茶酚胺递质。长期应用可能引起抑郁症、心绞痛、性功能障碍等不良反应，目前已不单独应用。

胍乙啶（guanethidine）降压作用强而持久，给药后约 24 h 起效，停药后维持 1 ~ 2 周，主要用于重症高血压，较易引起肾、脑血流量减少及水钠潴留，不易透过血脑屏障，故无与利血平类似的中枢抑制作用。

第七节 其他扩张血管的抗高血压药

一、直接扩血管药

硝 普 钠

【体内过程】硝普钠（sodium nitroprusside）口服不吸收，静脉滴注起效快，$t_{1/2}$ 为 3～4 min，停药后 5 min 内血压回升。可通过调整滴注速度维持所需血压水平。体内代谢产生的氰离子（CN^-）在肝转化成硫氰根离子（SCN^-）后经肾排泄。

【药理作用】硝普钠在血管平滑肌内代谢产生一氧化氮（NO），具有强大的舒张血管平滑肌作用，可直接松弛小动脉和静脉平滑肌。NO 能激活鸟苷酸环化酶，促进 cGMP 形成，产生血管扩张作用（图 17-2）。

【临床应用】

1. 控制性降压 用于严重高血压、高血压危象、嗜铬细胞瘤发作及手术麻醉时的血压控制。硝普钠扩张血管效应个体差异大，成人有效量为 16～600 μg/min。静脉滴注从 10 μg/min 开始，应严密观察血压变化，根据血压调整给药速率。

2. 心功能不全或低心输出量 见第十八章。

【不良反应及用药注意事项】

1. 硝普钠有恶心、呕吐、精神不安、肌肉痉挛、头痛、出汗和发热等不良反应。还可引起急性精神病或甲状腺功能减退等不良反应。

2. 氰化物或硫氰化物中毒。药物代谢产生游离氰离子浓度过高所致，可干扰细胞的电子传递，致呼吸链中断，细胞窒息。主要发生在药物过量、肝肾功能不全或维生素 B_{12} 缺乏时。临床表现为代谢性酸中毒和组织缺氧，患者可出现呼吸急促、肌肉痉挛等。一旦发现中毒应立即停药，给予吸氧，并迅速给予解毒药物：①高铁血红蛋白形成剂，如亚硝酸钠、亚硝酸异戊酯等；②硫代硫酸钠。

3. 硝普钠作用强，个体差异大，可使部分患者出现血管过度扩张和血压过低；作用持续时间短，停药后血压很快回升至降压前水平。降压过程可因血压下降而激活交感神经和肾素 - 血管紧张素系统，致血中儿茶酚胺和血管紧张素浓度增加，引起心率加快，血管收缩，造成降压困难，可通过加深麻醉或静脉注射 β 受体拮抗药来协同降压。此外，硝普钠水溶液不稳定，遇光、热或长时间储存易发生分解并产生有毒的硫氰化物。

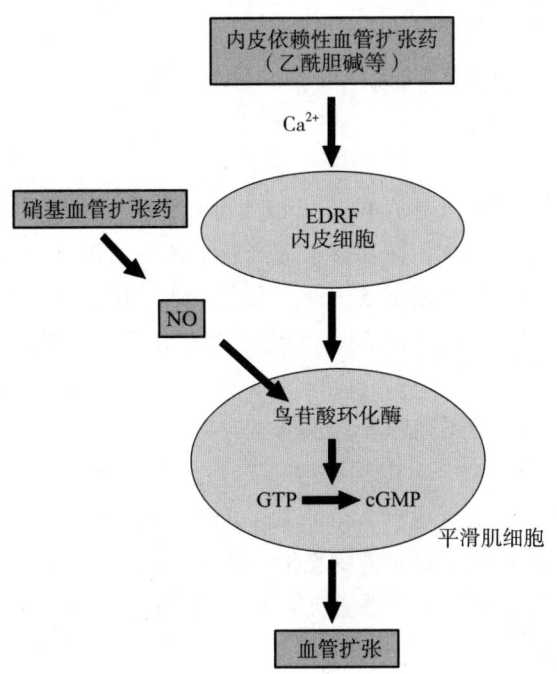

图 17-2 硝普钠作用机制

肼 屈 嗪

【体内过程】肼屈嗪（hydralazine）口服后很快吸收，血药浓度约 1 h 达峰值。药物可经多种途径代谢，但主要为乙酰化。患者服后乙酰化快者的生物利用度较乙酰化慢者为低，静脉注射后 15% 以原型从尿中排出，$t_{1/2}$ 为 2 ~ 8 h。

【药理作用】能直接扩张周围血管，以扩张小动脉为主。降压作用强，通过降低外周总阻力而降压，可改善肾、子宫和脑血流量。降低舒张压的作用较降低收缩压作用强。该药还可反射性兴奋交感神经，加快心率，增强心肌收缩。

【不良反应及用药注意事项】易产生耐药性。不良反应有头痛、面红、心悸、心绞痛、周围神经炎、荨麻疹等。女性慢乙酰化型患者长期应用大剂量肼屈嗪易出现类风湿关节炎或红斑狼疮样综合征。禁用于冠状动脉病变、脑血管硬化、心动过速及心绞痛患者。

二、钾通道开放药

钾通道开放药有二氮嗪、米诺地尔、吡那地尔（pinacidil）、尼可地尔（nicorandil）、色满卡林（cromakalim）等。

二 氮 嗪

【体内过程】二氮嗪（diazoxide）口服吸收良好，50% 经肝代谢消除，50% 以原型由尿中排出。口服后 3 ~ 5 h 血药浓度达峰值，$t_{1/2}$ 为 20 ~ 30 h。90% 与血浆蛋白结合。

【药理作用】能直接扩张血管，还能激活 ATP 敏感性钾通道，从而使细胞膜超极化，松弛血管平滑肌，降低周围血管阻力，使血压迅速下降，降压的同时使心率增加，心输出量不降低。

【临床应用】降压作用强且迅速，适用于高血压危象的急救。

【不良反应及用药注意事项】久用可致肾素分泌增加和水钠潴留。过量引起严重低血压。抑制胰岛素分泌，导致血糖升高。可出现一过性脑或心肌缺血等。充血性心力衰竭、糖尿病、肾功能不全、心肌梗死、颅内出血、主动脉夹层的高血压患者及哺乳期妇女禁用。

米 诺 地 尔

米诺地尔（minoxidil）降压作用强而持久，伴有交感神经反射性兴奋所致的心率加快、心输出量增加，血浆肾素增高及水钠潴留等。口服 4 h 后血压下降，12 ~ 16 h 达峰值，维持 24 h 以上。主要用于顽固性高血压，常与利尿药或 β 受体拮抗药合用。该药本身无活性，必须经肝转化为活性代谢产物才能发挥降压作用。长期应用米诺地尔可引起多毛症。

三、促前列环素合成药

西氯他宁（cicletanine）属呋喃吡啶类，能增加前列环素的合成，可直接松弛血管平滑肌。西氯他宁对血管壁脆化、缺血再灌注心脏具有保护作用，还有 H_1 受体阻断作用、轻度的利尿作用及抑制血管平滑肌细胞增殖的作用。西氯他宁作用温和，副作用相对较少。

四、内皮素受体拮抗药

内皮素（endothelin，ET）是日本学者于 1988 年发现的，具有很强的血管收缩活性，由 21 个氨基酸组成，分为 ET-1、ET-2、ET-3 三种，其中 ET-1 分布最广。ET 受体至少可分 ET_A（ET-1 的特异性受体）和 ET_B（非特异性受体）两种。ET_A 受体主要分布于心血管系统，而 ET_B 受体主要分布于肾、肾上腺、中枢神经系统等。起初人们认为 ET_A 受体介导血管收缩反应，ET_B 受体介导血管舒张反应。但最近有研究表明，ET_B 受体也参与血管收缩反应。波生坦（bosentan）为非选择性内皮素受体拮抗药，属非肽类，口服有效，降压作用较强。波生坦能减少肺动脉高压的肺血管阻力，逆转肺血管重构和右心室肥大，减少肺纤维化的胶原沉积。

五、肾素抑制药

由于肾素是血管紧张素 II 合成的限速步骤，血管紧张素原是肾素的唯一底物，故人们对肾素抑制药的研究非常感兴趣。但由于肾素具有种属特异性，研究人的肾素抑制药只能用灵长类动物，费用昂贵，而且其高血压模型难以得到，因此研究颇受限制。近年来，应用转基因动物模型将使这类研究大大加速。肾素抑制药包括依那吉仑（enalkiren）、瑞米吉仑（remikiren）和阿利吉仑（aliskiren）等。

六、5-HT 受体拮抗药

酮色林（ketanserin）具有阻断 $5-HT_{2A}$ 受体的作用及轻度的 α_1 受体阻断作用。作用温和，特别适用于老年患者。单纯以 $5-HT_{2A}$ 受体或 α_1 受体阻断效应均不能解释其降压作用。

第八节　高血压治疗的新概念

临床聚焦 17-1
高血压治疗
知识总结 17-1
常用抗高血压药比较

一、有效治疗与终生治疗

确实有效的降压治疗可大幅度减少高血压并发症的发生率。研究表明，血压每降低 9/4 mmHg，可使脑卒中减少 36%，人群总的心血管事件减少 34%。高血压患者如能得到有效的治疗，平均寿命与常人无异。一般认为，经不同日数次测血压，血压 ≥150/95 mmHg 即需治疗。如有老年、吸烟、肥胖、血脂异常、缺少运动、糖尿病等危险因素中的 1~2 条，血压 ≥140/90 mmHg 就需治疗。所谓有效治疗，是指将血压控制在 140/90 mmHg 以下。高血压理想治疗研究结果指出，高血压治疗的目标血压是 138/83 mmHg。原发性高血压病因不明，无法根治。因此，在高血压的治疗中要强调终身治疗。

二、保护靶器官

在抗高血压治疗中必须考虑逆转或阻止靶器官损伤。高血压的靶器官损伤包括心室重构、肾小球硬化和小动脉重构等。一般而言，降低血压即能减轻靶器官损伤，但并非所有的药物均有此效应。迄今发现对靶器官保护作用较好的是 ACEI、长效钙通道阻滞药和 AT_1 受体拮抗药等。除血流动力学效应外，上述药物抑制细胞增生等非血流动力学作用对靶器官保护也有一定的影响。

三、平稳降压

血压波动性（blood pressure variability，BPV）是指血压在 24 h 内存在自发性波动。BPV 大，则说明血压不稳定。在血压水平相同的高血压患者中，BPV 高者，靶器官损伤严重。因此，应尽可能减少人为因素造成的血压不稳定，并建议使用降压作用持续时间较长的抗高血压药。

四、个体化治疗

临床聚集 17-2
高血压并发其他病症
时的选药

主要根据患者的年龄、性别、种族、病情程度、并发症、合并其他疾病等情况制订治疗方案。由于药物代谢酶、药物作用的靶点（受体或酶）存在多态性（polymorphism），使机体对药物的反应可能不一致。因此，所选用的药物、剂量在各个患者之间可能不同。个体化治疗应遵循"最佳治疗效果，最少不良反应"这一原则。

五、联合用药

抗高血压药的联合应用常常是有益的，且应选择不同作用机制的抗高血压药联合用药。其目的是协同降压，减少不良反应。由于单药治疗会引发各种反馈调节机制，这种机制会减缓药物的治疗作用。因此，现有建议应尽早对患者进行抗高血压药的联合治疗。

（宛 蕾）

思考题

1. 患者，女，58 岁，近几年偶尔头痛，休息后可以缓解，最近两个多月家里房屋装修，近一个月，经常出现头晕，头胀痛，尤其在劳累后，头晕会更厉害。测量血压 170/100 mmHg。自行服用复方降压片（含利血平、氢氯噻嗪、氨苯蝶啶等成分），服药几天后，头晕、头痛的症状慢慢消失，测量血压 140/92 mmHg，于是停药，以后前述症状反复出现。一天前因劳累，患者出现头痛、恶心、呕吐，家人把患者送入医院。体格检查：体温 36.8℃，心率 89 次 /min，双肺未闻及干、湿啰音，血压 176/110 mmHg。呼吸平稳，无发绀。心律齐，腹软，肝、脾肋下未触及，双下肢无水肿。医生根据病史询问和进一步检查结果，诊断为"原发性高血压"。请问：①利血平、氢氯噻嗪和氨苯蝶啶分别属于哪种类型抗高血压药，用药期间可能会出现哪些不良反应？②该患者还可应用什么药物治疗？提出用药建议并考虑如何减少不良反应。

2. 试述常用抗高血压药分类及其代表药。

3. 比较 ACEI 类药与 Ang Ⅱ 受体拮抗药的药理作用有何不同。

网上更多……

👤 学习目标　　👤≡ 本章小结　　📝 自测题　　⤓ 教学 PPT　　📶 参考资源

第十八章
治疗充血性心力衰竭的药物

关键词

洋地黄毒苷	地高辛	毛花苷 C	毒毛花苷 K
米力农	匹莫苯丹	卡托普利	呋塞米
氢氯噻嗪	螺内酯	氯沙坦	卡维地洛
多巴酚丁胺	多巴胺	硝酸异山梨酯	硝普钠
哌唑嗪			

充血性心力衰竭是各类心脏病发展到严重阶段的临床综合征，是高血压、冠状动脉粥样硬化、肺动脉高压、心瓣膜病、心肌炎、心肌病、糖尿病、甲状腺功能亢进症和贫血等的严重并发症，也可由各种感染、水电解质紊乱、短期静脉大量补液和妊娠等诱发。临床表现为心脏收缩和（或）舒张功能障碍致心输出量减少，无法满足机体组织器官代谢需要。患者 5 年平均生存率仅约 50%。针对上述综合征，除治疗原发疾病外，心力衰竭的对症治疗药物也至关重要。

思维导图

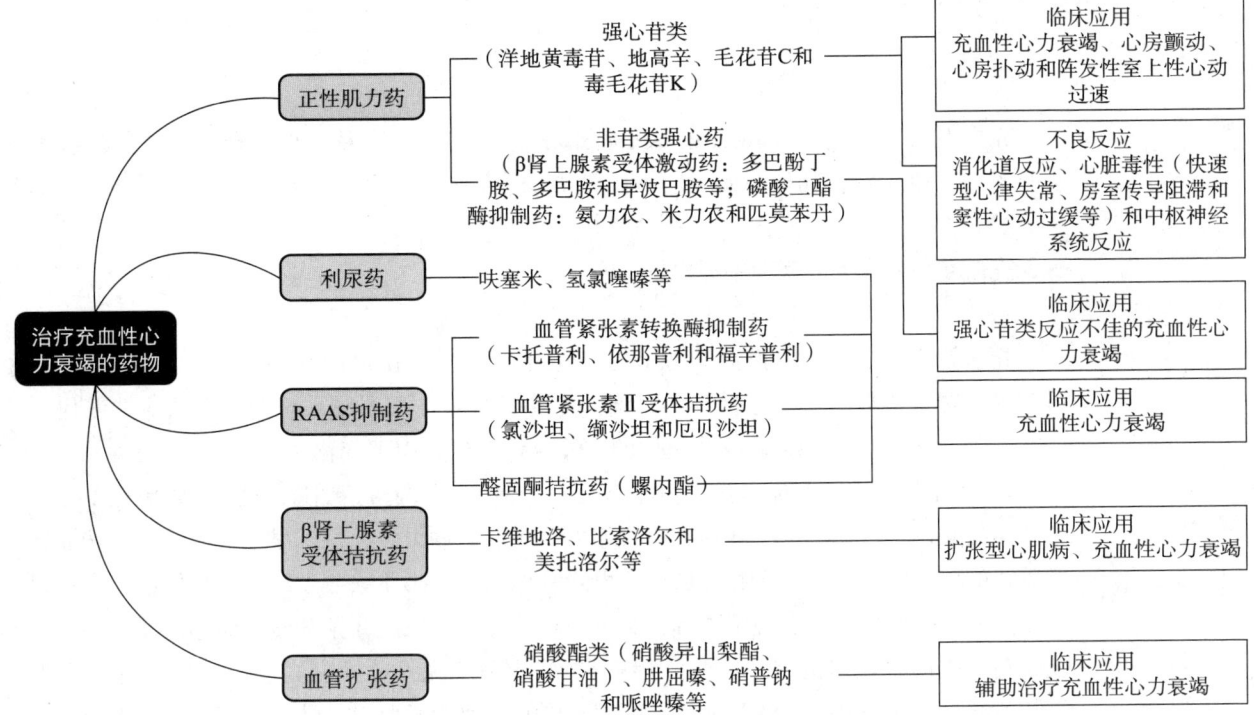

第一节 概述

临床聚焦 18-1
充血性心力衰竭

充血性心力衰竭（congestive heart failure，CHF）又称慢性心力衰竭，是各种病因所致心脏收缩和（或）舒张功能障碍致心输出量减少，无法满足机体组织器官代谢需要的综合征。

一、充血性心力衰竭的病理生理机制

充血性心力衰竭时，血流动力学的改变表现为心输出量下降，使心脏、脑和肾等重要器官血流量下降，机体激活交感神经和肾素－血管紧张素－醛固酮系统等进行适应性或代偿性调节（图 18-1）。充血性心力衰竭时，机体的神经－体液发生以下变化：

1. 激活交感神经系统恶化心功能 机体交感神经系统的反射性活性增高是充血性心力衰竭早期常见变化，可一定程度增强心肌收缩力并增加心输出量，发挥早期代偿作用。然而，交感神经系统的持续性激活，引起心率加快、血管收缩，加重心肌缺血、缺氧，并使心肌氧耗量、心肌前后负荷显著增加，促进心肌肥厚；交感神经分泌的高浓度儿茶酚胺神经递质使细胞内钙离子浓度超载，损伤心肌细胞，引起心肌组织坏死；严重充血性心力衰竭患者心肌细胞 β_1 肾上腺素受体数量减少，在减轻儿茶酚胺对心肌损害的同时，引起心肌对正性肌力药反应的逐渐减弱，并促使心功能进一步恶化。

2. 激活肾素－血管紧张素－醛固酮系统引起心脏重构 肾血流量减少和交感神经兴奋均可激活肾素－血管紧张素－醛固酮系统，使血管紧张素 II（Ang II）和醛固酮等合成和分泌增加，引起心脏重构（心肌细胞肥大、凋亡，心肌细胞外基质增多、堆积，胶原量增加而胶原网遭破坏，心肌纤维化等形态学变化），对充血性心力衰竭病理生理变化进行代偿，进一步加重心力衰

动画 18-1
充血性心力衰竭及其
治疗药物

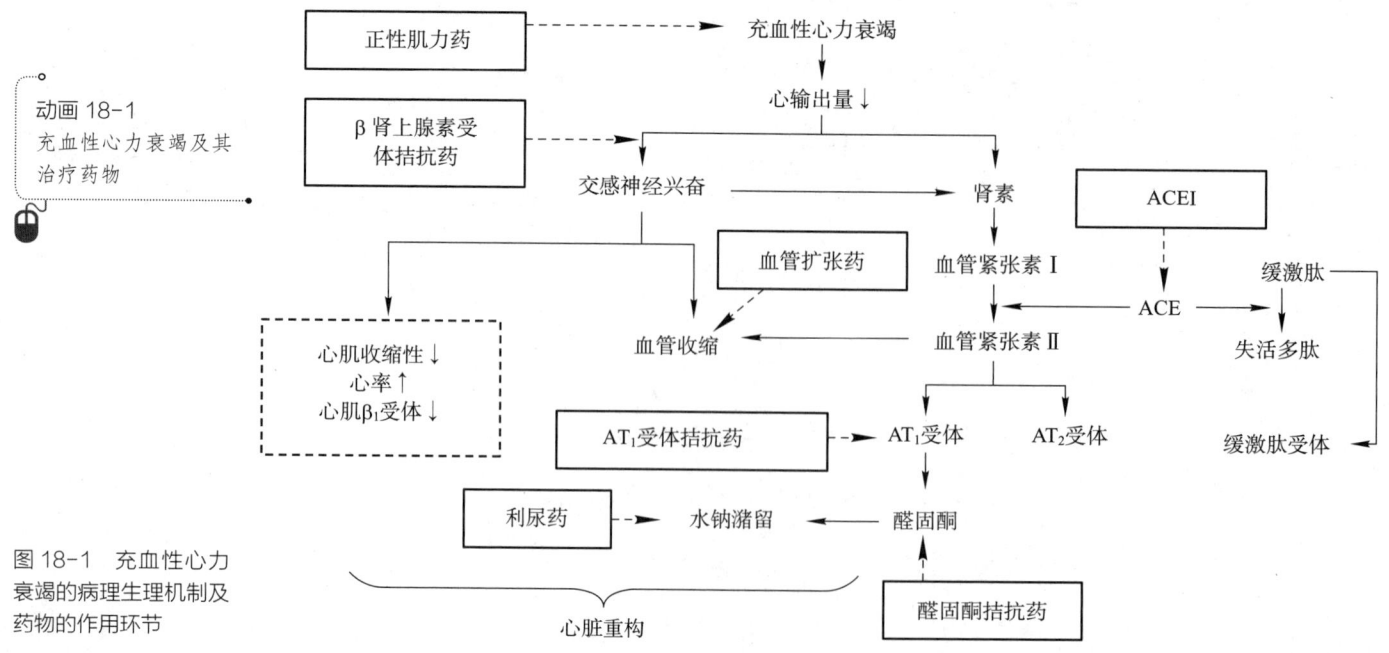

图 18-1 充血性心力衰竭的病理生理机制及药物的作用环节

竭，影响患者的生存和生活质量。

（1）Ang II 介导心肌肥厚和心脏重构：充血性心力衰竭时，血液及局部组织中 Ang II 含量增加，通过收缩血管增加外周血管阻力；激活血管紧张素受体 AT$_1$，刺激醛固酮生成增加，促进水钠潴留；促进生长因子和原癌基因的转录与表达，增加细胞内蛋白质和细胞外基质的合成；促进儿茶酚胺的释放等，引起心肌肥厚和心脏重构。

（2）醛固酮介导心脏重构：充血性心力衰竭时大量 Ang II 经 AT$_1$ 受体的介导刺激醛固酮合成增加，使其血浓度上升，刺激胶原蛋白形成和成纤维细胞等增生，引起心室肥厚和心肌间质纤维化。同时，醛固酮阻止心肌摄取儿茶酚胺，增加血浆游离儿茶酚胺的浓度，造成血管损害和压力感受器功能障碍，继而加重心力衰竭，并诱发冠状动脉痉挛、心律失常，增加猝死的风险。

3. 其他变化　充血性心力衰竭时，下丘脑室旁核血管升压素生成增多，促进水钠潴留，增加心脏负荷。此外，在低氧、氧自由基和 Ang II 作用下，心内膜下心肌以自分泌和旁分泌方式生成 Ang II、内皮素、NO、心房钠尿肽和肾上腺髓质素（adrenomedullin）等，使心室舒张末期室壁张力增大，心室壁变薄，心内膜下血供减少，心功能进一步恶化，并引发氧化应激，最终加重心力衰竭。

二、治疗充血性心力衰竭的药物分类及其代表药

深入学习 18-1
治疗充血性心力衰竭
新药研究进展

充血性心力衰竭药物治疗的主要目标是缓解症状，防止和逆转心脏重构，以延长患者寿命，提高其生活质量。依药理作用的不同，治疗充血性心力衰竭药物分为以下几类：

1. 正性肌力药

（1）强心苷类：洋地黄毒苷、地高辛、毛花苷 C 和毒毛花苷 K 等。

（2）非苷类强心药：β 肾上腺素受体激动药，如多巴酚丁胺、多巴胺和异波巴胺等；磷酸二酯酶抑制药，如氨力农、米力农和匹莫苯丹等。

2. 利尿药　呋塞米、氢氯噻嗪等。

3. 肾素 – 血管紧张素 – 醛固酮系统抑制药

（1）血管紧张素转换酶抑制药：卡托普利、依那普利和福辛普利等。

（2）血管紧张素 II 受体拮抗药：氯沙坦、缬沙坦和厄贝沙坦等。

（3）醛固酮拮抗药：螺内酯等。

4. β 肾上腺素受体拮抗药　卡维地洛、比索洛尔和美托洛尔等。

5. 血管扩张药　硝酸酯类（硝酸甘油等）、肼屈嗪、硝普钠和哌唑嗪等。

第二节　正性肌力药

一、强心苷类

强心苷类（cardiac glycosides）是一类来源于玄参科紫花和毛花洋地黄等植物，化学结构相似的苷类化合物，可选择性作用于心脏，显著加强心肌收缩力。如图 18-2 所示，强心苷类由苷元和糖组成，其中，由甾核和内酯环构成的苷元是发挥药理作用的基本结构，由洋地黄糖或

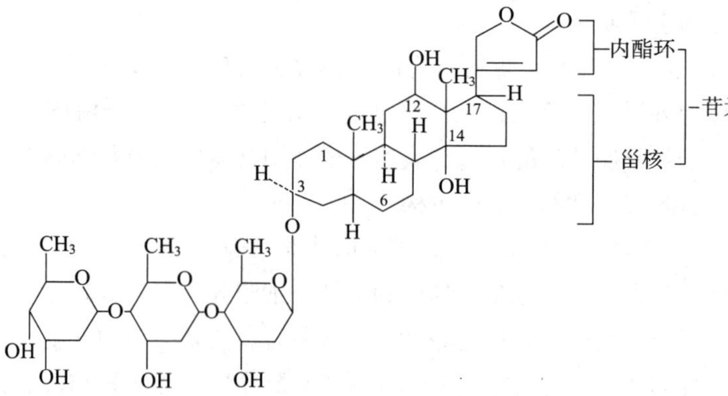

图 18-2 强心苷类的化学结构

葡萄糖等组成的寡聚糖则改善强心苷类的水溶性。主要药物有洋地黄毒苷（digitoxin）、地高辛（digoxin）、毛花苷 C（lanatoside C）和毒毛花苷 K（strophanthin K）等。

【体内过程】强心苷类体内过程与其化学结构中甾核上羟基极性基团的多少有关，含羟基少的药物（如洋地黄毒苷）具有极性低、脂溶性高、口服易吸收、血浆蛋白结合率和肝代谢率高等特点，含羟基多的药物（如毒毛花苷 K）则具有极性高、脂溶性低、口服不吸收、血浆蛋白结合率和肝代谢率低等特点。强心苷类按作用时间的长短，可分为长效类（洋地黄毒苷）、中效类（地高辛）和短效类（毛花苷 C 和毒毛花苷 K）三类药物，具体的药动学特征总结如下：

1. 长效类　代表药为洋地黄毒苷，$t_{1/2}$ 为 5~7 天，脂溶性高，口服生物利用度达 100%；血浆蛋白结合率为 90%~99%，全身分布，以心、肾、骨骼肌及乳汁中浓度较高；主要在肝代谢失活，部分经羟基化转变为地高辛而保留活性；多数代谢产物自肾排泄，约 25% 经胆道排出形成肝肠循环，使作用时间延长。

2. 中效类　代表药为地高辛，$t_{1/2}$ 为 33~36 h，吸收比例与药物颗粒大小及药物溶出度有关，波动在 20%~80%，生物利用度差异明显，为 60%~80%，制备工艺的改进可缩小生物利用度差异。血浆蛋白结合率为 25%，全身分布，以肾、心和骨骼肌中浓度较高，体内代谢较少，在肠道细菌的作用下，主要被还原为双氢地高辛等。大部分以原型自肾排泄，肾功能不全者易中毒。

3. 短效类　代表药为毛花苷 C 和毒毛花苷 K，$t_{1/2}$ 为 18~21 h，脂溶性低，口服吸收少，临床上采用静脉给药。与血浆蛋白不结合，以较高的浓度分布于心、肝及肾。体内代谢极少，以原型自肾排泄。

【药理作用】

1. 对心脏的作用

（1）正性肌力作用（positive inotropic action）：强心苷类对心脏具有高度选择性，可显著加快充血性心力衰竭患者心肌收缩速度，在增加心输出量的同时心室内残余血量减少，心室容积缩小，室壁张力下降，心肌总耗氧量下降，进而缓解由心输出量减少引发的交感神经和肾素 – 血管紧张素 – 醛固酮激活所致的系列症状。

强心苷类正性肌力作用的机制与其适度抑制心肌细胞膜上 Na^+-K^+-ATP 酶，使心肌细胞内 Ca^{2+} 量增加有关。心肌细胞膜上 Na^+-K^+-ATP 酶为强心苷受体，其主要功能是将动作电位期间进入细胞内的 Na^+ 通过 Na^+-K^+ 交换排出胞外。强心苷类与 Na^+-K^+-ATP 酶结合，适度抑制其活性，使细胞内 Na^+ 增多，继而通过 Na^+-Ca^{2+} 双向交换机制，如 Na^+ 外流增加，Ca^{2+} 内流增加，或 Na^+ 内流减少，Ca^{2+} 外流减少，并激发肌质网内 Ca^{2+} 释放，最终使心肌细胞内 Ca^{2+} 增加而增强心肌收缩性（图 18-3）。

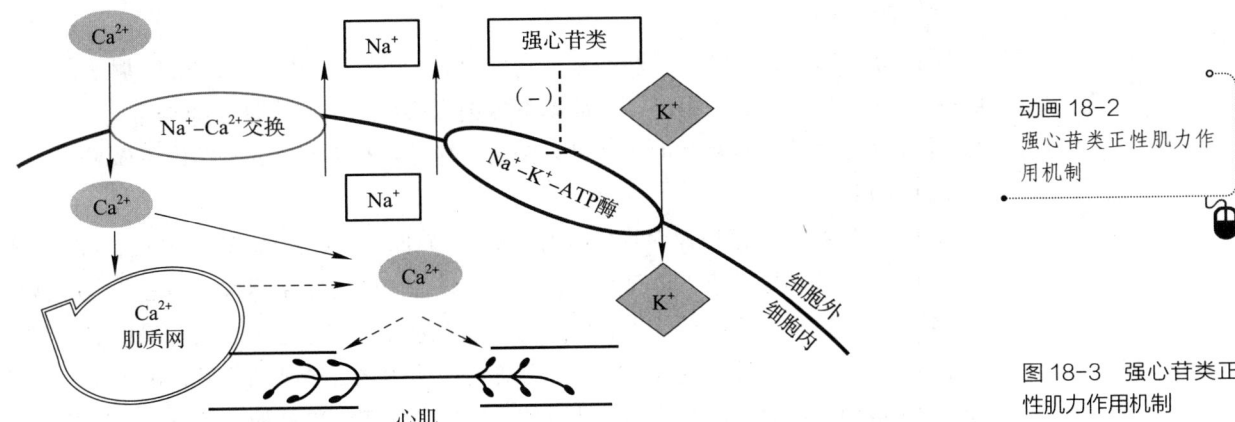

动画 18-2
强心苷类正性肌力作用机制

图 18-3　强心苷类正性肌力作用机制

（2）负性频率作用（negative chronotropic action）：强心苷类可显著减慢充血性心力衰竭时因心输出量减少而反射性兴奋交感神经所致的心率加快，也可减慢伴有心房颤动患者的心率，对正常心率影响小。强心苷类的负性频率作用是由其正性肌力作用所致心输出量增加，引起反射性迷走神经兴奋而抑制窦房结所致；同时，也与强心苷类增加心肌对迷走神经的敏感性有关。

（3）对心肌电生理的影响：强心苷类对窦房结、心房、房室结、浦肯野纤维的电生理特性影响较为复杂，既有对心肌细胞的直接作用，也有通过迷走神经的间接作用。

自律性：如前所述，强心苷类具有负性频率作用，兴奋迷走神经，促使细胞 K^+ 外流，最大舒张电位变大（负值增大），远离阈电位，降低窦房结自律性。然而，迷走神经纤维在心室极少，强心苷类抑制浦肯野纤维 Na^+-K^+-ATP 酶，使细胞内 K^+ 减少，最大舒张电位变小（负值减少），与阈电位接近，提高浦肯野纤维自律性，是强心苷引起室性快速型心律失常的原因之一。

传导速度：强心苷类因兴奋迷走神经，减少房室结细胞 Ca^{2+} 内流，0 相去极化幅度降低，房室传导减慢；促进 K^+ 外流，使心房肌细胞静息电位加大，加快心房传导。

有效不应期：强心苷类抑制 Na^+-K^+-ATP 酶，使 K^+ 外流减少，缩短心房及心室动作电位时程和有效不应期。

2. 对肾的作用　强心苷类对充血性心力衰竭的患者具有明显的利尿作用，其机制与抑制 Na^+-K^+-ATP 酶有关。一方面，如前所述，强心苷类适度抑制心肌 Na^+-K^+-ATP 酶，产生正性肌力作用，增加心输出量，使肾血流量和肾小球滤过率增加而利尿；另一方面，抑制肾小管细胞 Na^+-K^+-ATP 酶，使 Na^+ 在肾小管的重吸收减少而产生排钠利尿作用。

3. 对血管的作用　强心苷类具有直接收缩血管的作用，可使正常人外周血管阻力增加，血压升高。对充血性心力衰竭的患者，因本类药抑制交感神经活性的作用大于直接收缩血管的作用，因此，患者外周血管阻力下降，血压不变或略升。

【临床应用】

1. 治疗充血性心力衰竭　临床用于治疗各种原因所致的充血性心力衰竭，但不能改善舒张功能障碍，也不增加心肌氧供及能量代谢，因而对不同病因所致充血性心力衰竭的疗效存在较大的差异。①疗效最好：伴有心房颤动和心室率快的患者；②疗效良好：高血压、瓣膜病、先天性心脏病所致低心输出量者；③疗效较差：贫血、甲状腺功能亢进症及维生素 B_1 缺乏症的患者；④疗效差：肺源性心脏病、心肌炎或处于风湿活动期的患者；⑤疗效极差或无效：缩窄性心包炎等心外机械因素影响及严重二尖瓣狭窄的患者。

2. 治疗某些心律失常

（1）心房颤动（简称房颤）：是心房肌细胞细弱而不规则的纤维性颤动，心房率为 400～600 次 /min，其危害是心房过多的冲动下传进入心室，引起室性心律失常，导致泵血功能障碍。强心苷类虽不能终止房颤，但可通过兴奋迷走神经或对房室结的直接作用而减慢房室传导，阻止过多的冲动进入心室。

（2）心房扑动：是快速而规则的心房异位节律，心房率为 250～300 次 /min，此频率虽比心房颤动少，但冲动更易于下传至心室，导致难以控制的心室率增快。强心苷类通过不均一缩短心房有效不应期，使心房扑动转为心房颤动，进而通过兴奋迷走神经或对房室结的直接作用减慢房室传导，阻止过多的冲动进入心室。部分患者在停用强心苷类药物后，由于缩短心房有效不应期的作用被取消，相对延长有效不应期，使折返冲动落于不应期而被终止，窦性节律得以恢复。

（3）阵发性室上性心动过速：强心苷类通过兴奋迷走神经，降低心房的兴奋性而终止阵发性室上性心动过速。

【不良反应及用药注意事项】强心苷类安全范围小，治疗量与中毒量接近，加之生物利用度和个体敏感性差异大等，易产生不同程度的毒性反应。进行血药浓度监测有利于预防中毒的发生。

1. 心脏毒性　各种心律失常是强心苷类中毒最为严重的不良反应，多与其过度抑制 Na^+-K^+-ATP 酶有关，临床常见类型如下：

（1）快速型室性心律失常：室性期前收缩是强心苷类心脏毒性最早和最常见反应，约占 1/3，其他如二联律、三联律、室性心动过速及心室颤动等也可出现。强心苷类心脏毒性机制与其过度抑制 Na^+-K^+-ATP 酶，使细胞内钾缺失，最大舒张电位减小，细胞自律性增高；细胞内 Ca^{2+} 超载，引起 Ca^{2+} 振荡，诱发早后去极化和迟后去极化；兴奋交感神经中枢并加强其神经活动等有关。

对强心苷类所致快速型室性心律失常的救治措施包括：及时停药、补钾和给予抗心律失常药等。钾离子与强心苷类竞争 Na^+-K^+-ATP 酶，从而阻止强心苷类与酶的结合，但对已与酶结合的强心苷类无置换作用，常用药物为氯化钾。对严重的快速型室性心律失常，可应用苯妥英钠或利多卡因等抗心律失常药进行治疗（第二十一章）。其中，苯妥英钠除具有抗心律失常作用外，还可与强心苷类竞争 Na^+-K^+-ATP 酶，置换出已与酶结合的强心苷类，对强心苷类中毒具有解毒效应。此外，对危及生命的强心苷类中毒，可用与 Na^+-K^+-ATP 酶的亲和力远远超过强心苷类的地高辛抗体 Fab 片段静脉注射，以恢复 Na^+-K^+-ATP 酶活性，解除中毒。

（2）房室传导阻滞：与强心苷类提高迷走神经兴奋性，高度抑制 Na^+-K^+-ATP 酶，细胞内失钾，膜静息电位变小，0 期去极化速率降低，兴奋脑干副交感神经中枢等有关。高钾血症可加重房室传导阻滞，故中毒后不宜补钾，可采用 M 胆碱受体拮抗药阿托品治疗。

（3）窦性心动过缓：是由于强心苷类具有负性频率作用，降低窦房结自律性，以及兴奋脑干副交感神经中枢所致。心率低于 60 次 /min，是强心苷类中毒的停药指征之一。高钾血症可加重窦性心动过缓，故缓慢型心律失常者不宜补钾，可应用 M 胆碱受体拮抗药阿托品治疗。

2. 消化道反应　临床表现为厌食、恶心、呕吐和腹泻等，是强心苷类中毒的早期常见症状，与其兴奋延髓催吐化学感受区有关。剧烈呕吐可致钾丢失而加重中毒反应，应注意补钾或考虑停用强心苷类。同时也应注意与强心苷类用量不足，充血性心力衰竭症状未得以控制时，患者胃肠道淤血所致消化道反应相鉴别。

3. 中枢神经系统反应　临床表现为眩晕、头痛、失眠、疲倦和谵妄等，以及视黄症、视绿症及视物模糊等视觉和色觉障碍，视觉异常是强心苷中毒的先兆，可作为停药的指征。

预防强心苷类中毒措施：①警惕诱发中毒的因素，如低（或高）血钾、高血钙、低血镁、心肌缺血等；②观察中毒先兆，如频发性室性期前收缩、窦性心动过缓（心率低于 60 次 /min）、出现色视障碍等，亦为停药指征；③监测强心苷类血药浓度，及早发现中毒。

此外，应用强心苷类还需注意药物间相互作用。奎尼丁、胺碘酮、普罗帕酮等可提高强心苷类血药浓度，联合应用时，强心苷类应减量；苯妥英钠因增加强心苷类的清除而降低强心苷类血药浓度；拟肾上腺素药可提高心肌自律性，增强心肌对强心苷类的敏感性，易致强心苷类中毒；排钾利尿药致低血钾而增加强心苷类的毒性等。

二、非苷类强心药

（一）β 肾上腺素受体激动药

该类药物可激动心脏 β_1 肾上腺素受体，加强心肌收缩力，增加心输出量而被用于充血性心力衰竭的治疗。然而，在充血性心力衰竭时，由于交感神经处于激活状态，心肌在内源性儿茶酚胺的持续影响下，β 肾上腺素受体下调，心肌对儿茶酚胺的敏感性下降，使心肌在免受过多儿茶酚胺毒性作用的同时，也使心肌对 β 肾上腺素受体激动药的敏感性下降。因此，β 肾上腺素受体激动药常难以加强充血性心力衰竭患者的心肌收缩力，反而易于引起心率加快、心律失常和耗氧量的增加。目前，β 肾上腺素受体激动药临床上主要用于强心苷类作用不佳或禁忌的患者，尤其适用于心率减慢或传导阻滞的患者。主要药物有多巴酚丁胺、多巴胺和异波巴胺等。

多巴酚丁胺（dobutamine）主要激动 β_1 肾上腺素受体，对 β_2 和 α_1 肾上腺素受体作用较弱，可显著增强心肌收缩力。

多巴胺（dopamine）小剂量激动 D_1 和 D_2 受体，舒张肾、肠系膜和冠状血管，增加肾血流量，使肾小球滤过率增加，促进排钠利尿；稍大剂量激动 β 肾上腺素受体，增强心肌收缩力；大剂量激动 α_1 肾上腺素受体，收缩血管，增加心脏后负荷。

异波巴胺（ibopamine）与多巴胺相似，激动 D_1 和 D_2 受体、β 和 α_1 肾上腺素受体，具有增强心肌收缩力和显著排钠利尿作用。

（二）磷酸二酯酶抑制药

磷酸二酯酶（phosphodiesterase，PDE）是水解和灭活 cAMP 和 cGMP 的酶，已发现有 11 种同工酶，其中降解心肌细胞 cAMP 的 PDE 主要是位于心肌细胞膜的 PDE Ⅲ。PDE 抑制药通过抑制心肌细胞 PDE Ⅲ，减少 cAMP 的灭活，升高细胞内 cAMP 浓度，进而增加细胞内 Ca^{2+} 的含量，产生正性肌力作用；同时，减少 cGMP 的灭活，升高血管平滑肌细胞内 cGMP 浓度，松弛血管平滑肌，扩张血管。临床上主要用于短期治疗对洋地黄、利尿药、血管扩张药治疗无效或效果欠佳的急、慢性顽固性充血性心力衰竭。长期应用不良反应多，且可增加病死率，甚至缩短生存时间。

氨力农（amrinone）为 PDE Ⅲ 抑制药，宜静脉给药。兼有正性肌力作用和血管扩张作用，降低心脏前、后负荷，降低左心室充盈压，改善左心室功能，增加心输出量，对平均动脉压和心率无明显影响。对伴有传导阻滞的充血性心力衰竭患者较安全。不良反应较重，可有胃肠反应、血小板减少（用药后 2~4 周）、室性心律失常、低血压及肝肾功能损害。

米力农（milrinone）为氨力农的同类药物，作用机制与氨力农相同，宜静脉给药。兼有正性肌力作用和血管扩张作用。其作用为氨力农的 10 ~ 30 倍。患者耐受性较好。

匹莫苯丹（pimobendan）抑制 PDE Ⅲ，通过增加心肌中 cAMP 及血管平滑肌中 cGMP 含量，而产生正性肌力作用和血管舒张作用；也可增加肌钙蛋白 C 对 Ca^{2+} 的敏感性而产生正性肌力作用。不良反应主要有心悸、低血压、恶心、呕吐、胃灼热、头痛、眩晕、咳嗽、咳痰和呼吸困难等，有时出现贫血、皮疹、尿酸升高和嗜酸性粒细胞增多等。

（三）钙增敏剂

左西孟旦（levosimendan）具有正性肌力和血管扩张作用，其作用机制是通过增加心肌收缩蛋白对 Ca^{2+} 的敏感性和开放血管平滑肌 ATP 敏感的 K^+ 通道，增加心肌收缩力，并扩张外周血管和冠状动脉。左西孟旦增强心肌收缩力，但不增加心肌耗氧量，对心率无明显影响，可有效缓解症状，改善预后，降低病死率。

第三节　利尿药

充血性心力衰竭时，水钠潴留引起全身水肿和静脉淤血。利尿药通过增加 NaCl 等电解质和水的排出，而用于充血性心力衰竭，以缓解症状。主要药物有高效利尿药，如呋塞米等；中效利尿药，如氢氯噻嗪等；低效利尿药，如螺内酯、氨苯蝶啶等（第十六章）。

【治疗充血性心力衰竭的机制】

1. 排钠利尿　促进水和钠的排泄，减少血容量，降低心脏前负荷，改善心功能。

2. 降低静脉压　消除或缓解静脉淤血及其所引发的肺水肿和外周水肿。

【临床应用】利尿药为治疗充血性心力衰竭的一线用药，适用于伴有水肿或明显淤血的充血性心力衰竭的患者。呋塞米等高效利尿药主要用于严重充血性心力衰竭、慢性充血性心力衰竭急性发作、急性肺水肿或全身水肿；氢氯噻嗪等中效利尿药主要用于轻度充血性心力衰竭；弱效利尿药如氨苯蝶啶、螺内酯等为留钾利尿药，作用较弱，多与其他利尿药合用，用于中、重度充血性心力衰竭或单用噻嗪类疗效不佳者，其中螺内酯为醛固酮拮抗药，可有效拮抗肾素 - 血管紧张素 - 醛固酮系统激活所致的醛固酮水平的升高，具有抗心肌纤维化的效应。

【不良反应及用药注意事项】利尿药可引起电解质紊乱，诱发心律失常，尤其是与强心苷类合用时更易发生，应注意补充钾盐或与留钾利尿药合用；大剂量可减少有效循环血量，而降低心输出量，也可引起交感神经反射性兴奋，加重组织器官灌流不足，减少肾血流量，加重肝肾功能障碍，使充血性心力衰竭患者病情恶化。

第四节　肾素 - 血管紧张素 - 醛固酮系统抑制药

如图 18-1 所示，充血性心力衰竭时，机体肾素 - 血管紧张素 - 醛固酮系统激活，因此抑制该系统任一环节的药物，均具有抗充血性心力衰竭的作用。主要药物包括血管紧张素转换酶抑制药、血管紧张素 Ⅱ AT_1 受体拮抗药和醛固酮拮抗药三类。

一、血管紧张素转换酶抑制药

ACEI 是充血性心力衰竭治疗史上第一类降低病死率的药物，可缓解充血性心力衰竭症状，逆转心脏重构而改善预后，提高患者生活质量，降低病死率。主要药物有卡托普利（captopril）、依那普利（enalapril）和福辛普利（fosinopril）等。

【作用机制】如第十七章所述，ACEI 的基本作用机制主要包括两个方面，一是抑制血管紧张素转换酶，减少 Ang Ⅱ 的生成；二是抑制缓激肽的降解，促进 PGI_2 和 NO 的生成。针对充血性心力衰竭的病理生理机制，ACEI 治疗该病的机制如下。

1. 抑制心肌和血管重构　本类药减少 Ang Ⅱ 和醛固酮的生成，而防止和逆转 Ang Ⅱ 和醛固酮介导的心脏重构，并改善心功能。

2. 降低心脏前后负荷　前负荷的降低是由于醛固酮生成减少，水钠潴留减轻所致；后负荷的降低是由于血液及组织中 Ang Ⅱ 含量降低，收缩血管作用减弱，以及血液中缓激肽含量增加，PGI_2 和 NO 生成增多，舒张血管作用增强所致。

3. 抑制交感神经活性　本类药因减少 Ang Ⅱ 的生成，使 Ang Ⅱ 作用于交感神经突触前膜 AT_1 受体，使 NA 的释放和交感神经节的神经传递功能受抑制；同时，对中枢交感神经的冲动传递也具有抑制作用，进而改善心功能。

4. 影响血流动力学　降低全身血管阻力，增加心输出量；降低左心室充盈压、左心室舒张末压和室壁张力，改善心脏舒张功能；降低肾血管阻力，增加肾血流量。

【临床应用】ACEI 为治疗充血性心力衰竭的一线用药，可消除或缓解症状，防止和逆转心脏重构，提高患者生活质量，降低病死率。

二、血管紧张素Ⅱ受体拮抗药

血管紧张素Ⅱ（AT_1）受体拮抗药可直接阻断 Ang Ⅱ 与其受体的结合，对血液循环、心肌自分泌和旁分泌部位的 AT_1 受体具有高度选择性阻断作用，而对 AT_2 受体的拮抗作用很弱。主要药物有氯沙坦（losartan）、缬沙坦（valsartan）和厄贝沙坦（irbesartan）等。

AT_1 受体拮抗药对充血性心力衰竭的作用与 ACEI 的机制相似，能拮抗 Ang Ⅱ 对心血管系统的生物学作用，逆转左心室重构。而且不影响缓激肽代谢，不易引起咳嗽、血管神经性水肿等不良反应。临床上主要用于对 ACEI 不能耐受的充血性心力衰竭患者。

三、醛固酮拮抗药

螺内酯（spironolactone）为化学结构与醛固酮相似的醛固酮竞争性拮抗药（第十六章）。充血性心力衰竭时，血中醛固酮浓度可明显增高达 20 倍以上，螺内酯主要用于对抗充血性心力衰竭时因高浓度醛固酮引起的系列反应。

【治疗充血性心力衰竭的机制】

1. 利尿作用　拮抗醛固酮保钠排钾的作用，减轻水钠潴留，减少血容量，降低心脏前负荷。

2. 拮抗醛固酮介导的生物学效应　拮抗醛固酮介导的促进生长的作用，抑制心脏和血管重构；同时，解除醛固酮抑制心肌摄取 NA，降低充血性心力衰竭时冠状动脉痉挛、室性心律失常和猝死的发生率。

【临床应用】单用螺内酯治疗充血性心力衰竭作用较弱，在常规临床治疗的基础上，加用螺内酯可防止心肌间质纤维化，改善血流动力学和临床症状，明显降低病死率。与 ACEI 合用，可同时降低 AngⅡ和醛固酮水平，降低患者的病死率，并降低室性心律失常的发生率。

第五节　β 肾上腺素受体拮抗药

交感神经系统的激活是充血性心力衰竭时机体的早期代偿机制之一，然而，当其兴奋性过度增强时，高浓度的儿茶酚胺可直接损伤心肌，同时也使心肌细胞表面 β 肾上腺素受体下调，并对正性肌力药物的反应逐渐减弱。β 肾上腺素受体拮抗药拮抗充血性心力衰竭时交感神经兴奋所致的 β₁ 肾上腺素受体激动作用。主要药物包括卡维地洛（carvedilol）、比索洛尔（bisoprolol）和美托洛尔（metoprolol）等。

【治疗充血性心力衰竭的机制】

1. 阻断窦房结 β₁ 肾上腺素受体，减慢心率，延长左心室充盈时间，增加心肌血流灌注，减少心肌的耗氧量。

2. 阻断心脏 β₁ 肾上腺素受体，拮抗过量儿茶酚胺对心肌的毒性作用；上调心肌 β 肾上腺素受体，增强心肌对儿茶酚胺和正性肌力药的敏感性。

3. 阻断球旁细胞 β₁ 肾上腺素受体，抑制肾素分泌，使血管紧张素和醛固酮的分泌减少，扩张血管，减少水钠潴留，降低心脏的前、后负荷，降低心肌耗氧量，从而改善心肌缺血。可逆转和减慢充血性心力衰竭患者的心肌肥厚、心肌重构及心肌纤维化。

4. 具有抗心律失常作用，可减少充血性心力衰竭时快速型心律失常的出现，改善预后，降低猝死的发生率。

5. 抗心肌缺血作用，是本类药治疗充血性心力衰竭的重要机制之一（第二十章）。

【临床应用】临床上主要用于扩张型心肌病充血性心力衰竭的患者。长期应用可改善症状，提高患者生活质量，降低病死率。

【不良反应及用药注意事项】本类药使用时须正确选择适应证；长期应用，至少使用 3 个月以上方能奏效；剂量应个体化，从小剂量开始，否则容易导致病情恶化；单独使用存在心力衰竭不能得到有效控制或可能使病情恶化的风险，一般多需与利尿药、ACEI、强心苷类等联合使用。

第六节　血管扩张药

【治疗充血性心力衰竭的机制】血管扩张药通过扩张静脉（容量血管），使静脉回心血量减少，心脏前负荷降低，进而降低肺毛细血管楔压和左心室舒张末压等，缓解静脉淤血症状；扩张小动脉（阻力血管），使血管外周阻力降低，心脏后负荷降低，进而增加心输出量和动脉供血等，缓解组织缺血症状。

【临床应用】血管扩张药是治疗充血性心力衰竭的一种辅助疗法，不能替代有正性肌力作用的药物。临床上主要用于正性肌力药和利尿药治疗无效的充血性心力衰竭或顽固性充血性心力衰竭。药物的选择根据病因和病情而定。

硝酸酯类包括硝酸甘油（nitroglycerin）和硝酸异山梨酯（isosorbide dinitrate）等（见第二十章），主要通过释放 NO 扩张血管，对静脉的扩张作用大于动脉，可选择性舒张心外膜的冠状血管，增加缺血心肌冠脉血流。临床上主要用于肺静脉压明显升高、肺淤血症状明显的患者。

肼屈嗪（hydralazine）又名肼苯哒嗪，扩张小动脉，增加心输出量，增加肾血流量。因能反射性激活交感神经及肾素－血管紧张素系统，故长期单独应用难以维持疗效。临床上主要用于肾功能不全或对血管紧张素转换酶抑制药不能耐受的患者。

硝普钠（sodium nitroprusside）扩张小动脉和小静脉，静脉给药 2~3 min 见效，可迅速控制危急的充血性心力衰竭。临床上主要用于急性肺水肿和高血压危象等危重病例。单用或合并使用肼屈嗪和硝酸酯类，用于心输出量降低而肺静脉压升高的患者。

哌唑嗪（prazosin）为选择性 α_1 肾上腺素受体拮抗药，扩张小动脉和小静脉，适用于心输出量降低而外周血管阻力升高的患者。

奈西立肽（nesiritide）是利用重组 DNA 技术从大肠杆菌中获得的合成型人类脑钠尿肽，其与钠尿肽 A 和 B 型受体结合，使 cGMP 产生增加而具有扩血管、排钠利尿等作用，同时尚可使肾素－血管紧张素－醛固酮系统和交感神经活性降低。奈西立肽为静脉给药，起效快，适用于其他药物疗效不佳的充血性心力衰竭患者。

（张　良）

思考题

1. 试述治疗充血性心力衰竭药的分类及代表药。
2. 一位充血性心力衰竭患者就诊，医生开具处方用药如下：地高辛口服片，米力农混合葡萄糖酸钙注射液缓慢静脉注射。请分析是否合理？
3. 美托洛尔为何能用于充血性心力衰竭的治疗？有何注意事项？
4. 试述卡托普利治疗充血性心力衰竭的优越性。

网上更多……

👤 学习目标　　👥 本章小结　　📝 自测题　　💻 教学 PPT　　📶 参考资源

第十九章
调血脂药及抗动脉粥样硬化药

关键词

调血脂药	抗动脉粥样硬化药	抗氧化剂
多烯脂肪酸类	动脉内皮保护药	HMG-CoA 还原酶抑制剂
他汀类	洛伐他汀	考来烯胺
依折麦布	贝特类	吉非罗齐
烟酸	阿昔莫司	普罗布考
EPA	DHA	亚油酸
γ- 亚麻酸	硫酸多糖	低分子量肝素

高脂血症、动脉粥样硬化是严重危害人类健康的常见病、多发病，并可诱发多种心脑血管疾病。临床上采用调血脂、抗氧化及保护血管内皮细胞等方式进行治疗。近年来，由于高脂血症和动脉粥样硬化的发病率有逐年增加的趋势，调血脂药及抗动脉粥样硬化药在临床上的应用日趋广泛。因此，掌握抗高脂血症及抗动脉粥样硬化药的药理作用、临床应用及不良反应等显得日趋重要。通过对本章的学习，旨在使学生掌握重要的调血脂药和抗动脉粥样硬化药，并为调血脂药及抗动脉粥样硬化药的新药开发及药物作用新靶点的阐明提供理论基础。

思维导图

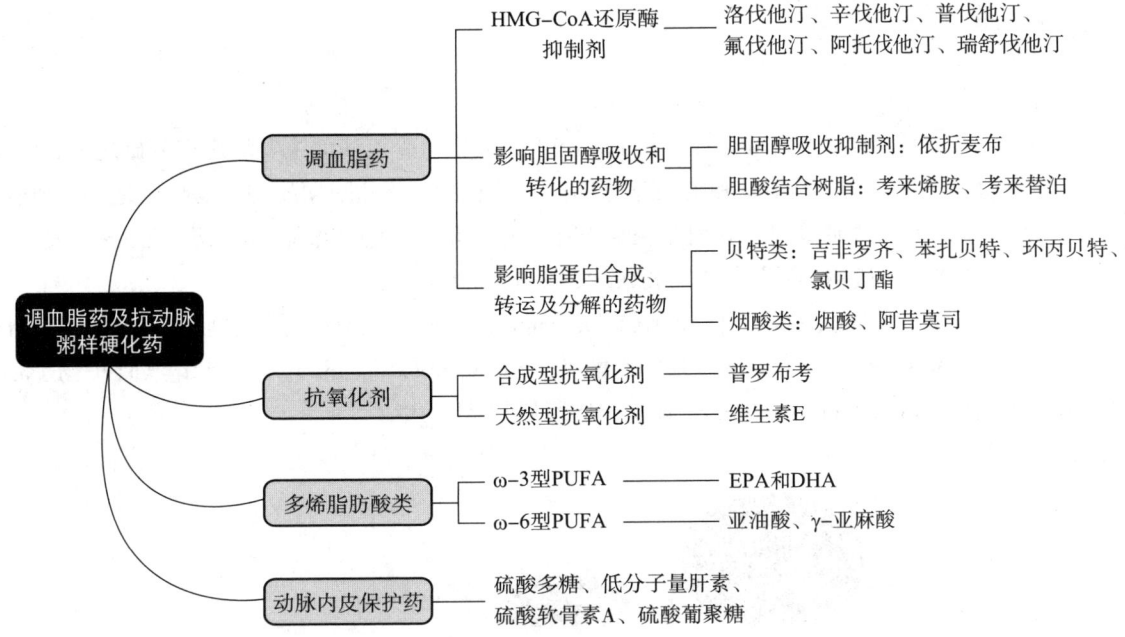

第一节　概述

动脉粥样硬化（atherosclerosis，AS）是心脑血管疾病的主要病理学基础之一，常发生于冠状动脉、主动脉、颈动脉和脑动脉等部位，是心肌梗死和脑梗死的主要病因之一。血管内皮损伤、氧化应激、血脂紊乱、血管平滑肌细胞的移行增生、泡沫细胞的形成等在 AS 的发病过程中有重要意义，AS 的特点是受累动脉的病变从内膜开始。

目前常用抗动脉粥样硬化药（antiatherosclerotics）有：①调血脂药（lipid regulators）。②抗氧化剂（antioxidant）。③多烯脂肪酸类（polyenoic fatty acids）。④动脉内皮保护药（agents used to protect arterial endothelium），其主要作用环节见图 19-1。

动画 19-1
调血脂药及抗动脉粥样硬化药的作用

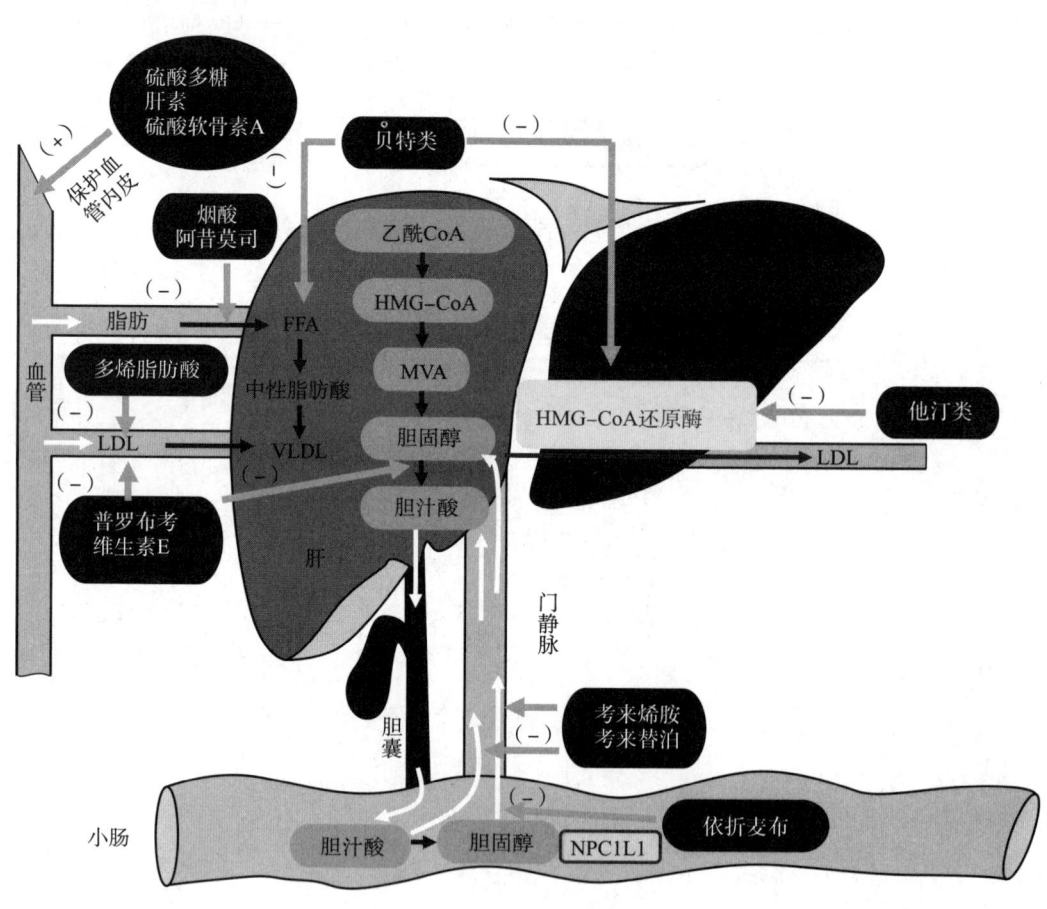

图 19-1　调血脂药及抗动脉粥样硬化药的主要作用环节

第二节　调血脂药

高脂血症（hyperlipidemia）或高脂蛋白血症（hyperlipoproteinemia）主要是指血浆中乳糜微粒（chylomicron，CM）、极低密度脂蛋白（very low density lipoprotein，VLDL）和低密度脂蛋

白（low density lipoprotein，LDL）含量高于正常值。1970 年世界卫生组织将高脂血症分为六型。Ⅰ型：原发性高乳糜微粒血症；Ⅱa 型：家族性高脂蛋白血症，包括杂合子家族性高脂蛋白血症和纯合子家族性高脂蛋白血症；Ⅱb 型：家族性复合型高脂蛋白血症；Ⅲ型：家族性异常 β 脂蛋白血症；Ⅳ型：家族性高三酰甘油血症；Ⅴ型：混合性高三酰甘油血症。通常Ⅱ～Ⅳ型均能引起动脉粥样硬化（AS）。血清总胆固醇（TC）和低密度脂蛋白胆固醇（LDL-C）水平增高可导致 AS。

血脂与载脂蛋白（apolipoprotein，apo）结合形成脂蛋白（lipoprotein，Lp）后才能溶于血浆，进行转运和代谢。应用超速离心和电泳的方法可将 Lp 分为六种：CM、VLDL、中密度脂蛋白（intermediate density lipoprotein，IDL）、LDL、高密度脂蛋白（high density lipoprotein，HDL）及脂蛋白（a）[Lp（a）]。不同的 Lp 含有不同的 apo，它们的主要功能是结合和转运脂质。各种脂蛋白在血浆中的浓度基本恒定并维持相互间的平衡，如果比例失衡则导致脂代谢紊乱。

调血脂药通过对血浆脂质或脂蛋白的紊乱加以调整，治疗高脂血症及 AS。调血脂药按作用机制不同可分为：① HMG-CoA 还原酶抑制剂。②影响胆固醇吸收和转化的药物。③影响脂蛋白合成、转运及分解的药物。

一、HMG-CoA 还原酶抑制剂

3- 羟 -3- 甲戊二酸单酰辅酶 A（3-hydroxy-3-methylglutaryl CoA，HMG-CoA）还原酶是肝胆固醇合成的限速酶，催化 HMG-CoA 生成甲羟戊酸（mevalonic acid，MVA），MVA 的合成是内源性胆固醇合成的关键步骤，抑制此酶活性可阻抑肝细胞合成胆固醇，使胆固醇含量减少（图 19-1）。HMG-CoA 还原酶抑制剂统称他汀类（statins）药物，常用药物有洛伐他汀、辛伐他汀、普伐他汀、氟伐他汀、阿托伐他汀和瑞舒伐他汀等，是目前治疗高胆固醇血症的有效药物（表 19-1）。

洛 伐 他 汀

洛伐他汀（lovastatin）是从红曲霉（或土曲霉）菌培养液中提取的真菌代谢产物。口服后内酯环被水解打开，变成有活性的羟基酸。洛伐他汀是第一个应用于临床的 HMG-CoA 还原酶抑制剂，其调血脂作用稳定可靠。

【体内过程】洛伐他汀为无活性内酯环前药，在体内通过水解作用生成开环羟基衍生物。口服吸收约 30%，对肝具有高度选择性。主要通过粪便排泄，一般用药 2 周出现效应，4～6 周可达最佳治疗效果。

【药理作用】

1. 调血脂作用　洛伐他汀对肝有高度的选择性。口服后能剂量依赖性地降低血浆 TC 和 LDL-C 水平。大剂量时可降低血浆三酰甘油（triglyceride，TG）而使 HDL-C 浓度略有升高，但作用不如苯氧酸类。长期应用可促使 AS 斑块消退，减轻冠状动脉狭窄的程度。

洛伐他汀化学结构中开环羟基酸部分与 HMG-CoA 的化学结构十分类似，在胆固醇合成的初期，可竞争性地抑制 HMG-CoA 还原酶活性，一方面由于胆固醇合成减少，阻碍 VLDL 的合成和释放；另一方面，通过肝细胞自身调节机制，LDL 受体合成代偿性地增加，且活性及与 LDL 的亲和力也增强，使血浆中更多的 LDL 经 LDL 受体途径代谢，最终将胆固醇转变为胆汁酸排出体外，进一步降低血浆 LDL-C、VLDL-C 和 TC 的水平。

2. 非调血脂作用　血管平滑肌细胞的增生和迁移是 AS 形成的基本因素，洛伐他汀能抑制血管平滑肌细胞的增生、迁移，减少胶原纤维的合成，在他汀类药物中作用最强。除此以外，洛伐他汀还具有抗炎、抗氧化、减少内皮素生成、减少组织因子表达、抑制血小板聚集、稳定斑块、抗血栓等多方面作用，这些作用都有利于其抗 AS 作用的发挥。

【临床应用】适用于治疗以胆固醇升高为主的高脂蛋白血症，尤其对伴有 LDL 升高的患者，即杂合子家族性或非家族性高脂蛋白血症疗效较好。也可用于治疗Ⅱb 型、Ⅲ型、混合型和继发性高脂蛋白血症。必要时可与胆汁酸螯合剂合用以增强其降低胆固醇的效应。对较严重的高三酰甘油血症和高乳糜微粒血症疗效差。对纯合子家族性高脂血症无效。一般用药 2 周呈现明显效应，4~6 周可达最佳治疗效果。此外，洛伐他汀对 AS、冠心病及缺血性脑卒中也有防治作用。

【不良反应及用药注意事项】一般剂量无严重不良反应。少数患者有胃肠道反应、头痛或皮疹。约 2% 的患者有血清转氨酶升高，在治疗后 3~12 个月增高显著，停药后可恢复正常，故长期用药应监测肝功能，如转氨酶值高于正常值 3 倍应停药。少数患者在治疗 3 个月内可发生急性胰腺炎。极少数患者还可发生肌痛并伴有肌酸激酶暂时升高，多见于合用免疫抑制药环孢素或调血脂药烟酸、吉非罗齐的患者，其中有些患者可发生横纹肌溶解并发肾衰竭。这是因为环孢素和吉非罗齐等不仅可抑制肝细胞膜表面摄取洛伐他汀的药物转运体 OATP，还可抑制肝中代谢洛伐他汀的酶 CYP3A4，因此可导致洛伐他汀血药浓度升高而中毒。出现这种情况应立即停药。考来替泊、考来烯胺可使洛伐他汀的生物利用度降低，因此应该在服用前者 4 h 后服用洛伐他汀。活动性肝炎、肝功能不全者禁用，孕妇和育龄妇女禁用。

视频 19-1
药物相互作用

深入学习 19-1
他汀类与吉非罗齐联合用药的相互影响

其他他汀类药物

普伐他汀（pravastatin）是美伐他汀的衍生物，具有亲水性。与洛伐他汀相比，本身具有开环羟酸结构，起效快。其作用机制与洛伐他汀相似，能高度选择性地抑制肝内源性胆固醇的合成，降低血浆 TC 和 LDL-C 水平。由于其具有亲水性，不易弥散到其他组织细胞，极少影响其他外周细胞内胆固醇的合成，因而不易引起外周性疾病，也不易通过血脑屏障，可维持中枢和外周细胞的正常生理功能。树脂类药物的吸附反应可降低本药的生物利用度，故联合应用时，应间隔一定时间。

辛伐他汀（simvastatin）为洛伐他汀的衍生物，本身无活性，口服吸收后水解转化为 β- 羟基酸才具有活性。辛伐他汀对 HMG-CoA 还原酶的抑制作用更强，调血脂作用为洛伐他汀的 2 倍，降低 TC 和 LDL-C 的作用也比洛伐他汀强。此外，辛伐他汀还可降低 TG、VLDL-C 和 apoB（LDL、VLDL 的主要载脂蛋白）的浓度，升高 HDL-C、apoA 的水平。临床试验表明，长期应用辛伐他汀在有效调血脂的同时，还能显著延缓 AS 病变进展和病情恶化，减少心脏事件和不稳定型心绞痛的发生。

氟伐他汀（fluvastatin）是第一个全人工合成的他汀类药物，结构特点与前述他汀类药物不同，为具有氟苯吲哚的甲羟戊酸内酯衍生物，其吲哚环模拟 HMG-CoA 还原酶的底物，竞争性抑制该酶的活性，使胆固醇的前体甲羟戊酸生成减少；而其甲羟戊酸内酯链则模拟酶促反应产物 MVA，干扰后者合成胆固醇。因此氟伐他汀能同时阻断 HMG-CoA 还原酶的底物和产物，有效地抑制 MVA 生成胆固醇而发挥调血脂作用。氟伐他汀在发挥调血脂作用的同时，还能抑制血小板聚集和改善胰岛素抵抗。与环孢素、地高辛、华法林、抗高血压药、H₂ 受体拮抗药及非甾体抗炎药合用比其他他汀类药物安全。

阿托伐他汀（atorvastatin）为新合成的最有效的他汀类药物。与氟伐他汀有相似的作用特性和适应证，但其降 TG 作用较强。与大多数他汀类药物不同，该药大剂量对纯合子家族性高脂蛋白血症仍然有效。不良反应轻，发生率 1%，最常见的是胃肠道反应。

瑞舒伐他汀（rosuvastatin）除了具有他汀类药物共有的有效基团二羟基庚酸部分外，还存在极性的甲磺氨基，呈现出较低的亲脂性。主要通过 CYP2C9 和 CYP2C19 代谢而不通过 CYP3A4 同工酶代谢，这意味着与通过 CYP3A4 代谢的其他调血脂药相互作用的可能性降低。本品可增加 LDL 受体的数量，降低 LDL-C 作用明显。临床上用于原发性和家族性高胆固醇血症、混合型高脂血症的治疗及冠心病、脑卒中的防治。

常用他汀类药物的体内过程特点见表 19-1。

表 19-1　常用他汀类药物的体内过程特点

项目	洛伐他汀	辛伐他汀	普伐他汀	氟伐他汀	阿托伐他汀	瑞舒伐他汀
口服吸收（%）	30	60 ~ 85	35	>98		
口服吸收特点	空腹时吸收减少	良好	迅速	迅速完全	迅速	迅速
生物利用度（%）	30		18	19 ~ 29	12	20
T_{max}（h）	2 ~ 4	1.2 ~ 2.4	1 ~ 1.5	0.6	1 ~ 2	3 ~ 5
血浆蛋白结合率（%）	≥95	>95	50	≥98	≥98	88
肝摄取率（%）	≥70	≥80	45	≥70		
排泄途径：尿（%）	<10	13	20	5	<2	
粪（%）	85	60	70	>90	>95	>90
$t_{1/2}$（h）	3	1.9	1.3 ~ 2.7	1.2	14	19
疗效达峰时间（周）		4 ~ 6		4		
食物对生物利用度影响（%）	+50	0	-30	0	-13	-20
主要代谢酶					CYP3A4	CYP2C9

注："+"和"-"代表食物可增加或减少药物的生物利用度。

二、影响胆固醇吸收和转化的药物

（一）胆酸结合树脂

本类药物又称为胆汁酸螯合剂（bile acid chelating agent），为碱性阴离子交换树脂，口服后不被消化道吸收，在肠道内与氯离子和胆汁酸进行离子交换，与胆汁酸牢固结合形成胆汁酸螯合物，阻滞胆汁酸的肝肠循环，从而大量消耗胆固醇而间接降低血浆和肝中 TC 和 LDL-C 的水平。常用药物有考来烯胺和考来替泊。

考 来 烯 胺

考来烯胺（colestyramine，消胆胺）为苯乙烯型强碱性阴离子交换树脂，不溶于水，不易被消化酶所破坏。

【体内过程】口服不被胃肠道吸收，在小肠与胆汁酸结合，阻止肠道对胆汁酸的重吸收。用药后 1~2 周血浆胆固醇浓度降低。用药后 1~3 周胆汁淤滞所致的瘙痒可得到缓解。停药后 2~4 周血浆胆固醇浓度恢复至基础水平。

【药理作用】口服后与胆汁酸结合，阻断胆汁酸的肝肠循环，并增加其在肠道的排泄。因此，可解除胆汁酸对肝细胞微粒体 α- 羟化酶的抑制，加速胆固醇转化为胆汁酸。同时，因肠道吸收外源性胆固醇必须要有胆汁酸，故其与胆汁酸结合后，必然影响外源性胆固醇的吸收。以上作用均可使血浆和肝中胆固醇水平降低，并可导致肝产生两种代偿性代谢变化：①肝细胞表面 LDL 受体增加，促进血浆 LDL 向肝内转移代谢，使血浆总胆固醇和 LDL-C 浓度下降；② HMG-CoA 还原酶活性增加，使肝胆固醇合成增多。虽然这两种变化所产生的作用相反，但由于前者作用较强，故总的效果还是使血浆总胆固醇、LDL-C 水平降低，其作用大小与剂量相关。口服考来烯胺后 4~7 天起效，2 周产生最大效应。若与他汀类药合用可使本类药物的疗效增强。考来烯胺与普罗布考合用，具有协同降脂作用，且不良反应减少。

【临床应用】考来烯胺是目前此类药物中最安全的降胆固醇药物。主要治疗以 TC 和 LDL-C 升高为主的 TG 水平正常而不能使用他汀类的高胆固醇血症患者。适用于 Ⅱa 和 Ⅱb 型高脂蛋白血症，选择性用于家族性高胆固醇血症或多因素的高胆固醇血症，而对纯合子家族性高脂血症无效。此外，考来烯胺可降低冠状动脉粥样硬化和心肌梗死的危险，长期用药可使心肌梗死的致死率降低 24%，非致命性心肌梗死发生率下降 19%。与烟酸或 HMG-CoA 还原酶抑制剂合用可增强疗效。

【不良反应及用药注意事项】不良反应较多，考来烯胺有特殊的臭味和一定的刺激性，少数患者用药后出现恶心、腹部不适、便秘及碱性磷酸酶和转氨酶活性暂时增高。部分患者停药 1~2 周后出现因胆汁淤滞所致的瘙痒。还可干扰脂溶性维生素、叶酸及铁、镁、锌的吸收。大剂量可发生脂肪泻、骨质疏松或增加出血的倾向。考来烯胺以氯化物形式应用，久用可引起高氯血症酸中毒。考来烯胺作为强碱性阴离子交换树脂可影响多种药物的吸收，包括 HMG-CoA 还原酶抑制剂、叶酸、青霉素 G、氢化可的松、铁剂、对乙酰氨基酚、噻嗪类、普萘洛尔、保泰松、万古霉素、苯巴比妥、洋地黄毒苷、口服抗凝血药和脂溶性维生素等，应尽量避免配伍使用，必要时可在服用考来烯胺前 1 h 或后 4 h 服用上述药物。

考 来 替 泊

考来替泊（colestipol）为二乙基五胺环氧氯丙烷的聚合物，是弱碱性阴离子交换树脂，呈淡黄色，无臭无味，有亲水性，含水分约 50%，但是不溶于水。药理作用、临床应用及不良反应等与考来烯胺相似。

（二）胆固醇吸收抑制剂

依 折 麦 布

依折麦布（ezetimibe）是第一个胆固醇吸收抑制剂。

【体内过程】口服后吸收迅速，并广泛结合成具有药理活性的酚化葡糖苷酸（依折麦布 - 葡糖苷酸）。依折麦布 - 葡糖苷酸在服药后 1~2 h 内达到血浆药物峰浓度，而依折麦布则在 4~12 h 出现血浆药物峰浓度。依折麦布及依折麦布 - 葡糖苷酸血浆蛋白结合率分别为 99.7% 及 88%~92%，两者均有肝肠循环，且血浆半衰期均约为 22 h。依折麦布主要由胆汁（给药量 78%）及肾排出（给药量 11%）。

【药理作用】依折麦布附着于小肠绒毛刷状缘，与胆固醇转运体 NPC1L1 结合后抑制其转运胆固醇的能力，从而抑制胆固醇的吸收（见图 19-1）。此外，还可降低小肠中的胆固醇向肝中的转运，使得肝胆固醇贮量降低，从而增加血液中胆固醇的清除。本品与胆酸螯合剂不同的是不增加胆汁分泌，与他汀类不同的是不抑制胆固醇在肝中的合成。在选择性抑制胆固醇吸收的同时并不影响小肠对三酰甘油、脂肪酸、胆汁酸、孕酮、乙炔雌二醇及脂溶性维生素 A、维生素 D 的吸收。本品和他汀类联合使用能同时抑制胆固醇的小肠吸收和肝合成，有效改善血清中 TC、LDL-C、apoB、TG 及 HDL-C 水平，治疗效果强于本品或他汀类单独给药。

【临床应用】用于原发性高胆固醇血症、纯合子家族性高胆固醇血症及纯合子谷固醇血症（又称植物固醇血症）。

【不良反应及用药注意事项】肝功能不全患者慎用。同时服用消胆胺可降低总依折麦布（依折麦布和依折麦布 – 葡糖苷酸）的平均 AUC 约 55%。

三、影响脂蛋白合成、转运及分解的药物

（一）贝特类

第一代贝特类（fibrates），苯氧芳酸衍生物有氯贝丁酯（又称氯贝特，安妥明）和吉非罗齐。氯贝丁酯因不良反应多而重，特别是肝胆系统并发症较多，且不能降低冠心病的病死率，现已少用。第二代贝特类有非诺贝特、环丙贝特及苯扎贝特等，具有作用强、毒性低的特点。

吉 非 罗 齐

【体内过程】吉非罗齐（gemfibrozil）口服吸收迅速而完全，T_{max} 为 1~2 h，血浆蛋白结合率为 92%~96%，70% 以原型经肾排泄，6% 经粪便排出，$t_{1/2}$ 为 1.5~2 h，肾功能减退者 $t_{1/2}$ 延长。降血脂作用在治疗后 2~5 天开始出现，高峰作用出现在第 4 周。

【药理作用】吉非罗齐口服后能明显降低血浆 VLDL 和 TG 浓度，中等强度降低血浆 TC 和 LDL-C 浓度，升高 HDL 水平。对 LDL 作用与患者血浆中 TG 水平有关，对单纯高三酰甘油血症患者的 LDL 无影响或略升高，这种升高可能继发于 VLDL 分解代谢的增强，以及由于 VLDL 及其残粒（IDL）清除率增加而产生的肝 LDL 受体下调；但对单纯高胆固醇血症患者和 TG 水平正常者可降低 LDL。此外，糖尿病患者合并高脂蛋白血症时，该药能使血浆 TG 降低 40%，而氯贝丁酯只能降低 5%。对肾病综合征和尿毒症患者也能有效降低血浆 VLDL 和 TG 水平。

本类药物调血脂作用机制尚未完全阐明。目前认为其共同的机制表现在：①抑制脂肪酸合成的限速酶，即乙酰辅酶 A 羧化酶，减少脂肪组织释放脂肪酸，使肝合成三酰甘油的原料缺乏，进而导致肝合成 VLDL 减少；②提高脂蛋白脂肪酶（lipoprotein lipase，LPL）活性，加速 CM 和 VLDL 的分解代谢，使 TG 水平降低；③增加 HDL 的合成，减慢 HDL 的清除；④促进肠道胆固醇的排泄，促进 LDL 颗粒的清除。

本类药物还可通过降低某些凝血因子的活性、减少纤溶酶原激活物抑制物的产生等非调血脂作用治疗 AS。

【临床应用】吉非罗齐对 VLDL 和血浆 TG 含量增高的患者有特效，如 Ⅱb、Ⅲ、Ⅳ 型高脂血症。长期应用可明显降低冠心病的病死率。也可作为烟酸代用品用于家族性复合型高脂血症、家族性或继发性高三酰甘油血症，尤其适用于经 6 个月饮食治疗疗效不佳者。但该药对家族性高乳糜微粒症、家族性 LDL 升高的患者无效。

【不良反应及用药注意事项】最常见的不良反应是恶心、腹痛和腹泻等胃肠道反应。少数患者可出现过敏反应。可见轻度一过性转氨酶升高，用药早期应监测肝功能。偶见尿素氮增高。肝或肾功能不良者、孕妇、哺乳期妇女及胆石症患者禁用，小儿慎用。本药与口服抗凝血药合用，应适当减少抗凝血药的剂量。因有轻度升高血糖的作用，故对糖尿病患者应适当调整胰岛素或口服降血糖药的剂量。与他汀类合用时的药物相互作用详见洛伐他汀。

深入学习 19-2
苯扎贝特

其他同类药

苯扎贝特（bezafibrate）是治疗 IV 型高脂血症和以 TG 升高为主的高脂血症的首选药，也可用于糖尿病伴有血脂增高者。环丙贝特（ciprofibrate）特别适用于有三酰甘油升高和 HDL-C 低下的患者。氯贝丁酯（clofibrate）对 III 型高脂血症有特效，但副作用较多。非诺贝特（fenofibrate）治疗 IV 型高脂血症的效果比 II 型好，并能显著降低血浆纤维蛋白原和血尿酸水平，降低血浆黏稠度，改善血流动力学。新一代的苯氧酸类不良反应轻微，其中常见的是短暂的胃肠道反应、血清转氨酶轻度升高。

（二）烟酸类

烟　酸

烟酸（nicotinic acid）为水溶性 B 族维生素，是于 1955 年第一个被广泛用于降低胆固醇水平的药物。大剂量的烟酸对多种类型高脂蛋白血症均有效。现多应用烟酸的衍生物，如阿昔莫司、肌醇烟酸酯（inositol nicotinate）等。

【体内过程】烟酸口服吸收迅速而完全，生物利用度为 95%，约 1 h 达血药峰浓度，血浆蛋白结合率小于 20%，迅速分布于肝、肾及脂肪组织，2/3 以原型从肾排泄，$t_{1/2}$ 为 20 ~ 45 min。

【药理作用】大剂量烟酸能降低血浆 TG 和 VLDL 水平，服药后 1 ~ 4 h 生效，作用强度与患者 VLDL 水平有关（图 19-1）。LDL-C 水平下降较慢，需 5 ~ 7 天显效，3 ~ 5 周达最大效应，下降幅度与用药剂量有关。如与考来烯胺合用作用增强。近来研究表明，烟酸与树脂或他汀类合用治疗杂合子家族性高胆固醇血症，LDL-C 水平可下降 69%。烟酸还可轻、中度升高 HDL-C 水平，能使血清 Lp（a）水平降低约 25%，因此有抗 AS 及冠心病的作用。烟酸调血脂的作用机制尚未完全阐明，可能是多途径共同作用的结果。

【临床应用】烟酸为广谱调血脂药，除 I 型以外的各型高脂蛋白血症均可应用，为 V 型高脂蛋白血症的首选药。每日 3 g 能预防胰腺炎和黄瘤（xanthoma，一种以皮肤损害为突出表现的脂质沉积性疾病）。与胆汁酸螯合剂或贝特类合用可提高疗效。

【不良反应及用药注意事项】最常见的不良反应为面部潮红、心悸和胃肠道反应如恶心、呕吐、腹泻等。面部潮红可能是前列腺素引起的皮肤血管扩张所致，服药前 30 min 应用前列腺素合成酶抑制剂阿司匹林可减轻此类反应。大剂量烟酸尚可引起血糖和血尿酸浓度升高、肝功能异常和变态反应等。禁用于有痛风、溃疡病、活动性肝病、2 型糖尿病的患者和孕妇。新型烟酸的长效制剂不良反应减轻，可提高患者的耐受性。本药与 HMG-CoA 还原酶抑制剂合用具有潜在的横纹肌溶解的危险，应慎用。与阿司匹林合用可减少烟酸的代谢消除。

阿 昔 莫 司

【体内过程】阿昔莫司（acipimox）为烟酸类衍生化合物，口服后吸收迅速完全，T_{max} 为 2 h，

$t_{1/2}$ 为 2 h，不与血浆蛋白结合，在体内不被代谢，以原型经肾排出。

【药理作用】降低血浆 TC、TG、LDL 和 VLDL 含量，提高 HDL 含量，作用持久稳定。其机制为：①抑制全身脂肪组织释放游离脂肪酸，使胆固醇和 TG 合成原料减少，从而使血浆 TC、TG、LDL、VLDL 含量降低；②增加血浆中 HDL 含量，有利于胆固醇的转运和清除；③增加肝糖原合成，使血糖含量减少，并促使脂肪酸分解，从而使胆固醇和 TG 合成的原料降低；④抗氧化作用，可抑制细胞膜脂质的氧化，保护细胞膜。

【临床应用】用于各种原发性和继发性高脂血症，既可作为首选调血脂药，治疗轻度高脂血症，又可作为基础调血脂药，与其他调血脂药合用以提高疗效。本品尚可作为降血糖药，在治疗糖尿病中发挥辅助作用。此外，本品还可作为抗氧化剂。

第三节　抗氧化剂

一、合成型抗氧化剂

普罗布考

普罗布考（probucol）又称丙丁酚，为合成的亲脂性抗氧化剂。能显著降低血浆 TC 和 LDL-C 水平，但对 TG 无影响。由于该药有较强的降低 HDL-C 作用，曾经不被重视。研究证实，普罗布考能使 AS 病变明显减轻，降低冠心病发病率，效应与其抗氧化作用密切相关。

【体内过程】普罗布考口服吸收不完全（小于 10%），且不规则，食物可增加其吸收。$t_{1/2}$ 为 52~60 h。24 h 达血药浓度峰值。吸收后主要蓄积在脂肪组织和肾上腺，血清中浓度较低，脂肪组织中浓度为血中浓度的 100 倍。代谢情况未明。主要经胆汁、粪便排泄。服后 4 天内粪便排出 90%，仅有 2% 经尿排出。

【药理作用】普罗布考抗 AS 是其抗氧化和调血脂作用的综合结果。其抗氧化作用表现在能抑制 ox-LDL 的生成及其引起的一系列 AS 病变过程，如内皮细胞损伤等（见图 19-1）；其调血脂作用表现在血浆 TC 和 LDL-C 降低，同时 HDL-C 及 apoA1 也明显下降，对血浆 TG 和 VLDL 一般无影响。关于普罗布考降低 HDL 的作用现有新解释，研究者认为，普罗布考通过提高胆固醇转移蛋白（cholesterol transfer protein，CETP）和 apoE 的血浆浓度使 HDL 颗粒中胆固醇减少，特别是 HDL_2 减少，但 HDL_3 增加。这样，尽管 HDL 颗粒变小，但 HDL 的数量增多和活性提高可促进胆固醇的逆向转运。

【临床应用】主要用于治疗各种类型高胆固醇血症。可用于杂合子、纯合子家族性高胆固醇血症和其他严重进行性动脉粥样硬化的高胆固醇血症患者。对继发于肾病综合征或糖尿病的 II 型高脂蛋白血症也有效。与他汀类或胆酸结合树脂配伍可增强调血脂效果；长期用药还可降低冠心病的发病率，使 AS 斑块减小或消除。

【不良反应及用药注意事项】不良反应较少，以胃肠道症状发生为主，发生率为 1%~10%。还可有肝功能异常、高血糖、高尿酸、血小板减少、嗜酸性粒细胞增多等改变。可引起心电图 Q-T 间期延长，故 Q-T 间期延长者慎用，也禁与延长 Q-T 间期的药物合用。因其降低 HDL，故 LDL 和 HDL 比值很高的患者不应使用。近期有心肌损伤者禁用，孕妇和小儿禁用。本品能加强香豆素类药物的抗凝血作用，还能加强降血糖药的作用。

二、天然型抗氧化剂

维 生 素 E

维生素 E（vitamin E）又称生育酚，是 1992 年从植物油中分离得到的成分，具有多方面的生理和药理作用，是典型的生物抗氧化剂，抑制磷脂酶 A_2 和脂氧酶的活性，减少氧自由基的生成，进而清除自由基；防止脂质过氧化，阻止 ox-LDL 的形成，从而减轻对动脉内皮的损伤，减少 AS 的发生。维生素 E 还可减少白三烯的合成，增加 PGI_2 的释放等，从而抑制 AS 的发展，降低缺血性心脏病的发生率和病死率。另外，还具有抗血小板聚集的作用，在剂量较大时可促进毛细血管和小血管的再生。维生素 E 可作为 AS 的辅助治疗用药。

第四节　多烯脂肪酸类

根据不饱和双键开始出现的位置不同，可将多烯脂肪酸类即多不饱和脂肪酸类（polyunsaturated fatty acids，PUFA）分为 ω-3（或 n-3）型和 ω-6（或 n-6）型两大类。

ω-3 型 PUFA

代表性的 ω-3 型 PUFA 有二十碳五烯酸（eicosapentaenoic acid，EPA）和二十二碳六烯酸（docosahexaenoic acid，DHA）。EPA 和 DHA 主要来自海洋生物，在海洋藻类、海鱼及贝类脂肪中含量丰富。

【药理作用】EPA 和 DHA 可通过调血脂和非调血脂作用治疗 AS。

1. 调血脂作用　EPA 和 DHA 可能通过抑制肝 TG 和 apoB 的合成，提高 LPL 活性，促进 VLDL 分解，发挥调血脂作用（见图 19-1）。与 ω-6 类 PUFA 相比，ω-3 类的调血脂作用更强，可显著降低 VLDL、TG 水平，继而降低 TC 和 LDL 水平，并升高 HDL 水平。ω-3 类降低总 TC 的作用与其和胆固醇结合成酯使胆固醇易于转运、代谢和排泄相关。ω-3 类还可使胆固醇重新分配。

2. 非调血脂作用　EPA 和 DHA 可抑制血小板聚集，降低全血黏度，扩张血管，抑制内皮生长因子和增强内皮细胞源性血管舒张因子（EDRF）的功能等。长期应用能预防 AS 形成，并使斑块消退。

ω-6 型 PUFA

ω-6 型 PUFA 包括亚油酸（linoleic acid，LA）和 γ- 亚麻酸（γ-linolenic acid，γ-LNA）。ω-6 型 PUFA 主要来源于植物油，如月见草油（Oenothera biennis oil）、玉米油、葵花子油和亚麻油等。降血脂作用较弱，主要降低 TC 和 LDL-C 水平，升高 HDL 水平。常用月见草油和 LA，其具有调血脂和抗 AS 作用。

第五节　动脉内皮保护药

　　常用的动脉内皮保护药有硫酸多糖（polysaccharide sulfate），包括低分子量肝素（low molecular weight heparin，LMWH）、天然类肝素（natural heparinoids）、硫酸软骨素 A（chondroitin A）和硫酸葡聚糖（dextran sulfate）等。这些硫酸多糖的分子表面带有大量负电荷，结合在血管内皮表面，防止白细胞、血小板及损伤因子的黏附，从而使血管内皮免受损伤（见图 19-1），达到防治 AS 斑块形成的目的。

（李　华）

思考题

1. 试述调血脂药及抗动脉粥样硬化药的分类及其代表药。
2. 他汀类药物的主要临床用途有哪些？

网上更多……

👤 学习目标　　👥 本章小结　　📝 自测题　　⬇️ 教学 PPT　　🖥 参考资源

第二十章
抗心绞痛药

关键词

心绞痛　　　　　　　　心肌耗氧量　　　　　　硝酸酯类

β 肾上腺素受体拮抗药　钙通道阻滞药　　　　　硝酸甘油

普萘洛尔　　　　　　　硝苯地平　　　　　　　维拉帕米

　　心绞痛是冠状动脉供血不足，心肌急剧、暂时的缺血与缺氧所引起的临床综合征，临床表现为阵发性胸骨后压榨性疼痛，可放射至心前区和左上肢。心绞痛持续发作得不到及时缓解则可发展为急性心肌梗死。因此，采用快速有效的药物及时处理心绞痛具有重要的临床意义。本章重点介绍目前临床常用的抗心绞痛药：硝酸酯类（硝酸甘油）、β 肾上腺素受体拮抗药（普萘洛尔）和钙通道阻滞药（硝苯地平）等。其中，缓解变异型心绞痛的首选药物是硝苯地平；缓解稳定型心绞痛的首选药物是硝酸甘油；普萘洛尔适用于伴有高血压或心率加快等的心绞痛患者，但伴有支气管哮喘或慢性阻塞性肺疾病的心绞痛及变异型心绞痛患者禁用普萘洛尔。

思维导图

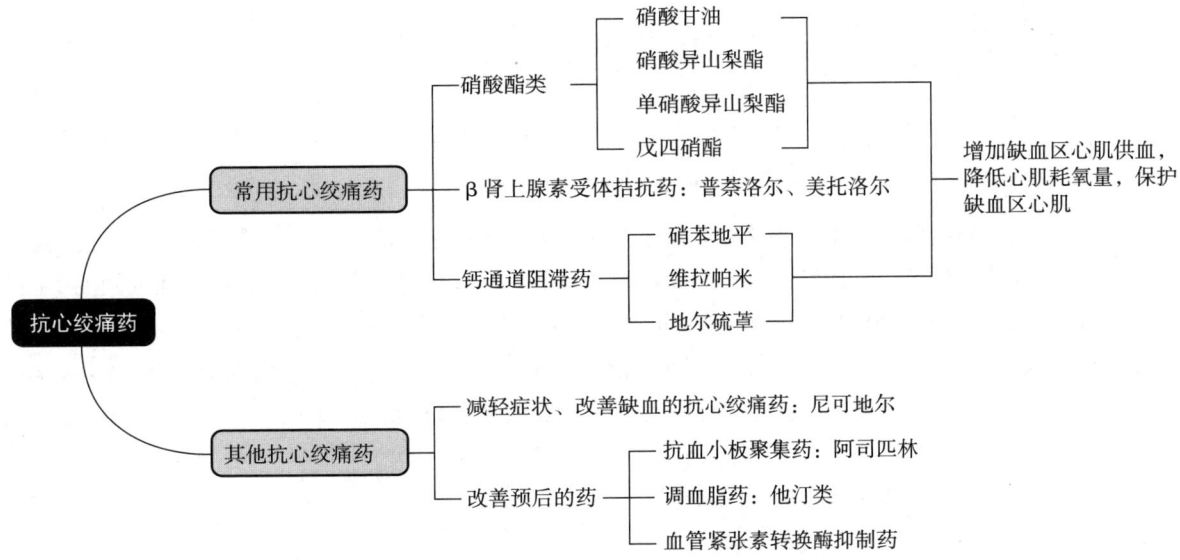

第一节　概述

一、心绞痛的分型

临床聚焦 20-1
心绞痛的分型诊断

　　心绞痛（angina pectoris）临床上常分为：①稳定型心绞痛：为临床上最为常见的心绞痛，常因劳累诱导心绞痛发作。②不稳定型心绞痛：介于稳定型心绞痛和心肌梗死之间的中间状态。不稳定型心绞痛中的变异型心绞痛是由于冠状动脉痉挛使冠脉血流量减少，心肌供血绝对不足所致，常在休息时发作。此外，参照世界卫生组织的"缺血性心脏病的命名及诊断标准"，心绞痛的分型诊断包括劳力性心绞痛、自发性心绞痛和混合性心绞痛。

二、心绞痛的主要病理生理基础

深入学习 20-1
心绞痛的发病机制

　　心绞痛的发生与患者心肌供氧减少和（或）心肌耗氧量增加有关，当心肌供氧与耗氧平衡失调时，导致心肌暂时性缺血缺氧，引起心绞痛。决定心肌耗氧量的主要因素有：①心室壁张力：心室壁张力越大，则耗氧量越大。它与心室内压、心室容积成正比，与心室壁厚度成反比。血压升高可使心室内压增加，而回心血量增加可使心室容积增加。②心率：心脏收缩的频率越快，则耗氧越多。③心肌收缩力：心肌收缩力增强，则耗氧增加。目前临床上抗心绞痛的对症策略主要是降低心肌耗氧量、扩张冠状动脉，改善缺血心肌供血。

第二节　常用抗心绞痛药

一、硝酸酯类

深入学习 20-2
硝酸酯类药物的研究
进展

　　硝酸酯类药物包括硝酸甘油、硝酸异山梨酯、单硝酸异山梨酯和戊四硝酯，其中硝酸甘油最常用。本类药物具有硝酸多元酯结构，分子中的—O—NO$_2$ 是发挥疗效的关键部位。此类药物脂溶性高，作用相似，只是显效快慢、维持时间的长短和不良反应的轻重程度有所不同。

硝　酸　甘　油

深入学习 20-3
硝酸甘油的前世今生

　　【体内过程】硝酸甘油（nitroglycerin）脂溶性高，易通过皮肤黏膜吸收。口服首过效应明显，生物利用度仅为 8%，难以达到有效浓度，故不宜口服给药。舌下含服可避免首过效应，生物利用度达 80%。舌下含服一般 1～2 min 起效，作用持续时间 20～30 min，$t_{1/2}$ 为 1～4 min。本品经皮肤吸收，其作用持续时间达 24 h。硝酸甘油在肝内代谢，生成二硝基代谢物和一硝基代谢物及无机亚硝酸盐，然后与葡糖醛酸结合从尿中排出。

　　【药理作用】硝酸甘油直接松弛全身血管平滑肌的作用是其防治心绞痛的基础。

　　1. 扩张外周血管，降低心肌耗氧量　通过全身给药和冠状动脉局部直接给药的对照试验研究发现，硝酸甘油降低心肌耗氧量与其抗心绞痛作用密切相关。硝酸甘油扩张静脉血管的作用大于动脉。它通过扩张静脉，增加静脉贮备量，使回心血量减少，减轻前负荷，缩小心脏容积，降低心室壁张力而减少心肌耗氧量。重力影响下，硝酸甘油在立位或坐位时减少回心血量较卧位更为明显。硝酸甘油也能扩张动脉，降低心脏射血阻力，减少左心室的后负荷，使左心室内压与室壁张力降低，降低左心室做功，减少心肌耗氧量。值得注意的是，硝酸甘油扩张动脉、降低血压的效应会引起反射性心脏兴奋，导致心率加快与心肌收缩力加强，在一定程度上增加心肌耗氧量。但上述效应综合后，硝酸甘油明显降低心肌耗氧量。合用普萘洛尔可克服硝酸甘油引起的心率加快与心肌收缩力加强。

2. 改善心脏局部血流动力学，增加缺血心肌的局部血液供应 硝酸甘油降低心肌耗氧量所产生的继发作用、扩张冠状动脉的直接作用及侧支循环的建立，可改善局部心肌的血流动力学，使冠脉的供血重新分布，增加缺血心肌局部的血液供应。

（1）扩张输送性冠状动脉和侧支血管，增加缺血区心肌血供：一方面，硝酸甘油对较大的心外膜冠状动脉与直径 >100 μm 小冠状动脉的作用敏感。它通过扩张痉挛冠状动脉、输送性冠状动脉、心外膜下冠状动脉和连接分支的侧支血管等，开放或增加侧支循环，使冠状动脉的灌注压差增加（图 20-1）。另一方面，硝酸甘油对冠状动脉阻力血管的敏感性低。硝酸甘油降低心肌耗氧量后，机体通过冠状动脉的自身调节机制使心肌非缺血区血管阻力增加，而缺血区冠状动脉阻力血管则因明显的缺血缺氧、乳酸等代谢物的堆积而处于代偿性扩张状态。因此，冠状动脉血液能更多地流向缺血区，增加缺血区供血、供氧。

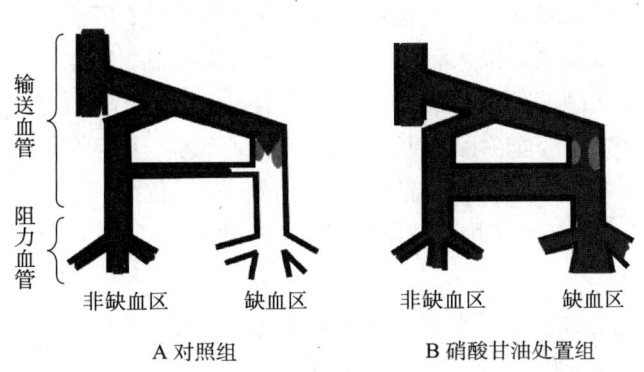

微视频 20-1
硝酸甘油增加侧支循环

图 20-1 硝酸甘油增加侧支循环

输送血管 阻力血管

非缺血区 缺血区 非缺血区 缺血区

A 对照组 　　B 硝酸甘油处置组

（2）降低左心室内压与室壁张力，改善心肌顺应性，增加心内膜下区供血：心脏血管分布与冠脉血流的特点使心肌氧分压从心外膜到心内膜呈梯度下降，心外膜下的氧分压是心内膜下的 1.5 倍左右。当左心室内压与室壁张力增大时，心内膜下氧分压可进一步降低，所以心内膜下区更易发生心肌缺血。应用硝酸甘油后，随着心脏前、后负荷的下降，继而心室容积、心室内压和室壁张力降低，加之冠状动脉灌注压差的加大，故血液更易自心外膜流向心内膜下区，增加该区心肌的供血、供氧。

3. 对缺血心肌细胞的保护作用 硝酸甘油释放的 NO，可促进内源性 PGI_2、降钙素基因相关肽等物质的生成与释放。这些物质可减轻缺血心肌细胞的钙超载等所致的心肌损伤，增强缺血心肌细胞的膜稳定性，提高室颤阈值，发挥保护缺血心肌的作用。治疗量的硝酸甘油能降低心脏负荷，改善左心室功能，使心肌耗氧量明显减少。

4. 抑制血小板聚集 硝酸甘油释放 NO，激活血小板中鸟苷酸环化酶，使 cGMP 生成增多，抑制血小板聚集和黏附，防止血栓形成。

【扩血管作用机制】硝酸甘油作为前体药，在血管谷胱甘肽转移酶作用下被降解并释放 NO，

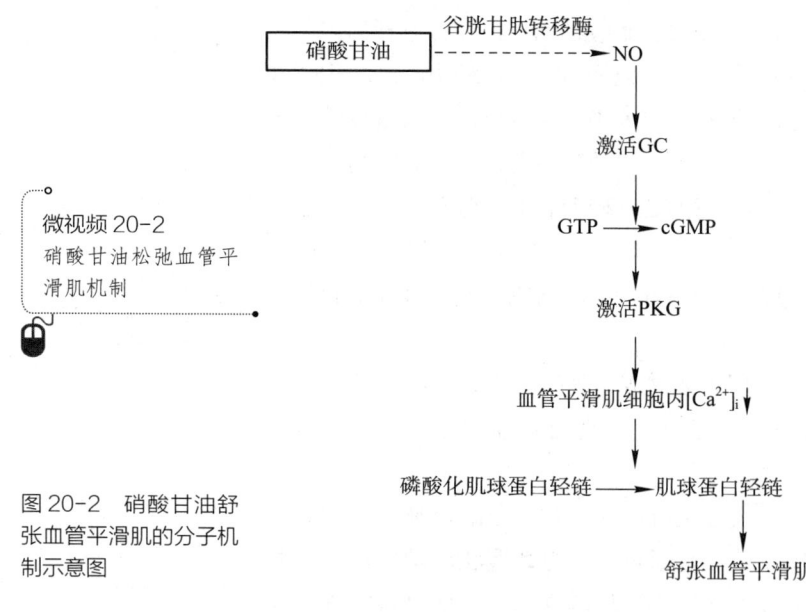

图20-2　硝酸甘油舒张血管平滑肌的分子机制示意图

微视频 20-2
硝酸甘油松弛血管平滑肌机制

与NO受体——可溶性鸟苷酸环化酶活性中心的Fe^{2+}结合，两者结合后激活鸟苷酸环化酶（guanylate cyclase，GC），促进血管平滑肌细胞（vascular smooth muscle cell）内cGMP的生成，继而激活cGMP依赖性蛋白激酶（PKG），引起一系列生物学效应，减少细胞内钙释放和细胞外钙内流，降低细胞内游离Ca^{2+}浓度，使肌球蛋白去磷酸化，血管平滑肌松弛，血管扩张。内皮细胞源性血管舒张因子（endothelium-derived relaxing factor，EDRF）是血管内皮细胞释放的扩血管物质。血管内皮细胞内含有一氧化氮合酶，该酶被激活后，促使内源性NO，即EDRF生成。EDRF从血管内皮细胞弥散到血管平滑肌细胞内，与NO受体结合后，松弛血管平滑肌细胞，扩张血管。硝酸甘油作用与EDRF相似，但硝酸甘油本身就是NO的供体，它无须借助血管内皮细胞即可产生扩血管作用，故硝酸甘油对内皮受损血管仍可产生扩张作用（图20-2）。

【临床应用】

1. 心绞痛　硝酸甘油对稳定型、不稳定型及变异型等各型心绞痛均有效，是治疗稳定型心绞痛的首选药。舌下含服或喷雾吸入硝酸甘油均能迅速缓解心绞痛症状，终止和预防心绞痛发作。值得注意的是，由于硝酸甘油可反射性兴奋交感神经，使心率加快，因此常与β肾上腺素受体拮抗药或非二氢吡啶类钙通道阻滞药联合应用防治心绞痛，疗效优于单独用药。

2. 急性心肌梗死　早期使用硝酸甘油能降低心脏前、后负荷，增加缺血心肌供血，减轻心肌缺血性损伤，防止心肌梗死面积扩大。但应用时硝酸甘油不可过量，否则可降低冠状动脉灌注压，加重心肌缺血。

3. 心力衰竭　包括急性左心衰竭和慢性充血性心力衰竭。硝酸甘油扩张动、静脉，降低心脏的前、后负荷，利于缓解患者的心衰症状和体征。

4. 其他　①高血压危象。②急性呼吸衰竭和肺动脉高压。硝酸甘油可扩张肺血管，降低肺血管阻力，改善肺通气。

【不良反应及用药注意事项】

1. 一般不良反应多为血管舒张所致的搏动性头痛、颜面潮红等，偶可致直立性低血压和晕厥。大剂量时由于过度降血压，可反射性引起交感神经兴奋，使心率加快和心肌耗氧量增加。为减少上述不良反应，应用硝酸甘油时可从小剂量开始。

2. 大剂量或频繁用药可引起高铁血红蛋白血症。

3. 连续用药2~3周可产生耐受性，故应采用小剂量、间歇给药法。

4. 长期接触硝酸酯类药物可产生依赖性。如果突然停药可能诱发严重的心肌缺血、心肌梗死，甚至猝死，故应逐渐减量直至停用。

5. 硝酸甘油可使颅内压增高，因此，颅脑外伤、颅内出血者禁用。

6. 对严重主动脉瓣狭窄或梗阻性肥厚型心肌病的心绞痛不宜用硝酸甘油。

7. 当患者应用治疗勃起功能障碍的药物西地那非时，24 h内应用硝酸甘油可引起患者低血压，甚至死亡。

其他硝酸酯类药物

硝酸异山梨酯（isosorbide dinitrate）属于长效硝酸酯类。口服后 40~60 min 起效，持续 3~5 h，可作为预防用药。其肝活性代谢产物为异山梨醇 -2- 单硝酸酯，仍具有抗心绞痛效应。硝酸异山梨酯个体差异较大，某些患者用药后容易发生直立性低血压等不良反应。

单硝酸异山梨酯（isosorbide mononitrate）是硝酸异山梨酯的活性代谢产物，口服经胃肠道迅速吸收，1 h 后血药浓度达峰值，作用维持 8 h，$t_{1/2}$ 约为 5 h。作用与硝酸异山梨酯相同，用于心绞痛发作的防治，心肌梗死和肺动脉高压的治疗。用药初期可出现血压下降，偶见头痛、头晕和心悸等。

二、β 肾上腺素受体拮抗药

β 肾上腺素受体拮抗药有非选择性 β 肾上腺素受体拮抗药普萘洛尔（propranolol）、吲哚洛尔（pindolol）、噻吗洛尔（timolol）及选择性 $β_1$ 肾上腺素受体拮抗药美托洛尔（metoprolol）、阿替洛尔（atenolol）、醋丁洛尔（acebutolol）、比索洛尔（bisoprolol），以及阻滞 α 和 β 肾上腺素受体的卡维地洛（carvedilol）等，常用于高血压、心动过速和心绞痛等心血管系统疾病治疗和甲状腺功能亢进症的辅助治疗。本部分只介绍 β 肾上腺素受体拮抗药的抗心绞痛作用。

【抗心绞痛作用机制】

1. 降低心肌耗氧量　β 肾上腺素受体拮抗药通过减慢心率、抑制心肌收缩力及降血压等效应，减少心脏做功，降低心肌耗氧量。

心绞痛发作时交感神经活性增强，心肌局部和血液中儿茶酚胺的含量增高，激动心脏 $β_1$ 肾上腺素受体，使心肌收缩力增加、心率加快；儿茶酚胺激动血管平滑肌细胞的 α 肾上腺素受体，收缩血管，增加血管阻力和左心室后负荷。以上作用均导致心脏做功增加，心肌耗氧量增加。应用 β 肾上腺素受体拮抗药后，产生心脏负性肌力、负性频率及降血压的效应，使心脏做功减少，心肌耗氧量降低。临床研究发现，β 肾上腺素受体拮抗药抗心绞痛的疗效与用药后心率减慢和心肌收缩性减弱的程度成正比，故降低心肌耗氧量是 β 肾上腺素受体拮抗药抗心绞痛的主要作用机制。然而，该类药对心脏的负性肌力作用导致心脏射血时间延长和射血不完全，使心室容积扩大，一定程度上拮抗其降低心肌耗氧量的效应。因此，临床上当 β 肾上腺素受体拮抗药治疗心绞痛效果不满意时，可联合使用二氢吡啶类钙通道阻滞药或硝酸酯类药物，旨在取长补短，产生协同效应。

2. 增加缺血区血液供应　本类药由于降低心肌耗氧量，减少正常供血区对血液的需求量，使得该区血管的管径相对缩小，阻力增高。与此不同的是，缺血心肌区的血管因缺血缺氧而处于代偿性扩张状态，加之负性频率作用延长心脏舒张期，增加了冠状动脉灌注时间，以及负性肌力作用使得心肌对冠状动脉的压迫减弱等诸多因素，有利于血液向心肌缺血区尤其是心内膜下区域流动，增加缺血区的血液供应，一定程度上改善缺血心肌的供血、供氧。

3. 改善心肌代谢　心肌缺血时，交感神经活性亢奋，心肌局部和血液中儿茶酚胺的含量增高，脂肪分解酶活性增高，继而游离脂肪酸（FFA）增多。心肌组织代谢游离脂肪酸所能能量由正常时 20%~50% 增加到 60%~90%，消耗更多的氧，加重心肌缺血缺氧的程度。β 肾上腺素受体拮抗药可抑制脂肪酶活性，降低 FFA 的含量，减少心肌对 FFA 摄取，改善心肌缺血区对葡萄糖的摄取和利用，增加葡萄糖代谢产生的能量，降低心肌耗氧量。

4. 促进氧合血红蛋白解离，增加心脏的供氧。

【临床应用】β 肾上腺素受体拮抗药是治疗心绞痛的一线药物，可单独应用，也可与硝酸酯类或二氢吡啶类钙通道阻滞药合用。与普萘洛尔相比，选择性 β₁ 肾上腺素受体拮抗药较少诱发或加重支气管哮喘，因此临床上更倾向于使用美托洛尔、阿替洛尔及比索洛尔等选择性 β₁ 肾上腺素受体拮抗药。值得注意的是，β 肾上腺素受体拮抗药的使用剂量应个体化，从较小剂量开始，逐渐增加剂量，以达到 24 h 抗心肌缺血的效果。

1. 稳定型心绞痛　β 肾上腺素受体拮抗药能降低心肌梗死后稳定型心绞痛患者死亡和再梗死的风险。在无禁忌证的前提下，β 肾上腺素受体拮抗药亦可作为稳定型心绞痛的初始选择药物。由于此类药物对心脏具有负性频率和负性传导的作用，以及降低血压的效应，特别适用于伴有心率加快和高血压的患者。当 β 肾上腺素受体拮抗药与硝酸酯类药物合用时可减少后者耐受性的产生。

2. 不稳定型心绞痛　对于此型心绞痛，β 肾上腺素受体拮抗药的疗效取决于冠状动脉的病变类型和程度。若以冠状动脉器质性病变为主则疗效较好，而以冠状动脉痉挛为主则疗效相对较差。需要注意的是，非选择性 β 肾上腺素受体拮抗药禁用于变异型心绞痛。原因是此类药可阻断冠状动脉的 β₂ 肾上腺素受体，相对增强 α 肾上腺素受体的兴奋性，不利于冠状动脉痉挛的缓解，甚至加重变异型心绞痛患者的冠状动脉痉挛。

三、钙通道阻滞药

钙通道阻滞药（calcium channel blockers）是 20 世纪 70 年代以来用来防治缺血性心脏病的一类常用药物，有硝苯地平（nifedipine）、维拉帕米（verapamil）、地尔硫䓬（diltiazem）、普尼拉明（prenylamine）、哌克昔林（perhexiline）和氨氯地平（amlodipine）等。

本章节只介绍钙通道阻滞药的抗心绞痛作用。

【抗心绞痛作用机制】

1. 降低心肌耗氧量

（1）扩张血管，减轻心脏负荷，降低心肌耗氧量：钙通道阻滞药阻滞血管平滑肌细胞膜上的钙通道，抑制细胞外钙内流，降低细胞内游离钙，松弛血管平滑肌，扩张血管，减轻心脏的前、后负荷，继而降低心肌耗氧量，其中扩张小动脉尤为明显。在钙通道阻滞药中，二氢吡啶类硝苯地平对血管的扩张作用最强，非二氢吡啶类地尔硫䓬次之，维拉帕米较弱。其中，硝苯地平可引起反射性心率加快。

（2）抑制心肌收缩力，减慢心率，降低心肌耗氧量：该类药阻滞心肌细胞的外钙内流，抑制心肌收缩力；阻滞窦房结细胞外钙内流，减慢窦性频率；阻滞房室结细胞外钙内流，减慢房室传导，降低心室率，以上因素均降低心肌耗氧量。其中，对心脏的直接抑制作用以维拉帕米最强，地尔硫䓬次之，硝苯地平较弱。

2. 增加缺血心肌供血　钙通道阻滞药扩张冠状动脉，缓解冠状动脉痉挛，促进侧支循环建立，增加冠状动脉供血，使心外膜向心内膜下的血液输送明显增加，从而改善缺血心肌的供血。

（1）扩张冠状动脉：钙通道阻滞药对动脉的扩张作用较静脉强，对冠状动脉扩张作用最为敏感，可扩张输送性冠状动脉和小冠状动脉血管，尤其是硝苯地平等二氢吡啶类钙通道阻滞药对处于痉挛状态的冠状动脉的解痉作用特别敏感，可明显增加冠状动脉的血流量。

（2）促进侧支循环建立：缺血心肌区的血管因缺血缺氧处于代偿性扩张状态，钙通道阻滞药扩张侧支循环动脉，加之心脏前、后负荷降低及负性肌力（非二氢吡啶类）等因素，导致心室壁张力下降，继而使血液易于流向心内膜下区，增加缺血区的供血供氧。

（3）抑制血小板聚集：钙通道阻滞药阻滞钙离子内流，降低血小板内钙离子浓度，抑制血小板聚集。

3. 保护缺血心肌　心肌缺血、缺氧时能量代谢障碍，细胞内钙超载，可诱导细胞凋亡。本类药物通过阻滞钙通道，减轻心肌细胞钙超载，从而发挥保护缺血心肌的作用。

【临床应用】钙通道阻滞药是治疗心绞痛的常用药物，通过改善冠状动脉血流和（或）减少心肌耗氧发挥防治心绞痛的作用，用于防治稳定型和不稳定型心绞痛发作。对变异型心绞痛或以冠状动脉痉挛为主的心绞痛，以硝苯地平的疗效最佳。本类药物不仅无收缩支气管平滑肌作用，而且有一定程度的舒张支气管平滑肌作用，故对伴有支气管哮喘和慢性阻塞性肺疾病的患者更为适用。钙通道阻滞药能扩张外周血管，故还适用于伴有外周血管痉挛性疾病的心绞痛患者。地尔硫草和维拉帕米等非二氢吡啶类钙通道阻滞药能减慢房室传导，常用于伴有心房颤动或心房扑动的心绞痛患者。钙通道阻滞药可与硝酸酯类或 β 肾上腺素受体拮抗药合用防治心绞痛。其中，β 肾上腺素受体拮抗药可减轻二氢吡啶类钙通道阻滞药引起的反射性心动过速。值得注意的是，非二氢吡啶类特别是维拉帕米与 β 肾上腺素受体拮抗药联合用药时，更易引起传导阻滞和心肌收缩力的减弱，故老年人、已有心动过缓或左心室功能不良的患者应避免这样的联合用药。

第三节　其他抗心绞痛药

一、减轻症状、改善心肌缺血的抗心绞痛药

吗多明（molsidomine）代谢物作为 NO 的供体，释放出 NO。临床上采用舌下含服或喷雾吸入治疗稳定型心绞痛及心肌梗死伴高充盈压患者。

尼可地尔（nicorandil）是一种新型的血管扩张药，既能释放 NO，增加血管平滑肌细胞内 cGMP 生成，又能激活血管平滑肌细胞膜上 K^+ 通道，使 K^+ 外流增加，膜超极化，抑制 Ca^{2+} 内流。主要用于变异型心绞痛。

地拉草（dilazep）具有明显、持久的选择性扩张冠状动脉作用，可增加冠状动脉血流量，临床上用于心绞痛的治疗。

二、改善预后的药物

1. 抗血小板聚集药　临床研究证实了慢性稳定型心绞痛患者服用小剂量阿司匹林（aspirin）可降低心肌梗死的风险。小剂量阿司匹林通过抑制环加氧酶和 TXA_2 的合成产生抗血小板聚集的作用。不能耐受阿司匹林的患者，可改用氯吡格雷（clopidogrel）替代治疗。

2. 调血脂药　他汀类药物、胆酸结合树脂、贝特类、烟酸类和低分子量肝素等可以预防冠状动脉粥样硬化。

3. 血管紧张素转换酶抑制药（ACEI）　在稳定型心绞痛患者中，合并糖尿病、心力衰竭或左

心室收缩功能不全的高危患者均应使用 ACEI。

（杨丹莉）

思考题

1. 为什么临床上常将硝酸甘油与 β 肾上腺素受体拮抗药联合应用治疗心绞痛？
2. 试述抗心绞痛药的分类及其代表药临床应用的特点。

网上更多……

👤 学习目标　　👤☰ 本章小结　　📝 自测题　　⬇ 教学 PPT　　🖥 参考资源

第二十一章
抗心律失常药

关键词

抗心律失常药	钠通道阻滞药	β肾上腺素受体拮抗药
延长动作电位时程药	钙通道阻滞药	奎尼丁
普鲁卡因胺	利多卡因	普罗帕酮
普萘洛尔	艾司洛尔	胺碘酮
维拉帕米		

心律失常（arrhythmia）是指由心脏电生理活动异常所致的心动频率和节律的异常，神经或内分泌系统调节紊乱、药物或器质性心脏病等均可诱发心律失常。心律失常按其发作频率可分为快速型与缓慢型心律失常，可采用药物治疗和非药物治疗（如心脏起搏器、电复律、电除颤、导管消融等）。窦性心动过缓等缓慢型心律失常可用阿托品或异丙肾上腺素治疗。本章主要介绍治疗室上性或室性快速型心律失常的药物。

思维导图

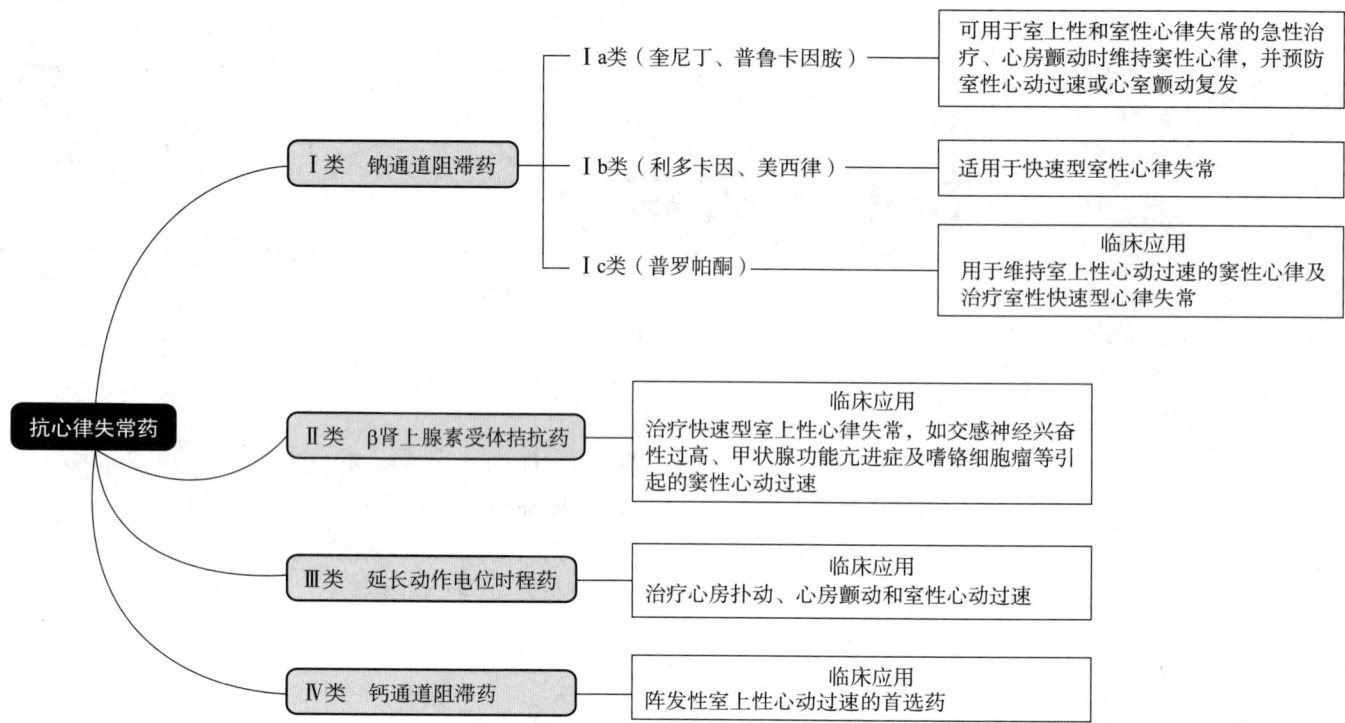

抗心律失常药

Ⅰ类　钠通道阻滞药
- Ⅰa类（奎尼丁、普鲁卡因胺）——可用于室上性和室性心律失常的急性治疗、心房颤动时维持窦性心律，并预防室性心动过速或心室颤动复发
- Ⅰb类（利多卡因、美西律）——适用于快速型室性心律失常
- Ⅰc类（普罗帕酮）——临床应用　用于维持室上性心动过速的窦性心律及治疗室性快速型心律失常

Ⅱ类　β肾上腺素受体拮抗药——临床应用　治疗快速型室上性心律失常，如交感神经兴奋性过高、甲状腺功能亢进症及嗜铬细胞瘤等引起的窦性心动过速

Ⅲ类　延长动作电位时程药——临床应用　治疗心房扑动、心房颤动和室性心动过速

Ⅳ类　钙通道阻滞药——临床应用　阵发性室上性心动过速的首选药

第一节　心律失常的电生理学基础

动画 20-1
正常心肌电生理学特性

一、正常心肌电生理学特性

心脏的收缩和舒张等生理活动的维持依赖于心肌正常的电生理活动，心脏的正常冲动源于窦房结产生的自动节律性兴奋，其传导依次经过心房、房室结、房室束及浦肯野纤维，最后到达心室肌。引起心肌细胞按照一定时间顺序发生兴奋，通过心脏的节律性收缩和舒张以保证心脏对于全身的血液供应（图 21-1）。

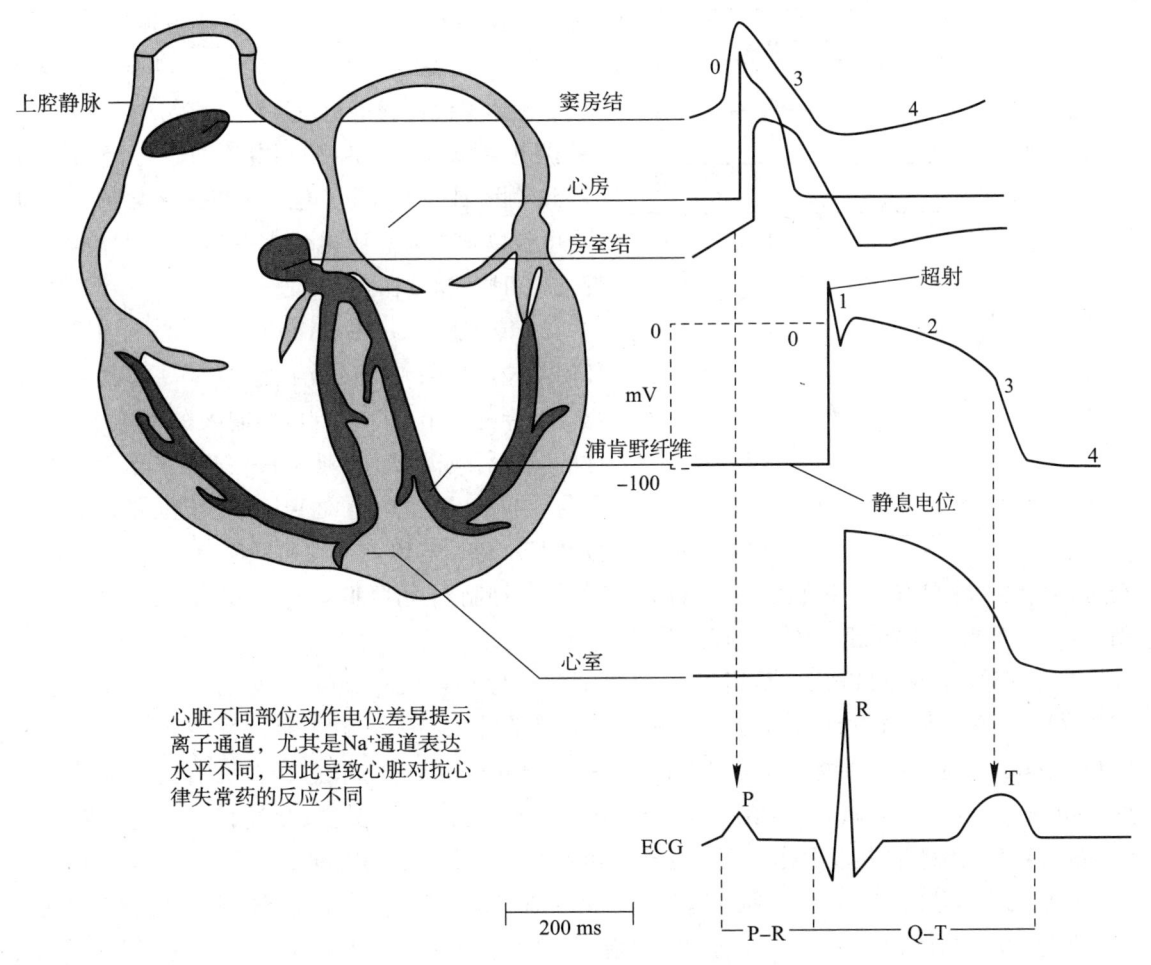

心脏不同部位动作电位差异提示离子通道，尤其是Na⁺通道表达水平不同，因此导致心脏对抗心律失常药的反应不同

图 21-1　心脏不同部位细胞的动作电位特征与心电图关系

心肌细胞动作电位（action potential）是心肌正常电生理活动的基础。心室肌细胞在静息状态时，膜电位约为 –90 mV，处于内负外正的极化状态。当心肌细胞兴奋时，发生去极化和复极化过程，形成动作电位。动作电位分为 5 个时相，即去极化期（0 期）、复极化期（1、2、3 期）和静息期（4 期）。动作电位时程（action potential duration，APD）是指 0 期去极化开始至 3 期复极化结束的动作电位过程。在此过程中，离子通道历经静息态、开放态及失活态的转变。多种内向

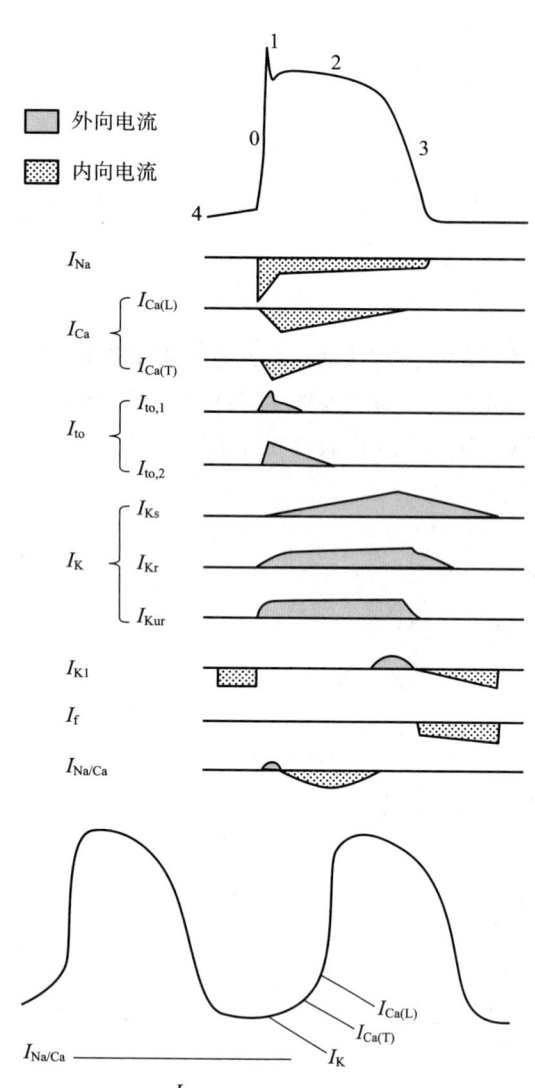

图 21-2 浦肯野细胞动作电位时程中的主要参与的离子电流

I_{Na}：内向钠电流；I_{Ca}：内向钙电流；$I_{Ca(L)}$：L-型钙电流；$I_{Ca(T)}$：T-型钙电流；I_{to}：瞬时外向钾通道电流；I_K：延迟整流钾通道电流；I_{Ks}：慢激活延迟整流钾电流；I_{Kr}：快激活延迟整流钾电流；I_{Kur}：超速激活整流钾电流；I_{K1}：内向整流钾通道电流；I_f：起搏电流；$I_{Na/Ca}$：钠钙交换

图 21-3 窦房结细胞动作电位时程中的参与电流

和外向离子流参与动作电位的形成（图 21-2）。

心肌细胞的主要电生理特性如下：

1. 自律性（automaticity） 指细胞在无外界刺激条件下，可自动产生节律性兴奋的能力。通常以单位时间内产生动作电位的次数来衡量自律性的高低。心脏的自律细胞主要有窦房结细胞、房室结细胞、房室束和浦肯野细胞，可自动产生节律性兴奋。其中窦房结自律性最高，自动兴奋频率约为每分钟 100 次，是心脏的正常起搏点（pacemaker），它通过抢先占领和超速抑制控制着其他自律组织。正常心肌组织自律性的产生源于自律细胞动作电位 4 期自动去极化，希 - 浦细胞 4 期自动去极化主要由起搏电流（I_f）决定（图 21-2），窦房结及房室结细胞 4 期自动去极化则由延迟整流钾通道电流（I_K）逐渐减小而 I_f、L-型钙电流即 $I_{Ca(L)}$、T-型钙电流即 $I_{Ca(T)}$ 逐渐增强所致（图 21-3）。动作电位 4 期去极化速率、动作电位阈值、静息膜电位水平和动作电位时程的变化均可影响心肌的自律性。

2. 传导性（conductivity） 是指心肌细胞膜的任何部位产生的兴奋可沿细胞膜扩布，亦可通过闰盘传导到另一个心肌细胞以引起兴奋的能力。传导性的主要影响因素为 0 期去极化速度和幅度，包括参与 0 期去极化的离子通道、动作电位的起始膜电位及膜反应性。因此，内向钠电流（I_{Na}）、$I_{Ca(L)}$ 分别对心室肌细胞和窦房结细胞的传导性起决定作用，抑制 I_{Na} 可降低心室肌细胞的传导速度，抑制 $I_{Ca(L)}$ 可降低窦房结细胞的传导速度。

3. 兴奋性（excitability） 是指细胞受到刺激产生动作电位的难易程度，兴奋可沿心肌细胞膜扩布并向周围心肌细胞传导。通常用阈刺激的大小来衡量。兴奋性主要取决于静息电位（resting potential）的大小及阈电位（threshold potential）的水平。心肌细胞的有效不应期（effective refractory period, ERP）是指从 0 期去极化开始，至复极化过程中膜电位恢复至约 -60 mV 时（细胞能接受刺激，再一次产生可扩布动作电位）的时间。

按照动作电位的特征可将心肌细胞分为快反应细胞和慢反应细胞两大类。快反应细胞包括心房肌细胞、心室肌细胞、房室束和浦肯野细胞，动作电位 0 期去极化由 I_{Na} 介导，去极化速度快、振幅大。慢反应细胞包括窦房结和房室结细胞，其动作电位 0 期去极化由 $I_{Ca(L)}$ 介导，去极化速度慢、振幅小。慢反应细胞无内向整流钾电流（I_{K1}）控制膜电位，其静息电位不稳定，容易去极化，故自律性高。窦房结细胞动作电位时程中的参与电流见图 21-3。其前一动作电位复极化过程中，内向 Na^+/Ca^{2+} 交换电流（$I_{Na/Ca}$）逐渐减小，I_K 至舒张期也逐渐减小，电位变化引起 I_f 激活。当膜去极化至 -50 mV 时，$I_{Ca(T)}$ 激活，至舒张末期时 $I_{Ca(L)}$ 亦激活，进而引起新的动作电位。

二、心律失常的发生机制

心律失常是多种原因引起的心肌细胞电生理活动异常导致心动频率或节律的紊乱。缺血性心脏病、充血性心力衰竭、心源性休克等均易引发严重心律失常，可能危及生命。有些心律失常病因为遗传因素，如长 Q-T 间期综合征、布鲁加达综合征、家族性房颤等。病原微生物及其毒素、心肌抑制因子、免疫复合物、缺血、缺氧和自主神经功能紊乱等可导致心肌细胞电生理活动异常。慢性阻塞性肺疾病、急性胰腺炎、急性脑血管病、妊娠高血压、低钾血症或高钾血症，中暑、电击、有机溶剂等理化因素，以及有机磷酸酯类农药、蛇毒、有毒植物和药物等亦可引起心律失常。

（一）自律性升高
1. 自律机制升高　交感神经活性增高、低血钾、心肌细胞受到机械牵张时，均可使动作电位 4 期斜率增加，导致自律细胞的自律性升高。
2. 异常自律机制形成　无自律性的心肌细胞在缺血、缺氧等条件下形成异常自律机制。

（二）后去极化与触发活动
在一个动作电位中，继 0 期去极化以后所发生的去极化为后去极化（after-depolarization），其特点为振幅小、膜电位不稳定，但若连续发生则引起触发活动，引发可扩布的兴奋。
1. 早后去极化（early after-depolarization）　发生在完全复极化之前的后去极化，即动作电位的 2、3 期。一般易发生于某些因素引起复极化时间过长时，严重者表现为尖端扭转型室性心动过速。
2. 迟后去极化（delayed after-depolarization）　发生在完全复极化的动作电位 4 期，由细胞内钙超载而诱发的 Na^+ 短暂内流所致，当达到钠通道激活电位时，引起动作电位。诱因包括强心苷中毒、心肌缺血及细胞外高钙等。

（三）冲动传导障碍
1. 单纯性传导障碍　包括传导减慢、传导阻滞等缓慢型心律失常，可用阿托品纠正。
2. 折返激动（reentrant excitation）　指一次冲动下传后，顺环形通路折回，再次兴奋原已兴奋过的心肌，由此可能引发快速型心律失常的发生。折返激动的形成应具备以下几个条件：①心肌组织存在解剖学环路。②环形通路存在单向传导阻滞。③邻近的心肌组织不应期长短不一（图 21-4A）。

正常情况下，心脏相对方向的电兴奋在传导过程中相遇，可消失在对方的不应期中（图 21-4B）；病理情况下，心脏某部位出现单向传导阻滞，而另一通路的电兴奋可以继续传导（图 21-4C），并在单向传导阻滞区反向传导（图 21-4D），继续传导，形成折返环路（图 21-4E）。

（四）基因缺陷：长 Q-T 间期综合征
长 Q-T 间期综合征（long Q-T syndrome，LQTS）是由基因缺陷引起的心肌复极化异常的疾病，表现为通道功能异常，心肌复极化减慢，心电图 Q-T 间期延长，并发生恶性心律失常性晕厥及猝死。

深入学习 21-1
基因突变与心律失常

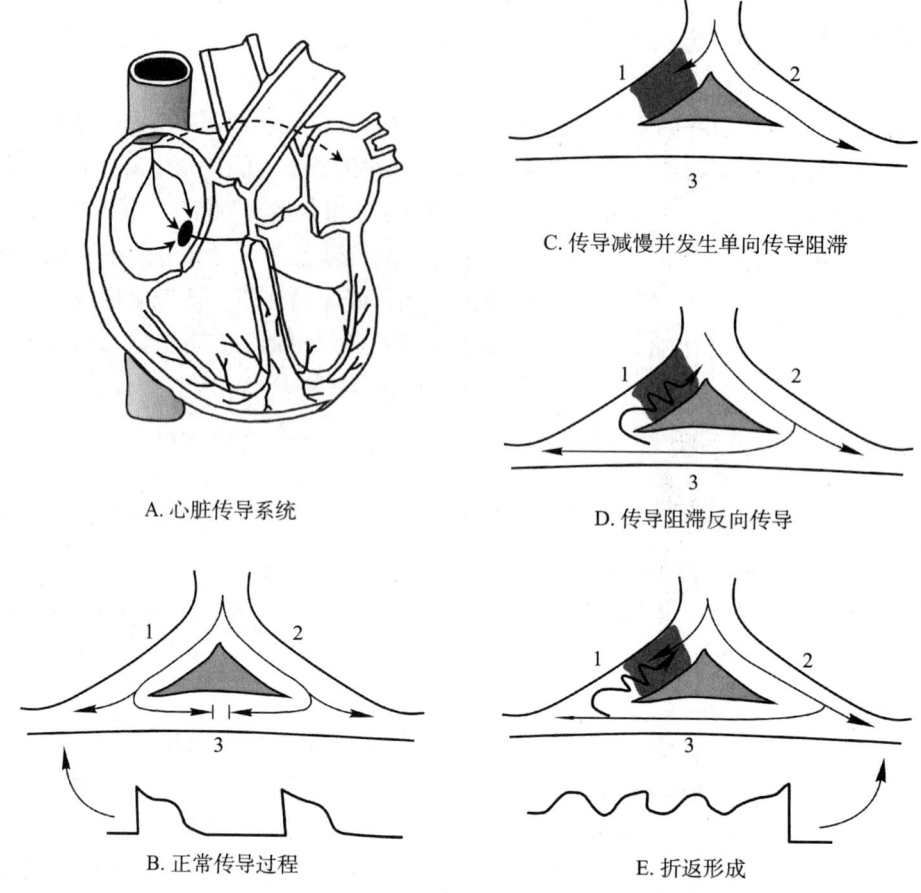

C. 传导减慢并发生单向传导阻滞

D. 传导阻滞反向传导

A. 心脏传导系统

图 21-4 折返形成机制

B. 正常传导过程

E. 折返形成

第二节　抗心律失常药的作用机制及分类

一、抗心律失常药的基本作用机制

深入学习 21-2
抗心律失常药的研究进展

抗心律失常药主要通过影响心肌细胞的膜电流，改善异常的心肌细胞电生理活动而发挥作用。药物通过阻滞钠通道、拮抗心脏的交感效应、阻滞钾通道、阻滞钙通道等，改变心脏的自律性、传导性、兴奋性、有效不应期，减少后去极化，消除折返等产生抗心律失常作用。同时，由于抗心律失常药影响心脏多种离子通道，具有潜在的致心律失常作用，在酸中毒、高钾血症、心肌缺血或心动过速时，治疗浓度的抗心律失常药可诱发心律失常。抗心律失常药的基本作用机制如下：

1. 降低自律性　抗心律失常药可通过降低动作电位 4 期自动去极化、提高动作电位的发生阈值、增加静息膜电位绝对值、延长动作电位时程等方式降低异常自律性（图 21-5）。

自律细胞 4 期去极化斜率主要由 I_f 决定，细胞内 cAMP 水平升高可引起 I_f 增大，使自动去极化速度加快。β 肾上腺素受体拮抗药降低细胞内 cAMP 水平，减小 I_f，从而减慢动作电位 4 期自动去极化。钠通道阻滞药降低快反应细胞和慢反应细胞的动作电位 4 期斜率。腺苷和 ACh 分别

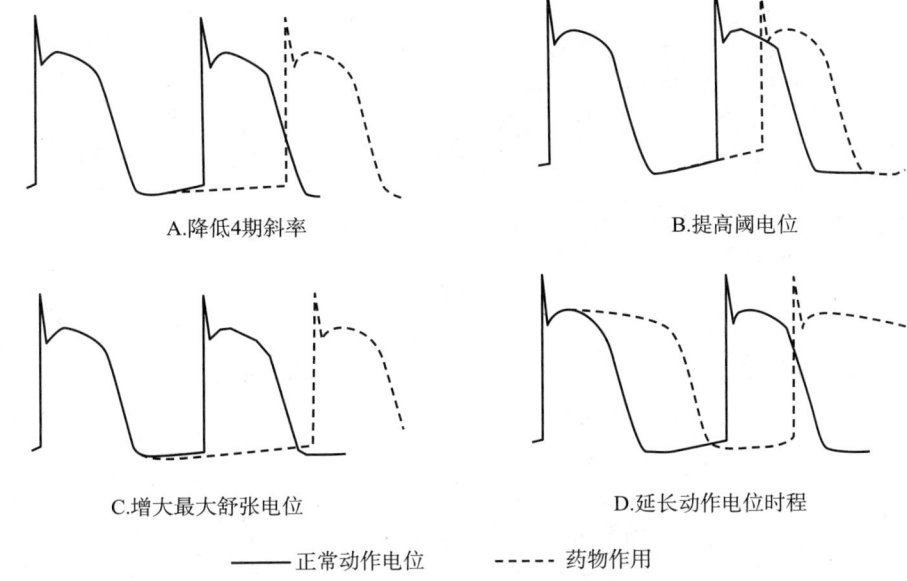

A.降低4期斜率

B.提高阈电位

C.增大最大舒张电位

D.延长动作电位时程

—— 正常动作电位　　---- 药物作用

图 21-5　降低自律性的四种方式

通过 G 蛋白耦联的腺苷受体和 M 胆碱受体，激活 ACh 敏感性钾通道，促进 K^+ 外流，增加静息膜电位绝对值。钾通道阻滞药阻滞外向钾电流，减慢 3 期复极化，延长动作电位时程。

2. 减少后去极化　动作电位时程过度延长可引起早后去极化，缩短动作电位时程的药物能减少早后去极化发生；细胞内钙超载可致迟后去极化，钙通道阻滞药通过抑制细胞内钙超载而减少迟后去极化发生，钠通道阻滞药可抑制迟后去极化的 0 期去极化。

3. 消除折返　药物改变传导性或延长有效不应期可消除折返。钙通道阻滞药和 β 肾上腺素受体拮抗药可减慢房室结传导，从而消除房室结折返激动所致的室上性心动过速。钠通道阻滞药和钾通道阻滞药可延长快反应细胞的有效不应期，钙通道阻滞药维拉帕米和钾通道阻滞药可延长慢反应细胞的有效不应期，在有效不应期内折返激动不能引起可扩布的动作电位。

二、抗心律失常药的分类

根据 Vaughan Williams 分类法，将抗快速型心律失常药物分为四大类：Ⅰ类，钠通道阻滞药；Ⅱ类，β 肾上腺素受体拮抗药；Ⅲ类，延长动作电位时程药（钾通道阻滞药）；Ⅳ类，钙通道阻滞药。

1. Ⅰ类——钠通道阻滞药　根据对钠通道阻滞程度和阻滞后通道的复活时间常数（τ recovery）将其分为三个亚类，即Ⅰa、Ⅰb、Ⅰc（图 21-6）。

（1）Ⅰa 类：中度阻滞钠通道，τ recovery 1 ~ 10 s，降低动作电位 0 期去极化速率，减慢传导，并不同程度抑制心肌细胞钾外流、钙内流，延长复极化过程，显著延长有效不应期。代表药物有奎尼丁、普鲁卡因胺等。

（2）Ⅰb 类：轻度阻滞钠通道，τ recovery < 1 s，轻度降低动作电位 0 期去极化速率，降低自律性，缩短或不影响动作电位时程。代表药物有利多卡因、苯妥英钠等。

（3）Ⅰc 类：明显阻滞钠通道，τ recovery>10 s，显著降低动作电位 0 期去极化速率及幅度，减慢传导。代表药物有普罗帕酮、氟卡尼等。

2. Ⅱ类——β 肾上腺素受体拮抗药　药物通过阻断心肌细胞 β 肾上腺素受体，抑制交感神

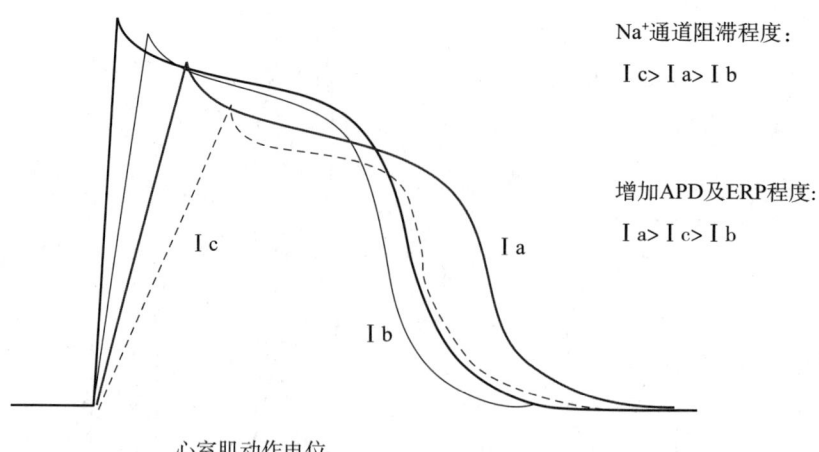

Na⁺通道阻滞程度：

$$I c > I a > I b$$

增加 APD 及 ERP 程度：

$$I a > I c > I b$$

图 21-6　钠通道阻滞药对心室肌细胞动作电位的影响比较

心室肌动作电位

经兴奋所致的 I_f、I_{Na} 和 $I_{Ca(L)}$，减慢 4 期舒张期自动去极化速率，降低自律性；减慢动作电位 0 期去极化速率，降低传导性。代表药物是普萘洛尔等。

3. Ⅲ类——延长动作电位时程药　阻滞多种钾通道，减慢复极化过程，延长动作电位时程和有效不应期。代表药物是胺碘酮，为单组分多靶点药物，既阻滞钾通道，也阻滞起搏细胞的钠、钙通道等。

4. Ⅳ类——钙通道阻滞药　直接阻滞 L- 型钙通道，降低窦房结自律性，减慢房室结传导性，抑制细胞内钙超载。代表药物有维拉帕米和地尔硫䓬。

5. 其他类——腺苷。

第三节　常用抗心律失常药

一、Ⅰ类——钠通道阻滞药

（一）Ⅰa类：中度阻滞钠通道药物

奎 尼 丁

奎尼丁（quinidine）是金鸡纳树皮含有的生物碱，20 世纪早期用于治疗心律失常。

【体内过程】口服后几乎全部被胃肠道吸收，1~2 h 血药浓度达高峰，生物利用度为 70%~80%。血浆蛋白结合率约 80%，组织中药物浓度较血药浓度高 10~20 倍，心肌中浓度尤高。主要经过肝氧化代谢，20% 以原型经肾排泄。$t_{1/2}$ 为 4~10 h。

【药理作用】奎尼丁低浓度（1 μmol/L）时可阻滞钠通道及快速激活的延迟整流钾通道，降低自律性、去极化组织的兴奋性和传导性；较高浓度可阻滞多种钾通道与钙通道，延长心房、心室和浦肯野细胞的动作电位时程，使奎尼丁在心率减慢和细胞外低钾时易诱发早后去极化；减少 Ca^{2+} 内流，具有负性肌力作用。奎尼丁还具有明显的迷走神经阻断和拮抗外周血管 α 肾上腺素受体作用。

【临床应用】奎尼丁属于广谱抗心律失常药，临床上可用于心房颤动时维持窦性心律，并预防室性心动过速或室颤复发。奎尼丁亦可用于预防先天性心律失常综合征（如布鲁加达综合征或短 Q-T 间期综合征）的复发性室颤。

【不良反应及用药注意事项】最常见的不良反应为腹泻，治疗期间可发生血小板减少症。大剂量奎尼丁可引起"金鸡纳反应"，表现为头痛、头晕、耳鸣、腹泻、恶心和视物模糊等症状，通常与血药浓度升高有关。心脏毒性表现为房室及室内传导阻滞，少数患者用奎尼丁后出现 Q-T 间期延长和尖端扭转型室性心动过速，低钾血症可加重。静脉用药可引起明显的低血压和窦性心动过速。奎尼丁阻断迷走神经的作用会加快房室结传导，可导致房性心动过速（如心房扑动）的心室率增加。

普鲁卡因胺

【体内过程】普鲁卡因胺（procainamide）口服吸收迅速而完全，1 h 血药浓度达高峰。肌内注射 0.5～1 h 血药浓度即达峰值。生物利用度约 80%，$t_{1/2}$ 为 3～4 h。该药在肝代谢为仍具抗心律失常活性的 N- 乙酰普鲁卡因胺，$t_{1/2}$ 可延长至 6～10 h。

【药理作用】作用与奎尼丁相似，但对 M 胆碱受体及 α 肾上腺素受体无明显影响。普鲁卡因胺阻滞开放状态的钠通道，亦可阻断外向 K^+ 电流。降低自律性，增加不应期，减慢传导。其主要代谢产物 N- 乙酰普鲁卡因胺阻滞外向 I_K，延长动作电位时程和有效不应期。

【临床应用】临床上静脉给予普鲁卡因胺比奎尼丁耐受性更好。静脉给药用于室上性和室性心律失常的急性治疗。但长期口服常因不良反应而导致治疗终止。

【不良反应及用药注意事项】口服易引起胃肠道反应，静脉给药（血药浓度 >10 μg/mL）可引起低血压和传导减慢。N- 乙酰普鲁卡因胺的血药浓度大于 30 μg/mL 时可发生尖端扭转型室性心动过速，甚至出现心脏停搏。少数患者出现皮疹、药热、白细胞减少、肌痛等过敏反应及幻觉、精神失常等。长期应用，可能引起红斑狼疮样综合征。

（二）Ⅰb 类：轻度阻滞钠通道药物

利 多 卡 因

利多卡因（lidocaine）最初作为局麻药应用，1963 年开始用于治疗心律失常。临床曾对疑似心肌梗死的患者给予利多卡因，可降低室颤的发生率，但随后发现患者出院的存活率降低。

【药理作用】利多卡因阻滞激活态钠通道和失活态钠通道，当通道恢复至静息态时其阻滞作用迅速解除。主要作用于快反应细胞，降低动作电位 4 期去极化斜率，可降低心室肌（异常自律机制）和浦肯野细胞的自律性；对去极化状态心肌作用强，因此对缺血或强心苷中毒所致的心律失常有较强抑制作用。利多卡因抑制参与动作电位复极 2 期的少量 Na^+ 内流，缩短或不影响浦肯野细胞和心室肌的动作电位时程，相对延长有效不应期。心房肌细胞钠通道失活态时间短，利多卡因作用不明显，故对房性心律失常疗效差。

【临床应用】可治疗室性快速型心律失常。对室上性心律失常疗效差。

【不良反应及用药注意事项】剂量过大可引起低血压、心率减慢、房室传导阻滞、窦性停搏，当快速静脉注射大剂量利多卡因时会诱发癫痫。眼球震颤是利多卡因中毒的先兆。心功能不全、肝功能不全者长期静脉滴注可致药物蓄积，儿童或老年人应减量。禁用于二、三度房室传导阻滞患者。普萘洛尔可增强利多卡因的毒性反应。

苯 妥 英 钠

苯妥英钠（phenytoin sodium）原为治疗癫痫的药物，20世纪50年代起用于治疗心律失常。快速静脉注射易引起低血压，高浓度可致心动过缓、窦性停搏，严重者出现呼吸抑制。苯妥英钠为肝药酶诱导剂，能加速奎尼丁、美西律、地高辛等的肝代谢。与利多卡因或普萘洛尔合用可能加强对心脏的抑制作用。本药有致畸作用，现临床较少用于治疗心律失常。

美 西 律

美西律（mexiletine）为利多卡因衍生物，口服吸收迅速、完全，口服后30 min开始起效，2～3 h达到血药峰浓度，作用约持续8 h。在体内分布广泛。药物在肝代谢成多种产物，少量经肾排泄。$t_{1/2}$约12 h，肝功能不全者$t_{1/2}$可延长。美西律电生理作用与利多卡因相似，可抑制Na^+内流，促进K^+外流。能缩短浦肯野细胞的动作电位时程及有效不应期。临床上适用于治疗各种快速型室性心律失常。不良反应多与剂量相关，以胃肠反应最常见，头晕、震颤、共济失调、复视、精神失常等神经症状亦较为常见。静脉给药偶见低血压、心动过缓、传导阻滞等。窦房结功能不全、房室传导阻滞、心室内传导阻滞患者禁用。有癫痫史、低血压及肝功能不全者慎用。

（三）Ic类：明显阻滞钠通道药物

普 罗 帕 酮

普罗帕酮（propafenone）于1977年应用于临床治疗心律失常。

【体内过程】口服吸收良好，经肝代谢生成5-羟基普罗帕酮，代谢产物的钠通道阻滞作用与普罗帕酮相似，但β肾上腺素受体拮抗作用减弱。口服后0.5 h起效，2～3 h血浆药物浓度达峰值，作用可维持8 h以上。主要经肾排泄。

【药理作用】普罗帕酮能明显阻滞钠通道激活态和失活态，其电生理效应是抑制快反应细胞的Na^+内流。可减慢心房、心室和浦肯野细胞的传导速度，延长动作电位时程和有效不应期。具有较弱的β肾上腺素受体拮抗作用，可轻度抑制心肌收缩力、减慢心率和抑制传导等。它对复极化过程的影响明显弱于奎尼丁。

【临床应用】为广谱的抗快速型心律失常药。口服用于治疗室性和室上性期前收缩、阵发性室性和室上性心动过速，伴发心动过速、心房颤动的预激综合征。但用于纠正心房颤动或心房扑动效果差。长期口服可维持室上性心动过速（包括心房颤动）的窦性心律。静脉给药用于阵发性室性心动过速及室上性心动过速的治疗。

【不良反应及用药注意事项】不良反应较少，常见恶心、呕吐、味觉改变等消化道不良反应，可有肝转氨酶升高。心血管系统不良反应可见窦性心动过缓、折返性室性心动过速和充血性心功能不全加重等。少数患者可见心电图Q-T间期延长等。老年患者用药后可能出现血压下降。本药一般不宜与其他抗心律失常药合用，以避免出现心功能抑制。支气管哮喘、窦房结功能障碍、严重房室传导阻滞、双束支传导阻滞和心源性休克患者禁用，严重的心动过缓、肝肾功能不全及明显低血压患者慎用。

二、Ⅱ类——β肾上腺素受体拮抗药

激动β肾上腺素受体可使$I_{Ca(L)}$、I_f增加，由此触发早后去极化和迟后去极化，引起快速型心律失常。β肾上腺素受体拮抗药可通过抑制心脏自律性、减慢传导、减少后去极化等作用抗心律失常。常用药主要有普萘洛尔、美托洛尔（metoprolol）、阿替洛尔（atenolol）、纳多洛尔（nadolol）、醋丁洛尔（acebutolol）、噻吗洛尔（timolol）、阿普洛尔（alprenolol）、艾司洛尔、比索洛尔（bisoprolol）等。

人文视角21-1
β肾上腺素受体拮抗药的发现

普 萘 洛 尔

普萘洛尔（propranolol）是应用最早和最为常用的β肾上腺素受体拮抗药。

【药理作用】普萘洛尔拮抗β肾上腺素受体，在机体交感神经系统兴奋时作用显著。交感神经兴奋或儿茶酚胺释放增多时，心肌自律性增高，传导速度增快，不应期缩短，易诱发快速型心律失常。普萘洛尔能降低窦房结、房室结和浦肯野细胞自律性，减少儿茶酚胺所致的迟后去极化发生。一般拮抗β肾上腺素受体的药物剂量不影响传导速度，但大剂量时通过Na^+通道阻滞作用明显减慢房室结等的传导速度。治疗浓度的普萘洛尔能缩短浦肯野细胞的动作电位时程和有效不应期，延长房室结有效不应期。

【临床应用】普萘洛尔适用于治疗与交感神经兴奋有关的各种心律失常，如交感神经兴奋性过高、甲状腺功能亢进症及嗜铬细胞瘤等引起的窦性心动过速及其他室上性心律失常。能改善室性期前收缩的症状，对由运动或情绪变动所引发的室性心律失常效果良好。与强心苷或地尔硫䓬合用控制心房扑动、心房颤动及阵发性室上性心动过速时的心室率过快，效果较好。对缺血性心脏病患者的室性心律失常也有效，可减少心肌梗死患者心律失常发生，缩小其心肌梗死范围并降低病死率。

艾 司 洛 尔

艾司洛尔（esmolol）是短效选择性β_1肾上腺素受体拮抗药，抑制窦房结及房室结的自律性、传导性。主要治疗室上性心律失常，降低心房扑动、心房颤动时的心室率。本药静脉注射后数秒钟起效，$t_{1/2}$为9 min。不良反应有低血压、心肌收缩力减弱等。

三、Ⅲ类——延长动作电位时程药

胺 碘 酮

【体内过程】胺碘酮（amiodarone）口服吸收慢，1周起效，生物利用度为35%～65%；静脉注射10 min起效。药物可分布于全身组织器官，尤以脂肪组织及血流丰富的器官为多。主要在肝代谢，其代谢产物仍具有药理活性。主要经胆汁由肠道排泄，经肾排泄较少，口服平均$t_{1/2}$约为40天，停药后作用可维持1～3个月。

【药理作用】胺碘酮可阻滞心脏I_{Na}、$I_{Ca(L)}$、I_K、I_{K1}、I_{to}等多种离子通道，对α和β肾上腺素受体具有一定程度的拮抗作用。降低窦房结、浦肯野细胞的自律性和传导性。明显延长心房肌、心室肌和浦肯野细胞的动作电位时程、有效不应期，这一作用强于其他类抗心律失常药，与其阻滞钾通道及失活态钠通道有关。

【临床应用】胺碘酮口服用于治疗复发性室性心动过速或对其他药物有耐药性的室性心动过速，静脉注射作为室性心动过速或室颤引起心搏骤停的一线治疗药物。

【不良反应及用药注意事项】心血管系统较常见的不良反应是窦性心动过缓、房室传导阻滞及 Q-T 间期延长，静脉给药易引起低血压，亦可引起尖端扭转型室性心动过速。窦房结和房室结病变者可出现明显心动过缓和传导阻滞。部分患者用药后可能出现甲状腺功能紊乱，少数患者有恶心、呕吐及肝炎或转氨酶增高。服药 3 个月以上者在角膜中可见黄棕色色素沉着，停药后可渐消失。神经系统反应不多见，可有震颤、共济失调等。长期大量服药者可发生肺间质或肺泡纤维性肺炎。胺碘酮能增强双香豆素及华法林的抗凝作用，影响肝素的活性，增加血浆地高辛、奎尼丁、普鲁卡因胺、氟卡尼及苯妥英钠的浓度。

决 奈 达 隆

决奈达隆（dronedarone）是胺碘酮的非碘化苯并呋喃衍生物，可阻滞 Na^+、K^+ 和 Ca^{2+} 电流，具有强于胺碘酮的抗肾上腺素能作用。临床上用于治疗心房颤动和心房扑动，可有效维持心房颤动发作时的窦性心律。常见的不良反应是腹泻、恶心、腹痛、呕吐等。可引起 Q-T 间期延长，可能引起严重的肝损伤。

索 他 洛 尔

索他洛尔（sotalol）1974 年用于临床，为唯一兼具有 II 类和 III 类药物电生理特性的抗心律失常药，是非选择性 β 肾上腺素受体拮抗药。小剂量通过拮抗 β 肾上腺素受体降低自律性，减慢房室结传导；大剂量可阻滞 I_K，延长房室结有效不应期。临床上用于防治心房扑动、心房颤动和室上性心动过速等室上性快速型心律失常，治疗室性心律失常。不良反应发生率较低，可有心动过缓、低血压、原有心律失常加重或出现新的心律失常，偶见尖端扭转型室性心动过速。

多 非 利 特

多非利特（dofetilide）是特异性 I_{Kr} 钾通道阻滞药，可延长动作电位的 Q-T 间期。在正常志愿者、心房颤动和心房扑动患者中均可延长 Q-T 间期。可有效维持心房颤动患者的窦性心律。口服吸收良好，生物利用度约为 100%。主要以原型经肾排泄，肾功能不良者应减量，肾衰竭患者禁用。主要毒性反应是诱发尖端扭转型室性心动过速。

四、IV类——钙通道阻滞药

本类药物阻滞 L 型钙通道，降低 $I_{Ca(L)}$，由此影响慢反应细胞的电生理活动，表现为自律性降低、传导减慢和不应期延长。

维 拉 帕 米

维拉帕米（verapamil）是一种罂粟碱的衍生物。

【体内过程】口服吸收迅速、完全，2～3 h 血药浓度达峰值，首过效应明显，生物利用度仅 10%～30%，主要在肝代谢，其代谢物去甲维拉帕米仍具有心脏活性，主要经肾排泄，$t_{1/2}$ 为 6～7 h。静脉注射 0.5～1 min 起效，临床应用时口服量为静脉给药量的 10 倍才能达到同等血药浓度。

【药理作用】维拉帕米作用于激活态、失活态的 L- 型钙通道,阻止慢反应细胞的 Ca^{2+} 内流。降低窦房结、房室结 4 期自动去极化速率,降低自律性;抑制 0 期去极化,减慢房室结传导,可减少房室结的折返激动,减慢心房扑动、心房颤动等室上性心律失常所致心室率的增加;减少缺血时心房、心室和浦肯野细胞异常自律性的形成,减少由 $I_{Ca(L)}$ 介导后去极化所引起的触发活动;延长窦房结、房室结等慢反应细胞的有效不应期。

【临床应用】维拉帕米适用于治疗快速型室上性心律失常,对室上性和房室结折返性心律失常效果好,可减慢心房扑动或心房颤动的心室率。

【不良反应及用药注意事项】口服给药较安全,可见胃肠道反应、头痛或头晕、皮肤瘙痒等。静脉注射因其具有血管扩张作用易致低血压、暂时窦性停搏等。禁用于二、三度房室传导阻滞及心源性休克、心功能不全、严重低血压者,老年人、肝肾功能不全者慎用。

五、其他类

腺 苷

腺苷(adenosine)为内源性嘌呤核苷酸,作用于 G 蛋白耦联的腺苷受体,激活心房、窦房结、房室结的 ACh 敏感性钾通道,增加 K^+ 外流,使复极化过程加快,自律性降低,同时缩短动作电位时程;腺苷还通过抑制交感神经冲动抑制 L- 型钙通道,人静脉注射可短暂减慢房室结传导和窦性节律。临床上快速静脉注射给药用于急性终止可折返性室上性心律失常。临床治疗剂量多数患者有胸闷和呼吸困难,可见短暂性心脏停止,但通常持续时间短于 5 s。少见腺苷大剂量时引起心房颤动。

(陈 霞)

思考题

1. 试述抗心律失常药的分类及各类代表药。
2. 利多卡因用于何种心律失常的治疗?
3. 患者,女,45 岁,有心肌缺血病史,经治疗几年来一直健康。近日突然出现心慌、气短,数分钟后能自然缓解,每日可如此发作数次,发作时常伴有心绞痛的症状。经心电图检查认为该患者可能存在阵发性室上性心动过速,此时最好选用什么药物治疗? 为什么? 请简述其药理作用。

网上更多……

👤 学习目标　　👥 本章小结　　📝 自测题　　⬇ 教学 PPT　　📶 参考资源

第二十二章
作用于血液及造血系统的药物

关键词

抗凝	凝血因子	凝血酶	纤维蛋白
纤维蛋白溶解	血小板	肝素	华法林
阿司匹林	链激酶	维生素 K	贫血
铁剂	叶酸	维生素 B_{12}	血容量扩充药
造血细胞生长因子			

血液是机体赖以生存最重要的物质之一。凝血亢进或纤溶能力不足可引发血栓栓塞性疾病；凝血功能低下或纤溶亢进可引起出血性疾病；一些必需物质如铁、铜及维生素（叶酸、维生素 B_{12} 等）的缺乏，会导致贫血或血细胞减少症；而大量失血造成血容量降低，可导致休克而危及生命。抗凝血药是一类通过干扰凝血过程，防止血栓形成和阻止已经形成的血栓进一步发展的药物。抗血小板药能抑制血小板黏附、聚集及释放等功能，防止血栓形成，用于防治心、脑缺血性疾病和外周血栓栓塞性疾病。促凝血药是用于治疗凝血功能障碍的一类药物。贫血时需补充相应缺乏的物质。通过重组 DNA 技术获得的生长因子可用于调节血细胞的生成。迅速补充血容量是治疗低血容量性休克的基本疗法。

思维导图

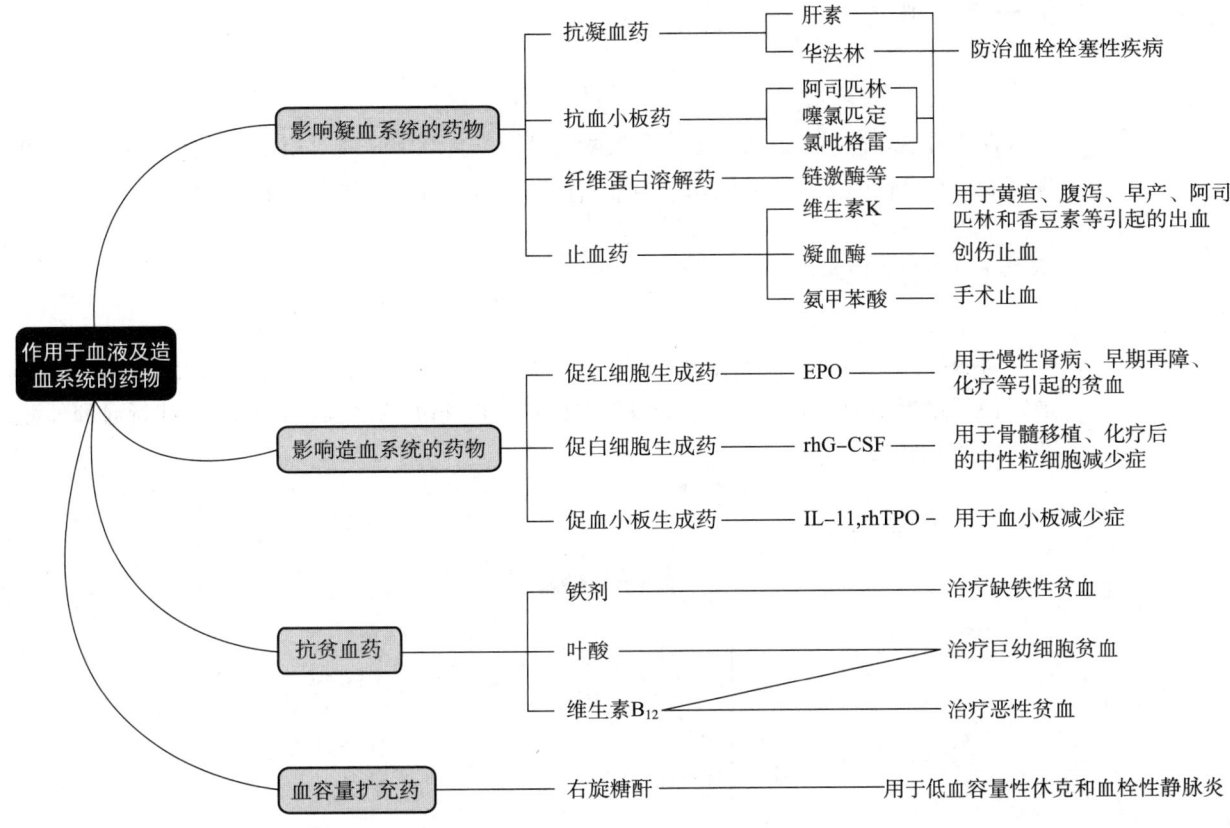

第一节　概述

在正常生理情况下，血液凝固与抗凝、纤溶与抗纤溶是两对相互矛盾的系统，它们共同作用保证血液在血管内正常循环流动。当平衡被破坏时，可出现凝血或出血性疾病。

一、血液凝固的机制

血液凝固是由一系列凝血因子（表 22-1）按一定顺序相继激活而生成凝血酶（thrombin），最终使纤维蛋白原（fibrinogen）变成纤维蛋白（fibrin）的过程，包括内源性凝血和外源性凝血两条途径（图 22-1）。

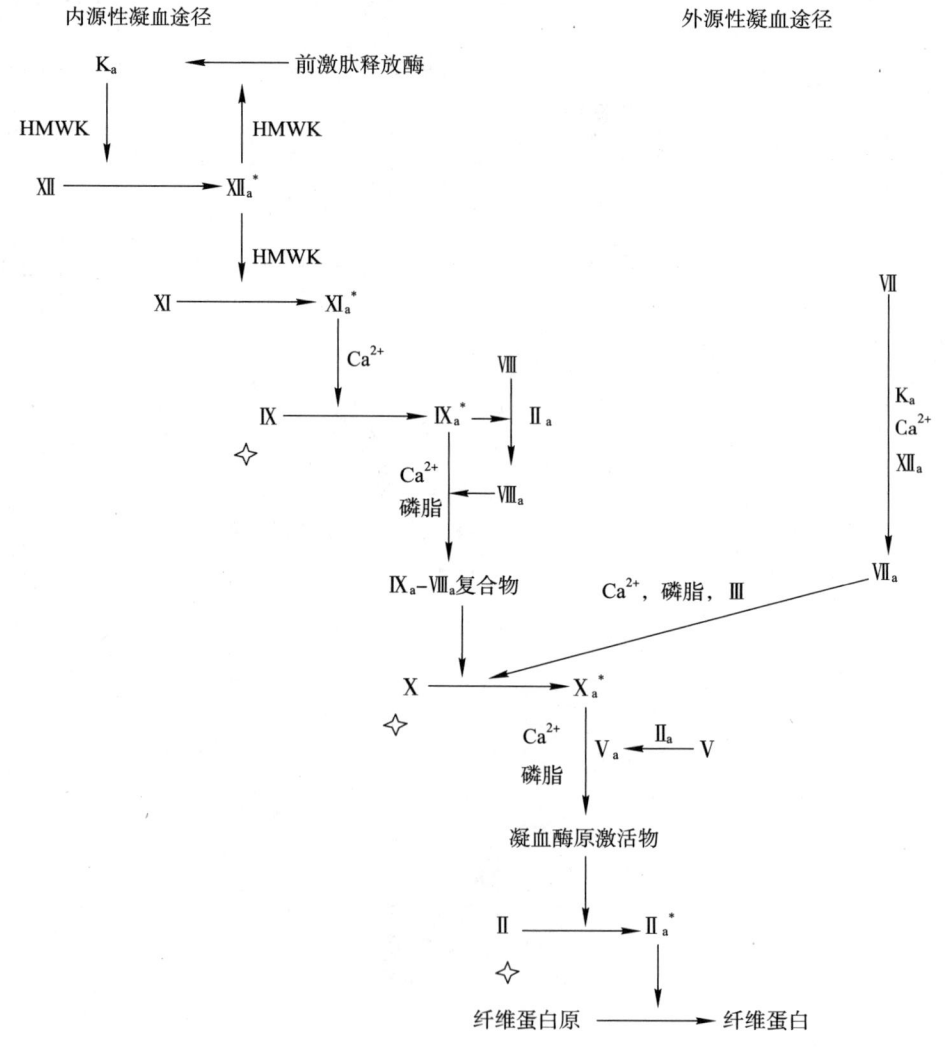

图 22-1　凝血过程及抗凝血药的作用靶点
* 为肝素作用点，✧为华法林作用点
HMWK：高分子量激肽原（high molecular weight kininogen）；
Kₐ：激肽释放酶（kallikrein）

表 22-1　血液凝固的主要因子

因子	别名	化学本质	因子	别名	化学本质
I	纤维蛋白原（fibrinogen）	糖蛋白	VIII	抗血友病因子（antihemophilic factor）	糖蛋白
II	凝血酶原（prothrombin）	糖蛋白	IX	血浆凝血激酶（plasma thromboplastin component）	糖蛋白
III	组织凝血激酶（tissue thromboplastin）	脂蛋白	X	凝血酶原激酶原（Stuart-Prower factor）	糖蛋白
IV	Ca^{2+}	Ca^{2+}	XI	血浆凝血激酶前体（plasma thromboplastin antecedent）	糖蛋白
V	前加速素（proaccelerin）	糖蛋白	XII	接触因子（contact factor）	糖蛋白
VII	前转变素（proconvertin）	糖蛋白	XIII	纤维蛋白稳定因子（fibrin stabilizing factor）	糖蛋白

二、纤维蛋白的溶解

正常情况下，组织损伤后形成的血栓在完成止血后将逐步溶解，以保证血管的通畅。血栓的溶解主要依赖纤维蛋白溶解系统（简称纤溶系统）。纤溶功能亢进，血栓溶解，有再出血倾向；纤溶功能低下，则血栓栓塞加重（图 22-2）。

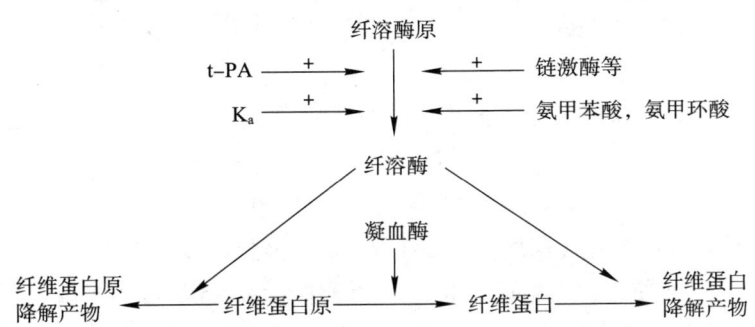

图 22-2　纤维蛋白溶解系统及纤维蛋白溶解药的作用机制

第二节　抗凝血药

抗凝血药（anticoagulants）是通过影响凝血因子，阻止血液凝固过程的药物，临床上主要用于血栓栓塞性疾病的预防与治疗。

一、肝素类

肝　素

肝素（heparin）因最初自肝提取，故名肝素。目前肝素多从猪肠黏膜和猪、牛肺中提取。

它是由 D-葡糖胺、L-艾杜糖醛酸及 D-葡糖醛酸交替组成的黏多糖硫酸酯，相对分子质量为 5 000 ~ 30 000，平均相对分子质量约 12 000，存在于肥大细胞、血浆及血管内皮细胞中。有强酸性，带有大量负电荷，这与其抗凝作用有关。

【体内过程】肝素携带大量负电荷，不易透过生物膜，一般口服和直肠给药无效。皮下注射血浆浓度低。肌内注射局部可发生血肿。静脉注射后，60% 集中分布于血管内皮，大部分经肝内单核吞噬细胞系统的肝素酶分解代谢，降解产物或原型经肾排出。静脉注射肝素 100 U/kg 和 400 U/kg 时，其抗凝活性 $t_{1/2}$ 分别为 1 h 及 2.5 h。

动画 22-1
肝素抗凝机制

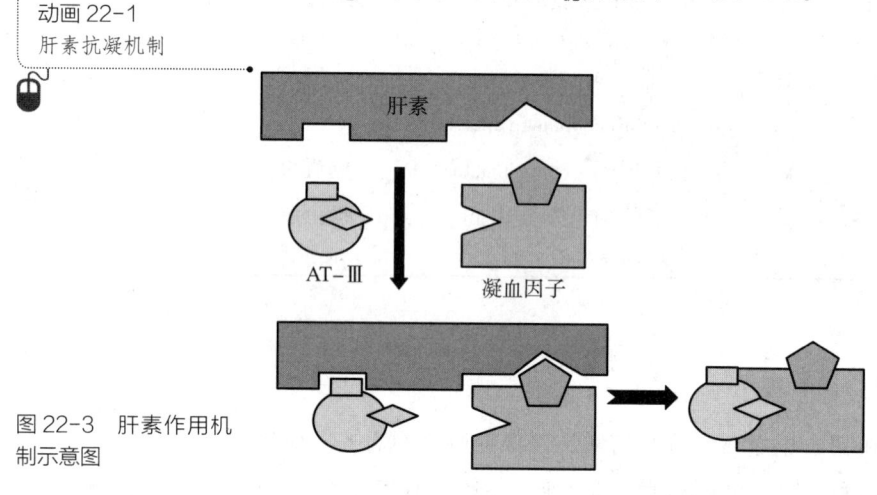

图 22-3　肝素作用机制示意图

【药理作用】

1. 抗凝作用　在体内、体外均有抗凝作用，可延长凝血时间。静脉注射后 10 min 内血液凝固时间、部分凝血酶时间均明显延长，维持 3 ~ 4 h。肝素的生物活性主要取决于抗凝血酶 III（AT-III）（图 22-3），它是凝血酶及因子 IX_a、X_a、XI_a、XII_a 等含丝氨酸残基蛋白酶的抑制剂，与凝血酶形成稳定复合物而使酶灭活。肝素可使该反应加速 1 000 多倍。肝素通过 AT-III 灭活因子 II_a、IX_a、X_a 时，必须同时与 AT-III 及这些因子结合。

2. 抑制血小板聚集　这可能是继发于抑制凝血酶的结果（凝血酶促进血小板聚集）。

3. 调血脂作用　肝素能促进脂蛋白酯酶从组织释放到血浆中，进而水解血中乳糜微粒和极低密度脂蛋白。

4. 抗炎作用　肝素对炎症反应有抑制作用，在炎症反应中，肝素抑制白细胞游走、黏附及趋化。

【临床应用】

1. 用于防治血栓形成和栓塞性疾病，如肺栓塞、静脉血栓形成。

2. 用于心肌梗死、脑梗死、心血管手术及外周静脉术后血栓形成的防治。心肌梗死后使用肝素可预防高危患者发生静脉血栓栓塞性疾病，并预防大块前壁性心肌梗死患者发生动脉栓塞。

3. 用于各种原因引起的弥散性血管内凝血（DIC），如脓毒血症、胎盘早剥、恶性肿瘤溶解等所致的 DIC。早期应用，防止因纤维蛋白和凝血因子消耗而引起的继发性出血。

4. 体外抗凝，心导管检查、体外循环、血液透析操作及一些血液标本或器械的抗凝处理。

【不良反应及用药注意事项】肝素过量易致自发性出血，表现为各种黏膜出血、关节腔积血和伤口出血等。应密切关注患者，控制给药剂量及监测凝血时间或活化部分凝血活酶时间（activated partial thromboplastin time，APTT），降低风险。常致老年妇女和肾衰竭患者出血。如果肝素轻度过量，停药即可；如严重出血，可缓慢静脉注射硫酸鱼精蛋白（protamine sulphate）解救，该强碱性蛋白质与肝素结合形成稳定的复合物而使肝素失活（1.0 ~ 1.5 mg 的鱼精蛋白可使 100 U 的肝素失活），但每次剂量不可超过 50 mg。服用肝素者偶有哮喘、荨麻疹、结膜炎和发热等过敏反应。长期应用肝素可致骨质疏松和骨折。此外，还可发生血小板减少症，包括 I 型和 II 型。其中，I 型轻，为一过性；II 型严重，可引起动静脉血栓形成，系因肝素使血小板因子 4（PF$_4$）释放并与之结合，后者再与特殊抗体形成 PF$_4$– 肝素 –IgG 免疫复合物并引起病理反应所致。有出血倾向、血友病、血小板功能不全和血小板减少症、紫癜、肝素过敏、严重高血压、细菌性心内膜炎、肝肾功能不全、产后、术后等患者及孕妇禁用肝素。

低分子量肝素

低分子量肝素（low molecular weight heparin，LMWH）是相对分子质量低于 6 500，由普通肝素直接分离或降解后分离得到。临床上主要应用的 LMWH 有：伊诺肝素（enoxaparin）、达肝素钠（dalteparin sodium）及那屈肝素。

LMWH 主要针对凝血因子 X_a 发挥作用，且其抗凝血因子活性随 LMWH 相对分子质量的降低而增强，故其在保持抗血栓作用不变的情况下降低了出血的风险。LMWH 抗凝血因子 X_a 活性 / 抗凝血活性比值为 1.5～4.0，而普通肝素为 1 左右。LMWH 抗凝血因子 X_a 活性的 $t_{1/2}$ 较肝素长，静脉注射可维持 12 h，皮下注射每日 1 次即可。LMWH 可引起出血，但出血的危险性较肝素小，其解救也用硫酸鱼精蛋白。LMWH 治疗的监护须通过测定血浆抗凝血因子 X_a 活性进行。LMWH 不易引起血小板释放 PF_4，故较少发生 II 型血小板减少症。

二、香豆素类

香 豆 素 类

香豆素类（coumarins）是一组具有 4- 羟基香豆素基本结构的药物（图 22-4），常用药物有华法林（warfarin）、双香豆素（dicoumarol）、醋硝香豆素（acenocoumarol）。

人文视角 22-1
华法林的发现——从毒药到救命药

【体内过程】华法林口服后吸收快而完全，其钠盐的生物利用度几乎为 100%，吸收后 99% 以上与血浆蛋白结合，表观分布容积很小。给药 2～8 h 血浆中达峰浓度，但因作用机制的影响，药物作用高峰与峰浓度不一致。主要在肝代谢，以代谢物形式由肾排出。$t_{1/2}$ 约为 40 h。作用维持 2～5 天。双香豆素口服吸收慢而不规则，吸收后几乎全部与血浆蛋白结合，分布于肺、肝、脾、肾。经肝药酶羟基化失活后自尿中排出。醋硝香豆素大部以原型经肾排出。

【药理作用】香豆素类是维生素 K 拮抗剂。维生素 K 的环氧化物（epoxide）转变为氢醌（hydroquinone）型维生素 K 后，参与凝血因子 II、VII、IX、X 的前体、抗凝血蛋白 C 和 S 的 γ- 羧化作用。香豆素类药物阻止维生素 K 环氧化物转变为氢醌形式，从而使这六种因子的 γ- 羧化作用出现障碍而发挥抗凝血作用（图 22-5）。因此，香豆素类抗凝血药在体外无效，在体内也须在上述活化的凝血因子耗竭后才发挥抗凝作用，需经 12～24 h 才出现作用，1～3 天达高峰，维持 3～4 天（表 22-2）。

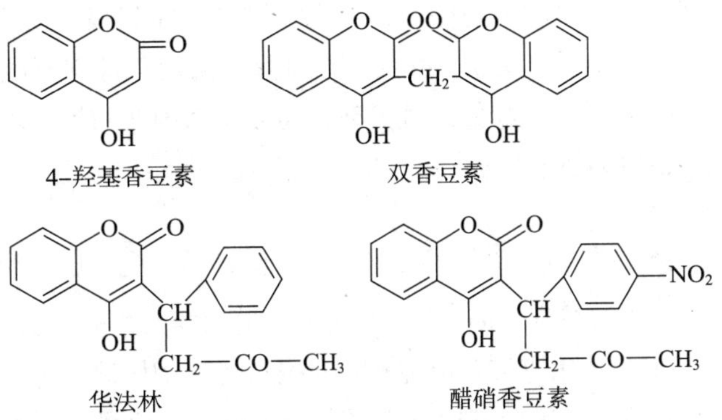

图 22-4　香豆素类结构式

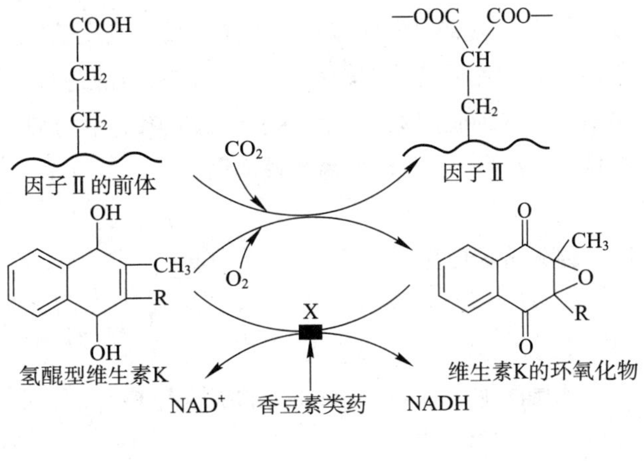

图 22-5　香豆素类药作用示意图

表 22-2　口服抗凝血药生物半衰期与作用时间

药物	每日量（mg）	生物半衰期（h）	峰时间（h）	持续时间（天）
华法林	5~15	10~60	24~48	3~5
醋硝香豆素	4~12	8	34~48	2~4
双香豆素	25~150	10~30	36~72	4~7

【临床应用】主要口服用于防治血栓栓塞性疾病。本类药物作用时间长，显效慢，作用持久，不易控制。防治静脉血栓形成和肺栓塞一般采用先用肝素后用香豆素类药维持治疗的序贯疗法。与抗血小板药合用，可降低外科大手术、风湿性心脏病、人工瓣膜置换的静脉血栓形成发生率。

【不良反应及用药注意事项】应用过量易致自发性出血，最严重者为颅内出血，应严密观察。应用这类药物期间必须测定凝血酶原时间，一般控制在 25~30 s 较好。如用量过大引起出血，应用维生素 K 或新鲜血液对抗。华法林能影响胎儿骨骼和血液蛋白质的 γ- 羧化作用，不利于胎儿骨骼正常发育，孕妇禁用。阿司匹林、保泰松等血浆蛋白结合率高的药物、广谱抗生素和降低维生素 K 生物利用的药物可增强香豆素类药物的抗凝作用，而苯巴比妥、苯妥英钠、利福平等肝药酶诱导剂能降低其抗凝作用。

三、凝血酶抑制药

阿 加 曲 斑

阿加曲斑（argatroban）为精氨酸衍生物，$t_{1/2}$ 极短。阿加曲斑可逆地与凝血酶催化部位结合，抑制其蛋白质水解作用，阻止纤维蛋白原裂解，使纤维蛋白生成受阻；抑制某些凝血因子活化；抑制纤维蛋白交联，并促使纤维蛋白溶解；抑制凝血酶诱导的血小板聚集及分泌作用。治疗安全范围狭窄，且过量无对抗剂，需监测 APTT，使之保持在 55~85 s。本品还可局部应用于移植物上，以防血栓形成。

来 匹 芦 定

来匹芦定（lepirudin）又称重组水蛭素（recombinant hirudin），有直接抑制凝血酶的作用，以 1∶1 分子比直接与凝血酶的催化位点和阴离子外位点结合抑制凝血酶活性，抑制凝血酶的蛋白水解功能，因此抑制纤维蛋白的生成，也抑制凝血酶引起的血小板聚集和分泌，从而抑制血栓形成。临床上主要用于预防术后血栓形成、经皮腔内冠状动脉成形术后再狭窄、不稳定型心绞痛、急性心肌梗死后溶栓的辅助治疗、DIC、血液透析及体外循环等。来匹芦定口服不被吸收，静脉注射后进入细胞间隙，不易透过血脑屏障。给药剂量应根据 APTT 比率进行调整，主要以原型经肾排泄，$t_{1/2}$ 约 1 h。肾衰竭患者慎用。

四、体外抗凝血药

枸 橼 酸 钠

枸橼酸钠（sodium citrate）的酸根与 Ca^{2+} 结合形成难解离的可溶性络合物，导致血中 Ca^{2+} 浓度降低，故有抗凝作用，但仅适用于体外抗凝，如输血时每 100 mL 全血中加入 2.5% 枸橼酸钠 10 mL，则可使血液不凝固。

第三节 抗血小板药

抗血小板药又称血小板抑制药，即抑制血小板黏附、聚集及释放等功能。根据作用机制可把这类药物分为：①抑制血小板代谢的药物，如阿司匹林等；②阻碍 ADP 介导的血小板活化的药物；③凝血酶抑制剂；④血小板膜糖蛋白 II_b/III_a 受体拮抗药。

深入学习 22-1
血小板聚集与血栓形成

一、抑制血小板代谢的药物

（一）环加氧酶抑制药

阿 司 匹 林

阿司匹林（aspirin，乙酰水杨酸）低剂量抑制血小板聚集，作用持续 2～3 天。血小板 PGG_2 和 PGH_2 在 COX-1 催化下生成，继而两者在 TXA_2 合酶作用下生成 TXA_2，小剂量阿司匹林与 COX-1 结合使之乙酰化，抑制 COX-1 的活性，抑制 PGG_2、PGH_2、TXA_2 的合成，对具有抗血小板聚集作用的 PGI_2 的合成无明显影响，还能部分拮抗纤维蛋白原溶解导致的血小板激活，抑制组织型纤溶酶原激活物（t-PA）的释放。此外，阿司匹林对胶原、ADP、抗原抗体复合物及一些病毒和细菌引起的血小板聚集有明显的抑制作用，防止血栓形成。因此，每日给予小剂量阿司匹林能防治冠状动脉性疾病、心肌梗死、脑梗死、深静脉血栓形成和肺梗死，减少缺血性心脏病发作和复发的危险，也降低短暂性脑缺血发作患者的脑卒中发生率和病死率。

（二）TXA_2 合成酶抑制药和 TXA_2 受体拮抗药

TXA_2 合成酶抑制药可抑制 TXA_2 的形成，引起 PGG_2、PGH_2 等环内过氧化物蓄积，而 PGI_2 生成增加。若药物同时兼有拮抗 TXA_2 受体的作用，则疗效更优。此类药物有利多格雷和吡考他胺（picotamide）。

利 多 格 雷

利多格雷（ridogrel）为一强大的 TXA_2 合成酶抑制药和中度的 TXA_2 受体拮抗药，抗血小板血栓和冠状动脉血栓的作用较来匹芦定及阿司匹林更强。利多格雷降低急性心肌梗死患者的血管栓塞率、复灌率及增强链激酶的纤溶作用等与阿司匹林相当，对再栓塞、反复心绞痛发作及缺血性脑卒中和防止新的缺血病变比阿司匹林更有效。

（三）磷酸二酯酶抑制药

双 嘧 达 莫

双嘧达莫（dipyridamole，潘生丁，persantin）抑制胶原、ADP、肾上腺素及低浓度凝血酶诱导的血小板聚集。口服个体差异大，血浆蛋白结合率低。口服双嘧达莫后，血药浓度在 3.9～9.9 μmol/L 时，明显抑制血小板聚集。在体内外均有抗血栓作用，使缩短了的血小板生存时间得到延长。用于血栓栓塞性疾病、人工心脏瓣膜置换术后患者，与华法林合用抑制修复心脏瓣膜时血栓形成。与阿司匹林合用，延长血栓栓塞性疾病的血小板生存时间，增强阿司匹林的抗血小板聚集作用。还可阻抑动脉粥样硬化早期的病变过程。不良反应有胃肠道刺激、血压下降、头痛、眩晕、潮红、晕厥等。

二、阻碍 ADP 介导的血小板活化的药物

噻 氯 匹 定

噻氯匹定（ticlopidine）能选择性及特异性干扰 ADP 介导的血小板活化，从而产生抗血小板聚集和黏附作用。噻氯匹定是血小板活化、黏附和 α 颗粒分泌的抑制剂。ADP 是天然的血小板激活剂。当血管内皮损伤时，局部 ADP 酶活性减弱，造成 ADP 在损伤局部浓度过高，血小板激活。噻氯匹定能特异性地阻碍 ADP 介导的血小板活化，抑制血小板聚集。与阿司匹林不同，噻氯匹定抑制 ADP 诱导的 α 颗粒分泌（α 颗粒含有纤连蛋白、纤维蛋白原、有丝分裂因子等物质）；抑制 ADP 诱导的血小板膜糖蛋白 II_b/III_a 受体复合物与纤维蛋白原结合位点的暴露，继而抑制血小板聚集。主要用于预防脑卒中、心肌梗死及外周动脉血栓性疾病的复发，疗效优于阿司匹林。常见不良反应为恶心、腹泻、中性粒细胞减少等。同类药物氯吡格雷（clopidogrel）与其作用相似。

三、血小板膜糖蛋白 II_b/III_a 受体拮抗药

当血小板激活时，血小板膜糖蛋白（GP）II_b/III_a 受体被释放并转变为具有高亲和力状态，暴露出新的配体诱导的结合位点，促进血小板聚集。阿昔单抗（abciximab）、拉米非班（lamifiban）、替罗非班（tirofiban）为 GP II_b/III_a 受体拮抗药，抑制血小板聚集，其特异性优于阿司匹林。可用于不稳定型心绞痛、心肌梗死及经皮腔内冠状动脉成形术后溶栓。

第四节　纤维蛋白溶解药

临床聚焦 22-1
血栓溶解药临床应用
中存在的问题

纤维蛋白溶解药（fibrinolytics）可使纤维蛋白溶酶原（plasminogen，又称纤溶酶原）转变为纤维蛋白溶酶（plasmin，又称纤溶酶）。后者迅速水解纤维蛋白和纤维蛋白原，导致血栓溶解，故又称血栓溶解药（thrombolytics）。

链 激 酶

链激酶（streptokinase）是由丙组 β- 溶血性链球菌培养液中提得的一种蛋白质，相对分子质量约为 47 000。在体内 $t_{1/2}$ 呈双相：快速相为 11～13 min，缓慢相约 23 min。链激酶溶解血栓的机制是其与内源性纤溶酶原结合成复合物，并促使纤溶酶原转变为纤溶酶，纤溶酶迅速水解血栓中纤维蛋白，导致血栓溶解（见图 22-2）。由于链激酶可降解栓子中纤维蛋白、纤维蛋白溶酶

原和因子 V 及因子 VII，所以链激酶不应与抗凝血药或抑制血小板聚集药合用。链激酶主要用于治疗血栓栓塞性疾病。静脉注射治疗动静脉内新鲜血栓形成和栓塞，如急性肺栓塞和深静脉血栓形成。现已试用于心肌梗死早期治疗，冠状动脉注射链激酶，可使阻塞冠状动脉再通，恢复血流灌注。其主要不良反应包括胃肠道及泌尿生殖道出血、过敏反应、呼吸抑制等，局部注射可出现血肿。如出血严重，可注射氨甲苯酸对抗，更严重者可补充纤维蛋白原或全血。出血性疾病、新近创伤、消化性溃疡、伤口愈合中及严重高血压患者禁用。

尿 激 酶

尿激酶（urokinase）是从人尿中分离而得的一种糖蛋白，相对分子质量约为 53 000。尿激酶含有两种分子结构：S_1 的相对分子质量为 $34\,500 \pm 2\,000$，S_2 的相对分子质量为 54 000。尿激酶可直接激活纤溶酶原转变为纤溶酶，后者通过降解纤维蛋白凝块、纤维蛋白原、凝血因子等发挥溶血栓作用，但产生的纤溶酶可被血液中抗纤溶酶灭活，同时进入血液中的尿激酶也会被循环中纤溶酶原激活物抑制物中和失效，故需大量的尿激酶才能发挥作用。尿激酶血浆 $t_{1/2}$ 约 20 min。其临床应用、不良反应及禁忌证同链激酶。尿激酶没有抗原性，也不引起链激酶样的过敏反应，对链激酶过敏者可使用。

阿 尼 普 酶

阿尼普酶（anistreplase）是对链激酶进行改良的第二代溶栓药，是链激酶以 1:1 分子比例与乙酰化纤溶酶原形成的复合物，相对分子质量为 131 000，纤溶酶原的活性中心被一个酰基（对位茴香酰）可逆性结合而封闭。阿尼普酶与链激酶比较有下列优点：①体内缓慢活化，故可一次性静脉注入。②很少引起全身性纤溶活性增强，出血少。阿尼普酶在体内缓慢去酰基后才发挥作用，有一定潜伏期，但与纤维蛋白结合力未受影响，因此有溶栓选择性。用于急性心肌梗死，可改善症状，降低病死率，亦用于其他血栓性疾病。常见不良反应为出血、一过性低血压及过敏反应。

重组葡激酶

葡激酶（staphylokinase，SAK）是从金黄色葡萄球菌中分离出来的一种能够特异溶解血栓的酶类物质，重组葡激酶（recombinant staphylokinase，r-SAK）用 DNA 重组技术制备。葡激酶与血栓中的纤维蛋白有较高的亲和力，能在血栓的部位与纤溶酶原结合，此结合物能够激活纤溶酶原转变为纤溶酶，从而溶解血栓。葡激酶对富含血小板的血栓溶栓效果较好，这是它优于其他溶栓药物的重要方面。血管内给药用于治疗急性心肌梗死等血栓性疾病。不良反应类似链激酶，但免疫原性较强。SAK 突变体的免疫原性显著降低。

组织型纤溶酶原激活物

组织型纤溶酶原激活物（tissue plasminogen activator，t-PA）为第二代溶栓药，于 1984 年用 DNA 重组技术合成获得成功，含有 527 个氨基酸。主要在肝代谢，$t_{1/2}$ 为 5 min。在靠近纤维蛋白 - 纤溶酶原相结合的部位，t-PA 通过其赖氨酸残基与纤维蛋白结合，选择性激活与纤维蛋白结合的纤溶酶原，使之转变为纤溶酶。这种作用比激活循环中游离型纤溶酶快数百倍，因而 t-PA 不易产生应用链激酶时常见的出血并发症。主要用于治疗急性大面积肺栓塞、急性缺血性脑卒中、急性心肌梗死。t-PA 使阻塞血管再通率比链激酶高，且副作用小。

t-PA 的同类药物有阿替普酶、那替普酶等，第三代溶栓药则包括瑞替普酶、替奈普酶等新型溶栓药。

瑞 替 普 酶

瑞替普酶（reteplase，rPA）为第三代溶栓药，是从大肠杆菌获得的重组单链非糖基化的人组织型纤溶酶原激活物，含有 t-PA 的 527 个氨基酸中的 355 个（氨基酸 1 ~ 3 和 176 ~ 527），$t_{1/2}$ 为 13 ~ 16 min。该药通过基因重组技术获得改良的天然溶栓药结构，具有提高选择性溶栓效果、延长半衰期、减少用药剂量和不良反应等优点。临床上常用于急性心肌梗死的治疗，常见不良反应包括出血、血小板减少。

第五节　止血药

一、促凝血药

维 生 素 K

维生素 K（vitamin K）广泛存在于自然界，基本结构为甲萘醌，包括植物性食物中含有的维生素 K_1（vitamin K_1），由腐败鱼粉所得及肠道细菌产生的维生素 K_2（vitamin K_2）和人工合成的维生素 K_3（vitamin K_3）、维生素 K_4（vitamin K_4）。前两者均为脂溶性，需胆汁协助吸收，而后两者为水溶性，不需胆汁协助吸收。

【药理作用】肝合成的凝血因子 Ⅱ、Ⅶ、Ⅸ、Ⅹ 及蛋白 C 和蛋白 S 的活化需要氢醌型维生素 K 参与。维生素 K 是 γ- 羧化酶的辅酶，可促进上述凝血因子的前体蛋白分子氨基末端谷氨酸残基发生 γ- 羧化作用，从而使这些因子活化，同时其自身被氧化为环氧型维生素 K。缺乏维生素 K 时，肝仅能合成无凝血活性的凝血因子 Ⅱ、Ⅶ、Ⅸ、Ⅹ，以及蛋白 C 和蛋白 S，发生凝血障碍而出血。此外，维生素 K_3 微量脑室注射有明显镇痛作用。

【临床应用】主要用于早产儿、新生儿出血，梗阻性黄疸、胆瘘、慢性腹泻等患者，以及香豆素类和水杨酸类药物或其他原因导致凝血酶原过低而引起的出血者，亦可用于预防长期应用广谱抗菌药继发的维生素 K 缺乏症。

【不良反应及用药注意事项】维生素 K_1 作用迅速，持续时间较长，一般采用肌内注射，严重出血者静脉注射，而维生素 K_3、维生素 K_4 常口服。维生素 K_1 注射速度快时可引起面部潮红、血压下降，维生素 K_3 和维生素 K_4 不良反应主要为胃肠道反应，包括恶心、呕吐等。较大剂量可致新生儿、早产儿溶血性贫血、高胆红素血症及黄疸，G6PD 缺乏的特异质者也能诱发急性溶血性贫血。肝功能不良者慎用维生素 K_1 而不用维生素 K_3。

醋酸去氨加压素

醋酸去氨加压素（desmopressin acetate）是一种人工合成的精氨酸血管加压素类似物，可暂时提高因子Ⅷ C（因子Ⅷ促凝成分）和 vWF（血管性血友病因子）的浓度，用药 60 ~ 120 min 出现作用，维持 6 h。主要用于轻型或中型因子Ⅷ缺乏症患者和 Ⅰ 型血管性血友病患者，也可用于某些大手术后维持正常凝血状态。不良反应有头痛、恶心、颜面潮红等，偶致血压升高。高血压和冠心病患者慎用。

凝　血　酶

凝血酶（thrombin）由牛、猪血中提取精制而得，通过使纤维蛋白原转化成纤维蛋白发挥止血作用。用于小血管、毛细血管及实质性器官出血时止血困难的止血，也用于口腔、泌尿道、消化道、外伤及手术等出血部位的止血。

二、纤维蛋白溶解抑制药

氨　甲　苯　酸

氨甲苯酸（aminomethylbenzoic acid）又称对羧基苄胺，能竞争性抑制纤溶酶原激活因子，导致纤溶酶原不能转变为纤溶酶，从而抑制纤维蛋白的溶解，产生止血效果。主要用于纤溶系统亢进所致的出血，如前列腺、甲状腺等术中和术后的异常出血，以及产后出血、上消化道出血等。

氨　甲　环　酸

氨甲环酸（tranexamic acid）又称凝血酸，其止血原理与氨甲苯酸相同，但其作用较强。用于纤溶系统亢进所致的出血。

第六节　影响造血系统的药物

正常时循环中的血细胞生命比较短暂，需要造血系统不断地制造新的血细胞进入循环，维持机体的正常功能。血细胞是来源于骨髓的多能造血干细胞，既能自身分裂增殖，又能在细胞因子（cytokines）和生长因子（growth factors）作用下分化为各种血细胞生成细胞。这些由骨髓细胞或外周组织产生的因子为糖蛋白，在很低浓度下即有活性，除有促进血细胞分化增殖作用外，某些因子还有抗炎、抗癌等作用。

一、促红细胞生成药

促红细胞生成素

促红细胞生成素（erythropoietin，EPO）又称红细胞刺激因子，是一种由 166 个氨基酸所组成的蛋白质，相对分子质量为 34 000。临床常用重组人 EPO 制剂促红素 α（epoetin alfa），静脉注射或皮下注射。EPO 与红系干细胞表面上的 EPO 受体结合，导致细胞内磷酸化及 Ca^{2+} 浓度增加，促进红系干细胞增生和成熟，并使网织红细胞从骨髓中释放出来。当贫血、缺氧时，肾合成和分泌 EPO 快速增加百倍以上，以促使红细胞生成，但肾疾病、骨髓损伤、铁供应不足等均可干扰这一反馈机制。EPO 最佳适应证为慢性肾衰竭所致的贫血，此外，对骨髓造血功能低下、肿瘤化疗、艾滋病药物治疗等多种原因引起的贫血也有效。EPO 主要不良反应为与红细胞快速增加、血黏滞度增高有关的高血压、血凝增强等。故应用时应经常进行血细胞比容测定。

二、促白细胞生成药

非 格 司 亭

非格司亭（filgrastim）又称重组人粒细胞集落刺激因子（recombinant human granulocyte colony stimulating factor，rhG-CSF），是血管内皮细胞、单核细胞和成纤维细胞合成的由 175 个氨基酸组成的糖蛋白，其主要作用是增加中性粒细胞的生成，也能增强细胞的吞噬功能和细胞毒功能。非格司亭对骨髓移植和高剂量化疗后的严重中性粒细胞减少有效。对严重的先天性中性粒细胞减少也有一定的改善作用，可使某些骨髓发育不良和骨髓损伤患者中性粒细胞数目增加。禁用于对本品过敏者。

沙 格 司 亭

沙格司亭（sargramostim）又称重组人粒细胞 - 巨噬细胞集落刺激因子（recombinant human granulocyte-macrophage colony stimulating factor，rhGM-CSF），是由 127 个氨基酸组成的糖蛋白，对骨髓细胞有广泛的作用。其主要通过直接刺激粒细胞、单核细胞等多种细胞的集落形成和增生发挥作用，同时也能间接影响红细胞增生。沙格司亭与许多因子（IL-3、IL-1、IL-6 等）有调控协同作用，与 EPO 共同促进红细胞系突变形成单位（burst-forming unit erythroid，BFU-E）的形成。沙格司亭皮下注射或缓慢静脉注射，消除 $t_{1/2}$ 为 2~3 h。静脉注射后，作用维持 3~6 h。沙格司亭主要用于骨髓移植、肿瘤化疗、某些骨髓造血不良、再生障碍性贫血及与艾滋病有关的中性粒细胞缺乏症。不良反应包括骨痛、发热、腹泻、皮疹、呼吸困难等，首次静脉滴注可出现呕吐、颜面潮红、低血压、呼吸急促。

三、促血小板生成药

白细胞介素 -11

白细胞介素 -11（interleukin-11，IL-11）是由骨髓成纤维细胞和基质细胞产生的蛋白质，相对分子质量为 65 000~85 000。可作用于特异性细胞表面的细胞因子受体，增加外周血小板和中性粒细胞的作用。药用为重组人白细胞介素 -11（recombinant interleukin-11），皮下注射 $t_{1/2}$ 为 7~8 h。主要用于血小板减少症。临床常见不良反应有心动过速、头痛、头晕、低血钾等。

重组人血小板生成素和罗米司亭

重组人血小板生成素（recombinant human thrombopoietin，rhTPO）可刺激原巨核细胞系祖细胞生长，促进成熟巨核细胞和血小板聚集。主要用于治疗实体瘤化疗药物引起的血小板减少症，可见过敏、发热、肌肉酸痛、头晕等不良反应。

罗米司亭（romiplostim）为血小板生成素（thrombopoietin，TPO）的模拟肽，用于慢性特发性血小板减少症，特别是对甾体药物和免疫球蛋白不敏感的患者及脾切除患者。可见头痛、鼻咽炎及鼻出血等不良反应。

艾 曲 泊 帕

艾曲泊帕（eltrombopag）为 TPO 的受体激动药。口服后 2~6 h 血浆药物浓度达 C_{max}，$t_{1/2}$ 为

21~35 h。临床上主要用于慢性特发性血小板减少症，特别是对甾体药物和免疫球蛋白不敏感的患者，以及脾切除患者。不良反应可见恶心、呕吐、消化不良、肌痛、肝损伤、月经过多及血栓栓塞等。

第七节　抗贫血药

循环血液中红细胞数和血红蛋白量低于正常称为贫血。根据病因及发病机制的不同可分为缺铁性贫血（铁缺乏）、巨幼细胞贫血（叶酸或维生素 B_{12} 缺乏）和再生障碍性贫血（骨髓造血功能低下）。临床上一般采用对因及补充疗法治疗上述贫血，例如，缺铁性贫血则补充铁剂，巨幼细胞贫血则补充叶酸或维生素 B_{12}，其中针对血象为巨幼红细胞但伴有神经症状的恶性贫血，必须补充维生素 B_{12}。

铁　剂

铁（iron）是构成血红蛋白、肌红蛋白、细胞染色质、细胞色素酶、过氧化酶等的组成部分。正常成年男子体内铁的总量约为 46 mg/kg，女子为 30~35 mg/kg。在正常情况下身体很少排泄或丧失铁，而代谢后释放出来的铁仍可被利用，故正常成年男子和绝经后的妇女每日只需要从食物中补偿每天所丧失的 1 mg 铁。但对于不同生长时期的个体和孕妇，铁的需求量存在一定差别（表 22-3）。

表 22-3　正常人每日铁需要量

不同人群	每日平均需吸收铁量（mg）	每日食物中需供铁最少量（mg）
婴儿	1	10
儿童	0.5	5
有月经的妇女	2.0	20
孕妇	3.0	30
成年男子和绝经妇女	1.0	10

铁的吸收部位主要在十二指肠及空肠上段。无机铁以 Fe^{2+} 形式吸收，Fe^{3+} 很难吸收，有机铁的吸收率大于无机铁，凡能将 Fe^{3+} 还原为 Fe^{2+} 的物质（如谷胱甘肽）及能与铁离子络合的物质（如氨基酸、枸橼酸、苹果酸等）均有利于铁的吸收，而碱性药、多钙高磷酸盐食物、茶叶、鞣酸、四环素则影响铁吸收。临床上常用的铁剂有硫酸亚铁（ferrous sulfate）、富马酸亚铁（ferrous fumarate）和右旋糖酐铁（iron dextran）。

【药理作用】铁是红细胞成熟阶段合成血红素必不可少的物质。吸收到骨髓的铁，吸附在有核红细胞膜上并进入细胞内的线粒体，与原卟啉结合，形成血红素。后者再与珠蛋白结合，形成血红蛋白。

【临床应用】治疗失血过多或需铁增加所致的缺铁性贫血，疗效极佳。对慢性失血（如月经过多、痔出血等）、营养不良、妊娠、儿童生长发育所引起的贫血，用药后迅速改善一般症状，网织红细胞数于治疗后 10 ~ 14 天达高峰，血红蛋白每日可增加 0.1% ~ 0.3%，4 ~ 8 周接近正常。但体内贮存铁量恢复正常需要较长时间，故重度贫血患者最好应用数月。

【不良反应及用药注意事项】不良反应多为铁剂刺激所引起的胃肠道反应，如恶心、呕吐、腹泻等，Fe^{3+} 较 Fe^{2+} 多见。此外，也可引起便秘，这可能是因 Fe^{2+} 与肠蠕动生理刺激物硫化氢结合后，减弱了肠蠕动所致。小儿误服 1 g 以上铁剂可引起急性中毒，需以磷酸盐或碳酸盐溶液洗胃，并用去铁铵中和胃内残存铁剂。

叶 酸

叶酸（folic acid）由蝶啶、对氨基苯甲酸及谷氨酸三部分组成，广泛存在于动、植物中，尤以酵母、肝及绿叶蔬菜中含量较多。动物自身缺乏该物质，需从外界摄取。

【药理作用】叶酸吸收后，在体内被还原为四氢叶酸，四氢叶酸类辅酶是一碳单位（如 $-CH_3$，$-CHO$，$=CH_2$）的传递体，参与体内某些生化反应，包括：①嘌呤核苷酸的从头合成；②合成 DNA 的主要前体物质——胸腺嘧啶脱氧核苷酸（dTMP）；③促进某些氨基酸的互变，如同型半胱氨酸转变为甲硫氨酸，丝氨酸转变为甘氨酸（图 22-6）。当叶酸缺乏时，影响上述生化反应，其中 dTMP 合成受阻导致 DNA 合成障碍，干扰细胞有丝分裂进程，造成巨幼细胞贫血。

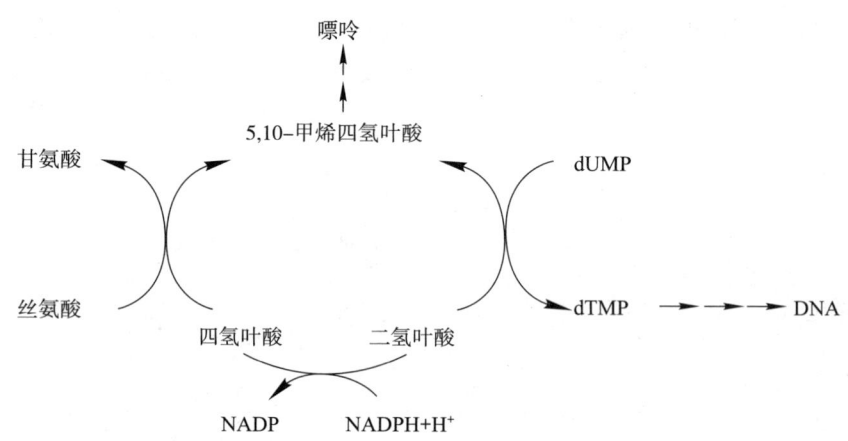

图 22-6 叶酸的作用示意图

【临床应用】

1. 用于营养不良或婴儿期、妊娠期对叶酸的需要量增加所致的营养性巨幼细胞贫血等。治疗时以叶酸为主，辅以维生素 B_{12}。

2. 用于甲氨蝶呤、乙胺嘧啶等叶酸对抗药所致的巨幼细胞贫血。因二氢叶酸还原酶受抑制，四氢叶酸的生成障碍，故此时需用亚叶酸钙（calcium leucovorin）治疗。

3. 对缺乏维生素 B_{12} 所致的"恶性贫血"，叶酸仅能纠正异常血象，而不能改善神经损害症状。故治疗时应以维生素 B_{12} 为主，叶酸为辅。

维 生 素 B_{12}

维生素 B_{12}（vitamin B_{12}）是一类含钴维生素，广泛存在于动物内脏、牛奶、蛋黄中。药用维生素 B_{12} 为氰钴胺和羟钴胺。在体内具有辅酶活性的维生素 B_{12} 为甲基钴胺和 5'- 脱氧腺苷钴胺。正常人每日需 2 μg 维生素 B_{12}，每日食物提供 2 μg，妊娠和哺乳妇女食物中每天提供 2.3 ~ 3.0 μg，可保证人体需要。

【体内过程】维生素 B_{12} 通过与胃黏膜壁细胞分泌的糖蛋白"内因子"结合形成不易被胃液消化的复合物后进入空肠吸收。维生素 B_{12} 吸收后主要贮存于肝。少量经胆汁、胃液、胰液排入肠内，其中小部分吸收入血，主要经肾排出。

【药理作用】维生素 B_{12} 主要参与人体内两种生化反应（图 22-7）。

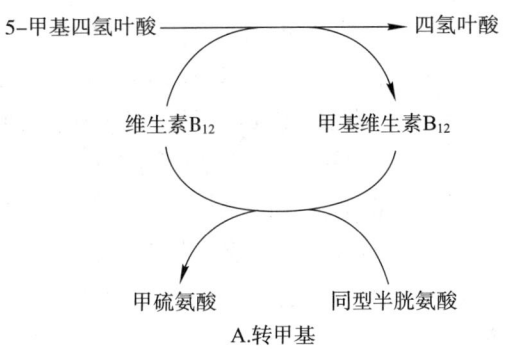

图 22-7　维生素 B_{12} 的作用示意图

1. 5- 甲基四氢叶酸同型半胱氨酸甲基转移酶是促使同型半胱氨酸转为甲硫氨酸和 5- 甲基四氢叶酸转为四氢叶酸反应的关键酶，而维生素 B_{12} 是其中重要的辅酶。在上述反应的同时，四氢叶酸得到循环利用。当维生素 B_{12} 缺乏时，叶酸代谢循环受阻，导致叶酸缺乏症。

2. 甲基丙二酰 CoA 变位酶可促使甲基丙二酰 CoA 转变为琥珀酰 CoA，后者可进入三羧酸循环。脱氧腺苷 B_{12} 是甲基丙二酰 CoA 变位酶的辅助因子，当缺乏维生素 B_{12} 时，上述反应不能进行，使得甲基丙二酰 CoA 蓄积，并以之为原料，合成异常脂肪酸，进入中枢神经系统，引起神经损害症状。

【临床应用】维生素 B_{12} 主要用于恶性贫血（首选），其他巨幼细胞贫血应与叶酸合用。此外，还用于辅助治疗神经炎、神经萎缩等神经系统疾病，以及肝疾病、白细胞减少症、再生障碍性贫血等。

【不良反应】可能引起过敏性休克、真性红细胞增多症、腹泻等。

第八节　血容量扩充药

大量失血或大面积烧伤可使血容量降低，导致休克。迅速扩充血容量是治疗休克的基本疗法。葡萄糖盐水虽能扩容，但维持时间短。血液制品来源有限，故临床也用人工合成血容量扩充药作为血浆代用品，维持血液胶体渗透压。

右 旋 糖 酐

右旋糖酐（dextran）为高分子化合物，是葡萄糖的聚合物。临床上常用的有中分子量（相对分子质量为 75 000）和低分子量（平均相对分子质量为 20 000～40 000）及小分子量（平均相对分子质量为 10 000）右旋糖酐，分别称为右旋糖酐 70（dextran 70）、右旋糖酐 40（dextran 40）、右旋糖酐 20（dextran 20）及右旋糖酐 10（dextran 10）。

【药理作用】

1. 扩充血容量　静脉滴注后提高血浆胶体渗透压，吸收血管外的水分而扩充血容量。中分子量右旋糖酐分子量大，此作用维持时间长，可达 12 h。低分子量右旋糖酐相对分子质量小，易自肾排出，$t_{1/2}$ 约为 3 h。小分子量右旋糖酐作用仅维持 3 h。

2. 抗栓作用　右旋糖酐阻止红细胞和血小板集聚及纤维蛋白聚合，降低血液黏滞性，从而改善微循环。改善微循环作用以低分子量和小分子量右旋糖酐较佳。

3. 渗透性利尿作用　右旋糖酐通过增加肾有效滤过压及肾小球滤过率发挥作用。低分子量和小分子量右旋糖酐相对分子质量较小，易由肾排出，此作用强。

【临床应用】主要用于失血、烧伤、创伤等各种原因引起的休克及中毒性休克，可防止休克后期 DIC。此外，还用于防治心肌梗死、心绞痛、脑血栓形成、血栓性静脉炎、视网膜动静脉血栓及外科术后防止血栓形成。

【不良反应】少数患者出现过敏反应，偶见发热、淋巴结肿大等症状，连续应用可引起凝血障碍，出血时间延长。心、肝、肾功能不全者慎用。血小板减少、充血性心力衰竭及出血性疾病等患者禁用。

其他血容量扩充药

缩合葡萄糖（409 代血浆）相对分子质量为 10 000 左右，羟乙基淀粉（706 代血浆）相对分子质量平均为 35 000，氧化明胶代血浆（707 代血浆）相对分子质量为 30 000 ~ 40 000，聚乙烯吡咯烷酮（PVP）在临床应用的有中分子量和低分子量两种。

（田　振）

思考题

1. 某患者，男，64 岁。患颈椎关节强硬、高血压和心肌梗死等疾病，并长期服用抗凝血药华法林治疗。近日因左手腕部和手指麻木、疼痛就诊，诊断为腱鞘炎，医生给予保泰松（布他酮）治疗，10 余日后，患者出现第 7 颈椎段平面以下不完全四肢瘫痪，腰椎穿刺为血性脑脊液。诊断：椎管内出血导致不完全四肢瘫痪。

   问题

   （1）患者出现血性脑脊液的可能原因有哪些？

   （2）华法林的抗凝机制是什么？应用时要注意哪些问题？

   （3）保泰松在这里使用恰当吗？为什么？

2. 比较肝素和华法林的抗凝特点和临床用途。

3. 常用的抗贫血药有哪些？各自的作用特点和临床用途是什么？

网上更多……

👤 学习目标　　👥 本章小结　　📝 自测题　　⬇ 教学 PPT　　📶 参考资源

第二十三章
组胺及抗组胺药

关键词

组胺	倍他司汀	倍他唑	抗组胺药	苯海拉明
氯苯那敏	茶苯海明	赛庚啶	氯雷他定	赛克力嗪
异丙嗪	阿司咪唑	特非那定	布克力嗪	美克洛嗪
雷尼替丁	西咪替丁			

在重要聚会时身上发痒，或者突然打喷嚏，这些日常生活中的尴尬事可能都是由于过敏原所"赐"，而"街上流行花口罩"也并非时尚，而是患过敏性鼻炎的人越来越多。过敏性疾病在各个年龄段都可能发生，包括过敏性皮炎、过敏性鼻炎、过敏性紫癜、过敏性哮喘及过敏性休克等。目前对过敏性疾病的防范措施主要包括患者教育、远离过敏原、脱敏治疗、药物治疗。药物治疗是一种对症治疗，可以较快地控制临床症状，主要有抗组胺药和糖皮质激素类药。

思维导图

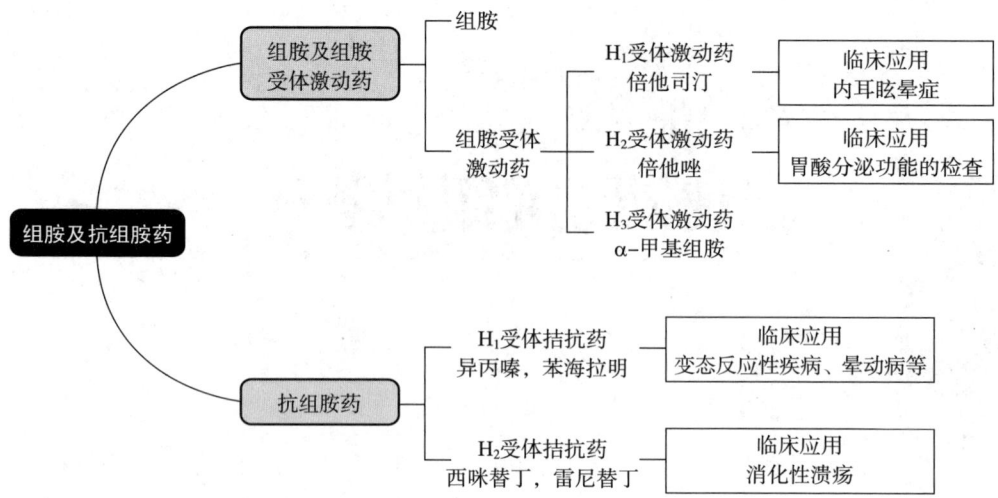

第一节 组胺及组胺受体激动药

一、组胺

组胺（histamine）自然存在于动物、植物组织及细菌与毒素中，是由组氨酸经组氨酸脱羧酶脱羧产生，通常以与蛋白或肝素结合的无活性形式存在。在组织损伤、免疫刺激、炎症反应情况下，以活性形式释放，产生促进腺体分泌、扩张小静脉、增加毛细血管通透性及收缩支气管平滑肌等作用。其本身仅作为工具药用于药理学实验研究，无临床应用价值，但其受体拮抗药却有广泛的临床应用。

目前已知组胺受体有 4 种亚型，分别为 H_1 受体、H_2 受体、H_3 受体和 H_4 受体。H_1 受体主要分布在平滑肌、内皮细胞和中枢神经系统，兴奋时可扩张皮肤黏膜毛细血管、增加毛细血管通透性，收缩胃肠道平滑肌和支气管平滑肌，降低 NA、5-HT 及 ACh 的释放。H_2 受体主要分布在胃黏膜、心肌、肥大细胞及脑组织，兴奋时可增加胃酸分泌，加快心率，增加心肌收缩力，扩张血管。H_3 受体分布在组胺能神经末梢的突触前膜，兴奋时组胺的释放减少，参与多种神经行为功能调节。H_4 受体分布于造血干细胞，可能与炎症和免疫有关（表 23-1）。

动画 23-1
组胺的来源与作用

深入学习 23-1
组胺及其受体

表 23-1　组胺受体在体内的分布和效应

受体亚型	所在组织	效应	激动药	拮抗药
H_1	胃肠道平滑肌	收缩	倍他司汀	异丙嗪、苯海拉明
	支气管平滑肌	收缩		氯苯那敏、赛庚啶
	皮肤血管平滑肌	扩张、通透性增加		阿司咪唑、特非那定
	子宫平滑肌	收缩		
	心房肌	收缩增强		
	房室结	传导减慢		
H_2	胃壁细胞	胃酸分泌增加	倍他唑	西咪替丁、雷尼替丁
	血管平滑肌	扩张		法莫替丁、尼扎替丁
	心室肌	收缩增强		
	房室结	传导加快		
H_3	中枢与外周的神经末梢	负反馈调节组胺的合成与释放	α-甲基组胺	噻普酰胺
H_4	造血干细胞	可能与炎症和免疫有关		

二、组胺受体激动药

倍他司汀

倍他司汀（betahistine，抗眩啶）是组胺 H_1 受体激动药，作用比组胺弱。能扩张内耳、脑、肝和脾等处的动脉及冠状动脉，增加这些部位的血流量，但不增加毛细血管通透性。本药可纠正内耳血管痉挛，减轻膜迷路积水。主要用于治疗内耳眩晕症、耳鸣、头痛、脑供血不足引起的眩晕、恶心、呕吐等。副作用少见，偶有恶心、头痛、心悸、溃疡加重等。消化性溃疡、支气管哮喘和嗜铬细胞瘤患者慎用。

倍 他 唑

倍他唑（betazole，氨乙吡唑）为组胺的同分异构体，作用较缓慢、明显而持久，不良反应较少。主要用于胃酸分泌功能的检查。

第二节 抗组胺药

抗组胺药（antihistaminics）又称为组胺受体拮抗药，可竞争性拮抗组胺与其受体结合，产生对抗组胺作用。根据对受体选择性不同，组胺受体拮抗药分为 H_1 受体拮抗药（H_1-receptor antagonists）、H_2 受体拮抗药、H_3 受体拮抗药和 H_4 受体拮抗药，其中前两者广泛应用于临床。

一、H_1 受体拮抗药

根据对中枢神经的镇静作用强弱和对 H_1 受体的选择性不同，将 H_1 受体拮抗药分为两代。第一代 H_1 受体拮抗药称为镇静性抗组胺药，具有明显的镇静和抗胆碱作用，对 H_1 受体选择性差，表现为疲倦、乏力、注意力不集中，代表药物有苯海拉明（diphenhydramine）、氯苯那敏（chlorphenamine，扑尔敏）、茶苯海明（dimenhydrinate，乘晕宁）、赛庚啶（cyproheptadine）、赛克力嗪（cyclizine）、异丙嗪（promethazine，非那根）。第二代抗组胺药中枢作用弱，对 H_1 受体选择性高，称为非镇静性抗组胺药，主要有氯雷他定（loratadine）、咪唑斯汀（mizolastine）、阿司咪唑（astemizole，息斯敏）、特非那定（terfenadine）、布克力嗪（buclizine，安其敏）、西替利嗪（cetirizine）、美克洛嗪（meclozine，敏可静）、奥沙米特（oxatomide）等。

【体内过程】本类药物口服或注射均易吸收，主要在肝代谢，经肾排泄。多数药物口服后 15 ~ 30 min 起效，1 ~ 2 h 达到作用峰值，维持 4 ~ 6 h。咪唑斯汀的 $t_{1/2}$ 长于 24 h。阿司咪唑口服后由于去甲基代谢产物仍然具有 H_1 受体阻断活性，且存在肝肠循环，故其 $t_{1/2}$ 明显延长，为 20 h。

【药理作用】

1. 抗 H_1 受体效应

（1）抗外周 H_1 型效应：H_1 受体拮抗药能与 H_1 受体结合，竞争性拮抗组胺，产生以下作用：①松弛支气管、胃肠平滑肌；②对抗组胺引起的小血管扩张，降低血管通透性，减轻渗出和水肿；③部分对抗组胺引起的血管扩张和血压下降，这是因为 H_1 受体和 H_2 受体均参与心血管功能的调节。

（2）中枢镇静作用：第一代 H_1 受体拮抗药容易通过血脑屏障进入脑内，产生明显的镇静催眠作用，导致注意力不集中、嗜睡，可能是阻断中枢 H_1 受体的觉醒反应所致。

2. 非组胺受体拮抗作用

（1）抗晕动、镇吐作用：H_1 受体拮抗药苯海拉明、异丙嗪、美克洛嗪等具有抗晕、镇吐作用，可用于预防晕动病，但对已经发生的晕动病无效，其抗晕、镇吐作用与中枢抗胆碱作用有关。

（2）其他作用：多数 H_1 受体拮抗药有一定的外周抗胆碱作用，可减少唾液腺和支气管腺的分泌，此外还有肾上腺素 α 受体阻断作用、局部麻醉和 5-HT 受体阻断作用。

深入学习 23-2
H_1 受体拮抗药的其他作用

临床常用 H_1 受体拮抗药作用特点的比较见表 23-2。

表 23-2　常用 H_1 受体拮抗药作用特点的比较

药物	抗组胺	镇静催眠	抗胆碱	抗晕止吐	作用持续时间（h）
苯海拉明	++	+++	+++	++	4~6
异丙嗪	++	+++	+++	++	4~6
氯苯那敏	+++	+	++	-	4~6
曲吡那敏	++	++	-	-	4~6
赛庚啶	+++	++	+	+	4~6
阿司咪唑	+++	-	-	-	约20
特非那定	+++	-	-	-	12~24
氯雷他定	+++	-	-	-	12

注：+++ 强，++ 中，+ 弱，- 无。

【临床应用】

1. 过敏性疾病　本类药物对由组胺释放所引起的荨麻疹、花粉症、过敏性鼻炎等效果好。对蚊虫叮咬所致的瘙痒、水肿也有效，对接触性皮炎和药疹有止痒作用，对输液、输血反应有一定的防治效果。

临床聚焦 23-1
过敏性鼻炎
视频 23-1
过敏性鼻炎

2. 晕动病及呕吐　异丙嗪、苯海拉明、美克洛嗪和布克力嗪对晕动病、妊娠呕吐及放射性呕吐有镇吐作用。

3. 失眠　对中枢有明显抑制作用的异丙嗪、苯海拉明等可用于失眠症，尤其是对变态反应性疾病所致的失眠效果好。

【不良反应及用药注意事项】

1. 不良反应常见为镇静、嗜睡、乏力等，故用药期间应避免驾驶和高空作业。第一代 H_1 受体拮抗药有很强的抗胆碱作用，可引起口干、便秘、心动过速和尿液潴留等。此外，尚有胃肠道反应。异丙嗪阻断 α 肾上腺素受体可引起低血压，阿司咪唑过量可致晕厥、心搏骤停。

2. 哺乳期妇女和驾驶人员慎用，对本药过敏者和孕妇禁用。本类药物不宜和其他中枢抑制药合用，以免造成中枢过度抑制。

3. 本类药物主要经口服给药，氯苯那敏、苯海拉明可肌内注射，异丙嗪可肌内注射或静脉滴注。为减轻胃肠反应，可采用饭后服药。防晕止吐应在乘车、乘船前 0.5 h 服药。

二、H_2 受体拮抗药

H_2 受体拮抗药是一类选择性阻断 H_2 受体的药物，主要用于治疗消化性溃疡，目前常用的有西咪替丁（cimetidine）、雷尼替丁（ranitidine）等，见作用于消化系统的药物（第二十四章）。

（薛永志）

思考题

1. 比较第一代与第二代 H_1 受体拮抗药主要的药理作用特点及临床应用的异同。

2. 临床上常用的 H_1 受体激动药有哪些？其主要的临床用途是什么？

网上更多……

👤 学习目标　　👤☰ 本章小结　　✎ 自测题　　⬇ 教学 PPT　　📶 参考资源

第二十四章
作用于消化系统的药物

关键词

抗消化性溃疡药	助消化药	镇吐药	胃肠促动力药
泻药	止泻药	利胆药	抗幽门螺杆菌药
奥美拉唑	多潘立酮	莫沙必利	甲氧氯普胺
雷尼替丁	硫糖铝	米索前列醇	乳酶生
胃蛋白酶	硫酸镁	酚酞	甘油
药用炭	鞣酸蛋白	地芬诺酯	苯丙醇

"人吃五谷杂粮,哪能不生病"。胃肠疾病的发病率约20%,主要有消化性溃疡、消化不良、呕吐、便秘、腹泻等常见病、多发病,而药物是临床治疗这些疾病的手段之一。随着胃肠生理和病理生理研究的深入,新的治疗药物亦不断出现。20世纪70年代H_2受体拮抗药问世,80年代后期开发了H^+-K^+-ATP酶抑制药,以及新的胃黏膜保护药、胃肠促动力药、镇吐药、止泻药等,促使药物在防治消化系统疾病中发挥日益重要的作用。本章主要介绍抗消化性溃疡药、助消化药、镇吐药、泻药、止泻药及利胆药。

思维导图

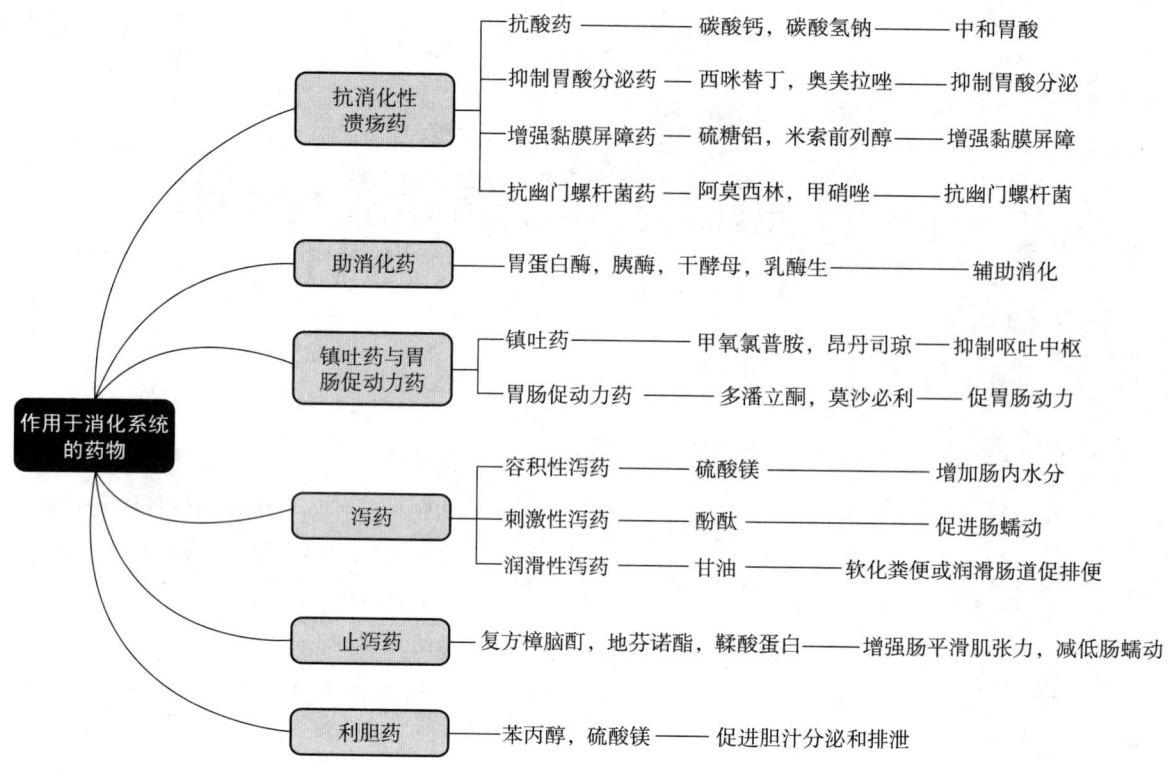

第一节 抗消化性溃疡药

消化性溃疡是一种临床常见病，发病率 10% ~ 12%。目前认为是由于胃、十二指肠局部黏膜保护因子和黏膜损害因子平衡受到破坏所致。抗消化性溃疡药（antiulcer drugs）是一类能减轻胃、十二指肠等溃疡病症状，促进溃疡愈合，并防止其复发或发生并发症的药物。

动画 24-1
消化性溃疡的发生机制
深入学习 24-1
消化性溃疡相关基因

一、抗酸药

抗酸药又称胃酸中和药。此类药物有碳酸钙、氧化镁、氢氧化镁、三硅酸镁、氢氧化铝和碳酸氢钠等。口服后在胃内直接中和胃酸，升高胃内容物 pH，降低胃蛋白酶活性，从而缓解溃疡病的症状。此外，有些抗酸药如氢氧化铝、三硅酸镁等还能形成胶状保护膜，覆盖于溃疡面和胃黏膜，起保护作用。理想的抗酸药应该具有作用强、快、持久，不产生 CO_2，不吸收，不引起腹泻或便秘，对黏膜及溃疡面有收敛和保护作用等特点。但是，目前没有一个抗酸药能够达到上述要求，故抗酸药较少单独应用，大多制成复方制剂。常用抗酸药的作用特点见表 24-1。

表 24-1 常用抗酸药的作用特点

药物	氢氧化镁	三硅酸镁	碳酸钙	氢氧化铝	碳酸氢钠	氧化镁
抗酸作用	快、强、较短	慢、弱、持久	较快、强、持久	慢、较强、持久	快、强、短	慢、较强、持久
黏膜保护作用	无	有	无	有	无	无
收敛作用	无	无	有	有	无	无
排便	轻泻	轻泻	便秘	便秘	无影响	轻泻
产生 CO_2	无	无	有	无	有	无
酸反跳	无	无	有	无	有	无
碱血症	无	无	无	无	有	无

二、抑制胃酸分泌药

（一）H_2 受体拮抗药

H_2 受体拮抗药（H_2-receptor antagonists）化学结构与组胺相似，能竞争性拮抗内源性和外源性组胺与胃壁细胞上 H_2 受体结合，抑制基础胃酸和夜间胃酸分泌，对 M 胆碱受体激动药及促胃液素引起的胃酸分泌也有抑制作用。

西 咪 替 丁

【体内过程】西咪替丁（cimetidine，甲氰咪胍）口服吸收良好，0.5 h 起效，约 1.5 h 达血药峰浓度，持续 4 h。生物利用度为 60% ~ 70%，$t_{1/2}$ 约 2 h。30% 的药物在肝代谢，40% ~ 70% 以原型从肾排泄，部分从乳汁排出。

【药理作用】抑制胃酸分泌作用较抗胆碱药强而持久。能够抑制基础胃酸及夜间胃酸分泌，也能抑制组胺、食物刺激等引起的胃酸分泌，同时减少胃蛋白酶的分泌。能对抗组胺对心脏的正性肌力作用和正性频率作用，部分对抗组胺的舒张血管作用。

视频 24-1
胃溃疡

【临床应用】主要用于消化性溃疡和急性消化道出血、反流性食管炎和其他胃酸分泌过多症的治疗。对十二指肠溃疡的疗效优于胃溃疡。溃疡病患者用药 4~6 周后能明显促进溃疡愈合，但停药后溃疡复发率为 24%，因而限制了该药在临床上的使用。

【不良反应及用药注意事项】

1. 消化系统反应　较常见的有腹泻、腹胀、口苦、口干、转氨酶轻度升高等，偶有肝坏死、肝脂肪变性等。

2. 泌尿系统反应　少数患者出现蛋白尿，偶发急性间质性肾炎，为避免肾毒性，用药期间应注意检查肾功能。

3. 造血系统反应　可引起粒细胞减少、血小板减少，用药期间应注意检查血象。

4. 中枢神经系统反应　药物可通过血脑屏障，具有一定的神经毒性。较常见的有头晕、头痛、疲乏及嗜睡等症状。少数患者可出现不安、感觉迟钝、言语含糊不清、出汗、局部抽搐或癫痫样发作，以及幻觉、妄想等症状。

5. 心血管系统反应　可有心动过缓、面部潮红等。静脉注射时偶有血压骤降、房性期前收缩及心搏、呼吸骤停。

6. 对内分泌和皮肤的影响　由于具有抗雄激素作用，可引起女性溢乳、男子乳腺发育、性欲减退、阳痿、精子数减少等，停药后即可消失。

雷 尼 替 丁

雷尼替丁（ranitidine，甲硝呋胍）为第二代 H_2 受体拮抗药，是强效 H_2 受体拮抗药。口服后吸收快，1~2 h 即可达到血药浓度峰值。该药抗酸作用是西咪替丁的 4~10 倍，是治疗上消化道溃疡的主要药物。用于治疗活动性上消化道溃疡及高胃酸分泌疾病，对胃及十二指肠溃疡的远期疗效较好且复发率较低，还可提高食管下端括约肌张力，减少酸性胃液向食管腔内反流。常见的不良反应有恶心、皮疹、便秘、乏力、头痛和头晕等。与西咪替丁相比，损伤肾功能、性腺功能和中枢神经的不良反应较轻。

（二）质子泵抑制药

质子泵抑制药（proton pump inhibitors）作用于壁细胞胃酸分泌终末步骤中的关键酶——H^+-K^+-ATP 酶，使其失去活性，导致壁细胞内的 H^+ 不能转移至胃腔中而抑制胃酸分泌。质子泵抑制药抑制胃酸分泌作用比 H_2 受体拮抗药强，而且作用持久。此类药物有奥美拉唑、兰索拉唑（lansoprazole）、泮托拉唑（pantoprazole）和雷贝拉唑（rabeprazole）等。

奥 美 拉 唑

【体内过程】奥美拉唑（omeprazole，洛赛克）口服吸收迅速，单次口服生物利用度约 35%，反复用药生物利用度可达到 70%，$t_{1/2}$ 为 0.5~1 h，慢性肝病患者为 3 h。主要经肝药酶代谢，代谢产物主要为硫醚、砜和羟基衍生物。代谢完全，仅少数以原型排泄。血浆蛋白结合率高达 95% 左右。

【药理作用】

1. 抑制胃酸分泌　本药起效迅速，抑酸能力强大。它不仅能非竞争性抑制促胃液素、组胺、ACh、食物及刺激迷走神经等引起的胃酸分泌，而且能抑制不受 ACh 或 H_2 受体拮抗药影响的那部分基础胃酸分泌，大剂量可导致无酸状态，是目前最强的抑酸药之一。

2. 促进溃疡愈合　本药抑制胃酸分泌，通过胃肠激素间的反馈性调节，使胃窦 G 细胞分泌促胃液素。由于促胃液素的泌酸作用已经被阻断，而其增加黏膜血流量和促进胃黏膜生长的作用仍能发挥，故利于溃疡的愈合。

3. 抑制幽门螺杆菌　奥美拉唑具有强大的抑制胃酸分泌作用，与抗幽门螺杆菌药合用，有协同抑菌作用。

【临床应用】用于治疗胃及十二指肠溃疡、反流性食管炎或糜烂性食管炎、佐林格 - 埃利森综合征、急性胃黏膜出血等。可缓解溃疡病症状，促进溃疡愈合。对用 H_2 受体拮抗药无效的胃和十二指肠溃疡也有效。与 H_2 受体拮抗药比较，本药治疗上消化道溃疡的愈合率高，复发率低。

临床聚焦 24-1
反流性食管炎
视频 24-2
反流性食管炎

【不良反应及用药注意事项】

1. 主要不良反应有恶心、腹泻、腹痛、感觉异常、头晕、头痛、视力障碍、皮肤瘙痒、荨麻疹、气短、呼吸困难及肝损害、阳痿等。对本药过敏者禁用，妊娠期和哺乳期妇女慎用。

2. 本药抑制胃酸分泌的作用强、时间长，故不宜同时再服用其他抗酸药或抑酸药。为防止抑酸过度，对于一般消化性溃疡等疾病，不建议大剂量长期应用（佐林格 - 埃利森综合征例外）。治疗胃溃疡时应排除胃癌后才能使用本药，以免延误诊断和治疗。

3. 奥美拉唑抑制肝药酶，延长地西泮、苯妥英钠及其他经肝药酶代谢药物的药效；能显著升高胃内 pH，影响许多药物的吸收；与克拉霉素联合用药可增加中枢神经系统及胃肠道不良反应的发生率。

（三）M 胆碱受体拮抗药

哌 仑 西 平

哌仑西平（pirenzepine）是一种新型的抗胆碱药，能选择性地阻滞胃壁细胞上 M 胆碱受体，抑制胃酸和胃蛋白酶的分泌；减少组胺和促胃液素等物质释放，间接减少胃酸的分泌。同时，它还能促进胃黏液的合成和分泌，增强胃黏膜屏障，促进溃疡愈合。每天服用 100～150 mg 能显著抑制胃酸分泌，缓解症状。此外，该药还有解痉作用。主要用于治疗消化性溃疡，预防溃疡病出血，疗效与 H_2 受体拮抗药相似。同类药物有唑仑西平（zolenzepine）和替仑西平（telenzepine）等，抑制胃酸作用较强。

三、增强黏膜屏障药

增强黏膜屏障药主要包括硫糖铝、枸橼酸铋钾和米索前列醇等。这些药物通过增强胃黏膜的细胞屏障和（或）HCO_3^- 屏障发挥抗上消化道溃疡的作用，某些药物还兼有一定的抗酸和抗幽门螺杆菌作用。

硫 糖 铝

【药理作用】硫糖铝（sucralfate）是硫酸蔗糖和氢氧化铝的复合物，具有局部抗上消化道溃疡作用。主要由于硫糖铝在酸性环境中带负电荷，能与溃疡面带正电荷的纤维蛋白及坏死组织等结合，形成保护膜，使溃疡面与胃液隔离，阻止酸、胃蛋白酶和胆汁对糜烂黏膜的进一步损害，缓解症状，促进溃疡愈合；抑制幽门螺杆菌的繁殖，阻止病菌蛋白酶等对胃黏膜的破坏。另外，硫糖铝还能吸附胃蛋白酶和胆汁酸，抑制其活性，治疗量的硫糖铝使胃蛋白酶活性降低约 30%。

【临床应用】用于慢性胃炎及缓解胃酸过多引起的胃痛、胃灼热（烧心）及反酸。治疗胃、十二指肠溃疡，疗效与西咪替丁相似，复发率较低。另外，对急性胃黏膜损伤或出血、应激性溃疡及反流性食管炎也有效。

【不良反应及用药注意事项】

1. 不良反应轻微，主要有便秘、口干，偶有恶心、腹泻、眩晕等。对本药过敏者禁用，妊娠期头 3 个月、习惯性便秘者慎用。

2. 为了减轻便秘的不良反应，应在服药期间多进食蔬菜、水果等富含纤维的食物。

3. 硫糖铝等只有在酸性环境下才能形成保护性屏障，不能与食物、抗酸药及 H_2 受体拮抗药同服，于餐前 0.5 h 及晚间服用，才能更好地发挥药效。

4. 与四环素类、西咪替丁、苯妥英钠、华法林、各种维生素、氟喹诺酮类或地高辛同时服用，可减少这些药物的吸收，故不应同服。

米索前列醇

【药理作用】米索前列醇（misoprostol）为前列腺素衍生物，可促进 HCO_3^- 和黏液分泌，维持黏膜细胞完整性，增加胃黏膜血流量，改善黏膜血液循环，从而发挥细胞保护作用；有较强抑制胃酸分泌的作用，强度与治疗量西咪替丁相当；还可抑制胃蛋白酶分泌。

【临床应用】用于治疗消化性溃疡、应激性溃疡及急性胃黏膜损伤出血，也可治疗非甾体抗炎药所致胃肠黏膜损伤、溃疡。其愈合率接近西咪替丁，但复发率较高。

【不良反应及用药注意事项】不良反应轻微，有腹痛、腹泻及腹部不适等。本药可收缩子宫，引起流产，故孕妇禁用。

枸橼酸铋钾

枸橼酸铋钾（bismuth potassium citrate）又称三钾二枸橼酸铋（tripotassium dicitrato bismuthate）。

【药理作用和临床应用】枸橼酸铋钾在胃内酸性环境下产生沉淀，形成弥散性的保护层覆盖于溃疡面，促进溃疡黏膜再生和溃疡愈合。本药还具有降低胃蛋白酶的活性、增加黏蛋白分泌、促进黏膜释放 PGE_2 等作用。与抗菌药联用，可根除胃幽门螺杆菌。对慢性胃炎、反流性食管炎及药物性上消化道溃疡（如阿司匹林等）有较好的防治作用。

【不良反应及用药注意事项】微量吸收对人体影响不大，但肾衰竭时应警惕。服药期间舌苔及大便呈灰黑色，停药后即自行消失。本药气味不佳，偶见神经毒性和肾小管损害，应谨慎应用。避免与牛奶或抗酸药同服，以免影响疗效。

四、抗幽门螺杆菌药

常用的抗幽门螺杆菌药（anti-*Helicobacter pylori* drugs）有两类。第一类如前介绍的含铋制剂、质子泵抑制药和硫糖铝等。第二类为抗菌药，如阿莫西林、甲硝唑、克拉霉素和四环素等。

第二节　助消化药

助消化药是指一类能促进食物消化的药物，大多数药物本身就是消化酶的主要成分，用于消化酶分泌不足时，可以发挥替代的作用。另外，有些药物能促进消化液的分泌，调节胃肠功能或制止肠道的过度发酵，对消化不良者起辅助治疗作用。

干 酵 母

干酵母（dried yeast）为维生素类药，含有丰富的蛋白质及烟酸、叶酸、维生素 B_1、维生素 B_2、维生素 B_6 和维生素 B_{12} 等 B 族维生素，能增进食欲，帮助消化。用于营养不良、消化不良、食欲减退，也用于防治维生素 B_1 缺乏症、多发性神经炎和糙皮病等各种维生素 B 缺乏症的辅助治疗。酸和碱均可降低干酵母的效价，口服时避免与酸性或碱性较强的药物和食物同用。

乳 酶 生

乳酶生（lactasin，表飞鸣）是乳杆菌的干燥制剂，在肠内分解糖类生成乳酸，使肠内酸度增高，从而抑制肠内腐败菌的生长繁殖，并防止肠内蛋白质发酵，减少产气，因而有促进消化和止泻的作用。主要用于治疗肠内异常发酵引起的消化不良、腹胀，儿童饮食失调引起的腹泻、绿便等。抗菌药能抑制或杀灭乳酶生活性，降低其效价；吸附剂可吸附药物，降低疗效。故乳酶生不宜与抗菌药、吸附剂等合用，如合用应间隔 2~3 h。

胃 蛋 白 酶

胃蛋白酶（pepsin）在酸性（pH 2.0）环境中迅速将蛋白质水解，也可水解多肽。与盐酸同服可提高胃蛋白酶的活性，用于食用蛋白质食物过多所致的消化不良及萎缩性胃炎等所致的胃蛋白酶缺乏。本药不能与碱性药物配伍。宜用新制产品，一般在生产后放置不宜超过 24 个月，应置于冷暗处贮存。

胰 酶

胰酶（pancreatin）是胰淀粉酶、胰脂肪酶、胰蛋白酶的混合物，用于补充胰酶分泌不足，在中性或弱碱性环境中可促进蛋白质、淀粉及脂肪的消化，增进食欲。餐前口服，用于消化不良或由胰液分泌不足所致的消化不良。

第三节　镇吐药与胃肠促动力药

呕吐是指胃内容物或一部分小肠内容物通过食管逆流出口腔的一种反射动作。各种原因的胃肠疾病、中枢神经系统疾病、前庭障碍、抗肿瘤药等均可刺激延髓的催吐化学感受区（chemoreceptor trigger zone，CTZ），引起呕吐。催吐化学感受区含有丰富的多巴胺、组胺和胆碱受体，前庭器官有胆碱能、组胺能神经纤维与呕吐中枢相连。5-HT$_3$ 和 5-HT$_4$ 受体也与呕吐有关。胃肠动力的正常运行受上述多种因素的影响。

一、H$_1$ 受体拮抗药

H$_1$ 受体拮抗药主要包括苯海拉明（diphenhydramine）、异丙嗪（promethazine）、茶苯海明（dimenhydrinate）、美克洛嗪（meclozine）和桂利嗪（cinnarizine）等，均通过抑制前庭神经功能，产生中枢镇静和止吐作用。可用于防治晕动病、内耳性眩晕病等（见第二十三章）。

二、M 胆碱受体拮抗药

东 莨 菪 碱

东莨菪碱（scopolamine）具有中枢抑制作用，降低前庭神经和内耳功能，并抑制胃肠道蠕动，产生镇静、镇吐和抗眩晕的作用。主要用于晕动病，对晕车、晕船、晕飞机等晕动病所致的头晕、恶心、呕吐等症状有良好的防治效果，对妊娠呕吐和放射病呕吐亦有一定的防治作用（详见第六章）。

三、多巴胺受体拮抗药

甲氧氯普胺

【药理作用和临床应用】甲氧氯普胺（metoclopramide）拮抗中枢多巴胺 D$_2$ 受体及 5-HT$_3$ 受体，发挥较强的中枢性止吐作用。拮抗胃肠多巴胺受体，可引起从食管至近端小肠平滑肌运动，使胃体平滑肌收缩、幽门肌松弛和加速肠内容物从十二指肠向回盲部推进，发挥胃肠促动力药作用。常用于各种病因所致恶心、呕吐、嗳气、消化不良、胃部胀满、胃酸过多等症状的对症治疗，以及反流性食管炎、胆汁反流性胃炎、功能性胃滞留、胃下垂、残胃排空延迟症、迷走神经切除后胃排空延缓。此外，还用于糖尿病性胃轻瘫、尿毒症、硬皮病等所致胃排空障碍。

【不良反应及用药注意事项】大剂量静脉注射或长期应用，由于阻断中枢多巴胺 D$_2$ 受体可引起锥体外系反应，也可引起高催乳素血症，引起男子乳腺发育、溢乳等。吩噻嗪类药物能增强本药的锥体外系反应，抗胆碱药能减弱本药的止吐效应。胃肠道出血、机械性肠梗阻或穿孔者、乳腺癌患者禁用。甲氧氯普胺可降低西咪替丁的生物利用度，两药若必须合用，服药时间应至少间隔 1 h。对严重肾功能不全患者，该药剂量至少降低 60%。本药遇光变成黄色或黄棕色后毒性增高。

多 潘 立 酮

多潘立酮（domperidone，吗丁啉）拮抗外周的多巴胺 D$_2$ 受体，加强胃肠蠕动，促进胃的排空与协调胃肠运动，防止食物反流，发挥胃肠促动力药的作用。对偏头痛、颅脑外伤、放射治疗引起的恶心、呕吐有效，对胃轻瘫、食后消化不良、厌食、腹胀、胃潴留等也有效。不良反应较轻，偶有轻度腹部痉挛，注射给药可引起过敏反应。

四、5-HT$_3$ 受体拮抗药

昂 丹 司 琼

昂丹司琼（ondansetron）能选择性拮抗中枢及迷走神经传入纤维 5-HT$_3$ 受体，产生强大止吐作用。对抗化疗药顺铂、环磷酰胺、多柔比星等引起的呕吐作用迅速、强大，疗效明显优于甲氧氯普胺。但对晕动病及多巴胺激动药阿扑吗啡引起的呕吐无效。临床上用于化疗、放疗引起的恶心、呕吐。不良反应较轻，表现为头痛、疲劳或便秘、腹泻。

五、5-HT$_4$ 受体激动药

莫 沙 必 利

【体内过程】莫沙必利（mosapride）口服后吸收迅速、完全，1~2 h 内达血药峰浓度，$t_{1/2}$ 为 10 h，肝代谢，生物利用度约 40%，代谢产物经粪便和尿排出。

【药理作用】本药为一种促胃肠动力药，可加强并协调胃肠运动，防止食物滞留与反流。其作用机制主要是激动胃肠壁肌间神经丛突触后膜上 5-HT$_4$ 受体，选择性地促进肠肌层神经丛节后神经纤维 ACh 的释放，从而增强胃肠的运动；但不影响黏膜下神经丛，因此不改变黏膜的分泌。

【临床应用】用于由神经切断术或部分胃切除引起的胃轻瘫；对胃食管反流和食管炎也有良好作用，疗效与雷尼替丁相同，与后者合用时其疗效可能得到加强；还可用于假性肠梗阻导致的推进性蠕动不足和胃肠内容物滞留及慢性便秘。

【不良反应及用药注意事项】由于本药促进胃肠活动，可能发生瞬时性的腹部痉挛、腹鸣或腹泻，此时可考虑酌减剂量。偶见可逆性肝功能异常，并可能伴有胆汁淤积。对本药过敏的患者禁用，哺乳期妇女禁用。

第四节　泻药

泻药（cathartics）是能增加肠内水分、促进蠕动、软化粪便或润滑肠道促进排便的药物。临床上主要用于功能性便秘。分为容积性、刺激性和润滑性泻药三类。

一、容积性泻药

容积性泻药为非吸收的盐类和食物性纤维素等物质。

硫 酸 镁

【药理作用和临床应用】

1. 导泻　硫酸镁（magnesium sulfate）口服后几乎不吸收，在肠道完全解离为 Mg^{2+} 和 SO$_4^{2-}$，形成高渗透压而阻止肠内水分的吸收；扩张肠道，刺激肠壁，促进肠道产生推进性蠕动。一般空腹应用，并大量饮水，1~3 h 即发生泻下作用，排出水样粪便。该药的导泻作用剧烈，故临床上主要用于排除肠内毒物及服用某些驱肠虫药后促进虫体排出。

2. 利胆　用于阻塞性黄疸、胆石症和慢性胆囊炎等（见本章第六节）。

3. 抗惊厥及降压　需注射用药（见第十一章）。

【不良反应及用药注意事项】在大剂量灌肠时，大约 20% 镁离子可能经肠道吸收，导致血清镁升高，引起骨骼肌麻痹和心律失常等中毒症状。硫酸镁导泻作用较剧烈，可引起反射性盆腔充血和脱水，故肠道出血患者、月经期、妊娠妇女及老年人禁用。

乳 果 糖

乳果糖（lactulose）为半乳糖和果糖的双糖，在小肠内不被分解和吸收，可提高肠道内渗透压，使进入小肠的大量水分和电解质更多地保留在肠腔内，故能导泻。未被吸收部分进入结肠后被细菌代谢成乳酸和乙酸，进一步提高肠内渗透压，产生轻泻作用。乳果糖还能降低结肠内容物的 pH，减少肠内氨的形成；H^+ 又可与已生成的氨形成铵离子而不被吸收，从而降低血氨。主要用于治疗慢性便秘，适用于老年人、儿童、婴儿和孕妇等。也可治疗慢性门静脉高压及肝性脑病，应注意因腹泻而造成水、电解质丢失，甚至使肝性脑病恶化。

二、刺激性泻药

酚 酞

酚酞（phenolphthalein）口服后在肠道内与碱性肠液相遇形成可溶性钠盐，增加肠容积，促进结肠蠕动。服药后 6～8 h 排出软便，作用温和，适用于慢性便秘。口服酚酞约有 15% 被吸收。从尿排出，如尿液为碱性时则呈红色。部分由胆汁排泄，并有肝肠循环而延长其作用时间，故一次服药作用时间可维持 3～4 天，适用于习惯性便秘。偶有过敏性反应，发生肠炎、皮炎及出血倾向等。

蒽 醌 类

蒽醌类（anthraquinones）包括大黄、番泻叶和芦荟等植物，含有蒽醌苷类，口服后蒽醌苷被大肠内细菌分解为蒽醌，刺激结肠产生推进性蠕动。用药后 6～8 h 排便，常用于急、慢性便秘。

三、润滑性泻药

润滑性泻药是通过局部润滑并软化粪便而发挥作用。适用于老年人及痔、肛门手术患者。

甘 油

50% 甘油（glycerol）又名开塞露，注入肛门，由于高渗透浓度刺激肠壁引起排便反应，并有局部润滑作用，数分钟内引起排便。适用于儿童及老年人。

液 状 石 蜡

液状石蜡（liquid paraffin）为矿物油，不被肠道消化吸收，产生滑润肠壁和软化粪便的作用，使粪便易于排出。

第五节　止泻药

腹泻是多种疾病的症状，剧烈或持久的腹泻，可引起脱水和电解质紊乱及营养不良，可在对因治疗的同时适当应用止泻药（antidiarrheal）。

复方樟脑酊

复方樟脑酊（tincture camphor compound）是阿片类的复方制剂，能增强肠平滑肌张力，减低胃肠推进性蠕动，使粪便干燥而止泻。多用于较严重的非细菌感染性腹泻和腹痛。但具有成瘾性，不可滥用。腹泻早期或腹胀者不宜使用。

地 芬 诺 酯

地芬诺酯（diphenoxylate）为哌替啶衍生物，直接抑制肠黏膜感受器，阻断局部黏膜的反射而减弱蠕动，并可增加肠阶段性收缩，使肠内容物行进减慢，从而使肠液的重吸收增加，具有较强的止泻作用。在体内代谢成地芬诺辛，其止泻作用比母体强5倍，亦具有收敛及减少肠蠕动作用。适用于急、慢性功能性腹泻及慢性肠炎等。大剂量长期服用可产生成瘾性，但治疗量短期服用很少产生成瘾性。肝病患者慎用。大剂量地芬诺酯可增强巴比妥类、阿片类和其他中枢抑制药的作用，不宜合用。

洛 哌 丁 胺

洛哌丁胺（loperamide）作用与地芬诺酯相似，对消化道具有选择性，止泻作用较地芬诺酯快而强，且较持久。适用于急、慢性非特异性腹泻和炎症性肠疾病所致腹泻。本药未发现有成瘾性，不良反应较轻，少数病例发生口干、腹痛、头痛和皮疹等，治疗量对中枢神经系统无影响。

鞣 酸 蛋 白

鞣酸蛋白（tannalbin）为收敛剂。口服后在小肠内遇碱性肠液经胰蛋白酶的作用会缓慢释放出鞣酸，使蛋白质凝固后形成一层保护膜，从而减轻对肠道的刺激作用；同时，鞣酸还能使肠黏膜血管收缩，减少炎症渗出物，抑制肠蠕动，起到收敛、止血作用。鞣酸蛋白适用于急性肠炎、非细菌性腹泻及小儿消化不良。大剂量服用鞣酸蛋白也容易引起便秘。

药 用 炭

药用炭（medicinal charcoal）又称活性炭，具有强大的吸附能力，口服后能吸附肠内大量的化学物质、毒素及气体，从而对抗肠内容物的发酵，阻止毒物被人体吸收。同时，药用炭还可以减轻肠道内容物对肠壁的刺激，使肠蠕动减慢，起到止泻的作用。适用于腹泻及胃肠胀气的患者，也可以用于食物及药物中毒的解救。长期或大量服用药用炭不仅可以引起便秘，还可影响人体对营养成分的吸收。3岁以下儿童禁用此药。另外，不宜与维生素、抗菌药、生物碱、激素、乳酶生及各种消化酶同时服用。

第六节　利胆药

利胆药（choleretics）是指能促进胆汁分泌和排泄的药物，一般分为胆汁分泌促进药和胆汁排出促进药两大类。但是对于胆道疾病，一般手术的治疗效果较为理想，药物则主要作为辅助治疗。

一、胆汁分泌促进药

胆汁分泌促进药能直接作用于肝细胞而促进胆汁分泌，增加胆汁排出量，有机械冲洗胆道的作用，有助于排出胆道系统泥沙样结石或手术后少量残留结石。

苯　丙　醇

苯丙醇（phenylpropanol）促进胆汁分泌，促进消化，增加食欲，排除结石，降低血胆固醇等，可减轻腹胀、腹痛、恶心和厌油等症状。用于胆囊炎、胆道感染、胆石症、胆道手术后综合征及高胆固醇血症等。偶有胃部不适，但减量或停药后即消失。胆道完全阻塞者禁用。

熊去氧胆酸

长期服用熊去氧胆酸（ursodeoxycholic acid）可增加胆汁酸分泌，并使胆汁成分改变，降低胆汁中胆固醇及胆固醇酯，有利于胆结石中的胆固醇逐渐溶解。用于不宜手术治疗的胆固醇型胆结石及胆汁缺乏性消化不良，但不能溶解胆色素结石、混合结石及不透 X 线的结石。对胆囊炎、胆管炎及胆汁性消化不良亦有一定疗效，但胆道完全梗阻和严重肝功能减退者禁用。常见不良反应为腹泻，偶见便秘、过敏反应、瘙痒、头痛和头晕等。避孕药可增加胆汁饱和度，用本品治疗时应尽量采取其他节育措施，以免影响疗效。考来烯胺、考来替泊和含铝制酸剂都能与熊去氧胆酸结合，减少其吸收，不宜同用。长期使用本药可增加外周血小板的数量。在治疗胆固醇结石中出现反复胆绞痛发作，症状无改善甚至加重，或出现明显结石钙化时则宜外科手术。

胆　酸　钠

胆酸钠（sodium cholate）由牛或猪胆汁提取而来，主要含牛磺胆酸钠和甘氨胆酸钠。口服后可刺激肝细胞分泌胆汁，促进脂肪及脂溶性维生素吸收。用于长期胆瘘所致的胆汁丧失患者，补充胆盐不足；也用于脂肪消化不良和慢性胆囊炎。

去　氢　胆　酸

去氢胆酸（dehydrocholic acid）为半合成的胆酸氧化衍生物，能增加胆汁中的水分含量，从而增加胆汁量，稀释胆汁，提高其流动性，发挥冲洗胆道的作用。用于胆石症、急慢性胆道感染、胆囊手术后促进引流管清洗，禁用于胆道空气梗阻及严重肝肾功能减退者。

二、胆汁排出促进药

胆汁排出促进药能引起胆囊收缩或使胆总管括约肌松弛，从而促进胆汁排出。

硫　酸　镁

口服或用十二指肠导管直接注入高浓度（33%）硫酸镁（magnesium sulfate），刺激十二指肠黏膜，反射性引起胆总管括约肌松弛，胆囊收缩，促进胆汁排出。用于阻塞性黄疸、胆石症、慢性胆囊炎或十二指肠引流检查。

（薛永志）

思考题

1. 常用的抗消化性溃疡药有哪些？试举出代表药，简要说明作用机制。
2. 常用的泻药有哪些？各自的特点和适应证有哪些？
3. 常用的止泻药有哪些？各自的特点和适应证有哪些？
4. 试述镇吐药的分类及代表药。

网上更多……

👤 学习目标　　👥 本章小结　　📝 自测题　　⬇ 教学 PPT　　📶 参考资源

第二十五章
作用于呼吸系统的药物

关键词

平喘药	祛痰药	镇咳药	特布他林
沙丁胺醇	布地奈德	丙酸氟替卡松	酮替芬
氨茶碱	异丙托溴铵	丙酸倍氯米松	色甘酸钠
可待因	右美沙芬	喷托维林	苯丙哌林
苯佐那酯	氯化铵	乙酰半胱氨酸	

呼吸系统直接与外界接触，容易受到多种因素的影响而发生上呼吸道感染、支气管炎、肺炎、支气管哮喘、慢性阻塞性肺疾病、肺源性心脏病、肺纤维化、支气管扩张、肺肿瘤、肺寄生虫病等。用于治疗呼吸系统疾病的药物种类很多，大致包括两类：一为针对病因的抗病原微生物药、抗肿瘤药和抗寄生虫药等，二为消除或缓解呼吸道症状的药。呼吸系统疾病最常见的症状是咳嗽、咳痰和喘息，对症治疗药物主要有镇咳药、祛痰药和平喘药。

思维导图

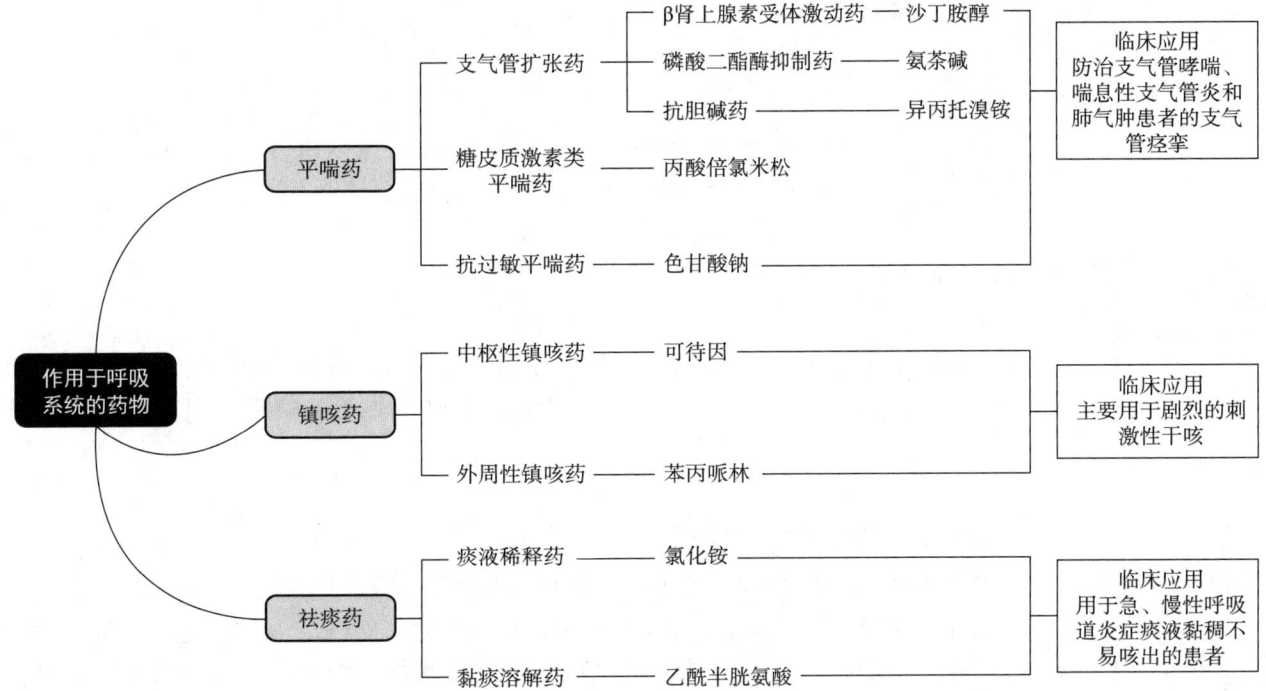

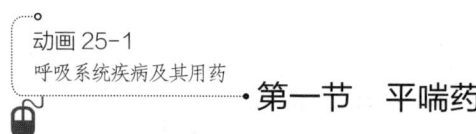

动画 25-1
呼吸系统疾病及其用药

第一节　平喘药

平喘药（antiasthmatics）是指能够缓解或预防支气管哮喘的药物，主要包括支气管扩张药、糖皮质激素类平喘药和抗过敏平喘药。

一、支气管扩张药

深入学习 25-1
支气管哮喘治疗现状

支气管扩张药可分为：① β 肾上腺素受体激动药，如肾上腺素、异丙肾上腺素、麻黄碱、氯丙那林、特布他林及沙丁胺醇等；② 磷酸二酯酶抑制药，如氨茶碱等；③ 抗胆碱药，如异丙托溴铵。

（一）β 肾上腺素受体激动药

本类药物能激动 β 肾上腺素受体，从而激活呼吸道平滑肌细胞膜上腺苷酸环化酶，使细胞内环磷腺苷（cAMP）合成增加，cAMP 水平提高，细胞内游离 Ca^{2+} 减少，进而使肌细胞膜电位稳定，呼吸道平滑肌松弛。本类药物还能使肥大细胞和嗜碱细胞的 cAMP 水平提高，故对这些细胞的细胞膜亦有稳定作用，可抑制组胺、慢反应物质等介质的释放，从而减轻由于这些介质引起的支气管痉挛和呼吸道黏膜充血、水肿现象，对伴有支气管黏膜水肿的哮喘患者效果好。

常用药物依据选择性和时效性可分成：非选择性的 β 肾上腺素受体激动药，如肾上腺素（adrenaline）、麻黄碱（ephedrine）和异丙肾上腺素（isoprenaline）等，有平喘作用，但其心血管系统副作用多；短效的选择性 β_2 肾上腺素受体激动药，如沙丁胺醇、特布他林和非诺特罗（fenoterol）等，作用时间 4~6 h，对心血管系统的副作用明显减少；中效的 β_2 肾上腺素受体激动药克仑特罗（clenbuterol，氨哮素）；长效的选择性 β_2 肾上腺素受体激动药，如沙美特罗（salmeterol）、福莫特罗（formoterol）和丙卡特罗（procaterol）等，其作用可维持 12 h 以上，主要用于支气管哮喘与慢性阻塞性肺疾病的维持治疗和预防发作。

沙丁胺醇

【体内过程】沙丁胺醇（salbutamol）口服后 65%~84% 被吸收，血浆药物浓度达峰时间为 1~3 h，$t_{1/2}$ 为 2.7~4.8 h。经肝代谢，肾排出。气雾吸入约 15 min 作用达高峰，维持约 4 h，但大部分药量被吞咽，从消化道吸收。

【药理作用和临床应用】为选择性 β_2 肾上腺素受体激动药。治疗剂量下，能选择性地激动支气管平滑肌的 β_2 肾上腺素受体，使支气管平滑肌松弛，解除支气管痉挛。其扩张支气管作用与异丙肾上腺素相似，但持续时间较长。抑制肥大细胞等致敏细胞释放过敏反应介质亦与其支气管平滑肌解痉作用有关。该药对心脏的 β_1 肾上腺素受体的激动作用较弱，增加心率作用仅为异丙肾上腺素的 1/10。用于防治支气管哮喘、喘息性支气管炎和肺气肿患者的支气管痉挛。沙丁胺醇有口服和气雾吸入等多种给药途径，控制发作多用气雾吸入，预防发作则可采取口服给药。

【不良反应及用药注意事项】不良反应主要有恶心、头痛、心悸、手指震颤等。剂量过大时，可见胸痛、持续的心率增快、情绪烦躁不安等。甲亢、糖尿病、高血压、心血管功能不全患者慎用。普萘洛尔等β肾上腺素受体拮抗药可拮抗本药的支气管扩张作用，故两者不宜合用。该药久用易产生耐受性，不仅疗效降低，而且可能使哮喘加重。同时应用其他肾上腺素受体激动药或茶碱类药物时，可增加其松弛支气管平滑肌的作用，但也可能增加心血管系统的不良反应。

特 布 他 林

特布他林（terbutaline）可选择性激动β₂肾上腺素受体，从而松弛支气管平滑肌，抑制内源性致痉挛物质的释放及内源性介质引起的水肿，提高支气管黏膜纤毛上皮细胞廓清能力。此外，该药还可松弛子宫平滑肌。适用于支气管哮喘、慢性支气管炎、肺气肿和其他伴有支气管痉挛的肺部疾病。常见震颤、头痛、恶心、强直性痉挛和心悸。偶有失眠、易激动、多动和坐立不安等。合用其他肾上腺素受体激动药、氨茶碱可使疗效增加，但不良反应也可能加重。长期应用可产生耐受性，疗效降低。

（二）磷酸二酯酶抑制药

氨 茶 碱

【药理作用和临床应用】

1. 平喘　氨茶碱（aminophylline）作用机制包括：①抑制磷酸二酯酶，使cAMP的水解速度减慢，升高组织中cAMP/cGMP比值，舒张支气管平滑肌；②调节平滑肌细胞内Ca²⁺浓度，抑制组胺、前列腺素等过敏介质的释放和作用，促进儿茶酚胺释放，间接激动β肾上腺素受体，舒张支气管平滑肌，用于缓解气喘症状。

2. 强心、利尿　氨茶碱通过增强心肌收缩力，增加肾血流量，抑制肾小管对Na⁺和Cl⁻的重吸收等发挥强心、利尿作用，临床上用于心力衰竭时的气喘和心源性水肿的辅助治疗。

【不良反应及用药注意事项】

1. 本药碱性较强，局部刺激性较大，内服可引起恶心、呕吐等反应，肌内注射会引起局部红肿、疼痛。

2. 静脉注射或静脉滴注时，如用量过大、浓度过高或速度过快，可强烈兴奋心脏和中枢神经，引起心动过速、失眠和激动等不良反应。

3. 肝功能低下者慎用，心肌梗死伴有血压显著降低者禁用。与克林霉素、红霉素、四环素、林可霉素合用时，可降低本药的肝清除率，使血药浓度升高，甚至出现毒性反应，应在给药前后调整本药的用量；与其他茶碱类药合用时，不良反应会增多。与儿茶酚胺类及其他拟交感神经药合用，亦能增加心律失常的发生率。

4. 氨茶碱的治疗个体差异大，即不同患者使用相同剂量时血药浓度相差较大，疗效有所不同。建议用药时监测血药浓度。

5. 氨茶碱过量易导致心脏毒性反应，如心动过速等心律失常，一旦发生应立即停药，对症处理。

（三）抗胆碱药

胆碱能神经在调节呼吸道平滑肌张力方面起着主要作用，位于气道表面的感受器及其传入和传出神经纤维均源自迷走神经。鉴于支气管哮喘患者的呼吸道对ACh的高反应性，近年来学者们又提出了哮喘发病的"M胆碱受体功能亢进"学说。目前应用的异丙托溴铵、氧托溴铵等M胆碱受体拮抗药，为阿托品的衍生物，均具有较高的气道选择性，有较强的支气管扩张作用，对心血管系统的副作用则较弱（第六章）。

异丙托溴铵

【体内过程】异丙托溴铵（ipratropium bromide）口服不易吸收。气雾吸入后 5 min 左右起效，30~60 min 作用达峰值，维持 4~6 h。吸入后的生物利用度低于 10%。$t_{1/2}$ 约为 1.6 h，不通过血脑屏障。

【药理作用和临床应用】异丙托溴铵是对支气管平滑肌具有较高选择性的强效抗胆碱药，平喘作用较为显著，且起效快，持续时间较长。此外，还具有控制黏液腺体分泌及改善纤毛运动的作用，从而减少痰液阻塞以改善通气，同时痰液生成的减少也可减轻对支气管的刺激所引起的支气管痉挛。与异丙肾上腺素相比，异丙托溴铵对心血管的副作用小；与沙丁胺醇相比，该药对痰量的调节作用较强。主要治疗支气管哮喘、伴发肺气肿的慢性支气管炎，尤适用于因使用 β 肾上腺素受体激动药出现骨骼肌震颤、心动过速而不能耐受此类药物的患者。

【不良反应及用药注意事项】极个别患者有口干及过敏反应，气雾剂误喷眼时，可发生眼调节功能障碍。对本药及阿托品类药物过敏者、前房角狭窄的青光眼患者、前列腺肥大引起的尿道梗阻者、孕妇及哺乳期妇女慎用。与 β 肾上腺素受体激动药合用可相互增强疗效。

二、糖皮质激素类平喘药

糖皮质激素虽然不能直接松弛支气管平滑肌，但是可通过抑制炎症各个环节反应，缓解气道局部炎症，抑制过敏介质释放，减少渗出，防止 β 肾上腺素受体下调等多个环节产生广泛和显著的平喘作用。全身应用该类药物作用广泛，不良反应多（第二十六章）。近年来，主要以吸入方式在呼吸道局部应用，发挥强大的局部抗炎作用，而全身性不良反应轻微。

布 地 奈 德

【体内过程】布地奈德（budesonide）常使用吸入器或雾化器将药物送达呼吸道和肺部，减少全身吸收，降低系统性副作用的发生。在体内主要分布在肝、肾、肺部和其他组织中。布地奈德在肝中主要通过 CYP3A 代谢，代谢产物主要是活性代谢物 16α-羟基布地奈德。主要通过肾排泄，小部分通过胆汁排泄。

【药理作用】布地奈德是一种糖皮质激素类药，具有强大的抗炎作用。它可以抑制炎症反应中的炎症介质释放，减轻炎性细胞的浸润和活化，从而减轻组织炎症和肿胀。还可抑制免疫系统的活性，减少免疫细胞的增殖和活化，降低免疫反应，从而减轻过敏和自身免疫病的症状。

【临床应用】用于治疗轻度至中度哮喘，包括稳定期的哮喘控制和急性发作时的急救治疗。通过吸入给药，布地奈德可以减轻哮喘症状、减少哮喘发作的频率和降低严重程度，改善肺功能，提高生活质量。也可以用于治疗慢性阻塞性肺疾病，特别是在慢性阻塞性肺疾病急性加重期，可以减轻患者的症状，减少哮喘症状的发生。通过鼻腔喷雾的方式给药，可以减轻鼻窦炎引起的鼻塞、流涕、头痛等症状，减轻炎症反应。

【不良反应】可能会出现口腔或喉部的不适感，如咽喉干燥、疼痛等。长期使用吸入布地奈德可能增加咽部真菌感染的风险，需要及时处理。

丙酸氟替卡松

【体内过程】吸入是丙酸氟替卡松（fluticasone propionate）常用的给药途径，药物可以直接送达肺部，减少药物在体内的分布，减少使用剂量和减少药物的全身副作用。分布到全身各个组织和器官，包括炎症部位。口服丙酸氟替卡松适用于一些需要长期治疗的哮喘患者，特别是对于严重哮喘或无法通过吸入给药达到控制的患者。

【药理作用】能够抑制炎症介质的释放，减轻气道炎症，从而减少气道痉挛和分泌物增多。还可以抑制免疫系统的活性，减少免疫细胞的增殖和活化，降低免疫反应，从而减少哮喘发作的频率和严重程度。还可以减少气道黏液的分泌，改善气道通畅度，减轻哮喘症状。

【临床应用】可以用于治疗轻度至重度哮喘，包括稳定期的哮喘控制和急性发作时的急救治疗。通过吸入给药，丙酸氟替卡松可以减轻哮喘症状、减少哮喘发作的频率和严重程度，改善肺功能，提高生活质量。也可以用于治疗慢性阻塞性肺疾病，特别是在慢性阻塞性肺疾病急性加重期的治疗中。还可以用于治疗鼻窦炎、过敏性鼻炎，通过鼻腔喷雾的方式给药，可以减轻鼻塞、流涕、头痛等症状，减轻炎症反应。

【不良反应】吸入丙酸氟替卡松可能导致咽喉刺激的感觉，包括咳嗽、咽喉干燥或疼痛等症状。这种不适感通常是暂时的，可以通过调整吸入姿势、漱口或使用间隔器等方法减轻。长期吸入丙酸氟替卡松可能会增加口腔及咽部真菌感染的风险，出现咽部疼痛、咽喉发炎等症状。

丙酸倍氯米松

【体内过程】丙酸倍氯米松（beclometasone dipropionate）脂溶性较强，吸入量的25%到达肺部，其余大部分沉积在咽部而被吞咽。经肝迅速灭活。在一般治疗剂量下，由于其局部作用很强，用量很小，迅速灭活，不易呈现全身作用。

【药理作用】为人工合成的强效外用糖皮质激素类药。吸入给药对支气管哮喘的疗效比口服更有效，具有抗炎、抗过敏、止痒及减少渗出的作用，能消除支气黏膜肿胀，解除支气管痉挛，减轻和防止组织对炎症的反应。其免疫抑制作用可防止或抑制细胞介导的免疫反应、迟发性过敏反应。

【临床应用】用于治疗和预防慢性哮喘，尤其适用于其他平喘药物无效的重症患者和激素依赖患者。本药吸入给药还可治疗和预防过敏性鼻炎。

【不良反应】多次用药可使咽喉部出现白念珠菌感染，每次用药后立即漱口可显著降低其发生率，并可用局部抗真菌药控制感染。偶见声音嘶哑或口干，少数可引起皮疹。

三、抗过敏平喘药

色 甘 酸 钠

【体内过程】色甘酸钠（sodium cromoglicate，咽泰）口服不易从胃肠道吸收，粉雾吸入时只有5%~10%被肺组织吸收，$t_{1/2}$为1~2 h，主要以原型通过胆汁和肾排泄。体内无蓄积。口服本品仅能吸收0.5%。

【药理作用和临床应用】稳定肥大细胞膜，阻止细胞膜裂解和脱颗粒，从而抑制组胺、5-HT及慢反应物质的释放。其抑制过敏反应介质释放的作用可能是通过抑制细胞内环腺苷酸磷酸二酯酶，致使细胞内环腺苷酸（cAMP）的浓度增加，阻止钙离子转运入肥大细胞内，从而稳定肥大细胞膜，阻止过敏反应介质的释放。本药奏效慢，用药数日甚至数周后才起到防治效果，对正在发作的哮喘患者无效。因此，主要用于预防季节性哮喘发作，对运动性哮喘的疗效亦较好。此外，还能迅速控制过敏性鼻炎、季节性枯草热的症状，外用对湿疹及某些皮肤瘙痒症也有显著疗效。

酮 替 芬

酮替芬（ketotifen）兼有组胺 H_1 受体拮抗作用和抑制过敏反应介质释放作用，不仅抗过敏作用较强，而且药效持续时间较长，故用于预防各种支气管哮喘发作，对外源性哮喘的疗效比对内源性哮喘更佳。常见有嗜睡、倦怠及口干、恶心等胃肠道不良反应。偶见头痛、头晕及体重增加。

第二节　镇咳药

咳嗽是一种呼吸道保护性反射，有利于排出痰液及异物等有害物质，故轻度咳嗽是有益的，不必用药。但剧烈、频繁及痉挛性咳嗽不仅消耗能量，而且影响休息，应及时给予镇咳药（antitussives）。镇咳药通过抑制延髓咳嗽中枢，或作用于外周，抑制咳嗽反射弧中的感受器和传入神经纤维的末梢，产生镇咳作用。

一、中枢性镇咳药

可 待 因

【体内过程】可待因（codeine，甲基吗啡）口服后的生物利用度为 40% ~ 70%，达峰时间约为 1 h，约 15% 脱甲基转化为吗啡，在肝内与葡糖醛酸结合，代谢产物经尿液排泄，$t_{1/2}$ 为 3 ~ 4 h。

【药理作用和临床应用】为阿片生物碱之一，作用类似吗啡但较弱。对延髓咳嗽中枢有选择性抑制作用，镇咳作用强而迅速，且不抑制呼吸，成瘾性也较吗啡弱。此外，还有镇痛和镇静作用。值得注意的是，该药由于抑制支气管腺体的分泌，可使痰液黏稠且难以咳出，故不宜用于痰多黏稠的患者。因此，临床上主要用于剧烈的刺激性干咳及剧烈、频繁的咳嗽，对有少量痰液的患者，宜与祛痰药合用。此外，该药也用于中等强度的疼痛。

【不良反应及用药注意事项】偶有恶心、呕吐、便秘及眩晕等不良反应。大剂量能明显抑制呼吸中枢，也可引起烦躁不安等中枢神经兴奋症状。小儿用药过量可引起惊厥。长期应用可产生依赖性，停药时可引起戒断综合征。可待因过敏者禁用。伴有下呼吸道症状者，因抑制咳痰反射，加重感染，故禁用。烯丙吗啡能拮抗可待因的镇痛作用和中枢性呼吸抑制作用。与右美沙芬或其他吗啡受体兴奋药合用时，可加重呼吸抑制作用。与全麻药或其他中枢神经抑制药合用时，可加重中枢性呼吸抑制及引起低血压。与肌松药合用，则呼吸抑制更显著。

右 美 沙 芬

右美沙芬（dextromethorphan）通过抑制延髓咳嗽中枢而发挥中枢性镇咳作用，为目前应用最多的非依赖性中枢镇咳药之一。镇咳作用与可待因相似或较强，但无镇痛或镇静作用，治疗量对呼吸中枢无抑制作用，不产生依赖性和耐受性。右美沙芬是取代可待因的一种安全性较高的镇咳药。主要用于干咳，适用于感冒、急性或慢性支气管炎、支气管哮喘、咽喉炎、肺结核，以及其他上呼吸道感染时的咳嗽。

喷 托 维 林

喷托维林（pentoxyverine，咳必清）为人工合成的非成瘾性中枢镇咳药。选择性抑制咳嗽中枢，强度为可待因的 1/3。并有阿托品样作用和局部麻醉作用，能松弛支气管平滑肌和抑制呼吸道感受器。适用于上呼吸道炎症引起的干咳、阵咳。偶有轻度头痛、头昏、口干和便秘等不良反应。

二、外周性镇咳药

外周性镇咳药也称为末梢镇咳药，通过抑制咳嗽反射弧中的感受器、传入神经、传出神经及效应器中某一环节而起到镇咳作用。

苯 丙 哌 林

苯丙哌林（benproperine）为非成瘾性镇咳药。能抑制咳嗽中枢，也能抑制肺及胸膜牵张感受器引起的肺 – 迷走神经反射，且有支气管平滑肌解痉作用。其镇咳作用比可待因强。口服后15 ~ 60 min 生效，镇咳作用维持 4 ~ 7 h，可用于各种原因引起的刺激性干咳。有轻度口干、头晕、胃灼热和皮疹等不良反应。

苯 佐 那 酯

苯佐那酯（benzonatate）又名退嗽露（tessalon），为丁卡因的衍生物。有较强的局部麻醉作用，抑制肺牵张感受器及感觉神经末梢。止咳剂量不抑制呼吸，反而能增加肺每分通气量。用药后 20 min 左右起效，维持 3 ~ 4 h。对干咳、阵咳效果良好，也可用于支气管镜检查前预防咳嗽。有轻度嗜睡、头晕和鼻塞等不良反应，偶见过敏性皮炎。服用时勿将药丸咬碎，以免引起口腔麻木。

第三节 祛痰药

祛痰药（expectorants）是一类能使痰液黏稠度降低，促进痰液排出的药物。按作用方式可分为两大类：①痰液稀释药：增加痰液中水分含量，稀释痰液，包括恶心性祛痰药和刺激性祛痰药；②黏痰溶解药：通过降低痰液黏稠度或调节黏液成分，使痰液容易排出。

一、痰液稀释药

氯 化 铵

氯化铵（ammonium chloride）属于恶心性祛痰药。口服氯化铵对胃黏膜有局部刺激作用，引起轻度恶心，兴奋迷走神经，反射性地使呼吸道腺体分泌增加，稀释痰液，而易于咳出。此外，部分氯化铵吸收后经呼吸道排出，因盐类的渗透作用而带出水分，使痰液进一步被稀释。适用于急、慢性呼吸道炎症痰液黏稠不易咳出的患者，也可用于治疗碱血症或酸化尿液。

愈创甘油醚

愈创甘油醚（guaifenesin）属于刺激性祛痰药。可刺激支气管腺体分泌，促进痰液稀释，使之易于咳出。除了具有祛痰作用外，还有较弱的抗菌防腐作用，可减轻痰液的恶臭味。主要用作祛痰合剂的组成成分。不良反应有恶心、胃肠不适。

二、黏痰溶解药

乙酰半胱氨酸

【药理作用】乙酰半胱氨酸（acetylcysteine，痰易净）为巯基化合物，可使黏性痰液中的二硫键（—S—S—）裂解，从而降低痰液黏稠度，使痰液容易咳出。对黏稠的脓性及非脓性痰液均有良好效果，也能裂解脓痰中的 DNA。

【临床应用】用于治疗各种原因引起的痰液黏稠不易咳痰者，包括术后、急性和慢性支气管炎、支气管扩张和肺气肿等引起的大量黏痰难以咳出者。在非应急情况下以喷雾吸入给药，急救时气管滴注。气管滴注时应做好吸痰准备，以免大量稀释的痰液阻塞气道。

【不良反应及用药注意事项】此药有特殊的蒜臭味，易致恶心、呕吐，对呼吸道有刺激性，可致呛咳或支气管痉挛。支气管哮喘患者慎用或禁用。常与异丙肾上腺素合用以提高疗效，减少副作用，不宜与青霉素、四环素和头孢菌素等合用，以免降低抗菌活性。乙酰半胱氨酸不宜与金属、橡皮、氧化剂、氧气接触，故喷雾器须用玻璃或塑料制品。

溴 己 新

溴己新（bromhexine，必嗽平）属于黏液调节剂。可裂解痰中的黏多糖，并抑制其合成，降低痰液黏稠度。此外，还兼有恶心性祛痰及促进呼吸道纤毛运动的作用，使痰液易于排出。适用于慢性支气管炎、哮喘及支气管扩张症痰液黏稠不易咳出者。少数患者可感胃部不适，偶见转氨酶升高。

羧 甲 司 坦

羧甲司坦（carbocisteine，羧甲半胱氨酸）为黏液调节剂，可影响支气管腺体的分泌，使低黏度的唾液黏蛋白的分泌增加，高黏度的岩藻黏蛋白的产生减少，且使黏蛋白中的二硫键断裂，因而痰液黏滞性降低，易于咳出。该药起效迅速，口服 4 h 后可见明显疗效。用于慢性支气管炎、支气管哮喘等疾病引起的痰黏稠、咳痰困难和痰阻气管等。还可用于小儿非化脓性中耳炎，有一定的预防耳聋效果。有消化性溃疡病史者慎用，避免与中枢性镇咳药同时使用，以免稀释的痰液堵塞气道。

氨 溴 索

氨溴索（ambroxol，安布索）为溴己新的代谢产物，是临床上使用广泛的祛痰药。能刺激呼吸道界面活性剂的形成及调节浆液性与黏液性成分的分泌，可同时改进呼吸道纤毛区与无纤毛区的消除作用，降低痰液与纤毛的黏着力，使痰容易咳出，且减轻咳嗽。该药治疗效果迅速、确实，患者依从性较好，可长期服用。适用于伴有痰液分泌不正常及排痰功能不良的慢性支气管炎急性加重、喘息性支气管炎及支气管哮喘的祛痰治疗，手术后肺部并发症的预防性治疗，早产儿或新生儿呼吸窘迫综合征的治疗。偶有胃灼热、消化不良、恶心、呕吐等不良反应。过敏反应极少出现，主要为皮疹。

（薛永志）

思考题

1. 试述常用的平喘药的分类及其代表药。
2. 试述常用镇咳药的分类及其代表药，以及各自的适应证。
3. 试述祛痰药的分类及其代表药，以及各自的适应证。

网上更多⋯⋯

👤 学习目标　　👥 本章小结　　📝 自测题　　⬇️ 教学 PPT　　📶 参考资源

第二十六章
肾上腺皮质激素类药

关键词

糖皮质激素	可的松	氢化可的松	泼尼松
泼尼松龙	地塞米松	倍他米松	氟轻松
盐皮质激素	醛固酮	促皮质素	皮质激素抑制药

糖皮质激素是20世纪医药学界重要的发现之一，在临床中，糖皮质激素是不可或缺的药物，发挥不可替代的作用，甚至有些人将其奉为"治病仙丹"，很多疾病使用后效果立竿见影。但是，糖皮质激素也是滥用最为严重的药物之一，如在某些基层医疗机构，治疗感冒发热的患者时有"三素一汤"（抗生素＋糖皮质激素＋维生素）的用法。其在临床上的滥用导致一些人"谈激素色变"。不合理使用糖皮质激素引起的骨质疏松、伤口愈合延缓、感染扩散，甚至股骨头坏死等对患者的生活造成了巨大的影响和负担。然而，糖皮质激素的适应证非常广泛，尤其对某些疾病，如肾病综合征、自身免疫病、哮喘等，是控制症状必需的药物。尤其在2003年的"严重急性呼吸综合征"中发挥了重要的作用。糖皮质激素使用得当，对患者是获益大于风险的。为此，我国出台了《糖皮质激素类药物临床应用指导原则》（2023版），对糖皮质激素类药物的使用做出了规范。临床医生需全面熟悉该类药物，慎重权衡利弊，合理规避药物的严重不良反应，才能使糖皮质激素发挥其应有的价值。

思维导图

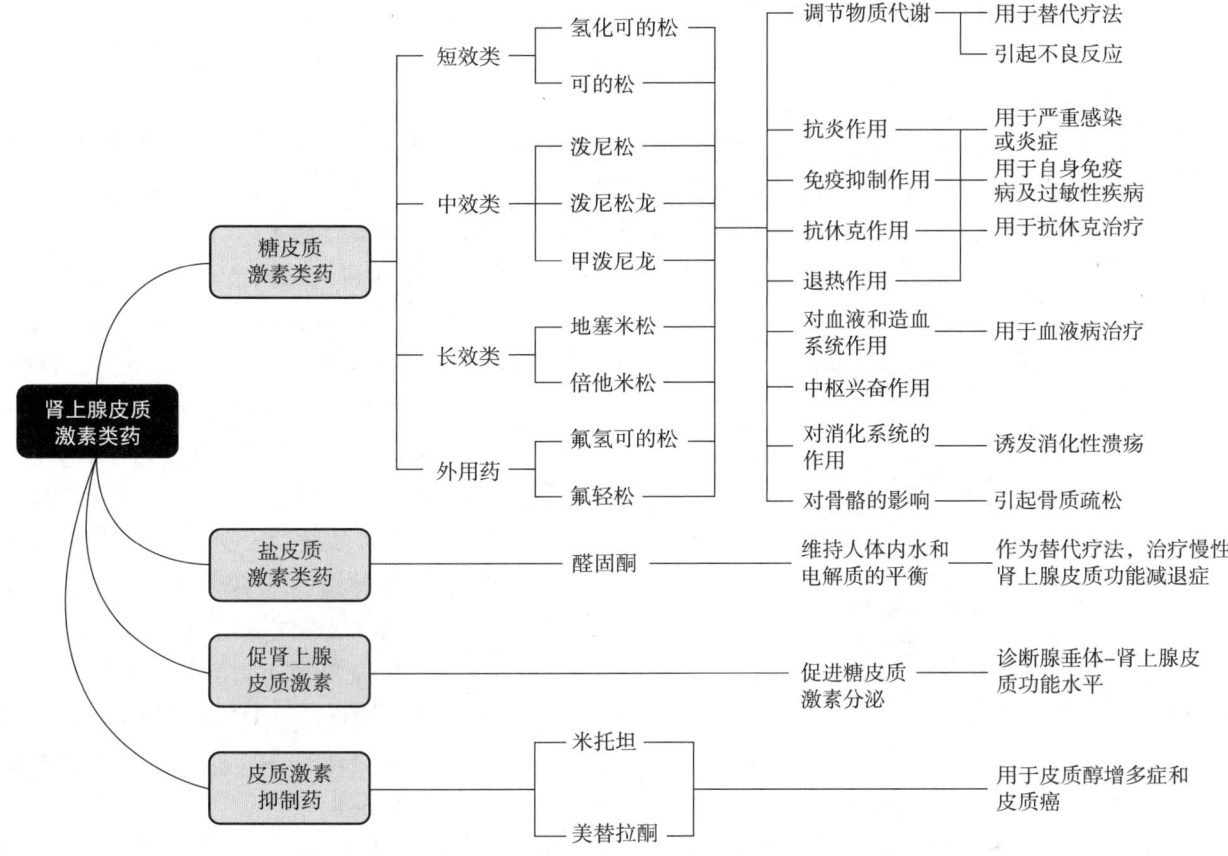

第一节 糖皮质激素类药

研究进展 26-1
糖皮质激素类药物的发现史与药物研究进展

肾上腺皮质激素是肾上腺皮质上皮细胞分泌的各种激素的总称，属于甾体类化合物。肾上腺皮质从外向内依次为球状带细胞，分泌盐皮质激素，主要是醛固酮和去氧皮质酮；束状带细胞，分泌糖皮质激素，主要是皮质醇；网状带细胞，主要分泌少量性激素。

体内糖皮质激素的分泌主要受下丘脑–垂体–肾上腺皮质轴调节。由下丘脑分泌的促肾上腺皮质激素释放激素（corticotropin-releasing hormone，CRH）进入腺垂体，促进促肾上腺皮质激素（adrenocorticotropic hormone，ACTH）的分泌，ACTH 则可以促进肾上腺分泌皮质激素。反过来，血液中糖皮质激素浓度的增加则抑制下丘脑和腺垂体分别分泌 CRH 和 ACTH，使内源性糖皮质激素分泌减少，因而长期应用糖皮质激素类药物治疗后可导致肾上腺萎缩。同样，ACTH 含量的增加也可抑制下丘脑分泌 CRH，这是一个短反馈的过程（图 26-1）。

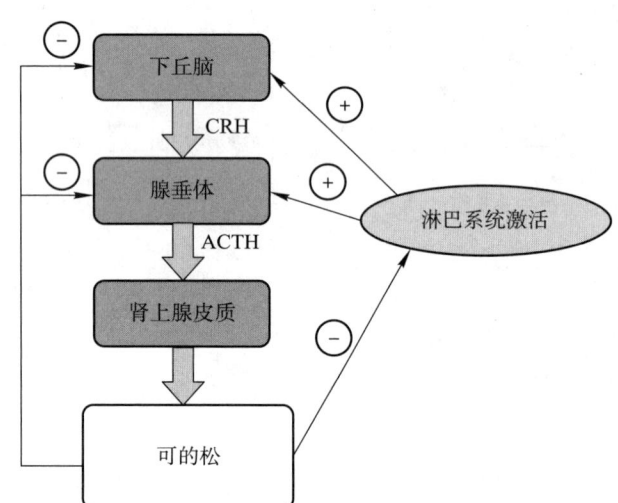

图 26-1 肾上腺皮质激素分泌的调节
⊕表示促进，⊖表示反馈性抑制

ACTH 和内源性糖皮质激素的分泌有昼夜节律性，午夜 12 时分泌最低，上午 8—10 时分泌最高。此外，机体在寒冷、运动、感染、外伤等应激状态下，内源性糖皮质激素的分泌量会激增到平时的 10 倍左右。

肾上腺皮质激素的基本结构为甾体母核，C_3 上有酮基，C_{20} 上有羰基，C_4-C_5 间有双键。此外，糖皮质激素还具有 17α-OH 和 11β-OH 结构。糖皮质激素特有的结构特征使其调节糖代谢和抗炎作用强，对水、盐代谢影响小。几种常用的糖皮质激素类药物结构见图 26-2。

【体内过程】糖皮质激素类药物脂溶性强，口服、注射均易吸收。药物血浆蛋白结合率高。药物在肝中代谢，主要为 C_4-C_5 双键还原为单键和 C_3 酮基还原为羟基，而后与葡糖醛酸或硫酸结合经尿排泄。根据其作用时效分为短、中、长效三类，短效类作用持续时间为 8～12 h，常用可的松（cortisone）、氢化可的松（hydrocortisone）；中效类作用持续时间为 12～36 h，常用泼尼松（prednisone）、泼尼松龙（prednisolone）、甲泼尼龙（methylprednisolone）、曲安西龙（triamcinolone）等；长效类作用持续时间为 36～72 h，常用地塞米松（dexamethasone）、倍他米松（betamethasone）等。值得注意的是，可的松和泼尼松需在肝内加氢还原为氢化可的松和泼尼松龙（氢化泼尼松）后方能生效。故肝功能低下时宜直接使用氢化可的松和泼尼松龙。另外，肝药酶诱导剂可加速药物的代谢而减弱其作用。

口服可的松或氢化可的松后 1～2 h 血药浓度可达峰值，一次给药作用持续 8～12 h。氢化可的松在血浆中（浓度低于 25 μg/100 mL 时）有 90% 以上与血浆蛋白结合，其中 77% 与皮质类固醇结合球蛋白（corticosteroid binding globulin，CBG）结合，另有约 15% 与白蛋白结合。CBG 在肝中合成，雌激素可促进其合成，妊娠期间或雌激素治疗时，血中 CBG 浓度增高而使游离的氢

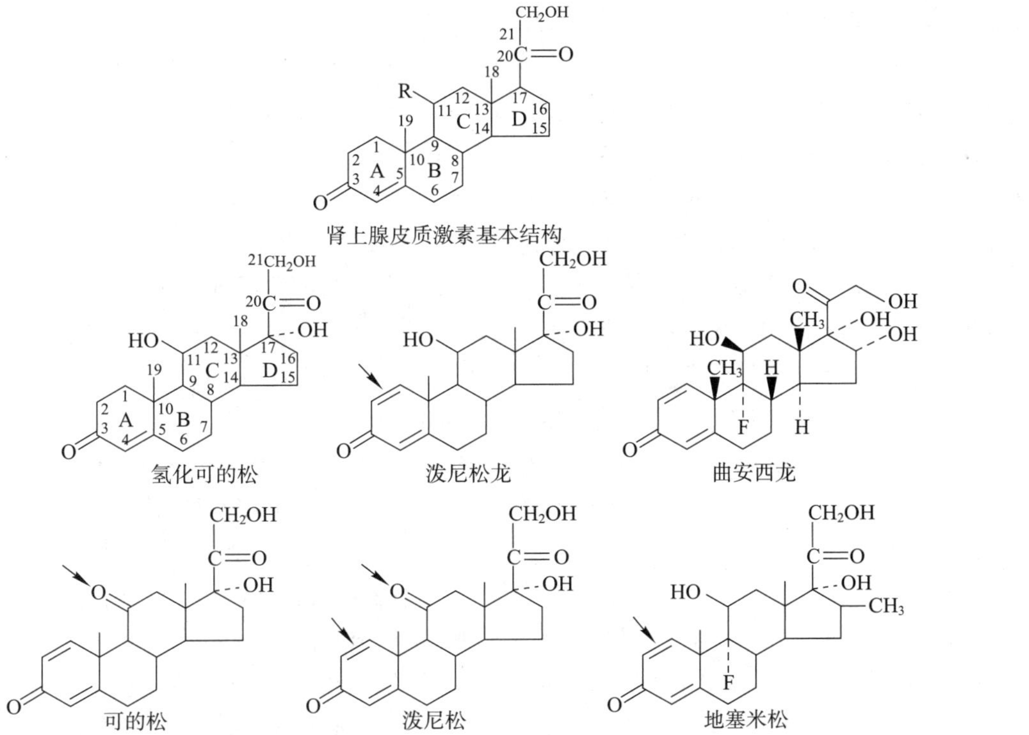

图 26-2　几种常用的糖皮质激素类药物的化学结构

化可的松减少，但通过反馈调节可使游离型药量恢复正常水平。肝、肾功能低下时 CBG 合成减少，可使游离型药量增多。泼尼松龙因不易被灭活，$t_{1/2}$ 可达 200 min。

【药理作用】生理剂量的糖皮质激素能够调节糖、脂肪和蛋白质的生物合成和代谢，超出生理剂量的糖皮质激素还具有抗炎、抗免疫和抗休克等作用。

微视频 26-1
糖皮质激素药理作用

1. 对物质代谢的影响

（1）糖代谢：糖皮质激素对维持血糖的正常水平和肝糖原、肌糖原含量具有重要作用。对糖代谢的作用主要是促进糖原异生，增加肝糖原、肌糖原含量，同时又抑制外周组织对葡萄糖的利用，减慢葡萄糖的分解，使血糖升高。

（2）蛋白质代谢：糖皮质激素对蛋白质代谢的影响主要是促进蛋白质分解，提高蛋白分解酶的活性，促进多种组织（淋巴、肌肉、皮肤、骨、结缔组织等）中蛋白质分解。大剂量糖皮质激素还能抑制蛋白质合成，形成负氮平衡。久用可致生长减慢、肌肉消瘦、皮肤变薄、骨质疏松、淋巴组织萎缩和伤口愈合延缓等。

（3）脂肪代谢：短期应用糖皮质激素对脂质代谢无明显影响，大剂量长期应用可增高血浆胆固醇，激活四肢皮下脂酶，促使皮下脂肪分解，使脂肪重新分布在面部、上胸部、颈背部、腹部和臀部，形成满月脸和向心性肥胖。

（4）水和电解质代谢：糖皮质激素对水和电解质代谢有较弱的盐皮质激素样作用，可保钠排钾，长期大量应用时作用较明显。还可引起低血钙及骨质脱钙。糖皮质激素还有增加肾小球滤过率和拮抗抗利尿激素的作用，减少肾小管对水的重吸收，故可利尿。

2. 允许作用　糖皮质激素对有些组织细胞虽无直接活性，但可给其他激素发挥作用创造有利条件，称为允许作用（permissive action）。例如，糖皮质激素并不能直接引起血管收缩，但能通过允许作用增强血管平滑肌对儿茶酚胺的敏感性。

3. 抗炎作用　糖皮质激素有快速、强大而非特异性的抗炎作用，能抑制物理性、化学性、免疫性及病原微生物等多种原因引起的炎症反应。

在炎症早期，糖皮质激素能抑制毛细血管扩张，减轻渗出和水肿，降低毛细血管的通透性，抑制白细胞浸润及吞噬反应，减少多种炎症因子的释放，从而改善红、肿、热、痛等症状。在炎症后期，糖皮质激素通过抑制毛细血管和成纤维细胞的增生，抑制胶原蛋白、黏多糖的合成，延缓肉芽组织增生，防止粘连及瘢痕形成，减轻后遗症。值得注意的是，炎症反应是机体的一种防御性反应，炎症后期的反应更是组织修复的重要过程。糖皮质激素在抑制炎症、减轻症状的同时，也降低机体的防御功能，若应用不当可致感染扩散，创面愈合延迟。因此，在治疗感染性疾病时，糖皮质激素必须与足量有效的抗菌药物合用。

糖皮质激素抗炎作用表现为以下一些炎性细胞和分子的改变：

（1）抑制炎症介质的合成和释放：糖皮质激素可诱导产生脂皮素 -1（lipocortin-1），继而抑制磷脂酶 A_2（phospholipase A_2，PLA_2）活性，减少花生四烯酸代谢产物前列腺素（PG）、白三烯等炎性介质合成。此外，它还可抑制环加氧酶 2 和诱导型一氧化氮合酶的表达，减少相关炎性介质的产生。

（2）抑制炎症细胞因子及黏附分子的表达：糖皮质激素通过与糖皮质激素受体（glucocorticoid receptor，GR）结合，抑制与慢性炎症有关的细胞因子如白介素（interleukins，ILs）的多种亚型 IL-1、IL-3、IL-4、IL-5、IL-6、IL-8，以及肿瘤坏死因子 α（tumor necrosis factor α，TNFα）、巨噬细胞集落刺激因子（macrophage colony-stimulating factor，MCSF）等的转录，从而强烈地抑制细胞因子介导的炎症。此外，它还可在转录水平上抑制黏附分子如细胞间黏附分子 -1（intercellular adhesion molecule-1，ICAM-1）、白细胞黏附分子 -1 及某些趋化因子的表达，从而抑制炎症细胞向炎症部位的游走和聚集。

（3）诱导炎性细胞的凋亡：糖皮质激素由 GR 介导基因转录变化，最终可激活胱天蛋白酶（caspase）和特异性核酸内切酶而导致细胞凋亡。

（4）其他：提高血管对儿茶酚胺的敏感性，使血管张力增加，通透性下降；抑制白细胞和巨噬细胞的渗出和游走；稳定溶酶体膜，减少蛋白水解酶的释放，减轻细胞和组织的损伤性反应。

4. 免疫抑制与抗过敏作用　糖皮质激素对免疫过程的多个环节均有抑制作用。抑制巨噬细胞对抗原的吞噬和处理；促进淋巴细胞的破坏和解体，促其移出血管而减少循环中淋巴细胞数量。动物实验表明，糖皮质激素小剂量主要抑制细胞免疫，大剂量则能抑制由 B 淋巴细胞转化成浆细胞的过程，使抗体生成减少，干扰体液免疫，但迄今在人体未证实糖皮质激素在治疗剂量时能抑制抗体产生。同时，糖皮质激素也能消除免疫反应所致的炎症反应。此外，糖皮质激素通过抑制免疫反应引起的肥大细胞脱颗粒，对抗组胺、5- 羟色胺等过敏介质的释放，发挥抗过敏作用（见第四十二章）。

5. 抗休克作用　大剂量糖皮质激素的抗休克作用是其抗炎、抗免疫和抗内毒素等作用的综合结果。其抗休克作用与下列因素有关：①扩张痉挛收缩的血管和加强心肌收缩力，降低痉挛血管对某些缩血管物质的敏感性，改善微循环；②稳定溶酶体膜，减少心肌抑制因子（myocardial depressant factor，MDF）的形成；③提高机体对细菌内毒素的耐受力，迅速退热。但是，糖皮质激素并不能中和内毒素，也不能保护机体免受外毒素的损伤。

6. 其他作用

（1）退热作用：糖皮质激素有迅速而良好的退热作用，可用于严重中毒性感染如肝炎、伤寒、脑膜炎、急性血吸虫病、败血症及晚期癌症的发热。其退热机制可能与其抑制体温调节中枢对致热原的反应，稳定溶酶体膜、减少内源性致热原的释放有关，但是在发热诊断未明前，不可滥用糖皮质激素，以免掩盖症状，使诊断困难。

（2）血液与造血系统：糖皮质激素能刺激骨髓造血功能，使红细胞和血红蛋白含量增加，大剂量可使血小板增多并提高纤维蛋白原浓度，缩短凝血时间；促使中性粒细胞数增多，但却降低其游走、吞噬、消化及糖酵解等功能，因而减弱对炎症区的浸润与吞噬活动；还可使单核细胞、嗜酸性粒细胞和嗜碱性粒细胞减少；对淋巴组织也有明显影响，可使淋巴组织萎缩，淋巴细胞减少。

（3）中枢神经系统：糖皮质激素可减少脑内 γ- 氨基丁酸等抑制性递质的释放，提高中枢神经系统的兴奋性，引起欣快、激动、失眠等，偶可诱发精神失常和癫痫。大剂量可致儿童惊厥。

（4）消化系统：糖皮质激素促进胃酸和胃蛋白酶的分泌，提高食欲，促进消化，但长期大剂量应用可诱发或加重溃疡。

（5）骨骼：长期大量应用糖皮质激素可引起骨质疏松。

常用的糖皮质激素类药物比较见表 26-1。

表 26-1　常用的糖皮质激素类药物比较表

药物	分类	对受体的亲和力	水盐代谢（比值）	糖代谢（比值）	抗炎作用（比值）	等效剂量（mg）	$t_{1/2}$（min）	作用持续时间（h）
氢化可的松	短效类	1	1	1	1	20	90	8 ~ 12
可的松	短效类	0.01	0.8	0.8	0.8	25	30	8 ~ 12
泼尼松	中效类	0.05	0.6	3.5	3.5	5	>200	12 ~ 36
泼尼松龙	中效类	2.2	0.6	4	4	5	>200	12 ~ 36
甲泼尼龙	中效类	11.9	0.5	5	5	4	>200	12 ~ 36
曲安西龙	中效类	1.9	0	5	5	4	>200	12 ~ 36
地塞米松	长效类	7.1	0	30	30	0.75	>300	36 ~ 54
倍他米松	长效类	5.4	0	30 ~ 35	25 ~ 35	0.6	>300	36 ~ 54
氟氢可的松	外用药	3.5	125		12			
氟轻松	外用药	1			40			

【作用机制】基因效应是糖皮质激素抗炎作用的基本机制。糖皮质激素扩散进入细胞质内，与靶细胞胞质内的 GR 相结合。GR 由约 800 个氨基酸构成，广泛分布于肝、肺、脑、骨、胃肠平滑肌、骨骼肌、淋巴组织、成纤维细胞和胸腺等处。各类细胞未活化的 GR 与热休克蛋白 90（heat shock protein 90，HSP90）及小分子免疫亲和蛋白（immunophilin）等结合成无活性的形式，一旦糖皮质激素与 GR 结合，HSP90 等被解离，而被活化的复合物迅速进入核内，与靶基因启动子或增强子上的糖皮质激素反应元件（glucocorticoid response element，GRE）或负性糖皮质激素反应元件（negative glucocorticoid response element，nGRE）结合，相应地诱导或阻遏转录过程，继而通过 mRNA 影响重要相关细胞因子或介质的蛋白质合成（图 26-3）。

糖皮质激素调控基因表达和蛋白质合成的过程不会立即发生，而是需要几个小时。然而糖皮质激素介导的某些快速效应，如反馈性的抑制效应可在几秒钟到数分钟内发生，并且这种效应不被转录抑制剂或蛋白质合成抑制剂阻遏。这种快速效应有别于传统的"基因组效应"。因此，有学者提出了糖皮质激素快速作用的非特异性非基因组调节机制和胞膜受体机制来解释这种快速作

动画 26-1
糖皮质激素的作用机制

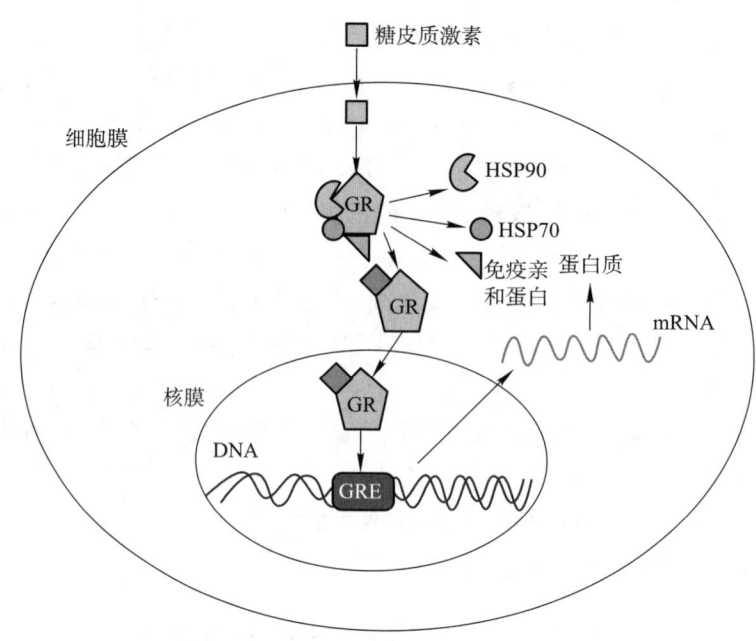

图 26-3　糖皮质激素的基因调控机制

用。还有研究认为，允许作用发生时也存在快速的非基因组调节机制。

【临床应用】

1. 替代疗法　用于急、慢性肾上腺皮质功能不全，垂体功能减退和肾上腺次全切除术后的补充替代疗法。

2. 严重感染或炎症

（1）严重急性感染：原则上限于严重感染并伴有明显毒血症者，如中毒性菌痢、暴发型流行性脑膜炎、中毒性肺炎、重症伤寒、急性粟粒性肺结核、猩红热及败血症等。糖皮质激素可提高机体对有害刺激的耐受性，减轻中毒反应，迅速缓解症状，但同时也降低机体的防御功能，若应用不当可致感染扩散，创面愈合延迟，因此，必须同时应用足量、有效的抗菌药物。病毒性感染因用后可降低机体的防御能力反使感染扩散而加剧症状，一般不用糖皮质激素。对严重病毒性肝炎、流行性腮腺炎、严重急性呼吸综合征（SARS）、麻疹和乙型脑炎等也有缓解症状的作用。应用糖皮质激素的目的在于消除对机体有害的炎症反应、免疫反应等，以迅速缓解症状，防止脑、心、肺等重要器官的损害，有助于患者度过危险期。

（2）治疗炎症及防止某些炎症后遗症：对结核性脑膜炎、脑炎、心包炎、风湿性心瓣膜炎、损伤性关节炎、睾丸炎及烧伤后瘢痕挛缩等，早期应用糖皮质激素可防止后遗症发生。对虹膜炎、角膜炎、视网膜炎和视神经炎等非特异性眼炎，应用后也可迅速消炎止痛、防止角膜混浊和瘢痕粘连的发生。

3. 自身免疫病、过敏性疾病及器官移植

（1）自身免疫病：严重风湿热、风湿性心肌炎、风湿性及类风湿关节炎、系统性红斑狼疮、结节性多动脉炎、自身免疫性溶血性贫血和肾病综合征等应用糖皮质激素后可缓解症状。对多发性皮肌炎，糖皮质激素是首选药。一般采用综合疗法，不宜单用，以免引起不良反应。

（2）过敏性疾病：如荨麻疹、花粉症、血清热、血管神经性水肿、过敏性鼻炎、支气管哮喘（第二十五章）和过敏性休克等，应首先考虑用抗组胺药或肾上腺素受体激动药等治疗，当病情严重或无效时可应用糖皮质激素辅助治疗。局部应用的糖皮质激素布地奈德（budesonide）（第二十五章）抗炎作用强，其吸入剂常用于治疗支气管哮喘，鼻喷剂常用于过敏性鼻炎。

深入学习 26-1
糖皮质激素的非基因组调节机制
微视频 26-2
糖皮质激素临床应用
临床聚焦 26-1
肾上腺皮质功能减退症
深入学习 26-2
糖皮质激素在新冠病毒感染中的临床应用和注意事项
临床聚焦 26-2
严重急性呼吸综合征

（3）异体器官移植：糖皮质激素用于预防器官移植早期的强烈排斥反应，常应用甲泼尼龙或泼尼松等。然而，大剂量糖皮质激素（尤其是长期应用）有明显不良反应，甚至可能影响器官移植受者的长期存活率。

4. 抗休克治疗　感染性休克时，在有效的抗菌药物治疗下，可短时间突击使用大剂量糖皮质激素，见效后即停药；对过敏性休克，糖皮质激素起效缓慢，不可作为首选的抢救措施，但可与肾上腺素合用，宜采用冲击剂量，一般用氢化可的松，用药1~2天，最多不超过3天。对心源性休克，须结合病因治疗；对低血容量性休克，在补液、补电解质或输血后效果不佳者，可合用超大剂量的糖皮质激素。

5. 血液病　可用于急性淋巴细胞白血病、再生障碍性贫血、粒细胞减少症、血小板减少症和过敏性紫癜等治疗，能明显缓解症状，但停药后易复发。

6. 局部应用　对接触性皮炎、湿疹、肛门瘙痒、银屑病等都有疗效，宜用氢化可的松、泼尼松龙或氟轻松。对天疱疮及剥脱性皮炎等严重病例仍需全身用药。

【不良反应及用药注意事项】

1. 长期大剂量应用引起的不良反应

（1）类肾上腺皮质功能亢进综合征：是过量糖皮质激素引起物质代谢和水电解质代谢紊乱所致，如满月脸、水牛背、向心性肥胖、皮肤变薄、痤疮、多毛、水肿、低钾血症、高血压和高血糖等，停药后可自行消退。必要时采取对症治疗，如应用抗高血压药、降血糖药、氯化钾，并采用低盐、低糖、高蛋白饮食等措施。

（2）诱发或加重感染：以真菌、结核分枝杆菌、葡萄球菌、变形杆菌、铜绿假单胞菌和各种疱疹病毒感染为主。这是由于长期应用糖皮质激素抑制了机体的防御功能，从而诱发感染或使体内潜在病灶扩散、恶化。特别是原有疾病使患者抵抗力降低时更易发生。

（3）消化系统并发症：由于刺激胃酸、胃蛋白酶分泌，抑制胃黏液分泌，降低胃肠黏膜的抵抗力，故可诱发或加剧胃、十二指肠溃疡，甚至造成消化道出血或穿孔。对少数患者可诱发胰腺炎或脂肪肝。

（4）心血管系统并发症：长期应用可诱发高血压和动脉粥样硬化。

（5）骨质疏松、肌肉萎缩、伤口愈合迟缓等：与糖皮质激素促进蛋白质分解、抑制其合成及增加钙、磷排泄有关。骨质疏松多见于儿童、老年人和绝经期妇女，严重者可有自发性骨折。因抑制生长激素分泌和造成负氮平衡，还可影响生长发育。孕妇应用偶可致畸。

（6）其他：诱发精神病和癫痫，有精神病或癫痫病史者禁用或慎用。

2. 停药反应

（1）医源性肾上腺皮质功能不全：长期用药导致皮质激素反馈性抑制垂体-肾上腺皮质轴，如果减量过快或突然停药，可引起肾上腺皮质功能不全。肾上腺皮质功能恢复的时间与用药剂量、期限和个体差异有关。停药后垂体分泌ACTH的功能需经3~5个月才恢复，肾上腺皮质对ACTH起反应的功能恢复需6~9个月或更久。停药后患者如遇到感染、创伤、手术等严重应激情况，可发生肾上腺危象，如恶心、呕吐、乏力、低血压和休克等，需及时抢救。防治方法：停药时需缓慢减量，不可骤然停药，停用糖皮质激素后连续应用ACTH 7天左右；在停药1年内如遇感染或手术等应激情况，应及时给予足量糖皮质激素。

（2）反跳现象和停药症状：长期应用糖皮质激素控制症状发作，若病情尚未完全控制，突然停药或减量过快可导致原有疾病的复发或恶化，常需加大剂量再行治疗，待症状缓解后再逐渐减量、停药。糖皮质激素突然停药时也可出现原有疾病所没有的一些症状，如肌痛、关节痛、乏力

微视频26-3
糖皮质激素不良反应

深入学习 26-3
特殊人群使用糖皮质
激素注意事项

和情绪消沉等。

3. 用药注意事项　当适应证与禁忌证同时存在时，应用糖皮质激素应全面分析，权衡利弊，慎重决定。病情危重虽有禁忌证存在仍需使用时，待病情稳定后，应尽早停药或减量。严重精神病、癫痫、活动性消化性溃疡、新近胃肠吻合术、骨折、创伤修复期、角膜溃疡、肾上腺皮质功能亢进症、严重高血压、动脉硬化、糖尿病、妊娠，以及不能控制的病毒或真菌等感染（水痘、真菌感染）均是糖皮质激素的禁忌证。

非甾体抗炎药可加强糖皮质激素的致溃疡作用。与两性霉素 B 或碳酸酐酶抑制药合用时，可加重低钾血症，应注意血钾和心脏功能变化。长期与碳酸酐酶抑制药合用，易发生低血钙和骨质疏松。三环类抗抑郁药可使糖皮质激素引起的精神症状加重。与降血糖药如胰岛素合用时，应适当调整降血糖药剂量。

深入学习 26-4
糖皮质激素类药物的
给药剂量和途径

【用法及疗程】糖皮质激素的生物学效价、药物代谢动力学、治疗疗程和剂量、给药方式和一天内的给药时机及代谢个体差异均会影响治疗疗效，并产生各种不良反应。治疗疗程根据用药时间大致可分为冲击治疗，短程、中程和长程治疗，以及替代治疗。

1. 冲击治疗　适用于危重患者的抢救，如重度感染、中毒性休克、过敏性休克、严重哮喘持续状态、过敏性喉头水肿等，使用一般 ≤5 天。激素使用期间必须配合使用其他有效治疗措施。因疗程短可迅速停药，若无效可在短时间内重复应用。

2. 短程治疗　适用于应激性治疗，或感染及变态反应类疾病所致的机体严重器质性损伤，如结核性脑膜炎、胸膜炎、剥脱性皮炎或器官移植急性排斥反应。配合其他有效治疗措施，停药时需逐渐减量以至停药。使用一般 <1 个月。

3. 中程治疗　适用于病程较长且多器官受累性疾病如风湿热等。治疗剂量起效后减至维持量，逐渐递减直至停药。使用一般 <3 个月。某些特殊疾病，如活动性甲状腺眼病，使用激素每周一次冲击治疗，一般维持 12 周。

4. 长程治疗　适用于预防和治疗器官移植后排斥反应及反复发作的多器官受累的慢性系统性自身免疫病，如系统性红斑狼疮、类风湿关节炎、血小板减少性紫癜、溶血性贫血、肾病综合征等。可采用每日或隔日给药。逐步减量至最低有效维持剂量，停药前需逐步过渡到隔日疗法。使用一般 >3 个月。

5. 替代治疗　①长程替代方案，适用于原发或继发性慢性肾上腺皮质功能减退症；②应急替代方案，适用于急性肾上腺皮质功能不全及肾上腺危象；③抑制替代方案，适用于先天性肾上腺皮质增生症。

第二节　盐皮质激素类药

盐皮质激素

盐皮质激素（mineralocorticoids）是由肾上腺皮质球状带细胞分泌的类固醇激素，主要生理作用是维持人体内水和电解质的平衡，促进肾小管重吸收 Na^+，排泄 K^+。它与下丘脑分泌的抗利尿激素相互协调，共同调节体内水、电解质的平衡。盐皮质激素的保钠排钾作用也表现在对唾液腺、汗腺及胃肠道分泌的调节。

醛固酮是作用最强的一种天然盐皮质激素，平时醛固酮的每日分泌量很少。当某种情况引起醛固酮分泌过多时，其显著的水钠潴留及排钾效应则可引起低血钾、组织水肿、高血压。若盐皮质激素分泌水平过低会导致水钠流失和血压降低。另一种盐皮质激素去氧皮质酮的保钠作用只有醛固酮的1%～3%，但远较氢化可的松强。临床上常与氢化可的松合用作为替代疗法，治疗慢性肾上腺皮质功能减退症。替代疗法的同时，要注意每日补充食盐摄入6～10 g。

第三节　促肾上腺皮质激素及皮质激素抑制药

促肾上腺皮质激素

促肾上腺皮质激素（adrenocorticotropic hormone，ACTH）是腺垂体分泌的一种多肽类激素，能促进肾上腺皮质的组织增生及皮质激素的生成和分泌。ACTH的生成和分泌受下丘脑分泌的CRH的直接调控。皮质激素能长负反馈调节腺垂体和下丘脑分别合成、分泌ACTH和CRH，而ACTH也可短负反馈调节下丘脑合成和分泌CRH。ACTH口服后在胃内被胃蛋白酶破坏而失效，故只能注射给药，血浆$t_{1/2}$为15 min。它在正常人的血浆浓度晨8时为22 pg/mL，晚10时为9.6 pg/mL。其主要作用是促进糖皮质激素分泌，但只有在皮质功能完好时方能发挥治疗作用。一般在给药后2 h皮质才开始分泌氢化可的松。临床上用于诊断垂体–肾上腺皮质功能水平及检测长期使用糖皮质激素停药前后的肾上腺皮质功能水平，以防止因停药而发生皮质功能不全。

皮质激素抑制药

皮质激素抑制药可代替外科的肾上腺皮质切除术，临床上常用的有米托坦和美替拉酮。

米托坦（mitotane，又称双氯苯二氯乙烷）结构与杀虫剂DDT相似。它能选择性地使肾上腺皮质束状带及网状带细胞萎缩、坏死，但不影响球状带，故醛固酮分泌不受影响。用药后血、尿中氢化可的松及其代谢物迅速减少。主要用于不可切除的皮质癌、切除后复发皮质癌及皮质癌术后辅助治疗。有厌食、恶心、腹泻、皮疹、嗜睡、头痛、眩晕、乏力、中枢抑制及运动失调等反应。

美替拉酮（metyrapone，甲吡酮）能抑制11β–羟化反应，干扰11–去氧皮质酮转化为皮质酮及11–去氧氢化可的松转化为氢化可的松，故其血浆浓度水平降低，但通过反馈性地促进ACTH分泌可导致11–去氧皮质酮和11–去氧氢化可的松代偿性增加，故尿中17–羟类固醇排泄也相应增加。临床上用于治疗肾上腺皮质肿瘤、产生ACTH的肿瘤所引起的皮质醇增多症和皮质癌，还可用于垂体释放ACTH功能试验。不良反应较少，可有眩晕、消化道反应等。

（王敏杰）

思考题

1. 试述糖皮质激素抗炎作用机制。
2. 糖皮质激素类药物的药理作用、临床应用及不良反应是什么？
3. 糖皮质激素类药物的禁忌证有哪些？

网上更多……

👤 学习目标　　📋 本章小结　　✍ 自测题　　⬇ 教学PPT　　📶 参考资源

第二十七章
甲状腺激素及抗甲状腺药

关键词

甲状腺激素	T_3	T_4	抗甲状腺药
甲硫氧嘧啶	丙硫氧嘧啶	甲巯咪唑	卡比马唑
碘化钾	碘化钠	复方碘溶液	放射性碘
普萘洛尔			

甲状腺激素是甲状腺合成和分泌的含碘激素，为机体正常代谢和生长发育，尤其是中枢神经系统发育所必需。当甲状腺激素过量分泌时，引起甲状腺功能亢进症（甲亢），需采用抗甲状腺药或手术等进行治疗；当甲状腺功能正常时，由于碘缺乏使甲状腺激素合成所需原料不足，引起单纯性甲状腺肿（大脖子病），可通过补充加碘食盐进行防治；当甲状腺功能减退（甲减）时，甲状腺激素生成不足，在胚胎或婴幼儿期引起呆小病（克汀病），在成人中引起黏液性水肿，需补充甲状腺激素。本章介绍临床上治疗甲状腺疾病的主要药物。

思维导图

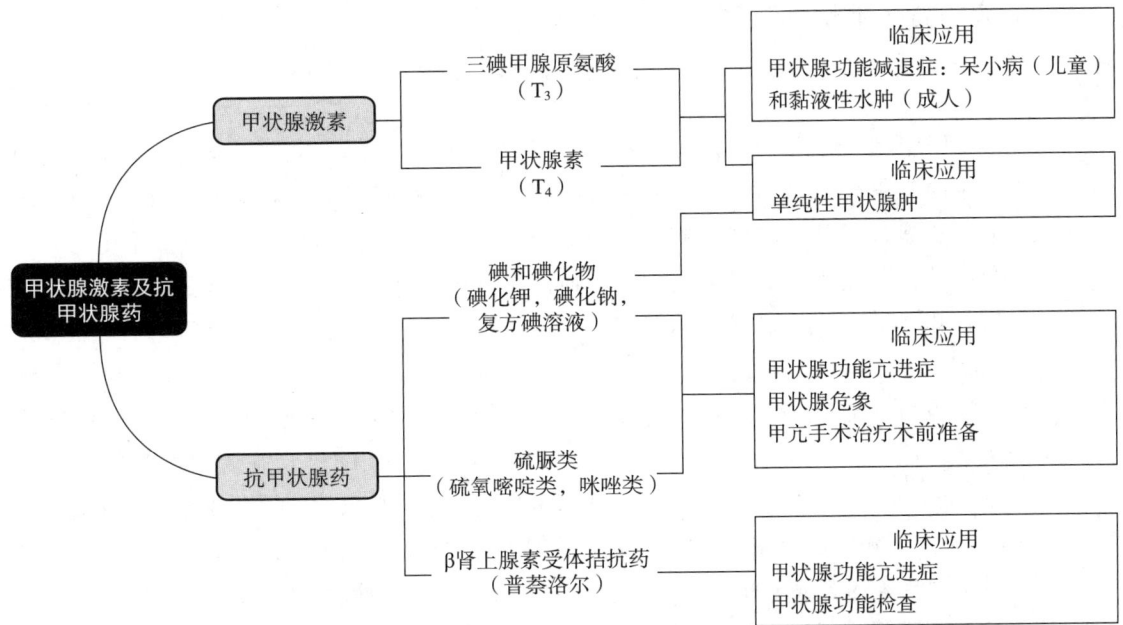

视频 27-1
甲状腺激素、抗甲状
腺药与甲状腺疾病

第一节　甲状腺激素

甲状腺激素（thyroid hormones）是甲状腺合成与分泌的激素，由三碘甲腺原氨酸（triiodothyronine，T_3）和甲状腺素（thyroxine）又称四碘甲腺原氨酸（tetraiodothyronine，T_4）组成，其合成部位为甲状腺腺泡细胞，具体生物合成过程和分泌调节如下（图 27-1）：位于甲状腺腺泡细胞膜上的碘泵主动摄取血液中的碘离子（I^-），I^- 在过氧化物酶的作用下被氧化为活性碘（I^+）。I^+ 与甲状腺球蛋白（thyroglobulin，TG）的酪氨酸残基结合，生成一碘酪氨酸（monoiodotyrosine，MIT）和二碘酪氨酸（diiodotyrosine，DIT）。1 分子 MIT 和 1 分子 DIT 在过氧化物酶的作用下，耦联生成 T_3，2 分子 DIT 耦联生成 T_4，生物合成的 T_3 和 T_4 仍与甲状腺球蛋白结合，贮存于腺泡腔胶质中。结合于甲状腺球蛋白的 T_3 和 T_4 在蛋白水解酶的作用下分解，释放出 T_3 和 T_4，经血液至全身各组织发挥作用。下丘脑分泌促甲状腺激素释放激素（thyrotropin-releasing hormone，TRH）促进垂体分泌促甲状腺激素（thyroid-stimulating hormone，TSH）而调控甲状腺激素的合成与释放，血液中 T_3 和 T_4 的浓度通过负反馈调节 TRH 和 TSH 的释放。药用甲状腺激素主要自牛、羊和猪等动物甲状腺中提取，或由人工合成。

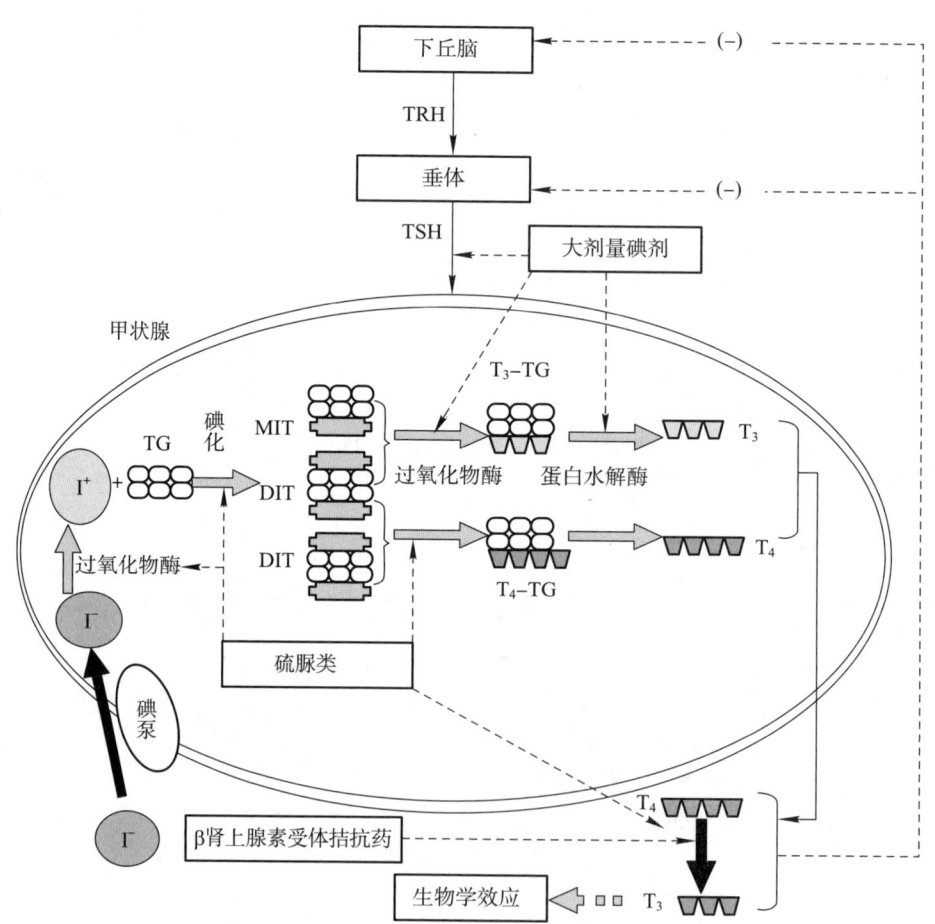

图 27-1　甲状腺激素的合成、释放与调节及抗甲状腺药的作用环节

【体内过程】T_4 和 T_3 口服易吸收，生物利用度分别为 50% ~ 70% 和 90% ~ 95%，其中 T_4 吸收率受肠内容物的影响而不恒定。两者血浆蛋白结合率均在 99% 以上，T_3 与血浆蛋白的亲和力低于 T_4，游离量为 T_4 的 10 倍。T_3 作用快而强，维持时间短，$t_{1/2}$ 为 2 天；T_4 作用弱而慢，维持时间长，$t_{1/2}$ 为 5 天。甲状腺激素易通过胎盘，也可进入乳汁，主要在肝和肾线粒体内脱碘，与葡糖醛酸或硫酸结合后经肾排泄。

【生理、药理作用】

1. 维持机体生长发育　甲状腺激素是机体骨骼及中枢神经系统的生长和发育所必需。在胚胎或婴幼儿期，因缺碘或使用抗甲状腺药可致甲状腺激素生成减少，引起呆小病，患儿智力低下、身材矮小；成年人甲状腺功能减退时，出现神情冷漠、记忆力减退等，同时因蛋白质合成减少而组织间液黏蛋白增多并结合大量水分等形成黏液性水肿。

2. 促进代谢　甲状腺激素促进物质氧化代谢，增加机体的耗氧量和产热量。在正常情况下，甲状腺激素主要是促进蛋白质合成，特别是使骨、骨骼肌、肝等蛋白质合成明显增加，促进婴幼儿的生长、发育。当甲状腺激素分泌过多时，蛋白质尤其是骨骼肌的蛋白质大量分解，促进糖的吸收、肝糖原分解及外周组织对糖的利用，加速脂肪分解氧化，提高基础代谢率。甲状腺功能亢进时基础代谢率增高 35% 左右，出现怕热、多汗等症状。甲状腺功能减退时基础代谢率可降低 15% 左右，出现畏寒、怕冷等症状。

3. 增强交感 - 肾上腺系统的反应性　甲状腺激素可提高机体对儿茶酚胺的敏感性。在甲亢时，患者出现情绪激动、烦躁不安、心率加快、血压升高及失眠等现象。

【作用机制】T_4 和 T_3 与甲状腺受体（thyroid receptor，TR）结合而发挥作用（图 27-2）。甲状腺受体是与 DNA 结合的细胞核受体，主要包括 TRα（TRα1，TRα2，TRα3，TRΔα1 和 TRΔα2）和 TRβ（TRβ1，TRβ2，TRβ3 和 TRΔβ3）两类异构体，并广泛存在于垂体、心、肺、肝、肾、肠及骨骼肌等组织。血中 T_4 和 T_3 与血浆蛋白解离后，经细胞膜单羧酸转运蛋白（monocarboxylate transporter）8 和 10 等特异性甲状腺激素载体转运进入细胞。T_4 在 I 型和 II 型脱

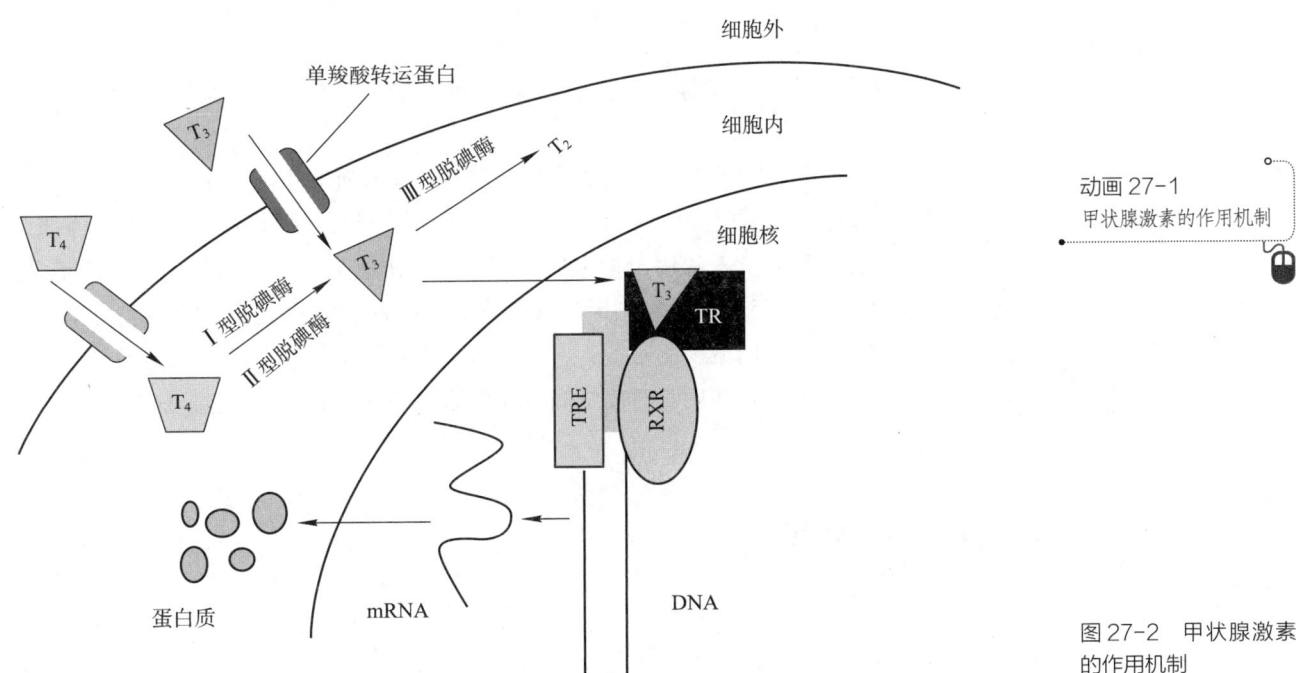

动画 27-1
甲状腺激素的作用机制

图 27-2　甲状腺激素的作用机制

碘酶的作用下，转化为 T_3，T_3 在 Ⅲ 型脱碘酶作用下变为二碘甲腺原氨酸失活。T_3 进入细胞核后，以比 T_4 高 10 倍以上的亲和力与 TR 特异性结合，调控 TR 的功能。TR 为配体依赖性受体，与类视黄醇 X 受体（retinoid X receptor，RXR）等核受体形成异二聚体（TR-RXR）复合物，并与靶基因启动子部位的甲状腺激素反应元件（thyroid hormone response elements，TRE）结合，使靶基因转录激活，促进相关蛋白和酶的生成而发挥生理效应。

【临床应用】

1. 甲状腺功能减退

（1）呆小病：新生儿甲状腺功能减退时，应在一岁之内适量补充甲状腺激素，对中枢神经系统的发育和脑功能的恢复有效。若治疗过晚，即使躯体发育正常，智力仍低下。甲状腺激素应从小剂量开始，逐渐增加，以症状明显好转时的剂量作为维持量，终生替代治疗，并注意及时调整剂量，以减少不良反应的发生。

（2）黏液性水肿：垂体功能减退的黏液性水肿患者宜先使用糖皮质激素，再用甲状腺激素，以防急性肾上腺皮质功能不全的发生。黏液性水肿昏迷的患者，须立即大量注射 T_3 直至清醒后改为口服，同时给予足量糖皮质激素。

2. 单纯性甲状腺肿　系由甲状腺非炎性或肿瘤性原因阻碍甲状腺激素合成而导致的代偿性甲状腺肿大。本病不伴有甲状腺功能亢进或减退的表现，甲状腺呈弥漫性或多结节性肿大。主要见于：①缺碘时，机体不能合成足够的甲状腺激素，反馈性引起垂体 TSH 的分泌增加，血中 TSH 水平升高，刺激甲状腺增生肥大；②在青春期、妊娠期、哺乳期、寒冷、感染、创伤和精神刺激时，由于机体对甲状腺激素的需要量增多，可诱发或加重甲状腺肿；③长期摄入含有硫脲类的食物或药物等，阻抑甲状腺激素合成而引起单纯性甲状腺肿。单纯性甲状腺肿应明确病因，缺碘所致者应补碘；原因不明者给予适量甲状腺激素，以补充内源性激素的不足，并抑制 TSH 过多分泌，进而缓解甲状腺代偿性增生肥大。

3. 其他

临床聚焦 27-1
T_3 抑制试验

（1）T_3 抑制试验：用于单纯性甲状腺肿和甲亢的鉴别诊断。甲状腺摄碘率较服药前对照值可下降 50% 以上者，为单纯性甲状腺肿的患者；甲状腺摄碘率较服药前对照值下降小于 50% 者，为甲亢患者。

（2）甲亢患者服用抗甲状腺药时，加服 T_4 有利于减轻突眼、甲状腺肿大及防止甲状腺功能减退。

【不良反应及用药注意事项】甲状腺激素的使用应从小剂量开始，逐渐增加剂量，过量可引起甲亢的临床表现，甚至有心绞痛、心力衰竭和肌肉震颤等，一旦发生，应立即停药，并采用 β 肾上腺素受体拮抗药对抗。禁用于糖尿病、冠心病和快速型心律失常的患者。质子泵抑制药、H_2 受体拮抗药因抑制胃酸分泌而影响甲状腺激素的吸收；氢氧化铝、碳酸钙、硫糖铝和硫酸亚铁等可与甲状腺激素结合而减少其吸收；肝药酶诱导剂利福平、苯妥英、巴比妥类和卡马西平等加速甲状腺激素的代谢，合并用药时需提高甲状腺激素的用药量。

第二节　抗甲状腺药

甲状腺功能亢进症（简称甲亢）是血液循环中甲状腺激素分泌过多，引起以神经、循环、消化等系统兴奋性增高和代谢亢进为主要表现的一组临床综合征。本病病因不清，可能与自身免疫病有关。甲亢治疗的目的是降低血中甲状腺激素的浓度，恢复机体正常的代谢状态。目前常用的抗甲状腺药有硫脲类、碘和碘化物、放射性碘及 β 肾上腺素受体拮抗药四类。

深入学习 27-1
影响甲状腺功能的药物

一、硫脲类

硫脲类（thioureas）为临床最常用的抗甲状腺药，分为两类：①硫氧嘧啶类，包括甲硫氧嘧啶（methylthiouracil）和丙硫氧嘧啶（propylthiouracil）；②咪唑类，包括甲巯咪唑（thiamazole，又名他巴唑 tapazole）和卡比马唑（carbimazole）。

【体内过程】硫氧嘧啶类口服吸收迅速，生物利用度约为 80%，血浆蛋白结合率约为 75%。分布于全身，以甲状腺中浓度最高。主要在肝代谢，部分结合葡糖醛酸后排出。可通过胎盘，也可进入乳汁。咪唑类吸收慢，作用维持时间长，卡比马唑在体内转化成甲巯咪唑发挥作用。

【药理作用】

1. 抑制甲状腺激素的合成　硫脲类抑制甲状腺激素的生物合成，但对已合成的甲状腺激素无效，须待体内已合成的激素被消耗后才显效。因此，用药 2~3 周后症状开始好转，1~2 个月基础代谢率可恢复正常。

2. 控制血清 T_3 水平　丙硫氧嘧啶能抑制外周组织的 T_4 转化为 T_3，迅速控制血清中生物活性较强的 T_3 水平，而甲巯咪唑该作用较弱。

3. 具有免疫抑制作用　甲亢的发病与机体产生自身抗体——促甲状腺免疫球蛋白（thyroid-stimulating immunoglobulin，TSI）有关，本类药具有免疫抑制作用，可降低血液中 TSI，故对甲亢的病因具有一定治疗作用。

【作用机制】如图 27-1 所示，硫脲类通过抑制过氧化物酶，进而影响碘的活化、酪氨酸的碘化及耦联，并最终阻止 T_3 和 T_4 的生物合成；也可抑制外周组织 T_4 向 T_3 的转化而控制血清 T_3 水平。此外，硫脲类还可轻度抑制甲亢时自身抗体（TSI）的生成，进而减少甲状腺组织的增生，并抑制甲状腺激素的合成与分泌等。

【临床应用】

1. 甲亢内科治疗　适用于轻症、不宜手术或放射性碘治疗的患者，如儿童、青少年、术后复发及年老体弱或兼有心、肝、肾和出血性疾病的中、重度患者。

2. 甲状腺危象的治疗　甲状腺危象是指在感染、外伤、手术和情绪激动等各种诱因作用下，大量甲状腺激素突然释放入血，患者发生高热、虚脱、心力衰竭、水和电解质紊乱等，严重者可致死亡。临床治疗除消除诱因、对症治疗外，还需给予大剂量碘剂以抑制甲状腺激素的释放，并使用 2 倍于治疗量的硫脲类以阻止甲状腺激素的合成。丙硫氧嘧啶为重症甲亢和甲状腺危象治疗的首选药。

3. 甲状腺手术前准备　为减少甲状腺次全切除术患者在麻醉和手术后的并发症并预防甲状腺危象的发生，术前必须服用硫脲类药物，使甲状腺功能恢复或接近正常。因硫脲类可反馈性增加 TSH 分泌，使腺体代偿性增生、组织变脆且充血，不利于手术，故须在手术前 2 周左右加服大剂量碘剂，使腺体坚实，充血减少。

【不良反应及用药注意事项】皮肤过敏反应最常见，多为瘙痒和药疹等，少数伴有发热，一般不需停药也可消失。粒细胞缺乏症为最严重的不良反应，多发生在治疗后的 2~3 个月，应定期检查血象，若用药后出现咽痛或发热，应立即停药并进行相应的检查。用药过量可致甲状腺功能减退。长期用药，因血甲状腺激素水平下降，反馈性增加 TSH 分泌，腺体代偿性增生而引起甲状腺肿，故禁用于结节性甲状腺肿合并甲亢及甲状腺癌的患者。因本类药可通过胎盘屏障并易进入乳汁，故哺乳期和妊娠期妇女禁用。酚妥拉明、妥拉唑林、巴比妥类、锂盐、对氨基水杨酸、保泰松、维生素 B_{12}、磺酰脲类和磺胺类等均可不同程度抑制甲状腺功能，与硫脲类合用可增加抗甲状腺的作用。

二、碘和碘化物

常用的碘和碘化物有碘化钾（potassium iodide）、碘化钠（sodium iodide）和复方碘溶液（liquor iodine compound，又称卢戈液，Lugol's solution）。

【体内过程】以碘化物形式自胃肠道吸收，以无机碘离子形式存在于血液中，除甲状腺摄取外，也分布于胆汁、唾液、汗液及乳汁中，可通过胎盘进入胎儿体内。

【药理作用及作用机制】

1. 小剂量碘剂促进甲状腺激素的合成　甲状腺浓集了机体 80% 的总碘量，并以此为原料合成甲状腺激素。小剂量碘可补充碘摄入的不足。

2. 大剂量碘剂抗甲状腺作用　大剂量碘可短时间内发挥抗甲状腺作用，机制是对抗 TSH，使腺体缩小，血管减少；抑制过氧化物酶，使碘的活化、酪氨酸碘化和耦联受抑制，减少甲状腺激素的合成；降低甲状腺球蛋白对蛋白水解酶的敏感性，减少 T_3 和 T_4 的释放等（图 27-1）。但用药 15 天左右作用达峰值，甲状腺滤泡细胞摄取碘能力下降，失去抑制甲状腺激素合成的效应，不能单独用于甲亢内科治疗。

【临床应用】

1. 单纯性甲状腺肿　缺碘地区食盐按 1：100 000～1：10 000 的比例加入碘化钾或碘化钠，防治由于碘摄入不足所致的单纯性甲状腺肿。对早期患者疗效好。腺体过大或产生压迫症状者需采用手术治疗。

2. 甲亢手术治疗的术前准备　大剂量碘可抑制 TSH，使腺体缩小变韧、血管减少，利于手术并减少出血。一般于术前 2 周给予复方碘溶液，并配合服用硫脲类。

3. 甲状腺危象　大剂量碘剂（碘化物加入 10% 葡萄糖溶液静脉滴注或服用复方碘溶液）抑制甲状腺激素释放，抗甲状腺作用迅速，需配合使用硫脲类，并在 2 周内逐渐停服碘剂。

【不良反应及用药注意事项】一般不良反应有口腔及咽喉不适、金属味、呼吸道刺激、流涎等，停药后可消退；过敏反应在用药后立即或数小时内发生，有发热、皮疹及血管神经性水肿的表现，严重者可因喉头水肿而窒息，一般停药可消退，增加饮水量可以促进碘排泄，必要时采取抗过敏措施；长期或过量服用可诱发甲亢，也可诱发甲状腺功能减退和甲状腺肿等；可引起新生儿和婴儿甲状腺功能异常或甲状腺肿，严重者可因压迫气管而致命。

三、放射性碘

放射性碘（radioiodine）临床上常用 ^{131}I，其 $t_{1/2}$ 为 8 天，机体 60 天内可消除其放射性的 99% 以上。

【药理作用】

1. β 射线辐射作用　^{131}I 被甲状腺摄取后，可释出具有辐射损伤作用的 β 射线（占 99%），在组织内射程仅约 2 mm，辐射作用限于甲状腺内，且增生组织对辐射作用敏感，损伤极少波及周围正常组织，产生类似部分甲状腺手术切除的作用。

2. γ 射线检测作用　^{131}I 被甲状腺摄取后，还可释出体外可检测的 γ 射线（占 1%）。

【临床应用】

1. 甲亢　适用于不宜手术或术后复发及硫脲类无效或过敏的甲亢患者。一般用药 1 个月见效，3~4 个月甲状腺功能恢复正常。

2. 甲状腺功能检查　小剂量用于检查甲状腺功能。摄碘率高、摄碘高峰时间前移者为甲亢。

【不良反应及用药注意事项】使用时应严格控制剂量，剂量过大易致甲状腺功能减退。由于处于生长发育期的儿童对辐射敏感，卵巢浓集放射性碘而影响遗传，故 20 岁以下患者、妊娠或哺乳期妇女和肾功能不佳者不宜使用。此外，禁用于甲状腺危象、重症浸润性突眼及甲状腺不能摄碘者。

四、β 肾上腺素受体拮抗药

通过阻断 β 肾上腺素受体，改善甲亢所致的心率加快、心肌收缩力增强等交感神经兴奋的症状。此外，还可抑制 T_4 在外周组织脱碘为 T_3，并适当减少甲状腺激素的分泌。主要代表药物有普萘洛尔（propranolol）等（第八章）。用于不宜用抗甲状腺药、不宜手术及放射性碘治疗的甲亢患者。静脉注射有助于甲状腺危象的患者度过危险期。β 肾上腺素受体拮抗药用于甲状腺术前准备，不会致腺体增生变脆，2 周后可进行手术。单用作用有限，临床上常与硫脲类合用以增强疗效。

（张　良）

思考题

1. 试述抗甲状腺药的分类及其代表药。

2. 硫脲类药的临床适应证、不良反应及其药理学基础是什么？

3. 请从药理学的角度分析甲状腺危象患者应该使用哪些药物。

4. 试讨论幼儿长期大量食用含碘盐所带来的甲状腺功能异常的病因及用药策略。

网上更多……

👤 学习目标　　📑 本章小结　　📝 自测题　　⬇ 教学 PPT　　📶 参考资源

第二十八章
降血糖药

关键词

降血糖药	胰岛素	口服降血糖药
双胍类	磺酰脲类	胰岛素增敏剂
α- 葡糖苷酶抑制药	二甲双胍	甲苯磺丁脲
氯磺丙脲	罗格列酮	吡格列酮
阿卡波糖	伏格列波糖	米格列醇
瑞格列奈	艾塞那肽	司美格鲁肽

糖尿病（diabetes mellitus，DM）是由遗传和环境等因素相互作用而引起的以高血糖为特征的内分泌代谢性疾病。常见症状有多饮、多尿、多食和身体消瘦等，严重患者可出现感染、心脏病变、下肢坏疽等并发症。1 型糖尿病又称胰岛素依赖型糖尿病，是由于胰岛 B 细胞被破坏，导致胰岛素绝对缺乏，必须用胰岛素治疗。2 型糖尿病又称非胰岛素依赖型糖尿病，占糖尿病患者总人数的 90% 以上，通常不需依赖胰岛素治疗，经控制饮食、锻炼或用口服降血糖药可控制病情，少数无效者可用胰岛素治疗。其他特殊类型糖尿病，指所有继发性糖尿病及病因未明确的糖尿病等，可以使用降血糖药调控血糖。目前尚无根治糖尿病的药物，治疗的主要目的是控制血糖水平，纠正代谢紊乱，防止或减少并发症的发生。本章主要介绍目前临床上常用的治疗糖尿病的药物，即胰岛素和口服降血糖药。

思维导图

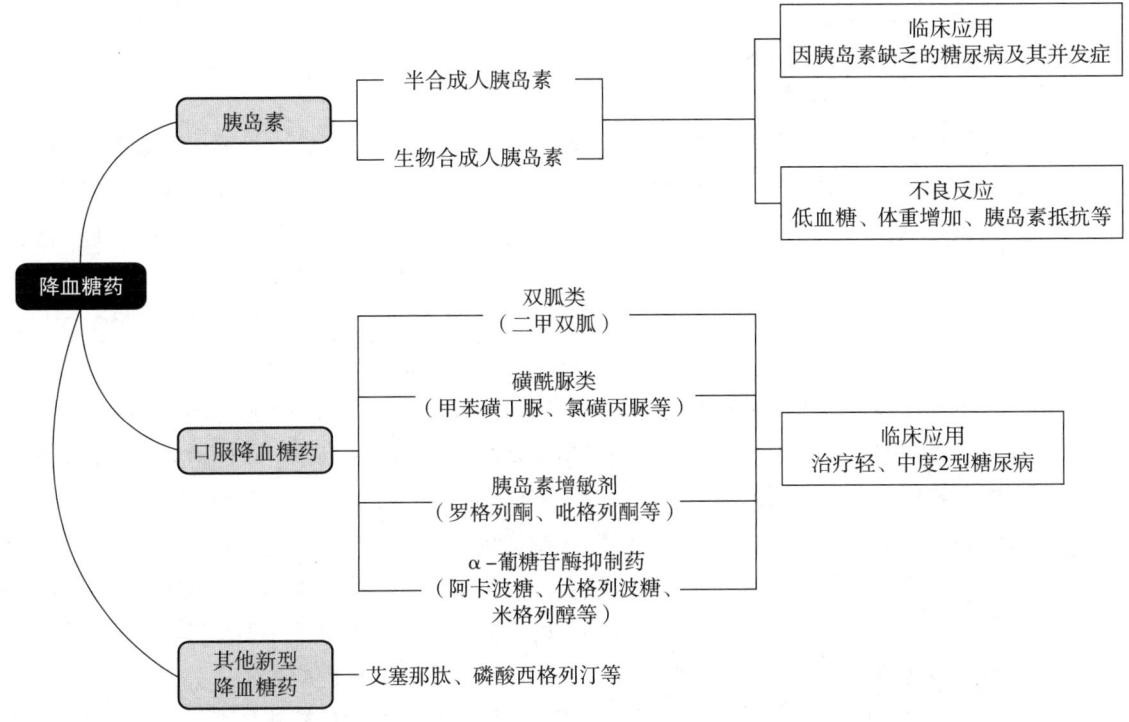

第一节　胰岛素

胰岛素是由加拿大人 Banting 与 Macleod 于 1921 年发现的，是胰岛 B 细胞分泌的一种小分子酸性蛋白质，包含以二硫键相连的 A、B 两条多肽链，其中 A 链含有 21 个氨基酸残基，B 链含有 30 个氨基酸残基，以结晶形式存在于胰岛 B 细胞内，人胰岛素的相对分子质量为 5 808。

药用胰岛素按其来源可分为：①半合成人胰岛素，将猪胰岛素 B 链第 30 位的丙氨酸，置换成苏氨酸，即为半合成人胰岛素。②生物合成人胰岛素，是现阶段临床上最常使用的胰岛素制剂，是利用基因工程技术获得的高纯度生物合成人胰岛素。

按照胰岛素作用时间不同可分为：①超短效胰岛素，为无色透明液体，可采用皮下注射、静脉滴注和胰岛素泵给药。代表产品有门冬胰岛素和赖脯胰岛素。②短效胰岛素，又名普通胰岛素或常规胰岛素，为无色透明液体，可采用皮下注射、静脉滴注和胰岛素泵给药。代表产品有普通或中性胰岛素、生物合成人胰岛素和常规重组人胰岛素等。③中效胰岛素，又名低精蛋白锌胰岛素，为乳白色混浊液体，只可皮下注射。代表产品有精蛋白生物合成人胰岛素、精蛋白锌重组人胰岛素和低精蛋白重组人胰岛素及国产的低精蛋白锌胰岛素（NPH）等。④长效胰岛素，又称为精蛋白锌胰岛素，为乳白色混浊液体，只可皮下注射，目前应用较少。⑤长效胰岛素类似物，为无色透明液体，只供皮下注射。代表产品有地特胰岛素和甘精胰岛素。⑥预混胰岛素及预混胰岛素类似物，是将短效与中效胰岛素或胰岛素类似物按不同比例预先混合的胰岛素制剂，产生作用时间介于短效与中效胰岛素两者之间。代表产品有精蛋白生物合成人胰岛素、门冬胰岛素 30、门冬胰岛素 50、精蛋白锌重组赖脯胰岛素混合注射液等。

【体内过程】由于胰岛素易被消化酶破坏，因此口服无效，必须注射给药。胰岛素与血浆蛋白结合率低于 10%，主要在肝、肾灭活，先由谷胱甘肽转氨酶还原二硫键，再经蛋白水解酶水解成短肽或氨基酸，亦可被肾胰岛素酶直接水解。严重肝、肾功能不全影响其灭活。代谢时间短，$t_{1/2}$ 为 9 ~ 10 min，作用时间长，可维持数小时。

临床上用胰岛素治疗糖尿病时，为延长其作用时间，可采用中效及长效胰岛素制剂。其原理是某些碱性蛋白质（如精蛋白、珠蛋白）和锌与胰岛素结合后，可使胰岛素等电点接近体液 pH，降低其溶解度，提高稳定性。此类制剂经皮下或肌内注射后，在注射部位发生沉淀，缓慢释放吸收，从而延长作用维持时间。由于所有中、长效制剂均为混悬剂，不可静脉注射。表 28-1 为各类胰岛素制剂的特点。

动画 28-1
胰岛素作用机制

【作用机制】胰岛素是与细胞膜表面胰岛素受体（insulin-receptor，InsR）结合，通过第二信使产生生物效应。胰岛素受体是跨膜糖蛋白复合物（约 400 000），由 2 个 α 亚单位和 2 个 β 亚单位组成。α 亚单位裸露在细胞膜外，携带胰岛素结合部位；β 亚单位为跨膜蛋白，有酪氨酸蛋白激酶（tyrosine protein kinase，TPK）活性，可以催化胰岛素受体底物（insulin receptor substrates，IRS）磷酸化。胰岛素与受体的 α 亚单位结合，激活 β 亚单位的 TPK 活性，引起受体 β 亚单位自身磷酸化及对胞内 IRS 起作用，进而启动磷酸化级联反应（phosphorylation cascade），最终产生降血糖等生物效应（图 28-1）。

【药理作用】胰岛素调节的靶器官、组织主要是肝、骨骼肌，对其他器官组织也有一定作用。作用时间从数秒（如酶磷酸化）到数天（如细胞增生、分化）不等。

表 28-1 各类胰岛素制剂的特点

胰岛素制剂分类	作用时间（h）			血糖控制目标时段
	起效	高峰	维持	
超短效胰岛素	0.15 ~ 0.25	1 ~ 2	4 ~ 6	餐后血糖
短效胰岛素	0.5 ~ 1	2 ~ 4	6 ~ 8	餐后血糖及下一餐之前的血糖
中效胰岛素	2 ~ 4	6 ~ 10	14 ~ 18	午后 3:00 血糖（早晨注射） 次日空腹血糖（睡前注射）
长效胰岛素	4 ~ 6	10 ~ 16	20 ~ 24	与中效胰岛素相似
长效胰岛素类似物	2 ~ 3	无峰	20 ~ 30	与中效胰岛素相似
预混人胰岛素	0.5 ~ 1	双峰	14 ~ 18	基础血糖及餐后血糖
预混胰岛素类似物	0.15 ~ 0.25	双峰	14 ~ 18	基础血糖及餐后血糖

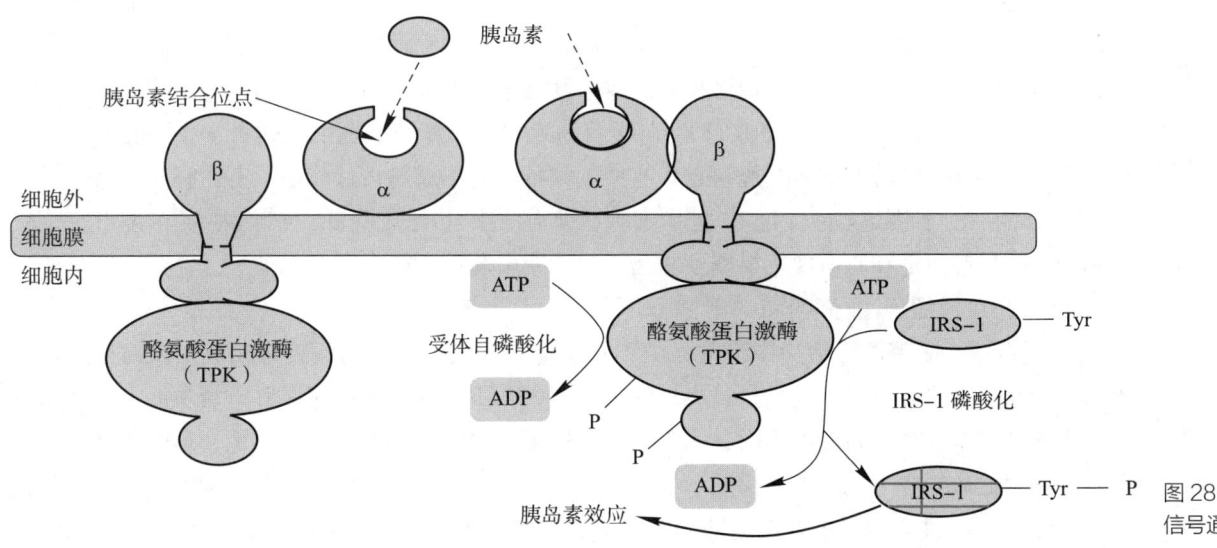

图 28-1 胰岛素作用信号通路

1. 代谢作用

（1）糖代谢：胰岛素能通过促进细胞膜对葡萄糖的转运、加速葡萄糖酵解氧化或转化为脂肪和氨基酸、促进糖原合成和贮存、抑制糖异生等方式减少血糖的来源并增加血糖的利用。

（2）脂肪代谢：胰岛素能抑制脂肪酶和肾上腺素等对脂肪的分解作用，使脂肪分解减慢；增加脂肪合成酶活性，促进肝脂肪生成；促进脂肪酸进入细胞，减少游离脂肪酸和酮体生成。

（3）蛋白质代谢：胰岛素可增加氨基酸的转运，增进蛋白质合成，抑制蛋白质氧化及分解。

（4）胰岛素能促进 K^+ 转运，提高细胞内 K^+ 浓度，降低血钾。

2. 其他作用 由于胰岛素的结构与胰岛素样生长因子（insulin-like growth factor，IGF）相似，可与组织中 IGF-1 受体结合，从而发挥促生长作用。其作用机制可能与促进蛋白质、脂肪及核酸等合成有关。

【临床应用】

1. 糖尿病 胰岛素可用于治疗各型因胰岛素缺乏的糖尿病。主要包括：

（1）1 型糖尿病：胰岛素是目前治疗 1 型糖尿病唯一有效的药物，不论有无急性和慢性并发

临床聚焦 28-1
降血糖药的临床用药原则

症，均需终生胰岛素替代治疗，不可突然终止。

（2）2 型糖尿病：通过控制饮食、体育锻炼和口服降血糖药治疗仍不能取得良好疗效的 2 型糖尿病患者。此外，研究发现使用胰岛素治疗初发的 2 型糖尿病早期患者，可防止发生"葡萄糖毒性"，即不可逆性 B 细胞功能改变。

（3）出现酮症酸中毒、糖尿病非酮症高渗性昏迷和乳酸性酸中毒等各种糖尿病急性或严重并发症的患者。

（4）出现慢性并发症，如增生型糖尿病视网膜病变、严重神经病变、肾病、心脏病变、严重的皮肤病变及肝硬化、肝炎等的糖尿病患者。

（5）糖尿病合并重症感染、消耗性疾病、急性心肌梗死、高热、妊娠、分娩、创伤及接受大型手术治疗等的糖尿病患者。

（6）因全胰腺切除而引起的继发性糖尿病的患者。

胰岛素的给药方式主要包括：①皮下注射：目前胰岛素应用的最常用方式，不同的部位药物吸收速度不一样，腹部区域吸收较快；②静脉注射：主要用于糖尿病患者合并急性并发症（如酮症酸中毒）、严重感染或需要做大型手术的情况；③肌内注射：吸收快，适用于皮下注射吸收不良者、胰岛素用量大却仍不能控制血糖水平的患者、轻度酮症酸中毒而无条件静脉输注胰岛素的患者，临床上较少使用；④其他途径：近年来胰岛素等大分子药物非注射途径给药成为研究热点，吸入胰岛素（肺吸入、鼻腔吸入）、口服胰岛素、直肠途径、埋植式胰岛素泵腹腔内给药等均在研发中，这些给药方式各有优缺点，有些关键技术尚不成熟，目前还没有在临床上推广。

2. 其他　由于胰岛素能促进 K^+ 进入细胞，使血液中 K^+ 浓度降低而细胞内 K^+ 浓度升高，故可用于治疗高钾血症和心肌梗死早期及防治心肌病变引起的心律失常。

【不良反应及用药注意事项】

1. 低血糖　是胰岛素治疗中最常见的不良反应。造成该症状的原因主要有：胰岛素用量过大或混合胰岛素比例不当；进食量过少，活动量过大；不稳定性糖尿病；肝、肾功能不全；饮酒等。当血糖降至 3.5 mmol/L 以下时，患者可出现饥饿、出汗、心率加快、焦虑、震颤等症状，严重者可出现低血糖昏迷，表现为惊厥、昏迷，不及时救治可导致死亡。当低血糖发生时，症状轻者可口服糖水或进食，严重者应立即静脉注射 50% 葡萄糖注射液 20～40 mL 救治。需特别注意鉴别低血糖昏迷与酮症酸中毒性昏迷及糖尿病非酮症高渗性昏迷。部分老年患者发生低血糖时往往缺乏典型症状，表现为迅速昏迷，称为"无警觉性低血糖昏迷"。

2. 体重增加　也是胰岛素治疗中常见的不良反应。由于胰岛素能促进体内蛋白质和脂肪的合成，如果患者不控制饮食，摄入过多热量，则会造成体重的增加。因而进行胰岛素治疗的糖尿病患者更需要严格控制饮食，避免因体重增加造成的胰岛素用量加大。如果体重增加过快，可在严格控制饮食的基础上加用双胍类药物或 α- 葡糖苷酶抑制剂。

3. 屈光不正　由于胰岛素能使血糖水平迅速下降，晶状体和玻璃体中的渗透压也随之下降，水分溢出，屈光率下降而导致远视，患者出现视物模糊的症状。这种不良反应是暂时性的，3 周左右会自行消失。

4. 过敏反应　较少见，多数为使用动物胰岛素或非纯化胰岛素者。过敏反应一般轻微而短暂，分为局部过敏与全身过敏。局部过敏表现为注射部位红肿、灼热、瘙痒和皮下硬结等；全身过敏包括荨麻疹、血清病样反应或血管神经性水肿，个别严重者可出现过敏性休克。相应症状可用 H_1 受体拮抗药治疗，重者可给予糖皮质激素或肾上腺素治疗，也可换用纯度较高的胰岛素、人胰岛素或胰岛素类似物以防止过敏反应的出现。

5. 胰岛素抵抗　又称为胰岛素耐受，表现为患者对胰岛素的敏感性降低，应用超过常用量的胰岛素后未出现明显的低血糖反应。当患者每日胰岛素用量超过 200 U 或大于 2 U/kg 体重，且持续时间超过 1 周时应考虑为胰岛素抵抗，分为急性抵抗和慢性抵抗。急性抵抗通常是由并发感染、创伤、手术、情绪激动等应激状态时血液中抗胰岛素物质增多，阻碍胰岛素与其受体结合发挥作用引起，亦可能是因为酮症酸中毒时血液中大量的脂肪酸和酮体妨碍了葡萄糖的摄取和利用。慢性抵抗可能与患者体内产生了胰岛素抗体或靶细胞膜上胰岛素受体数量减少有关。处理方法是换用高纯度胰岛素或人胰岛素，适当调整剂量，尽量避免间断用胰岛素。

6. 呋塞米、二氮嗪、噻嗪类等药物可抑制内源性胰岛素分泌；糖皮质激素、雌激素、肾上腺素、苯妥英钠、口服避孕药、甲状腺激素等药物能降低胰岛素的作用；同化激素、雄激素、单胺氧化酶抑制剂等可增强胰岛素的降血糖作用；磺胺类、抗凝血药、甲氨蝶呤、水杨酸盐等可与胰岛素竞争与血浆蛋白结合，从而增强胰岛素的作用；β 肾上腺素受体拮抗药能阻断低血糖时的代偿性升血糖反应，且会掩盖心率加快等早期低血糖症状，应避免合用。

第二节　口服降血糖药

早在 20 世纪初期人们就在探索口服降血糖药（oral antihyperglycemics）的研制，直到 1970 年第一个口服降血糖药甲苯磺丁脲才广泛应用于临床。与胰岛素不同，人工合成的各类口服降血糖药口服有效，无须皮下注射，使用非常方便。通常用于治疗轻、中度 2 型糖尿病。

一、双胍类

双胍类（biguanides）是一类历史悠久的口服降血糖药，其化学结构由一个双胍核加侧链所构成。临床上应用的代表药物是二甲双胍（metformin，甲福明）。

【体内过程】二甲双胍吸收快，不与血浆蛋白结合，作用时间短，$t_{1/2}$ 为 2 ~ 3 h，几乎全部以原型自尿液排出，肾功能损害者及老年人慎用。

【药理作用】

1. 抗高血糖作用　双胍类药物能明显降低糖尿病患者血糖水平，但对正常人血糖无明显影响，即使大剂量也不引起低血糖症状。因此该类药物是抗高血糖药，而非降血糖药。

2. 其他作用　双胍类药物还能通过降低高脂血症患者血浆中低密度脂蛋白、三酰甘油和胆固醇，增加高密度脂蛋白；增强纤溶酶活性；降低血小板数量和抑制聚集；提高内皮细胞中 NO 合成酶的活性，增加内源性 NO 的释放，加快血流速度，降低外周动脉阻力等方式，达到延缓糖尿病患者血管并发症发生的效果。

【作用机制】目前双胍类药物的作用机制尚未完全明了，但双胍类最主要的特点是其降糖机制不是由于增加胰岛素分泌，而主要是增加基础状态下糖的无氧酵解，抑制肠道内葡萄糖的吸收，减少肝糖输出，增加胰岛素受体的结合和受体后作用，改善对胰岛素的敏感性。临床新近研究发现，二甲双胍不仅不增加高胰岛素血症，还可改善胰岛素抵抗，降血糖作用强且不会增加体重，成为口服降血糖药的研究热点。

【临床应用】主要用于轻、中度 2 型糖尿病患者，尤其是有胰岛素耐受的肥胖患者及单用饮食控制无法降低血糖水平的患者。也可与胰岛素、磺酰脲类合用于中、重度糖尿病患者，提高患者对胰岛素的敏感性，增强药物疗效，减少胰岛素用量。

【不良反应及用药注意事项】常见的不良反应有食欲不振、恶心、呕吐、腹泻、口中有金属味等。长期使用还可能影响维生素 B_{12} 经肠道吸收，引起巨幼细胞贫血。二甲双胍作用较弱，一般不会引起高乳酸血症。肝、肾功能不全，慢性心功能不全和尿酮体阳性等患者禁用。

二、磺酰脲类

磺酰脲类（sulfonylureas）降血糖药为最早且广泛使用的口服降血糖药，此类药物有相同的苯磺酰脲基本结构，只是两端侧链结构有差异。甲苯磺丁脲（tolbutamide，D860）是在临床上广泛应用的第一个磺酰脲类降血糖药，由于其脂溶性和细胞通透性差，口服剂量大且引起低血糖及其他不良反应的发生率较高，目前已基本淘汰。同属第一代磺酰脲类降血糖药的还有氯磺丙脲（chlorpropamide）。第二代磺酰脲类口服降血糖药格列本脲（glibenclamide）、格列吡嗪（glipizide）、格列齐特（gliclazide）、格列喹酮（gliquidone）、格列波脲（glibornuride）等，于 20 世纪 60 年代开始用于临床。格列本脲的降血糖作用为甲苯磺丁脲的 200 倍，在口服药中效用最强，但易导致低血糖，甚至导致严重或顽固性低血糖。格列吡嗪降血糖作用仅次于格列本脲，为甲苯磺丁脲的 100 倍，一般不易发生体内蓄积，不会发生持续的低血糖。格列齐特的降血糖作用温和，仅为甲苯磺丁脲的 10 倍，比较适用于老年糖尿病患者，但剂量过大也会引起低血糖反应。第三代磺酰脲类口服降血糖药代表是格列美脲（glimepiride），近年来开始用于临床，适用于单纯饮食控制和体能锻炼未能控制血糖的 2 型糖尿病患者，临床应用结果普遍认为该药起效快，作用强，持续时间长，安全，低剂量，毒性低，同时使低血糖发生率大大降低。

【体内过程】口服易吸收，除氯磺丙脲外大多数药物吸收较快，食物及高血糖能减少此类药物的吸收。口服后 2~6 h 血药浓度达峰值，血浆蛋白结合率高，格列美脲血浆蛋白结合率可达 99.5%。除氯磺丙脲外此类药物 $t_{1/2}$ 较短。多数药物经肝代谢，无活性的代谢产物经肾排出。氯磺丙脲大部分以原型经肾排出，易在体内蓄积而致低血糖，因此老年人及肾功能不全者慎用。磺酰脲类药物的特点见表 28-2。

表 28-2　磺酰脲类药物的特点

药名	峰时间（h）	持续时间（h）	血浆蛋白结合率（%）	半衰期（h）	每日用药剂量（mg）	每日给药次数
甲苯磺丁脲	4~6	6~8	88	4~6	500~3 000	2~3
氯磺丙脲	10	36~60	>90	25~40	100~500	1
格列本脲	2~6	10~24	90~95	10~16	2.5~20	1~2
格列吡嗪	1~2	10~24	>90	3~7	5~30	1~2
格列齐特	2~6	24	95	10~12	40~320	1~2
格列波脲	2~4	12~24	95	6~10	25~100	1~2
格列喹酮	2~3	8~24	>90	1.5	30~180	1~3
格列美脲	2~3	24	99.5	2.7~7	1~8	1~2

【药理作用】

1. 降血糖作用　对正常人及胰岛功能尚存的糖尿病患者有降血糖作用，对严重糖尿病患者或胰腺功能完全丧失的糖尿病患者无效。

2. 抗利尿作用　氯磺丙脲、格列本脲有抗利尿作用，但不降低肾小球滤过率，这是促进抗利尿激素的分泌并增强其作用的结果，可用于治疗尿崩症。

3. 影响凝血功能　格列齐特和格列波脲能抑制血小板黏附和聚集、刺激纤溶酶原合成和恢复纤溶酶活性，还可以降低微血管对血管活性胺类的敏感性。这对预防或减轻糖尿病患者微血管并发症有一定作用。

【作用机制】①刺激胰岛 B 细胞释放胰岛素：这是该类药物降血糖的主要机制。胰岛 B 细胞膜含有磺酰脲受体及与之相耦联的 ATP 敏感的钾通道和电压依赖性钙通道。当磺酰脲类药物与其受体结合后，可阻滞与受体耦联的 ATP 敏感性钾通道而阻止钾外流，使细胞膜去极化，开放电压依赖性钙通道，促进细胞外钙内流，使细胞内钙浓度增加，进而触发胞吐作用及胰岛素的释放。②增强胰岛素作用：磺酰脲类药物可通过抑制胰岛素代谢，提高靶细胞对胰岛素的敏感性，增强胰岛素受体的数目和亲和力等方式增强胰岛素的作用。③抑制胰高血糖素分泌：长期应用本类药物治疗的患者，血清中胰高血糖素水平降低。可能是由于胰岛素和生长抑素释放增加，间接抑制了胰高血糖素的分泌。

【临床应用】

1. 糖尿病　用于胰岛功能尚未完全丧失且经饮食控制无效的 2 型糖尿病患者。与胰岛素或双胍类药物合用有协同作用。产生胰岛素抵抗的患者加用本类药物可刺激内源性胰岛素分泌，增强胰岛素的作用。用甲苯磺丁脲治疗无效的患者，改用氯磺丙脲、格列本脲等药物仍可能会有疗效。应注意的是，临床发现起初治疗有效的病例，经 6～12 个月后有 10%～15% 的患者突然丧失疗效，原因未明。对继发性失效者可加用双胍类或 α- 葡糖苷酶抑制药等联合治疗，大多数患者最终需用胰岛素治疗。一般中年的轻、中度糖尿病宜选用甲苯磺丁脲或格列本脲；老年轻、中度糖尿病宜选用格列吡嗪或格列喹酮；第二、三代磺酰脲类降血糖作用强，不良反应少，其中格列齐特等还具有降低血小板的黏附性及改善微循环作用，故最适用于糖尿病伴有心、脑血管并发症的老年患者。应注意的是不同磺酰脲类药物不宜同时使用。

2. 尿崩症　氯磺丙脲可明显减少尿量。

【不良反应及用药注意事项】

1. 胃肠道反应　常见恶心、呕吐、胃痛、厌食和腹泻，一般与剂量有关，减小剂量或继续服药可消失。偶见肝损伤和胆汁淤积性黄疸，应注意监测肝功能。

2. 低血糖　氯磺丙脲和格列本脲可引起持久性低血糖，多发生于老年患者和肝肾功能不全者，处理不当会引起不可逆损伤或死亡，严重时需注射葡萄糖解救。

3. 偶见皮疹或红斑等过敏反应，嗜睡、眩晕、共济失调等中枢神经系统反应，以及白细胞减少和血小板减少、溶血性贫血等血液系统反应，需定时检查血象。

4. 磺酰脲类药物不宜与保泰松、水杨酸钠、青霉素、吲哚美辛、双香豆素等药物合用，因为磺酰脲类药物血浆蛋白结合率高，上述药物与其竞争血浆蛋白结合位点，使游离药物浓度升高而诱发低血糖反应；必须注意氯丙嗪、糖皮质激素、噻嗪类利尿药及口服避孕药会减弱其降血糖作用；肝药酶诱导剂和抑制剂也会对本类药物的作用有影响；其他经肾小管分泌排泄的有机酸类可与氯磺丙脲竞争，间接增强其降血糖作用。临床用药证明磺酰脲类药物是比较安全的，特别是近年来开发的新品种和新剂型，使磺酰脲类药物在提高安全性、降低不良反应方面不断进步。

三、胰岛素增敏剂

2型糖尿病患者通常并非体内胰岛素的分泌不足，而是产生了胰岛素抵抗。胰岛素增敏剂（insulin sensitizer）可降低机体胰岛素抵抗性，使胰岛素能正常发挥作用。主要为噻唑烷二酮类化合物（thiazolidinediones，TZD）又名格列酮类化合物，包括罗格列酮（rosiglitazone）、吡格列酮（pioglitazone）、环格列酮（ciglitazone）、恩格列酮（englitazone）等。口服吸收良好，起效时间较长，服药后6~12周才能达到最大效应。主要经肝代谢，肾功能不全的患者可以使用。

【药理作用】

1. 改善胰岛素抵抗　可降低骨骼肌、肝和脂肪组织的胰岛素抵抗，与磺酰脲类药物或二甲双胍联合治疗效果更好。

2. 改善胰岛B细胞功能　不影响胰岛素的正常分泌，能通过减少细胞凋亡来阻止B细胞的衰退，还能增加胰岛的面积、密度及胰岛内胰岛素的含量。此外，还能通过减轻高胰岛素血症和降低血浆内游离脂肪酸水平的方式，防止B细胞受到毒性作用。

3. 改善脂肪代谢紊乱　能显著降低2型糖尿病患者体内三酰甘油的水平，提高总胆固醇和高密度脂蛋白胆固醇的水平。

4. 防止糖尿病血管并发症的发生　能抑制血小板的聚集、防止炎症的发生和内皮细胞的增生，延缓蛋白尿的发生，减轻肾小球的病变。

【作用机制】此类药物发挥作用必须依赖胰岛素的存在，其改善胰岛素抵抗的机制可能通过与过氧化物酶体增殖物激活受体γ（peroxisome proliferator-activated receptor γ，PPARγ）结合，激活胰岛素反应性基因有关。PPARγ激活后可通过以下途径改善胰岛素抵抗：①抑制脂肪组织释放脂肪酸进入肌组织；②激活脂肪细胞激素脂联素（adiponectin），进而激活腺苷一磷酸（adenosine monophosphate，AMP）激活的蛋白激酶（AMPK），促进葡萄糖进入肌组织和脂肪酸氧化，从而提高肌肉对胰岛素的敏感性；③减少脂肪组织分泌增强胰岛素抵抗的肿瘤坏死因子-α（TNF-α）、抵抗素（resistin）及白细胞介素-1β（IL-1β）等因子。

【临床应用】主要用于治疗其他降血糖药疗效不佳的2型糖尿病，尤其是有胰岛素抵抗者。可单独应用，也可与磺酰脲类、二甲双胍或胰岛素联合应用。

【不良反应】安全性及耐受性好，低血糖发生率低。常见不良反应是体液潴留和体重增加、嗜睡、水肿、头痛、肌肉和骨骼痛、胃肠道刺激症状等，对少数高敏感人群有明显肝毒性，严重的可引起肝衰竭甚至死亡。

四、α-葡糖苷酶抑制药与餐时血糖调节剂

α-葡糖苷酶抑制药（α-glucosidase inhibitors）是近20年来开发并应用的第三代口服降血糖药，其代表药阿卡波糖（acarbose）于1994年用于我国临床，目前国内在临床应用的α-葡糖苷酶抑制药还有伏格列波糖（voglibose）、米格列醇（miglitol）等。此类药物口服吸收较少，约50%以原型自肠道排出，35%在肠道内代谢，代谢物可被吸收并经肾排泄。

【药理作用及机制】不增加胰岛素分泌，降血糖作用较弱，其降血糖机制主要是通过抑制小肠刷状缘上皮细胞上的α-葡糖苷酶活性，阻止1,4-糖苷键水解，使双糖和多糖分解为葡萄糖的速度减慢，吸收延缓，从而起到降低血糖的作用，特别是降低餐后血糖的效果优于磺酰脲类

药物。长期使用可以降低空腹血糖，还具有增加外周组织对胰岛素的敏感性、减轻胰岛素抵抗的作用。

【临床应用】阿卡波糖对 1 型和 2 型糖尿病均适用，且具有可单独给药和联合用药的优点，能有效抑制餐后和空腹血糖，降低糖基化血红蛋白，是轻、中度 2 型糖尿病患者的首选药物，尤其适用于老年患者。对应用磺酰脲类或胰岛素疗效不佳者，加用本类药物可明显降低餐后血糖，使血糖波动减小，减少磺酰脲类或胰岛素用量。

【不良反应及用药注意事项】不良反应少。常见胃肠道症状，表现有腹胀、嗳气、肛门排气增多，偶见腹泻或便秘。随着治疗过程中结肠的乳杆菌增多及小肠下段葡糖苷酶活性的上调，胃肠道不良反应可减少，也可以采用小剂量开始逐渐加量以减轻肠道的不适。胃肠道溃疡患者慎用。阿卡波糖单用一般不会引起低血糖，但与胰岛素或其他口服降血糖药联合应用时则因这些药物的协同作用而可能出现低血糖，需静脉注射葡萄糖注射液解救。

瑞 格 列 奈

瑞格列奈（repaglinide）为苯甲酸衍生物，是新型的非磺酰脲类口服降血糖药，能刺激胰岛素分泌。与磺酰脲类不同，此类药物刺激胰岛素分泌的作用有葡萄糖依赖性，即当血糖较高时才刺激胰岛素分泌，当血糖降低时，其作用也减弱，引起类似生理模式的胰岛素分泌，适用于降低餐后血糖。其降血糖作用比格列本脲强。瑞格列奈口服吸收迅速，15 min 起效，30 min 血药浓度达峰值。在肝内代谢，$t_{1/2}$ 为 1 h。临床主要用于 2 型糖尿病患者。本类药物较安全，主要不良反应为低血糖反应，但发生率较磺酰脲类低。

第三节　其他新型降血糖药

深入学习 28-1
降血糖药的研究进展

随着科技的发展，人们对糖尿病发病机制的研究不断深入，新型的降血糖药不断被开发出来，为糖尿病患者的治疗提供更多更好的用药选择。

艾 塞 那 肽

艾塞那肽（exenatide）是新近研制成功的长效胰高血糖素样肽 –1（glucagons-like peptide–1，GLP–1）受体激动剂，通常采用注射给药，$t_{1/2}$ 为 10 h。其药理作用是：①以葡萄糖依赖的方式作用于胰岛 B 细胞，增加胰岛素合成与分泌；②刺激胰岛 B 细胞增殖、分化并抑制其凋亡，增加 B 细胞数量；③对胰高血糖素的过度分泌有较强抑制作用；④抑制食欲；⑤延缓胃内容物排空。临床上用于常规口服降血糖药无法控制血糖水平的患者。常见不良反应为恶心、呕吐、腹泻等胃肠道反应。严重胃肠道疾病及明显肾功能不全者慎用。

司美格鲁肽

司美格鲁肽（semaglutide）是一种 GLP–1 类似物，可选择性地结合并激活 GLP–1 受体，通过刺激胰岛素分泌和降低胰高血糖素分泌的机制来降低血糖，还可以延迟餐后早期胃排空。该药适用于成人 2 型糖尿病患者的血糖控制，尤其是在饮食控制和运动基础上，接受二甲双胍和（或）磺酰脲类药物治疗后，血糖仍控制不佳的 2 型糖尿病患者。该药还能降低伴有心血管疾病的 2 型糖尿病患者的主要心血管不良事件 (心血管死亡、非致死性心肌梗死或非致死性卒中) 的风险。该药物不能作为胰岛素的替代品，也不得用于 1 型糖尿病患者或治疗糖尿病酮症酸中毒。最常见不良反应为胃肠道反应，如恶心、腹泻和呕吐等。其他不良反应包括低血糖、急性胰腺炎、注射部位反应等。

磷酸西格列汀

磷酸西格列汀 (sitagliptin phosphate) 为二肽基肽酶 -4 (DPP-4) 抑制剂。其作用机制是通过抑制 DPP-4 活性而使内源性 GLP-1 不被降解，导致葡萄糖刺激的胰岛素分泌增加而发挥降血糖功效。磷酸西格列汀耐受性良好，无低血糖和体重增加的不良反应。由于其必须通过内源性 GLP-1 起作用，因而 GLP-1 分泌障碍者不适用。

钠 - 葡萄糖共转运蛋白 -2 抑制剂

钠 - 葡萄糖共转运蛋白 -2 (sodium-dependent glucose transporters 2，SGLT-2) 是肾重吸收葡萄糖的主要途径，其抑制剂减少肾葡萄糖的重吸收量，促进尿葡萄糖排泄，从而降低血糖水平。SGLT-2 抑制剂的代表性药物有达格列净 (dapagliflozin)、恩格列净 (empagliflozin) 和卡格列净 (canagliflozin)。SGLT-2 抑制剂是新型的降血糖药，其作用不依赖胰岛素分泌。已有研究显示这类药物还具有降低心血管疾病风险及潜在的肾功能保护作用。

达 格 列 净

达格列净 (dapagliflozin) 是一种 SGLT-2 抑制剂。达格列净可通过抑制 SGLT-2 而使得多余的葡萄糖通过尿液被排出体外，从而在不增加胰岛素分泌的情况下改善血糖控制。在饮食和运动基础上，本品可作为单药用于 2 型糖尿病成年患者改善血糖控制。使用这种药物要求患者的肾功能正常，在服药前需进行肾功能评估，中至重度肾功能不全患者禁用该药。

（徐江平）

思考题

1. 胰岛素与口服降血糖药作用机制的异同点有哪些？
2. 胰岛素的作用和用途有哪些？
3. 试述针对糖尿病患者的实际情况，临床上应选用哪种胰岛素制剂。

网上更多……

👤 学习目标　　📋 本章小结　　📝 自测题　　⬇ 教学 PPT　　📶 参考资源

第二十九章

性激素类药及生殖功能调节药

关键词

性激素	促性腺激素释放激素	促卵泡激素
黄体生成素	避孕药	雌激素
孕激素	雄激素	同化激素
雌激素受体拮抗药	孕激素受体拮抗药	

性激素是由性腺（男性为睾丸，女性为卵巢）分泌的激素，包括雌激素、孕激素和雄激素。性激素的主要生理学作用是促进性器官的发育，维持第二性征。性激素分泌不足或紊乱则可导致各种临床症状，如更年期综合征、功能性子宫出血等。临床应用的性激素类药物，除了替代治疗外，主要作为避孕药。生殖功能调节药是影响生殖的某些环节达到助孕或避孕的一类药物，包括避孕药和生殖辅助药。避孕药是一种女性服用后可以免于怀孕的药，多为雌、孕激素的复合制剂。生殖辅助药是一类可促进卵巢排卵、改善子宫内膜厚度和质量，增加精子数量和活力等，从而提高受孕概率的药物。常用的生殖辅助药包括雌激素受体拮抗药、芳香化酶抑制剂、促性腺激素、促性腺激素释放激素类似物、黄体酮等。

思维导图

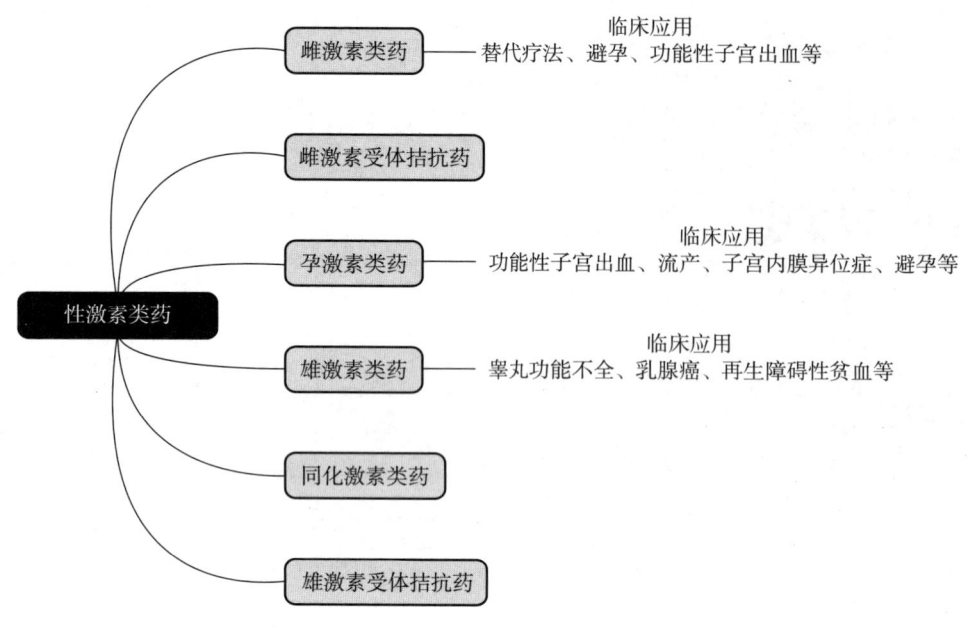

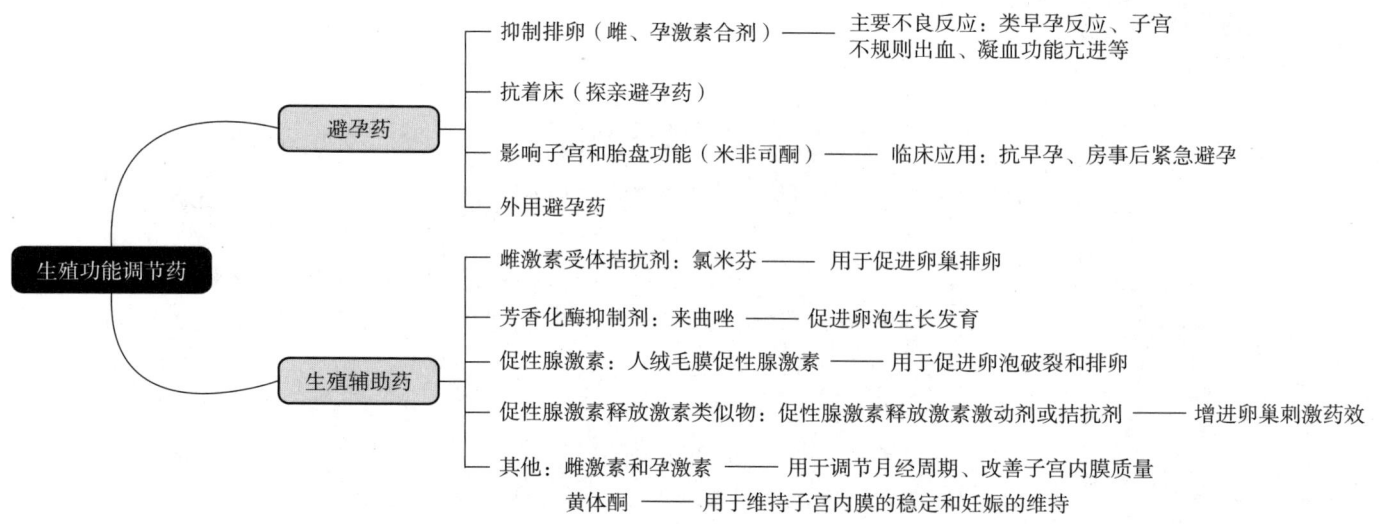

第一节　性激素类药

性激素（sex hormones）是由性腺分泌的激素，包括雌激素、孕激素和雄激素，属甾体类激素。男性的主性器官是睾丸，女性的主性器官是卵巢，除了可分别产生精子和卵子外，还可分泌性激素，所以两者又称为性腺（gonad）。睾丸的间质细胞分泌雄激素，支持细胞分泌抑制素。卵巢主要分泌雌激素和孕激素，排卵前由卵泡颗粒细胞和内膜细胞分泌雌激素，而排卵后则由黄体细胞分泌孕激素和雌激素，妊娠后胎盘也可分泌雌、孕激素。

性激素分泌受下丘脑-腺垂体轴的调节。下丘脑分泌促性腺激素释放激素（gonadotropin releasing hormone，GnRH），促进腺垂体分泌两种促性腺激素，促卵泡激素（follicle stimulating hormone，FSH）和黄体生成素（luteinizing hormone，LH）。FSH 刺激卵巢滤泡的发育并使其分泌雌激素，对男性则促进睾丸中精子的生成。LH 促进卵巢黄体生成，并使其分泌孕激素，对男性可促进睾丸间质细胞分泌雄激素。性激素对下丘脑及腺垂体的分泌也有反馈作用，可通过三种途径：①长反馈，为性激素对下丘脑及腺垂体的反馈作用。例如，在排卵前雌激素水平升高达到第一高峰，可直接或间接通过下丘脑促进腺垂体分泌 LH，导致排卵，这一反馈过程是正反馈调节；在黄体期，雌激素水平第二次达峰值，孕激素水平也升高达峰值，两者通过负反馈减少下丘脑 GnRH 的分泌，抑制排卵（图 29-1）。常用的甾体避孕药就是根据这一负反馈而设计的。②短反馈，是指垂体分泌 FSH、LH 通过负反馈作用减少下丘脑 GnRH 的释放。③超短反馈，是腺体内的自行正反馈调节，如雌激素可局部刺激成熟卵泡，增加卵泡对促性腺激素的敏感性，进一步促进雌激素合成；下丘脑分泌的 GnRH 反作用于下丘脑，实现自行调节。

临床上应用的性激素类药物是人工合成品及其衍生物，除了治疗某些疾病外，主要作为避孕药。常用的避孕药多为雌激素与孕激素的复合制剂。

一、雌激素类药

天然雌激素类（estrogens）主要包括雌二醇（estradiol，E_2）、雌酮（estrone，E_1）、雌三醇（estriol，E_3）。卵巢分泌的雌激素主要是雌二醇。雌酮、雌三醇及其他雌激素，多为雌激素的肝代谢产物。天然雌激素活性较低，临床上常用的雌激素类药物多是以雌二醇为母体，人工合成的高效衍生物，主要有炔雌醇（ethinylestradiol）、炔雌醚（quinestrol）及戊酸雌二醇（estradiol valerate）等，

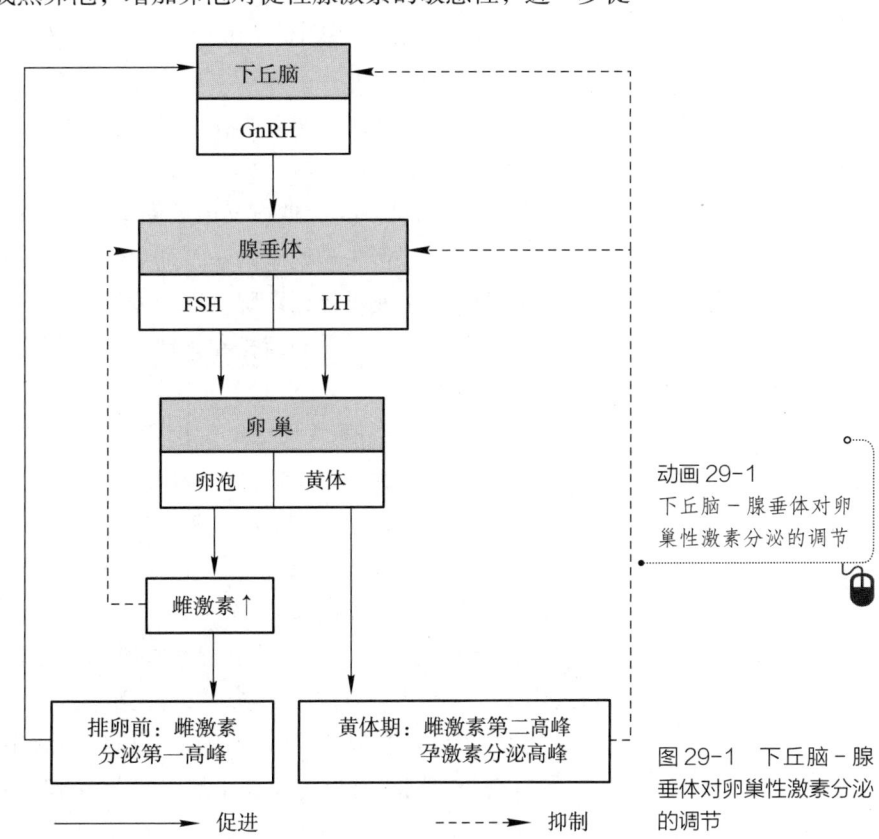

动画 29-1
下丘脑-腺垂体对卵巢性激素分泌的调节

图 29-1　下丘脑-腺垂体对卵巢性激素分泌的调节

它们均有类固醇样结构。近年来，妊马雌酮（雌酮硫酸盐和马烯雌酮硫酸盐混合物）因应用方便、长效、不良反应较少等特点而被广泛应用。此外，一些非甾体类药物也具有雌激素样作用，如己烯雌酚（diethylstilbestrol）等。

【体内过程】天然雌激素口服在肝内迅速代谢，故生物利用度低，需注射给药。雌二醇口服吸收后，在血液中主要和性激素结合球蛋白特异性结合，在肝内代谢为雌酮和雌三醇，代谢产物大部分形成葡糖醛酸酯或硫酸酯，随尿排出，部分通过胆汁排出形成肝肠循环。人工合成的炔雌醇、炔雌醚、己烯雌酚等在肝内代谢缓慢，其中炔雌醇、炔雌醚吸收后，贮存于体内脂肪组织中，故口服疗效高，维持时间长。该类药物的酯类衍生物或油溶液制剂，肌内注射吸收缓慢，作用时间延长。

【生理和药理作用】

1. 女性性器官和第二性征　对未成年女性，雌激素促进女性性器官的发育和成熟，维持女性第二性征。对成年女性，雌激素可促进排卵，并在孕激素协同下，使子宫内膜产生周期性变化，形成月经周期。雌激素还可显著增强子宫平滑肌对缩宫素的敏感性。

2. 内分泌功能调节　大剂量的雌激素可抑制下丘脑释放 GnRH，从而抑制排卵；干扰催乳素的作用，从而抑制乳汁分泌。此外，雌激素还有抗雄激素作用。

3. 影响水电解质代谢　雌激素能激活肾素 – 血管紧张素系统，使醛固酮分泌增加，促进肾小管对水、钠的重吸收，故有轻度水、钠潴留作用，使血压升高。

4. 其他　雌激素可降低低密度脂蛋白，升高高密度脂蛋白；降低糖耐量；增加凝血因子 II、VII、IX、X 的活性，促进血液凝固；促进骨骼的钙盐沉积，加速骨骺闭合，对青春期生长发育有促进作用。

【作用机制】雌激素的受体存在于细胞核内，与热休克蛋白（HSP90）结合，雌激素进入核内，与雌激素受体结合，受体与 HSP90 分离。受体与雌激素结合后分子构型改变，形成二聚体复合物，与特殊的核苷酸序列雌激素反应元件结合，并调节基因转录，促进蛋白表达，产生生物活性，从而发挥各种生理及药理学作用。

【临床应用】

临床聚焦 29-1
绝经后雌激素替代治疗

1. 更年期综合征　更年期妇女由于卵巢功能降低，雌激素分泌不足，垂体促性腺激素分泌增多，产生内分泌平衡失调所致的一系列症状，如面颈红热、恶心、失眠、情绪不安等。应用雌激素替代治疗，可抑制垂体促性腺激素的分泌，从而减轻其症状。对于绝经后骨质疏松症，也可用雌激素替代疗法，预防骨质疏松和骨折发生。局部用药还可缓解因雌激素缺乏引起的老年性阴道炎和女阴干枯病。

2. 卵巢功能不全　原发性或继发性卵巢功能低下患者，因雌激素分泌不足可引起子宫、外生殖器和第二性征发育不全、闭经。用雌激素替代治疗，可促进子宫、外生殖器及第二性征的发育。雌激素与孕激素合用，可引起人工月经周期。

3. 功能性子宫出血　雌激素可促进子宫内膜增生，修复出血创面而止血，也可和孕激素配伍，调整月经周期。

4. 乳房胀痛及回乳　部分妇女停止授乳后，乳汁继续分泌而致乳房胀痛，大剂量雌激素能抑制催乳素对乳腺的刺激作用，使乳汁分泌减少而退乳消痛。

5. 绝经后乳腺癌　对绝经期后晚期乳腺癌不宜手术患者，雌激素能缓解其症状（第四十一章）。因为绝经期妇女卵巢停止分泌雌二醇，肾上腺分泌的雄烯二酮在周围组织可转化为雌酮，持续作用于乳腺可引起乳腺癌。大剂量雌激素可抑制促性腺激素的分泌而减少雌酮的产生。但绝经期前乳腺癌患者禁用，因为雌激素可促进肿瘤的生长。

6. 前列腺癌　大剂量雌激素抑制垂体促性腺激素的分泌，使睾丸萎缩及雄激素分泌减少，同时又能拮抗雄激素的作用，故能改善前列腺癌症状，使肿瘤病灶退化（第四十一章）。

7. 避孕　与孕激素合用可避孕，见本章第二节。

【不良反应及用药注意事项】常见厌食、恶心、呕吐及头昏，减少剂量或从小剂量开始逐渐增大剂量可减轻症状。大剂量雌激素可引起水钠潴留导致水肿。肝功能不全者可致胆汁淤积性黄疸。因此，高血压、肝功能不全者慎用。长期大量应用雌激素可使子宫内膜过度增生，引起子宫出血，故患有子宫内膜炎者慎用。此外，有研究表明，更年期雌激素替代疗法可明显增加子宫内膜癌的发生率。

二、雌激素受体拮抗药

本类药物能与雌激素受体结合，竞争性拮抗雌激素的作用，从而抑制或减弱雌激素的效应。常用的有氯米芬（clomiphene）、他莫昔芬（tamoxifen）、雷洛昔芬（raloxifene）等。

氯米芬为三苯乙烯衍生物，与己烯雌酚的化学结构相似，有较强的抗雌激素作用和较弱的雌激素活性。可阻断下丘脑的雌激素受体，消除雌二醇的负反馈抑制，促进腺垂体分泌促性腺激素，诱发排卵。临床上用于无排卵型不孕症、功能性子宫出血、月经不调，晚期乳腺癌及长期应用避孕药后发生的闭经等。卵巢肥大、卵巢囊肿和肝肾功能不全者禁用。

三、孕激素类药

孕激素（progestogen）主要由黄体分泌，妊娠 3～4 个月，黄体萎缩而由胎盘分泌直至分娩。天然孕激素为黄体酮（progesterone），又称孕酮，体内含量低，且口服无效。临床上孕激素类药多为人工合成品，按化学结构可分为两类：

1. 17α- 羟孕酮类　从黄体酮衍生而得，如甲羟孕酮（medroxyprogesterone）又称安宫黄体酮（provena）、甲地孕酮（megestrol）、己酸羟孕酮（hydroxyprogesterone caproate）等。

2. 19- 去甲睾酮类　从炔孕酮（ethisterone，妊娠素）衍生而来，如炔诺酮（norethisterone）、双醋炔诺酮（ethynodiol diacetate）、炔诺孕酮（norgestrel）等。

【体内过程】黄体酮经口服后在胃肠道和肝迅速破坏，$t_{1/2}$ 仅 15 min，需注射给药。其血浆蛋白结合率高，肝代谢产物多与葡糖醛酸结合，从肾排出。人工合成的高效的炔诺酮、甲地孕酮等，在肝生物转化较慢，可口服给药。第 17 位带脂链的己酸羟孕酮常制成油剂和混悬剂，肌内注射吸收缓慢，可发挥长效作用。

【生理和药理作用】

1. 生殖系统　月经后期孕激素在雌激素作用的基础上，促进子宫内膜由增殖期转为分泌期，有利于受精卵的着床和胚胎发育。妊娠期孕激素能降低子宫对缩宫素的敏感性，抑制子宫收缩起到安宫保胎作用；与雌激素一起促进乳腺腺泡发育，为哺乳作准备。大剂量的孕激素可抑制腺垂体分泌黄体生成素（LH），从而抑制排卵。

2. 代谢　孕激素结构和醛固酮相似，可竞争性拮抗醛固酮作用，促进 Na^+ 和 Cl^- 排泄，产生利尿作用；促进蛋白质分解，增加尿素氮的排泄。

3. 体温　孕激素影响下丘脑体温调节中枢，产生轻度升温作用，使月经周期排卵后基础体温升高，直至月经来潮。

【作用机制】与其他类固醇激素一样，孕激素与细胞内受体结合发挥作用。孕激素结构和醛固酮相似，可竞争性拮抗醛固酮作用。

【临床应用】

1. 功能性子宫出血　黄体功能不足可引起子宫内膜不规则成熟与脱落，导致子宫持续性的出血。应用孕激素可使子宫内膜同步转为分泌期，在行经期有助于子宫内膜全部脱落，恢复正常月经，与雌激素合用效果更好。

2. 先兆流产和习惯性流产　对黄体功能不足所致流产，常在妊娠前三个月使用孕激素保胎。

3. 痛经　是黄体酮促使子宫内膜合成 $PGF_{2\alpha}$ 刺激子宫平滑肌痉挛所致。雌、孕激素复合避孕药可抑制子宫痉挛性收缩而止痛。

4. 子宫内膜异位症和子宫内膜腺癌　大剂量孕激素可使异位的子宫内膜萎缩退化，子宫内膜癌细胞分泌耗竭而致退化（第四十一章）。

5. 前列腺增生和前列腺癌　大剂量孕激素可反馈性抑制腺垂体分泌间质细胞刺激激素，减少睾酮分泌，促使前列腺细胞萎缩退化（第四十一章）。

6. 替代疗法和避孕　孕激素常与雌激素合用，用于绝经后激素替代疗法及女性避孕。

【不良反应及用药注意事项】不良反应较少，偶见恶心、呕吐、头痛、乳房胀痛及腹痛。长期应用可引起子宫内膜萎缩，月经减少，并诱发真菌性阴道炎。因其有雄激素活性，可引起性欲改变、多毛或脱发、痤疮等不良反应，有时可致生殖器畸形。大剂量 19- 去甲睾酮类可引起肝功能障碍。

四、雄激素类药

天然雄激素类（androgens）主要由睾丸间质细胞分泌，包括睾酮（testosterone）、双氢睾酮、脱氢表雄酮、雄烯二酮和雄酮等，活性以双氢睾酮最强，其次为睾酮，其余均很弱。肾上腺皮质、卵巢和胎盘也分泌少量睾酮。临床上多用人工合成的睾酮衍生物，包括甲睾酮（methyltestosterone）、丙酸睾酮（testosterone propionate）和苯乙酸睾酮（testosterone phenylacetate）等。

【体内过程】睾酮生物利用度很低，一般用其油溶液肌内注射或植入皮下。甲睾酮可口服，也可舌下给药。代谢产物与葡糖醛酸结合，随尿排出。

【生理和药理作用】

1. 生殖系统　促进男性性器官及副性器官的发育和成熟，促进男性第二性征形成，促进精子的生成及成熟。大剂量反馈性抑制腺垂体分泌促性腺激素，抑制女性卵巢雌激素的分泌，并有直接抗雌激素作用。

2. 骨髓造血功能　骨髓造血功能低下时，大剂量雄激素可促进肾分泌促红细胞生成素，也可直接刺激骨髓造血功能，使红细胞生成增加。

3. 同化作用　促进蛋白质合成代谢，减少蛋白质分解，造成正氮平衡，从而促进肌肉增长，体重增加，有利于生长发育和虚弱体质的恢复。

【作用机制】睾酮进入精囊、附睾、前列腺、肾、骨骼肌和皮肤等组织的靶细胞内，在 5α- 还原酶作用下转化为 5α- 双氢睾酮后发挥生理或药理活性。5α- 双氢睾酮属于类固醇激素，也通过与胞内受体结合发挥作用。

【临床应用】

1. 睾丸功能不全　对无睾症（双侧睾丸缺损）或类无睾症（睾丸功能不足）、男性性功能障碍者，可用作替代疗法。

2. 更年期综合征和功能性子宫出血　通过对抗雌激素作用，使子宫平滑肌和子宫血管收缩，子宫内膜萎缩而止血。更年期患者较适用。

3. 晚期乳腺癌　可直接对抗雌激素作用，也可通过抑制腺垂体分泌促性腺激素而减少雌激素的分泌，还可对抗催乳素对癌组织的刺激作用（第四十一章）。其治疗效果与癌细胞中的雌激素受体含量有关，含量高者疗效较好。

4. 其他　可刺激骨髓造血功能，促进红细胞生成，治疗再生障碍性贫血。由于其同化作用，小剂量的雄激素可治疗各种消耗性疾病、骨质疏松、生长延缓、长期卧床及放疗等虚弱情况，加快体质恢复。

【不良反应及用药注意事项】女性长期应用后，可出现痤疮、多毛、声音变粗、闭经、乳腺退化等男性化改变。甲睾酮等 17α 位由烷基取代的睾酮类药物干扰肝内毛细胆管的排泄功能，引起胆汁淤积性黄疸，如发现黄疸应立即停药。因雄激素有水钠潴留作用，对肾炎、肾病综合征、肝功能不全、高血压及心力衰竭患者也应慎用。孕妇及前列腺癌患者禁用。

五、同化激素类药

由于雄激素用于女性会出现男性化现象，故在临床上应用受限。同化激素（anabolic hormone）是将睾酮进行结构改造后得到的以蛋白质同化作用为主，而雄性化作用较弱的睾酮的衍生物，如苯丙酸诺龙（nandrolone phenylpropionate）、司坦唑醇（stanozolol，康力龙）及美雄酮（metandienone）等。

同化激素临床上主要用于蛋白质同化或吸收不良，以及蛋白质分解亢进或损失过多的病例，如营养不良、严重烧伤、术后恢复期、化疗期、再生障碍性贫血、老年骨质疏松及恶性肿瘤晚期等。用药时应同时配合高蛋白饮食。本类药物是体育比赛的违禁药物。长期应用可引起水钠潴留，女性患者男性化，偶可见胆汁淤积性黄疸。肾炎、心力衰竭和肝功能不全患者应慎用，孕妇及前列腺癌患者禁用。

深入学习 29-1
雄激素受体拮抗药

六、雄激素受体拮抗药

第二节　生殖功能调节药

生殖是一个复杂的生理过程，包括精子和卵子的形成、成熟、排放、受精、着床及胚胎发育等多个环节。生殖功能调节药是通过影响其中任何一个环节达到避孕或助孕目的的一类药物，包括避孕药和生殖辅助药。

深入学习 29-2
避孕药发展史

一、避孕药

避孕药是指阻碍受孕或防止妊娠的一类药物。避孕药是一种安全、方便且行之有效的避孕方式，现有的避孕药大多为女性避孕药，男性用药较少。

（一）主要抑制排卵的避孕药

本类药物多为复合型甾体激素避孕药，由不同类型的雌激素和孕激素配伍组成。这类避孕药的优点是：①高度有效；②使用方便；③停药后迅速恢复生育能力；④月经正常，并对月经有调节作用；⑤可降低卵巢癌、子宫内膜癌、乳腺癌的发病率。

【药理作用】

1. 抑制排卵　卵泡的成熟和发育需要 FSH 和 LH 的共同作用。外源性雌激素通过负反馈机制抑制下丘脑 GnRH 释放，从而减少 FSH 分泌，使卵泡的生长成熟过程受到抑制，而孕激素抑制 LH 释放，两者协同作用而抑制排卵。停药后可很快恢复排卵功能。

2. 改变受孕条件　使宫颈黏液黏稠度增加，不利于精子进入宫腔；抑制子宫内膜正常增殖，使其萎缩，阻碍受精卵着床；可影响子宫和输卵管平滑肌的正常活动，使受精卵不能适时地到达子宫；还可抑制黄体内甾体激素的生物合成。

【临床应用】本类药物是最常用的女性避孕药，如严格按规定时间服药，避孕率可达 99% 以上。

1. 短效口服避孕药　如复方炔诺酮片、复方甲地孕酮片、去氧孕烯炔雌醇片等。服法：从月经周期第 5 天开始，连续服用 22 天。一般于停药后 2～4 天就可发生撤退性出血，形成人工月经周期。下次服药仍从月经来潮第 5 天开始。如停药 7 天仍未来月经，则应立即开始服下一周期的药物。一旦漏服，应于 24 h 内补服。

2. 长效口服避孕药　是以长效雌激素类药物炔雌醚与孕激素类药物（如炔诺孕酮或氯地孕酮等）配伍制成的复方片剂。服法：从月经周期第 5 天服第 1 片，间隔 20 天后服第 2 片，以后每月按第一次服药日期服 1 片。

3. 长效注射避孕药　如复方己酸孕酮注射液（即避孕针 1 号）和复方甲地孕酮注射液。用法：第一次于月经周期的第 5 天深部肌内注射，以后每隔 28 天或于月经周期的第 11～12 天注射一次，每次 1 支。注射后一般于 14 天左右月经来潮。如发生闭经，仍应按期给药，不能间断。

4. 缓释剂　将孕激素放入以硅橡胶为材料制成的胶囊、阴道环、宫内避孕器内，分别植入臂内侧或左肩胛部皮下，或置入阴道和宫腔内，使药物缓慢释出，发挥长效避孕效果。

5. 多相片剂　为了使服用者的性激素水平近似月经周期水平，并减少月经期间出血的发生率，可将避孕药制成多相片剂，如炔诺酮双相片、三相片和炔诺孕酮三相片。在这些剂型中雌激素的含量相对固定，而孕激素含量按 2～3 个剂量递增。在月经周期中按 2～3 个时相服用不同比例的雌孕激素合剂，模拟人体雌、孕激素分泌的月周期规律，减少临床不良反应。

【不良反应及用药注意事项】

1. 类早孕反应　用药初期可能会出现头晕、恶心、择食、乳房胀痛等轻微的类早孕反应。坚持服药 2～3 个月后大多可减轻或消失。

2. 子宫不规则出血　少数妇女可出现点滴出血或月经样出血，常发生于用药后最初几个周期，加服炔雌醇可控制。

3. 闭经　1%～2% 的妇女可发生闭经，如连续 2～3 个月闭经，应停药。

4. 乳汁减少　可使乳汁减少，并可通过乳汁影响婴儿，哺乳期妇女不宜使用。

5. 凝血功能亢进　可引起血栓性静脉炎和血栓栓塞，如肺栓塞和脑血管栓塞等疾病。

6. 轻度损害肝功能　与肝良性腺瘤及肝局灶性结节增生有一定关系，用药妇女应定期检查肝，肝病患者慎用。

7. 宫颈癌和乳腺癌　研究表明避孕药可增加宫颈癌和乳腺癌的发病率。宫颈癌患者禁用，如长期用药出现乳房肿块，应立即停药。

8. 其他　可能引起痤疮、皮肤色素沉着，个别人可能出现血压升高，严重高血压、充血性心力衰竭等疾病患者慎用。

（二）抗着床避孕药

此类药物也称探亲避孕药，可使子宫内膜发生各种功能和形态变化，阻碍受精卵着床。我国多用大剂量炔诺酮或甲地孕酮或双炔失碳酯（anorethindrane dipropionate，又称 53 号抗孕片）。本类药物的应用时间不受月经周期的限制，无论在排卵前、排卵期或排卵后服用，均可影响受精卵着床。用法是同居当晚或房事后服用，连服 14 天。

（三）主要影响子宫和胎盘功能的避孕药

米非司酮（mifepristone）是炔诺酮的衍生物，炔诺酮 17α 位上的乙炔基由丙炔基取代，提高了与孕激素受体的亲和力，11β 位连接二甲苯基增加了与受体结合的稳定性，但几乎无孕激素活性，为孕激素受体拮抗药。妊娠早期使用，可破坏蜕膜，使胎盘组织变性坏死，促进子宫平滑肌收缩和宫颈软化、扩张，诱发流产。米非司酮片能明显增高妊娠子宫对前列腺素的敏感性，小剂量米非司酮与前列腺素药物序贯合并使用，可用于终止停经 49 天内的妊娠。临床上多用于抗早孕、房事后紧急避孕，也可用于诱导分娩。米非司酮口服有效，生物利用度高，血浆 $t_{1/2}$ 长，可延长下一月经周期，不宜持续给药。较常见不良反应为恶心、腹痛和腹泻，少数用药者可发生严重出血，应当在医生指导下用药。

（四）外用避孕药

外用避孕药指的是一些具有较强杀精作用的药物，如孟苯聚醇（menfegol）及烷苯醇醚（alfenoxynol）。0.2% 孟苯聚醇溶液可迅速杀死精子。将该药膜放入阴道深部能快速溶解发挥杀精作用，同时可形成黏液，阻碍精子运动。烷苯醇醚则可损害精子顶部，破坏精子的膜结构，使精子失去穿透卵子的能力。杀精剂使用简便，不影响人体内分泌功能，但单用避孕失败率高于其他避孕法，如与其他屏障避孕法合用将更加有效。

二、生殖辅助药

生殖辅助药是一类可促进卵巢排卵，改善子宫内膜厚度和质量，增加精子数量和活力等，从而提高受孕概率的药物。临床上主要用于辅助生殖助孕，也应用于早孕先兆流产的保胎治疗等。本类药主要有雌激素受体拮抗药、芳香化酶抑制剂、促性腺激素、促性腺激素释放激素类似物和其他辅助药等。

1. 雌激素受体拮抗药　氯米芬（又名克罗米芬），常作为诱导卵巢排卵的首选药物，促排卵有效性约 80%，其作用参见本章第一节。

2. 芳香化酶抑制剂　来曲唑（letrozole）是第三代芳香化酶抑制剂，为人工合成的苄三唑衍生物。通过抑制雄烯二酮向雌二醇和雌酮的转化，从而降低外周雌激素水平，诱导促性腺激素 FSH 和 LH 的分泌，促进卵泡生长发育。

3. 促性腺激素　人绒毛膜促性腺激素（hCG），是一种由胚胎早期细胞产生的激素，能促进和维持黄体功能，使黄体合成孕激素，促进卵泡生成和成熟，并可模拟生理性的促黄体生成素的高峰而促发排卵。同时早孕期间能够维持黄体，直至胎盘可以完全分泌孕酮和雌激素。

4. 促性腺激素释放激素类似物　根据与受体的不同作用，临床用药主要包括促性腺激素释放激素激动剂（GnRH-a）和拮抗剂（GnRH-A）。用以同步化卵泡发育，抑制内源性 LH 峰，增进卵巢刺激药效。

5. 其他辅助药　雌激素和孕激素可以用于调节月经周期、改善子宫内膜质量和增加受孕机会，其作用参见本章第一节。黄体酮可用于维持子宫内膜的稳定和妊娠的维持，其作用参见本章第一节。

（陈和平）

思考题

1. 女性避孕药有哪几类？避孕机制和代表药物分别是什么？
2. 试述雌激素、雄激素类药物的药理作用。

网上更多⋯⋯

👤 学习目标　　👥 本章小结　　📝 自测题　　⬇️ 教学 PPT　　📶 参考资源

第三十章
作用于子宫平滑肌的药物

关键词

子宫平滑肌	子宫平滑肌兴奋药	子宫平滑肌抑制药
缩宫素	麦角生物碱	前列腺素
利托君	硫酸镁	硝苯地平
阿托西班		

　　子宫是女性生殖器官的一部分，被称为"人类生命的摇篮"。雌激素使子宫保持兴奋状态，增加子宫对缩宫素的敏感性，使子宫平滑肌收缩，有利于胎儿经产道娩出；孕激素使子宫兴奋性降低，减弱子宫对缩宫素的敏感性，使子宫平滑肌松弛，对维持妊娠有重要意义。因此，缩宫素、前列腺素、麦角生物碱等子宫平滑肌兴奋药可用于引产或催产、产后止血或子宫复原，利托君、硫酸镁、硝苯地平、阿托西班等子宫平滑肌抑制药可用于防治早产或保胎。

思维导图

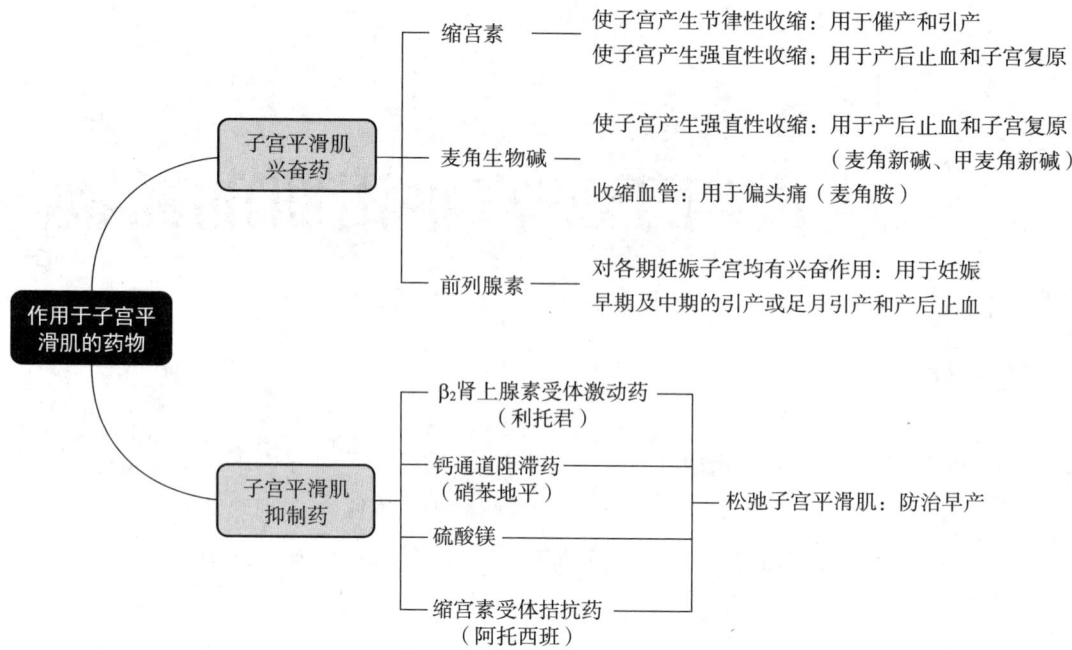

第一节　子宫平滑肌兴奋药

动画 30-1
子宫节律性收缩
动画 30-2
子宫强直性收缩

子宫平滑肌兴奋药是一类能选择性兴奋子宫平滑肌的药物，包括缩宫素、麦角生物碱和前列腺素等。该类药物因子宫平滑肌所处生理状态的不同或使用药物剂量的不同，可对子宫平滑肌产生节律性收缩或强直性收缩作用。

一、缩宫素

缩宫素（oxytocin，OXT）又名催产素，其前体物质（前激素原）在下丘脑视上核及室旁核的神经内分泌大细胞合成后，沿下丘脑 – 垂体束以每日 2 ~ 3 mm 的速度转运至神经垂体。在转运过程中，前激素原转化为 2 个含有二硫键的垂体后叶激素——缩宫素和血管升压素（vasopressin，抗利尿激素，antidiuretic-hormone，ADH）。在适宜的刺激下，两者由神经垂体释放进入血液循环，到达靶器官发挥作用。它们的化学结构相似且均为 9

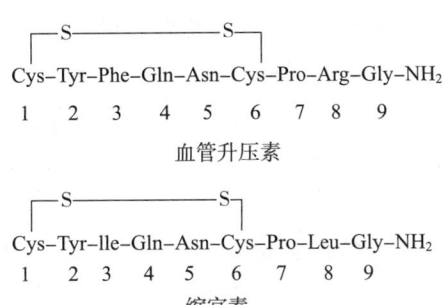

图 30-1　血管升压素和缩宫素结构式

肽，只是第 3 位和第 8 位的氨基酸残基不同（图 30-1），故两者的作用既有各自特点，又有一定交叉，即兴奋子宫的缩宫素还有较弱的抗利尿和升压活性，而血管升压素也有轻微的兴奋子宫作用。目前临床上应用的缩宫素为人工合成品或从牛或猪的神经垂体提取分离所得，效价以单位（U）计算，一个单位（U）相当于 2 μg 缩宫素，也含有微量的血管升压素。

【体内过程】口服易被胰蛋白酶破坏而失效，肌内注射吸收良好，3 ~ 5 min 起效，维持 20 ~ 30 min；大部分经肝、肾代谢，$t_{1/2}$ 一般为 1 ~ 6 min。临床上常采取静脉滴注方式维持药效，也可鼻内滴入诱导产后泌乳。

【药理作用】

1. 兴奋子宫　缩宫素直接兴奋子宫平滑肌，引起子宫收缩，不仅增加宫缩幅度、张力和频率，且作用强，起效快，维持时间短。缩宫素作用强度取决于剂量和体内性激素水平。小剂量（2 ~ 5 U）使子宫平滑肌产生近似正常分娩时的节律性收缩，即子宫底产生节律性收缩，子宫颈松弛，有利于胎儿娩出。大剂量（5 ~ 10 U）使子宫平滑肌产生强直性收缩，子宫平滑肌收缩张力持续性增高，不利于胎儿娩出，有引起胎儿窒息的危险。缩宫素对子宫平滑肌的作用还受性激素水平的影响，孕激素能降低子宫平滑肌对缩宫素的敏感性，妊娠早期孕激素水平高，子宫对缩宫素的敏感性低，有利于胎儿的正常发育。雌激素能提高子宫平滑肌对缩宫素的敏感性，妊娠后期雌激素水平逐渐升高，临产时达高峰，子宫对缩宫素敏感性最强，分娩后雌激素水平逐渐下降。

动画 30-3
缩宫素对子宫收缩的影响

2. 其他作用　缩宫素能使乳腺小叶周围的肌上皮细胞收缩，促进乳汁从腺泡和乳腺导管分泌，但不增加乳汁分泌量。大剂量缩宫素尚能短暂松弛血管平滑肌，扩张血管，引起血压下降。此外，缩宫素还有较弱的抗利尿作用。

【作用机制】人体子宫平滑肌细胞质膜有缩宫素受体（oxytocin receptor，OTR），不同妊娠期该受体表达密度不同。妊娠过程中缩宫素受体逐渐增加，在足月临产早期达最高峰。缩宫素与缩宫素受体结合后，活化与之耦联的 G 蛋白，激活磷脂酶 C，使磷酸肌醇生成增多，胞内 Ca^{2+} 增加而发挥收缩子宫平滑肌的作用。此外，缩宫素促使子宫内膜和蜕膜产生并释放前列腺素，使子宫颈软化及扩张。

临床聚焦 30-1
地西泮在产科中的应用

研究进展 30-1
产后出血的临床用药
进展

【临床应用】

1. 催产和引产 缩宫素为足月妊娠催产和引产的首选药。小剂量（2~5 U）缩宫素增强子宫节律性收缩，用于胎位正常、头盆相称、无产道障碍的产妇由于宫缩乏力所致的难产，称为催产。过期妊娠、某些疾病需提前终止妊娠或需要排出死胎时，用小剂量缩宫素促进胎儿娩出的过程称为引产。

2. 产后止血 大剂量（5~10 U）缩宫素使子宫产生强直性收缩，压迫子宫肌层内血管而止血，用于宫缩乏力引起的产后出血。因缩宫素作用时间短，常需加用麦角制剂。

【不良反应及用药注意事项】催产和引产时，缩宫素过量可引起子宫强直性收缩，压迫子宫肌层血管，阻断胎盘血流，导致胎儿宫内窒息、胎盘早剥或子宫破裂，故需严格掌握剂量和禁忌证。凡产道异常、胎位不正、头盆不称、前置胎盘、三胎妊娠以上经产妇或有剖宫产史者禁用。大剂量使用缩宫素，可导致抗利尿作用，如果患者同时输液过多过快，可出现水潴留等。生物制品缩宫素因含有杂质，偶见过敏反应。

二、麦角生物碱

麦角（ergot）是寄生在黑麦及其他禾本科植物中的一种麦角菌的干燥菌核，在麦穗上突出似角，故名麦角。麦角含有多种生物活性成分，均为麦角酸的衍生物，按化学结构分为两类：

1. 胺生物碱类 以麦角新碱（ergometrine）、甲麦角新碱（methylergometrine）为代表，对子宫兴奋作用强而快，但维持时间短。

2. 肽生物碱类 以麦角胺（ergotamine）、麦角毒（ergotoxine）为代表，对血管收缩作用显著，起效缓慢，但维持时间长。

【药理作用及临床应用】

1. 兴奋子宫 麦角新碱等能选择性兴奋子宫平滑肌，使子宫收缩，作用强而持久，稍大剂量即引起子宫强直性收缩，妊娠子宫较未孕子宫对其更敏感，孕末期子宫较孕早期子宫对其更敏感，对子宫体和子宫颈的兴奋作用无明显差异，故不宜用于催产和引产，可用于子宫出血及产后子宫复原，防止失血过多或引起宫腔感染。

2. 收缩血管 麦角胺和麦角毒直接作用于动静脉血管使其收缩。大剂量可损伤血管内皮，长期服用可导致肢端干性坏疽。麦角胺还可收缩脑血管，减弱脑动脉搏动幅度，从而减轻偏头痛，常与咖啡因合用产生协同作用。

3. 阻断 α 肾上腺素受体 麦角毒可阻断 α 肾上腺素受体，使肾上腺素升压作用翻转为降压作用。在临床上易引起头晕、头痛、皮肤潮红、眼花等不良反应，故无应用价值。

【不良反应及用药注意事项】注射麦角新碱可致呕吐和血压升高等，妊娠高血压综合征产妇须慎用。麦角流浸膏中含有麦角毒和麦角胺，长期应用可损害血管内皮细胞，特别是有肝病或外周血管疾病的患者更为敏感。此外，麦角新碱偶致过敏反应。禁用于催产或引产、血管硬化、冠状动脉疾病患者。

三、前列腺素

前列腺素（prostaglandin，PG）是一类具有广泛生理活性的不饱和脂肪酸，分布于全身组织和体液，因最初从人的精液和羊精囊中提取而得名。前列腺素作用广泛，成分复杂，对心血管、呼吸、消化、生殖等系统均有作用。

子宫的内膜和肌层，尤其是处于增生期的子宫肌层，具有强大的合成 PG 的能力。其中，PGE 和 PGF 可使妊娠子宫与非妊娠子宫收缩。与天然 PG 相比，合成的 PG 衍生物具有专一性高、作用稳定、作用时间长等优点。常用药物有：地诺前列酮（dinoprostone，前列腺素 E_2，PGE_2）、地诺前列素（dinoprost，前列腺素 $F_{2\alpha}$，$PGF_{2\alpha}$）、硫前列酮（sulprostone）、卡前列素（carboprost，15-甲基-前列腺素 $F_{2\alpha}$，$15-Me-PGF_{2\alpha}$）等。

【药理作用】PG 不受激素水平的影响，对各期妊娠子宫均有兴奋作用，以分娩前子宫最为敏感，在子宫体节律性收缩的同时，子宫颈松弛，有利于胎儿娩出。可采用静脉滴注或阴道内、宫腔内或羊膜腔内给药，用于妊娠早期、中期、足月的引产和产后止血。卡前列素可用于产后顽固性出血。

【不良反应及用药注意事项】可引起恶心、呕吐、腹泻等胃肠道平滑肌兴奋症状。地诺前列素可兴奋支气管平滑肌，哮喘患者禁用。地诺前列酮可升高眼内压，青光眼患者禁用。引产时禁忌证和注意事项同缩宫素。

第二节　子宫平滑肌抑制药

子宫平滑肌抑制药又称为抗分娩药（tocolytic drug），抑制子宫平滑肌收缩，使收缩力减弱，收缩节律减慢。主要用于防治早产、流产，亦可治疗痛经。主要药物有 β_2 肾上腺素受体激动药、钙通道阻滞药、硫酸镁和缩宫素受体拮抗药等。

一、β_2 肾上腺素受体激动药

利 托 君

利托君（ritodrine）为选择性 β_2 肾上腺素受体激动药，其化学结构与异丙肾上腺素相似。人子宫平滑肌分布的 β 肾上腺素受体以 β_2 肾上腺素受体占优势。该药通过激动 β_2 肾上腺素受体，松弛子宫平滑肌，对非妊娠和妊娠子宫均产生抑制作用，有早产先兆的妇女使用后可延缓分娩，从而防治早产。由于有较弱的兴奋 β_1 肾上腺素受体作用，可引起心血管样不良反应，也影响糖代谢。一般静脉滴注取得疗效后采取口服给药维持疗效。静脉滴注时需密切监测母体及胎儿心率、血压等情况，视情况及时调整剂量或停用。

二、其他子宫平滑肌抑制药

硫 酸 镁

硫酸镁（magnesium sulfate）注射使用可拮抗 Ca^{2+} 对子宫平滑肌收缩的作用，降低宫缩频率，减弱宫缩强度，用于防治早产。此外，该药可抑制中枢神经系统，松弛血管平滑肌，改善外周血管的痉挛，降低血压，因而还适用于子痫和妊娠高血压综合征。不宜与 β_2 肾上腺素受体激动药同时使用。对于需要保胎但禁忌使用 β_2 肾上腺素受体激动药的孕妇，可改用本药治疗。不良反应及用药注意事项见第十一章。

钙通道阻滞药

硝苯地平（nifedipine）通过阻滞 Ca^{2+} 通道而松弛子宫平滑肌，拮抗缩宫素所致的子宫兴奋作用，可用于早产的治疗。该药不能与硫酸镁合用。

缩宫素受体拮抗药

阿托西班（atosiban）是一种合成的肽类缩宫素受体拮抗药，可在受体水平竞争性结合位于子宫肌层和蜕膜的缩宫素受体，阻止细胞内 Ca^{2+} 增加，从而松弛子宫平滑肌。该药具有保胎效果好、对母体及胎儿安全性高等优点，尤其适用于硫酸镁疗效不明显的先兆流产，且可与利托君或硫酸镁合用。不良反应包括血管扩张、恶心、呕吐、高血糖等。

（鲁艳柳）

思考题

1. 试述缩宫素的临床用途及其药理依据。
2. 使用缩宫素应注意哪些问题？
3. 试比较缩宫素和麦角生物碱对子宫收缩的异同点。

网上更多……

👤 学习目标　　👤 本章小结　　📝 自测题　　⬇ 教学 PPT　　📶 参考资源

第三十一章
抗菌药概论

关键词

化学治疗药	抗菌药	抗生素	抗菌谱
抗菌活性	最低抑菌浓度	最低杀菌浓度	抑菌药
杀菌药	化疗指数	抗生素后效应	首次接触效应
细菌耐药性	灭活酶	钝化酶	交叉耐药性

人类历史上人口大量消亡的主要原因有三：战争、大饥荒和瘟疫，后者是致病菌暴发性传染所致。自青霉素及一系列抗菌药相继发现和研制成功，往日猖獗一时的传染性及感染性疾病得到明显控制。但是，由于生态的变化和抗菌药滥用，微生物在组织结构上发生变异，使新的微生物不断出现，人类与微生物的斗争远未结束，可谓任重而道远。为了使抗菌药发挥最佳作用，必须规范抗菌药的应用方法。

思维导图

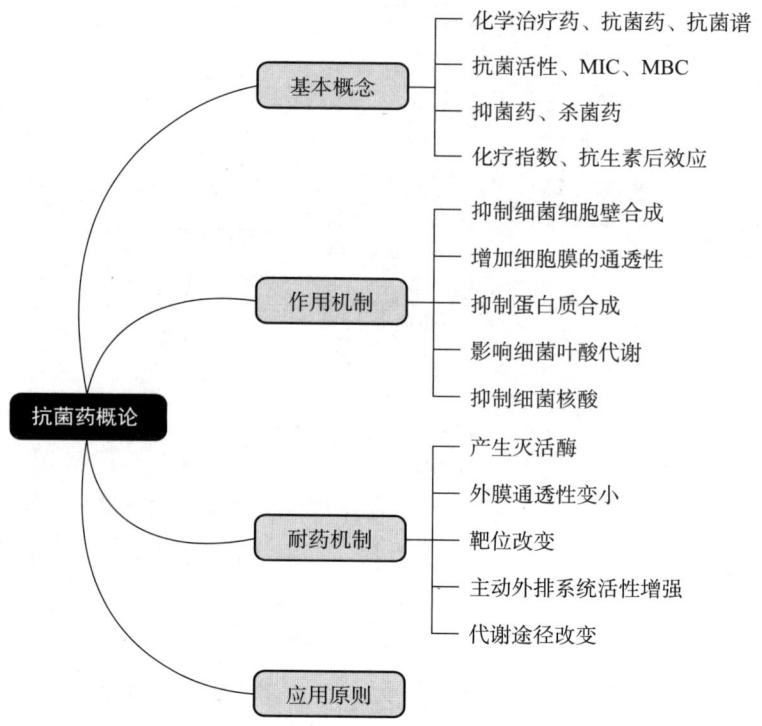

- 抗菌药概论
  - 基本概念
    - 化学治疗药、抗菌药、抗菌谱
    - 抗菌活性、MIC、MBC
    - 抑菌药、杀菌药
    - 化疗指数、抗生素后效应
  - 作用机制
    - 抑制细菌细胞壁合成
    - 增加细胞膜的通透性
    - 抑制蛋白质合成
    - 影响细菌叶酸代谢
    - 抑制细菌核酸
  - 耐药机制
    - 产生灭活酶
    - 外膜通透性变小
    - 靶位改变
    - 主动外排系统活性增强
    - 代谢途径改变
  - 应用原则

第一节 抗菌药的基本概念

细菌和其他微生物、寄生虫及癌细胞所致疾病的药物治疗统称为化学治疗（chemotherapy，简称化疗）。

在应用化疗药物治疗感染性疾病过程中，应注意机体、病原体与药物三者的相互关系（图31-1）。感染性疾病的患病与康复是微生物与机体相互斗争的过程。人体的反应性、免疫状态和防御功能对疾病的发生、发展与转归起着重要作用。当机体防御功能占主导地位时，就能战胜致病微生物，使它不能致病或发病后迅速康复。抗菌药的抑菌或杀菌作用是制止疾病发生、发展与促进康复的外来因素，并为机体彻底消灭病原体

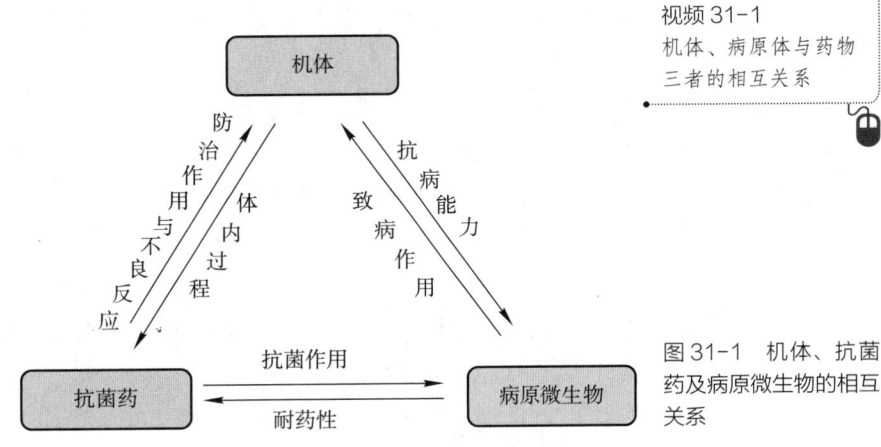

视频31-1
机体、病原体与药物
三者的相互关系

图31-1 机体、抗菌药及病原微生物的相互关系

和疾病痊愈创造有利条件，但不是决定性的因素。在某种条件下微生物可产生耐药性，使药物失去抗菌效应；在疾病治疗中药物的治疗作用是主要的，但使用不当时，药物可能产生不良反应，影响患者健康，甚至使治疗失败。

化学治疗药（chemotherapeutic drug）指用于治疗病原微生物（细菌、螺旋体、衣原体、支原体、立克次体、真菌、病毒）、寄生虫及恶性肿瘤细胞所致疾病的药物，简称化疗药。

抗菌药（antibacterial drug）是能抑制或杀灭细菌，用于预防和治疗细菌性感染的药物。抗菌药包括抗生素和人工合成抗菌药。

抗生素（antibiotic）是由细菌、真菌、放线菌属等微生物或其他动植物所产生的能杀灭或抑制其他微生物的物质。目前临床上常用的抗生素源于微生物培养液中的提取物，以及通过对天然抗生素进行结构改造，用化学方法半合成或合成的化合物。

抗菌谱（antibacterial spectrum）指抗菌药的抗菌作用范围。某些抗菌药仅对单一菌种或某一属细菌具有抗菌作用，其抗菌谱窄，称为窄谱抗菌药，如异烟肼仅对结核分枝杆菌有作用，多黏菌素类对革兰阴性（G$^-$）菌具有抗菌作用。一些抗菌药的抗菌范围广泛，对不同的病原菌具有抗菌作用，称为广谱抗菌药，如第三、四代喹诺酮类抗菌药，不但对革兰氏阳性（G$^+$）菌、G$^-$菌有很强的抗菌作用，而且对结核分枝杆菌、衣原体、支原体及厌氧菌有作用。抗菌药的抗菌谱是临床选药的基础。

抗菌活性（antibacterial activity）是指抗菌药抑制或杀灭病原微生物的能力。一般可用体外与体内（化学实验治疗）两种方法来测定。体外抑菌试验对临床用药具有重要参考意义。

最低抑菌浓度（minimal inhibitory concentration，MIC）是指抑制培养基内细菌生长的最低药物浓度。

最低杀菌浓度（minimal bactericidal concentration，MBC）是指以杀灭细菌为评定标准时，能使活菌总数减少99.9%的最低药物浓度。实验中能抑制50%或90%受试菌所需MIC，分别称

为 MIC_{50} 及 MIC_{90}。抗菌药的抑菌作用和杀菌作用是相对的，有些抗菌药在低浓度时呈抑菌作用，而在高浓度时呈杀菌作用。

抑菌药（bacteriostatic drug）是指仅有抑制微生物生长繁殖而无杀灭作用的抗菌药，如四环素类、大环内酯类及磺胺类等。

杀菌药（bactericidal drug）是指不仅能抑制微生物生长繁殖，而且能杀灭微生物的药物，如青霉素类、头孢菌素类和氨基糖苷类等。

化疗指数（chemotherapeutic index，CI）是评价化疗药物安全性的指标。一般以化疗药物半数致死量（LD_{50}）和半数有效量（ED_{50}）的比值表示，或用 5% 致死量（LD_5）与 95% 有效量（ED_{95}）的比来衡量。化疗指数越大，表明药物的毒性越小，临床应用的价值也可能越高。值得提及的是，化疗指数高并不意味着药物绝对安全，如几乎无毒性的青霉素具有引起过敏性休克的可能。理想的化疗药物应对病原微生物具有高度选择性的毒性，而对宿主无毒性或毒性很低。

抗生素后效应（post antibiotic effect，PAE）是指细菌短暂接触抗生素后，抗生素浓度已降至 MIC 以下甚至消失时，对细菌生长具有持续的抑制效应。

首次接触效应（first exposure effect）是指抗菌药初次接触细菌时具有强大的抗菌效应，当再度接触或连续接触时，并不明显地增强或再次出现这种效应，而是需要间隔数小时后才会再起作用。氨基糖苷类抗生素具有明显的首次接触效应。

时间依赖性抗菌药（time dependent antibacterial）是指药物的疗效与浓度大于 MIC 的时间有关。此类药物当其浓度达到一定程度后，即使再增加剂量疗效也不再增加，如 β- 内酰胺类。对于时间依赖性抗菌药，治疗的关键是浓度大于 MIC 的时间。

浓度依赖性抗菌药（concentration dependent antibacterial）是指抗菌药的疗效与剂量有关。药物的抗菌活性随药物浓度增大而增强。其治疗的关键是在保证日给药剂量不变的情况下提高药物的峰浓度，如氨基糖苷类。

第二节　抗菌药的作用机制

视频 31-1
抗菌药的作用机制

抗菌药通过干扰细菌的生物化学代谢过程，或影响其结构和功能，从而产生抑菌和（或）杀菌作用。其具体作用机制主要包括以下几种方式（图 31-2）。

一、抑制细菌细胞壁合成

细菌细胞膜外是一层坚韧的细胞壁，能抵御菌体内强大的渗透压，具有保护和维持细菌正常形态的功能。细菌细胞壁主要结构成分是胞壁黏肽（肽聚糖），由 $N-$ 乙酰葡糖胺（GNAc）和与五肽相连的 $N-$ 乙酰胞壁酸（MNAc）重复交替连接而成。G^+ 菌细胞壁坚厚，其胞壁黏肽含量占细胞壁的 50% ~ 80%；G^- 菌细胞壁单薄，其胞壁黏肽含量占细胞壁的 1% ~ 10%。胞壁黏肽的生物合成可分为胞质内、细胞膜与胞质外三个阶段。

胞质内黏肽前体的形成可被磷霉素或环丝氨酸阻碍。磷霉素抑制有关酶系阻碍 MNAc 的形成，环丝氨酸通过抑制 D- 丙氨酸的消旋酶和合成酶阻碍 MNAc- 五肽的形成。万古霉素和杆菌肽阻遏 MNAc- 五肽与脂载体的结合，从而抑制直链十肽二糖聚合物转运至膜外受体的过程及其

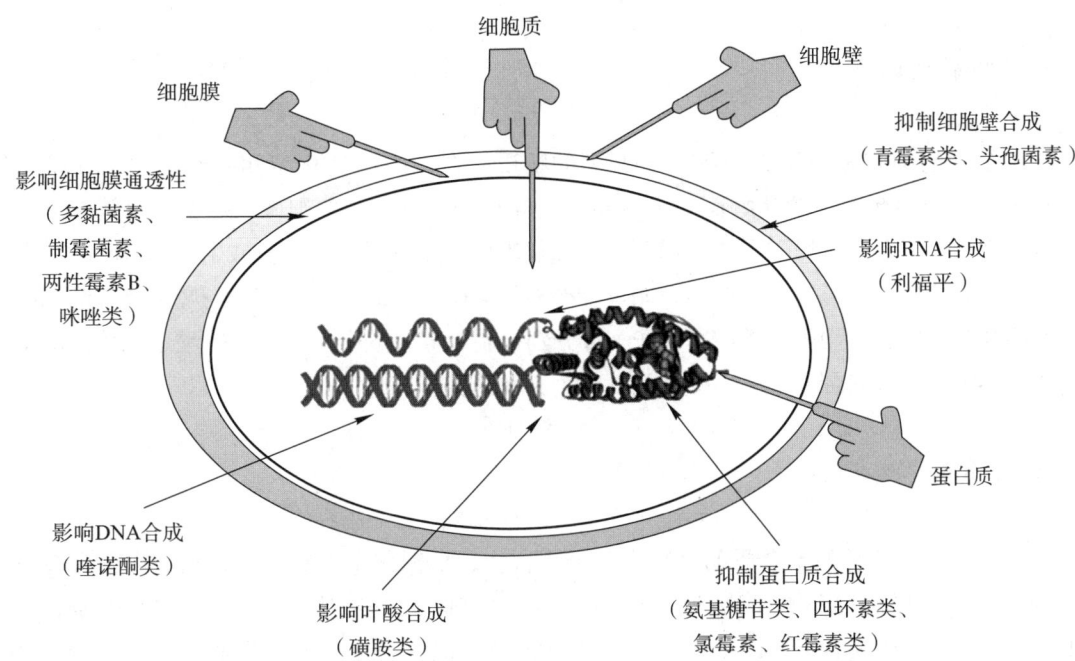

影响细胞膜通透性
（多黏菌素、
制霉菌素、
两性霉素B、
咪唑类）

细胞膜

细胞质

细胞壁

抑制细胞壁合成
（青霉素类、头孢菌素）

影响RNA合成
（利福平）

蛋白质

影响DNA合成
（喹诺酮类）

影响叶酸合成
（磺胺类）

抑制蛋白质合成
（氨基糖苷类、四环素类、
氯霉素、红霉素类）

图 31-2　细菌结构与
抗菌药作用部位示意图

脱磷酸反应，破坏细胞膜阶段的黏肽合成。青霉素与头孢菌素类抗生素则能阻碍直链十肽二糖聚合物在胞质外的交叉连接过程，其作用靶位是细胞膜上的青霉素结合蛋白（penicillin binding protein，PBP），抑制转肽酶的转肽作用，阻碍胞壁黏肽的交叉连接，导致细菌细胞壁缺损。此时，由于菌体内的高渗透压使得等渗环境中水分不断渗入，致使细菌膨胀、变形，并在自溶酶影响下，细菌破裂、溶解而死亡。人体细胞没有细胞壁，因此这类药物对人体细胞几乎没有细胞毒作用。

二、增加细胞膜的通透性

细菌细胞膜主要是由类脂质和蛋白质分子构成的一种半透膜，具有渗透屏障和运输物质的功能。多黏菌素类抗生素具有表面活性物质，能选择性地与细菌细胞膜中的磷脂结合；而制霉菌素和两性霉素 B 等多烯类抗生素则能与真菌细胞膜中的固醇类物质结合。它们均能使细胞膜通透性增加，导致菌体内的蛋白质、核苷酸、氨基酸、糖和盐类等外漏，从而抑制细菌的生长繁殖或使细菌死亡。

三、抑制蛋白质合成

细菌的生长繁殖必须有蛋白质的参与，生物蛋白质的合成在核糖体内完成。细菌为原核细胞，其核糖体为 70S，由 30S 和 50S 亚基组成。哺乳动物是真核细胞，其核糖体为 80S，由 40S 与 60S 亚基构成。抗菌药对细菌的核糖体有高度的选择性毒性，而不影响哺乳动物的核糖体蛋白质合成。氯霉素、林可霉素等多种抗生素能与核糖体 50S 亚基结合，使蛋白质合成呈可逆性抑制。四环素与核糖体 30S 亚基结合而阻止氨基酰 tRNA 与 30S 亚基的 A 位结合，从而抑制蛋白质合成。氨基糖苷类抗生素能阻止核糖体始动复合物的形成、肽链延伸及已合成肽链的解离等多个环节而产生杀菌作用。

四、影响细菌叶酸代谢

叶酸是动物细胞和细菌生长繁殖所必需的物质，在体内以活化型四氢叶酸的形式发挥作用，细菌不能利用环境中的叶酸而必须自身合成叶酸供菌体使用。细菌以蝶啶、对氨基苯甲酸（PABA）为原料，在二氢蝶酸合酶作用下生成二氢蝶酸，二氢蝶酸与谷氨酸生成二氢叶酸，在二氢叶酸还原酶的作用下形成四氢叶酸，四氢叶酸作为一碳单位载体的辅酶参与嘧啶核苷酸和嘌呤核苷酸的合成。磺胺类与甲氧苄啶（TMP）可分别抑制二氢蝶酸合酶与二氢叶酸还原酶，妨碍叶酸代谢，最终影响核酸合成，从而抑制细菌的生长和繁殖。

五、抑制细菌核酸代谢

核酸是由许多核苷酸聚合成的生物大分子化合物，根据化学组成不同，核酸可分为核糖核酸（RNA）和脱氧核糖核酸（DNA）。DNA 是储存、复制和传递遗传信息的主要物质基础，RNA 在蛋白质合成过程中起着重要作用。喹诺酮类药物通过抑制细菌的 DNA 促旋酶和拓扑异构酶Ⅳ，阻碍细菌 DNA 复制、修复及转录等功能而产生杀菌作用；利福平能抑制以 DNA 为模板的 RNA 聚合酶，阻碍 mRNA 合成而杀灭细菌。

第三节　细菌的耐药性

细菌耐药性（bacterial resistance）又称抗药性，系指细菌对于抗菌药作用不敏感的现象。耐药性一旦产生，药物的抗菌作用就明显下降。为保持抗菌药的有效性，应重视其合理使用。

一、耐药性的种类

耐药性可分为获得性耐药（acquired resistance）和固有性耐药（intrinsic resistance，又称天然耐药）。自然界中的某些病原体本身存在固有性耐药，而获得性耐药是产生耐药菌的主要原因。固有性耐药是由细菌染色体基因介导的耐药性，这种耐药性比较稳定，不会消失或改变，且可代代相传。例如，肠道 G⁻ 杆菌对青霉素 G 的天然耐药，以及铜绿假单胞菌对多数抗菌药不敏感。获得性耐药的发生往往是由于细菌与抗菌药多次接触后由质粒介导而形成。如金黄色葡萄球菌产生的 β- 内酰胺酶能破坏 β- 内酰胺类药物的结构而发生耐药。若耐药菌不再与该类抗菌药接触，则获得的耐药性可以消失。然而，如果质粒将耐药基因转移给染色体而使其耐药性代代相传，则可发展为固有性耐药，由于这种耐药性易于传播，故在临床上占有重要地位。

二、耐药性产生的机制

研究进展 31-1
耐药性研究的进展

（一）细菌产生灭活抗菌药的酶

细菌可通过耐药因子产生灭活酶，使抗菌药被该酶破坏而失去抗菌作用，这是耐药性产生的最重要机制之一。

1. β- 内酰胺酶（β-lactamase）　能水解 β- 内酰胺环而使药物丧失抗菌作用，此酶可由染色体或质粒介导，酶生成后释放到细胞外，属胞外酶（exoenzyme）。主要水解青霉素类抗生素的酶称青霉素酶（penicillinase），既能水解青霉素类又能水解头孢菌素类抗生素的酶称头孢菌素酶（cephalosporinase）。

2. 氨基糖苷钝化酶（aminoglycoside modifying enzyme）　氨基糖苷类抗生素可被钝化酶作用而失去抗菌作用。常见的钝化酶有乙酰化酶、腺苷化酶和磷酸化酶，这些酶的基因经质粒介导合成，能将乙酰基、腺苷酰基和磷酰基连接到氨基糖苷类的氨基或羟基上，改变其结构，使其失去抗菌活性。另外，大环内酯类抗生素可被细菌产生的酯酶灭活，氯霉素可被细菌产生的乙酰转移酶灭活，林可霉素可被金黄色葡萄球菌产生的核苷转移酶灭活。

（二）影响细菌外膜通透性

细菌长期接触抗菌药后，可以通过改变通道蛋白性质和数量来降低细菌的膜通透性而产生耐药性。正常情况下，细菌外膜的通道蛋白允许抗菌药等药物分子进入菌体。当细菌多次接触抗菌药后，菌株发生突变，产生通道蛋白的结构基因失活，引起通道蛋白丢失，导致进入菌体内的药物量减少，产生耐药性。例如，细菌外膜 OmpF 通道蛋白的丢失，导致细菌对 β- 内酰胺类、喹诺酮类等药物产生耐药。

（三）抗菌药作用靶位的改变

肺炎链球菌可以改变细胞膜上与抗菌药结合部位的靶蛋白，降低其与抗菌药的亲和力，而产生对青霉素的高度耐药；抗甲氧西林金黄色葡萄球菌（methicillin resistant *Staphylococcus aureus*，MRSA）比敏感的金黄色葡萄球菌的 PBP 的组成多一个青霉素结合蛋白 -2α（PBP-2α），这使得大多数抗菌药不能与该靶蛋白结合，细菌产生高度耐药；肠球菌产生大量的靶蛋白可维持细菌的正常功能和形态，对青霉素产生耐药。

（四）主动外排系统活性增强

如由于细胞壁的渗透性改变，膜的屏障作用，由特异性蛋白所构成的孔通道（porin）缺乏，或缺少转运系统等使药物向细菌内扩散速度降低，不能进入细胞内。或细菌内主动外排系统（active efflux system）活性增强，外排药物速度大于药物内流速度，降低药物在菌体内的积聚而产生耐药。

（五）细菌代谢途径的改变

对磺胺类药物耐药的细菌可能与细菌改变叶酸的代谢途径有关，如产生较多的对氨基苯甲酸（PABA）或直接利用外源性叶酸。

（六）细菌生物被膜的形成

细菌生物被膜是指细菌黏附于固体或有机腔道表面，形成微菌落，并分泌细胞外多糖蛋白复合物将自身包裹其中而形成的膜状物。当细菌以生物被膜形式存在时，耐药性明显增强（10~1 000 倍），应用抗菌药不能有效清除，还可诱导耐药性产生。生物被膜中的大量胞外多糖形成分子屏障和电荷屏障，可阻止或延缓抗生素的渗入，而且被膜中细菌分泌的一些水解酶类浓度较高，可促使进入被膜的抗生素灭活。生物被膜流动性较低，被膜深部氧气、营养物质等浓度较低，处于这种状态下的细菌生长代谢缓慢，而绝大多数抗生素对此状态细菌不敏感。因此，当使用抗菌药时仅杀死表层细菌，而不能彻底治愈感染，停药后易迅速复发。

（七）交叉耐药性

交叉耐药性指致病微生物对某一抗菌药产生耐药性后，对其他作用机制相似的抗菌药也产生耐药性。耐药菌的产生和增加及不断变异，形成多重耐药性，应引起人们的高度重视。

三、避免细菌耐药性的措施

为防止细菌对药物产生耐药性，要注意抗菌药的合理应用。通过采取适当的剂量与疗程、必要的联合用药和有计划的轮换给药等措施，可以避免或减少耐药性的发生。此外，医药学专家仍致力于开发新的抗菌药，如通过改造抗菌药的化学结构等措施，使药物具有耐酶特性或易于透入菌体。

第四节　抗菌药的应用原则

临床聚焦 31-1
抗菌药的滥用

抗菌药的合理应用使得许多致死性感染性疾病得到控制。但随着抗菌药的广泛使用，特别是滥用，也带来毒性反应、过敏反应、二重感染及细菌产生耐药性等问题。因此，必须合理使用抗菌药。

一、抗菌药使用的基本原则

1. 严格按照适应证选药　每一种抗菌药有不同的抗菌谱与适应证。应综合考虑患者临床诊断、细菌学诊断和体外药敏试验、肝肾功能、感染部位、药物代谢动力学特点、细菌产生耐药性的可能性，以及不良反应和价格等。

2. 病毒性感染和发热原因不明者不宜使用　病毒性上呼吸道感染、发病原因不明者（除病情严重并怀疑为细菌感染外）不宜用抗菌药，否则将导致临床症状不典型从而使病原菌不易被检出，延误正确诊断与治疗。

3. 抗菌药剂量要合理　剂量过小，不但无治疗作用，反而容易使细菌产生耐药性，而疗程过短则容易使疾病复发或转为慢性。剂量过大或疗程过长，不仅造成浪费，还会带来严重的毒副作用。

4. 皮肤黏膜等局部感染一般不宜全身用药　皮肤黏膜等局部感染应局部应用抗菌药，否则易发生过敏反应和产生耐药菌。

5. 预防应用及联合应用要谨慎　抗菌药的预防应用仅限于少数情况，联合用药须权衡利弊，严格掌握指征。

二、抗菌药的联合应用

1. 抗菌药联合应用的目的　①发挥药物的协同抗菌作用，以提高治疗效果；②延迟或减少耐药菌的出现；③对混合感染或不能作细菌学诊断的病例，联合用药可扩大抗菌范围；④联合用药可减少药物的剂量，从而减少不良反应。

2. 联合用药的指征　联合应用抗菌药多采用广谱合并窄谱的联用方式，一般以二联为宜，适用于下列情况：①致病菌不明的严重感染；②单一药物不能有效控制的混合感染、严重感染或多重耐药菌株感染；③通过联合用药降低抗菌药的剂量，以减少不良反应的发生；④需长期用药但又要防止细菌对抗菌药产生耐药性。

3. 联合用药可能的结果　依据抗菌药的作用性质可将其分为四大类：第一类为繁殖期杀菌药，如青霉素类、头孢菌素类等；第二类为静止期杀菌药，如氨基糖苷类、多黏菌素 B 等；第三类为速效抑菌药，如四环素类、氯霉素类及大环内酯类抗生素等；第四类为慢效抑菌药，如磺胺类等。两种抗菌药联合应用可出现无关、相加、增强或拮抗四种效果。第一类和第二类药物合用常可获得增强作用。第一类与第三类药物合用可能出现拮抗作用，例如青霉素类与四环素类合用，由于后者使蛋白质合成迅速被抑制，细菌处于静止状态，致使繁殖期杀菌的青霉素干扰细胞壁合成的作用不能充分发挥，使其抗菌活性减弱。第二类和第三类合用可获得增强或相加作用。第四类慢效抑菌药与第一类合用，可以产生相加或无关作用。值得注意的是，联合用药产生的治疗效果一方面取决于不同菌种和菌株，另一方面还与药物剂量和给药顺序有关。

三、特殊情况下抗菌药使用注意事项

（一）肾功能不全患者选择抗菌药时的注意事项

1. 肾功能不全患者选择抗菌药时除应考虑抗感染治疗的一般原则外，还应考虑抗菌药对肾毒性的大小，患者肾功能损害程度，肾功能对抗菌药药代动力学的影响，血液透析、腹膜透析对药物清除的影响等。

2. 肾功能不全患者抗菌药给药剂量、给药间隔的调整估计法，若抗菌药绝大部分通过肾消除，其维持剂量可通过表 31-1 进行估算。

表 31-1　肾功能不全时给药剂量的估计

肾功能	内生肌酐清除率（mL/min）	给药剂量
正常	90～120	正常剂量
轻度损害	50～80	1/2～2/3 正常剂量
中度损害	10～50	1/5～1/2 正常剂量
重度损害	< 10	1/10～1/5 正常剂量

（二）肝功能不全患者选择抗菌药时的注意事项

肝功能不全患者选择抗菌药时，除应考虑抗感染治疗的一般原则外，还应考虑肝功能不全患者使用此类抗菌药发生毒性反应的可能性，肝功能不全对该类药物药代动力学的影响等。目前还不能根据肝功能状态对抗菌药的给药剂量做出较准确调整。

（三）新生儿选择抗菌药时的注意事项

新生儿选择抗菌药时，除应考虑抗感染治疗的一般原则外，还应考虑新生儿的病理生理状态，以及抗菌药的特殊药代动力学特点。例如，肝代谢和肾排泄功能的不完备、药物表观分布容积与成人的差异，抗菌药对新生儿生长发育的影响等。

（四）妊娠期使用抗菌药的注意事项

妊娠期使用药物时应注意避免不必要的用药，选择风险/效果之比最小的药物，在必须用药时，要告知患者继续妊娠可能引起的风险。

（五）哺乳期妇女给予抗菌药时的注意事项

首先考虑此类人群是否必须使用抗菌药，如果必须使用，则尽量选择不经乳汁排泄的药物，且调整用药时间与哺乳时间。例如，在哺乳结束后立即用药，或在婴儿较长睡眠前用药，这样可使婴儿接触药物的量降至最低。

（六）老年人使用抗菌药时的注意事项

老年人使用抗菌药时，必须根据感染程度、细菌培养和药敏试验结果及药品不良反应等具体情况，结合老年人的特点合理使用抗菌药，尽量使用不良反应小的杀菌药物，并依据肾功能（肾清除率）调整用药剂量及给药间隔时间，安全、有效地使用抗菌药。

（邱　敏）

思考题

1. 简述抗菌药的作用机制，并举例说明。
2. 简述细菌耐药性的产生机制。
3. 简述抗菌药应用的基本原则。
4. 简述抗菌药联合应用的指征。

网上更多……

👤 学习目标　　👥 本章小结　　📝 自测题　　⬇️ 教学 PPT　　📶 参考资源

第三十二章
β-内酰胺类抗生素

关键词

β-内酰胺类	青霉素	半合成青霉素	苯唑西林
氨苄西林	阿莫西林	羧苄西林	哌拉西林
美西林	头孢菌素类	头孢氨苄	头孢唑啉
头孢他啶	头孢曲松	头孢哌酮	亚胺培南
帕尼培南	美罗培南	氨曲南	克拉维酸

1928年，英国细菌学家弗莱明在他的实验室里发现，有一个葡萄球菌培养基暴露在空气之中，受到了一种真菌的污染。弗莱明注意到在培养基中真菌周围区域的细菌没有生长，他推测这种真菌可产生某种对葡萄球菌有害的物质。不久他就证明了这种物质能抑制许多其他有害细菌的生长。弗莱明将这种物质命名为青霉素，为β-内酰胺类抗生素第一个代表药，并于1941年应用于临床。之后，科学家们先后发现或半合成青霉素类、头孢菌素类、非典型β-内酰胺类（头霉素类、碳青霉烯类与青霉烯类、氧头孢烯类及单环β-内酰胺类）等抗生素。

思维导图

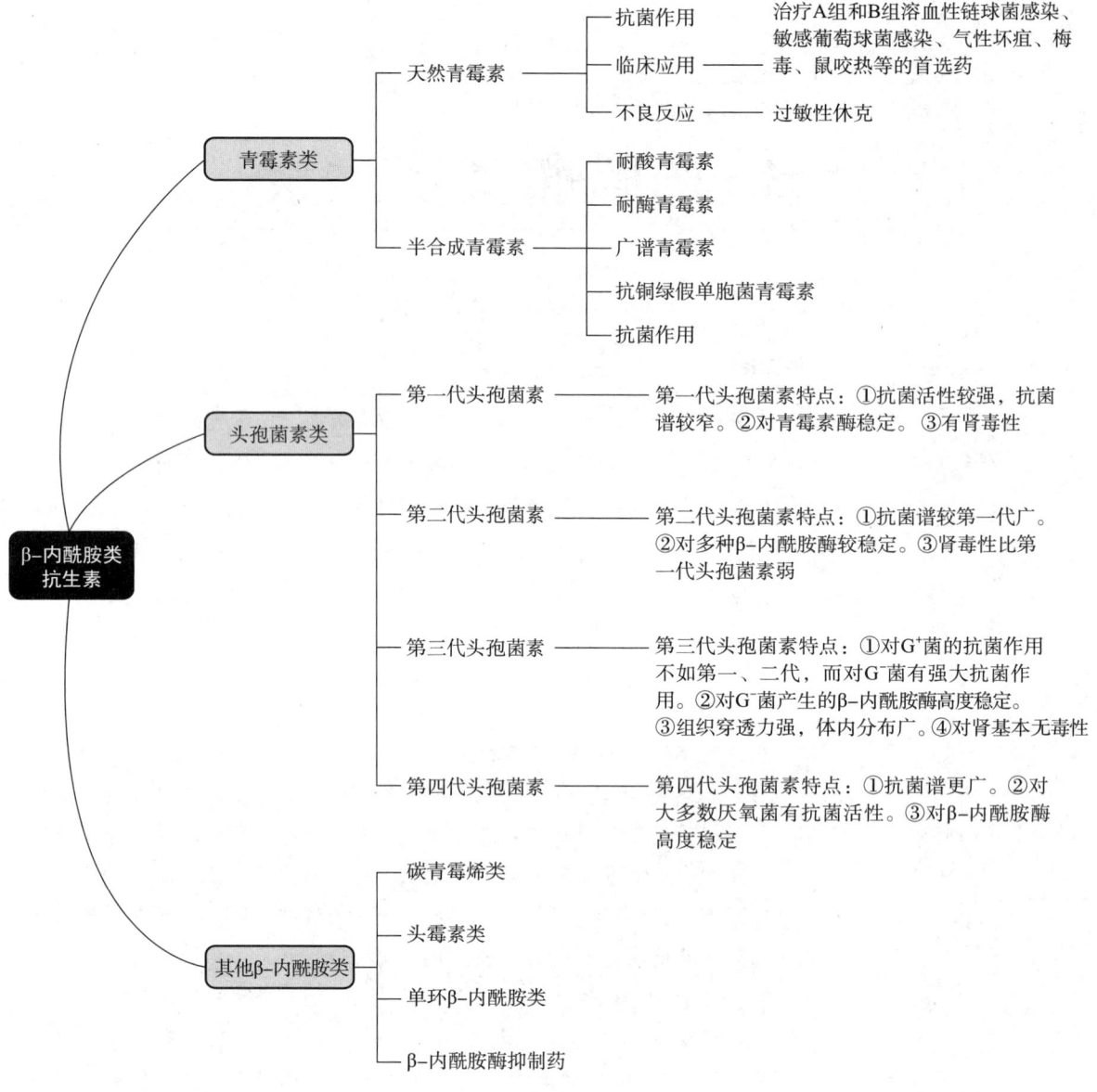

β-内酰胺类抗生素

青霉素类
- 天然青霉素
  - 抗菌作用
  - 临床应用 —— 治疗A组和B组溶血性链球菌感染、敏感葡萄球菌感染、气性坏疽、梅毒、鼠咬热等的首选药
  - 不良反应 —— 过敏性休克
- 半合成青霉素
  - 耐酸青霉素
  - 耐酶青霉素
  - 广谱青霉素
  - 抗铜绿假单胞菌青霉素
  - 抗菌作用

头孢菌素类
- 第一代头孢菌素 —— 第一代头孢菌素特点：①抗菌活性较强，抗菌谱较窄。②对青霉素酶稳定。③有肾毒性
- 第二代头孢菌素 —— 第二代头孢菌素特点：①抗菌谱较第一代广。②对多种β-内酰胺酶较稳定。③肾毒性比第一代头孢菌素弱
- 第三代头孢菌素 —— 第三代头孢菌素特点：①对G⁺菌的抗菌作用不如第一、二代，而对G⁻菌有强大抗菌作用。②对G⁻菌产生的β-内酰胺酶高度稳定。③组织穿透力强，体内分布广。④对肾基本无毒性
- 第四代头孢菌素 —— 第四代头孢菌素特点：①抗菌谱更广。②对大多数厌氧菌有抗菌活性。③对β-内酰胺酶高度稳定

其他β-内酰胺类
- 碳青霉烯类
- 头霉素类
- 单环β-内酰胺类
- β-内酰胺酶抑制药

第一节　概述

　　β-内酰胺类（β-lactams）抗生素系指化学结构中含有一个β-内酰胺环的一类抗生素。该类抗生素抗菌范围广，抗菌活性强，毒性低，疗效高，适应证广，临床应用的品种多。

一、β-内酰胺类抗生素的分类

研究进展 32-1
β-内酰胺类抗生素研究进展

　　β-内酰胺类抗生素包括临床上最常用的青霉素类与头孢菌素类，以及新发展的头霉素类、碳青霉烯类、单环β-内酰胺类等其他非典型β-内酰胺类抗生素。本类药化学结构，特别是侧链的改变形成了各种不同抗菌谱和抗菌作用及临床药理学特性的抗生素。此外，β-内酰胺酶抑制药本身虽无直接的抗菌作用，但由于其对细菌β-内酰胺酶活性的抑制作用，可与多种β-内酰胺类抗生素配伍，以增强抗菌作用。

二、β-内酰胺类抗生素的抗菌作用及耐药机制

（一）抗菌作用机制

视频 32-1
β-内酰胺类抗生素的抗菌作用机制

　　β-内酰胺类抗生素的抗菌作用靶点是细胞壁黏肽合成中的转肽酶，即青霉素结合蛋白（penicillin binding protein，PBP）。PBP是存在于细菌细胞膜上的蛋白质，是细菌细胞壁合成黏肽必需的酶。药物与PBP结合后，抑制其活性，从而阻碍细胞壁黏肽合成，使细菌细胞壁缺损，水分子通过渗透机制进入细菌，使菌体膨胀，在被激活的细菌自溶酶活性作用下，细菌细胞壁溶解、破裂。缺乏自溶酶的突变株则表现出耐药性。

　　β-内酰胺类药物对处于繁殖期大量合成细胞壁的细菌作用强，而对已合成细胞壁，处于静止期者作用弱，故称为繁殖期杀菌剂。哺乳动物和真菌无细胞壁，因此对人类毒性小，对真菌感染无效。

　　各种细菌的PBP数目、分子质量，及对β-内酰胺类抗生素的敏感性是不同的，但分类学上相近的细菌的PBP类型及生理功能有相似性。有效药物必须作用于细胞膜上的靶位PBP才能发挥作用。G^+菌与G^-菌的结构差异甚大，β-内酰胺类药物与母核相连接的侧链不同可影响其亲脂性或亲水性。影响β-内酰胺类抗菌作用的主要因素：①药物透过G^+菌细胞壁或G^-菌脂蛋白外膜（即第一道穿透屏障）的难易。②对β-内酰胺酶（第二道酶水解屏障）的稳定性。③对抗菌作用靶位PBP的亲和性。根据这些因素，目前临床上应用的β-内酰胺类对G^+菌与G^-菌的作用大致有6种类型。Ⅰ类为青霉素及口服青霉素Ⅴ，易透过G^+菌胞壁黏肽层，但不能透过G^-菌糖蛋白磷脂外膜，因而属窄谱抗生素，仅对G^+菌有效。Ⅱ类包括氨苄西林、羧苄西林、酰脲类青霉素、亚胺培南及若干头孢菌素，能适度透过G^-菌的胞壁黏肽层，对G^-菌的外膜透过性很好，因而是广谱抗菌药。Ⅲ类为容易被G^-菌胞外的β-内酰胺酶（青霉素酶）破坏灭活的青霉素类，对产酶菌具有明显的耐药性。Ⅳ类为异噁唑类青霉素、头孢菌素一、二代及亚胺培南等，对青霉素酶稳定，对G^+菌的产酶菌有效，但对因染色体突变而改变的PBP的亲和力下降或消失，因而无效。Ⅴ类包括阿洛西林、美洛西林等酰脲类青霉素，羧苄西林及头孢菌素一、二代，当胞膜外

间隙存在少量 β- 内酰胺酶时有抗菌效果，大量酶存在时则无效。Ⅵ类包括第三代头孢菌素、氨曲南、亚胺培南等，对 β- 内酰胺酶十分稳定，即使存在大量 β- 内酰胺酶仍然有效，但对因染色体突变而改变的 PBP 无效。

（二）耐药机制

β- 内酰胺类可由于药物靶位 PBP 结构的差异而天然耐药；敏感菌也可能通过发育和在不同菌株间的 PBP 基因间对等重组，产生可降低抗生素亲和力的高分子质量 PBP 而获得耐药。

研究进展 32-2
细菌的细胞壁或外膜的通透性与耐药性的关系

具体细菌对 β- 内酰胺类抗生素的耐药机制包括：①产生水解酶：细菌产生水解 β- 内酰胺类抗生素的酶（青霉素酶、头孢菌素酶等），使 β- 内酰胺类抗生素结构中的 β- 内酰胺环水解裂开，失去抗菌活性而发生耐药；②酶与抗生素牢固结合：抗生素与大量的 β- 内酰胺酶迅速、牢固结合，使其停留于胞膜外间隙，不能进入靶位（PBP）发生抗菌作用，此种 β- 内酰胺酶的非水解机制的耐药现象又称"牵制机制"（trapping mechanism）；③ PBP 的组成和功能改变：PBP 靶蛋白与抗生素的亲和力降低、PBP 增多或产生新的 PBP 均可使抗生素失去抗菌作用，例如耐甲氧西林金黄色葡萄球菌（methicillin resistant *Staphylococcus aureus*，MRSA）具有多重耐药性，其产生机制是 PBP 改变的结果，高度耐药性是由于原有的 PBP_2 与 PBP_3 之间产生一种新的 PBP_2'（即 PBP_{2a}），低、中度耐药是由于 PBP 的产量增多或与甲氧西林等的亲和力下降所致；④细菌的细胞壁或外膜的通透性改变：使抗生素不能或很少进入细菌体内到达作用靶位，G^- 菌的外膜是限制 β- 内酰胺类抗生素透入菌体的第一道屏障；⑤细菌缺少自溶酶而出现的耐药性：可表现为抗生素具有正常的抑菌作用，但杀菌作用差，这是由于 β- 内酰胺类抗生素通过与 PBP 结合阻断细菌自溶酶的释放，导致细菌自溶酶减少而产生耐受。

视频 32-1
青霉素类抗生素

第二节　青霉素类

本类抗生素包括天然青霉素和人工半合成的青霉素，化学结构的母核是 6- 氨基青霉烷酸（6-aminopenicillanic acid，6-APA）。其中 β- 内酰胺环是关键结构，此环裂解则失去抗菌活性。母核 6-APA 可带有不同的侧链，而侧链决定了不同青霉素的抗菌谱、耐酸、耐酶等药理特性（图 32-1）。

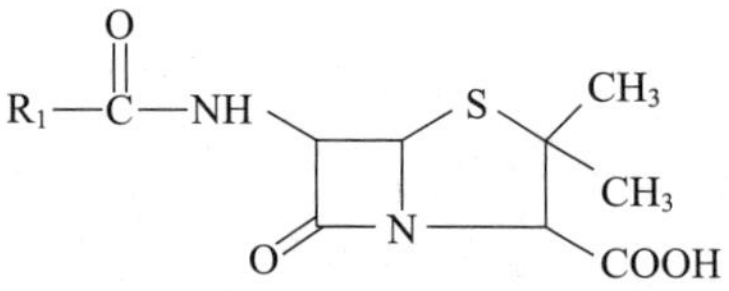

图 32-1　青霉素的化学结构

一、天然青霉素

青霉素（penicillin G）又名苄青霉素（benzyl penicillin），属天然青霉素，侧链为苄基。常用其钠盐或钾盐，晶粉在室温中稳定，易溶于水，但水溶液在室温中不稳定，20℃放置 24 h，抗菌活性迅速下降，生成有抗原性的降解产物，故青霉素应在临用前配成水溶液。青霉素培养液中至少含有 F、G、X、K 和双氢 F 5 种青霉素，其中以青霉素 G 的性质最稳定，也是最早应用于临床的抗生素，具有杀菌力强、毒性低、价格低廉、使用方便等优点，迄今仍是治疗敏感菌所致各种感染的首选药物。

【体内过程】青霉素遇酸易被分解，口服吸收差，肌内注射吸收快，0.5 h 达血药浓度峰值，

$t_{1/2}$ 为 0.5 h。血浆蛋白结合率为 46% ~ 58%。青霉素主要分布于细胞外液，并能广泛分布于各种关节腔、浆膜腔、间质液、淋巴液、胎盘、肝、肾、肺、横纹肌、中耳液等。青霉素的脂溶性低，进入细胞量少，房水与脑脊液含量也较低，但炎症时青霉素能透入脑脊液和眼并达有效浓度。青霉素几乎全部以原型迅速经尿排泄，其中，约 10% 经肾小球滤过，90% 经肾小管分泌。无尿患者青霉素 $t_{1/2}$ 可延长达 10 h。丙磺舒可与青霉素竞争肾小管分泌，两药合用时能提高青霉素血药浓度，延长其半衰期。

【抗菌作用】青霉素抗菌作用强，在细菌繁殖期低浓度抑菌，高浓度产生杀菌作用。抗菌谱主要作用于 G⁺ 菌、G⁻ 球菌、嗜血杆菌属及各种致病螺旋体、放线杆菌等。青霉素对溶血性链球菌、草绿色链球菌、肺炎链球菌等作用强，对肠球菌敏感性较差。不产生青霉素酶的金黄色葡萄球菌及多数表皮葡萄球菌对青霉素敏感。白喉棒状杆菌、炭疽杆菌及 G⁺ 厌氧杆菌（如产气荚膜梭菌、破伤风梭菌、艰难梭菌、丙酸杆菌、真杆菌、乳杆菌等）对青霉素敏感。G⁻ 球菌中脑膜炎奈瑟菌对青霉素高度敏感，耐药者罕见。百日咳鲍特菌对青霉素敏感。梅毒螺旋体、钩端螺旋体等致病螺旋体对青霉素高度敏感。

【临床应用】青霉素主要用作敏感的 G⁺ 球菌、G⁻ 球菌、螺旋体所致感染的首选治疗药，如溶血性链球菌引起的咽炎、扁桃体炎、丹毒、蜂窝织炎、猩红热等；草绿色链球菌引起的心内膜炎；肺炎链球菌引起的大叶性肺炎、中耳炎、脑膜炎、菌血症等；脑膜炎奈瑟菌引起的流行性脑脊髓膜炎，但由耐药菌株感染者治疗后易复发。此外，青霉素还可作为放线菌、梅毒、回归热、钩端螺旋体病及风湿性心脏病、先天性心脏病术前的首选用药。也可与抗毒素配伍用于治疗破伤风及白喉患者。

【不良反应及用药注意事项】青霉素的毒性很低，除其钾盐大量静注易引起高钾血症，肌内注射疼痛外，最常见的为过敏反应。

1. 过敏反应 青霉素过敏反应较常见，青霉素制剂中的青霉噻唑蛋白、青霉烯酸等降解物、青霉素或 6-APA 高分子聚合物均可成为致敏原。过敏反应包括荨麻疹等各类皮疹、白细胞减少、间质性肾炎、溶血性贫血、哮喘发作及血清病样反应，过敏性休克发生率为（0.4 ~ 1.0）/ 万，死亡率约为 0.1/ 万，在抗菌药中居首位。主要的临床表现为循环衰竭、呼吸衰竭和中枢抑制。近年来发生率有上升的趋势，因此防治过敏性休克非常重要，主要防治措施包括：①掌握适应证，现配现用；②详细地询问过敏史，有青霉素过敏者禁用；③必须做皮肤敏感试验，反应阳性者禁用；④避免饥饿时注射，注射后观察 30 min；⑤准备好抢救药品（肾上腺素、糖皮质激素等）、抢救设备及其他支持疗法。

2. 毒性反应 少见，但大剂量静脉滴注或鞘内给药时，可因脑脊液药物浓度过高导致抽搐、肌阵挛、昏迷及严重精神症状等（青霉素脑病）。此种反应多见于婴儿、老年人和肾功能不全患者。

3. 赫氏反应 在青霉素治疗梅毒或钩端螺旋体病时可有症状加剧现象，称为赫氏反应。一般发生于青霉素开始治疗后 6 ~ 8 h，12 ~ 24 h 消失，表现为全身不适、寒战、发热、咽痛、胁痛和心率加快等；同时可有病变加重现象，甚至危及生命。

4. 二重感染 可出现耐青霉素金黄色葡萄球菌、G⁻ 杆菌或念珠菌等二重感染。

5. 用药注意事项 丙磺舒、阿司匹林、保泰松、磺胺类药物可抑制青霉素的排泄，合用可升高青霉素类的血药浓度，也可能增加毒性。氯霉素、红霉素、四环素类等抑菌药对青霉素的杀菌活性有干扰作用，不宜合用。青霉素 G 钠溶液与两性霉素、头孢噻吩、盐酸氯丙嗪、盐酸林可霉素、酒石酸去甲肾上腺素、盐酸土霉素、盐酸四环素等混合可产生混浊、絮状物或沉淀，不宜混合注射用药。

二、半合成青霉素

青霉素虽然有诸多优点，但是有不耐酸、不耐青霉素酶、抗菌谱窄和容易引起过敏反应等缺点，在临床上应用受到一定限制。1959 年以来人们对青霉素的母核 6-APA 进行化学改造，接上不同侧链，从而得到耐酸、耐酶、广谱、抗铜绿假单胞菌、抗 G^- 菌等不同特性的多种"半合成青霉素"，其中许多药物已用于临床。

（一）耐酸青霉素

耐酸青霉素侧链 R1 由苯氧烷基取代，包括青霉素 V（penicillin V）又名苯氧甲基青霉素（phenoxymethypenicillin）和非奈西林（pheneticillin）。抗菌谱与青霉素相同，抗菌活性不及青霉素，耐酸、口服吸收好，但不耐酶，不宜用于严重感染。临床主要用于 G^+ 球菌引起的轻度感染，如咽炎、扁桃体炎等上呼吸道感染；也用于丹毒、猩红热、风湿热的预防。

（二）耐酶青霉素

化学结构特点是通过酰基侧链（R1）的空间位阻作用保护 β- 内酰胺环，使其不易被酶水解，主要用于耐青霉素的金黄色葡萄球菌感染。主要有侧链为苯基异噁唑的异噁唑类青霉素，其特点是耐酸，耐酶，可口服。常用的有：苯唑西林（oxacillin，新青霉素Ⅱ）、氯唑西林（cloxacillin）、双氯西林（dicloxacillin）与氟氯西林（flucloxacillin）。

【体内过程】胃肠道吸收较好，食物残渣会影响其吸收，应在饭前 1 h 口服。1 ~ 1.5 h 血药浓度达峰值，有效浓度可维持 2 ~ 3 h。各药的吸收以苯唑西林最差，氯唑西林次之，双氯西林最好。血浆蛋白结合率均很高（95% 以上）。主要以原型从尿排泄，速度较青霉素慢。

【抗菌作用】本类药的抗菌谱及对耐药性金黄色葡萄球菌的作用均基本相似，对甲型链球菌和肺炎链球菌效果最好，但不及青霉素，对耐药金黄色葡萄球菌的效力以双氯西林最强，随后依次为氟氯西林、氯唑西林与苯唑西林，对 G^- 肠道杆菌或肠球菌无明显作用。

【临床应用】用于耐药金黄色葡萄球菌的各种感染，或需长期用药的慢性感染等。对严重金黄色葡萄球菌感染，宜注射给药。

【不良反应】胃肠道反应，个别有皮疹或荨麻疹。

（三）广谱青霉素

广谱青霉素以氨苄西林和阿莫西林为代表，对 G^+ 菌及 G^- 菌都有杀菌作用，耐酸，可口服，但不耐酶。

氨 苄 西 林

氨苄西林（ampicillin）对青霉素敏感的金黄色葡萄球菌等的效力不及青霉素，但对肠球菌作用优于青霉素。对 G^- 杆菌有较强的作用，与氯霉素、四环素等相似或略强，但不如庆大霉素与多黏菌素 B，对铜绿假单胞菌无效。$t_{1/2}$ 为 1.0 ~ 1.5 h，口服后 2 h 达血药浓度峰值，经肾排泄，丙磺舒可延缓其排泄。体液中可达有效抗菌浓度，脑膜炎时脑脊液浓度较高。主要用于伤寒、副伤寒、G^- 杆菌败血症及肺部、尿路、胆道感染等，严重者应与氨基糖苷类抗生素合用。

阿莫西林

阿莫西林（amoxycillin）为对位羟基氨苄西林，抗菌谱和抗菌活性与氨苄西林相似，但对肺炎链球菌、变形杆菌、肠球菌、沙门菌属、幽门螺杆菌的杀菌作用比氨苄西林强。经胃肠道吸收良好，血中浓度约为口服同量氨苄西林的 2.5 倍。阿莫西林治疗下呼吸道感染（尤其是肺炎链球菌所致）的效果优于氨苄西林。

（四）抗铜绿假单胞菌青霉素

羧苄西林

羧苄西林（carbenicillin）抗菌谱与氨苄西林相似。特点是抗铜绿假单胞菌及变形杆菌的作用较强。口服吸收差，需注射给药，肾功能损害时作用延长，主要用于铜绿假单胞菌及大肠埃希菌所引起的各种感染。单用时细菌易产生耐药性，常与庆大霉素合用，但不能混合静脉注射。毒性低，偶可引起粒细胞缺乏及出血。

替卡西林

替卡西林（ticarcillin）抗菌谱与羧苄西林相似，抗铜绿假单胞菌活性较其强 2~4 倍。对 G^+ 球菌活性不及青霉素，口服不吸收，肌内注射后 0.5~1.0 h 达血药浓度峰值。分布广泛，胆汁中药物浓度高，大部分经肾排泄，主要用于抗铜绿假单胞菌所致各种感染。

哌拉西林

哌拉西林（piperacillin）抗菌谱广，与羧苄西林相似，而抗菌活性较强，对各种厌氧菌均有一定作用。与氨基糖苷类合用对铜绿假单胞菌和某些脆弱拟杆菌及肠杆菌科细菌有协同作用。除产青霉素酶的金黄色葡萄球菌外，对其他 G^- 球菌和炭疽杆菌等均很敏感。不良反应较少，可供肌内注射及静脉给药。目前在临床上已广泛应用。

（五）抗 G^- 菌青霉素

抗 G^- 菌青霉素包括美西林、匹美西林和替莫西林，为窄谱抗生素。抗菌作用靶位为 PBP_2。对 G^- 菌产生的 β-内酰胺酶稳定，但对 G^+ 菌的作用甚微，因此主要用于 G^- 菌感染的治疗，对铜绿假单胞菌无效。

美西林

美西林（mecillinam）口服不吸收，需注射给药。吸收后可广泛分布于各种组织体液中，以肾和肺组织中浓度较高。胆汁中浓度略高于血液。美西林对 G^- 菌，包括大肠埃希菌、克雷伯菌属、肠杆菌属、枸橼酸杆菌、志贺菌、沙门菌和部分沙雷菌属等有良好的抗菌作用；对 G^+ 菌作用较弱；对假单胞菌、吲哚阳性变形杆菌、奈瑟菌属、厌氧杆菌和肠球菌等无效。

匹美西林

匹美西林（pivmecillinam）为美西林的双酯化合物，抗菌谱同美西林。口服吸收良好，在体内被酯酶迅速水解为美西林而发挥抗菌活性。食物可促进本品的吸收，宜在饭后服用。丙磺舒可使本品血浓度增高而持久。临床应用与美西林相同，用于泌尿道及呼吸道感染，还可用于伤寒的治疗。

第三节　头孢菌素类

研究进展 32-3
未来的新型头孢菌素

头孢菌素类（cephalosporins）是 1945 年意大利 Brotzu 首先发现了头孢菌素 C（cephalosporin C）的产生菌（*Cephalosporium acremonium*），由头孢菌素 C 裂解获得共同母核 7- 氨基头孢烷酸（7-ACA），经化学合成的方法在 7-ACA 上加上不同侧链而制成的一类半合成抗生素。其特点是抗菌谱广，杀菌力强，对胃酸稳定，引起的过敏反应较青霉素类低，对细菌产生的 β- 内酰胺酶较稳定。抗菌作用机制同青霉素，细菌对头孢菌素类与青霉素类之间有部分交叉耐药现象。头孢菌素类和青霉素类同属 β- 内酰胺类抗生素，不同的是头孢菌素类的母核是 7-ACA，而青霉素类的母核则是 6-APA，这使头孢菌素更能耐受青霉素酶。头孢菌素吸收后分布良好，能透入各种组织，且易透过胎盘。在滑囊液、心包积液中均可获得高浓度。由于其不良反应较低，是当前开发较快的一类抗生素。

根据其抗菌作用特点及临床应用不同，将头孢菌素分为四代。

第一代头孢菌素的特点是：①抗菌活性较强，抗菌谱较窄，对 G⁺ 菌包括对青霉素敏感菌及对青霉素耐药的产酶金黄色葡萄球菌的抗菌作用优于第二、三代头孢菌素，对 G⁻ 菌的作用较弱，对铜绿假单胞菌和厌氧菌无效；②对青霉素酶稳定，但对 G⁻ 菌产生的 β- 内酰胺酶不稳定；③某些品种有不同程度的肾毒性。

常用的口服制剂有头孢拉定（cefradine）、头孢氨苄（cefalexin）、头孢羟氨苄（cefadroxil）、头孢噻吩（cefalotin）。

第二代头孢菌素的特点是：①抗菌谱较第一代广，对 G⁺ 菌作用与第一代头孢菌素相仿或略差，对 G⁻ 杆菌产生的 β- 内酰胺酶较第一代稳定，所以显著地提高了对 G⁻ 杆菌的作用；②对多种 β- 内酰胺酶较稳定；③肾毒性比第一代头孢菌素低。

较常用的口服制剂有头孢克洛（cefaclor）、头孢呋辛酯（cefuroxime axetil）等，注射用的有头孢呋辛（cefuroxime）、头孢孟多（cefamandole）等。

第三代头孢菌素的特点是：①对 G⁺ 菌的抗菌作用不如第一、二代，而对 G⁻ 菌有强大抗菌作用，明显超过第一、二代，抗菌谱亦扩大，对铜绿假单胞菌、厌氧菌、消化球菌等有不同程度抗菌作用；②对 G⁻ 菌产生的 β- 内酰胺酶高度稳定；③组织穿透力强，体内分布广，脑膜有炎症时在脑脊液中能达到有效药物浓度；④对肾基本无毒性。

第三代头孢菌素按化学结构可分为氨噻肟类和哌嗪类两类。前者有头孢噻肟（cefotaxime）、头孢曲松（ceftriaxone）、头孢他啶（ceftazidime），后者有头孢哌酮（cefoperazone）及头孢唑肟（ceftizoxime）、头孢克肟（cefixime）、头孢布烯（ceftibuten）等。前四种抗菌谱广，抗菌作用强，而头孢他啶由于有羧基，所以有较强抗铜绿假单胞菌作用，在头孢菌素中，抗铜绿假单胞菌活性最强，其作用高于头孢哌酮。头孢曲松是长效头孢菌素。头孢哌酮抗菌谱广，且具有抗铜绿假单胞菌作用，但对 β- 内酰胺酶的稳定性较弱。头孢哌酮用药后饮用含有酒精的饮品容易导致双硫仑样反应。

第四代头孢菌素包括头孢吡肟（cefepime）、头孢克定（cefclidin）、头孢匹罗（cefpirome）、头孢唑南（cefuzonam）。其特点是：①抗菌谱更广，对 G⁻ 菌作用优于第三代，对某些第三代头孢菌素耐药菌有抗菌活性；②对大多数厌氧菌有抗菌活性；③对 β-内酰胺酶（包括青霉素酶和头孢菌素酶）高度稳定。目前我国一般把此类药作为三线抗菌药物（特殊使用类），用于治疗多种细菌的混合感染或多重耐药菌感染引起的疾病。由于抗生素的滥用，对第四代头孢菌素耐药的细菌也开始增多，如鲍曼不动杆菌、铜绿假单胞菌等，都已显示出较高耐药性。

第四节　其他 β-内酰胺类

青霉素类、头孢菌素类以外的其他 β-内酰胺类统称为非典型 β-内酰胺类抗生素，包括碳青霉烯类、头霉素类、氧头孢烯类、单环 β-内酰胺类等。

一、碳青霉烯类

碳青霉烯类为抗菌谱最广的一类 β-内酰胺类抗生素，抗菌活性强，对铜绿假单胞菌外膜的透过性大，最低抑菌浓度（MIC）与最低杀菌浓度（MBC）非常接近，对 G⁻ 菌有一定抗生素后效应（PAE），与第三代头孢菌素无交叉耐药性，对大多数 β-内酰胺酶稳定。

亚 胺 培 南

亚胺培南（imipenem）是硫霉素的脒基衍生物，为广谱抗生素，对 β-内酰胺酶十分稳定，不论是染色体介导还是质粒介导均很稳定。对金黄色葡萄球菌、表皮葡萄球菌和链球菌等 G⁺球菌极敏感，对 G⁻ 杆菌的抗菌谱很广，几乎对所有的肠道杆菌具有活性，对厌氧菌也有很好效果，唯一的耐药菌是嗜麦芽假单胞菌。肾去氢肽酶 I 会引起本品在肾大量降解，西司他丁（cilastatin）是一种有效的去氢肽酶抑制剂，两者合用能克服该缺陷。供注射的亚胺培南与西司他丁 1：1 的混合粉针剂称为"泰能"，于 1984 年首先在奥地利和德国上市。

美 罗 培 南

美罗培南（meropenem）抗菌谱、抗菌活性与亚胺培南相似，有抗生素后效应，对肾去氢肽酶稳定。

二、头霉素类

头霉素（cephamycin）是自链霉菌 *S. lactamclurans* 获得的 β-内酰胺类抗生素，有 A、B、C 三型，C 型最强。抗菌谱广，对 G⁻ 菌作用较强，对多种 β-内酰胺酶稳定。头霉素化学结构与头孢菌素相仿，但其头孢烯母核的 7 位碳上有甲氧基。目前广泛应用者为头孢西丁（cefoxitin），抗菌谱与抗菌活性与第二代头孢菌素相同，对厌氧菌包括脆弱拟杆菌有良好作用，适用于盆腔感染、妇科感染及腹腔等需氧与厌氧菌混合感染。

三、氧头孢烯类

氧头孢烯类（oxacephems）抗生素系头孢菌素母核 7-ACA 1 位上的 S 被 O 取代。其特点是对拟杆菌属等厌氧菌亦有较强抗菌活性，是广谱抗生素。

拉 氧 头 孢

拉氧头孢（latamoxef）又名羟羧氧酰胺菌素（moxalactam），化学结构属氧头孢烯，1 位硫为氧取代，7 位碳上也有甲氧基，抗菌谱广，抗菌活性与头孢噻肟相仿，对 G^+ 菌、G^- 菌及厌氧菌，尤其对脆弱拟杆菌的作用强，对 β- 内酰胺酶极稳定，血药浓度维持较久。

四、单环 β - 内酰胺类

氨 曲 南

氨曲南（aztreonam）是第一个成功用于临床的单环 β- 内酰胺类抗生素，对 G^- 需氧菌具有强大杀菌作用，抗铜绿假单胞菌活性优于头孢噻肟和头孢哌酮，略低于头孢他啶；对 G^+ 需氧菌几乎无作用；抗厌氧菌活性微弱；并具有耐酶、低毒、对青霉素等无交叉过敏等优点，可用于青霉素过敏患者，并常作为氨基糖苷类的替代品使用。

第五节　β - 内酰胺酶抑制药及其复方制剂

β- 内酰胺酶抑制药（β-lactamase inhibitors）是一类新的 β- 内酰胺类药物。质粒传递产生 β- 内酰胺酶，致使一些药物 β- 内酰胺环水解而失活，是病原菌对一些常见的 β- 内酰胺类抗生素耐药的主要方式。

克 拉 维 酸

克拉维酸（clavulanic acid，棒酸）是氧青霉烷类广谱 β- 内酰胺酶抑制药，抗菌谱广，但抗菌活性低。与多种 β- 内酰胺类抗生素合用时，抗菌作用明显增强。临床上常用奥格门汀（augmentin，安灭菌）与泰门汀（timentin），这两种药物是克拉维酸分别和阿莫西林与替卡西林配伍的制剂。

舒 巴 坦

舒巴坦（sulbactam，青霉烷砜）是半合成 β- 内酰胺酶抑制药，对金黄色葡萄球菌与 G^- 杆菌产生的 β- 内酰胺酶具有很强且不可逆的抑制作用，抗菌作用略强于克拉维酸，但需要与其他 β- 内酰胺类抗生素合用，有明显抗菌协同作用。优立新（unasyn）为舒巴坦和氨苄西林（1∶2）的混合物，可供肌内或静脉注射。舒巴哌酮（sulperazon）为舒巴坦和头孢哌酮（1∶1）混合物。

他　唑　巴　坦

他唑巴坦（tazobactam）是舒巴坦的衍生物，为不可逆的β-内酰胺酶竞争性抑制药，作用较舒巴坦更强，与哌拉西林的配伍制剂为他唑西林，对耐哌拉西林的大肠埃希菌、肺炎克雷伯菌、奇异变形杆菌、不动杆菌等有较好的抗菌作用。用于敏感菌引起的败血症、腹腔感染、呼吸道感染和软组织感染，亦用于颅内感染。

（邱　敏）

思考题

1. 青霉素 G 和半合成青霉素有何异同点？
2. 试述青霉素的抗菌作用、临床用途及不良反应。
3. 头孢菌素类分几代？各代的代表药及其特点是什么？

网上更多……

👤 学习目标　　👥 本章小结　　✍ 自测题　　⬇ 教学 PPT　　🖥 参考资源

第三十三章

大环内酯类、林可霉素类、万古霉素类及杆菌肽类抗生素

关键词

大环内酯类	红霉素	阿奇霉素	克拉霉素
罗红霉素	乙酰螺旋霉素	林可霉素	克林霉素
万古霉素	杆菌肽		

本章主要介绍除第三十二章（青霉素）以外的主要抗 G^+ 菌的抗生素，分别是大环内酯类、林可霉素类、万古霉素类及杆菌肽类抗生素。大环内酯类抗生素种类较多，其中红霉素是第一个用于临床治疗的该类抗生素，20 世纪 70 年代后陆续发现了螺旋霉素、乙酰螺旋霉素、麦迪霉素、阿奇霉素和克拉霉素等。大环内酯类抗生素除了具有抗 G^+ 菌作用外，还具有抗 G^- 球菌、部分 G^- 杆菌，以及衣原体、支原体、螺旋体等其他病原微生物的作用，已广泛用于敏感菌所致的呼吸道、皮肤及软组织等感染。此外，林可霉素类还对多种厌氧菌有效，万古霉素类还对艰难梭菌抗菌活性强。

思维导图

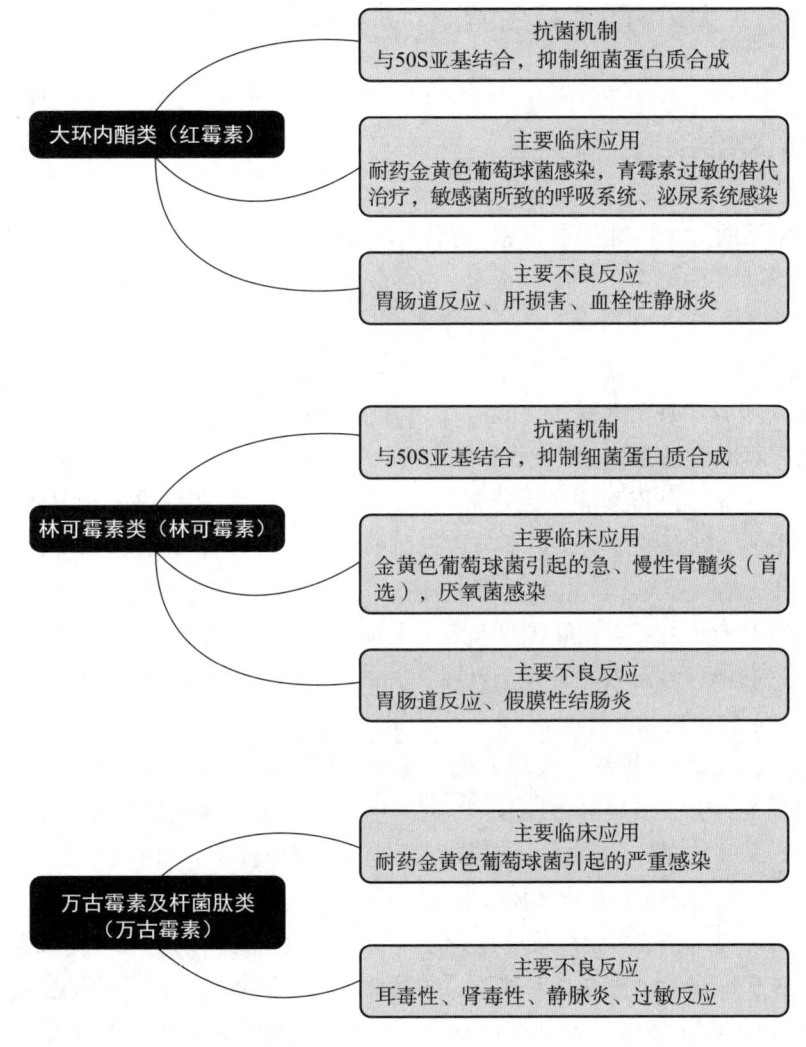

大环内酯类（红霉素）

抗菌机制
与50S亚基结合，抑制细菌蛋白质合成

主要临床应用
耐药金黄色葡萄球菌感染，青霉素过敏的替代治疗，敏感菌所致的呼吸系统、泌尿系统感染

主要不良反应
胃肠道反应、肝损害、血栓性静脉炎

林可霉素类（林可霉素）

抗菌机制
与50S亚基结合，抑制细菌蛋白质合成

主要临床应用
金黄色葡萄球菌引起的急、慢性骨髓炎（首选），厌氧菌感染

主要不良反应
胃肠道反应、假膜性结肠炎

万古霉素及杆菌肽类（万古霉素）

主要临床应用
耐药金黄色葡萄球菌引起的严重感染

主要不良反应
耳毒性、肾毒性、静脉炎、过敏反应

第一节　大环内酯类抗生素

一、大环内酯类抗生素的共性

深入学习 33-1
β-内酰胺类与大环内酯类抗生素的联合应用

常用的大环内酯类抗生素包括：14 元环大环内酯类，如红霉素、罗红霉素和克拉霉素等；15 元环大环内酯类，如阿奇霉素；16 元环大环内酯类，如螺旋霉素、乙酰螺旋霉素、麦迪霉素和交沙霉素等。

【体内过程】

1. 吸收　红霉素易被胃酸破坏，口服吸收少。临床上常用其肠溶片或酯化产物，其他大环内酯类对胃酸稳定，口服生物利用度高。

2. 分布　红霉素能广泛分布到各种体液和组织，在扁桃体、中耳、肺、痰液和前列腺液等组织中能达到有效浓度，但不易透过血脑屏障。只有当脑膜炎时，可有少量药物进入脑脊液中。新大环内酯类（如罗红霉素）的血药浓度、组织液及细胞内药物浓度比红霉素高、持久。

3. 代谢　红霉素在肝代谢灭活。克拉霉素在肝代谢为具有活性的 14-羟基克拉霉素。

4. 排泄　红霉素主要经胆汁排泄，故在胆汁中的浓度较高，仅少量由尿排出。克拉霉素及其代谢产物主要经肾排泄。

【抗菌作用及机制】大环内酯类通常在低浓度时起抑菌作用，高浓度时则为杀菌作用。其抗菌谱为：①大多数 G⁺ 菌，其中包括产生 β-内酰胺酶的葡萄球菌和抗甲氧西林金黄色葡萄球菌；②某些 G⁻ 菌，其中包括奈瑟菌属、流感嗜血杆菌、百日咳鲍特菌、布氏杆菌和军团菌等；③某些厌氧菌；④立克次体属、肺炎支原体和衣原体属等。

大环内酯类抗生素均能不同程度地抑制细菌蛋白质的合成。与细菌核糖体的 50S 亚基结合，阻断转肽作用，抑制 mRNA 移位，选择性地阻碍细菌蛋白质合成而起到抗菌作用（图 33-1）。由于细菌与哺乳动物体内的核糖体不同，因而不会对哺乳动物细胞造成危害。

动画 33-1
大环内酯类抗菌作用机制

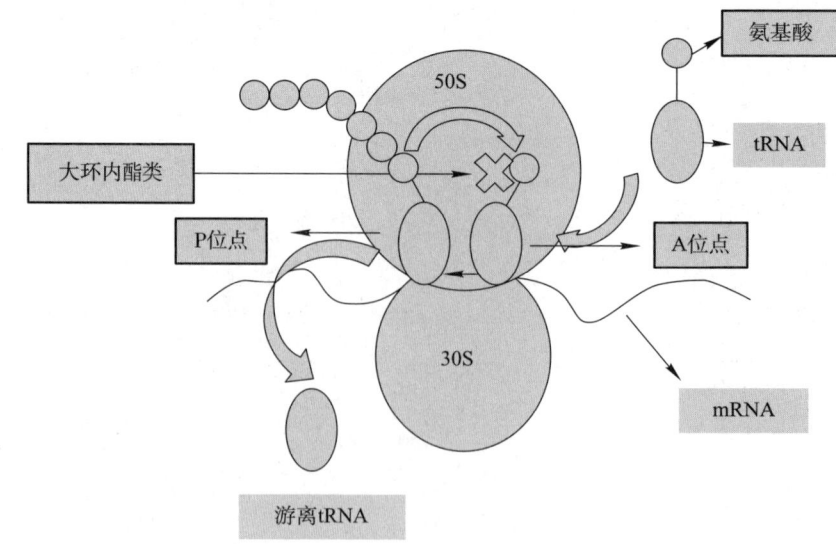

图 33-1　大环内酯类抗生素的作用机制

【耐药机制】随着临床上大环内酯类抗生素的广泛应用，细菌对此类抗生素的耐药性也逐渐增加，此类抗生素间也存在交叉耐药性。其耐药机制有以下几方面：

1. 靶位改变　位于质粒和染色体上的甲基化酶结构基因介导合成甲基化酶，使细菌核糖体50S 亚基的 23S rRNA 上的一个腺嘌呤残基甲基化，并导致大环内酯类不能与 50S 核糖体亚基的作用位点结合而呈耐药性。这是细菌对大环内酯类产生耐药的主要机制之一。

2. 灭活酶的产生　质粒介导的红霉素酯酶和大环内酯 2′-磷酸转移酶等能水解内酯键，打开内酯环，使其失去抗菌活性。

3. 主动外排机制的参与　因为耐药基因编码具有能量依赖性主动外排功能的蛋白质，将大环内酯类外排，使细菌内的药物浓度明显降低。此机制在化脓性链球菌及肺炎链球菌对大环内酯类抗生素的耐药中起到重要作用。

二、常用药物

红　霉　素

红霉素（erythromycin）是从红色链丝菌（*Streptomyces erythreus*）培养液中分离的大环内酯类抗生素。口服易被胃酸破坏，吸收较少，但可经肠道吸收，故临床上常用的剂型为肠溶衣片或肠溶薄膜衣片，如依托红霉素（erythromycin estolate，又称无味红霉素）、硬脂酸红霉素（erythromycin stearate）、琥乙红霉素（erythromycin ethylsuccinate）、乳糖酸红霉素（erythromycin lactobionate）。

【抗菌作用】红霉素低浓度时为抑菌作用，高浓度时为杀菌作用，其中对 G⁺ 菌有较为强大的抗菌作用；对脑膜炎奈瑟菌、淋病奈瑟菌、流感嗜血杆菌、百日咳鲍特菌、布氏杆菌及军团菌等 G⁻ 菌也敏感；对某些螺旋体、肺炎支原体及螺杆菌也有抑制作用。与青霉素相比较，抗菌谱有一定的交叉，但其抗菌活性不及青霉素强。

【临床应用】①治疗耐青霉素的金黄色葡萄球菌感染和对青霉素过敏患者的敏感菌感染。②用于敏感菌所致的呼吸系统感染（包括支原体肺炎）、泌尿系统感染。

【不良反应及用药注意事项】大剂量口服可出现胃肠道反应，依托红霉素或琥乙红霉素可引起肝损害，如转氨酶升高、肝大及黄疸等，一般在停药后数日可恢复，口服红霉素也可出现假膜性结肠炎，静脉滴注乳糖酸红霉素可引起血栓性静脉炎，少数患者可出现药热、药疹等过敏反应。

视频 33-1
红霉素的临床应用
临床聚焦 33-1
支原体肺炎

乙酰螺旋霉素

乙酰螺旋霉素（acetylspiramycin）是螺旋霉素（spiramycin）的乙酰化衍生物，是 16 元环大环内酯类抗生素，抗菌谱与红霉素相似，但抗菌活性较弱。该药口服吸收好，经胃肠道吸收后转变成抗菌活性强的螺旋霉素，在组织和血中浓度较高，$t_{1/2}$ 较长。用于治疗对青霉素、链霉素、四环素等耐药的细菌引起的咽炎、扁桃体炎、支气管炎、肺炎、猩红热、中耳炎、牙周炎、军团菌病、弓形虫病，以及衣原体引起的尿道炎。也用于前列腺切除术患者，预防金黄色葡萄球菌的继发感染。乙酰螺旋霉素与红霉素有部分交叉耐药性，不良反应与红霉素相似但较轻。

麦　迪　霉　素

麦迪霉素（midecamycin）的抗菌作用比红霉素稍弱，对葡萄球菌、肺炎链球菌、溶血性链球菌、奈瑟菌具有良好的抗菌作用，在肝、肺、脾、肾、皮下、软组织、胆汁中浓度较高，临床上主要作为红霉素的替代品治疗敏感菌所致的呼吸道、皮肤、软组织、胆道、耳鼻喉、口腔等部位的感染。不良反应为口干、食欲不振、恶心、呕吐、腹泻等胃肠道反应。

交 沙 霉 素

交沙霉素（josamycin）对大多数 G^+ 菌作用强，对奈瑟菌、白喉棒状杆菌，百日咳鲍特菌、肺炎支原体、沙眼衣原体、螺旋体、立克次体等也有较强的抗菌作用，对军团菌的作用强于红霉素。该药口服吸收好，体内分布广。临床上应用于敏感菌所致的口咽部、呼吸道、肺、鼻窦、皮肤、软组织、胆道、泌尿道、口腔等感染。不良反应比红霉素轻微。

罗 红 霉 素

罗红霉素（roxithromycin）的抗菌谱与红霉素相似，但口服吸收好，生物利用度为72%~85%。广泛分布于体液和组织中。$t_{1/2}$ 为 8.4~15.5 h。主要表现为胃肠道不良反应。

克 拉 霉 素

克拉霉素（clarithromycin）抗菌谱与红霉素相同，对 G^+ 菌、军团菌、沙眼衣原体、肺炎衣原体、流感嗜血杆菌及某些厌氧菌的作用比红霉素强。该药口服吸收完全，不受食物影响，分布广，细胞内浓度高，主要经尿排泄，$t_{1/2}$ 为 3~7 h。主要用于治疗敏感菌所致呼吸道、泌尿生殖道及皮肤软组织感染。常见的不良反应为胃肠道反应。

阿 奇 霉 素

阿奇霉素（azithromycin）是唯一用于临床的15元环大环内酯类药物。抗菌谱广，不仅对 G^+ 菌有作用，对多数 G^- 菌、某些厌氧菌、衣原体、支原体、螺旋体也有强大的抗菌作用。口服吸收快，分布较广，组织中药物浓度高于血药浓度，细胞内浓度也高，但脑脊液中浓度较低。经肝代谢失活，主要从胆汁排泄，$t_{1/2}$ 为 35~48 h，每日仅需给药1次。临床上用于治疗敏感菌所致呼吸道、皮肤、软组织及泌尿生殖系统感染。不良反应轻微，患者对本品耐受性好，最常见的不良反应是轻、中度的胃肠道反应。

第二节　林可霉素类抗生素

林可霉素类抗生素包括林可霉素（lincomycin）和克林霉素（clindamycin），克林霉素的口服吸收、抗菌活性、临床疗效和安全性均优于林可霉素。

【体内过程】林可霉素口服吸收差，且易受食物影响，$t_{1/2}$ 为 4~4.5 h；克林霉素口服吸收迅速、完全，不受食物影响，$t_{1/2}$ 约为 2.5 h。两者分布均广泛，骨组织中可达较高浓度，骨髓中药物浓度与血药浓度相等，可透过胎盘屏障，但不易透过血脑屏障，经肝代谢，由尿和胆汁排泄。

【抗菌作用及机制】对耐青霉素的 G^+ 菌、G^- 球菌和各类厌氧菌等有很好的抗菌作用。其作用机制与大环内酯类相似，可结合到细菌核糖体50S亚基上，通过阻断转肽作用和mRNA移位从而抑制细菌蛋白质合成。

【临床应用】主要用于脆弱拟杆菌、产气荚膜梭菌等厌氧菌引起的口腔、腹腔和妇科等严重感染。也可用于敏感 G⁺ 菌引起的呼吸道、关节、软组织、骨和胆道等感染。值得一提的是，此类抗生素是金黄色葡萄球菌引起的急、慢性骨髓炎及关节感染的首选药。

【不良反应及用药注意事项】不良反应以胃肠道反应为主，可引起厌食、恶心、呕吐、腹泻等症状，也可引起皮疹、药热、血清丙氨酸转氨酶增高、中性粒细胞减少、血小板减少和嗜酸性粒细胞增多等症状。偶可发生由艰难梭菌引起的假膜性结肠炎，此时应停用本类药物，甲硝唑或万古霉素可治疗这一严重不良反应。

第三节 万古霉素类及杆菌肽类抗生素

一、万古霉素类

万古霉素类抗生素包括万古霉素（vancomycin）、替考拉宁（teicoplanin）和去甲万古霉素（norvancomycin）。

【体内过程】口服不易吸收，宜静脉给药。血浆蛋白结合率低，约10%。在体内分布广，不易透过非炎性血脑屏障。在体内代谢较少，主要以原型经肾排泄，万古霉素 $t_{1/2}$ 为 6~8 h，替考拉宁 $t_{1/2}$ 为 47 h，肾功能损伤者 $t_{1/2}$ 明显延长。

【抗菌作用及机制】对耐甲氧西林金黄色葡萄球菌等 G⁺ 菌具有强大的杀菌作用，对艰难梭菌抗菌活性强。其抗菌机制是与细菌细胞壁黏肽侧链形成复合物，干扰肽聚糖的延长和交叉连接，抑制细菌细胞壁的合成。

【临床应用】用于对其他抗菌药发生耐药的 G⁺ 菌所致的严重感染，如耐甲氧西林金黄色葡萄球菌所致的败血症、心内膜炎、骨髓炎、肺部感染等，耐药肠球菌或草绿色链球菌所致的心内膜炎等。此外，对艰难梭菌引起的假膜性结肠炎有极好的效果。

【不良反应及用药注意事项】万古霉素、去甲万古霉素不良反应多而严重。静脉给药可引起静脉炎，口服可引起恶心、呕吐、口腔异味感。耳毒性是最严重的毒性反应，多发生于大剂量、长疗程使用时。还具有肾毒性。替考拉宁不良反应较小。

二、杆菌肽类

杆菌肽（bacitracin）属于慢效杀菌药。对 G⁺ 菌尤其是对金黄色葡萄球菌和链球菌属具有强大的抗菌作用。对产青霉素酶的金黄色葡萄球菌也具有抗菌活性，对脑膜炎奈瑟菌、淋病奈瑟菌等 G⁻ 球菌、螺旋体、放线菌等也具有一定作用，对 G⁻ 杆菌无效。抗菌机制为抑制细菌细胞壁合成，对细菌细胞膜也有损伤作用，使胞质内容物外漏，导致细菌死亡。因全身应用可产生严重的肾毒性，目前仅限于局部抗感染。

（曾祥周）

思考题

1. 红霉素的抗菌作用机制和主要临床应用是什么？
2. 林可霉素的不良反应是什么？

网上更多……

👤 学习目标　　👥 本章小结　　📝 自测题　　⬇ 教学 PPT　　📶 参考资源

第三十四章

氨基糖苷类及多黏菌素类抗生素

关键词

氨基糖苷类抗生素   链霉素   庆大霉素

依替米星   多黏菌素类抗生素

  20世纪40年代，人们发现历史上第一个氨基糖苷类抗生素——链霉素，但因其具有较严重的耐药性和耳毒性，现主要用于治疗结核病、鼠疫和兔热病等特定疾病；1957年，卡那霉素问世，但由于其耳、肾毒性较大，现主要用于治疗结核病；1963年，从小单胞菌发酵液中分离的庆大霉素有好的抗 G⁻ 杆菌作用，迄今仍在临床上使用；之后，对卡那霉素结构进行改造，开发出阿米卡星和妥布霉素等毒性较低的氨基糖苷类抗生素，可用于治疗由结核分枝杆菌、铜绿假单胞菌等引起的疾病。氨基糖苷类抗生素均具有不同程度的耳毒性、肾毒性、神经肌肉阻断作用和过敏反应等不良反应。多黏菌素类与氨基糖苷类抗生素相似，主要表现为抗 G⁻ 杆菌作用，且对多重耐药菌有效，亦具有肾毒性和神经毒性。目前由于抗生素耐药性问题日益严重，这两类抗生素的研发和应用受到广泛关注。

思维导图

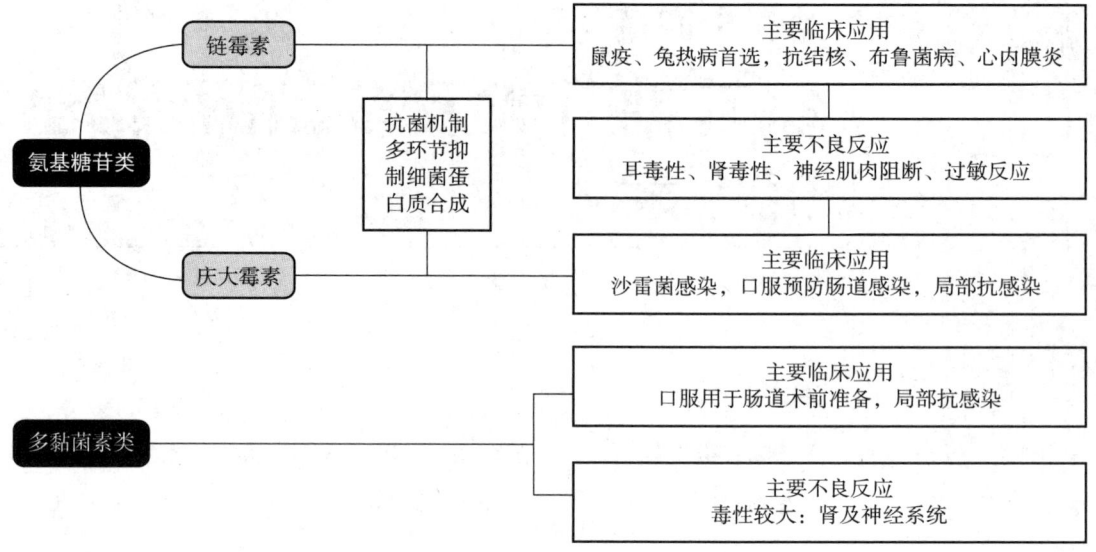

氨基糖苷类

链霉素

庆大霉素

抗菌机制
多环节抑
制细菌蛋
白质合成

主要临床应用
鼠疫、兔热病首选，抗结核、布鲁菌病、心内膜炎

主要不良反应
耳毒性、肾毒性、神经肌肉阻断、过敏反应

主要临床应用
沙雷菌感染，口服预防肠道感染，局部抗感染

多黏菌素类

主要临床应用
口服用于肠道术前准备，局部抗感染

主要不良反应
毒性较大：肾及神经系统

第一节　氨基糖苷类

一、氨基糖苷类抗生素的共性

【体内过程】氨基糖苷类药物（aminoglycosides）的极性强，口服在胃肠道吸收极少，肌内注射吸收迅速而完全，给药后 30~90 min 达到峰浓度，$t_{1/2}$ 为 2~3 h，肾衰竭患者 $t_{1/2}$ 明显延长，可达 24~48 h。除链霉素外，其他的氨基糖苷类血浆蛋白结合率低。药物不易进入细胞内，故组织中药物浓度仅是血药浓度的 25%~50%，药物主要分布在细胞外液及胸腔液、腹腔液、心包液等。但是，氨基糖苷类在肾皮质及内耳淋巴液中浓度很高，肾皮质药物浓度可超过血药浓度 10~50 倍，在内耳淋巴液中药物浓度下降很慢，故可造成肾毒性、耳毒性。药物不易透过血脑屏障，可通过胎盘进入胎儿体内。该类药在体内不被代谢，约 90% 以原型通过肾小球滤过排出，故尿液中药物浓度极高。

【抗菌作用及机制】速效杀菌剂，在碱性环境中抗菌作用增强，通常展现 1~3 h 的明显抗生素后效应。该类药物对多种需氧 G^- 杆菌有效，对大肠埃希菌、克雷伯菌属、肠杆菌属等有很强的抗菌作用，对沙雷菌属、沙门菌、志贺菌属、嗜血杆菌也有抗菌作用；对 G^- 球菌作用较差。此外，庆大霉素、阿米卡星等对产青霉素酶和不产青霉素酶的金黄色葡萄球菌及耐甲氧西林金黄色葡萄球菌等 G^+ 球菌有效，链霉素对溶血性链球菌、草绿色链球菌、肠球菌等 G^+ 球菌有效，庆大霉素、妥布霉素和阿米卡星对铜绿假单胞菌抗菌作用强，链霉素、卡那霉素对结核分枝杆菌有效，阿米卡星对非典型结核分枝杆菌有效。该类抗生素对厌氧菌无效。

作用机制主要是抑制细菌蛋白质合成，还可破坏细菌细胞膜屏障功能，导致细菌死亡。进入细胞后，氨基糖苷类与核糖体 30S 亚基结合，影响蛋白质合成过程的多个环节，抑制细菌蛋白质合成，其影响包括：①起始阶段：与细菌核糖体 30S 亚基结合，抑制 30S 始动复合物的形成，也可抑制 70S 始动复合物的形成，从而抑制蛋白质合成过程的启动；②肽链延伸阶段：与 30S 亚基上的靶蛋白结合，造成 A 位歪曲，错译 mRNA 上的密码，导致合成异常的、无功能的蛋白质；③终止阶段：阻碍终止因子进入 A 位，使已合成的肽链不能释放，并阻止 70S 亚基解离，同时造成菌体内核糖体耗竭，核糖体循环受阻。

动画 34-1
氨基糖苷类抗生素抗菌作用机制

【耐药机制】细菌对氨基糖苷类抗生素产生耐药性的方式有以下几种：①产生钝化酶：包括乙酰化酶、腺苷化酶和磷酸化酶，这些钝化酶由质粒介导表达，可使氨基糖苷类的结构发生改变而失去抗菌活性；②改变膜通透性：如外膜膜孔蛋白在表达或结构上的改变，降低细菌外膜对氨基糖苷类的通透性，或者使氧依赖性主动转运系统发生改变，减少药物经细菌细胞膜的摄取；③改变抗生素的靶位：由于细菌核糖体 30S 亚基上 S_{12} 蛋白的一个氨基酸被替代，使该靶蛋白不能与氨基糖苷类抗生素结合。该类药物之间可产生完全或部分交叉耐药性。

深入学习 34-1
控制氨基糖苷类抗生素耐药的"开关"

【临床应用】

1. 可用于治疗需氧 G^- 杆菌引起的感染性疾病，如脑膜炎及呼吸道、泌尿道、皮肤软组织、胃肠道、创伤及烧伤感染等。对于败血症、脑膜炎等严重感染，可与广谱半合成青霉素、第三代头孢菌素及氟喹诺酮类等合用。

2. 口服给药用于消化道感染、肠道术前准备等。

3. 外用软膏、眼膏或冲洗液可用于治疗局部感染。

4. 链霉素、阿米卡星、卡那霉素可用于治疗结核病，见第三十七章。

【不良反应及用药注意事项】

1. 耳毒性　氨基糖苷类引起的耳毒性包括前庭和耳蜗功能障碍。前庭损害表现为眩晕、恶心、呕吐、眼球震颤和共济失调，其发生率依次为新霉素 > 卡那霉素 > 链霉素 > 西索米星 > 阿米卡星 > 庆大霉素 > 妥布霉素 > 奈替米星。耳蜗功能损伤可引起耳鸣、听力减退甚至耳聋，其发生率依次为新霉素 > 卡那霉素 > 阿米卡星 > 西索米星 > 庆大霉素 > 妥布霉素 > 奈替米星 > 链霉素。其耳毒性机制是内耳淋巴液中药物浓度高，损害内耳螺旋器内、外毛细胞的能量产生及利用，使得细胞膜上 Na^+–K^+–ATP 酶功能失调，从而使毛细胞和前庭感觉细胞受损。为了防止、减少耳毒性，疗程中应密切观察耳鸣、眩晕等早期症状的出现，并避免与高效利尿药、万古霉素、顺铂等有耳毒性的药物合用。

2. 肾毒性　氨基糖苷类经肾小球滤过，被近曲小管上皮细胞吞噬，积聚在溶酶体内，溶酶体因肿胀而破裂，释放出大量溶酶体酶，造成线粒体损害，干扰钙调节转运过程，减少能量生成，导致肾小管上皮细胞肿胀、坏死。患者表现为蛋白尿、管型尿、血尿，严重者可出现氮质血症、肾功能减退等症状。其发生率依次为新霉素 > 卡那霉素 > 庆大霉素 > 妥布霉素 > 阿米卡星 > 奈替米星 > 链霉素。因此，应避免与两性霉素 B、杆菌肽、第一代头孢菌素、多黏菌素 B、万古霉素、顺铂等有肾毒性的药物合用。

3. 神经肌肉阻断作用　氨基糖苷类可与突触前膜上的钙结合部位结合，抑制神经末梢释放 ACh，降低突触后膜对 ACh 的敏感性，阻断神经肌肉接头处传递，导致神经肌肉麻痹。在静脉注射或静脉滴注速度过快时，可能发生此反应，一旦发生可用钙剂和新斯的明进行解救。

4. 过敏反应　可引起皮疹、发热、嗜酸性粒细胞增高等，严重时甚至引起过敏性休克，其发生率仅次于青霉素。一旦发生应采用肾上腺素等抢救。

视频 34-1
氨基糖苷类抗生素的耳毒性

研究进展 34-1
基因突变与"一针致聋"

临床聚焦 34-1
氨基糖苷类抗生素的治疗药物浓度监测

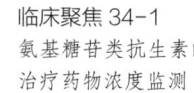

二、常用药物

链 霉 素

链霉素（streptomycin）是 1943 年从链霉菌中分离得到的第一个氨基糖苷类抗生素，也是应用最早的抗结核药。口服不吸收，肌内注射吸收快，30 ~ 45 min 达峰浓度，$t_{1/2}$ 为 2 ~ 3 h，年龄超过 40 岁的患者，$t_{1/2}$ 可延长至 9 h。主要分布在细胞外液，大部分经肾排泄，肾功能不全时排泄速率减慢。

链霉素对布鲁杆菌、鼠疫耶尔森菌等大多数 G^- 杆菌、少数 G^+ 球菌（如链球菌、肠球菌）和结核分枝杆菌抗菌作用强。细菌对链霉素易产生耐药性，多为细菌产生钝化酶所致。为防止耐药性的出现，应该与其他药物联合使用。临床上可用于治疗：①结核病。②与四环素联合治疗鼠疫和兔热病（首选）。③与四环素联合治疗布鲁菌病。④与青霉素合用治疗溶血性链球菌、草绿色链球菌或肠球菌引起的心内膜炎。最常见的不良反应为耳毒性，其次为神经肌肉阻断作用。也可引起皮疹、发热、血管神经性水肿等变态反应。肾毒性较少见，但肾功能不全者仍应慎用。

庆 大 霉 素

庆大霉素（gentamycin）抗菌谱比链霉素广，对铜绿假单胞菌、沙雷菌属等大多数 G^- 杆菌，金黄色葡萄球菌等少数 G^+ 球菌的杀菌作用强。耐药性产生较慢，但近年来耐药菌株已迅速增加。

临床应用包括：①注射给药用于敏感菌所致的全身感染。②口服给药用于肠炎、细菌性痢疾、伤寒及手术前肠道消毒。③局部给药用于眼、耳鼻喉感染及皮肤、黏膜表面感染。最严重的不良反应为耳毒性，也易引起肾毒性，少数情况甚至发生肾衰竭。此外，还会引起过敏反应和神经肌肉阻断，故不宜静脉注射或大剂量快速静脉滴注。

妥 布 霉 素

妥布霉素（tobramycin）抗菌谱与庆大霉素相似，对铜绿假单胞菌的抗菌活性强于庆大霉素，对耐庆大霉素的铜绿假单胞菌仍有效，对金黄色葡萄球菌的作用与庆大霉素相似，对其他 G⁻ 杆菌的作用弱于庆大霉素。临床上主要用于治疗敏感菌引起的菌血症、下呼吸道感染、腹腔感染、皮肤及软组织感染、尿路感染等。不良反应主要表现为耳毒性和肾毒性，但比庆大霉素轻。

卡 那 霉 素

卡那霉素（kanamycin）有 A、B、C 三种组分，以卡那霉素 A 为主。对 G⁻ 杆菌、金黄色葡萄球菌、结核分枝杆菌有一定的抗菌作用。目前主要用于治疗耐药金黄色葡萄球菌及敏感 G⁻ 杆菌感染，也可作为抗结核病的二线药物，还可口服作为肠道术前准备。该药的耳毒性、肾毒性较大，应进行血药浓度监测，肾功能不全者禁用。

阿 米 卡 星

阿米卡星（amikacin）又名丁胺卡那霉素，为卡那霉素衍生物。对铜绿假单胞菌等 G⁻ 杆菌、金黄色葡萄球菌均有强大的抗菌作用，对非典型结核分枝杆菌也有效。该药突出的优点是具有较好的耐酶性，对细菌所产生的钝化酶稳定。临床上主要用于治疗对其他氨基糖苷类耐药菌株所致的严重感染。不良反应主要表现为蜗神经损害，少数患者可引起前庭功能障碍，应注意监测听力与血药浓度。肾毒性较庆大霉素和妥布霉素轻，偶见皮疹、药热等。

奈 替 米 星

奈替米星（netilmicin）抗菌谱与庆大霉素相似，但对耐庆大霉素和妥布霉素的耐药菌仍有较好的抗菌作用。对多种氨基糖苷钝化酶稳定。耳毒性、肾毒性比庆大霉素、卡那霉素、妥布霉素、阿米卡星等轻微。

依 替 米 星

依替米星（etilmicin）是我国拥有自主知识产权的新一代半合成氨基糖苷类抗生素。抗菌谱广，杀菌活性较强，具有一定的抗耐药性。耳毒性、肾毒性与奈替米星相似。

第二节　多黏菌素类

多黏菌素类（polymyxins）是从多黏杆菌培养液中提取出的多肽类抗生素，常用的有多黏菌素 B（polymyxins B）和多黏菌素 E（polymyxin E），两者药理作用相似。

【体内过程】口服不易吸收，肌内注射后 2 h 血药浓度达到峰值，$t_{1/2}$ 为 6 h，有效血药浓度可维持 8~12 h。体内分布广泛，以肝、肾浓度最高，并可长时间保持。不易渗入胸腔、腹腔、关节腔，也不易透过脑脊液，胆汁中浓度较低。主要以原型经肾缓慢排泄。

【抗菌作用及机制】为窄谱慢效杀菌药，仅对 G⁻ 杆菌有杀灭作用，尤其对铜绿假单胞菌有强大的抗菌作用，多黏菌素 B 的抗菌活性较多黏菌素 E 强。其带正电荷的游离氨基与 G⁻ 杆菌细胞膜的磷脂中带负电荷的磷酸根结合，亲脂链插入膜内脂肪链之间，解聚细胞膜结构，使膜通透性增加，细胞内的磷酸盐、核苷酸等成分外漏，导致细菌死亡。该类药物对繁殖期和静止期的细菌均有效。细菌不易产生耐药性。

【临床应用】对铜绿假单胞菌等 G⁻ 杆菌引起的严重感染有一定疗效，但现已被疗效好、毒性低的其他抗生素所取代。口服用于肠道术前准备和消化道感染，局部外用于铜绿假单胞菌等引起的皮肤、创面、眼、耳鼻喉等感染。

【不良反应及用药注意事项】毒性较大，多黏菌素 B 较多黏菌素 E 更严重，主要表现在对肾及神经系统的损害。肾毒性主要损伤肾小管上皮细胞，严重时出现急性肾小管坏死、肾衰竭。神经毒性表现为头晕、感觉异常、面部麻木、呕吐、肌无力和神经炎。大剂量、快速静脉滴注时，由于神经肌肉阻断作用可导致呼吸抑制。

（陆　军）

思考题

1. 氨基糖苷类抗生素主要有哪些不良反应？
2. 如何预防氨基糖苷类抗生素的耳毒性？
3. 庆大霉素可用于治疗哪些疾病？

网上更多……

👤 学习目标　　👤 本章小结　　✏ 自测题　　⬇ 教学 PPT　　📶 参考资源

第三十五章
四环素类及氯霉素类抗生素

关键词

四环素　　米诺环素　　多西环素　　奥马环素　　氯霉素

　　1948 年，Duggar 从链霉菌中提取出第一个四环素类药物——金霉素，后来相继发现了土霉素、四环素，20 世纪 70 到 80 年代之间，通过合成改造得到的一系列抗菌活性强、耐药菌株少的半合成衍生物美他环素、多西环素、米诺环素等四环素类新药，其结构均含并四苯基苯骨架。四环素类抗生素曾广泛用于多种细菌及立克次体、衣原体、支原体等所致的感染，但由于其不良反应较多，现已少用。与四环素相同的是，氯霉素亦为广谱抗生素，但可引起严重的骨髓造血系统毒性，其应用受到很大的限制。

思维导图

四环素

抗菌机制
与30S亚基结合，抑制细菌蛋白质合成

主要临床应用
立克次体（斑疹伤寒、Q热和恙虫病首选）、衣原体、支原体引起的感染

主要不良反应
胃肠道反应，二重感染，对牙、骨骼发育的影响，光敏反应，肝毒性，肾毒性

氯毒素

抗菌机制
与50S亚基结合，抑制细菌蛋白质合成

主要临床应用
耐药菌诱发的严重感染、伤寒、立克次体感染、局部抗感染

主要不良反应
再生障碍性贫血、灰婴综合征、溶血性贫血

第一节 四环素类抗生素

根据来源的不同，四环素类抗生素（tetracycline antibiotics）可分为天然品与半合成品两类。天然品包括金霉素（chlortetracycline）、土霉素（oxytetracycline）、四环素等。半合成品有多西环素和米诺环素等。

一、四环素类抗生素的共性

【体内过程】口服可吸收，但不完全，2~4 h 血药浓度可达高峰。由于四环素类能与多价阳离子如 Mg^{2+}、Ca^{2+}、Al^{3+} 及 Fe^{2+} 等形成络合物，因而含这些离子的药物和食物均可影响其吸收。铁剂可使四环素的吸收率下降 40%~90%，如需合用两药，应间隔 2~3 h。四环素类吸收后分布广泛，并能沉积于骨骼、牙等钙化组织中。四环素类易渗入胸腔、腹腔、胎儿血液循环及乳汁中，但不易透过血脑屏障。主要以原型经肾排泄，故尿液中血药浓度较高。该类药物经肝浓缩通过胆汁排入肠腔，形成肝肠循环。

【抗菌作用及机制】四环素类抗菌谱广，对 G^+ 和 G^- 需氧菌、支原体、衣原体、立克次体、螺旋体均有抑制作用，还能间接抑制阿米巴原虫。对铜绿假单胞菌、病毒与真菌无效。四环素类为快速抑菌剂，高浓度时对某些细菌呈杀菌作用。

抗菌机制为抑制细菌蛋白质合成。四环素类与细菌核糖体 30S 亚基结合，抑制氨基酰 tRNA 与 mRNA-核糖体复合物 A 位结合，从而阻止肽链延伸和细菌蛋白质合成（图 35-1）。另外，四环素类还可使细胞膜通透性改变，使胞内的核苷酸和其他重要成分外漏，从而抑制 DNA 复制。

动画 35-1
四环素类抗菌作用机制

【耐药机制】细菌对四环素类的耐药性在体外发展较慢，但近年来耐药菌株日益增多，并且该类药物之间存在交叉耐药性。细菌产生耐药性的机制主要有三方面：①药物促进细菌外排因子的表达，使药物排出细胞外，进一步使四环素类难以在细菌体内聚集；②药物促进细菌核糖体保护蛋白的表达，阻碍该类药物与核糖体结合，保护细菌蛋白质的合成过程；③细菌产生灭活酶，导致药物失活。

【临床应用】四环素主要用于立克次体、支原体和衣原体等引起的感染性疾病。四环素类为立克次体感染引起的斑疹伤寒、Q 热和恙虫病的首选药。对于支原体感染的肺炎和非特异性尿道炎等，四环素类或大环内酯类为首选药。对于衣原体感染的鹦鹉热、沙眼和性病淋巴肉芽肿，某些螺旋体感染的回归热等，可首选四环素类药物治疗。四环素类还可首选用于布鲁菌病、霍乱，以及肉芽肿荚膜杆菌引起的腹股沟肉芽肿。

深入学习 35-1
四环素类的临床应用新进展

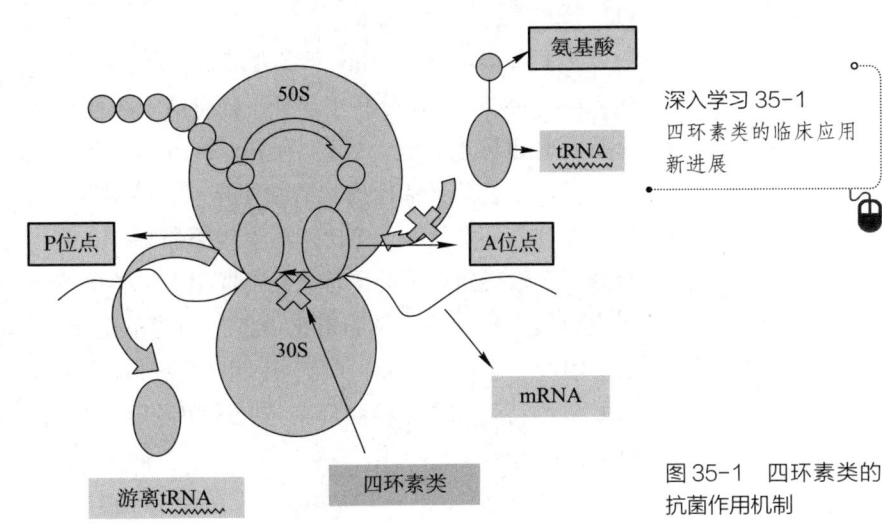

图 35-1 四环素类的抗菌作用机制

【不良反应及用药注意事项】

1. 胃肠道反应　四环素类口服可直接刺激胃肠道，引起恶心、呕吐、上腹不适、腹胀、腹泻等症状，严重者可导致食管和上消化道溃疡。刺激症状严重程度随用药剂量而增加。

2. 二重感染　正常情况下，人的口腔、鼻咽、肠道中寄生有多种微生物，菌群间维持着平衡的共生状态。长期大剂量使用广谱抗生素，使敏感菌受到抑制，不敏感菌乘机在体内大量繁殖，造成二重感染，又称菌群交替症。多见于老幼、体弱和抵抗力低下的患者。表现为肠道感染、口腔炎、肺炎和尿路感染等。

3. 对牙齿及骨骼发育的影响　四环素类能与新形成的牙齿、骨骼中所沉积的钙结合，导致幼儿乳牙釉质发育不全并出现棕色沉积，也可抑制骨质生成和婴幼儿的骨骼生长，导致短暂性生长障碍。孕妇、8 岁以下儿童及哺乳期妇女禁用。

4. 光敏反应　服用四环素类药物后受到紫外线照射，可发生光敏反应，皮肤出现红斑、晒伤等反应。多西环素较多见。

5. 肝毒性　大剂量口服或静脉给药可出现肝毒性，表现为厌食、乏力、黄疸、氮质血症，严重者可出现肝性脑病、出血倾向等，多发于孕妇。

6. 肾毒性　四环素类可加重原有肾功能不全，使尿毒症症状恶化，多见于孕妇，特别是伴有肾功能不全的孕妇。

临床聚焦 35-1
四环素牙

二、常用药物

四　环　素

四环素（tetracycline）口服吸收不完全，空腹服用吸收率为 60%～80%。体内分布广泛，可进入胎儿血液循环及乳汁中，脑脊液中浓度仅为血药浓度的 1/10。胆汁中含量较高，为血药浓度的 10～20 倍。四环素可沉积在新形成的牙齿和骨骼中，与 Ca^{2+} 结合并影响骨骼生长发育。四环素存在肝肠循环，由胆汁排泄到肠道的药物，部分可由肠道重吸收入血。四环素口服后约有 55% 从肾排泄，可用于泌尿系统感染，碱化尿液可增加药物排泄。四环素是广谱快速抑菌剂，曾广泛应用于临床。由于其不良反应较多，目前主要用于立克次体、支原体和衣原体、螺旋体等引起的感染性疾病。

多　西　环　素

多西环素（doxycycline，强力霉素）是土霉素的脱氧衍生物。口服吸收快而完全，吸收率可达 90%～95%，广泛分布于全身，脑脊液中浓度较高。药物大部分经胆汁排入肠道而重吸收，经肾小管时也可重吸收，故 $t_{1/2}$ 为 14～20 h，可维持有效血药浓度 24 h 以上。少数药物从肾排泄，大部分以络合的无活性形式从粪便排泄，故对肠道正常菌群没有影响，肾功能不全时仍可使用。抗菌谱和四环素相似，但比四环素作用强 2～10 倍，对土霉素、四环素耐药的金黄色葡萄球菌也有效。已取代四环素类，首选或次选用于敏感菌所致的老年慢性支气管炎、肺炎、麻疹肺炎等呼吸道感染、尿路感染及胆道感染。肾功能不全患者的肾外感染也可使用。常见胃肠道反应有恶心、呕吐、腹泻、舌炎、口腔炎及肛门炎等。皮疹及二重感染较为少见。静脉注射时可出现舌麻木及口内特殊气味。多西环素与肝药酶诱导剂合用，可缩短其 $t_{1/2}$ 至 7 h 左右，并使血药浓度降低而影响疗效。

米 诺 环 素

米诺环素（minocycline，二甲胺四环素）口服吸收迅速，2~3 h 后血药浓度达峰值，广泛分布于各组织，$t_{1/2}$ 为 16~18 h。药物在体内长时间存留，给药后 10 天尿中仍可测出。抗菌谱与四环素相近，抗菌作用为四环素类中最强，对四环素耐药的金黄色葡萄球菌、链球菌和大肠埃希菌敏感，属长效高效的半合成四环素类药物。临床上用于尿路、胃肠道、呼吸道感染，骨髓炎，眼和耳鼻喉部感染等。该药能引起共济失调、耳鸣、眩晕等前庭反应，使得某些患者依从性差，但该副作用停药后可恢复。

奥 马 环 素

奥马环素（omadacycline）是新型四环素类抗菌药，是米诺环素半合成衍生物。具有广谱抗菌活性，包括 G⁺ 菌、G⁻ 菌、非典型病原体和多种耐药菌株。适用于治疗社区获得性细菌性肺炎、急性细菌性皮肤和皮肤结构感染。

第二节　氯霉素类抗生素

氯霉素（chloramphenicol）是由委内瑞拉链丝菌培养液中提取出的抗生素。曾广泛应用于治疗斑疹伤寒。但严重不良反应——再生障碍性贫血使其临床应用受到极大限制。

【体内过程】氯霉素口服吸收迅速、完全。口服后 2~3 h 血药浓度达峰值，$t_{1/2}$ 为 1.5~4 h，有效血药浓度可维持 6~8 h。可广泛分布于各组织与体液中，易透过血脑屏障，脑脊液中浓度高。90% 的药物在肝经葡糖醛酸转移酶催化，与葡糖醛酸结合而失活。代谢产物和 10% 的原型药由尿液排泄，也能在泌尿系统中达到有效抗菌浓度。

【抗菌作用及机制】氯霉素属广谱抗生素，对 G⁺、G⁻ 菌均有抑制作用，对 G⁻ 菌的作用强于 G⁺ 菌。对流感嗜血杆菌、脑膜炎奈瑟菌、肺炎链球菌呈杀菌作用。对 G⁺ 菌的抗菌活性不如青霉素和四环素类。对沙门菌属敏感，容易产生耐药性。对立克次体、衣原体、支原体也有抑制作用，对结核分枝杆菌、真菌、原虫、病毒无效。

氯霉素与细菌核糖体 50S 亚基上的肽酰转移酶作用位点特异性结合，阻止 P 位肽链的末端羧基与 A 位氨基酰 tRNA 的氨基发生反应，从而阻止肽链延伸，抑制蛋白质合成。氯霉素的结合位点与大环内酯类和克林霉素的结合位点十分接近，因此这些药物同时使用可能产生拮抗作用或交叉耐药性。大肠埃希菌、痢疾志贺菌及变形杆菌等容易对氯霉素产生耐药性，可能是通过基因的逐步突变产生的，可自动消失。细菌也可通过 R 因子的转移获得耐药性，获得 R 因子的细菌可产生氯霉素乙酰转移酶导致氯霉素灭活。

【临床应用】由于氯霉素可能对造血系统产生严重的毒性作用，且细菌容易对药物产生耐药性，通常不作为首选药物使用，必须严格掌握适应证。

1. 耐药菌诱发的严重感染　作为备选药物用于多药耐药的流感嗜血杆菌、脑膜炎奈瑟菌及肺炎链球菌等所致的脑膜炎、脑脓肿等严重感染。

2. 伤寒　对于非流行期患者，伤寒沙门菌对氯霉素一般较敏感，疗程 2~3 周。用药后 6 天内退热，肠穿孔等并发症减少，病死率下降。对复发病例，氯霉素仍可获得满意疗效。对其他沙门菌属引起的全身性感染也可使用。由于氯霉素可诱发严重不良反应，一般不作为首选药，而多选用氟喹诺酮类或第三代头孢菌素类。

3. 立克次体感染　可用于落基山斑点热和 Q 热等立克次体感染，疗效和四环素类相当。

4. 其他　局部给药用于敏感菌引起的眼内感染、全眼球感染、沙眼和结膜炎。与其他抗菌药联用，治疗厌氧菌引起的腹腔、盆腔感染。

临床聚焦 35-2
眼内感染

视频 35-1
氯霉素的血液系统毒性

【不良反应及用药注意事项】

1. 血液系统毒性　表现为：①可逆性血细胞减少：较常见，发生率和严重程度与剂量和疗程呈正相关，表现为贫血、白细胞或血小板减少症，及时停药可恢复。②再生障碍性贫血：大剂量氯霉素可抑制骨髓造血细胞线粒体中核糖体的 70S 亚单位，损害骨髓造血功能。不良反应发生率与用药量、疗程无关，一次用药亦可发生。发生率约为三万分之一，但病死率很高，女性发生率比男性高 2~3 倍，多在停药数周或数月发生。用药前后应定期检查血象，一旦出现异常，应立即停药。

2. 灰婴综合征　早产儿和新生儿肝葡糖醛酸转移酶缺乏，肾排泄功能不完善，对氯霉素解毒能力差，大剂量使用可导致早产儿、新生儿中毒，表现为循环衰竭、呼吸困难、进行性血压下降、皮肤苍白和发绀，故称为灰婴综合征。一般发生于用药后的 2~9 天，症状出现 2~3 天内的病死率可高达 40%。

3. 其他　口服可出现恶心、呕吐、腹泻等症状。少数患者可出现过敏反应，如皮疹、药热、血管神经性水肿、视神经炎、视力障碍及二重感染等。对 G6PD 缺乏者，可诱发溶血性贫血。氯霉素是肝药酶抑制剂，合用口服降血糖药或抗凝血药时，应分别检测血糖及凝血酶原时间，以防药效及毒性增强。肝肾功能不全者、G6PD 缺乏者、婴儿、孕妇和哺乳期妇女慎用。用药时间不宜过长。

（曾祥周）

思考题

1. 四环素类抗生素的抗菌作用、临床用途和主要不良反应是什么？
2. 氯霉素的抗菌作用、临床用途和主要不良反应是什么？

网上更多……

👤 学习目标　　👥 本章小结　　📝 自测题　　⬇ 教学 PPT　　🖥 参考资源

第三十六章
人工合成抗菌药

关键词

人工合成抗菌药	氟喹诺酮类	诺氟沙星	环丙沙星
氧氟沙星	左氧氟沙星	洛美沙星	氟罗沙星
司帕沙星	加替沙星	莫西沙星	磺胺类
磺胺嘧啶	磺胺甲噁唑	柳氮磺吡啶	磺胺米隆
磺胺嘧啶银	复方磺胺异噁唑	呋喃妥因	甲硝唑
替硝唑			

20世纪30年代，磺胺类药作为第一类化学治疗药用于预防和治疗人类细菌性感染，尤其对泌尿系统感染具有良好的疗效。随后由于磺胺类药严重的耐药性限制了它的应用与发展。而甲氧苄啶的发现及其与磺胺类药的联用，使得磺胺类药重新回到抗菌药的大军中。之后又人工合成了喹诺酮类、呋喃类等抗菌药。本章主要介绍目前临床上常用的人工合成抗菌药。

思维导图

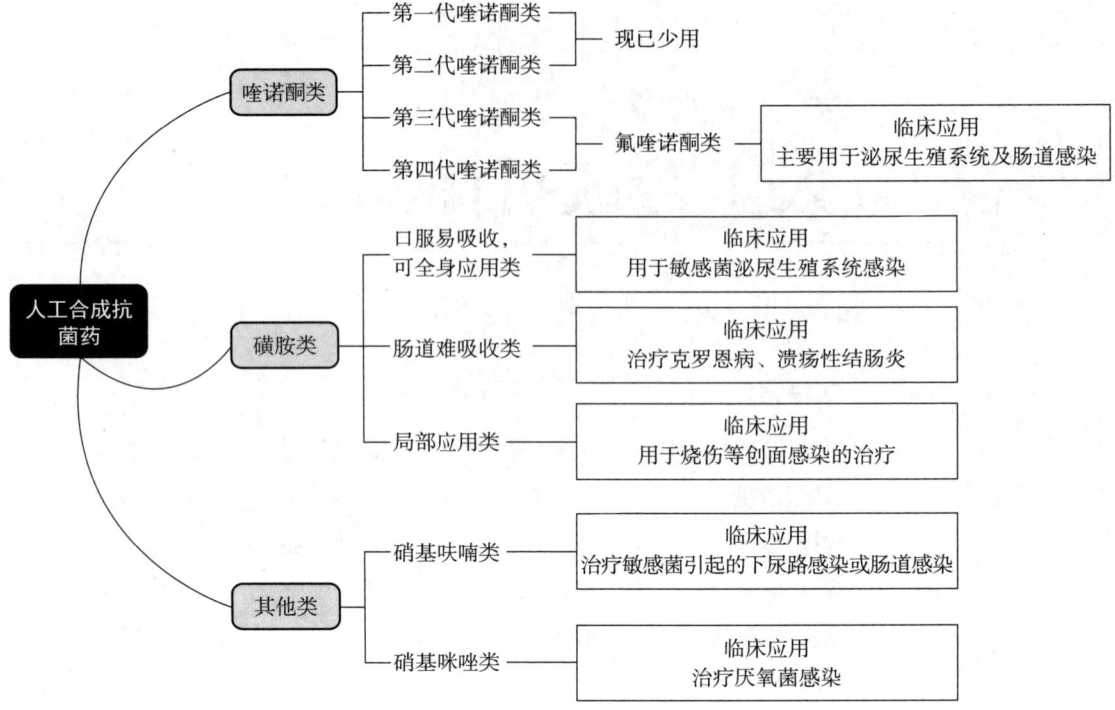

第一节　喹诺酮类抗菌药

深入学习 36-1
喹诺酮类的研究进展

喹诺酮类（quinolones）抗菌药是指含有 4- 喹酮母核的人工合成类抗菌药物（图 36-1）。第一个喹诺酮类抗菌药萘啶酸于 1962 年由 Lesher 等发现，至今已有 4 代喹诺酮类药物问世。第一代（1962—1969 年）以萘啶酸为代表，作用于 G^- 菌，抗菌谱窄，抗菌力弱，现已不用于临床。第二代（1969—1979 年）以吡哌酸和西诺沙星为代表，主要作用于 G^- 菌，对 G^+ 菌有一定作用，抗菌活性有一定程度的提高，但仅限于治疗肠道和尿路感染，现已较少应用。第三代（1980—1996 年）是在第二代化学结构主环加入氟原子，故又称氟喹诺酮类（fluoroquinolones），以诺氟沙星、氧氟沙星和司帕沙星为代表，较第二代的生物利用度明显提高，在组织和体液内分布更广，具有较长的 $t_{1/2}$，抗菌谱扩大至 G^+ 球菌、衣原体、支原体、军团菌及分枝杆菌，抗菌活性明显增强，但对厌氧菌仅少数有较低的抗菌活性。第四代（1997—）是以莫西沙星、加替沙星等为代表的新氟喹诺酮类，与第三代相比较，具有生物利用度高、$t_{1/2}$ 长、血药浓度高、组织分布广等突出的优点。其抗 G^+ 菌的活性和对厌氧菌的抗菌作用均明显增强，因此莫西沙星等可用于需氧菌、厌氧菌及混合菌感染。

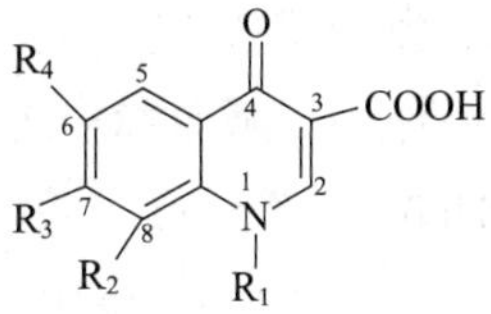

图 36-1　喹诺酮类基本结构

一、氟喹诺酮类抗菌药的共性

【体内过程】

1. 吸收　多数氟喹诺酮类口服吸收迅速而完全，服药后 1~2 h 血药浓度达峰值。可螯合二价和三价阳离子，因而不能同时服用含有钙、镁、锌等离子的食品和药物。部分药物如环丙沙星、氧氟沙星、左氧氟沙星和加替沙星可静脉给药。

2. 分布　药物的血浆蛋白结合率低，体内分布广泛，在肺、肝、肾、前列腺组织、输卵管、卵巢、子宫内膜、胆汁、尿液、粪便、巨噬细胞等的药物浓度要高于血药浓度。脑脊液、骨组织和前列腺液中药物浓度低于血药浓度，培氟沙星、氧氟沙星和环丙沙星等可在脑脊液中达到有效的药物治疗浓度。左氧氟沙星则因其具有较其他药物更强的组织穿透力而可进入组织细胞。

3. 代谢及排泄　少数药物在肝代谢或经肠道排出，如培氟沙星主要由肝代谢并通过胆汁排泄，在胆汁中的浓度可远远超过血药浓度。多数主要以原型经肾小管分泌或肾小球滤过由肾排出。培氟沙星、诺氟沙星和环丙沙星经肾排出量较少。

【抗菌作用】喹诺酮类引入氟后使得药物与细菌靶点的亲和性提高 2~17 倍，抗菌活性随之提高 5~100 倍。第三代喹诺酮类中诺氟沙星是氟喹诺酮类中药效最低者，主要对 G^- 菌、需氧菌和部分 G^+ 菌有效；环丙沙星、依诺沙星、左氧氟沙星和洛美沙星等为第三代喹诺酮类产品，对 G^- 球菌（奈瑟菌属）和 G^- 杆菌（肠杆菌科、嗜血杆菌属、弯曲杆菌属、铜绿假单胞菌等）均具有强大的抗菌作用，且对 G^+ 球菌（金黄色葡萄球菌、肺炎链球菌、溶血性链球菌、肠球菌），以及非典型病原体如衣原体、支原体、军团菌和结核分枝杆菌亦具有抗菌作用。氟喹诺酮类对金黄色葡萄球菌作用较强，其中左氧氟沙星对 G^+ 菌作用最强。

加替沙星、莫西沙星、司帕沙星和曲伐沙星等为第四代氟喹诺酮类，在前三代抗 G^- 菌活性的基础上，抗 G⁺ 菌活性明显增强，尤其对肺炎链球菌和葡萄球菌的抗菌活性明显增强，莫西沙星和曲伐沙星对肺炎链球菌的抗菌活性最强，对耐青霉素肺炎链球菌抗菌作用显著。第四代氟喹诺酮类对军团菌、支原体、衣原体及铜绿假单胞菌均表现出较强的作用，且提高了对厌氧菌的抗菌活性。

喹诺酮类具有较长的抗生素后效应，即使血药浓度已降至较低浓度，仍可在 2～6 h 内对某些细菌具有明显的抑制作用。

【抗菌作用机制】氟喹诺酮类药物的主要抗菌机制是抑制细菌 DNA 拓扑异构酶（topoisomerase）。细菌 DNA 拓扑异构酶包括拓扑异构酶 Ⅰ、Ⅱ、Ⅲ 和 Ⅳ，其中细菌拓扑异构酶 Ⅱ 又称 DNA 促旋酶（DNA gyrase）。DNA 促旋酶和（或）拓扑异构酶Ⅳ是氟喹诺酮类药物的主要作用靶点。

DNA 促旋酶可在水解 ATP 时将 DNA 转变为负超螺旋 DNA，以利于使长度 1 000 µm 以上的细菌 DNA 分子形成负超螺旋结构装配到 1～2 µm 的细菌中。DNA 促旋酶 A 亚基使 DNA 正超螺旋的后链形成切口，由 B 亚基结合 ATP 进行催化水解，导致 DNA 前链的缺口部分向后移位，由 A 亚基封闭此切口，形成 DNA 负超螺旋（图 36-2）。氟喹诺酮类药物主要作用于 DNA 促旋酶 A 亚基，具有抑制其切口、封口作用，从而阻碍细菌 DNA 负超螺旋的形成，阻碍 DNA 复制而最终导致细菌死亡。拓扑异构酶Ⅳ在 DNA 断裂和重接、催化 ATP 水解和 DNA 前链后移的过程中发挥作用。第四代喹诺酮类药物如莫西沙星，在抑制 DNA 促旋酶活性的同时，还能抑制拓扑异构酶Ⅳ。

一般在 G⁺ 菌中存在的主要为拓扑异构酶Ⅳ，在 G⁻ 菌中则主要为 DNA 促旋酶。氟喹诺酮类尚具有 DNA 促旋酶以外的作用靶点，如引起 DNA 错误复制，造成基因突变等；亦可使细菌产生新的水解酶或自溶酶，最终导致细菌因发生自溶而死亡。

【耐药机制】主要有：①喹诺酮类药物作用靶点 DNA 促旋酶或拓扑异构酶Ⅳ的基因突变，可出现多点突变，引起多重耐药性的出现。②细菌内膜对喹诺酮类药物通透性的降低和外排增加，引起细胞内有效药物浓度降低。第四代喹诺酮类药物因在其结构中引入了氨基、甲基或甲氧基基团，减弱细菌对喹诺酮类耐药性的发生，目前尚未出现明显的耐药性。

【临床应用】目前临床上主要选用第三、第四代氟喹诺酮类产品治疗细菌感染性疾病。

1. 泌尿生殖系统感染　治疗由肠球菌属、铜绿假单胞菌和许多肠杆菌科细菌引起的尿路感染、前列腺炎和宫颈炎等，可应用于多重耐药的铜绿假单胞菌感染患者。其中环丙沙星、氧氟沙星和加替沙星能治疗淋病奈瑟菌、衣原体感染所致的尿道炎和宫颈炎。

2. 肠道感染　首选用于治疗志贺菌引起的急慢性菌痢和中毒性菌痢，亦可用于治疗弯曲菌属、鼠伤寒沙门菌、产毒大肠埃希菌和沙门菌属导致的胃肠炎和腹泻，治疗耐药菌株伤寒和旅行性腹泻。可与其他药合用于发热性中性粒细胞减少症等的治疗。

3. 呼吸系统感染　临床上用于治疗肺炎链球菌、流感嗜血杆菌等引起的支气管炎，对大肠埃希菌、铜

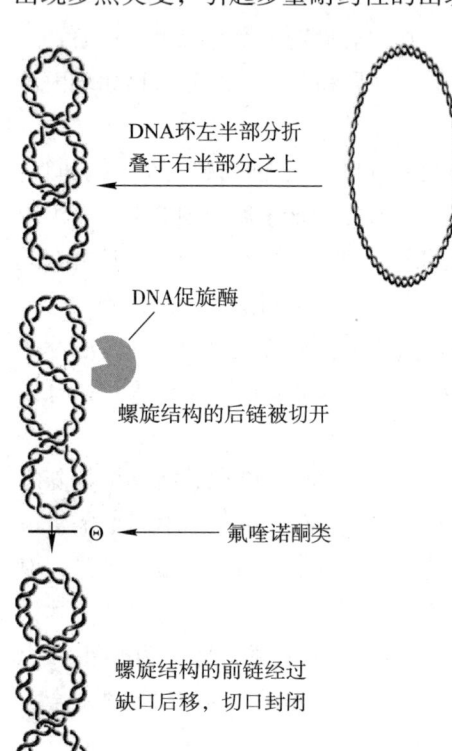

DNA 环左半部分折叠于右半部分之上

DNA 促旋酶

螺旋结构的后链被切开

氟喹诺酮类

螺旋结构的前链经过缺口后移，切口封闭

图 36-2　氟喹诺酮类药物作用机制

绿假单胞菌等 G⁻ 杆菌和金黄色葡萄球菌所致的呼吸系统感染也有效。左氧氟沙星、莫西沙星或加替沙星与万古霉素合用，可治疗对青霉素高度耐药的肺炎链球菌感染。莫西沙星对呼吸系统感染临床效果显著。氟喹诺酮类还作为大环内酯类替代用药，用于支原体、衣原体引起的肺炎和嗜肺军团菌所致军团菌病。此外，环丙沙星和左氧氟沙星还用于治疗结核病。

4. 其他 用于骨骼系统感染、皮肤软组织感染、化脓性脑膜炎的治疗，以及克雷伯菌属、肠杆菌属、沙雷菌属所致败血症的治疗。

【不良反应及用药注意事项】

1. 胃肠道反应 为此类药物最常见的不良反应，症状表现为上腹不适、消化不良、恶心、呕吐、腹胀、腹泻、腹痛等。一般停药后症状即可消失。环丙沙星、氧氟沙星、培氟沙星等较易引起胃肠道不良反应，氧氟沙星还可引起假膜性结肠炎。

2. 中枢神经系统反应 发生率为 1.5% ~ 9%。症状可表现为头昏、头痛、失眠、眩晕及情绪不安等，严重时可产生复视、色视、抽搐、神志改变、幻觉等。诺氟沙星、氧氟沙星、环丙沙星、依诺沙星和培氟沙星等可通过抑制脑内 γ- 氨基丁酸（GABA）与受体的结合而引起中枢神经系统兴奋性增高，诱发癫痫的发作。故此类药物不宜用于原有中枢神经系统疾病的患者，特别是氟喹诺酮与茶碱或非甾体抗炎药联合用药时尤易发生。

3. 皮肤反应及光敏反应（photosensitivity reaction） 症状表现为暴露在太阳光下的皮肤区域出现红斑或疱疹，因此，服药期间应避免皮肤直接暴露于阳光下。司帕沙星、洛美沙星等相对易于发生光敏反应，左氧氟沙星的光敏反应发生率最低，莫西沙星和加替沙星光敏反应的发生率较低。药物亦可引起血管神经性水肿、皮肤瘙痒和皮疹等过敏症状，过敏性休克较少见。当因 β-内酰胺类药物过敏而换用氟喹诺酮类药物时尤易发生此类过敏反应。

4. 软骨损害 喹诺酮类药物可损伤负重关节软骨。儿童用药后可出现关节痛、关节水肿，因此本类药物禁用于儿童、青少年、孕妇及哺乳期妇女。氟喹诺酮类某些药物尚可引起肌腱炎、肌腱断裂，以培氟沙星和氟罗沙星较为多见。

5. 其他 喹诺酮类药物可引起肝及肾损害，对肝功能的影响一般停药后即可消失，肾功能损害者用药后可使血药浓度升高，故对主要经肾排泄的氧氟沙星、洛美沙星、氟罗沙星和依诺沙星等氟喹诺酮类药物，应根据肾功能减退情况相应减少用药剂量。莫西沙星、加替沙星、左氧氟沙星和司帕沙星等可引起原有心脏病患者的 Q-T 间期延长，临床上应避免与能延长 Q-T 间期的药物（胺碘酮、丙吡胺、奎尼丁、普鲁卡因胺、索他洛尔及红霉素等）合用。

二、常用氟喹诺酮类药物

诺 氟 沙 星

诺氟沙星（norfloxacin，氟哌酸）口服生物利用度 35% ~ 45%，$t_{1/2}$ 为 3 ~ 4 h。主要对 G⁻ 菌具有明显作用，对部分 G⁺ 菌亦有效，临床上主要用于敏感菌所致肠道和泌尿生殖系统的感染。

环 丙 沙 星

环丙沙星（ciprofloxacin，环丙氟哌酸）口服 0.5 ~ 2 h 后可达血药浓度峰值，生物利用度 38% ~ 60%，$t_{1/2}$ 为 3.3 ~ 4.9 h，血浆蛋白结合率为 40%，原型药主要从肾排泄。抗菌谱与诺氟沙星相似，对 G⁻ 杆菌的体外抗菌活性是目前临床应用的氟喹诺酮类中最强者，对铜绿假单胞菌、肺炎球菌、肠球菌、葡萄球菌、链球菌、军团菌和淋病奈瑟菌等的抗菌活性高于其他氟喹诺酮类药物，对某些耐药菌株如耐氨基糖苷类、耐第三代头孢菌素类的菌株仍具抗菌活性。临床上用于治疗敏感菌引起的泌尿系统、胃肠系统、骨关节、呼吸系统、腹腔及皮肤软组织等感染。常见不良反应有胃肠道反应和神经系统症状。静脉给药时血管局部有刺激性反应。

氧氟沙星

氧氟沙星（ofloxacin）口服生物利用度近 100%，体内分布广泛，脑脊液中浓度高，脑膜有炎症时，药物浓度可由 30%~50% 增至 50% 以上。胆汁中药物浓度可达血药浓度的 7 倍，前列腺、肺、骨等组织中可达到有效的药物治疗浓度。氧氟沙星由肾的排出量可高达 70%~90%，故肾功能减退和老年患者应减量用药。具有类似环丙沙星的抗菌特点和良好的抗耐药特点，并对沙眼衣原体、结核分枝杆菌和部分厌氧菌有效。临床上主要用于敏感菌所致的泌尿生殖系统、呼吸系统、胆道、皮肤软组织和耳鼻喉感染的治疗，也作为二线药物治疗结核病。不良反应主要是胃肠道反应，偶见神经系统症状和转氨酶升高，静脉滴注的给药部位可有血管刺激症状。

左氧氟沙星

左氧氟沙星（levofloxacin）为氧氟沙星的左旋光学异构体，口服生物利用度近 100%，$t_{1/2}$ 为 4~6 h，85% 的药物以原型由肾排出。抗菌活性为氧氟沙星的 2 倍，对葡萄球菌和链球菌的抗菌活性为环丙沙星的 2~4 倍，对厌氧菌的抗菌活性为环丙沙星的 4 倍。左氧氟沙星对临床上常见的 G^+ 和 G^- 致病菌具有极强的抗菌活性，对支原体、衣原体及军团菌亦较为敏感。左氧氟沙星的不良反应主要为胃肠道反应，但发生率较低。

洛美沙星

洛美沙星（lomefloxacin，罗氟哌酸）口服吸收完全，生物利用度 90% 以上，$t_{1/2}$ 长于多数氟喹诺酮类。吸收后在体内分布广泛，主要以原型自肾排出。体内抗菌活性较诺氟沙星、氧氟沙星和左氧氟沙星高，对肠杆菌科的大多数菌属、奈瑟球菌属、葡萄球菌属及军团菌作用较强，对假单胞菌属和不动杆菌属具有中等程度的抗菌作用，对衣原体、支原体、结核分枝杆菌等也有作用。临床上主要用于敏感菌引起的呼吸系统、泌尿系统、消化系统、皮肤和软组织及骨组织感染的治疗。不良反应主要为胃肠道反应、神经系统症状、变态反应等。洛美沙星所致光敏反应位居氟喹诺酮类中的第二位。

氟罗沙星

氟罗沙星（fleroxacin，多氟沙星）口服吸收完全，绝对生物利用度为 100%。血和尿中原型药物浓度高而持久，$t_{1/2}$ 为 13 h。对 G^- 菌和 G^+ 菌、分枝杆菌、厌氧菌、支原体、衣原体均具有强大抗菌活性。体内的抗菌活性高于诺氟沙星或氧氟沙星。临床上主要用于敏感菌及衣原体引起的呼吸道、泌尿道、胆道等感染，如淋菌性尿道炎、细菌性肠炎等。不良反应发生率 20%，可有胃肠道反应、神经系统反应。光敏反应发生率仅次于司帕沙星和洛美沙星。

司帕沙星

司帕沙星（sparfloxacin，司氟沙星）口服吸收良好。$t_{1/2}$ 为 17.6 h。可迅速进入多种组织和体液并达有效药物浓度，在胆汁中的浓度为血药浓度的 5 倍，脑脊液中药物浓度为血药浓度的 24%~35%。以原型经胆汁排泄。对 G^+ 菌、G^- 菌、厌氧菌、衣原体、支原体、分枝杆菌等均具有强大抗菌活性，且优于环丙沙星。临床上常用于敏感菌引起的胃肠道、呼吸道、泌尿生殖道、皮肤软组织等的感染，对异烟肼、利福平耐药的结核病患者亦有效。主要不良反应可表现为神经系统反应、过敏反应、胃肠道反应等。本药光敏反应在喹诺酮类药物中为最严重品种之一。

加替沙星

加替沙星（gatifloxacin）对肠杆菌科细菌较为敏感，对铜绿假单胞菌、呼吸道病原体、MRSA 及粪肠球菌、厌氧菌等亦敏感。临床上在治疗院内外呼吸系统感染，以及泌尿生殖系统、皮肤软组织、耳鼻喉等感染时选用。

莫西沙星

莫西沙星（moxifloxacin）对粪肠球菌、幽门螺杆菌、结肠弯曲菌、肺炎支原体和衣原体、分枝杆菌属及嗜麦芽窄食单胞菌等作用明显，对 MRSA 作用亦较强。临床上用于敏感菌所致上呼吸道感染，亦可用于泌尿生殖系统和皮肤软组织感染等。莫西沙星的不良反应较少。

曲伐沙星

曲伐沙星（trovafloxacin）口服和静脉给药均可，主要经肠道排泄，血液透析不能清除本药。对肠杆菌科细菌和铜绿假单胞菌的作用与环丙沙星相似或略低，对 G⁺ 菌的抗菌活性更强。肺炎支原体及其他支原体属、军团菌、肺炎衣原体、沙眼衣原体、幽门螺杆菌及厌氧菌等亦对本药敏感。主要用于肺炎、腹腔感染、生殖系统感染、单纯性尿路感染、皮肤感染等的治疗。可引起肝损害等。用药时眩晕发生率较高，静脉给药可能引起静脉炎。

德拉沙星

德拉沙星（delafloxacin）是一种新批准的氟喹诺酮类药物，具有抗葡萄球菌活性，对大多数金黄色葡萄球菌的最低抑菌浓度至少比左氧氟沙星低 6 倍。抗 G⁻ 菌（包括假单胞菌）的活性与左氧氟沙星相似。可用于静脉和口服给药，并经过肾和非肾途径消除。

第二节　磺胺类抗菌药

人文视角 36-1
磺胺类药的发现

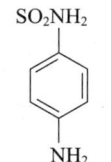

磺胺类药（sulfonamides）在 1933 年用于临床，成为第一类用于治疗全身感染的化疗药物，为对氨基苯酰胺衍生物（图 36-3）。

图 36-3　磺胺类药的基本结构

一、磺胺类抗菌药的分类

本类药物可分为：①口服易吸收，可全身应用类，如磺胺甲噁唑、磺胺嘧啶（sulfadiazine，SD）等，临床上用于治疗流行性脑脊髓膜炎、大肠埃希菌所致泌尿系统感染等；②肠道难吸收类，如柳氮磺吡啶（sulfasalazine，SASP），用于克罗恩病、溃疡性结肠炎的治疗等；③局部应用类，如磺胺米隆（mafenide，甲磺灭脓）、磺胺嘧啶银（sulfadiazine silver）、醋酸磺胺米隆等，临床上用于治疗烧伤或烫伤创面感染。

二、磺胺类抗菌药的共性

【体内过程】易吸收磺胺类药可广泛分布于全身组织器官的细胞外液中，如胸膜液、腹膜液、滑膜液、房水、唾液、汗液、尿液、胆汁等。血浆蛋白结合率低的药物磺胺嘧啶等易于通过血脑屏障，在脑膜炎时可达血药浓度的 80%~90%。主要在肝代谢为无抗菌活性的乙酰化物，经肾排出，其中磺胺嘧啶、磺胺甲噁唑等易引起结晶尿致肾损伤。

【抗菌作用】磺胺类药为广谱抑菌剂。对大多数 G^+ 菌和 G^- 菌有良好抑制作用，最敏感的是肺炎链球菌、脑膜炎及淋病奈瑟菌、诺卡菌属和鼠疫耶尔森菌；其次是大肠埃希菌、克雷伯杆菌属、沙门菌属、志贺菌属和肠杆菌属等；亦对沙眼衣原体和某些原虫有良好抑制活性，但磺胺类药对支原体和螺旋体无效，且能刺激立克次体生长。磺胺米隆和磺胺嘧啶银对铜绿假单胞菌有效。

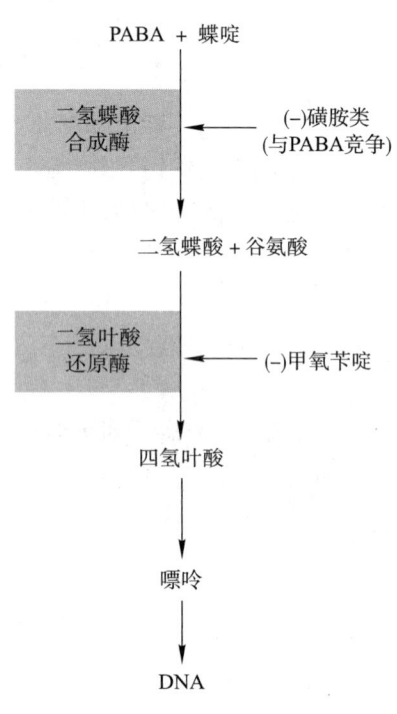

图 36-4 磺胺类和甲氧苄啶的作用机制

【抗菌作用机制】食物中的叶酸可在哺乳动物细胞还原成所需的四氢叶酸（FH_4），FH_4 活化后可作为一碳基团载体的辅酶，参与细胞 DNA 前体物质——嘌呤的合成，因而 FH_4 是细胞增生所必需的辅酶。但对磺胺类药敏感的细菌，在繁殖过程中不能利用现成的叶酸，而需要自身以蝶啶、对氨基苯甲酸（para-amino benzoic acid，PABA）为原料，在二氢蝶酸合成酶催化下生成二氢蝶酸，二氢蝶酸再和谷氨酸生成二氢叶酸（FH_2），FH_2 经二氢叶酸还原酶的作用生成 FH_4。磺胺类药与细菌叶酸合成原料 PABA 的结构相似，故可与 PABA 竞争二氢蝶酸合成酶，阻止细菌 FH_2 的合成，从而通过妨碍细菌 FH_4 的合成而抑制细菌的生长繁殖（图 36-4）。

【耐药机制】细菌对磺胺类药产生耐药性的主要原因可能是微生物通过合成超量 PABA，导致磺胺类对二氢蝶酸合成酶的抑制作用减弱；或经突变或质粒转移产生新的二氢蝶酸合成酶，对磺胺类药亲和性低；某些耐药菌株对磺胺类通透性降低，导致菌体内药物浓度降低；或者细菌改变代谢途径而直接利用外源性叶酸等。

【临床应用】

1. 全身性感染　用于全身性感染的肠道易吸收类常用于脑膜炎奈瑟菌所致的脑膜炎、流感嗜血杆菌所致的中耳炎、葡萄球菌和大肠埃希菌所致的泌尿系统感染。还可治疗呼吸道感染和肠道感染等。常用磺胺甲噁唑或磺胺嘧啶与甲氧苄啶合用。

2. 慢性炎性肠病　常用柳氮磺吡啶。

3. 局部应用　采用磺胺醋酰钠局部用药治疗细菌性结膜炎和沙眼。磺胺米隆或磺胺嘧啶银乳膏可用于烧、创伤感染。

【不良反应及用药注意事项】

1. 泌尿系统损害　磺胺甲噁唑和磺胺嘧啶等可在尿中沉淀形成结晶，导致血尿或尿路阻塞，甚至肾损害。防范措施为增加饮水量和服用碳酸氢钠碱化尿液。服药超过 1 周，应进行尿液检查。

2. 变态反应 可有发热、皮疹、荨麻疹等，甚至个别患者出现多形性红斑、剥脱性皮炎。磺胺类药之间存在交叉过敏反应。

3. 血液系统反应 长期应用可抑制骨髓造血功能而引起粒细胞减少、血小板减少甚至再生障碍性贫血，发生率极低，但可致死。尤其对 G6PD 缺乏的患者更易引起溶血性贫血。

4. 神经系统反应 少数患者服药后出现头晕、委靡、乏力、头痛和失眠等症状，故用药期间不宜进行高空作业和驾驶。

5. 胆红素脑病 由于磺胺类与胆红素竞争血浆蛋白结合位点，可使新生儿的游离胆红素进入中枢神经系统而导致胆红素脑病。因此，磺胺类不能用于新生儿、2 岁以下的婴儿及临产前的孕妇。

6. 其他 胃肠道反应较为多见，可致恶心、呕吐、食欲缺乏和腹泻等。肝损害可有黄疸、肝功能减退和急性肝坏死等。

7. 由于存在竞争性抑制，磺胺类能通过竞争血浆蛋白结合位点导致甲苯磺丁脲、华法林和甲氨蝶呤的游离型血药浓度升高，故能增强这些药物的作用。

三、复方磺胺类

复方磺胺甲𫫇唑（cotrimoxazole）是甲氧苄啶（trimethoprim，TMP）和磺胺甲𫫇唑（sulfamethoxazole，SMZ，新诺明）按 1:5 比例制成的复方制剂，其抗菌作用比两药单独等量应用时增强数十倍。

TMP 为抗菌药增效剂，是二氢叶酸还原酶抑制剂，可选择性抑制细菌的二氢叶酸还原酶活性，使二氢叶酸不能还原成四氢叶酸，从而抑制细菌的生长繁殖。抗菌谱与磺胺甲𫫇唑相似，但更强。口服吸收迅速、完全，$t_{1/2}$ 为 11 h，与 SMZ 药代动力学参数相近。体内分布广泛，在炎症时脑脊液中药物浓度接近血药浓度。

抗菌机制为 SMZ 通过与 PABA 竞争而阻止细菌二氢叶酸合成，TMP 抑制细菌的二氢叶酸还原酶活性，使二氢叶酸不能被还原成四氢叶酸。两者配伍可双重阻断细菌的叶酸代谢途径，出现协同抗菌效应，并减少耐药性的发生。临床上用于大肠埃希菌、变形杆菌、克雷伯菌引起的泌尿生殖系统感染，以及流感嗜血杆菌、肺炎链球菌引起的慢性支气管炎急性发作。亦可用于伤寒沙门菌、鼠伤寒沙门菌及其他沙门菌属引起的感染。不良反应可见皮肤反应、胃肠道反应和血液系统反应。同时服用华法林可延长患者的凝血酶原时间。

第三节 其他人工合成抗菌药

硝基呋喃类

呋喃妥因（nitrofurantoin，呋喃坦啶）口服较易吸收，经肾排泄。呋喃妥因对多数 G^+ 菌和 G^- 菌具有杀灭作用，其抗菌机制为干扰细菌糖代谢。临床上用于敏感菌引起的急性下尿路感染等。不良反应有胃肠道反应；大剂量或长期应用可致头痛、头晕和嗜睡，甚至出现伴有脱髓鞘的神经炎；长期应用可致肺间质纤维化。部分患者可有皮疹、发热、黄疸和肝损伤、白细胞减少和溶血性贫血等反应，尤其易发生于 G6PD 缺乏的患者、新生儿和孕妇。

硝基咪唑类

甲硝唑（metronidazole，灭滴灵）口服易吸收，经肝代谢、肾排泄。临床上主要用于治疗厌氧菌感染、阴道滴虫病、阿米巴病等。长期大剂量应用有致癌作用（详见第四十章）。

替硝唑（tinidazole）抗厌氧菌和抗滴虫作用与甲硝唑相似或略强，体内维持时间长，毒性低于甲硝唑。

（陈　霞）

思考题

1. 简述人工合成抗菌药的分类及其代表药。
2. 试述复方磺胺甲噁唑的组成及其抗菌作用机制。
3. 简述氟喹诺酮类的临床应用和主要不良反应。

网上更多……

👤 学习目标　　👥 本章小结　　📝 自测题　　⬇ 教学 PPT　　📶 参考资源

第三十七章
抗结核药及抗麻风药

关键词

抗结核药	异烟肼	利福平	乙胺丁醇
吡嗪酰胺	链霉素	对氨基水杨酸	乙硫异烟胺
卷曲霉素	抗麻风药	氨苯砜	氯法齐明

1882 年，德国科学家罗伯特·科赫宣布发现结核分枝杆菌，其所致肺结核曾经是威胁人类健康的严重传染病，而抗结核药的成功应用有效地遏制了该传染病的肆虐。1945 年，链霉素的问世使结核病不再是不治之症。此后，异烟肼、利福平、乙胺丁醇等抗结核药的相继合成，令全球肺结核患者的人数大幅减少。然而，耐药结核分枝杆菌的增多及人类免疫缺陷病毒的传播导致结核病又有重新蔓延的趋势，在发展中国家更为严峻。我国是全球 22 个结核病流行严重的国家之一，病例数居世界第二位。目前除少数多重耐药性结核病久治不愈外，只要采用正确的治疗方案，其治愈率可达 90% 以上。麻风与结核病一样，亦是具有传染性的慢性病。近年来，麻风的化学治疗，尤其是多种药物联合化疗取得重大进展，使麻风患者不再被长年隔离。

思维导图

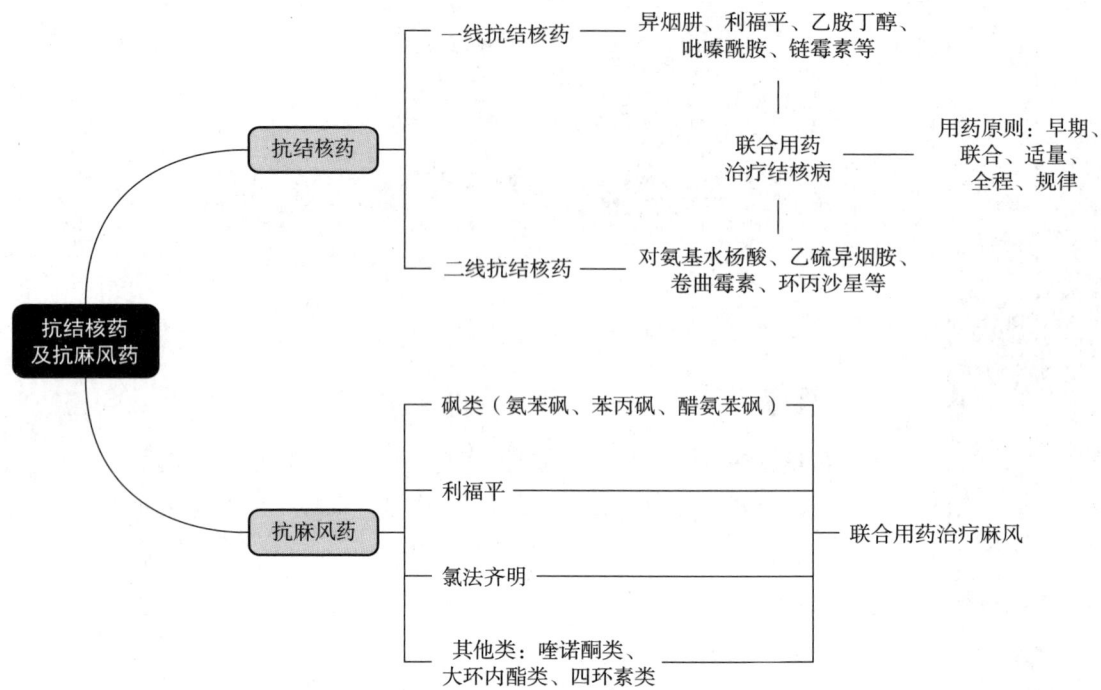

第一节　抗结核药

深入学习 37-1
抗结核药的研究进展

结核病是由结核分枝杆菌引起的慢性传染病，可累及全身多个器官和组织，其中以肺结核最为多见。结核病灶中常常存在数种生长速度不同的结核分枝杆菌。存在于细胞外的结核分枝杆菌生长繁殖旺盛，致病力和传染性强；存在于巨噬细胞内的结核分枝杆菌受到胞内酸性细胞质的保护，能够生长，但繁殖缓慢；存在于干酪样坏死病灶内的结核分枝杆菌常呈休眠状态，仅对少数药物敏感，常为日后结核病复发的根源。结核分枝杆菌的细胞壁富含类脂质，且细胞膜上有大量外排转运体，导致药物难以进入菌体与靶点结合。

抗结核药可分为"一线药"和"二线药"。一线药包括异烟肼、利福平、乙胺丁醇、吡嗪酰胺、链霉素等，具有疗效高、不良反应少、患者依从性好等特点。二线药包括对氨基水杨酸、乙硫异烟胺、卷曲霉素、环丙沙星等，其作用较弱或毒性较大，适用于对"一线药"产生耐药或不能耐受或复治的患者。

一、常用抗结核药

异　烟　肼

异烟肼（isoniazid，INH）又名雷米封（rimifon），是异烟酸（吡啶-4-羧酸）的肼类衍生物，具有疗效高、毒性低、穿透力强、价格便宜、口服方便、性质稳定、易溶于水等优点。

【体内过程】异烟肼口服吸收迅速且完全，1～2 h 血药浓度达到峰值。在体内分布广泛，能透过血脑屏障，脑脊液内浓度与血药浓度相近，也能够渗入关节腔、腹水、胸腔积液、纤维化或干酪样的结核病灶中。异烟肼主要在肝中被 $N-$ 乙酰转移酶乙酰化成乙酰异烟肼，少量以原型经肾排泄。乙酰化速率受遗传影响，有明显种族和个体差异。快乙酰化型患者用药后异烟肼血药浓度低，其代谢物乙酰异烟肼浓度高，血液中异烟肼的 $t_{1/2}$ 为 0.5～1.6 h；而慢乙酰化型相反，血液中异烟肼的 $t_{1/2}$ 为 2～5 h。临床用药过程中应注意调整给药方案。

深入学习 37-2
异烟肼的作用机制及
耐药机制研究

【抗菌作用】异烟肼对结核分枝杆菌具有高选择性，抗菌力强，最低抑菌浓度（MIC）为 0.025～0.050 mg/L，较高浓度时对繁殖期细菌有杀菌作用。因穿透力强，易渗入吞噬细胞，能杀灭细胞内外结核分枝杆菌，对结核空洞及干酪样病灶中的结核分枝杆菌亦可产生作用。单用时易产生耐药性，但与其他抗结核药无交叉耐药性，如与其他抗结核药联用，则能延缓耐药性的发生并增强疗效。确切的抗菌机制目前尚不清楚，可能是抑制分枝菌酸的合成，使细菌丧失耐酸性、疏水性和增殖力而死亡。分枝菌酸是结核分枝杆菌细胞所特有的重要成分，因此异烟肼对其他细菌无抗菌作用。亦有报道称异烟肼还特异性抑制一种存在于分枝杆菌中的酶，从而干扰结核分枝杆菌的代谢。

【临床应用】适用于全身各部位各种类型的结核病，除早期轻症结核病或预防性应用时可单用异烟肼外，宜与其他一线药合用，以增强疗效、避免或延缓耐药性产生。对于结核性脑膜炎、急性粟粒性结核，必要时采用增大剂量、延长疗程，并静脉滴注的给药方式。

【不良反应及用药注意事项】不良反应发生率与剂量、疗程长短等有关，一般治疗剂量时不良反应少而轻。

1. 神经系统反应　常见神经炎，特别是营养不良和慢乙酰化型患者更易发生，主要表现为手脚麻木、反应迟钝、共济失调、震颤等。这可能是异烟肼与吡哆醛（维生素 B_6）结构相似，能竞争同一酶系或两者结合成腙。同服维生素 B_6 可预防和治疗神经炎等神经系统反应。用药过量还可引起昏迷、惊厥及神经错乱等中枢神经系统障碍。偶发中毒性脑病和精神病。癫痫、嗜酒者慎用。

2. 肝毒性反应　中老年人、快乙酰化型患者较多见，一般剂量可引起一过性转氨酶升高，较大剂量或长期用药可致肝损害，特别是与利福平、吡嗪酰胺合用时尤应注意。乙醇可加剧其肝毒性。用药期间应定期检查肝功能，肝功能不全者慎用。

3. 其他　还可引起过敏反应、口干、耳鸣、粒细胞减少、高铁血红蛋白血症等。异烟肼可以抑制肝药酶，从而干扰苯妥英钠、香豆素类抗凝血药及交感胺等代谢，导致这些药物的血药浓度升高，作用增强。与皮质激素合用，可降低该药疗效。

利 福 平

利福平（rifampicin，RFP）又名甲哌力复霉素，为人工合成的利福霉素衍生物，是较为广谱的抗菌药，也是目前最有效的抗结核药之一，具有高效、低毒等优点。

【体内过程】口服吸收良好，$2\sim4\,h$ 血药浓度达峰值，$t_{1/2}$ 为 $4\,h$，有效血药浓度可维持 $8\sim12\,h$。该药脂溶性高，穿透力强，分布广泛，能进入细胞、结核空洞及痰液中，还可透过胎盘，脑膜炎时脑脊液中药物浓度增加。主要经肝代谢，其代谢产物去乙酰基利福平的抗菌作用为利福平的 $1/10\sim1/8$。该药为肝药酶诱导剂，连续口服后，自身血药浓度明显降低，$t_{1/2}$ 缩短。主要经胆汁排泄，可形成肝肠循环，也可经肾排泄。

【抗菌作用】抗菌谱较广，对结核分枝杆菌、麻风分枝杆菌及耐药金黄色葡萄球菌有效。对某些 G^- 菌、沙眼衣原体和某些病毒也有抑制作用。其对结核分枝杆菌的作用强度与异烟肼相近，强于链霉素，对繁殖期、静止期、细胞内外、纤维空洞、干酪样病灶中的结核分枝杆菌均有作用。单用易产生耐药性，常与异烟肼、乙胺丁醇合用，以延缓其耐药性发生。

【作用机制】特异性地抑制细菌依赖 DNA 的 RNA 聚合酶，与该酶的 β 亚基结合，阻碍 mRNA 合成的起始阶段，从而抑制结核分枝杆菌 RNA 的合成。尽管利福平能抑制哺乳动物线粒体 RNA 的合成，但所需剂量远远大于抑制细菌 RNA 聚合酶的剂量，故临床治疗量不会对人体造成严重危害。

【临床应用】与其他抗结核药合用治疗各种结核病，尤其适用于重症患者。也用于耐药金黄色葡萄球菌感染和麻风的治疗（见本章第二节）。外用治疗沙眼及敏感菌所致的眼部感染。

【不良反应及用药注意事项】不良反应常见胃肠道反应，长期或大量应用可引起肝损伤，出现黄疸、肝功能异常等。原有肝病患者或嗜酒者使用时或同时与异烟肼合用时，上述不良反应风险增加。大剂量间隔应用可诱发乏力、寒战、高热、头痛、肢体疼痛等类似感冒的症状，应及时停药。动物实验有致畸作用，妊娠早期禁用。此外，由于药物为砖红色，粪便、尿液、泪液、痰液均可染成砖红色，应事先告知患者。

乙 胺 丁 醇

【体内过程】乙胺丁醇（ethambutol）口服吸收良好，$2\sim4\,h$ 血药浓度达峰值，分布广泛，主要以原型经肾排泄，肾功能不全时可能出现蓄积中毒，应慎用或禁用。

【抗菌作用和临床应用】仅对结核分枝杆菌有作用。体内外均有较强的杀菌作用。对链霉素、异烟肼耐药的菌株仍对该药敏感。单用可发生耐药性，但较缓和。乙胺丁醇易渗入生长旺盛的结核分枝杆菌内，与菌体 Mg^{2+} 等二价离子络合，干扰 RNA 的合成。常与利福平和异烟肼等合用治疗各种类型的结核病。

【不良反应】最严重的不良反应为视神经炎，与剂量和疗程有关，多发生在服药后 2~6 个月，表现为视力下降、红绿色盲、视野缩小，以及出现中央及周围盲点等。长期用药需监测视觉，一旦发现应立即停药，数周或数月可恢复。此外，可见胃肠道反应及肝功能损害。

吡 嗪 酰 胺

吡嗪酰胺（pyrazinamide）抗结核作用强于对氨基水杨酸，但弱于异烟肼、利福平、链霉素。

【体内过程】口服吸收良好，2 h 血药浓度达峰值。分布广泛，能渗入巨噬细胞内，脑脊液中浓度较高。主要经肝代谢，大部分经肾排泄。

【药理作用与临床应用】对人型结核分枝杆菌有杀灭作用。该药能进入含有结核分枝杆菌的巨噬细胞，并渗入菌体内，经酰胺酶脱去酰胺基转化为吡嗪酸而杀菌。在酸性环境中抗菌作用增强，因此能在细胞内有效杀灭结核分枝杆菌。该药与结核分枝杆菌接触后有延缓生长的作用，因而可用作间歇疗法药物之一。与其他抗结核药间无交叉耐药性，但单用易产生耐药性。应与异烟肼、链霉素或利福平等联合用于耐药菌株感染，或用于抗结核病的短程化疗。

【不良反应及用药注意事项】长期大量使用可导致肝大、黄疸、肝功能异常等肝损害。由于该药能促进肾小管对尿酸的重吸收，减少尿酸排泄，故可诱发痛风。

链 霉 素

链霉素（streptomycin）由灰色链霉菌（*Streptomyces griseus*）产生，是临床上第一个用于治疗结核病的有效药物，但其抗结核分枝杆菌作用较异烟肼和利福平弱，治疗剂量在人体内较难达到杀菌浓度。该药穿透力差，对巨噬细胞、纤维空洞和干酪样坏死组织内的结核分枝杆菌作用有限，但对浸润性肺结核、粟粒性肺结核等活动性肺结核疗效好。长期应用易产生耐药性，常与其他抗结核药联合应用。主要不良反应是耳毒性和肾毒性。其他抗菌作用见第三十四章。

对氨基水杨酸

对氨基水杨酸（para-aminosalicylic acid，PAS）口服吸收完全，分布广泛，在胸腔积液和干酪样组织中可达高浓度，但脑脊液中药物浓度低。主要经肝代谢为乙酰化代谢物，经肾排泄。对氨基水杨酸抗菌谱极窄，仅对细胞外的结核分枝杆菌有抑制作用。干酪样坏死组织及脓液能降低其抑菌作用。单独使用时治疗结核病的疗效较链霉素、异烟肼或利福平弱，但细菌对该药产生耐药性较异烟肼、链霉素缓慢。其作用机制不明，一般认为通过竞争性抑制二氢叶酸合成酶，使二氢叶酸合成受阻，最终抑制结核分枝杆菌的繁殖。该药对其他细菌无效。临床上与异烟肼、链霉素合用，以增强疗效，减缓耐药性的产生。不良反应较多，常见胃肠反应、过敏反应、白细胞减少症等。因其能减少利福平的吸收，故不宜和利福平合用。

乙硫异烟胺

乙硫异烟胺（ethionamide）为异烟酸衍生物，对结核分枝杆菌有抑菌作用，抗菌活性强于链霉素，但不及异烟肼。单用易产生耐药，常与其他抗结核药联合使用。不良反应较多且发生率高，以胃肠道反应最为多见，表现为恶心、呕吐、腹痛、腹泻、厌食、胃部不适等，患者多难以耐受，可酌减剂量或暂停服用，待症状消失后继续服用。少数患者出现肝功能异常，用药期间应定期检测肝功能。

卷 曲 霉 素

卷曲霉素（capreomycin）为结核分枝杆菌抑制药，作为二线抗结核药用于复治的耐药病例。单用迅速产生耐药，应与其他抗结核药合用。与卡那霉素、新霉素有交叉耐药性，但尚无与链霉素、环丝氨酸、对氨基水杨酸、异烟肼、乙硫异烟胺、乙胺丁醇、利福平之间发生交叉耐药的报告。该药对肾与第Ⅷ对脑神经毒性与链霉素相同，甚至可出现不可逆耳聋。还可引起钾、钙代谢紊乱及肝功能异常，以及皮疹、药热等过敏反应。

利福喷汀和利福定

利福喷汀（rifapentine）和利福定（rifandin）均为利福霉素衍生物，其抗菌谱和利福平相同，但其抗菌效力分别比利福平强 8 倍与 3 倍以上，与异烟肼、乙胺丁醇等其他抗结核药有协同抗菌作用。此外，它们对某些 G^+ 菌与 G^- 菌也有强大的抗菌活性。利福喷汀（微晶）与利福定的 $t_{1/2}$ 分别为 30 h 和 5 h。利福定的治疗剂量为利福平的 1/3～1/2。利福喷汀的治疗剂量与利福平相同，每周用药 1～2 次，是一种高效、长效抗结核药。

第三代氟喹诺酮类药物

第三代氟喹诺酮类药物中环丙沙星（ciprofloxacin）、氧氟沙星（ofloxacin）、司帕沙星（sparfloxacin）等部分药物具有较强的抗结核分枝杆菌活性，且对非结核分枝杆菌（鸟胞内分枝杆菌复合群除外）亦有作用。其主要优点是胃肠道易吸收，$t_{1/2}$ 较长，组织穿透性好，分布容积大，能进入细胞内，杀灭巨噬细胞内的耐多药结核分枝杆菌，毒副作用相对较小，适合于长程给药。此外，结核分枝杆菌对氟喹诺酮产生自发突变率很低，且与其他抗结核药之间无交叉耐药性。因此，现多与其他药物联合使用治疗耐多药结核病（MDR-TB）。

二、结核病化学治疗的原则

化学治疗是结核病治疗的主要手段。合理的化学治疗不仅可治愈患者，还能控制传染源，避免结核病的传播。

1. 早期应用　结核病早期病变部位血液供应丰富，药物易被输送抵达病变部位，渗入菌体，病灶内细菌生长繁殖旺盛，对药物敏感性高，机体防御功能也较强。因此，早期用药不仅可以迅速降低患者的传染性，还能降低结核分枝杆菌耐药的概率。

2. 联合用药　使用单一药物治疗结核病，通常只能将敏感菌杀灭，而耐药菌乘机大量繁殖。结核分枝杆菌对药物产生的耐药性是结核病化学治疗中较为严重的问题之一。联合使用抗结核药可提高疗效，降低毒性，延缓耐药性的发生。目前初治病例常用化疗方案为强化期 4 药联合（异烟肼、利福平、吡嗪酰胺加链霉素或乙胺丁醇），巩固期 2～3 药联合（异烟肼、利福平或加乙胺丁醇）。复治病例的联合方案中应选用至少两种敏感药物。

3. 适量用药　为充分发挥药效，防止或延缓耐药性的产生，用药剂量要充足，但剂量不宜过大，以免产生毒性反应。

4. 坚持全程规律用药　按照选定的治疗方案，完成规定的治疗期，不过早停药，不随意改变药物的剂量和品种，不漏服，不擅自停药，防止耐药菌的产生及化疗失败。

第二节　抗麻风药

深入学习 37-3
抗麻风药的研究进展
临床聚焦 37-1
抗麻风药的联合疗法

　　麻风（leprosy）由麻风分枝杆菌感染引起，主要侵犯皮肤、周围神经或累及内脏器官，是治疗较为困难的传染性疾病之一。临床表现为麻木性皮肤损害、神经粗大，严重者甚至肢端残废等。抗麻风药主要为砜类、利福霉素类、氯法齐明、喹诺酮类等。目前多采用联合疗法。

一、砜类

　　本类药最常用的是氨苯砜（dapsone，DDS），此外，还有苯丙砜（solasulfone）、醋氨苯砜（acedapsone），它们需在体内转化为氨苯砜或乙酰氨苯砜而显效。

　　【体内过程】口服吸收缓慢但完全，$4 \sim 8$ h 血药浓度可达峰值，$t_{1/2}$ 为 $20 \sim 30$ h，有效抑菌浓度可维持 10 天左右。体内分布广泛，肝、肾、皮肤和肌肉等组织药物浓度较高，皮肤病变部位的药物浓度远高于正常部位。主要经乙酰化代谢，经胆汁排泄后发生肝肠循环，导致血液中药物驻留时间延长，消除减慢。大多数药物以代谢物形式经尿排泄。

　　【药理作用及临床应用】砜类的抗菌机制和磺胺类相似，但对 G^+ 和 G^- 菌无抗菌活性，对麻风分枝杆菌有较强的抑制作用，为目前治疗各种麻风的首选药物。患者服用该类药物 $3 \sim 6$ 个月后症状改善，黏膜病变减轻，细菌逐渐消失，皮肤及神经的损害恢复，但瘤型患者的麻风分枝杆菌消失则需要较长时间，需坚持长期服药。采用联合疗法，可减少或延缓耐药性的发生，减少复发并较快消除其传染性。

　　【不良反应及用药注意事项】较常见的不良反应为贫血，偶见急性溶血性贫血，G6PD 缺乏者尤易发生。有时出现胃肠刺激症状、头痛、失眠、过敏反应。剂量过大还可引起肝损害及剥脱性皮炎。治疗早期或增量过快，患者可发生麻风症状加剧的情况（麻风反应），一般认为是机体对菌体裂解产生的磷脂类颗粒的过敏反应，多认为是预后良好的现象。麻风反应可用沙利度胺（thalidomide，反应停）防治。其他处理方法是减量、停药或暂时改用其他抗麻风药，并用糖皮质激素进行治疗。为减少氨苯砜蓄积，宜周期性地短暂停药。

二、其他类

利　福　平

　　利福平（rifampicin，RFP）对于氨苯砜耐药麻风分枝杆菌具有快速杀菌作用，用药数日至数周，菌体碎裂呈粒变现象。临床每日用量 $600 \sim 1\ 200$ mg，在 4 天内即可杀灭 99.9% 的活菌，但仍需坚持长期治疗。利福平是麻风联合疗法中的必要组成药，但单独使用易致耐药性产生。利福霉素类均有类似的抗麻风作用，以利福平最为常用。

氯　法　齐　明

　　氯法齐明（clofazimine）又名氯苯吩嗪，对麻风分枝杆菌有抑制作用，其作用机制为干扰核酸代谢，抑制菌体蛋白合成，作用较氨苯砜缓慢。还能抑制麻风结节红斑反应。口服吸收率为 50% ~ 70%，能迅速分布于体内各组织中，组织药物浓度高于血药浓度，消除 $t_{1/2}$ 约为 70 天。为麻风联合疗法的药物之一，还用于抗麻风反应。主要副作用为皮肤色素沉着等。

其他抗麻风药

喹诺酮类药物中的司帕沙星（sparfloxacin）、氧氟沙星（ofloxacin）及培氟沙星（pefloxacin）有抑制和杀灭实验性麻风分枝杆菌作用，其中司帕沙星作用最强。大环内酯类的克拉霉素（clarithromycin）、四环素类的米诺环素（minocycline）亦具有抗麻风分枝杆菌作用。上述药物可与其他抗麻风药联合用于麻风的治疗。

（陆　军）

思考题

1. 一线抗结核药的代表药物有哪些？
2. 异烟肼抗结核作用特点有哪些？
3. 结核病的化学治疗原则是什么？

网上更多……

👤 学习目标　　👥 本章小结　　📝 自测题　　⬇ 教学 PPT　　📶 参考资源

第三十八章
抗真菌药

关键词

浅部真菌感染	深部真菌感染	两性霉素 B	氟胞嘧啶
特比萘芬	卡泊芬净	酮康唑	灰黄霉素
咪康唑	氟康唑	伊曲康唑	伏立康唑

近年来，由于免疫抑制药、抗肿瘤药、广谱抗生素、糖皮质激素的不合理应用，以及免疫缺陷性疾病发病率逐渐增高，严重真菌感染发病率呈持续上升趋势。目前一般将真菌感染分为浅部真菌感染和深部真菌感染。浅部真菌病主要侵害皮肤、毛发、甲床等部位，发病率高。深部真菌感染主要侵害内脏器官和深部组织，发病率低，但病情大多严重，常危及生命。根据化学结构不同，抗真菌药可分为抗生素类、唑类、嘧啶类、丙烯胺类、棘球白素类。目前，治疗浅部真菌感染多采用局部治疗，但灰黄霉素需要口服。治疗深部真菌病尚缺乏疗效好且毒性小的药物。两性霉素 B 虽毒性大，但仍是治疗深部真菌病最有效的药物。

思维导图

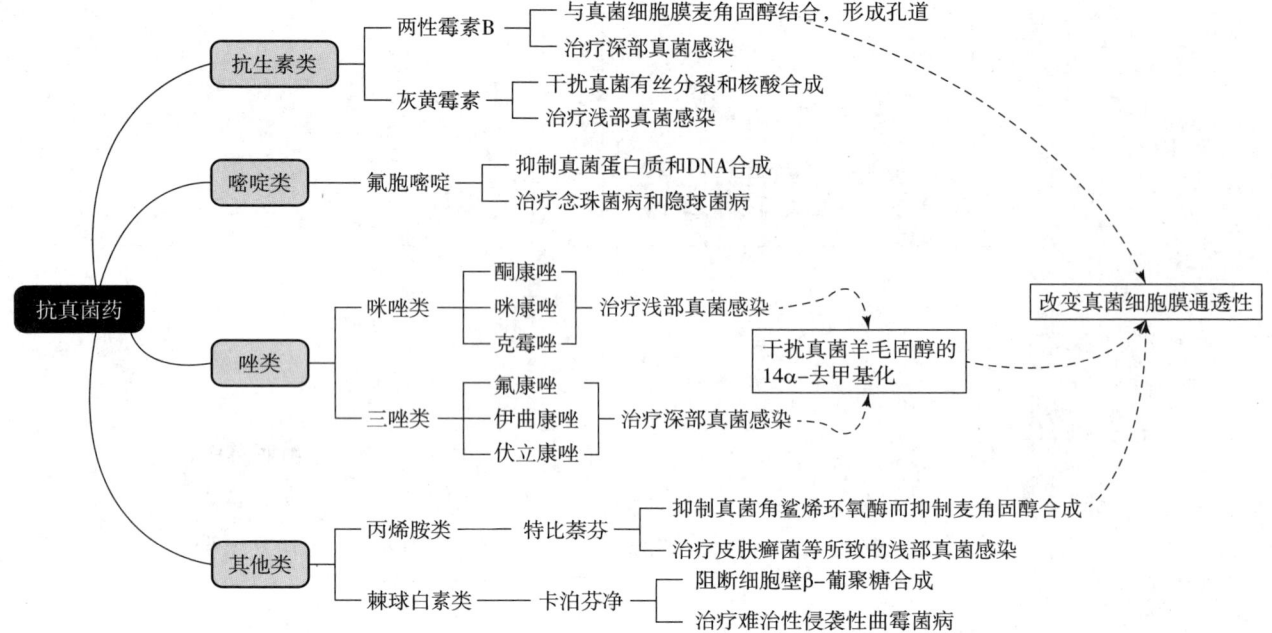

第一节　概述

　　临床上一般将真菌感染分为浅部真菌感染和深部真菌感染（表 38-1）。前者多由各种癣菌引起，发病率高；后者常由白念珠菌等引起，病死率高。

　　抗真菌药（antifungal drug）是一类能抑制真菌生长繁殖或杀灭真菌的药物。根据药物化学结构的不同，将常用抗真菌药分为：抗生素类抗真菌药，如灰黄霉素、两性霉素 B 等；唑类抗真菌药，如咪康唑、伊曲康唑；嘧啶类抗真菌药，如氟胞嘧啶；丙烯胺类抗真菌药，如特比萘芬；棘球白素类抗真菌药，如卡泊芬净等。抗真菌药的作用机制有以下三种：一是损伤真菌细胞膜，如两性霉素 B、唑类药物、特比萘芬等；二是抑制真菌细胞壁的合成，如卡泊芬净等；三是抑制真菌核酸合成或有丝分裂，如氟胞嘧啶、灰黄霉素等（图 38-1）。

动画 38-1
抗真菌药的作用机制

动画 38-2
抗真菌药的作用机制研究进展

表 38-1　浅部真菌病、深部真菌病的特点和可选药

真菌病	病原菌	侵犯部位	发病率	病死率	可选药
浅部真菌病	各种癣菌 （小孢子癣菌、毛癣菌、表皮癣菌等）	皮肤 毛发 指甲 趾甲 黏膜	高	低	灰黄霉素 特比萘芬 制霉菌素 咪康唑 克霉唑
深部真菌病	白念珠菌 新型隐球菌 皮炎芽生菌	深部组织 内脏器官	低	高	两性霉素 B 卡泊芬净 氟胞嘧啶 氟康唑 伊曲康唑

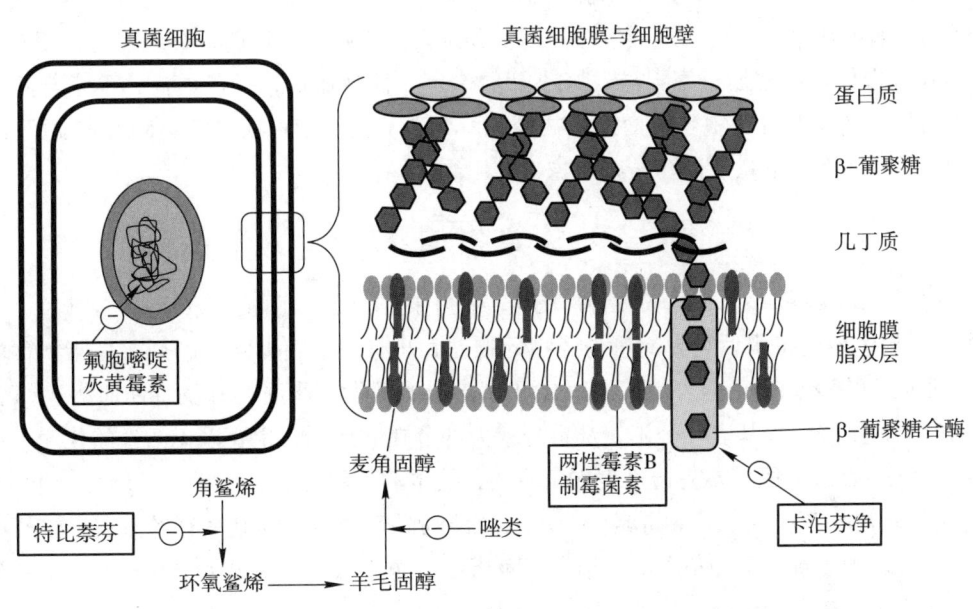

图 38-1　抗真菌药的作用机制

第二节　抗生素类抗真菌药

临床上应用的抗生素类抗真菌药有两性霉素B、灰黄霉素，制霉菌素、曲古霉素（hachimycin）、球红霉素（globoruseomycin，抗真菌抗生素414）、哈霉素（汉霉素，hamycin）、克念菌素（candicidin）等。

两性霉素 B

两性霉素B（amphotericin B，又称庐山霉素）属多烯类抗真菌抗生素。因其毒性大，限制了该药在临床的广泛应用。其新剂型如两性霉素B脂质复合体（ABLC）、两性霉素B脂质体（AMBL）、两性霉素B胆固醇复合体（ABCD）等不仅疗效增高，且毒性降低。

【体内过程】因口服吸收少，两性霉素B通常以静脉滴注给药，血浆蛋白结合率>90%，广泛分布在除中枢神经系统以外的组织。该药的消除$t_{1/2}$约24 h，主要经肾缓慢排泄，停药数周后在尿中仍可检出。

【药理作用与临床应用】两性霉素B对新型隐球菌、皮炎芽生菌、荚膜组织胞浆菌属、球孢子菌属、念珠菌属、孢子丝菌属等多种真菌有较强的抑制作用，能选择性地与真菌细胞膜的麦角固醇结合，在细胞膜上形成孔道，从而增加膜的通透性，导致胞内氨基酸、核苷酸等物质和电解质（特别是K^+）外漏，使真菌死亡。细菌的胞膜不含固醇类物质，故对细菌无效。部分真菌可通过降低麦角固醇含量或结构发生变化而对本药产生耐药。

两性霉素B主要用于治疗诊断明确且病情较重，呈进行性发展的深部真菌病，如各种真菌性肺炎、心内膜炎、脑膜炎及尿路感染等。治疗隐球菌及其他真菌引起的脑膜炎时，除静脉滴注外，还需加用小剂量鞘内注射。该药口服仅用于治疗肠道念珠菌感染。局部应用可治疗眼科、皮肤科和妇科由真菌引起的感染。

【不良反应及用药注意事项】多与静脉滴注操作引起的不良反应有关，包括发热、发冷、肌肉痉挛、呕吐和血压下降。可通过减慢输注速度和预先使用解热镇痛药、抗组胺药及糖皮质激素缓解。本药可降低肾小球滤过率，导致肾小管酸中毒、低钾血症、低镁血症，不宜与其他有肾毒性药物合用。由于肾红细胞生成素形成减少，可导致贫血。用药期间应定期检查血、尿常规，肝、肾功能并及时调整剂量。该药与氟胞嘧啶合用有协同作用。

灰 黄 霉 素

灰黄霉素（griseofulvin）是从灰黄青霉菌培养液中提取的抗真菌抗生素。

【体内过程】该药口服后吸收的量与药物的颗粒大小有关，超微粒型制剂或高脂饮食可增加其吸收。吸收后广泛分布于全身组织，以皮肤、指甲、毛发、脂肪、肝及骨骼肌等组织含量较高，可通过胎盘屏障，可从乳汁分泌。灰黄霉素大部分在肝代谢，主要以无活性的代谢产物经肾排泄。$t_{1/2}$为13～24 h。因其不易透过表皮角质层，故本药外用无效。

【药理作用与临床应用】灰黄霉素干扰皮肤癣菌的微管功能，抑制其有丝分裂。该药可沉积在皮肤、毛发、指（趾）甲的角质层，结合于角蛋白，防止敏感病菌继续侵入，并使受感染的角质脱落。临床用于各种皮肤癣菌感染的治疗，对头癣疗效最好，治愈率可达90%以上。

【不良反应及用药注意事项】常见的不良反应表现有食欲不振、恶心、呕吐、腹泻等胃肠道症状，嗜睡、疲倦、头痛等中枢神经系统症状，其他不良反应尚有皮疹、粒细胞减少、血清转氨酶升高等。用药期间应定期检查血常规和肝功能。动物实验证实有致畸作用，孕妇禁用。该药降低香豆素类药物生物利用度，降低其抗凝效果。该药还可与乙醇发生双硫仑样反应。

制 霉 菌 素

制霉菌素（nystatin）属多烯类抗真菌药，具有广谱抗真菌作用，其抗真菌作用机制与两性霉素 B 基本相同。该药口服用于防治食管和肠道的念珠菌病，局部用药治疗口腔、皮肤和阴道念珠菌病。较大剂量口服可致恶心、呕吐、腹泻等。

第三节　唑类抗真菌药

唑类抗真菌药包括咪唑类和三唑类。咪唑类有酮康唑、克霉唑（clotrimazole）、咪康唑（miconazole）等，可作为治疗浅部真菌感染的首选药，其中克霉唑和咪康唑只能局部用药。三唑类包括伊曲康唑、伏立康唑、氟康唑等，是治疗深部真菌感染的重要药物。唑类药物通过干扰真菌羊毛固醇的 14α-去甲基化步骤，抑制麦角甾醇的合成，增加膜的通透性，进而抑制真菌生长或使其死亡。

酮 康 唑

酮康唑（ketoconazole）是第一个口服的广谱咪唑类抗真菌药。

【体内过程】口服易吸收，血浆蛋白结合率高达 99% 以上，在体内分布广泛，但脑脊液中药物浓度较低。该药主要经肝代谢，由胆汁排泄，$t_{1/2}$ 为 6.5～9 h。

【药理作用及临床应用】口服治疗慢性黏膜、皮肤念珠菌感染，对皮肤癣菌感染也有效。

【不良反应及用药注意事项】可出现恶心、呕吐、头晕、嗜睡等不良反应，用药期间需定期检查肝功能，孕妇禁用，哺乳期妇女慎用。此外，本药需在胃酸中溶解、吸收，故不能与抗酸药或减少胃酸分泌药（如质子泵抑制药、H_2 受体拮抗药、抗胆碱药等）同服，必须同用时应至少相隔 2 h。

氟 康 唑

氟康唑（fluconazole）为咪唑类广谱抗真菌药。

【体内过程】口服吸收良好，且不受食物、胃内酸度的影响，血浆蛋白结合率低，体内分布广，脑膜炎症时脑脊液中浓度可达血药浓度的 54%～85%。主要以原型经肾排泄，$t_{1/2}$ 为 27～37 h，肾功能不全时明显延长。

【药理作用与临床应用】氟康唑具有广谱抗真菌作用，对白念珠菌、近平滑念珠菌、热带念珠菌等有良好抗菌作用，但对克柔念珠菌、光滑念珠菌作用较差；对隐球菌属、球孢子菌、皮炎芽生菌、荚膜组织胞浆菌等具有抗菌作用。该药体外抗真菌作用较酮康唑弱，但体内抗真菌作用明显高于体外。

临床上用于各种敏感真菌引起的脑膜炎及艾滋病患者口咽部、消化道念珠菌病等，也用于球孢子菌病、芽生菌病和组织胞浆菌病。

【不良反应及用药注意事项】该药不良反应较少，主要为胃肠道反应。动物实验证实该药可致流产、死胎等，故禁用于孕妇。

伊 曲 康 唑

伊曲康唑（itraconazole）属三唑类广谱抗真菌药，抗真菌作用比酮康唑强，抗菌谱较广。该药脂溶性高，口服吸收完全，体内分布广泛，血浆蛋白结合率 > 90%。临床用于念珠菌阴道炎，口腔、皮肤、指（趾）甲真菌病等多种浅部的真菌感染，也适用于非免疫缺陷者及免疫缺陷者的深部真菌病。不良反应有胃肠反应、低钾血症、水肿及过敏反应等。肝毒性较酮康唑轻。孕妇、哺乳期妇女和儿童禁用。

伏 立 康 唑

伏立康唑（voriconazole）为氟康唑的衍生物，属新一代三唑类广谱抗真菌药。该药口服生物利用度高达 96%。在组织中广泛分布，各种给药途径均能在眼内达到有效药物浓度。对曲霉菌属具有杀菌作用，对念珠菌属中的氟康唑耐药菌、赛多孢子菌和镰刀菌等真菌有很好的抗菌活性。主要用于治疗侵袭性曲霉菌病，念珠菌属中的氟康唑耐药菌、赛多孢子菌和镰刀菌所致的严重真菌感染。常见的不良反应为视觉障碍、发热、皮疹和肝功能损害。

第四节　嘧啶类抗真菌药

氟 胞 嘧 啶

氟胞嘧啶（flucytosine，也称 5- 氟胞嘧啶，5-fluorocytosine）是人工合成的广谱抗真菌药。

【体内过程】口服吸收良好，血浆蛋白结合率为 2.9% ~ 4%，分布广泛，炎症时脑脊液中药物浓度可达血药浓度的 60% ~ 90%，绝大部分以原型经肾小球滤过、由肾排出，$t_{1/2}$ 为 2.5 ~ 6 h，肾功能减退时 $t_{1/2}$ 明显延长。

【药理作用与临床应用】氟胞嘧啶能穿透真菌细胞膜进入真菌细胞内，转变为具有抗代谢作用的 5- 氟尿嘧啶，后者可取代尿嘧啶掺入真菌的 DNA 中，从而阻断真菌的核酸及蛋白质合成。该药对真菌具有选择性毒性作用，在人体细胞内并不能大量转变为 5- 氟尿嘧啶。临床上主要用于念珠菌病和隐球菌病，单用效果不如两性霉素 B，且易产生耐药性，治疗播散性真菌病需要与两性霉素 B 合用发挥协同作用。

深入学习 38-1
抗真菌药的耐药性

【不良反应及用药注意事项】不良反应有胃肠道反应及皮疹、发热、转氨酶升高、肝大、贫血、血小板减少和粒细胞减少等。用药期间应定期检查肝功能和血象。

第五节　其他抗真菌药

一、丙烯胺类抗真菌药

特　比　萘　芬

　　特比萘芬（terbinafine）是第一个口服有效的丙烯胺类广谱抗真菌药，对各种浅部真菌和曲霉菌有较高的抗真菌活性。口服吸收良好，在体内分布广泛，能迅速在皮脂、皮肤角质层、指（趾）甲及毛发内沉积，并保持较高浓度。特比萘芬通过抑制真菌角鲨烯环氧酶而使鲨烯在细胞内大量聚集，阻止麦角固醇的生物合成，使真菌胞壁合成受到影响，从而发挥抑菌或杀菌作用。临床上主要用于皮肤癣菌引起的毛发、皮肤真菌感染（如体癣、足癣、股癣等）及甲癣等浅部真菌病。本药不良反应轻微。

二、棘球白素类抗真菌药

卡　泊　芬　净

　　卡泊芬净（caspofungin）是一种来源于 *Glarea lozoyensis* 发酵产物的半合成脂肽（棘球白素，echinocandin）化合物，通过抑制 β- 葡聚糖合酶，减少真菌细胞壁基本成分——β- 葡聚糖合成，从而造成真菌细胞壁缺损。临床上常缓慢静脉滴注用于难治性侵袭性曲霉菌病。不良反应表现有发热、头痛、胃肠反应、贫血、静脉炎和肝损害等。

（王　燕）

思考题

1. 从作用机制、临床应用、耐药性等方面总结并比较常用抗真菌药。
2. 用于深部真菌感染的抗真菌药有哪些？
3. 长期不合理使用广谱抗菌药增加继发性真菌感染概率。请通过查阅文献分析其原因，并提出合理化建议。

网上更多……

　👤 学习目标　　👥 本章小结　　✏ 自测题　　⬇ 教学 PPT　　📶 参考资源

第三十九章
抗病毒药

目前由微生物引起的疾病中约 75% 是病毒引起的。病毒无完整的细胞结构，其复制、繁殖须依赖宿主细胞的代谢系统，在此过程中病毒核酸容易变异。抗病毒药可在病毒吸附、穿透、脱壳、组装、蛋白质合成、释放等不同阶段发挥作用。多数抗病毒药抗病毒谱较窄，且对宿主细胞有一定的细胞毒性，临床疗效有限。抗病毒药联合应用，不仅可提高药物疗效，还可预防、延缓耐药性。病毒感染严重危害人类健康，人类需要不断探索、设计、开发新型抗病毒药。如奈玛特韦/利托那韦，可用于治疗成人伴有进展为重症高风险因素的轻至中度新型冠状病毒感染。

思维导图

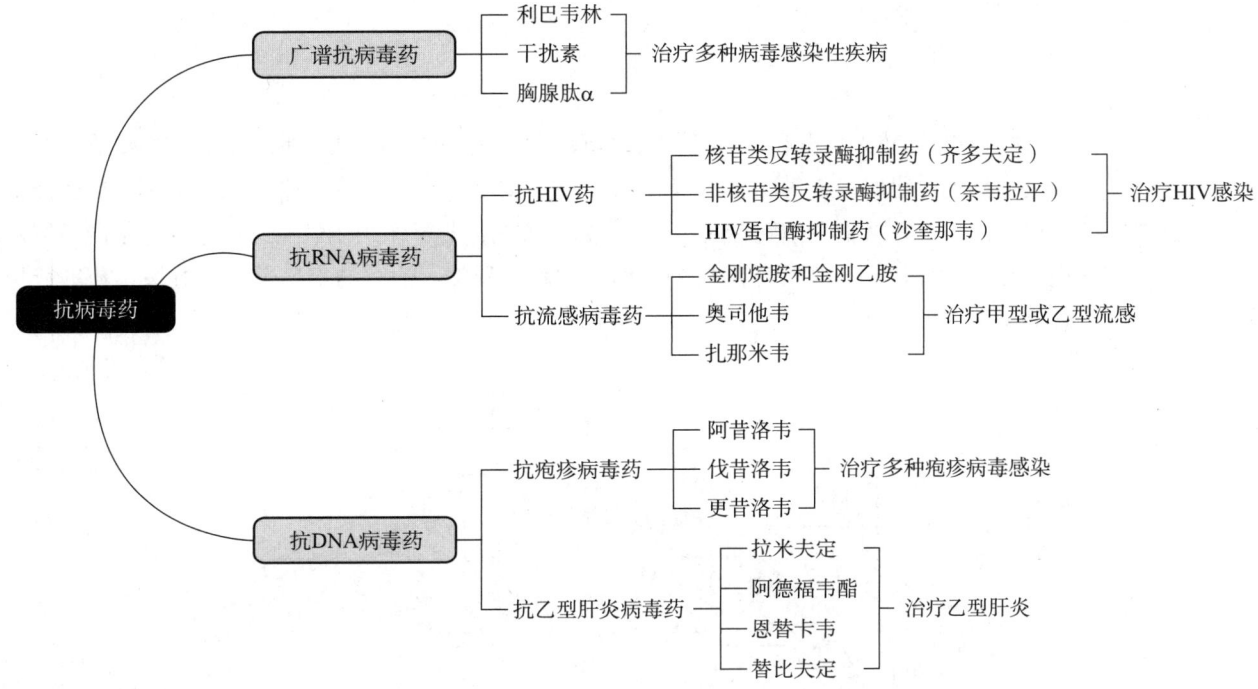

第一节　概述

　　病毒包括 DNA 病毒和 RNA 病毒，其致病过程包括穿透宿主细胞膜、在宿主细胞内脱壳、利用宿主细胞的代谢系统等功能进行 DNA 复制、RNA 转录、蛋白质合成及合成蛋白质后修饰、组装成熟的病毒并从宿主细胞释放（图 39-1）。抗病毒药可作用于病毒致病过程的不同环节发挥抗病毒作用。可依据药物的作用机制、作用的病毒种类、治疗的疾病等，将抗病毒药进行相关的分类。

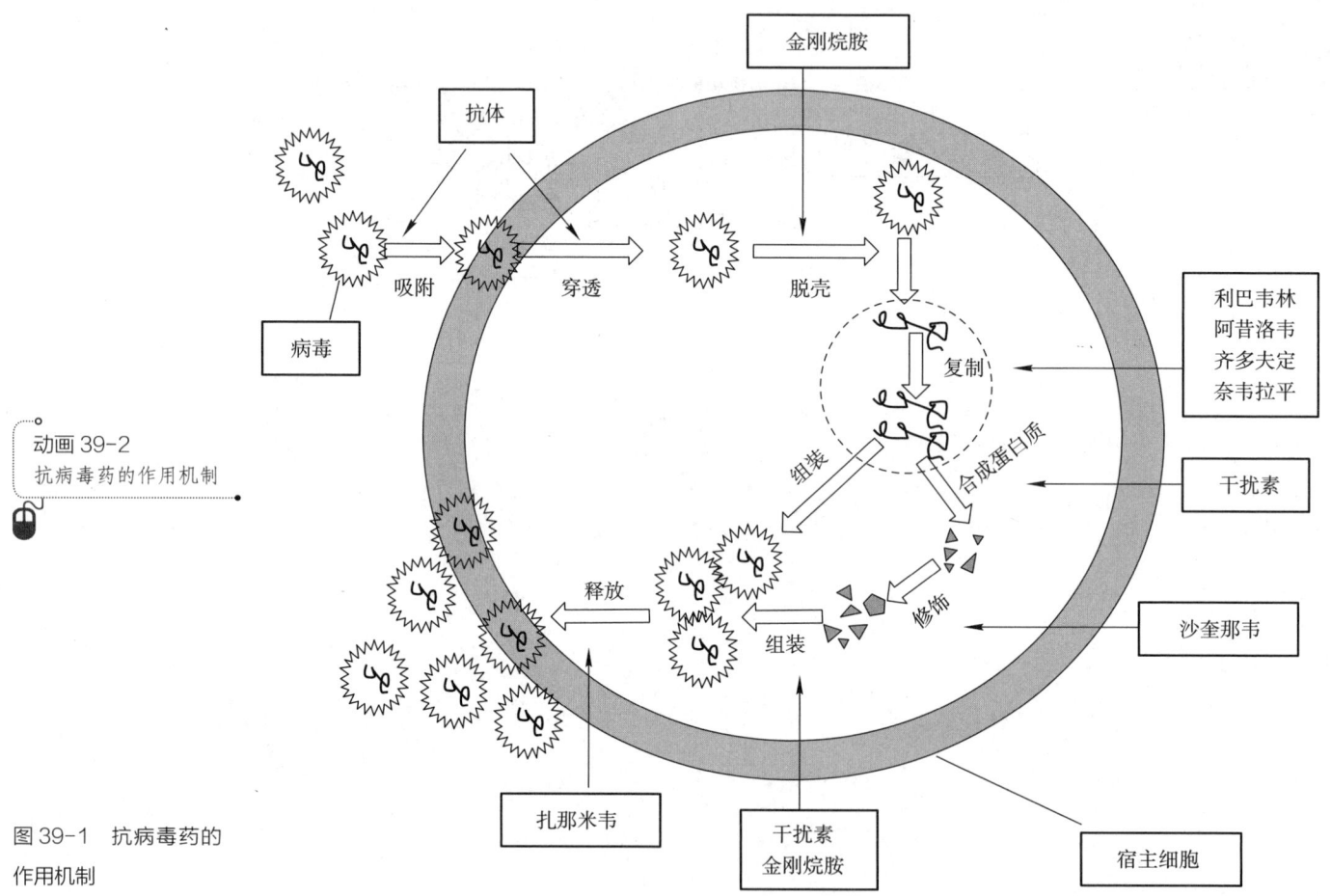

图 39-1　抗病毒药的作用机制

第二节　广谱抗病毒药

利 巴 韦 林

　　利巴韦林（ribavirin）也称病毒唑（virazole），是核苷、次黄嘌呤核苷类似物。

　　【体内过程】口服后约 1.5 h 血药浓度达峰浓度，生物利用度约 45%，与血浆蛋白几乎不结合。在体内分布广泛，呼吸道分泌物中浓度高于血药浓度，在脑脊液、红细胞中均有较高浓度，可透过胎盘，也可进入乳汁。少量被肝代谢，主要以原型通过肾排出，$t_{1/2}$ 为 0.5 ~ 2 h。

【药理作用和作用机制】利巴韦林抗病毒谱广，对呼吸道合胞病毒、流感病毒、腺病毒、甲型肝炎病毒等多种病毒均能抑制其生长。

作用机制不完全清楚，可能是利巴韦林在病毒感染的细胞内迅速磷酸化，生成的产物可竞争性抑制病毒合成酶，通过抑制肌苷单磷酸脱氢酶、流感病毒的 RNA 聚合酶和 mRNA 鸟苷转移酶，减少细胞内的鸟苷三磷酸，因此对 RNA 病毒作用较强，对 DNA 病毒也有抑制作用。对呼吸道合胞病毒可能还具有免疫作用和中和抗体的作用。

【临床应用】多给药途径治疗多种病毒性感染。①气雾剂喷雾，用于呼吸道病毒引起的鼻炎、咽炎等；②滴眼剂，治疗流行性结膜炎、单纯疱疹病毒角膜炎等；③感染早期静脉滴注，治疗流感、副流感病毒肺炎，小儿腺病毒肺炎，拉沙热和病毒性出血热等；④口服，用于甲型肝炎、单纯疱疹、麻疹、呼吸道病毒感染；⑤滴鼻剂，治疗甲、乙型流感；⑥乳膏剂，治疗带状疱疹和生殖器疱疹。

【不良反应及用药注意事项】口服或静脉给药时可出现食欲减退、恶心等胃肠道反应；偶见皮疹、眩晕、头痛、疲倦等，停药后可恢复正常。大剂量或长期使用可致剂量依赖性溶血性贫血。利巴韦林气雾吸入可引起支气管刺激。动物实验有致畸作用，孕妇禁用。

干　扰　素

干扰素（interferon，IFN）是机体细胞受到干扰素诱生剂或病毒感染刺激后，产生的一类具有抗病毒活性的糖蛋白，IFN 与细胞内特异性受体结合，进而启动相关基因，阻止病毒在宿主细胞内复制，保护未受感染的细胞免受病毒攻击。同时，干扰素还具有抗肿瘤和免疫调节功能（第四十一章、第四十二章）。只有人源性干扰素才对人有效，分为干扰素 α（IFN-α，人白细胞干扰素）、干扰素 β（IFN-β，人成纤维细胞干扰素）、干扰素 γ（IFN-γ，由 T 淋巴细胞产生的免疫干扰素）三种，干扰素 α 抗病毒能力最强，干扰素 γ 免疫调节功能较强。

干扰素为广谱抗病毒药，口服无效，可皮下、肌内或静脉注射，也可局部滴鼻、滴眼应用。临床上广泛用于急性病毒感染性疾病，包括流感、其他上呼吸道感染性疾病（小儿呼吸道合胞病毒肺炎）、病毒性心肌炎、流行性腮腺炎及乙型脑炎等；也用于慢性病毒性感染，如慢性活动性肝炎（乙型、丙型）、巨细胞病毒感染等。还可用于带状疱疹、尖锐湿疣、寻常疣等病毒性感染。临床上也广泛用于抗肿瘤治疗（见第四十一章）。

第三节　抗 RNA 病毒药

一、抗 HIV 药

可引起人类罹患获得性免疫缺陷综合征（acquired immunodeficiency syndrome，AIDS，艾滋病）的病毒为人类免疫缺陷病毒（human immunodeficiency virus，HIV），属于反转录病毒，有 HIV-1 和 HIV-2 两型。目前抗 HIV 药的作用靶点主要是 HIV 反转录酶和 HIV 蛋白酶。HIV 反转录酶为多功能酶蛋白，是 HIV 早期复制的关键酶，其作用包括：①催化以 HIV 的 RNA 为模板负链合成 DNA；②降解 RNA-DNA 杂交链中的 RNA 模板；③催化以负链 DNA 为模板合成正链 DNA，即病毒前 DNA，该 DNA 可掺入宿主细胞染色体中。HIV 蛋白酶是 HIV 感染过程中至关重要的酶，能催化 HIV 蛋白前体裂解为成熟蛋白质（包括反转录酶、蛋白酶、整合酶及结构蛋白），该酶受到抑制导致病毒停留在不成熟、无感染性的病毒颗粒状态。

目前已批准用于临床的抗 HIV 药有三类：核苷类反转录酶抑制药、非核苷类反转录酶抑制药及 HIV 蛋白酶抑制药。联合应用抗 HIV 药能改善 HIV 感染患者的生活质量，延缓疾病进展，延长患者生存期，但无法根治。

深入学习 39-2
艾滋病防治、监测的
相关问题

1. 核苷类反转录酶抑制药（nucleoside reverse transcriptase inhibitor，NRTI） 为嘧啶或嘌呤衍生物，抑制病毒的早期复制，对防止高危和易感细胞感染 HIV 效果较突出。该类药物必须首先在宿主细胞质内的某些激酶的作用下发生磷酸化，形成有活性药物——三磷酸核苷类似物，一方面作为酶的底物，竞争性抑制病毒的反转录酶；另一方面，可掺入病毒 DNA 链中，因其缺乏 3'-羟基而终止病毒 DNA 链的延长。齐多夫定为本类药物中第一个被美国 FDA 批准上市（1987 年）的抗 HIV 药。目前临床上应用的还有去羟肌苷、扎西他滨（zalcitabine，ddC）、司他夫定、拉米夫定（lamivudine，3TC）、阿巴卡韦（abacavir，ABC）及替诺福韦（tenofovir，TDF）。

齐多夫定

齐多夫定（zidovudine，ZDV）为合成的胸腺嘧啶核苷衍生物。

【体内过程】口服吸收良好，生物利用度达 60%~70%，在体内分布广，易透过血脑屏障，主要经肝代谢，从肾排出，$t_{1/2}$ 约 1.1 h。

【药理作用和作用机制】具有抗 HIV-1、抗 HIV-2 活性。在宿主细胞内，本药在酶作用下转化为活性型的三磷酸齐多夫定，通过竞争性抑制 HIV 反转录酶，抑制 DNA 合成、运输，以及与宿主细胞核的整合，抑制病毒复制。

【临床应用】临床上常与其他抗 HIV 药（去羟肌苷、拉米夫定、扎西他滨、多种蛋白酶抑制药及非核苷类反转录酶抑制药等）联合使用治疗 HIV 感染的成人和儿童，也可用于 HIV 阳性的怀孕妇女及其新生儿。

【不良反应及用药注意事项】主要不良反应为骨髓抑制、贫血或中性粒细胞减少症、胃肠道反应、心肌病，以及头晕、头痛、焦虑、抑郁等精神症状。严重的肝功能、肾功能不全者需减量，用药期间应定期监测血象。

司他夫定

司他夫定（stavudine）为脱氧胸苷核苷类似物，对 HIV-1 和 HIV-2 均有效，适用于抗 HIV 或 AIDS 的联合用药，与去羟肌苷或拉米夫定合用可产生协同效应，但不宜与齐多夫定合用，因齐多夫定能竞争性抑制本药的磷酸化。口服生物利用度达 80%，体内分布广泛，可进入中枢神经系统，肾功能不全需要调整剂量。主要不良反应表现为神经炎，1% 病例可见胰腺炎（合用去羟肌苷更易发生）。

去羟肌苷

去羟肌苷（didanosine）为脱氧腺苷衍生物，临床上适用于成人感染 HIV 或 6 个月以上感染 HIV 较严重的儿童，应与其他抗 HIV 药联用。约 34% 的患者在正常剂量下可出现外周神经痛，9% 的患者发生胰腺炎，此外尚有腹泻、肝功能障碍、中枢神经系统反应。

2. 非核苷类反转录酶抑制药（non-nucleoside reverse transcriptase inhibitor，NNRTI）　有奈韦拉平（nevirapine）、地拉韦啶（delavirdine，DLV）和依法韦伦（efavirenz）等，均为人工合成化合物，虽然化学结构截然不同，但作用机制相似，毒性作用和耐药性方面的表现也相近。NNRTI在宿主细胞内不需磷酸化，可直接结合于反转录酶活性区域附近，通过改变该酶构象而抑制其活性，还可抑制RNA或DNA依赖性DNA聚合酶的活性，但不插入病毒RNA。NNRTI的特点有：①不需要在宿主细胞内磷酸化；②仅对HIV-1有效，对HIV-2无效；③均可口服给药，经肝经细胞色素P450代谢，对肝药酶有影响，易发生药物相互作用；④单用时病毒易对此类药物产生耐药性，且本类药物间有交叉耐药现象。临床应用时常与NRTI和蛋白酶抑制药（PI）合用治疗HIV-1感染，也可有效阻断母婴传播。皮疹为该类药物最常见的不良反应，尚需关注肝毒性、神经系统症状等其他不良反应。

3. HIV蛋白酶抑制药（protease inhibitor，PI）　有沙奎那韦（saquinavir）、利托那韦（ritonavir）、茚地那韦（indinavir）、奈非那韦（nelfinavir）和氨普那韦（amprenavir）等。此类药物具有的共同特点为：①选择性结合于HIV蛋白酶的活性部位，抑制其作用，使HIV蛋白前体不能裂解为有感染性的成熟蛋白，导致蛋白前体堆积，对HIV-1病毒复制有强抑制作用。本类药物对人细胞蛋白酶（如胃蛋白酶、人白细胞弹性蛋白酶、组织蛋白酶D/E等）几乎无抑制作用。②本类药干扰病毒复制晚期，常与反转录酶抑制药合用治疗成人HIV-1感染。③病毒易对该类药物产生耐药性，但比对NNRTI慢。④PI均被CYP3A4或CYP3A代谢，易发生复杂的药物相互作用。⑤不良反应多，如身体脂肪重新分布、胰岛素抵抗、高脂血症、恶心、呕吐、腹泻及感觉异常等。

二、抗流感病毒药

金刚烷胺和金刚乙胺

金刚烷胺（amantadine）和金刚乙胺（rimantadine）均为人工合成的饱和三环癸烷的氨基衍生物，只对亚洲甲型流感病毒有较强的抑制作用，对乙型流感病毒和其他病毒无效。两药可通过抑制病毒穿入宿主细胞、阻止病毒脱壳而抑制甲型流感病毒复制。临床上主要用于预防和治疗甲型流感，金刚烷胺还可用于帕金森病的治疗（第十三章）。口服易吸收，体内分布广，可透过血脑屏障和胎盘。金刚烷胺在体内不被代谢，90%以上以原型由肾排泄，$t_{1/2}$为11~15 h。金刚乙胺主要以代谢物经肾排泄，$t_{1/2}$为24~36 h。常见不良反应有幻觉、精神错乱，尤其对老年患者更易发生，可能与其抗胆碱作用有关；厌食、恶心等胃肠道反应；排尿困难、直立性低血压、皮疹较为少见；动物实验发现有致畸作用，故孕妇、1岁以下婴儿、哺乳期妇女、有癫痫史、精神病患者、严重的心血管疾病及肝肾疾病患者应禁用。

奥司他韦和扎那米韦

神经氨酸酶活性对新形成的病毒颗粒从被感染细胞释放和病毒在人体细胞间的进一步传播非常关键。奥司他韦（oseltamivir）的活性代谢物和扎那米韦（zanamivir）是强效的选择性流感病毒神经氨酸酶抑制剂。奥司他韦和扎那米韦抑制A型和B型流感病毒神经氨酸酶，抑制新的病毒从受感染细胞释放，进而阻止病毒在细胞间扩散。对耐金刚烷胺、金刚乙胺的流感病毒仍有抑制作用。流感症状出现后24~48 h内给药，可适度降低症状的强度和持续时间。奥司他韦是一种口服前体药物，进入体内代谢为有活性的奥司他韦羧酸盐。扎那米韦对哮喘或慢性阻塞性肺疾病患者治疗无效，甚至可出现肺功能恶化；口服无效，可通过吸入给药。

第四节　抗 DNA 病毒药

一、抗疱疹病毒药

阿 昔 洛 韦

阿昔洛韦（aciclovir，ACV）为人工合成的嘌呤核苷类衍生物。

【体内过程】本药口服吸收差，生物利用度仅 15%～30%，血浆蛋白结合率低（9%～33%），广泛分布于全身各组织和体液中，可通过胎盘进入胎儿血液循环。$t_{1/2}$ 约为 2.5 h。口服每天需多次给药。药物主要通过肾排泄，肾病患者须减少剂量。

【药理作用和作用机制】阿昔洛韦高度选择性地抑制单纯疱疹病毒、水痘带状疱疹病毒、巨细胞病毒、EB 病毒等，对 1 型疱疹病毒的抑制作用比碘苷强 10 倍，比阿糖胞苷强 2 倍，比阿糖腺苷强 160 倍。

阿昔洛韦进入感染细胞内后易被病毒摄取，结合于病毒编码的胸苷激酶，迅速转化为无环鸟苷单磷酸，在细胞鸟苷激酶和其他细胞酶的作用下，转化为无环鸟苷三磷酸，与病毒的鸟苷三磷酸竞争而干扰病毒 DNA 聚合酶，还可在 DNA 聚合酶作用下，与增长的 DNA 链结合，中断 DNA 链的延伸，从而抑制病毒复制。

【临床应用】阿昔洛韦可用于单纯疱疹、带状疱疹，也适用于治疗免疫缺陷者的水痘，还广泛用于治疗疱疹性角膜炎、口炎、脑炎、生殖器疱疹、全身带状疱疹。

【不良反应及用药注意事项】不良反应较少发生。口服可引起恶心、呕吐、腹泻等胃肠道反应，注射可有局部炎症或静脉炎、皮肤瘙痒、荨麻疹。少见的有发热、头痛、头晕及转氨酶升高。大剂量静脉滴注可引起尿路结晶、尿素氮和肌酐升高，偶可引起肾衰竭和死亡，肾功能减退者慎用。

伐 昔 洛 韦

伐昔洛韦（valaciclovir）是阿昔洛韦的 L- 缬氨酸酯的盐酸盐。口服后迅速吸收，几乎完全在肠道或肝内转变为阿昔洛韦和 L- 缬氨酸，前者在体内发挥作用，对 1 型和 2 型单纯疱疹病毒及带状疱疹病毒均有抗病毒作用。临床上适用于治疗带状疱疹、生殖器疱疹。常见不良反应有头痛、眩晕、抑郁、恶心、呕吐、腹痛、关节痛、月经紊乱等，偶见白细胞或血小板减少、贫血、血肌酐升高、转氨酶升高等。

更 昔 洛 韦

更昔洛韦（ganciclovir）对巨细胞病毒抑制作用强，临床上适用于免疫缺陷患者（艾滋病、器官移植患者）发生巨细胞病毒感染的视网膜炎、肺炎、肠炎等。更昔洛韦常采用静脉滴注给药，血浆蛋白结合率低（1%～2%），体内分布广泛，可进入脑脊液、眼内组织、胎儿血液循环。以原型经肾排泄，$t_{1/2}$ 为 2.5～3.6 h。常见不良反应有骨髓抑制、中枢神经系统症状等。

膦 甲 酸 钠

膦甲酸钠（foscarnet sodium）可非竞争性地阻断病毒 DNA 聚合酶的磷酸盐结合部位，抑制病毒 DNA 链的延长。可有效对抗单纯疱疹病毒、带状疱疹病毒、巨细胞病毒。临床上常静脉注射给药用于治疗免疫缺陷患者（包括艾滋病患者）巨细胞病毒性视网膜炎，也用于 HIV 感染者中耐阿昔洛韦的单纯疱疹病毒所致的皮肤黏膜感染。

不良反应有肾损害、血钙和血磷异常、中枢神经系统症状等。

碘 苷

碘苷（idoxuridine）又称疱疹净，能竞争性抑制胸苷酸合成酶，使 DNA 合成受阻，能抑制 DNA 病毒如单纯疱疹病毒、水痘带状疱疹病毒，但对 RNA 病毒无效。因其毒性大，临床上仅限于局部用药，如皮肤或眼部单纯疱疹病毒感染。对浅层上皮角膜炎效果较好，但对更深层的基质感染无效。长期应用可出现角膜混浊或染色小点。眼局部可发生瘙痒、疼痛、水肿，甚至发生睫毛脱落。孕妇、肝疾病或造血功能不良者禁用或慎用。

阿 糖 腺 苷

阿糖腺苷（vidarabine，Ara-A）为人工合成的嘌呤核苷类衍生物，转变为具有活性的阿糖腺苷三磷酸与病毒的 DNA 聚合酶结合，抑制该酶活性，从而抑制病毒 DNA 合成，对 DNA 病毒如单纯疱疹病毒、水痘带状疱疹病毒和乙型肝炎病毒等有明显的抑制作用。临床上适用于治疗疱疹病毒所致的口炎、皮炎、脑炎及巨细胞病毒感染等。不良反应常见的有注射局部疼痛。极少情况下可出现神经肌肉和关节疼痛。

聚 肌 胞

聚肌胞（poly I:C, polyinosinic acid，聚肌胞苷酸）为多聚肌苷酸和多聚胞苷酸的共聚物，是一种高效干扰素诱导剂，有广谱抗病毒作用和免疫抑制作用。临床上可肌内注射治疗单纯疱疹、带状疱疹、疱疹性角膜炎、病毒性肝炎等，也可滴鼻用于预防流感。少数患者注射后可出现一过性低热。

二、抗乙型肝炎病毒药

临床聚焦 39-1
慢性乙型肝炎防治指南 2012

接种乙型肝炎疫苗是预防乙型肝炎病毒感染最有效的方法。慢性乙型肝炎的治疗主要包括抗病毒、免疫调节、抗炎和抗氧化、抗纤维化及对症治疗，其中抗病毒治疗是关键环节。我国已批准普通干扰素 α（2a，2b 和 1b）和聚乙二醇化干扰素 α（2a 和 2b）用于治疗慢性乙型肝炎。此外，现已应用于临床的抗乙型肝炎病毒的核苷类似物药物有 5 种，我国已上市 4 种：拉米夫定、阿德福韦酯（adefovir dipivoxil，ADV）、恩替卡韦（entecavir，ETV）、替比夫定（telbivudine，LdT），国外尚有富马酸替诺福韦二吡呋酯（tenofovir disoproxil fumarate，TDF）。

拉 米 夫 定

拉米夫定（lamivudine）为化学合成的胸苷类似物，对 HIV 和乙型肝炎病毒（HBV）均有抑制作用。

【体内过程】本药口服吸收好，在成人生物利用度可达 80%～85%，儿童为 68%，约 1 h 可达血浆峰值浓度，血浆蛋白结合率为 16%～35%，在体内分布广泛，可透过血脑屏障、进入胎儿循环、通过乳汁分泌，主要以原型经肾排出，血浆 $t_{1/2}$ 为 5～7 h。

【药理作用和临床应用】拉米夫定可抑制 HBV 的复制，是目前治疗 HBV 感染最有效的药物之一。本药在外周单核细胞及肝细胞内酶类作用下转化为三磷酸型，进而竞争性抑制乙型肝炎病毒的 DNA 聚合酶，能终止 DNA 链的延长反应。拉米夫定的三磷酸化合物在肝细胞内 $t_{1/2}$ 为 10～19 h，提示一次用药可使细胞内有效浓度维持约 1 天。临床上可口服用于治疗慢性乙型肝炎。拉米夫定还能抑制 HIV 反转录酶，阻止 HIV 复制，可与其他抗 HIV 药联合用于治疗 HIV 感染。

【不良反应及用药注意事项】不良反应较轻而少，大于推荐剂量时可引起头痛、乏力、失眠、周围神经病变，以及恶心、上腹部不适等胃肠反应。有报道称儿童患者用药后可发生胰腺炎，应慎用。此外，HBV 可对本药产生耐药性。

（王　燕）

思考题

1. 利巴韦林对哪些病毒有抑制作用？主要的临床用途和不良反应有哪些？

2. 人类免疫缺陷病毒（HIV）反转录酶和 HIV 蛋白酶的主要功能是什么？目前用于临床的抗 HIV 药有哪几类？常用药物有哪些？

3. 结合流感治疗指南，从作用机制、不良反应等方面对比分析不同抗流感病毒药。

4. 结合微生物知识，通过查阅文献，了解疱疹病毒给机体带来的影响，并解释临床常用抗疱疹病毒药如何发挥治疗作用。

5. 查阅资料，了解我国对乙型肝炎的防治策略，阐述目前临床上常用的抗乙型肝炎病毒药的作用机制。

网上更多……

👤 学习目标　　👤 本章小结　　✍ 自测题　　⬇ 教学 PPT　　💻 参考资源

第四十章

抗寄生虫药

关键词

氯喹	伯氨喹	乙胺嘧啶	二氯尼特	依米丁
甲硝唑	替硝唑	吡喹酮	乙胺嗪	甲苯咪唑
哌嗪				

据世界卫生组织报告，在危害人类健康的常见 48 种疾病中有 40 种属于传染病和寄生虫病，占总发病人数的 85%。我国曾是寄生虫病长期肆虐的国家之一。20 世纪 50 年代，毛主席挥毫写下脍炙人口的《七律·送瘟神》，纪念我国以血吸虫病为代表的寄生虫病防治工作取得的伟大成就。时至今日，人们虽已日渐淡忘寄生虫病的可怕，把注意力放在高血压、糖尿病、肿瘤等疾病上，但寄生虫病这个"瘟神"并没有离我们远去。截至 2016 年，全国人体寄生虫病总感染率仍高达 5.96%。抗寄生虫药是指用于预防或治疗由疟原虫、血吸虫、阿米巴原虫、肠道蠕虫等寄生虫感染导致的疾病的药物。理想的抗寄生虫药应该既能选择性地高效杀灭寄生虫，又对人体安全无毒。

思维导图

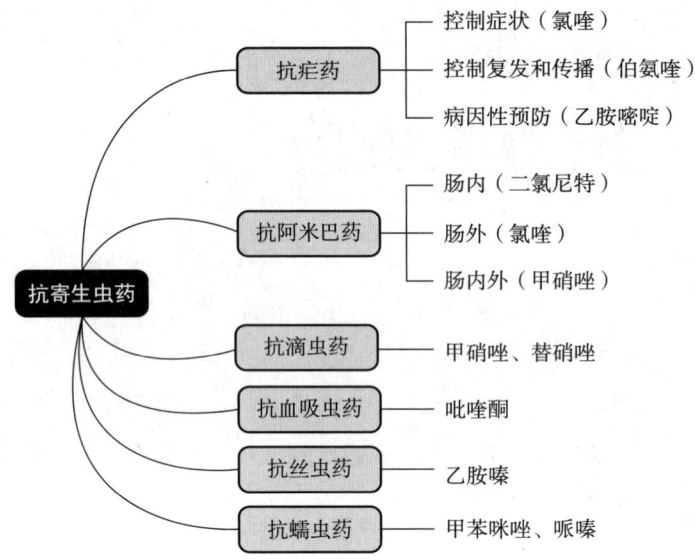

第一节　抗疟药

一、概述

疟疾（malaria）是由疟原虫引起的由雌性按蚊叮咬传播的寄生虫性传染病。临床上主要表现为间歇性寒战、高热，继之大汗后缓解等症状。寄生于人体的疟原虫有4种，即间日疟原虫、三日疟原虫、恶性疟原虫和卵形疟原虫，分别引起间日疟、三日疟、恶性疟和卵形疟。抗疟药（antimalarial drug）可作用于疟原虫生活史的不同环节，用于治疗或预防疟疾。疟原虫生活史可分为人体内的无性繁殖阶段和雌性按蚊体内的有性繁殖阶段（图40-1）。

动画 40-1
疟原虫生活史和各类
抗疟药作用环节

（一）人体内的无性繁殖阶段

1. 红细胞外期　当感染疟原虫的雌性按蚊刺吸人血时，子孢子随唾液进入人体，随血流侵入肝细胞发育、增殖，形成大量裂殖体。间日疟原虫和卵形疟原虫有一部分子孢子侵入肝后，进

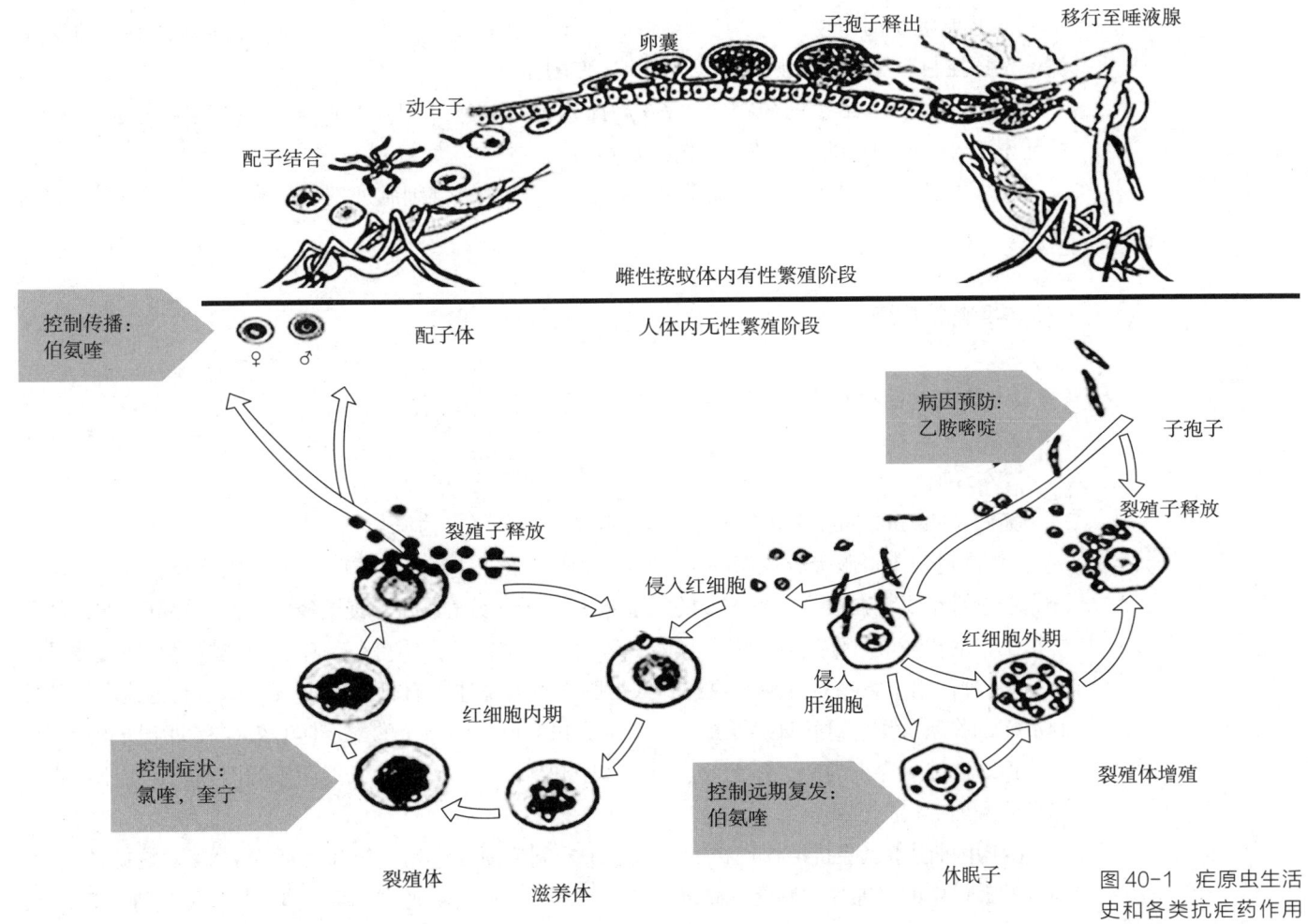

图 40-1　疟原虫生活史和各类抗疟药作用环节

入数月至年余的休眠期，称为休眠子，可再被激活，成为疟疾远期复发的根源。恶性疟原虫和三日疟原虫无休眠子，故不会复发。此期不发生症状，为疟疾的潜伏期，一般为 10~14 天。

2. 红细胞内期　红细胞外期的裂殖体破裂，释放大量裂殖子进入血流，侵入红细胞，经滋养体发育成裂殖体，并破坏红细胞，释放裂殖子、疟色素及其他代谢产物，刺激机体，引起寒战、高热、贫血及脾大等，即疟疾发作。释放出的裂殖子可再侵入其他正常红细胞，如此反复循环，可引起临床症状反复发作。完成一代红细胞内期裂体增殖的时间决定了临床发病的间隔时间：间日疟约 48 h，恶性疟 36~48 h，三日疟约 72 h。红细胞内的裂殖体繁殖 3~4 代后，其中部分裂殖子进入红细胞发育成雌性或雄性配子体。成熟配子体对人体不引起症状，但被雌性按蚊吸入则可进入有性繁殖阶段，成为疟疾流行传播的根源。

（二）雌性按蚊体内的有性繁殖阶段

雌性按蚊在刺吸疟原虫感染者血液时，雌、雄配子体随血液入蚊胃中能继续发育成雌、雄配子，两者结合成动合子。动合子穿过胃壁形成卵囊，在卵囊内部通过孢子增殖生成大量子孢子。卵囊破裂后子孢子释出，移行至唾液腺内，此时按蚊具有传染性。

二、抗疟药的分类

临床聚焦 40-1
抗疟药的合理应用

1. 控制症状的药物　代表药为氯喹、奎宁、甲氟喹及青蒿素等，均能杀灭红细胞内期裂殖体，发挥控制症状发作和预防性抑制疟疾发作的作用。

2. 控制复发和传播的药物　代表药为伯氨喹，能杀灭肝中休眠子，控制疟疾的远期复发。并能杀灭各种疟原虫的配子体，控制疟疾传播。

3. 病因性预防的药物　代表药为乙胺嘧啶，能杀灭红细胞外期的子孢子，发挥病因性预防作用。

三、常用的抗疟药

（一）控制症状的药物

氯　喹

氯喹（chloroquine）是人工合成的 4- 氨基喹啉类衍生物。

【体内过程】口服吸收快而完全，1~2 h 血药浓度达高峰，抗酸药可干扰其吸收。氯喹广泛分布于全身组织，在被疟原虫入侵的红细胞中药物浓度尤其高，缓慢释放入血，在肝代谢，从尿中排出，酸化尿液可促进其排泄。氯喹在体内消除缓慢，作用持久，后遗效应持续数周或数月。

【药理作用】氯喹对各种疟原虫的红细胞内期裂殖体均有较强的杀灭作用，能迅速有效地控制疟疾的临床发作。对间日疟原虫、三日疟原虫和卵形疟原虫的配子体有效，有助于防止疟疾传播，但对恶性疟原虫的配子体无效。对子孢子和休眠子均无效，不能用于病因预防，也不能根治间日疟和卵形疟。

【作用机制】氯喹抗疟作用机制复杂：①抑制疟原虫繁殖。氯喹可插入 DNA 双螺旋链之间，与双螺旋链中的鸟嘌呤、胞嘧啶碱基对结合，形成 DNA- 氯喹复合物，抑制 DNA 复制和 RNA 转录，并使 RNA 断裂，从而抑制疟原虫的分裂繁殖。②引起疟原虫溶解。红细胞内期裂殖体破坏红细胞后产生疟色素，其主要成分高铁原卟啉被认为是氯喹等抗疟药的高亲和性受体，与氯喹结合后，破坏疟原虫的细胞膜，促进疟原虫溶解。③碱化效应。氯喹在 pH 呈中性时不带电荷，能自由进入疟原虫的溶酶体。而进入溶酶体后，其酸性 pH 环境使氯喹发生质子化，不能再穿透出细胞膜，因而富集于疟原虫内，通过抑制疟原虫对血红蛋白的消化，减少疟原虫生存必需氨基酸的供应，从而抑制疟原虫的生长繁殖。

【临床应用】

1. 抗疟作用　氯喹是控制各型疟疾症状的首选药，具有起效快、疗效高的特点。通常用药后 24~48 h 内临床症状消退，48~72 h 血中疟原虫消失。氯喹也能预防性抑制疟疾症状发作，在进入疫区前 1 周和离开疫区后 4 周期间，每周服药一次即可。因对子孢子、休眠子和配子体均无效，故不能用于病因预防及控制远期复发和传播。

2. 抗肠道外阿米巴病作用　氯喹能杀灭阿米巴滋养体。由于其在肝中的浓度高，可用于治疗阿米巴肝脓肿。

3. 免疫抑制作用　大剂量氯喹能抑制免疫反应，用于类风湿关节炎、系统性红斑狼疮等免疫性疾病。

【不良反应及用药注意事项】氯喹用于症状性预防疟疾发作时，不良反应较少。当稍大剂量用于治疗疟疾急性发作时，可引起恶心、呕吐、头晕、目眩及荨麻疹等症状，停药后多可自行消失。大剂量应用时可导致视网膜病变，应定期进行眼科检查。大剂量或快速静脉给药时，可致低血压，甚至发生致死性心律失常。

奎 宁

奎宁（quinine）是从金鸡纳树皮中提取的一种生物碱，为奎尼丁的左旋体，是最早应用的抗疟药。

【药理作用】本药抗疟机制和氯喹相似，对各种疟原虫的红细胞内期裂殖体均有杀灭作用，能控制临床症状，但疗效不及氯喹。对红细胞外期疟原虫和恶性疟的配子体无明显作用。此外，奎宁还有减弱心肌收缩力、兴奋子宫平滑肌、轻度阻断神经肌肉接头和微弱的解热镇痛作用。

【临床应用】奎宁作用较弱而毒性较大，已不作为控制疟疾症状的首选药，主要用于对氯喹或其他药耐药的恶性疟。

【不良反应及用药注意事项】可引起金鸡纳反应，表现为恶心、头痛、耳鸣、视力和听力减退等，多为用药过量所致，停药一般能恢复。用药过量或静脉滴注速度过快时，可致低血压、心律失常、呼吸抑制和严重的中枢神经系统紊乱如谵妄和昏迷。因而，奎宁不能静脉推注，静脉滴注时应慢速，并应密切观察患者心脏和血压变化。可引起皮疹、哮喘、血管神经性水肿等过敏反应。个别特异质患者可致黑尿热。奎宁还能刺激胰岛 B 细胞，引起高胰岛素血症和低血糖。

甲 氟 喹

甲氟喹（mefloquine）是在奎宁的基础上，经结构改造人工合成的 4- 喹啉 - 甲醇衍生物。

【药理作用】甲氟喹对间日疟原虫和恶性疟原虫的红细胞内期裂殖体有杀灭作用。用于控制症状，起效较慢。其抗疟作用可能与抑制疟原虫血红素聚合酶有关，与游离的血红素形成有毒的复合物，损伤其细胞膜和干扰其他疟原虫成分。

【临床应用】主要用于耐氯喹或对多种药耐药的恶性疟。一些地区尤其是东南亚已出现耐甲氟喹的恶性疟原虫株。与磺胺甲氧嗪或乙胺嘧啶合用可增强疗效，延缓耐药性的发生。该药的 $t_{1/2}$ 较长（约30天），用于症状的抑制性预防，每2周用药一次。

【不良反应及用药注意事项】不良反应常见胃肠道反应，也可出现一过性眩晕、烦躁不安和失眠等中枢神经系统毒性，很少引起严重的神经精神系统的反应。孕妇、2岁以下幼儿和有神经病史者禁用。

青 蒿 素

青蒿素（artemisinin）是从中药黄花蒿和大头黄花蒿中提取的一种倍半萜内酯过氧化物，是我国屠呦呦等科技工作者根据《肘后备急方·治寒热诸疟方》中"青蒿截疟"的记载而发掘出的一种新型抗疟药。由于对耐药疟原虫有效，受到国内外广泛重视。

【药理作用】青蒿素能快速有效地杀灭各种红细胞内期疟原虫，对红细胞外期疟原虫无效。该药较其他抗疟药起效快，可能是作用于疟原虫红细胞内期裂殖体增殖中的环形体和早期滋养体。青蒿素抗疟作用机制尚未完全阐明，可能是血红素或 Fe^{2+} 催化青蒿素，使其结构中的过氧化基团环分裂产生自由基，破坏疟原虫表膜和线粒体结构，导致疟原虫死亡。

【临床应用】主要用于治疗耐氯喹或多药耐药的恶性疟。因可透过血脑屏障，对脑型疟的抢救有较好效果。

【不良反应及用药注意事项】不良反应少见，有胃肠道反应，偶见一过性心脏传导阻滞、白细胞减少和短暂的发热。青蒿素治疗疟疾有一定的复发率，可与伯氨喹合用。青蒿素与其他抗疟药之间存在相互作用，与奎宁合用抗疟作用相加，与甲氟喹合用为协同作用，与氯喹或乙胺嘧啶合用则表现为拮抗作用。因大剂量可出现胚胎毒性作用，孕妇慎用。

蒿甲醚和青蒿琥酯

蒿甲醚（artemether）是青蒿素的脂溶性衍生物，可制成油针剂注射给药。而青蒿琥酯（artesunate）是青蒿素的水溶性衍生物，可经口、静脉、肌内、直肠等多种途径给药。两药抗疟作用机制同青蒿素，抗疟效果强于青蒿素，可用于耐氯喹的恶性疟的治疗及危急病例的抢救。

（二）控制复发和传播的药物

伯 氨 喹

伯氨喹（primaquine）是人工合成的8-氨基喹啉类衍生物。

【药理作用】伯氨喹对间日疟和卵形疟肝中的休眠子有较强的杀灭作用，防治疟疾远期复发。能杀灭各种疟原虫的配子体，阻止疟疾传播。对红细胞内期的疟原虫无效，因此不能用于控制症状。

【作用机制】伯氨喹抗疟原虫作用的机制可能是其损伤线粒体及代谢产物6-羟衍生物促进氧自由基生成或阻碍疟原虫电子传递而发挥作用。

【临床应用】伯氨喹是防治疟疾远期复发的主要药物。与红细胞内期抗疟药合用，能根治良性疟，减少耐药性的产生。

【不良反应及用药注意事项】治疗量可导致头晕、恶心、呕吐、发绀和腹痛等，停药可恢复。少数特异质患者可发生急性溶血性贫血和高铁血红蛋白血症。

（三）病因性预防的药物

乙 胺 嘧 啶

乙胺嘧啶（pyrimethamine）是人工合成的非喹啉类抗疟药。

【体内过程】口服吸收缓慢但完全，4~6 h 血药浓度达峰值，主要分布于肾、肺、肝、脾等器官。消除缓慢，$t_{1/2}$ 为 80~95 h，服药一次有效血药浓度可维持约 2 周。乙胺嘧啶能通过胎盘，代谢物从尿排泄，原药可经乳汁分泌。

【药理作用】抑制疟原虫的增殖，对已发育成熟的裂殖体则无效。乙胺嘧啶不能直接杀灭配子体，但含药血液随配子体被雌性按蚊吸食后，能阻止疟原虫在蚊体内的有性繁殖，起阻断传播的作用。

【作用机制】乙胺嘧啶为二氢叶酸还原酶抑制药，阻止二氢叶酸转变为四氢叶酸，阻碍核酸的合成，并且对疟原虫酶的亲和力远大于对人体的酶，从而抑制疟原虫的增殖。

【临床应用】因不能迅速控制症状，常需在用药后第二个无性增殖期才能发挥作用，故控制临床症状起效缓慢，常用于病因性预防。作用持久，1 周服药一次。乙胺嘧啶一般不单独使用，常与磺胺类或砜类药物合用，两者分别在叶酸代谢的两个重要环节上起双重阻滞作用。

【不良反应及用药注意事项】长期大剂量服用可能干扰人体叶酸代谢，引起巨幼细胞贫血、粒细胞减少，及时停药或用甲酰四氢叶酸治疗可恢复。乙胺嘧啶过量引起急性中毒，表现为恶心、呕吐、发热、发绀、惊厥，甚至死亡。严重肝肾功能损伤患者应慎用，孕妇禁用。

第二节 抗阿米巴药及抗滴虫药

一、抗阿米巴药

阿米巴病是由溶组织内阿米巴感染所致。溶组织内阿米巴有两种形态：包囊和滋养体。滋养体为致病因子，根据感染部位的不同可分为肠内和肠外阿米巴感染。可侵入肠壁引起痢疾样症状，也可随肠壁血液或淋巴迁移至肠外组织（如肝、脑、肺等）引起肠外阿米巴病，表现为各器官的脓肿，以阿米巴肝脓肿最常见；包囊是其传播的根源，在宿主环境不适应时，滋养体转变为包囊，随粪便排出体外。目前抗阿米巴药按疗效可分三类：对肠内、外阿米巴均有效的药物，如甲硝唑、依米丁；仅对肠内阿米巴有效的药物，如二氯尼特；仅对肠外阿米巴有效的药物，如氯喹。

甲 硝 唑

甲硝唑（metronidazole）为人工合成的 5-硝基咪唑类化合物。

【体内过程】口服吸收迅速，血药浓度达峰时间为 1~3 h，生物利用度 95% 以上，血浆蛋白结合率约为 20%，$t_{1/2}$ 为 8~10 h。分布广，渗入全身组织和体液，可通过胎盘和血脑屏障，脑脊液中药物也可达有效浓度。主要在肝代谢，代谢产物与原型药主要经肾排泄，亦可经乳汁、唾液及阴道分泌液排出。

【药理作用】

1. 抗阿米巴作用　甲硝唑对肠壁及肠外组织的阿米巴大滋养体有强大杀灭作用，但对肠腔内阿米巴小滋养体和包囊无效。

2. 抗滴虫作用　口服后可分布于阴道分泌物、精液和尿液中，对阴道毛滴虫有直接杀灭作用，而对阴道内的正常菌群无影响。

3. 抗厌氧菌作用　甲硝唑对 G^+ 或 G^- 厌氧杆菌和球菌都有较强的抗菌作用，对脆弱拟杆菌感染尤为敏感。

4. 抗贾第鞭毛虫作用。

【临床应用】

1. 治疗阿米巴疾病　治疗急性阿米巴痢疾和肠道外阿米巴感染效果显著。无根治作用，单用复发率高，需再用肠内抗阿米巴药继续治疗。

2. 治疗滴虫病　甲硝唑是治疗阴道毛滴虫感染的首选药物，对男、女感染患者均有良好的疗效。

3. 防治厌氧菌感染　常用于厌氧菌引起的产后盆腔炎、败血症和骨髓炎等的治疗，也可与其他抗菌药合用，防治厌氧菌所致的女性生殖系统、胃肠、口腔等感染（见第三十六章）。

4. 治疗贾第鞭毛虫病　甲硝唑是治疗贾第鞭毛虫病的最有效药物，治愈率达 90%。

【不良反应及用药注意事项】治疗量的甲硝唑不良反应很少而轻，口服有苦味、金属味感。有报道患者出现轻微的胃肠道反应和头昏、眩晕、肢体感觉异常等神经系统症状。甲硝唑干扰乙醛代谢，如服药期间饮酒可导致急性乙醛中毒，出现恶心、呕吐、腹痛、腹泻和头痛等症状，因此服药期间和停药后不久，应严格禁止饮酒。孕妇禁用。

依米丁和去氢依米丁

依米丁（emetine，吐根碱）是从茜草科吐根属植物中提取的异喹啉生物碱，去氢依米丁（dehydroemetine）为其衍生物，两者药理作用相似，后者毒性略低。

【药理作用】两种药物对溶组织内阿米巴滋养体均有直接杀灭作用，对滋养体作用强，对包囊作用差。抑制核糖体肽酰基 tRNA 的移位反应，抑制肽链的延伸，阻碍蛋白质合成，从而干扰滋养体的分裂与繁殖。

【临床应用】主要用于治疗急性阿米巴痢疾与阿米巴肝脓肿，能迅速控制临床症状。因毒性大，仅限于甲硝唑治疗无效或禁用者。对肠腔内阿米巴滋养体和包囊无效，不适用于症状轻微的慢性阿米巴痢疾及无症状的阿米巴包囊携带者。

【不良反应及用药注意事项】本药选择性低，能抑制真核细胞蛋白质的合成，易蓄积中毒。不良反应有：①心脏毒性，常表现为心前区疼痛、心动过速、低血压、心律失常，甚至心力衰竭，心电图改变表现为 T 波低平或倒置，Q-T 间期延长，易致急性心肌炎而引起死亡。②神经肌肉阻断作用。③注射部位可出现肌痛、硬结或坏死等。④恶心、呕吐、腹泻等胃肠道反应。孕妇、儿童和有心、肝、肾疾病者禁用。

二 氯 尼 特

二氯尼特（diloxanide）为二氯乙酰胺类衍生物，通常用其糠酸酯（diloxanide furoate）。口服吸收迅速，1 h 血药浓度达峰值，分布全身。二氯尼特为目前最有效的杀包囊药，单用对无症状的包囊携带者有良好效果，但对急性阿米巴痢疾疗效差，对肠外阿米巴无效。用甲硝唑控制症状后，再联合应用本品可肃清肠腔内包囊，有效防止复发。不良反应轻，偶有恶心、呕吐和皮疹等症状。大剂量时可导致流产。

<h3 style="text-align:center">氯 喹</h3>

氯喹（chloroquine）为抗疟药，对阿米巴滋养体也有杀灭作用。口服吸收迅速、完全，肝中药物浓度比血浆药物浓度高数百倍，而肠壁的分布量很少。对肠内阿米巴病无效，仅用于甲硝唑无效或禁忌的阿米巴肝炎或肝脓肿，应与肠内抗阿米巴药合用，以防止复发。

二、抗滴虫药

抗滴虫药用于治疗阴道毛滴虫所引起的阴道炎、尿道炎和前列腺炎。目前治疗的主要药物为甲硝唑（metronidazole，灭滴灵），但耐甲硝唑虫株正在增多。替硝唑也是高效低毒的抗滴虫药。遇耐甲硝唑滴虫感染时，可考虑改用乙酰胂胺（acetarsol），该药为五价砷剂，局部给药可直接杀灭滴虫。有轻度局部刺激作用，可使阴道分泌物增多。阴道毛滴虫可通过性接触直接传播和使用公共浴厕等间接传播，故应夫妇同时治疗，并注意个人卫生与经期卫生，勤换洗内裤，以求根治。

第三节 抗血吸虫药

寄生于人体的血吸虫有日本血吸虫、曼氏血吸虫、埃及血吸虫等，在我国流行的是日本血吸虫病。血吸虫生活史较复杂，成虫寄生于人体门静脉血管内，虫卵随患者粪便排出体外，在水中孵出毛蚴，后者侵入钉螺体内进一步发育，最后形成尾蚴入水，人皮肤接触含尾蚴的疫水而感染。尾蚴侵入人体皮肤血管，随血流到达肝门静脉，发育为成虫并产卵，从而完成一个生活周期。

深入学习 40-1
血吸虫病的发病机制和临床表现

<h3 style="text-align:center">吡 喹 酮</h3>

吡喹酮（praziquantel，环吡异喹酮）是人工合成的吡嗪异喹啉衍生物。

【药理作用】吡喹酮是高效、广谱的抗血吸虫和抗绦虫药。对日本血吸虫、埃及血吸虫、曼氏血吸虫单一感染或混合感染均有良好疗效。对血吸虫成虫有迅速而强效的杀灭作用，对幼虫作用较弱。对其他吸虫如华支睾吸虫、姜片吸虫、卫氏并殖吸虫有显著杀灭作用，对各种绦虫感染和其幼虫引起的猪囊尾蚴病（又称囊虫病）、棘球蚴病（又称包虫病）也有不同程度的疗效。

【作用机制】吡喹酮损伤虫体表膜可引起一系列生化改变，如降低谷胱甘肽 S- 转移酶、碱性磷酸酶的活性，抑制葡萄糖的摄取、转运，增加表膜对某些阳离子，尤其是 Ca^{2+} 的通透性等。吡喹酮达到有效浓度时，可引起虫体痉挛性麻痹，失去吸附能力，导致虫体脱离宿主组织。在较高治疗浓度时，可引起虫体表膜损伤，暴露隐藏的抗原，在宿主防御机制参与下，导致虫体破坏、死亡。吡喹酮的作用有高度选择性，对哺乳动物细胞膜则无上述作用。

【临床应用】吡喹酮具有安全、有效、使用方便的特点，是治疗各型血吸虫病的首选药物，适用于急性、慢性、晚期及有并发症的血吸虫病患者。也可用于华支睾吸虫病（又称肝吸虫病）、布氏姜片虫病（又称肠吸虫病）、卫氏并殖吸虫病（又称肺吸虫病）及绦虫病等。

【不良反应及用药注意事项】不良反应少。偶见腹部不适、腹痛、腹泻，头痛、眩晕、嗜睡、心悸等。此外，有发热、瘙痒、荨麻疹、关节痛、肌痛等不良反应，可能与虫体杀死后释放异体蛋白有关。孕妇禁用。

第四节　抗丝虫药

寄生于人体的丝虫有 8 种，我国仅有班氏丝虫和马来丝虫两种。丝虫病是由丝虫寄生于人体淋巴系统引起的一系列病变，早期主要表现为淋巴管炎和淋巴结炎，晚期出现淋巴管阻塞所致的症状。

乙　胺　嗪

乙胺嗪（diethylcarbamazine，海群生）是目前治疗丝虫病的首选药物。

【体内过程】口服吸收迅速，均匀分布于各组织，大部分在体内氧化失活，原型药及代谢物主要经肾排泄。酸化尿液促进其排泄，碱化尿液减慢其排泄，增高血浆浓度并延长 $t_{1/2}$，因此在肾功能不全或碱化尿液时需要减少用量。

【药理作用】乙胺嗪对班氏丝虫和马来丝虫均有杀灭作用，且对马来丝虫的作用优于班氏丝虫，对微丝蚴的作用胜于成虫。

【作用机制】乙胺嗪分子中的哌嗪基团可使微丝蚴的肌组织超极化产生弛缓性麻痹而从寄生部位脱离，迅速"肝移"，并易被网状内皮系统捕获。也可破坏微丝蚴表膜的完整性，暴露抗原，使其易遭宿主防御机制的破坏。在体外，乙胺嗪对两种丝虫的微丝蚴和成虫并无直接杀灭作用，表明其杀虫作用依赖宿主防御机制的参与。

【不良反应及用药注意事项】药物本身引起的不良反应轻微，常见厌食、恶心、呕吐等胃肠道功能紊乱症状，通常在几天内均可消失。成虫和微丝蚴死亡后释出大量异体蛋白，可引起过敏反应，表现为皮肤瘙痒、皮疹、血管神经性水肿、畏寒、发热、支气管痉挛等，一般在治疗第一天开始出现，持续 3~7 天。

第五节　抗蠕虫药

肠蠕虫病是最常见的寄生虫病，不仅可引起消化功能紊乱，还可引起严重的并发症，如胆道蛔虫病或蛔虫性肠梗阻等。在肠道寄生的蠕虫有线虫、绦虫和吸虫，在我国肠蠕虫病以线虫（如蛔虫、蛲虫、钩虫、鞭虫）感染最为普遍。

甲　苯　咪　唑

甲苯咪唑（mebendazole）为苯并咪唑类衍生物。

【作用机制】甲苯咪唑影响虫体多种生化代谢途径，与虫体微管蛋白结合抑制微管聚集，从而抑制分泌颗粒转运和其他亚细胞器运动，抑制虫体对葡萄糖的摄取，导致糖原耗竭，抑制虫体线粒体延胡索酸还原酶系统，减少 ATP 生成，干扰虫体生存及繁殖而死亡。

【临床应用】甲苯咪唑是广谱驱肠虫药，对蛔虫、钩虫、蛲虫、鞭虫、绦虫和粪类圆线虫等肠道蠕虫均有效。还对蛔虫卵、钩虫卵、鞭虫卵及幼虫有杀灭和抑制发育作用，用于治疗上述肠蠕虫单独感染或混合感染。

【不良反应及用药注意事项】不良反应少。少数病例可见短暂的腹痛和腹泻。大剂量偶见转氨酶升高、粒细胞减少、血尿及脱发等。孕妇和 2 岁以下儿童及肝肾功能不全者禁用。

阿 苯 达 唑

阿苯达唑（albendazole，丙硫咪唑）为甲苯咪唑的同类物，具有广谱、高效、低毒的特点。能杀灭多种肠道线虫、绦虫和吸虫的成虫及虫卵，用于多种线虫混合感染，疗效优于甲苯咪唑。该药也可用于治疗棘球蚴病与猪囊尾蚴病，对肝片吸虫病及卫氏并殖吸虫病也有良好疗效。本药短期治疗不良反应较少，偶有腹痛、腹泻、恶心、头痛、头晕等。少数患者可出现血清转氨酶升高，停药后可恢复正常。孕妇和 2 岁以下儿童及肝肾功能不全者禁用。

哌　　嗪

哌嗪（piperazine）为常用驱蛔虫药，临床上常用其枸橼酸盐，又称驱蛔灵。对蛔虫、蛲虫具有较强的驱虫作用。其作用机制主要是通过改变虫体肌细胞膜对离子的通透性，引起膜超极化，阻断神经肌肉接头处传递，导致虫体弛缓性麻痹，虫体随粪便排出体外。也能抑制琥珀酸合成，干扰虫体糖代谢，使肌肉收缩的能量供应受阻。对虫体无刺激性，可减少虫体游走移行，用于驱除肠道蛔虫，治疗蛔虫所致的不完全性肠梗阻和早期胆道蛔虫病。治疗蛔虫病连续用药 2 天，治愈率可达 90%。治疗蛲虫病则需连续用药 7~10 天。本药不良反应轻，尤其适合儿童使用。大剂量时可出现恶心、呕吐、腹泻、上腹部不适，甚至可见神经症状如嗜睡、眩晕、眼球震颤、共济失调、肌肉痉挛等。孕妇禁用，肝肾功能不全和神经系统疾病患者禁用。

左 旋 咪 唑

左旋咪唑（levamisole，驱钩蛔）为四咪唑的左旋体。对多种线虫有杀灭作用，其中驱蛔作用强，且起效快。左旋咪唑的抗虫机制为抑制虫体琥珀酸脱氢酶活性，阻止延胡索酸还原为琥珀酸，减少能量生成，使虫体肌肉麻痹，失去附着能力而排出体外。用于治疗蛔虫、钩虫、蛲虫感染，对丝虫病和猪囊尾蚴病也有一定疗效。本药不良反应多为暂时性，治疗剂量偶有恶心、呕吐、腹痛、头晕等。大剂量或多次用药时，个别病例出现粒细胞减少、肝功能减退等。妊娠早期、肝肾功能不全者禁用。肝炎活动期者禁用。

噻 嘧 啶

噻嘧啶（pyrantel）为广谱抗蠕虫药，对蛔虫、蛲虫和钩虫感染均有较好疗效，对鞭虫无效。噻嘧啶抑制虫体 AChE，使神经肌肉接头处 ACh 堆积，神经肌肉兴奋性增强，肌张力增高，随后虫体痉挛性麻痹，不能附壁而排出体外。用于蛔虫、钩虫、蛲虫单独或混合感染，常与另一种抗蠕虫药奥克太尔（oxantel）合用以增强疗效。本药治疗剂量偶有发热、头痛、皮疹和腹部不适等不良反应。少数患者出现血清转氨酶升高，故肝功能不全者禁用。孕妇及 2 岁以下儿童禁用。因与哌嗪有拮抗作用，不宜合用。

氯 硝 柳 胺

氯硝柳胺（niclosamide，灭绦灵）对多种绦虫成虫有杀灭作用。抗虫机制为抑制虫体细胞内线粒体氧化磷酸化过程，使能量物质 ATP 生成减少，妨碍虫体生长发育。药物与虫体接触后，杀死虫体头节和近端节片，虫体脱离肠壁，随肠蠕动排出体外。对虫卵无效，死亡节片易被肠腔内蛋白酶消化分解，释放出虫卵，有致猪囊尾蚴病的危险。不良反应少，仅见胃肠不适、腹痛、头晕、乏力或皮肤瘙痒等症状。

吡 喹 酮

吡喹酮（praziquantel）是治疗各种绦虫病的首选药，治愈率可达 90% 以上。治疗猪囊尾蚴病有效率为 82% ~ 98%。治疗脑型猪囊尾蚴病时，可因虫体死亡后的炎症反应引起脑水肿、颅内压增高，宜同时使用脱水药和糖皮质激素以防意外。其他不良反应见本章第三节。

（陈和平）

思考题

1. 治疗各型血吸虫病应首选何药？各自有何优点？
2. 试述抗疟药的分类及其代表药物。
3. 设计根治间日疟的治疗方案，并说明用药理由。

网上更多……

👤 学习目标　　👥 本章小结　　📝 自测题　　⬇ 教学 PPT　　🖥 参考资源

第四十一章
抗肿瘤药

关键词

抗肿瘤药	烷化剂	抗代谢药	甲氨蝶呤
氟尿嘧啶	巯嘌呤	羟基脲	阿糖胞苷
环磷酰胺	博来霉素	顺铂	喜树碱
放线菌素 D	依托泊苷	柔红霉素	多柔比星
长春碱	紫杉醇	三尖杉生物碱	门冬酰胺酶

恶性肿瘤（malignant tumor）常被称为癌症（cancer），是严重威胁人类健康的常见病、多发病，已经成为造成人类死亡的第一或第二位原因。每年全世界约有 700 万人死于癌症，约占总死亡人数的四分之一。治疗恶性肿瘤的方法，除了经典的外科手术治疗、化学药物治疗（化疗）、放射线治疗（放疗）外，还有新发展的治疗方法如免疫治疗、生物治疗、基因治疗等。根据恶性肿瘤病情的不同发展阶段，综合应用几种治疗手段可显著提高治疗效果和改善患者生活质量。目前化疗在肿瘤的综合治疗中仍占有重要地位，部分恶性肿瘤通过化疗可以治愈，但化疗药在杀伤肿瘤细胞的同时也会使机体产生不良反应及肿瘤对抗肿瘤药产生耐药性。本章主要介绍常用的抗肿瘤药及其合理应用原则。

思维导图

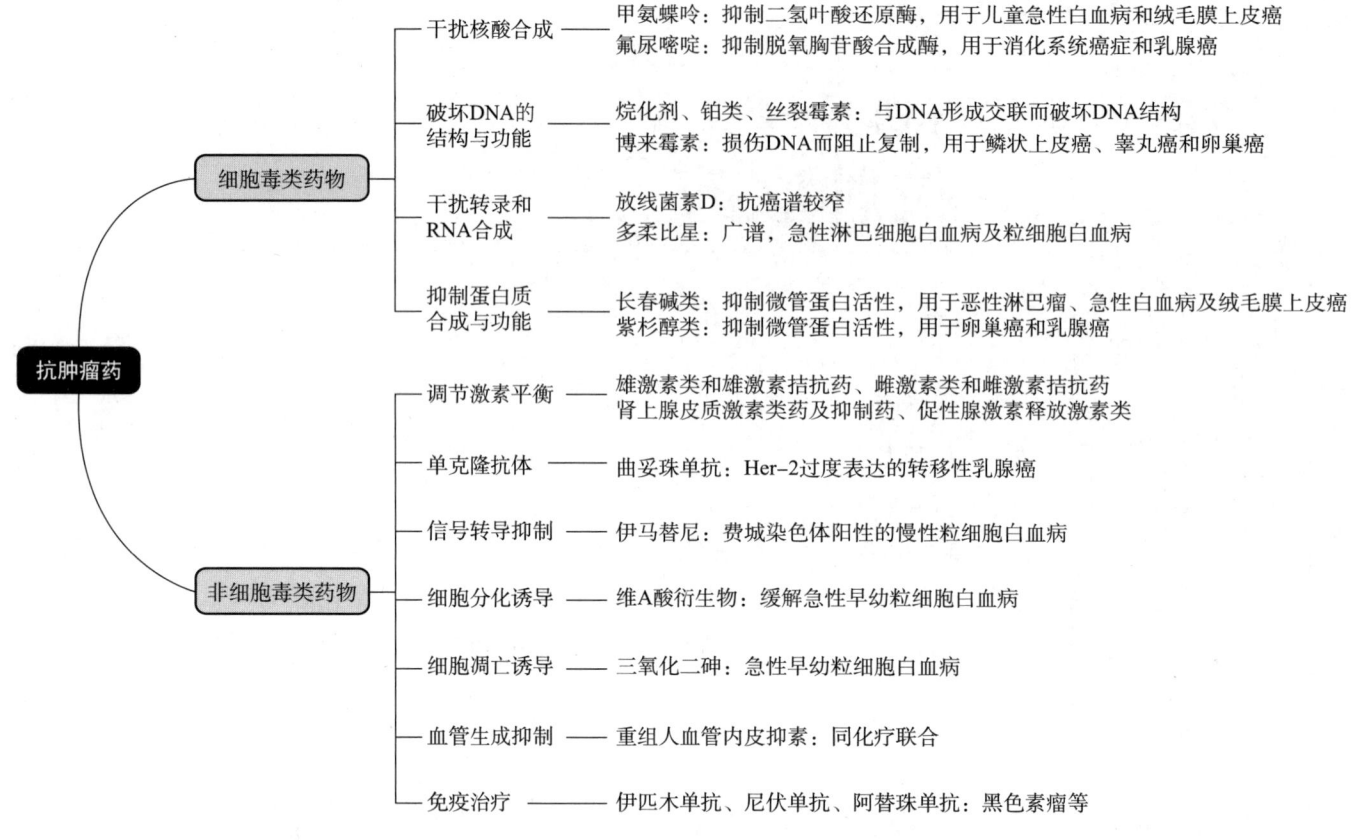

第一节　抗肿瘤药的分类及作用机制

一、抗肿瘤药的分类

目前常用的抗肿瘤药较多，尚无统一的分类方法，主要有以下 4 种。

（一）根据药物化学结构和来源
1. 抗代谢药　甲氨蝶呤、巯嘌呤、氟尿嘧啶、阿糖胞苷等。
2. 烷化剂　氮芥、环磷酰胺、白消安等。
3. 抗肿瘤抗生素　放线菌素 D、丝裂霉素、柔红霉素、博来霉素等。
4. 植物药　长春碱类、喜树碱、紫杉醇、三尖杉生物碱等。
5. 铂类　顺铂、卡铂、奥沙利铂、洛铂等。
6. 其他类　维 A 酸、门冬酰胺酶、三氧化二砷等。

（二）根据抗肿瘤作用的生化机制
1. 干扰核酸合成的药物　甲氨蝶呤、氟尿嘧啶、巯嘌呤、阿糖胞苷、羟基脲等。
2. 破坏 DNA 结构与功能的药物　环磷酰胺、白消安、铂类、博来霉素、丝裂霉素、喜树碱、依托泊苷等。
3. 干扰转录过程和阻止 RNA 合成的药物　放线菌素 D、柔红霉素等。
4. 抑制蛋白质合成与功能的药物　门冬酰胺酶、三尖杉酯碱、长春碱、紫杉醇等。

（三）根据药物作用的细胞周期
1. 细胞周期　细胞从一次分裂结束到下一次分裂结束的时间称为细胞周期。肿瘤细胞群包括增殖细胞群和非增殖细胞群（图 41-1）。
（1）增殖细胞群：是指可不断按指数分裂增殖的细胞。肿瘤细胞增殖细胞群中细胞的生长周期分为 4 个时相：G_1 期（DNA 合成前期）、S 期（DNA 合成期）、G_2 期（DNA 合成后期）和 M 期（有丝分裂期）。增殖细胞群中的细胞能按照指数分裂增殖，导致肿瘤增长。增殖细胞群的细胞占全部肿瘤细胞群的比率称为生长比率（growth fraction, GF）。GF 接近 1 提示肿瘤增长迅速，对药物一般较敏感，如绒毛膜癌、急性白血病、淋巴瘤

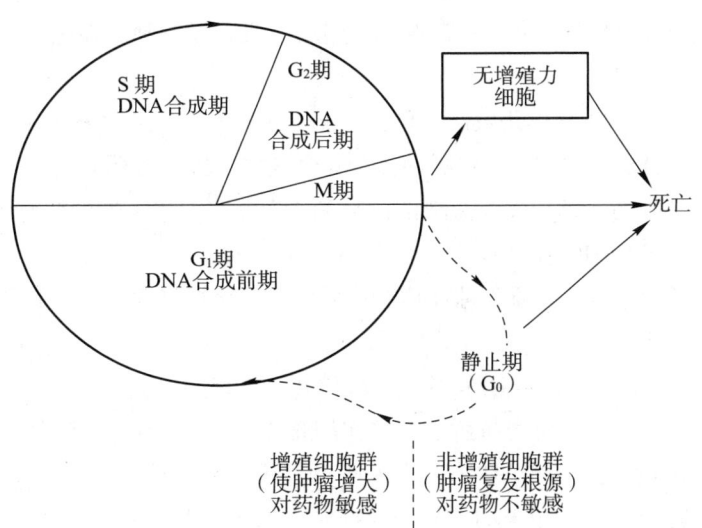

图 41-1　细胞增殖周期

等；GF 值较小（＜0.5）提示肿瘤增长缓慢，对药物一般不敏感，如非小细胞肺癌、胃肠道肿瘤、头颈癌等实体瘤。

（2）非增殖细胞群：①静止（G_0）期细胞，指暂不增殖的后备细胞。一般不分裂，当生长周期中细胞被药物杀灭后，G_0 期细胞即进入细胞生长周期中而具有广泛的增殖能力。肿瘤的 G_0 期细胞是肿瘤复发的根源，且 G_0 期细胞对药物不敏感。②终末细胞：指无增殖力或已分化细胞及死亡细胞。在肿瘤中这部分细胞很少。

2. 抗肿瘤药按照作用的细胞周期分类

（1）细胞周期非特异性药物（cell cycle non-specific agents，CCNSA）：指能杀灭增殖细胞群中的各期细胞甚至包括 G_0 期细胞的药物。如烷化剂（氮芥、环磷酰胺）、抗癌抗生素（丝裂霉素、放线菌素 D、柔红霉素、多柔比星、博来霉素）和铂类药物。此类药物多可直接破坏 DNA 结构及影响 DNA 复制或转录，杀死肿瘤细胞的作用较强。

（2）细胞周期特异性药物（cell cycle specific agents，CCSA）：指仅对增殖周期中的某些时相有较强作用的药物。其中，作用于 S 期的药物包括羟基脲、阿糖胞苷、甲氨蝶呤等抗代谢药，作用于 M 期的药物包括长春新碱、长春碱，作用于 G_2 期和 M 期的药物如紫杉醇。此类药物对肿瘤细胞的作用一般较弱，增加剂量到一定程度后，作用亦不再增强。

（四）根据药物作用的方式

1. 细胞毒类药物　指传统的化疗药，主要通过影响肿瘤细胞的核酸和蛋白质结构与功能，直接抑制肿瘤细胞增殖和（或）诱导肿瘤细胞凋亡（apoptosis）的药物，如抗代谢药和抗微管蛋白药等。

2. 非细胞毒类药物　指通过新的作用机制抗肿瘤的药物，如调节体内激素平衡的药物（雌激素、雄激素、糖皮质激素等）、单克隆抗体及信号转导抑制剂（伊马替尼、吉非替尼）等。

二、抗肿瘤药的作用机制

（一）细胞毒类抗肿瘤药的作用机制

1. 细胞生物学机制　绝大多数肿瘤细胞都具有一个共同特点，即肿瘤细胞表现出无限增殖状态，这与细胞增殖相关基因被开启或激活，而细胞分化相关基因被关闭或抑制有关。因此，诱导肿瘤细胞分化、抑制肿瘤细胞增殖或者促进肿瘤细胞死亡即成为抗肿瘤药发挥作用的细胞生物学靶点。

动画 41-1
细胞毒类抗肿瘤药的
作用机制

2. 生化作用机制　包括：①干扰核酸合成：核酸（DNA、RNA）的基本结构单位是核苷酸，其合成需嘧啶、嘌呤类前体及其合成物。抗肿瘤药通过阻止叶酸辅酶、嘌呤类核苷酸和嘧啶类核苷酸的形成，以及抑制核苷酸聚合等方式干扰核酸的合成。②破坏 DNA 结构与功能。③干扰转录过程和阻止 RNA 合成。④抑制蛋白质合成与功能：抗肿瘤药通过抑制微管蛋白活性、影响纺锤丝形成、干扰核糖体功能及影响氨基酸供应等方式抑制肿瘤细胞的蛋白质合成与功能。

（二）非细胞毒类抗肿瘤药的作用机制

非细胞毒类抗肿瘤药的作用靶点主要为肿瘤发病过程中的关键基因和调控分子。其作用方式包括：①调节体内激素平衡；②针对细胞膜分化抗原的单克隆抗体；③以恶性肿瘤细胞信号转导分子为靶点的信号转导抑制，如蛋白酪氨酸激酶抑制剂、MAPK 信号转导通路抑制剂和细胞周期调控剂；④诱导肿瘤细胞分化，促进恶性肿瘤细胞向成熟分化；⑤诱导肿瘤细胞凋亡；⑥抑制肿瘤新生血管生成；⑦抗肿瘤侵袭及转移，减少癌细胞脱落、黏附和基膜降解；⑧逆转肿瘤的耐药性；⑨其他，如肿瘤放疗、化疗增敏剂、基因治疗药物等。

第二节　常用的抗肿瘤药

一、细胞毒类抗肿瘤药

（一）干扰核酸合成的药物

本类药物与核酸正常代谢所需物质如叶酸、嘌呤、嘧啶等化学结构类似，因此能与核酸代谢相关物质发生竞争，从而干扰核酸，尤其是 DNA 的生物合成，阻止肿瘤细胞的分裂和增殖，因此本类药物又称为抗代谢药。本类药物是细胞周期特异性药物，主要作用在 S 期，根据药物作用的靶点不同可进一步分为：二氢叶酸还原酶抑制药、胸苷酸合成酶抑制药、嘌呤核苷酸互变抑制药、核苷酸还原酶抑制药和 DNA 聚合酶抑制药。

1. 二氢叶酸还原酶抑制药

甲 氨 蝶 呤

甲氨蝶呤（methotrexate，MTX）的化学结构与叶酸相似，可竞争性抑制二氢叶酸还原酶，且与二氢叶酸还原酶的结合力远高于叶酸，因此作用较强而持久。本药与二氢叶酸还原酶结合后，使二氢叶酸（FH_2）不能还原成四氢叶酸（FH_4），造成四氢叶酸生成不足、脱氧胸苷酸（dTMP）合成受阻，从而影响 DNA 的合成。另外，由于嘌呤环上第 2 和第 8 位碳由四氢叶酸携带的一碳基团供给，因此 MTX 还可抑制嘌呤核苷酸的生物合成，而干扰 RNA 和蛋白质的合成。MTX 可口服或注射给药。血浆蛋白结合率约 50%，不易通过血脑屏障，主要以原型经肾排出，少量可经胆管从粪便排出。MTX 主要用于儿童急性白血病和绒毛膜癌，也用于乳腺癌、膀胱癌、睾丸癌、头颈部肿瘤等。不良反应主要为骨髓抑制和消化道毒性，前者表现为白细胞、血小板减少，严重者可有全血细胞下降，后者表现为口腔炎、胃炎、腹泻、便血等。其他有脱发、皮炎、流产、畸胎等。长期大剂量用药可引起肝、肾功能损害。为减轻 MTX 的骨髓毒性，临床上常先用大剂量 MTX，经过一定时间后再用亚叶酸钙作为救援剂，以保护正常的骨髓细胞、减少毒性。

2. 胸苷酸合成酶抑制药

氟 尿 嘧 啶

氟尿嘧啶（fluorouracil，5-FU）在细胞内转变为 5- 氟尿嘧啶脱氧核苷酸（5F-dUMP），后者抑制脱氧胸苷酸合成酶，阻止脱氧尿苷酸（dUMP）甲基化转变为脱氧胸苷酸（dTMP），从而影响 DNA 的生物合成。另外，5-FU 在体内还可转化为 5- 氟尿嘧啶核苷（5-FUR），以伪代谢物形式掺入 RNA 中干扰蛋白质合成，故对其他各期细胞也有作用。本药口服吸收不规则，生物利用度低，因此采用静脉给药。$t_{1/2}$ 为 10～20 min。单次静脉注射后约 10% 由尿中排出，大部分以 CO_2 形式经呼气排出。5-FU 对多种肿瘤有效，特别是对消化系统癌症（如食管癌、胃癌、肠癌、肝癌等）和乳腺癌疗效较好。对卵巢癌、宫颈癌、绒毛膜癌、恶性葡萄胎、膀胱癌等也有效。不良反应主要为食欲不振、恶心、口腔炎、腹泻等胃肠道毒性和白细胞、血小板减少等骨髓毒性。如患者出现出血性腹泻需立即停药。还可引起脱发、皮肤色素沉着等。

3. 嘌呤核苷酸互变抑制药

巯 嘌 呤

巯嘌呤（mercaptopurine，6- 巯基嘌呤，6-MP）在体内先经过次黄嘌呤鸟苷酸转移酶作用转变为 6- 硫代肌苷酸，抑制肌苷酸转变为腺苷酸和鸟苷酸，干扰嘌呤代谢，进而阻碍 DNA 的合成，对 S 期细胞作用最显著。另外，也可影响 RNA 转录。本药用于治疗急性淋巴细胞白血病，但起效较慢，多作为维持治疗药物使用。大剂量对绒毛膜癌、恶性葡萄胎亦有较好疗效。不良反应主要为骨髓抑制。亦有轻度厌食、恶心或呕吐等胃肠道反应，胃炎和腹泻罕见。

4. 核苷酸还原酶抑制药

羟 基 脲

羟基脲（hydroxycarbamide，hydroxyurea，HU）能抑制核糖核苷酸还原酶（ribonucleotide reductase），阻止胞苷酸脱氧转变为脱氧胞苷酸，从而抑制 DNA 的合成。本药能选择性杀伤 S 期细胞，还可促使肿瘤细胞同步化，集中于 G_1 期，因此可用作同步化药物，然后应用对 G_1 期敏感的放疗或化疗药（如放线菌素 D）以提高疗效。羟基脲口服吸收迅速，且易穿透血脑屏障。主要用于慢性粒细胞白血病和黑色素瘤。对慢性粒细胞白血病疗效好，不亚于白消安；对黑色素瘤可暂时缓解。对头颈部癌、肺癌、宫颈癌有一定疗效，还可用作同步化药物配合放疗。主要的不良反应是骨髓抑制。大剂量可引起恶心、呕吐、腹泻等消化道反应。皮疹、黏膜炎等少见，偶见肾功能不良。可致畸胎，孕妇禁用。

5. DNA 聚合酶抑制药

阿 糖 胞 苷

阿糖胞苷（cytarabine，Ara-C）在体内经脱氧胞苷激酶催化作用先转变为胞苷二磷酸或胞苷三磷酸（Ara-CDP 或 Ara-CTP），抑制 DNA 聚合酶的活性而抑制 DNA 的合成；本药也可掺入 DNA 中，干扰 DNA 的复制和修复，促使细胞死亡。阿糖胞苷口服易破坏，静脉注射后可迅速分布于组织。阿糖胞苷是治疗成人急性粒细胞白血病或单核细胞白血病的有效药物，也是缓解急性粒细胞白血病单用最有效的药物，与其他药物联合应用时效果更佳。不良反应主要为严重的骨髓抑制和口腔炎、恶心、呕吐等消化道反应。此外，可出现脱发和肝功能受损。

（二）破坏 DNA 的结构与功能

1. 烷化剂（alkylating agents） 具有活泼的烷化基团，易与细胞中功能基团如 DNA、RNA 或蛋白质分子中氨基、巯基、羟基、羧基和磷酸基等起烷化反应，以其本身的烷基取代这些基团的氢原子。烷化剂主要与 DNA 两条互补链上的鸟嘌呤、腺嘌呤、胞嘧啶结合或引起脱嘌呤，或形成交叉连接，或使复制时碱基错配，使 DNA 链断裂，造成 DNA 结构和功能的损害，严重时可导致细胞死亡。本类药物为细胞周期非特异性药物。常用的烷化剂有氮芥类的环磷酰胺、氮芥等，亚硝脲类的卡莫司汀、洛莫司汀等。

环 磷 酰 胺

环磷酰胺（cyclophosphamide，CTX）口服和静脉注射均可。口服吸收好，口服后 1 h 血药浓度达峰值，肝和肿瘤组织内分布浓度较高，可通过血脑屏障。在肝代谢，经肾排泄，其中约 30% 为原型或活性代谢物，对肾和膀胱有一定的刺激性。

环磷酰胺为常用的烷化剂，是氮芥与磷酸胺基结合而成的化合物。本身无抗肿瘤作用，在体外无活性，进入体内后经 CYP450 氧化生成中间产物醛磷酰胺，后者经血液循环转运到肿瘤细胞内后分解出磷酰胺氮芥（phosphoramide mustard），与 DNA 发生烷化反应并交叉连接，抑制 DNA 合成。还可干扰 RNA 功能。环磷酰胺为细胞周期非特异性药物，但对 S 期作用最明显。另外，本药可明显抑制淋巴细胞，具有免疫抑制作用。

本药抗瘤谱广，临床应用较多。对恶性淋巴瘤疗效好，对多发性骨髓瘤、急性淋巴细胞白血病、慢性粒细胞白血病、肺癌、乳腺癌、卵巢癌等均有一定效果。亦用于绒毛膜癌、子宫内膜癌、头颈部癌等及儿童的一些恶性肿瘤。

不良反应可见骨髓抑制，表现为白细胞显著下降、血小板减少等。也可见恶心、呕吐、胃肠道溃疡等消化道反应，但比氮芥轻。出血性膀胱炎是本药较特殊的不良反应，与其代谢物丙烯醛刺激膀胱有关，严重者可见血尿。大量补充液体和使用 2- 巯基乙磺酸钠或 N- 乙酰半胱胺酸可降低出血性膀胱炎的发生率，并减轻症状。患者还可出现脱发、肝功能损害等不良反应。

氮 芥

氮芥（chlormethine，HN_2）为最早应用于临床的烷化剂。具有起效迅速、作用维持较久、选择性低的特点，对各期细胞包括静止期细胞均有杀灭作用。主要用于霍奇金淋巴瘤、其他淋巴瘤及肺癌，疗效较好。也可用于头颈部肿瘤的治疗。本药局部刺激性大，如接触皮肤和黏膜可致组织损伤、糜烂和坏死，不能口服、皮下注射和肌内注射，只能静脉注射或腔内注射。不良反应常见恶心、呕吐等消化道反应。严重的不良反应为骨髓抑制，与剂量相关。还可见脱发、耳鸣、眩晕及月经失调等。

白 消 安

白消安（busulfan）又称马利兰，属甲烷磺酸酯类，在体内需解离后起烷化作用。白消安对粒细胞的选择性抑制作用强，其次是对血小板和红细胞的抑制作用，对淋巴细胞的抑制作用弱。临床上用于治疗慢性粒细胞白血病疗效显著，但对该病的急性病变、急性粒细胞白血病无效。也用于治疗原发性血小板增多症、真性红细胞增多症。不良反应主要为骨髓抑制和消化道反应，偶见不育、闭经、畸胎。大剂量可引起肺纤维化。

亚 硝 脲 类

亚硝脲类（nitrosoureas）药物有卡莫司汀（carmustine，又称卡氮芥、BCNU）、洛莫司汀（lomustine，又称环己亚硝脲、CCNU）和司莫司汀（semustine，又称甲环亚硝脲，methyl CCNU）。本类药物脂溶性高，易通过血脑屏障，其活性代谢物在脑脊液中浓度高，因此可用于治疗原发或转移性脑瘤，对黑色素瘤、恶性淋巴瘤、骨髓瘤及消化道肿瘤等有一定疗效。不良反应为骨髓抑制、消化道反应及肺、肾毒性等。

2. 抗生素类

博来霉素类

博来霉素（bleomycin，BLM）和平阳霉素，是含多种糖肽的复合抗生素。两者所含的各组分间比例不同，但作用机制相同。主要在腺嘌呤和胸腺嘧啶配对处与 DNA 结合，引起 DNA 单链或双链断裂，并促进氧自由基的产生，抑制 DNA 复制，干扰细胞的分裂繁殖，对 RNA 及蛋白质合成的影响较少。博来霉素为周期非特异性药物，但对 G_2 期及 M 期作用较强。博来霉素注射给药后，可广泛分布到机体各组织中，尤以皮肤、肺部居多，而皮肤癌病变处的分布又比正常皮肤多。主要用于鳞状上皮癌，也用于淋巴瘤、睾丸癌的治疗，还可用于银屑病和寻常疣。不良反应有过敏性休克样反应、发热、厌食、手掌起疱、角质化等。肺毒性少见，但最严重，可引起间质性肺炎和肺纤维化，可能与肺内皮细胞内缺少博来霉素的代谢酶有关。

丝 裂 霉 素

丝裂霉素（mitomycin，MMC）是从链霉菌培养液中分离到的一种抗生素。具有苯醌、乙酰亚胺基及氨甲酰活性基团，在细胞内经还原反应及去甲氧基后，转变为双功能或三功能烷化剂。能与 DNA 的双链形成交叉连接，抑制 DNA 合成并使部分 DNA 链断裂。对 RNA 也有抑制作用。属周期非特异性药物。丝裂霉素静脉注射后可迅速进入细胞内，主要分布在肌肉、心、肺、肾等组织。本药抗瘤谱较广，主要不良反应是迟发性骨髓抑制，胃肠道反应也较常见，偶见肾毒性反应和间质性肺炎。

3. 铂类

顺 铂

顺铂（cisplatin）又称顺氯氨铂，为铂类第一代抗肿瘤药，作用类似烷化剂。顺铂进入机体后，先将氯解离，二价铂与 DNA 链上碱基形成交叉连接，包括 DNA 链内和链间交叉连接，从而破坏 DNA 的结构和功能。本药是细胞周期非特异性药物。口服无效，需静脉注射给药。顺铂为高效广谱的抗肿瘤药，抗肿瘤作用强，尤其对于实体瘤和对一般化疗不甚敏感的肿瘤疗效较为显著。与多种抗肿瘤药有协同作用，且无交叉耐药性，因此常与其他抗肿瘤药如长春碱、博来霉素等合用。另外，与放疗联合应用时有增敏作用。不良反应主要为消化道反应和肾毒性，有一定的骨髓抑制作用和耳毒性。

卡 铂

卡铂（carboplatin）为铂同系物，为铂类第二代抗肿瘤药。卡铂作用机制和临床应用类似顺铂，具有如下特点：①化学稳定性及水溶性好，溶解度比顺铂高 16 倍。②抗肿瘤活性强于顺铂。③可替代顺铂用于某些肿瘤的治疗，但与顺铂有交叉耐药反应。④与非铂类抗肿瘤药无交叉耐药性，因此，可与其他抗肿瘤药合用。⑤主要不良反应是骨髓抑制，强于顺铂，但肾毒性、消化道反应、耳毒性、神经毒性等均远低于顺铂。主要用于肾功能不全、顽固性呕吐、听力损伤及神经病变等不能耐受顺铂的肿瘤患者。

奥 沙 利 铂

奥沙利铂（oxaliplatin）为第三代铂类抗肿瘤药。具有如下特点：①作用机制与顺铂相同，有广谱抗肿瘤作用。主要用于大肠癌晚期一、二线治疗和早期患者术后的辅助治疗，也用于乳腺癌、卵巢癌、黑色素瘤、非小细胞肺癌，非霍奇金淋巴瘤、睾丸癌等。②对顺铂耐药的肿瘤依然有抗癌活性。③与其他作用环节的抗肿瘤药合用有协同作用。④主要不良反应为消化道反应和轻度的骨髓抑制，外周感觉神经异常是最明显的不良反应。

4. 拓扑异构酶抑制药　DNA 拓扑异构酶为催化 DNA 拓扑异构体相互转变的酶，主要有两种：拓扑异构酶 I 和 II。拓扑异构酶通过切断 DNA 的一条（拓扑异构酶 I）或两条链（拓扑异构酶 II）中的磷酸二酯键，然后重新缠绕和封口，参与 DNA 复制、重组、修复和转录过程。抑制拓扑异构酶可阻断 DNA 的复制、修复，导致 DNA 链的断裂和破坏等。

喜 树 碱 类

喜树碱（camptothecin，CPT）是从我国特有的珙桐科乔木喜树的根皮、果实中提取的一种生物碱，羟喜树碱（hydroxycamptothecin，OPT）是喜树碱羟基衍生物。托泊替康（topotecan，TPT）和伊立替康（irinotecan，CPT-11）为新型喜树碱的人工合成衍生物。喜树碱主要以原型由尿中排泄，而羟喜树碱从粪便排出。本类药物能特异地抑制 DNA 拓扑异构酶 I，使 DNA 断裂，破坏 DNA 的结构和功能。为细胞周期特异性药物，主要作用于 S 期。临床上用于胃癌、结肠癌、直肠癌、绒毛膜癌和急慢性粒细胞白血病、膀胱癌、卵巢癌、肺癌等。与其他常用抗肿瘤药无交叉耐药性。不良反应主要有胃肠道反应、骨髓抑制和血尿等。

鬼 臼 毒 素 衍 生 物

依托泊苷（etoposide，又称足叶乙苷）和替尼泊苷（teniposide，又称鬼臼噻吩苷）均为植物西藏鬼臼中鬼臼毒素（podophyllotoxin）的半合成衍生物。两药化学结构、药理作用、机制和抗瘤谱相似。与鬼臼毒素不同的是，两药对微管结构和功能无影响，而是特异性抑制 DNA 拓扑异构酶 II，与拓扑异构酶 II、DNA 形成三联复合物，从而干扰和破坏 DNA 的结构和功能。属于细胞周期非特异性药物，主要作用于 S 期和 G_2 期。临床上用于小细胞肺癌、睾丸癌、恶性淋巴瘤、膀胱癌、肝癌及急性非淋巴细胞白血病等。不良反应为骨髓抑制、消化道反应、脱发等。大剂量可引起肝毒性。

（三）干扰转录过程和阻止 RNA 合成的药物

本类药物主要通过嵌入 DNA 碱基对中，干扰转录过程而阻断 RNA 的合成，包括放线菌素 D 和蒽环类抗生素（如多柔比星、柔红霉素等）。

放 线 菌 素 D

放线菌素 D（dactinomycin，DACT）又称更生霉素（actinomycin D），能嵌入到 DNA 双链中相邻的鸟嘌呤和胞嘧啶碱基对之间形成稳定的 DNA 复合物，阻碍 RNA 聚合酶对 DNA 的转录功能，阻止 RNA 特别是 mRNA 的合成，进而抑制肿瘤细胞的生长。还可抑制拓扑异构酶 II 而使 DNA 链断裂。本药是细胞周期非特异性药物，但对 G_1 期的作用显著，还可阻止 G_1/S 期的转变。放线菌素 D 口服吸收差，需静脉途径给药。静脉注射后迅速分布到全身组织，以肝、肾浓度为最高，不易透过血脑屏障。约 50% 药物以原型从胆汁排泄。$t_{1/2}$ 约为 36 h。放线菌素 D 抗瘤谱较窄，对恶性葡萄胎、绒毛膜癌、骨骼肌肉瘤、肾母细胞瘤、恶性淋巴瘤及神经母细胞瘤等疗效较好。另外与放疗合用，可提高放疗的敏感性。不良反应包括骨髓抑制和消化道反应。骨髓抑制引起血小板、白细胞减少，继而出现全血象的减少。偶见脱发。

蒽环类抗生素

蒽环类抗生素包括多柔比星（doxorubicin，又称阿霉素）、柔红霉素（daunorubicin，柔毛霉素）、表柔比星（epirubicin，EPI，又称表阿霉素）、伊达比星（idarubicin，IDA）、吡柔比星（pirarubicin，THP）等。本类药物作用机制相似，能嵌入 DNA 碱基对中，与 DNA 形成稳定复合物，阻止转录和 RNA 的合成。属细胞周期非特异性药物，主要作用于 S 期，并抑制 G_2/M 期转变。此外，还具有免疫抑制作用。长期应用易产生耐药性。

多柔比星抗瘤谱较广，主要用于治疗急性白血病，对急性淋巴细胞白血病及粒细胞白血病有效，尤其是对抗肿瘤药耐药者，因此可作为首选药耐药后的二线药物。对恶性淋巴瘤，多柔比星可作为交替使用的首选药。此外，对乳腺癌、肺癌、骨肉瘤、子宫内膜癌、睾丸癌、前列腺癌等有一定疗效。不良反应主要为骨髓抑制和心脏毒性。骨髓抑制表现为白细胞减少。心脏毒性是本类药物独特的不良反应，可表现为各种心律失常，甚至是心脏不可逆性的损伤而致心肌损害或心力衰竭。其他不良反应尚有脱发、高热、恶心、呕吐、口炎等。多柔比星的心脏毒性比柔红霉素轻。

柔红霉素主要用于急性粒细胞白血病，缓解率高但维持时间较短。与多柔比星不同的是，柔红霉素不用于乳腺癌等实体瘤。

表柔比星、伊达比星及吡柔比星是多柔比星的换代产品，其骨髓毒性和心脏毒性均比多柔比星轻。

（四）抑制蛋白质合成与功能的药物

本类药物可通过抑制微管蛋白活性影响纺锤丝形成，干扰核糖体功能及影响氨基酸供应，发挥抑制蛋白质合成与功能的作用。根据上述作用靶点不同，本类药物分为：①微管蛋白活性抑制药，可影响纺锤丝形成，如长春碱类和紫杉醇；②干扰核糖体功能的药物，如三尖杉生物碱类；③影响氨基酸供应的药物，如门冬酰胺酶。

1. 微管蛋白活性抑制药

长 春 碱 类

长春碱（vinblastine，VLB）和长春新碱（vincristine，VCR）是从夹竹桃科植物长春花中提取的生物碱。长春地辛（vindesine，VDS）和长春瑞滨（vinorelbine，NVB）均为长春碱的半合成衍生物。本类药物可与微管蛋白结合，使其变性，阻止微管聚合，从而抑制纺锤丝的形成，使细胞有丝分裂停止于中期。属细胞周期特异性药物，主要作用于 M 期。长春碱的作用强于长春新碱。

长春碱主要用于治疗恶性淋巴瘤、急性白血病及绒毛膜癌。其不良反应为消化道反应、骨髓抑制和脱发。

长春新碱对小儿急性淋巴细胞白血病疗效较好，起效较快，对恶性淋巴瘤也有效。其不良反应主要为神经毒性，骨髓抑制不明显，可引起脱发。

长春地辛对急性淋巴细胞白血病、急性非淋巴细胞白血病及慢性粒细胞白血病急性变有一定疗效，还可用于治疗肺癌、食管癌、睾丸癌、乳腺癌、恶性淋巴瘤及黑色素瘤等。

长春瑞滨可治疗非小细胞肺癌、霍奇金淋巴瘤、转移性乳腺癌、卵巢癌等。

紫 杉 醇 类

紫杉醇（paclitaxel）由紫杉或红豆杉的树皮中分离而得，也可半合成。多西他赛（docetaxel）是由植物红豆杉针叶中提取巴卡丁（baccatin）后经部分改造而合成，基本结构与紫杉醇相似，但来源丰富，水溶性较高。

本类药物的作用机制与长春碱类不同，能促进微管的形成，抑制微管解聚，从而导致微管束的排列异常，抑制纺锤体和纺锤丝的形成，使细胞有丝分裂停止。本药是细胞周期特异性药物，主要作用于 G_2 期和 M 期。本类药物对卵巢癌和乳腺癌疗效显著，紫杉醇可作为一线药物应用。对肺癌、食管癌、头颈部癌、淋巴瘤、脑瘤等均有一定的疗效。不良反应主要有骨髓抑制、周围神经病变、肌肉痛、肝功能损伤、神经毒性和过敏反应。大剂量可引起感觉神经病变，使手足功能损伤。短时间内静脉滴注可引起过敏反应、心动过缓等。

2. 干扰核糖体功能的药物

三 尖 杉 生 物 碱 类

三尖杉生物碱类包括三尖杉酯碱和高三尖杉酯碱。三尖杉酯碱（harringtonine）和高三尖杉酯碱（homoharringtonine）是从三尖杉属植物的枝叶和树皮中分离的有效成分。三尖杉酯碱和高三尖杉酯碱可抑制蛋白质合成的起始阶段，干扰核糖体的功能，使核糖体分解，释出新生肽链，抑制有丝分裂，但不阻止 mRNA 或 tRNA 与核糖体的结合。为细胞周期非特异性药物。对急性粒细胞白血病和急性单核细胞白血病疗效好，对恶性淋巴瘤也有效。三尖杉酯碱或高三尖杉酯碱、长春新碱、阿糖胞苷、泼尼松组成的 HOAP 方案在我国被推荐为急性非淋巴细胞白血病的首选方案，诱导缓解完全。不良反应为骨髓抑制、消化道反应、脱发，还可见心率加快、心肌缺血、心肌损伤等心脏毒性。一般缓慢静脉滴注。高三尖杉酯碱疗效略差，毒性较高。

3. 影响氨基酸供应的药物

天 冬 酰 胺 酶

某些肿瘤细胞不能自行合成天冬酰胺（asparagine），需从细胞外摄取。天冬酰胺酶（asparaginase）可水解血清中天冬酰胺，使肿瘤细胞缺乏天冬酰胺的供应，进而影响蛋白质的合成，使肿瘤细胞的增殖和生长受到抑制。而正常细胞可自行合成天冬酰胺，因此受影响较小。天冬酰胺酶主要用于急性淋巴细胞白血病。本药与其他抗肿瘤药合用有协同效应，因此临床上一般与其他抗肿瘤药联合应用或作为序贯治疗药物之一。如先用天冬酰胺酶，然后用甲氨蝶呤，则可减弱甲氨蝶呤的毒性反应。不良反应主要为消化道反应，偶见过敏反应，需做皮试。对骨髓无抑制作用。

二、非细胞毒类抗肿瘤药

（一）调节体内激素平衡的药物

研究发现，乳腺癌、宫颈癌、卵巢癌、前列腺癌、甲状腺癌等的发生与相应的激素失调有关；另外，与内分泌腺有关的某些组织癌变后仍保留与其原发组织类似的激素依赖性，因此应用某些激素或其拮抗药可改善平衡失调的状态，以抑制激素依赖性肿瘤的生长。需要注意的是，本类药物作用广泛，如使用不当会诱发诸多不良反应（第二十九章）。

1. 雄激素类和雄激素拮抗药

雄 激 素

雄激素类（androgens）抗肿瘤药包括甲睾酮（methyltestosterone）、丙酸睾酮（testosterone propionate）及氟甲睾酮（fluoxymesterone）。其作用为：①对抗雌激素；②抑制腺垂体分泌促卵泡激素（FSH），使卵巢雌激素分泌减少。适用于晚期乳腺癌，尤其是有骨转移者（第二十九章）。其不良反应为水肿、男性化及高钙血症等。

氟 他 胺

氟他胺（flutamide）是非固醇类雄激素拮抗药。氟他胺及其羟基代谢物 2- 羟氟他胺可与雄激素竞争肿瘤部位的雄激素受体，抑制组织对睾酮的摄取和（或）双氢睾酮与雄激素受体的结合，进而抑制雄激素依赖性前列腺癌细胞的生长。主要用于前列腺癌，尤其是未经过治疗或对激素疗法无效或失效的晚期前列腺癌。不良反应主要是男子乳腺发育、胃肠道反应、失眠、暂时性肝功能异常，偶见严重中毒性肝炎。值得注意的是，本药单独使用时由于其抗雄激素作用，但又缺乏其他抗雄激素的抗促性腺激素作用，可导致循环中的睾酮或雌二醇和黄体生成素水平增高。与亮丙瑞林合用可完全阻断雄激素而防止代偿性增加，用于治疗转移性前列腺癌。

2. 雌激素类和雌激素拮抗药

雌 激 素 类

雌激素类（estrogens）抗肿瘤药常用的有己烯雌酚（diethylstilbestrol）和炔雌醇（ethinylestradiol）。本类药物可抑制下丘脑及垂体，减少垂体促间质细胞激素的分泌，从而减少睾丸间质细胞及肾上腺皮质分泌雄激素，并直接对抗雄素促前列腺癌组织生长的作用。炔雌醇的作用强于己烯雌酚，用于治疗前列腺癌和绝经期乳腺癌有内脏或软组织转移者（第二十九章）。禁用于绝经期前的乳腺癌。不良反应常见的有恶心、呕吐、水肿、血栓栓塞。男性可发生乳腺发育和阳痿，女性常见撤退性出血。妊娠期应用，子代易患阴道癌。乳腺癌患者易发生骨痛和高钙血症。

磷雌酚（fosfestrol）又名己烯雌酚二磷酸钠，为前体药，由酸性磷酸酯酶脱磷酸活化而产生己烯雌酚才有活性。

雌激素拮抗药

用于临床抗恶性肿瘤治疗的雌激素拮抗药有他莫昔芬和托瑞米芬。

他莫昔芬（tamoxifen）又称三苯氧胺，是雌激素受体部分拮抗药，能拮抗雌激素的作用。可与雌激素敏感组织和肿瘤细胞质的雌激素受体蛋白结合形成复合物，进入细胞核内后抑制雌激素依赖性蛋白质的作用，阻断雌激素对乳腺癌的促进作用，抑制肿瘤生长。还能抑制雌激素刺激所引起的子宫重量增加和阴道角化。主要用于治疗绝经期前、后的乳腺癌（第二十九章）。对化疗无效的卵巢癌、雌激素耐药的前列腺癌和孕激素耐药的子宫内膜癌有效，对转移性黑色素瘤也有效。不良反应较少且较轻，主要为生殖系统反应，如月经失调或闭经等，停药后可恢复。还可见消化道反应。

托瑞米芬（toremifene）为非甾体类三苯乙烯抗雌激素衍生物，化学结构与他莫昔芬相似，与雌激素受体亲和力较高。主要用于绝经后妇女雌激素受体阳性或不详的转移性乳腺癌。不良反应较少且较轻，常见面部潮红、子宫出血等，偶见恶心、水肿、轻度血液系统反应。

3. 肾上腺皮质激素类药及抑制药

糖皮质激素类

糖皮质激素（glucocorticoids）如泼尼松（prednisone）和泼尼松龙（prednisolone），能抑制淋巴组织增殖，诱导淋巴细胞溶解，对急性淋巴细胞白血病和恶性淋巴瘤有较好的疗效。起效快，但不持久，且易产生耐药性。还可用于治疗慢性淋巴细胞白血病，减少淋巴细胞，并可缓解其血液系统并发症（如血小板减少症）及降低发生率。常与其他抗肿瘤药合用治疗霍奇金淋巴瘤及非霍奇金淋巴瘤。需要注意的是，糖皮质激素对其他恶性肿瘤无效，并且因其能抑制机体的免疫功能而可能使恶性肿瘤发展。但如肿瘤引起发热不退，毒血症状明显时，可以短期少量应用以改善症状，但应酌情合用有效的抗肿瘤药与抗菌药（见第二十六章）。

氨 鲁 米 特

氨鲁米特（aminoglutethimide）又名氨苯乙哌啶酮、氨苯哌酮，是肾上腺皮质激素抑制药，抑制肾上腺皮质内胆固醇转变为孕烯醇酮，从而抑制肾上腺皮质激素的合成，发挥肾上腺皮质化学切除的作用。氨鲁米特在外周组织中具有强力的芳香化酶抑制作用。绝经后妇女的雌激素主要由雄激素的前体雄烯二酮在脂肪、肌肉和肝经芳香化作用转变而成。氨鲁米特能通过阻断芳香化酶而抑制雄激素转变为雌激素，从而降低雌激素对乳腺癌的促进作用。临床上主要用于皮质醇增多症（库欣综合征）、绝经后或卵巢切除后的晚期乳腺癌，对雌激素受体或孕激素受体阳性患者疗效较好。需要注意的是，神经垂体分泌的 ACTH 能对抗氨鲁米特抑制肾上腺皮质激素合成的作用，所以可酌情适量合用氢化可的松。不良反应包括发热、皮疹等过敏反应，共济失调、眼球震颤等神经系统毒性，恶心、呕吐、腹泻等消化道反应，少见骨髓抑制、甲状腺功能减退、直立性低血压及女性患者男性化等。另外，本药有肝药酶诱导作用，连续服药 2~6 周后，可加速其自身代谢。

4. 促性腺激素释放激素类

亮 丙 瑞 林

亮丙瑞林（leuprorelin）又称亮脯利特（leuprolide），是促性腺激素释放激素的合成类似物。本药作用于垂体-性腺轴，除首次应用产生一过性的兴奋作用外，主要负反馈抑制垂体促性腺激素释放激素的生成和释放，导致黄体生成素和促卵泡激素下降，还可抑制卵巢和睾丸对促性腺激素的反应，从而降低男性睾酮和女性雌二醇的水平。临床上用于绝经前的晚期乳腺癌患者，雌激素受体阳性效果好；还用于不宜或不愿做睾丸切除术或雌激素治疗的晚期前列腺癌患者。不良反应有恶心、呕吐、骨痛、颜面潮红、男子乳腺发育、水肿和血栓形成等。

（二）单克隆抗体

利用基因工程技术所生产的抗肿瘤单克隆抗体已近千种，如利妥昔单抗、曲妥珠单抗、西妥昔单抗等，可通过对与细胞增殖相关的受体的高选择性和亲和力或抗体依赖性细胞毒作用，发挥杀灭肿瘤细胞或抑制肿瘤细胞增殖的作用。

利妥昔单抗

利妥昔单抗（rituximab）是嵌合鼠 / 人的单克隆抗体，能与 CD20 抗原特异性结合。CD20 抗原表达于前 B 和成熟的 B 淋巴细胞，而正常血浆细胞、造血干细胞、后 B 细胞及其他正常组织中无表达。在 95% 以上的 B 淋巴细胞型的非霍奇金淋巴瘤中有 CD20 抗原的表达。利妥昔单抗与抗原结合后，CD20 不被内在化或从细胞膜上脱落，在血液循环中以非游离型抗原形式存在，不与受体竞争性结合。利妥昔单抗与 B 淋巴细胞上的 CD20 结合，还可能通过补体依赖的细胞毒性和抗体依赖的细胞毒性作用引起 B 细胞的溶解反应。临床上主要用于治疗复发或化疗耐药的 B 淋巴细胞型非霍奇金淋巴瘤。与传统的非霍奇金淋巴瘤细胞毒类药物治疗方式相比，利妥昔单抗对 B 淋巴细胞特异性强，对其他组织影响小。不良反应主要有疼痛、直立性低血压及外周水肿等。

曲妥珠单抗

曲妥珠单抗（trastuzumab）是由重组 DNA 衍生的人源化单克隆抗体，可高选择性地与人表皮生长因子受体 -2（HER2）的细胞外区域结合，阻断人表皮生长因子与其受体的结合而抑制 HER2 过度表达的肿瘤细胞的生长和增殖，部分乳腺癌中检测出 HER2 的过度表达，而临床研究表明 HER2 过度表达的肿瘤患者较无过度表达的患者生存期短。另外，曲妥珠单抗是抗体依赖的细胞毒性反应的潜在介质。曲妥珠单抗主要用于治疗 HER2 过度表达的转移性乳腺癌，可单药治疗已接受过化疗方案的转移性乳腺癌，或与紫杉醇类药物合用治疗未接受过化疗的转移性乳腺癌。

（三）信号转导抑制药

细胞信号转导在细胞的生长、分裂增殖、分化、生物功能及死亡过程中起着重要作用，肿瘤的发生和发展与细胞信号转导异常激活有关。本类药物根据其作用的细胞信号转导分子靶点分为蛋白酪氨酸激酶抑制药、MAPK 信号转导通路抑制药和细胞周期调控药。目前用于临床的主要是蛋白酪氨酸激酶抑制药。

1. 蛋白酪氨酸激酶抑制药 蛋白酪氨酸激酶（protein tyrosine kinase，PTK）是一类有酪氨酸激酶活性的蛋白质，催化 ATP 的磷酸基转移到下游蛋白的酪氨酸残基上，使其发生磷酸化。PTK 的异常激活，可导致其下游信号途径的异常激活，使细胞增殖调节发生紊乱。此外，PTK 还参与肿瘤的侵袭、转移，肿瘤新生血管生成及肿瘤的化疗耐药性，与肿瘤发生、发展、预后与转归密切相关，是目前较受关注的新型抗肿瘤分子靶点，可分为受体型和非受体型。

伊 马 替 尼

伊马替尼（imatinib）是苯胺嘧啶的衍生物，属特异性强的酪氨酸激酶抑制药。约 95% 的慢性粒细胞白血病（chronic myelocytic leukemia，CML）患者原癌基因 ABL 异位到 BCR 的癌基因上，产生异常的 ABL 酪氨酸激酶，具有较高的活性，可刺激白细胞增殖，导致白血病。伊马替尼可强烈抑制 ABL 酪氨酸激酶的活性，特异地抑制 ABL 的表达和 BCR-ABL 细胞的增殖。另外，本药还可抑制血小板衍生生长因子（platelet-derived growth factor，PDGF）和干细胞因子（stem cell factor，SCF）受体的酪氨酸激酶，并抑制其介导的信号转导。伊马替尼主要用于治疗费城染色体（BCR-ABL）阳性的 CML 的急变期、加速期，或者干扰素治疗失败的慢性期。还用于不能手术切除和（或）发生转移的恶性胃肠道间质瘤。不良反应常见的有消化道反应、各种皮炎和皮疹、肌肉疼痛、白细胞减少、全身水肿及头晕、头痛等。

吉非替尼和厄洛替尼

吉非替尼（gefitinib）和厄洛替尼（erlotinib）是第一代选择性表皮生长因子受体（EGFR）酪氨酸激酶抑制药。EGFR 常表达于上皮来源的实体瘤。吉非替尼和厄洛替尼通过抑制 EGFR 酪氨酸激酶活性，可抑制肿瘤的生长、转移，并促进肿瘤细胞的凋亡。临床上主要用于治疗 EGFR 突变的非小细胞肺癌，可与放、化疗合用发挥协同作用。最常见的不良反应为腹泻、皮疹、瘙痒、皮肤干燥和痤疮。一般见于服药后一个月内，通常为可逆性。

奥 希 替 尼

奥希替尼（osimertinib）是第三代选择性 EGFR 酪氨酸激酶抑制药。临床上适用于既往经吉非替尼和厄洛替尼等第一代 EGFR 酪氨酸激酶抑制药治疗时或治疗后出现疾病进展，或经检测确认存在 EGFR T790M 突变的非小细胞肺癌。

深入学习 41-1
MAPK 信号转导通路抑制药
深入学习 41-2
细胞周期调控药

2. 细胞周期调控药　目前作用于细胞周期的抗肿瘤药尚处于临床研究中。

（四）细胞分化诱导药

维 A 酸衍生物

维 A 酸（tretinoin，又称维甲酸）衍生物包括全反式维 A 酸（all-*trans* retinoic acid，ATRA）和 13- 顺式维 A 酸（13-*cis* retinoic acid）。全反式维 A 酸可诱导肿瘤细胞分化，主要用于缓解急性早幼粒细胞白血病。13- 顺式维 A 酸用于辅助预防头颈部鳞状细胞癌。不良反应主要为皮肤黏膜、骨骼肌反应及肝损伤。

（五）细胞凋亡诱导药

三氧化二砷

三氧化二砷（arsenic trioxide，As_2O_3）又名亚砷酸，是细胞凋亡诱导药，可调节急性早幼粒细胞白血病的异常基因而诱导白血病细胞凋亡。用于治疗急性早幼粒细胞白血病。不良反应主要有皮疹、心电图异常、消化道反应、肝功能异常、色素沉着等。注意避免砷中毒，应在医生指导下使用。

（六）新生血管生成抑制药

重组人血管内皮抑制素

重组人血管内皮抑制素（recombinant human-endostatin）可抑制肿瘤血管内皮细胞生长而抑制新生血管生成，是目前作用最强的抑制血管生成的药物。还可诱导肿瘤细胞凋亡、侵袭和转移，改善患者的预后和生存预期。重组人血管内皮抑制素主要是与化疗联合用于恶性肿瘤的治疗。临床发现可使非小细胞肺癌患者的生存率显著提高。

（七）肿瘤免疫治疗药物

伊匹木单抗

伊匹木单抗（ipilimumab）是人源细胞毒性 T 淋巴细胞相关抗原 4（CTLA-4）的单克隆抗体，适用于不可切除或转移的黑色素瘤。最常见的不良反应有疲乏、腹泻、皮疹和瘙痒。免疫介导的不良反应可能会累及多个器官系统，根据反应的严重程度可以给予糖皮质激素治疗。

尼伏单抗和阿替珠单抗

尼伏单抗（nivolumab）是程序性死亡受体 -1（PD-1）的单克隆抗体，通过阻断 PD-1 及其配体 PD-L1 和 PD-L2 间的相互作用，从而阻断 PD-1 通路介导的免疫抑制反应，提高肿瘤的免疫原性。用于治疗黑色素瘤和非小细胞肺癌。阿替珠单抗（atezolizumab）是 PD-L1 的单克隆单抗，用于治疗晚期尿路上皮癌。

第三节　抗肿瘤药应用中的常见问题

一、耐药性

耐药性（resistance）是指肿瘤细胞对抗肿瘤药产生的不敏感现象。耐药性分为天然耐药（natural resistance）和获得性耐药（acquired resistance）。天然耐药是指肿瘤细胞开始即对药物不敏感，如处于 G_0 期的肿瘤细胞；获得性耐药是指肿瘤细胞开始时是敏感的，治疗过程中产生不敏感现象（耐药性）。获得性耐药可表现为对单种药物耐药，也可以是对多种不同结构及靶点的抗肿瘤药耐药，称为多药耐药性（multidrug resistance，MDR）。

肿瘤的耐药性问题已成为导致肿瘤化疗失败的重要原因，是目前亟待解决的重要问题。肿瘤耐药性机制十分复杂，包括细胞表面药泵蛋白将药物外排、DNA 修复异常、细胞内解毒系统的活化、凋亡通路阻滞、肿瘤干细胞及肿瘤微环境改变等。

视频 41-1
肿瘤的耐药机制

二、抗肿瘤药常见的不良反应和防治措施

目前临床上常用的抗肿瘤药绝大部分为细胞毒类抗肿瘤药，对肿瘤细胞和正常细胞缺乏选择性，在杀伤肿瘤细胞的同时，对某些正常的组织和细胞也有一定程度的损伤作用而产生不良反应，不仅成为肿瘤化疗的限制因素，也影响肿瘤患者的生存质量。抗肿瘤药的不良反应分为近期和远期不良反应。远期不良反应包括不育、致畸、致癌等，应根据患者的年龄及病情评价相应的抗肿瘤化疗方案的利弊。近期不良反应又分为共有和特有不良反应。

人文视角 41-1
人文关怀护理对恶性
肿瘤患者的影响分析

（一）共有不良反应

1. 骨髓抑制　绝大多数抗肿瘤药可抑制骨髓造血功能，以白细胞减少最常见。在化疗过程中，应每周检查 1 次，如出现白细胞的显著降低，应暂时停药，并酌情给予抗菌药以预防继发感

染；严重者可用各种集落刺激因子，如重组人粒细胞集落刺激因子、重组人粒细胞－巨噬细胞集落刺激因子，来防治肿瘤化疗引起的白细胞减少。

2. 消化道反应　以恶心、呕吐最为常见。顺铂、氮芥、大剂量环磷酰胺等致吐作用较严重，发生率为 90% ~ 100%。多巴胺受体拮抗药甲氧氯普胺，5-HT$_3$ 受体拮抗药昂丹司琼、格雷司琼，以及地塞米松、氯丙嗪、抗组胺药等均可用于抗肿瘤药引起的呕吐。

3. 皮肤、毛囊反应　毛囊的增殖较为活跃，容易受抗肿瘤药的影响而引起脱发，以多柔比星、依托泊苷、环磷酰胺最为明显。博来霉素极易引起皮肤反应，白消安、环磷酰胺、放线菌素 D、多柔比星、氟尿嘧啶等可引起色素沉着，放线菌素 D、多柔比星可使放射区皮肤出现明显炎症、红斑及色素沉着。

（二）特有不良反应

1. 肝毒性　表现为炎症、急性坏死及慢性脂肪变性、纤维化和肝硬化。应定期检查肝功能。如发生肝功能不全，应酌情调整药物的剂量或予保肝药物治疗。

2. 泌尿系统毒性　环磷酰胺可引起出血性膀胱炎，给予美司钠或乙酰半胱氨酸可消除此不良反应。

3. 心脏毒性　以蒽环类抗生素最显著，可予维生素 C、维生素 E、辅酶 Q10、ATP 等清除自由基而减轻心脏毒性。离子螯合剂右丙亚胺与多柔比星合用可减轻心脏毒性而不影响其抗肿瘤作用。

4. 肺部毒性　长期大量使用博来霉素可致间质性肺炎和肺纤维化，少数患者可发生急性致死性肺炎。应用糖皮质激素可减轻肺毒性。

5. 神经毒性　长春新碱对外周神经毒性较大。

三、抗肿瘤药的合理应用

在对恶性肿瘤患者临床化疗时，常采用 2 ~ 3 种药物联合应用以提高疗效，减少毒性，并延缓耐药性的产生。

深入学习 39-3
抗肺癌药物研究进展

1. 根据肿瘤的细胞周期　对于增长缓慢（GF 不高）的实体瘤，因其 G$_0$ 期细胞较多，可先选用周期非特异性药物，杀灭增殖期及部分 G$_0$ 期细胞，使瘤体缩小而使 G$_0$ 期细胞进入增殖周期，继而再选周期特异性药物。对增长快（GF 较高）的肿瘤如急性白血病，则先选作用于 S 期或 M 期的周期特异性药物，以杀灭处于增殖周期的恶性肿瘤细胞，再用周期非特异性药物杀灭其他各期细胞，待 G$_0$ 期细胞进入细胞周期时，可重复上述疗程。

2. 同步化　先选用细胞周期特异性药物将肿瘤细胞阻滞于某一时相，待药物作用消失后，肿瘤细胞即可同步进入下一时相，此时再选用作用于后一时相的抗肿瘤药。

3. 根据药物的抗肿瘤机制　选用不同作用机制的抗肿瘤药合用，可增强疗效。如用多柔比星和环磷酰胺治疗乳腺癌，用长春新碱与顺铂和博来霉素治疗睾丸癌。

4. 考虑药物的毒性　多数抗肿瘤药可抑制骨髓，而泼尼松、长春新碱和博来霉素等较少抑制骨髓。可选用上述药物与其他药物合用，以提高疗效并减少对骨髓的毒性。

5. 考虑抗瘤谱　胃肠道癌宜选用氟尿嘧啶，也可用环磷酰胺、丝裂霉素、羟基脲等。鳞癌可选用博来霉素、甲氨蝶呤等。软组织肉瘤可选用环磷酰胺、顺铂、多柔比星、放线菌素 D。骨肉瘤可选用多柔比星及大剂量甲氨蝶呤加救援剂亚叶酸钙。黑色素瘤常选用羟基脲、卡莫司汀等。脑瘤首选亚硝脲类，亦可使用羟基脲、普卡霉素。

（沈 瑛）

思考题

1. 抗肿瘤药按照作用机制分为几类？各举 1~2 个代表药物。
2. 抗肿瘤药按照细胞周期分为几类？各举 1~2 个代表药物。
3. 目前常用的肺腺癌治疗药物主要有哪些？
4. 简述甲氨蝶呤、环磷酰胺的药理作用和临床用途。
5. 试比较紫杉醇和长春碱类抗肿瘤药的作用机制。
6. 如何选择性杀死肿瘤细胞？

网上更多……

👤 学习目标　　👥 本章小结　　📝 自测题　　⬇ 教学 PPT　　🖥 参考资源

第四十二章
免疫调节药

关键词

免疫调节药	糖皮质激素	环孢素	他克莫司
西罗莫司	吗替麦考酚酯	环磷酰胺	卡介苗
左旋咪唑	干扰素	白细胞介素	转移因子
维生素 B_4	胸腺肽		

免疫系统犹如机体的军队，担负着攻击和防御抗原的任务，以避免病原微生物、肿瘤细胞等侵害机体。如果免疫系统功能异常，可出现"好坏"不分，攻击体内正常细胞或组织而使机体发生免疫性疾病，如肾小球肾炎、系统性红斑狼疮和类风湿关节炎等临床常见的自身免疫病。在器官移植后，机体与移植器官之间发生免疫排斥反应，导致移植器官功能异常甚至坏死，通过药物调节免疫系统功能可改善患者预后。另外，通过增强机体免疫功能，可提高先天性或获得性免疫缺陷者及肿瘤患者的生存质量。

思维导图

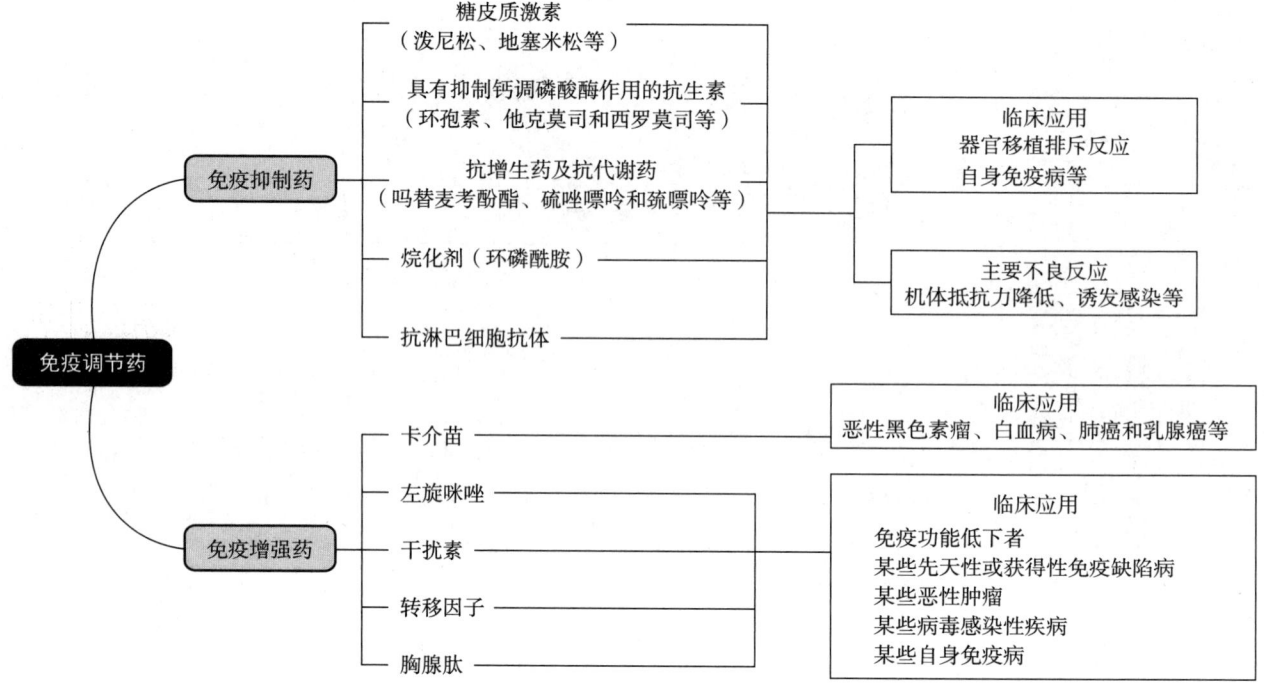

第一节 概述

一、免疫应答

深入学习 42-1
免疫应答

免疫应答（immune response）包括先天免疫（innate immunity）和获得性免疫（adaptive immunity）。正常的免疫功能对机体免疫防御、免疫监视及自身稳定不可或缺，参与免疫应答的细胞、组织和器官，其任何一方缺陷都将导致免疫功能障碍，甚至丧失，继而形成先天性或获得性免疫缺陷病。若其功能过甚，则可导致自身免疫病、变态反应性疾病或免疫增生性疾病等。影响免疫功能的药物正是通过调节免疫应答的一个或多个环节而发挥作用。

二、免疫调节药的分类

免疫调节药（immunomodulators）是作用于免疫系统并影响其功能的药物，包括免疫抑制药、免疫增强药及免疫耐受药。

1. 免疫抑制药 是一类非特异性抑制免疫功能的药物，可抑制过度的免疫应答。这类药物包括：①具有抑制钙调磷酸酶作用的抗生素，包括环孢素、他克莫司和西罗莫司等；②糖皮质激素；③抗增生药及抗代谢药，包括吗替麦考酚酯、硫唑嘌呤和巯嘌呤；④烷化剂；⑤抗淋巴细胞抗体，包括抗淋巴细胞球蛋白和抗 CD3 单克隆抗体等生物制剂。

2. 免疫增强药 又称免疫刺激药，这类药物可上调机体处于低下状态的免疫功能，包括免疫佐剂卡介苗、左旋咪唑、白细胞介素 –2、干扰素和转移因子等。其中左旋咪唑、白细胞介素、干扰素和转移因子等可双向调节免疫功能，即在一定条件下可使过低的免疫功能趋于增高，亦可使过高的免疫功能降低。

3. 免疫耐受药 诱导和保持引起抗原特异性非应答活化状态，包括免疫协同刺激阻滞、供体细胞嵌合、可溶性人白细胞抗原和抗原基础治疗。此类药物仍处于试用阶段，故不作详细叙述。

深入学习 42-2
免疫耐受药

第二节 免疫抑制药

临床聚焦 42-1
自身免疫病
视频 42-1
自身免疫病

免疫抑制药（immunosuppressants）主要用于防治器官移植排斥反应和治疗自身免疫病，长期应用可造成机体抵抗力降低而诱发感染。

一、抑制钙调磷酸酶的抗生素

环孢素 A

环孢素 A（cyclosporin A，CsA）又称环孢菌素，是从真菌多孔木霉（*Tolypocladium inflatum*）培养液中分离出的一种脂溶性环状十一肽，现已能人工合成，属 23 元大环内酯类抗生素。

【体内过程】环孢素口服可吸收，生物利用度为 20%~50%，3~4 h 血药浓度达峰值。红细胞、淋巴细胞分别摄取血液中药物总量的 50% 和 10%，其余存在于血浆中，且绝大部分与脂蛋白及其他蛋白结合，游离药物不足 5%。大部分在肝代谢，随胆汁排泄，极少量经肾排泄，$t_{1/2}$ 约为 16 h。

【药理作用】环孢素选择性作用于 T 淋巴细胞活化初期，使辅助性 T 细胞（Th）数量明显降低，对细胞毒性 T 淋巴细胞（cytotoxic T lymphocyte，CTL）亦有极强的抑制作用，但对抑制性 T 淋巴细胞（suppressor T lymphocyte，Ts）影响微弱。小剂量环孢素对巨噬细胞的吞噬功能无明显影响，也不直接抑制 NK 细胞，但可通过干扰 IFN-γ 的产生而影响其功能。环孢素的作用不同于细胞毒类药物，它仅抑制细胞免疫和胸腺依赖性抗原的体液免疫，而不显著影响机体的一般防御能力。

【作用机制】钙调磷酸酶（calcineurin，CaN）属丝氨酸/苏氨酸酶，是一种 Ca^{2+} 及钙调蛋白（calmodulin，CaM）依赖性的二聚体磷酸酶，由 A 及 B 两个亚单位组成，A 亚单位含有 CaM 的结合及催化位点，B 亚单位有 4 个与 Ca^{2+} 结合的位点。活化 T 淋巴细胞的核转录因子（nuclear transcription factor of activated T lymphocyte，NF-AT）是钙调磷酸酶的底物，包括 NF-ATc 及 NF-ATn 两个亚基。当抗原与 Th 细胞表面受体结合时，引起细胞内 Ca^{2+} 浓度增加，激活钙调磷酸酶，钙调磷酸酶与 NF-ATc 结合后，NF-ATc 脱磷酸激活，使 IL-2、IL-3、TNF-α 和 IFN-γ 等表达增加。环孢素能进入淋巴细胞与环孢素结合蛋白（cyclophilin，CpN）结合，进而与钙调磷酸酶结合并形成复合体，抑制钙调磷酸酶活性，阻止 NF-AT 活化，从而抑制 IL-2、IL-3、TNF-α 和 IFN-γ 等细胞因子的基因转录（图 42-1）。

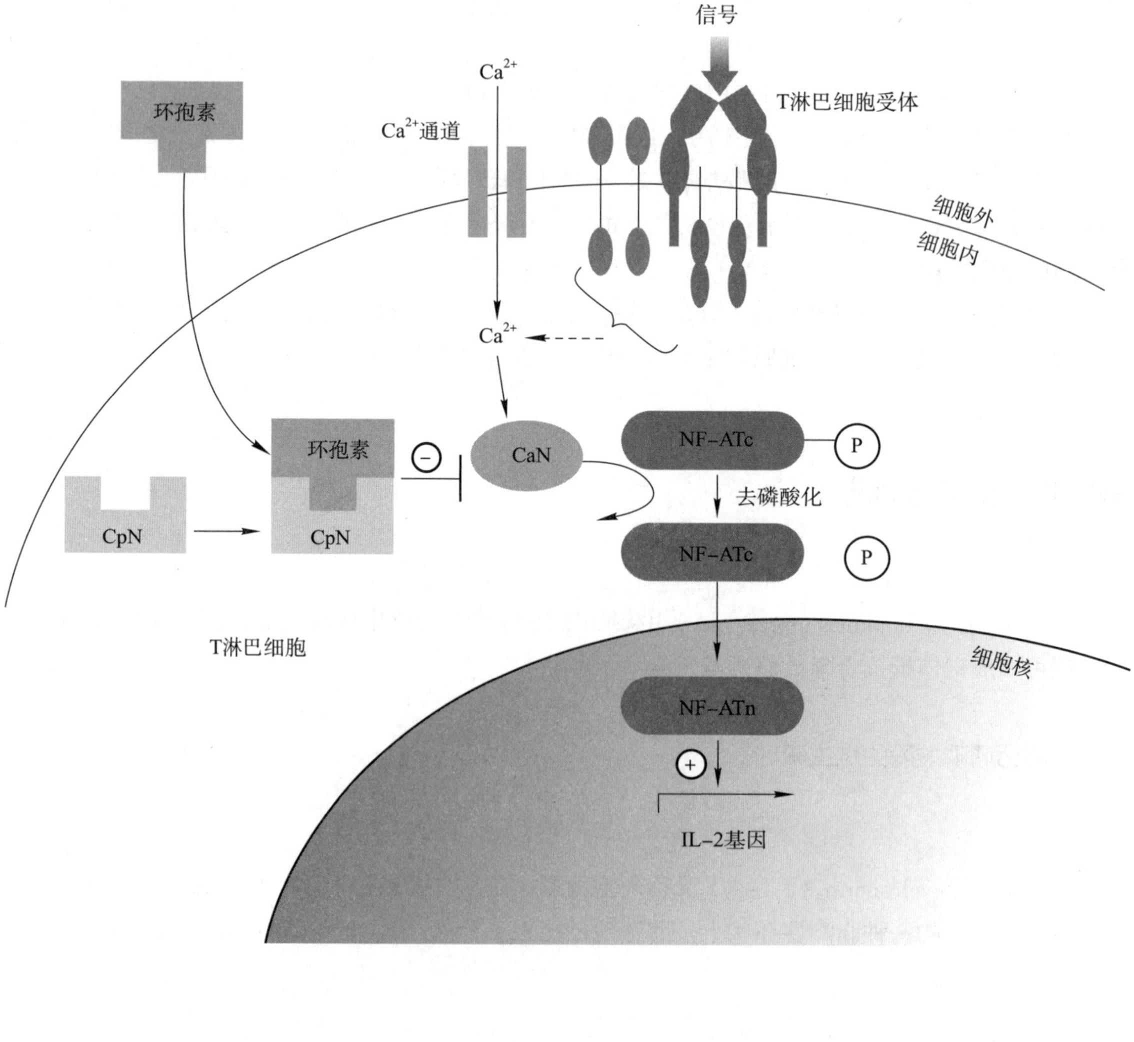

动画 42-1
环孢素的作用机制

图 42-1　环孢素的作用机制

【临床应用】主要用于防治异体器官或骨髓移植时的排斥反应，与糖皮质激素合用疗效更佳。也适用于其他药物无效的难治性自身免疫病，如类风湿关节炎、系统性红斑狼疮、皮肌炎和银屑病等。

【不良反应及用药注意事项】不良反应发生率较高，其严重程度、持续时间均与剂量、血药浓度相关，多为可逆性。最常见及严重的不良反应为肾毒性，发生率为70%。其次为肝毒性，多见于用药早期。故用药期间应注意监测肝、肾功能。此外，还可继发感染、肿瘤，长期应用可致牙龈增生（12%）、牙龈炎（31%）、多毛症、感觉异常等。

他 克 莫 司

他克莫司（tacrolimus）的作用强度是环孢素的10~100倍。他克莫司是自放线菌 *Streptomyces tsukubaensis* 培养液中获得的23元大环内酯类抗生素。

【体内过程】他克莫司口服吸收迅速，生物利用度为25%，主要在肠道上段吸收，胆汁对其吸收无明显影响。血药浓度达峰时间为0.5~3 h，$t_{1/2}$ 为5~8 h，有效血药浓度可持续12 h，99%的药物经肝代谢后排出体外。

【药理作用】抑制 Ca^{2+} 依赖性 T 及 B 淋巴细胞的活化，抑制淋巴细胞增生，主要抑制 Th 细胞产生 IL-2，但不影响 Ts 细胞功能。

【临床应用】他克莫司存在"亲肝效应"，可促进肝细胞的再生和修复，故临床上常用于肝移植，可显著降低急性排斥反应及再次肝移植的发生率，并减少糖皮质激素用量，对肾移植、骨髓移植术后排斥反应的防治亦取得良好疗效。与环孢素相比，他克莫司在降低急性排斥反应发生率、增加移植成功率和延长患者生存时间三方面更加优越，对类风湿关节炎、肾病综合征、胰岛素依赖型糖尿病等也有一定疗效。

【不良反应及用药注意事项】静脉注射他克莫司最常见的不良反应是神经毒性，轻者可出现头痛、震颤、失眠、畏光和感觉迟钝等，重者可出现运动不能、缄默症、癫痫发作和脑病等，症状大多在减量或停药后自行消失。他克莫司可直接或间接地影响肾小球滤过率及肾小管对电解质的转运，导致肾毒性。对胰岛细胞具有毒性作用，可导致高血糖。长期应用他克莫司可引起牙龈炎及牙龈增生，但发生率较环孢素低。大剂量用药可产生生殖系统毒性反应。与糖皮质激素合用时，可减少糖皮质激素的用量，与环孢素合用可延长其 $t_{1/2}$，故联合用药时应酌情减量。

二、糖皮质激素

糖皮质激素（glucocorticoids）常用药包括泼尼松、泼尼松龙、地塞米松等（见第二十六章）。

【药理作用】对免疫反应的许多环节均有影响，主要是抑制巨噬细胞对抗原的吞噬和处理，也阻碍淋巴细胞 DNA 合成和有丝分裂，破坏淋巴细胞，使外周淋巴细胞明显减少，并损伤浆细胞，从而抑制细胞免疫反应和体液免疫反应，缓解变态反应对人体的损伤。

【临床应用】可与其他免疫抑制药联合用于防治器官移植术后排斥反应，常用高剂量逆转急性移植排斥反应和自身免疫病的病情恶化。另外，在骨髓移植时对移植物抗宿主反应亦有效，也常用于类风湿关节炎和其他关节炎、系统性红斑狼疮、全身性皮肌炎、银屑病、支气管哮喘和多发性硬化等疾病的治疗。此外，糖皮质激素可降低其他免疫抑制药引起的过敏反应，也减弱首剂应用某些细胞因子如莫罗单抗-CD3（muromonab-CD3）引起的不良反应。

三、抗增生及抗代谢的免疫抑制药

（一）半合成抗生素

吗替麦考酚酯

吗替麦考酚酯（mycophenolate mofetil，MMF）又称霉酚酸酯，是从匍匐茎青霉菌（*Penicillium stoloniferum*）中获得的麦考酚酸（mycophenolic acid）酯类衍生物，具有免疫抑制作用，于1995年被美国FDA批准上市。

【体内过程】口服易吸收，生物利用度约为94.1%。在体内迅速水解转化成活性产物麦考酚酸，给药后40~60 min达血浆药物浓度峰值，血浆蛋白结合率高达98%，$t_{1/2}$为16~17 h，肝肠循环明显，约90%药物经肾排泄。

【药理作用】吗替麦考酚酯在体内迅速水解转化成活性产物麦考酚酸而发挥免疫抑制作用。

1. 对淋巴细胞的作用　麦考酚酸能明显抑制淋巴细胞DNA的生物合成，抑制T、B淋巴细胞的增生和抗体的生成，并诱导和加速活化的T淋巴细胞凋亡。

2. 对其他细胞的作用　麦考酚酸能快速抑制单核巨噬细胞增生，减轻炎症反应，对血管平滑肌细胞增生亦有抑制作用。

【作用机制】机体细胞的嘌呤核苷酸来源主要有从头合成途径（de novo pathway）及补救途径（salvage pathway），而人T、B淋巴细胞高度依赖于从头合成途径合成鸟嘌呤核苷酸。次黄嘌呤核苷酸脱氢酶（IMPDH）是嘌呤核苷酸从头合成途径的关键限速酶，麦考酚酸可选择性、可逆地抑制淋巴细胞内的IMPDH，减少鸟嘌呤核苷酸合成，产生免疫抑制作用，这种抑制效应能被鸟苷或脱氧鸟苷所逆转。

【临床应用】用于肾、心、肝和小肠等器官移植，能明显地减少急性排斥反应的发生。用吗替麦考酚酯代替传统三联疗法（环孢素+硫唑嘌呤+甲泼尼龙）中的硫唑嘌呤时，移植心脏存活状况明显改善，冠脉重构减轻或消失。同时，临床上也将吗替麦考酚酯用于银屑病、类风湿关节炎、系统性红斑狼疮和重症IgA肾病等自身免疫病的治疗。此外，吗替麦考酚酯还用于耶氏肺孢子菌感染。

【不良反应及用药注意事项】吗替麦考酚酯常见不良反应有恶心、呕吐、腹泻，也可导致贫血、白细胞减少等，减量或停药1周后多数症状可缓解或消失；长期使用可能诱发感染或肿瘤。严重肾功能不全时应减量，孕妇需慎用。氢氧化镁、氢氧化铝和考来烯胺等可减少吗替麦考酚酯的吸收，而大剂量呋塞米、阿司匹林及血清白蛋白水平降低可增加游离麦考酚酸的水平，丙磺舒及阿昔洛韦等影响肾小管分泌功能的药物则可改变麦考酚酸的血药浓度，故用药时应注意配伍和剂量调整。

（二）其他抗增生及抗代谢免疫抑制药

西罗莫司（sirolimus）是一种来自吸水链霉菌的新型大环内酯类化合物，是肾毒性低的免疫抑制药，常用于器官移植。

硫唑嘌呤（azathioprine，Aza）和巯嘌呤（mercaptopurine，6-巯基嘌呤，6-MP）主要通过干扰嘌呤代谢，抑制嘌呤核苷酸生物合成，抑制DNA、RNA和蛋白质合成而发挥免疫抑制效应和抗增生效应。两药均能抑制T、B淋巴母细胞，故兼有抑制细胞免疫和体液免疫的作用，对T淋巴细胞的抑制作用更明显，但不同亚群的 T 淋巴细胞对这两药的敏感性有差异。Aza 和 6-MP 还有抑制 NK 细胞的效应，但不抑制巨噬细胞的吞噬功能。Aza 和 6-MP 可用于类风湿关节炎、系统性红斑狼疮等自身免疫病的治疗和防治肾移植的排斥反应。此外，Aza 还可用于急、慢性白血病的治疗，而 6-MP 常用于急性淋巴细胞白血病的维持治疗，大剂量 6-MP 对绒毛膜癌有较好的疗效（见第四十一章）。

来氟米特（leflunomide）是具有抗增生活性及抗代谢的免疫抑制药，临床上主要用于治疗类风湿关节炎、抗移植排斥反应及其他自身免疫病。

四、烷化剂

烷化剂包括环磷酰胺、白消安及塞替派等，其中环磷酰胺是目前临床上最常用的烷化剂。

环 磷 酰 胺

环磷酰胺（cyclophosphamide，CTX）为强效免疫抑制药，对增生期及某些静息期的淋巴细胞均有抑制作用。该药可非特异性杀伤抗原敏感性淋巴细胞，限制其转化为免疫母细胞，同时也杀伤免疫活性细胞，其中，B 淋巴细胞较 T 淋巴细胞对该药更加敏感，因而能选择性地抑制 B 淋巴细胞。除此以外，环磷酰胺还可明显降低 NK 细胞的活性。该药在发挥免疫抑制作用的剂量下并不影响已活化的巨噬细胞的功能。环磷酰胺因其免疫抑制作用较明显、不良反应相对较少且可口服，已成为目前烷化剂中最常用的免疫抑制药。对系统性红斑狼疮、类风湿关节炎和肾病综合征等免疫性疾病疗效较好，还可改善韦格纳（Wegener）肉芽肿病、皮肌炎和结节性多动脉炎等疾病的症状，与糖皮质激素合用于治疗天疱疮，也用于防治器官移植术后排斥反应，在临床实际应用中，常与泼尼松和抗人淋巴细胞免疫球蛋白合用。

五、抗淋巴细胞抗体

抗人淋巴细胞免疫球蛋白

抗人淋巴细胞免疫球蛋白（anti-lymphocyte immunoglobulin，ALG）为直接抗淋巴细胞的多克隆抗体。它与淋巴细胞结合，主要是与 T 淋巴细胞结合，在补体的共同作用下，使淋巴细胞裂解，因此对细胞免疫的抑制作用较强。临床上常与硫唑嘌呤或糖皮质激素合用，预防器官移植术后免疫排斥反应，多在其他免疫抑制药无效时使用。抗人淋巴细胞免疫球蛋白的常见不良反应有寒战、高热、血小板减少、关节疾病和血栓性静脉炎等。静脉注射可引起过敏性休克和血清病，还可引起血尿和蛋白尿等，停药后症状多可消失。给药前需做皮肤过敏试验，发生变态反应或过敏体质者禁用，有急性感染者慎用。

CD3 单克隆抗体

CD3 单克隆抗体（CD3 monoclonal antibody）是直接针对人类 T 淋巴细胞表面 CD3 抗原的抗体，用于防治器官移植后的急性排斥反应。常出现以高热、寒战、头痛、恶心、呕吐、腹痛及腹泻为特征的"细胞因子释放综合征"，多发生于首次用药后 30 min，用药前给予糖皮质激素可预防该不良反应。

白细胞介素 -2 受体抗体

巴利昔单抗和达克珠单抗是常见的白细胞介素 -2 受体抗体（IL-2 receptor antibody），与 Th 细胞 IL-2 受体的 α 亚单位（CD25）高度亲和，阻滞 IL-2 介导的 T 淋巴细胞活化。主要抑制 T 淋巴细胞的分化增生，也抑制 B 淋巴细胞、NK 细胞等分化增生。常与糖皮质激素或抑制钙调磷酸酶抗生素等合用，治疗器官移植排斥反应。

英利昔单抗

英利昔单抗（infliximab）为嵌合的抗 TNF-α 单克隆抗体，与 TNF-α 有高度亲和力，阻止 TNF-α 与相应的受体结合。主要用于类风湿关节炎、克罗恩病及其并发的肠瘘。可引起发热、荨麻疹、低血压及呼吸困难等不良反应，多见于用药后 1 ~ 2 h。

利妥昔单抗

利妥昔单抗（rituximab/rituxan）是直接针对人类 B 淋巴细胞表面 CD20 抗原的抗体，可裂解成熟及未成熟的 B 淋巴细胞。对于自身抗体引起的自身免疫病，如系统性红斑狼疮和类风湿关节炎等有非常好的疗效，也用于 CD20 阳性的 B 细胞增多症、B 细胞淋巴瘤及韦格纳肉芽肿病等。不良反应有头痛、恶心、呕吐、腹痛及由免疫功能低下引起的感染性疾病等。

第三节　免疫增强药

免疫增强药（immunostimulants）也称免疫刺激药，是一类非特异性增强免疫功能的药物，主要用于治疗免疫缺陷性疾病，或作为慢性感染和肿瘤的辅助治疗。

卡　介　苗

卡介苗（bacillus Calmette-Guerin vaccine，BCG）又名结核菌苗，是牛型结核分枝杆菌的减毒活菌苗。除用于预防结核病外，还可作为非特异性免疫增强药。它可刺激巨噬细胞、T 淋巴细胞、B 淋巴细胞和 NK 细胞等多种免疫细胞发挥作用，并增强其他抗原物质的免疫原性，加速诱导免疫应答，提高细胞和体液免疫的功能，从而增强机体非特异性免疫水平。常用于恶性黑色素瘤、白血病及肺癌，也用于乳腺癌、消化道肿瘤等，近年来还用于膀胱癌术后灌洗，以预防该肿瘤的复发。其疗效与肿瘤抗原的性质、宿主的免疫状态及给药途径有关。注射局部可见红斑、硬结和溃疡，引起肉芽肿反应，也可出现寒战、高热和全身不适等，反复瘤内注射可引起过敏性休克。剂量过大反而可能导致免疫功能的降低，甚至促进肿瘤的生长。

左　旋　咪　唑

左旋咪唑（levamisole，LMS）为四咪唑的左旋体，原为一种抗蠕虫药，1971 年发现其具有免疫增强作用和免疫调节作用，可恢复受抑制的 B 淋巴细胞、T 淋巴细胞、单核细胞和巨噬细胞的免疫功能。其可能的作用机制为激活磷酸二酯酶（phosphodiesterase），加快 cAMP 分解，降低淋巴细胞和巨噬细胞内 cAMP 的含量。主要用于免疫功能低下者，于肺癌手术后使用可减少转移，对鳞癌疗效尤为明显，也可改善类风湿关节炎、系统性红斑狼疮等自身免疫病症状。常见不良反应有胃肠道症状、头痛、出汗和全身不适等，偶见肝功能异常，少数患者可出现白细胞及血小板减少，停药后可恢复。

干 扰 素

干扰素（interferon，IFN）是一组可诱导的分泌糖蛋白，分 α、β 和 γ 三类，具有高度种属特异性，动物的干扰素对人无效，现采用 DNA 重组技术生产 IFN。

【药理作用】IFN 是广谱抗病毒药，主要通过抑制病毒的蛋白质合成发挥作用。IFN 具有免疫调节作用，小剂量时增强细胞免疫和体液免疫，大剂量则产生免疫抑制作用。IFN 还具有抗细胞增生作用，可直接抑制某些肿瘤细胞生长。

【临床应用】治疗各种病毒感染性疾病，如疱疹性角膜炎、病毒性眼病、皮肤带状疱疹和慢性乙型肝炎，也用于多毛细胞白血病、恶性黑色素瘤、滤泡性淋巴瘤和艾滋病相关的卡波西肉瘤等多种肿瘤的治疗，但 IFN 对肺癌、胃肠道肿瘤及某些淋巴瘤无效。

【不良反应及用药注意事项】发热、寒战、肌痛等流感样症状和注射部位反应是常见的不良反应，也可致胃肠道反应、白细胞减少及嗜睡、精神紊乱和抑郁等神经系统症状，少数患者快速静脉注射可出现血压下降、心律失常和罕见的心肌病及心肌梗死等，应给予警惕。约 5% 的患者用后可产生干扰素抗体。

白细胞介素

白细胞介素包括白细胞介素 -2（interleukin-2，IL-2）和白细胞介素 -11（interleukin-11，IL-11）。IL-2 又名 T 淋巴细胞生长因子，系 Th 细胞产生，为 Ts 和 Tc 细胞分化增生所需的调控因子，对 B 淋巴细胞、NK 细胞、抗体依赖性杀伤细胞和淋巴因子激活的杀伤细胞等均可促进其分化增生。目前所用为重组人 IL-2，用于辅助治疗黑色素瘤、肾细胞癌和霍奇金淋巴瘤等恶性肿瘤。此外，IL-2 还可用于治疗免疫缺陷病和自身免疫病。不良反应有发热、寒战、厌食、肌痛、关节痛和神经系统症状等。IL-11 是一种间充质细胞衍生的多效细胞因子，目前临床上仅限用于放化疗引起的严重血小板减少患者。

集落刺激因子

集落刺激因子（colony stimulating factor，CSF）由单核细胞、成纤维细胞及淋巴细胞等产生，主要有 4 种：巨噬细胞集落刺激因子（macrophage colony stimulating factor，M-CSF）、粒细胞集落刺激因子（granulocyte colony-stimulating factor，G-CSF）、粒细胞 - 巨噬细胞集落刺激因子（granulocyte-macrophage colony stimulating factor，GM-CSF）和多系祖细胞集落刺激因子（multi-progenitor colony-stimulating factor，multi-CSF），均可用 DNA 重组技术生产，其中重组人 GM-CSF 和重组人 G-CSF 已用于临床。CSF 作用于多向干细胞和祖细胞等较原始细胞，刺激粒细胞、单核细胞、巨噬细胞和巨核细胞集落形成和增生，促进粒细胞和单核细胞成熟；刺激骨髓向外周血液释放成熟的中性粒细胞，增加成熟粒细胞的吞噬和细胞毒作用；间接促进红细胞增生。G-CSF 和 GM-CSF 的临床应用和不良反应见第二十二章。

转 移 因 子

【药理作用】转移因子（transfer factor，TF）是从健康人的白细胞中提取的一种多核苷酸，不被 RNA 酶、DNA 酶及胰酶所破坏。转移因子可将供者的细胞免疫信息转移给受者，使受者的淋巴细胞转化并增生分化为致敏淋巴细胞，获得供者特异性和非特异性细胞免疫功能，该作用能维持 6 个月。

【作用机制】通过反转录酶作用进入受者的淋巴细胞中，形成含有转移因子密码的特异 DNA。可提高免疫缺陷患者的皮肤迟发过敏反应，防止感染。此外，转移因子对细胞免疫有增强和抑制的双向调节作用，还可诱导干扰素产生。

【临床应用】主要用于先天性或获得性细胞免疫缺陷病的替代治疗，但对先天性淋巴细胞障碍、胸腺发育不全或 T 淋巴细胞活性完全缺失的患者单用无效。另外，还可用于治疗自身免疫缺陷性疾病如系统性红斑狼疮、类风湿关节炎，以及难以控制的病毒性、真菌性感染和某些恶性肿瘤的辅助治疗。

【不良反应】不良反应少，注射局部有酸、胀、痛感，个别病例出现风疹性皮疹、皮肤瘙痒，少数人有短暂发热。

胸 腺 肽

胸腺肽（thymopeptides）是从胸腺中分离、提取的一组活性多肽，按纯化过程分为 F1~F5 组分，其中 F5 活性最强，按等电点又分成 α、β 和 γ 部位，现已成功采用基因工程生物合成。可诱导 T 淋巴细胞分化成熟，并调节 T 淋巴细胞的多种功能，从而增强人体细胞免疫功能。临床上用于治疗胸腺依赖性免疫缺陷疾病（如艾滋病）、某些自身免疫病和肿瘤等。一般无严重不良反应，少数人出现发热、皮疹、头昏等过敏反应，注射前常规作过敏试验。

异 丙 肌 苷

异丙肌苷（isoprinosine）为肌苷与乙酰氨基苯甲酸和二甲氨基异丙醇以 1：3：3 组成的复合物。具有免疫增强作用，可诱导 T 淋巴细胞分化成熟，并增强其功能；对 B 淋巴细胞无直接作用，但可增加 T 淋巴细胞依赖性抗原的抗体产生；增强单核巨噬细胞和 NK 细胞的活性，促进 IL-1、IL-2 和干扰素的产生，恢复低下的免疫功能。此外，异丙肌苷还具有抗病毒作用。临床上用于急性病毒性脑炎和带状疱疹等病毒性感染，也用于自身免疫病、肿瘤的辅助治疗，可改善艾滋病患者的免疫功能。不良反应少，安全范围较大。

腺嘌呤（维生素 B$_4$）

腺嘌呤（维生素 B$_4$）是辅酶与核酸的组成成分，也是实现生物体内代谢功能的必要成分，具有促进白细胞增生的作用。

牛 膝 多 糖

牛膝多糖（achyranthan）是从中药牛膝中分离得到的一种小分子质量的多糖成分，为非特异性免疫增强药。它增加脾抗体形成细胞数，提高血清 IgG 水平，激活单核吞噬细胞系统的吞噬功能，促进 TNF 和 IL-2 的生成及淋巴细胞增生，增强 NK 细胞和 CTL 细胞的活性。促进因化疗及放疗引起的白细胞数量降低及免疫系统功能损伤的恢复，临床有效率达 97%；恢复慢性肝炎患者的肝功能，显著改善食欲不振、乏力及黄疸等症状。

云芝多糖 K

　　云芝多糖 K（Coriolus versicolor mushroom polysaccharide K，PS-K）的主要成分为蛋白多糖，为非特异性免疫增强药。增强食欲，保护肝细胞，提高网状内皮系统的吞噬功能。促进肝 Kupffer 细胞吞噬功能，诱导产生干扰素。临床上用于慢性肝炎的治疗。该药也能直接作用于肿瘤细胞，可改善癌症患者的症状。

（龚其海）

思考题

1. 常用的免疫抑制药有哪些？主要用于哪些疾病的治疗？
2. 常用的免疫调节药有哪些？主要用于哪些疾病的治疗？

网上更多⋯⋯

👤 学习目标　　👤☰ 本章小结　　✏️ 自测题　　⬇️ 教学 PPT　　🖥️ 参考资源

主要参考文献

［1］杨宝峰，陈建国．药理学．10 版．北京：人民卫生出版社，2023.

［2］刘克辛．临床药物代谢动力学．3 版．北京：科学出版社，2016.

［3］库宝善．内分泌与免疫药理学．北京：北京大学医学出版社，2009.

［4］刘惠，金满文．药理学和治疗学手册．北京：北京大学医学出版社，2009.

［5］杨世杰．药理学．2 版．北京：人民卫生出版社，2010.

［6］李士通，庄心良．局部麻醉药．2 版．北京：人民卫生出版社，2019.

［7］王祥瑞，俞卫锋，杭燕南．吸入麻醉药．2 版．北京：人民卫生出版社，2019.

［8］田金洲．阿尔茨海默病的诊断与治疗．2 版．北京：人民卫生出版社，2019.

［9］Hauser SL，Josephson SA．哈里森临床神经病学．4 版（英文版）．北京：北京联合出版公司，2018.

［10］苏定冯，陈丰原．心血管药理学．4 版．北京：人民卫生出版社，2011.

［11］张力辉．糖尿病及其并发症的临床用药．北京：人民卫生出版社，2010.

［12］汪复．抗菌药物临床应用指南．3 版．北京：人民卫生出版社，2020.

［13］国家药典委员会．中华人民共和国药典（2020 年版）．北京：中国医药科技出版社，2020.

［14］抗菌药物临床应用管理办法．中华人民共和国卫生部，2012.

［15］程迎秋，孙燕．肿瘤治疗与抗肿瘤药的进展与合理用药——抗肿瘤药临床应用专家圆桌会议纪要．中国医院用药评价与分析，2010，1：1-3.

［16］曹雪涛．免疫学前沿进展．4 版．北京：人民卫生出版社，2017.

［17］Bertram GK. Basic & Clinical Pharmacology. 14th ed. New York：McGraw Hill，2017.

［18］Barbesino G. Drugs affecting thyroid function. Thyroid，2010，20（7）：763-770.

［19］Cristian Bodo. Psychiatric disorders：From the cradle. Nature Reviews Neuroscience，2010，11：224-225.

［20］Das MK，Zipes DP. Antiarrhythmic and nonantiarrhythmic drugs for sudden cardiac death prevention. J Cardiovasc Pharmacol，2010，55（5）：438-449.

［21］Dalhoff A. Resistance surveillance studies：a multifaceted problem—the fluoroquinolone example. Infection，2012，40（3）：239-262.

［22］Laurence LB. Goodman & Gilman's The Pharmacological Basis of Therapeutics. 14th ed. New York：McGraw Hill，2023.

［23］Ramírez-Sánchez M，Prieto I，Wangensteen R，et al. The Renin-angiotensin system：new insight into old therapies. Curr Med Chem，2013，20（10）：1313-1322.

［24］杜冠华．药理学原理：药物治疗学的病理生理基础．4 版．北京：人民卫生出版社，2023.

［25］贾建平，陈生弟．神经病学．8 版．北京：人民卫生出版社，2018.

中英文名词对照索引